dtv

Wohin soll es diesmal gehen? Die Qual der Wahl bleibt Ihnen erspart, wenn Sie sich diesem Weltreiseführer anvertrauen. Kaum ein Winkel der Erde bleibt unberührt, selbst ein Ausflug zu den Mondbewohnern ist möglich. Desgleichen kann man an kannibalistischen Zeremonien der Tupinamba teilnehmen, auf arabischen Rahseglern oder in indianischen Einbäumen fahren oder Capris »Blaue Grotte« bewundern. Wer sich lieber in Konstantinopel umsehen will oder mit Flaubert die leichten Damen in Kairo unter die Lupe nehmen möchte, muß auf die Besteigung des Kilimandscharo keineswegs verzichten. Denn in dieser opulenten Sammlung erzählen klassische und auch gänzlich unbekannte Autoren von ihren Reisen und Abenteuern in allen Facetten, von Wagnissen, Ängsten und Entdeckerglück. Manch seltene Flaschenpost wird aufgetan, manches erfahren wir aus ganz neuem Blickwinkel. Und: Man reist nicht schöner, schneller und auch nicht billiger als in Gedanken.
Entdecken Sie die zweitschönste Art zu reisen – schmökernd in diesem Buch.

Der Herausgeber Ulf Diederichs, geboren 1937 in Jena, stammt aus einer alten Verlegerfamilie. Neben vielen anderen Veröffentlichungen gab er bei dtv mehrere erfolgreiche Anthologien heraus.

Vom Glück des Reisens

zu Lande, zu Wasser
und in der Luft

Mit Illustrationen
von Lucia Obi

Herausgegeben von
Ulf Diederichs

Deutscher Taschenbuch Verlag

Von Ulf Diederichs
sind im Deutschen Taschenbuch Verlag erschienen:
Schöne wilde Weihnacht (20368)
Ostern (12325)
Who's who im Märchen (32537)

Für Ricarda

Originalausgabe
Februar 1994
3. Auflage Juni 2002
Deutscher Taschenbuch Verlag GmbH & Co. KG,
München
www.dtv.de
© 1994 Deutscher Taschenbuch Verlag München
Umschlagkonzept: Balk & Brumshagen
Umschlaggestaltung: Stephanie Weischer unter Verwendung
eines Gemäldes von Pal Szinyei Merse
(© Bildarchiv Steffens/Bridgeman Art Library)
Gesamtherstellung: Druckerei C. H. Beck, Nördlingen
Gedruckt auf säurefreiem, chlorfrei gebleichtem Papier
Printed in Germany · ISBN 3-423-20528-8

INHALT

HINTEN, WEIT, IN DER TÜRKEI
  Helmuth von Moltke, Spaziergang durch Konstantinopel 11
  Lady Mary Montagu, Reisebriefe einer halben Türkin .. 20
  Lord Byron, In Prevesa 24
  Jakob Philipp Fallmerayer, Beim türkischen Statthalter in Larissa 28
REISENDE EIN LEBEN LANG
  Hsüan Tsang, Reise in die Westländer 35
  Marco Polo, Der Sommerpalast des Kaisers von China . 42
  Ibn Battuta, In indischer Gefangenschaft 47
ENTDECKUNGEN AMERIKAS
  Benedeit, Sankt Brandans wundersame Seefahrt 57
  Der Wikinger Fahrten nach Weinland 59
  Christoph Kolumbus, Meine dritte Reise oder Als erster Europäer in Südamerika 65
DIE NEUGEFUNDENEN LÄNDER
  Francesco Antonio Pigafetta, Magellan überquert den Stillen Ozean 73
  Bernal Diaz del Castillo, Cortez trifft Moctezuma in Mexiko 77
  Nicolaus Federmann, Auf Goldsuche im venezolanischen Urwald 83
VOM KANNIBALEN ZUM EDLEN WILDEN
  Hans Staden, Eine Landschaft der wilden nacketen grimmigen Menschfresser 89
  Jean de Léry, Die wilden Frauen 97
MIT KÄPTN COOK DREIMAL UM DIE WELT
  James Cook, Aus dem Tagebuch meiner ersten Reise .. 103
  Georg Forster, Nachricht von der Osterinsel 105
  Heinrich Zimmermann, Unter Kapitän Cook bei den Aborigines und den Uramerikanern 111

KAPERKAPITÄNE, PIRATEN, PFLANZENJÄGER
William Dampier, Abschweifungen eines Freibeuters . . 117
Alexandre Olivier Oexmelin, Der Aufstieg des berühmten Seeräubers L'Olonois 124
Adelbert von Chamisso, Grünes Brasilien 128

TAHITI, EIN TRAUM
Louis Antoine de Bougainville, Ankunft auf der Insel der Liebe 135
Denis Diderot, Überwältigende Gastfreundschaft 140

ALLEIN AUF DER INSEL
Will und Robin, die Moskito-Indianer. Nach dem Tagebuch des Kapitäns William Dampier 145
Der Ziegenmann. Bericht von Kapitän Woodes Rogers . 147
Das Leben und die ganz ungemeinen Begebenheiten des Robinson Crusoe, von ihm selbst beschrieben 153

AMAZONIEN UND ELDORADO
Walter Raleigh, Bei den Wasserfällen des Rio Caroni . . . 161
Gaspar de Carvajal, Mit Francisco de Orellana den Amazonas hinab 164
Ulrich Schmidel, Den Amazonen entgegen 171

PILGERN INS HEILIGE LAND
John Mandeville, Wundersame Kunde aus Ägypten und Jerusalem 177
Bernhard von Breydenbach, Reise über den Berg Sinai in die Stadt Kairo 180

AUF NACH MEKKA
Ibn Dschubair, Der Haddsch 187
Richard Francis Burton, Als Muslim verkleidet in Mekka 193
Heinrich Freiherr von Maltzan, Rund um den Schwarzen Stein 202

IM LAND DER AUFGEHENDEN SONNE
Fernão Mendes Pinto, Denkwürdige Begebenheiten mit japanischen Herren 209
Engelbert Kaempfer, Die Straßen Nippons 215
Philipp Franz von Siebold, Auf Kaempfers Spuren 222

ENTLANG DER SEIDENSTRASSE
Marco Polo, Die Wüste spricht 229
Sven Hedin, Der wandernde See 231

Werner-Otto von Hentig, In verschlossenes Land 236
Paul Theroux, Mit dem Eisernen Gockel nach Turfan .. 240
VON RÄUBERN UND WEGELAGERERN
  Stendhal, Pietra Mala 249
  Carsten Niebuhr, Wanderer, kommst du nach Mochha 252
  Alexandra David-Neel, Ein Beispiel weißer Magie 257
UNTER WILDEN TIEREN
  Elias Hesse, In javanischen Sümpfen 265
  Adam Olearius, In einer persischen Oasenstadt 267
INS INNERSTE AFRIKA
  Ibn Battuta, Im Reich Mali 273
  Gustav Nachtigal, Im Bergland von Tibesti 275
  Joseph Conrad, Kongo-Tagebuch 283
  Leo Frobenius, Bei den Bena Lulua 285
EXOTISCHES, GLEICH UM DIE ECKE
  Johann Kaspar Riesbeck, Hab mich zum ersten Mal in
    Deutschland gelagert 291
  Heinrich Heine, Das Brockenhaus 293
  Hermann Fürst von Pückler-Muskau, Sächsische und
    Wiener Belustigungen...................... 299
IM LAND DER UNGLÄUBIGEN
  Rifāʿa al-Tahtāwī, Ein Ägypter entdeckt Frankreich ... 309
  Nasreddin Schah, Ball beim Zaren 311
  Evliyā Čelebi, Denkwürdige Reise in das Giaurenland . 314
VON HERBERGEN UND KUTSCHEN
  Erasmus von Rotterdam, Gasthäuser 323
  Ludwig Börne, Reise mit der Diligence 328
  Theodor Fontane, Modernes Reisen 332
VON PFERDEN, ESELN UND FLANEUREN
  Daniel Chodowiecki, Dem heimatlichen Danzig zu ... 339
  Bogumil Goltz, Ich will einen Esel 342
  Robert Louis Stevenson, Mit dem Esel durch die
    Cevennen 344
  Herman Melville, Seemann auf schwankendem Boden . 349
  Franz Hessel, Spazieren in Berlin 352
GROSSSTADTMELODIE
  Zacharias Konrad von Uffenbach, Hamburger Ansicht
    anno 1753 357
  Karl Philipp Moritz, Ein Deutscher in London 360

Georg Weerth, An zwei Orten mußt du gewesen sein . . 367
HOHE BREITENGRADE
   Gerrit de Veer, Mit Barents auf Nowaja Semlja 377
   Adolf Erik Freiherr von Nordenskiöld, Mit der »Vega«
   nordostwärts 383
   Fridtjof Nansen, In der Winterhütte 388
IN LÜFTE EMPOR
   Barthélemi Faujas de Saint-Fond, Von den Erfindern
   der Luftmaschine 393
   James Glaisher, Wir Bürger des Himmels 397
   Salomon August Andrée, Dem Nordpol entgegen 401
   Graf Ferdinand von Zeppelin, Die Pfingstfahrt des
   Luftschiffes Z. II 404
DAS ABENTEUER EISENBAHN
   Hans Christian Andersen, Bahnfahrt 1840 409
   Alfons Paquet, Auf der Transsib 1903 und öfters 411
   Anton Kuh, Das Reise-vis-à-vis 417
   Jack London, Blinde Passagiere 419
MIT DEM AUTO NACH SÜDEN
   Otto Julius Bierbaum, Empfindsame Reise im
   Automobil 433
   Kurt Tucholsky, Zum ersten Mal in Italien 436
HIGHLIGHTS DES TOURISMUS
   Johann Wolfgang von Goethe, Die Wasser von Venedig 441
   August Kopisch, Entdeckung der Blauen Grotte 442
   Mark Twain, Auf die Spitze getrieben 447
   Alfred Polgar, Die Tauben von San Marco 449
FRAUEN ALLEIN UNTERWEGS
   Mary Kingsley, In den Stromschnellen um Lambarene . 455
   Isabelle Eberhardt, Im Land der treibenden Sande 460
   Freya Stark, Eine Reise in Hadhramaut 464
ERINNERUNGEN AN DIE ZUKUNFT
   Louis-Sébastien Mercier, Wiedererwacht im Jahre 2440 . 471
   Hans Christian Andersen, In Jahrtausenden 475

Notizen während einer Bücherreise 479
Autoren und Quellennachweis 487

HINTEN, WEIT, IN DER TÜRKEI

»Wir Reisenden sind in einer sehr schwierigen Situation: Wenn wir nichts erzählen, was nicht schon andere vor uns erzählt haben, dann gelten wir für langweilig, als hätten wir nichts gesehen. Wenn wir aber etwas Neues erzählen, verlacht man uns als Spinner und Romantiker, ohne Rücksicht darauf, daß verschiedene Menschen auch verschiedene Gesellschaft finden, gleichzeitig aber auch ohne Rücksicht auf die reine Neugier oder darauf, daß sich die Bräuche in jedem Land wenigstens alle zwanzig Jahre ändern.«

Lady Mary Montagu
Letters from the East (1763/67)

Helmuth von Moltke
Spaziergang durch Konstantinopel

Konstantinopel, den 4. Januar 1836.
Begleite mich nun auf meiner Wanderung, die steile Höhe, welche der Begräbnisplatz krönt, hinab an das Ufer des Bosporus. Wir bleiben ein Weilchen stehen und sehen den Wellen zu, die sich mit Macht an den steinernen Quais brechen und schäumend weit über die vergoldeten Gitter bis an den Kiosk (Palast) des Großherrn spritzen. Griechen sammeln die Austern, welche die bewegte See ans Ufer wirft, und ganze Herden von Hunden verzehren die Reste eines gefallenen Pferdes. Wir wenden uns nun rechts an einem prachtvollen Marmorbrunnen vorüber und treten in eine lange Reihe von Kaufläden, deren Dächer oben fast zusammenstoßen. Dort sind es vor allem die Eßwaren und Früchte, die meine Aufmerksamkeit erregen; wüßte ich nur ein Schiff, so würde ich Euch einen schönen Korb füllen. Da gibt es Datteln, Feigen, Pistazien, Kokosnüsse, Manna, Orangen, Rosinen, Nüsse, Granatäpfel, Limonen und viele andere gute Sachen, von denen ich die Namen nicht einmal weiß. Da gibt es Honigbrei, Reisspeisen, Ziegenrahm und Traubengelee, alles aufs reinlichste und beste bereitet; dann kommt der Gemüsemarkt mit Blumen, Kohl, Artischocken, ungeheuren Melonen, Kürbis, Karden (Disteln) und Pasteken (Wassermelonen). Gleich daneben liegen die Erzeugnisse des Meeres: ungeheure Fische, wie der riesenhafte Thun, die silbernen Palamiden, der Goldfisch, die Steinbutte und alle die Meerungeheuer, die doch so gut schmecken, die Austern, Hummern, Krebse, Krabben und Familie.

Zwischen mehr als hundert Läden, in denen Tschibuks oder Pfeifenrohre, Köpfe von rotem Ton und lange Spitzen von Bernstein gefertigt werden, kommt man endlich nach Tophane, dem Viertel der Artilleristen. Die von dem jetzigen Großherrn erbaute Moschee Nusrethieh (Nusretije, die Siegreiche, auch Mahmudije genannt) zeichnet sich aus durch ihre beiden Minaretts, die hundert Fuß hoch sind, und deren unterer Durchmesser doch nicht über neun Fuß mißt. Wie gut müssen solche schlanken Türme gebaut sein, um Stürmen, oft auch Erdbeben, widerstehen zu können. Im Vorhof, der mit schönen Säulen umgeben ist, waschen, trotz der kalten Witterung, in langen Reihen von Wasserbecken die andächtigen Moslems Gesicht, Hände und Füße, denn sonst wird das Gebet nicht akzeptiert. Nach dieser etwas frischen Prozedur kniet der Gläubige, das Gesicht gegen Mekka gewendet, nieder, sagt seinen Spruch, zieht seine Stiefel an und geht davon. Nahebei ist die große Moschee Kilidsch-Aly (erbaut von Admiral Kilidsch Ali Pascha). In dem schönen Vorhof befinden sich Kaufläden mit artigen Sachen. Unter einem Bogen sitzt ein türkischer Briefschreiber, ein Stück Pergament auf dem Knie und eine Rohrfeder in der Hand. Frauen in weiten Mänteln und gelben Pantoffeln, das Gesicht bis auf die Augen verhüllt, erzählen ihm mit lebhaften Gebärden ihr Anliegen, und mit regungslosen Zügen schreibt der Türke das Geheimnis des Harems, eine Prozeßangelegenheit, eine Bittschrift an den Sultan oder eine Trauerpost, faltet das Blatt kunstvoll zusammen, wickelt es in ein Stück Musselin, drückt ein Siegel von rotem Wachs darauf und empfängt seine 20 Para für eine Freudenpost wie für eine Todesnachricht.

Die zahllosen Kaffees gewähren jetzt einen eigenen Anblick, alles drängt sich um die Feuerbecken, aber der liebliche Dampf des Kaffees und der Pfeife fehlt; es ist das Fest des Ramadan, und vor Einbruch der Nacht darf kein Rechtgläubiger essen, trinken, Tabak rauchen, oder sich nur den Geruch einer Blume erlauben. Die Türken schleichen langsam in den Straßen herum, den Rosenkranz in der Hand, und schneiden grimmige Gesichter vor Hunger und ungewohnter Kälte. Sobald aber die Sonne hinter der Moschee Suleimans des Prachtvollen untergeht, rufen die Imams von allen Minaretts: ›Es gibt keinen Gott, als Gott‹, und nun ist es sogar die Pflicht des Moslems, die Fasten zu brechen.

Wir sind nun bis an die Mauern von Galata gekommen und steigen zu jenem großen weißen Turm empor, von dem man wieder einen prachtvollen Anblick auf die Stadt jenseits des Hafens, auf Skutari (Üsküdar), jenseits des Bosporus, und auf das Marmormeer, die Prinzeninseln und den asiatischen Olymp hat. Rechts breitet sich die mächtige Stadt von einer halben Million Einwohner aus, die so viel Wert wie ein Königreich hat, und wirklich über fünfzig Jahre ein Kaisertum gewesen ist, als die Ungläubigen schon den ganzen Rest des oströmischen Reichs verschlungen hatten. Die äußerste Spitze mit den hohen Mauern, den vielen Kuppeln und dunkelgrünen Zypressen ist das Seraj (Serail), eine Stadt für sich mit 7000 Einwohnern, mit ihren eigenen Mauern und Toren. Dicht daneben wölbt sich die mächtige Kuppel der Sophienkirche (Hagia Sophia), jetzt eine Moschee, welche das Vorbild zu so vielen andern Kirchen, selbst zu St. Peter in Rom, geworden ist. Weiter rechts ragen die sechs prächtigen Minaretts der Moschee Sultan Achmeds hervor. Wegen ihrer schlanken Form sehen diese Minaretts ungleich höher aus als die höchsten Türme unserer christlichen Kirchen. Den höchsten Punkt aber bildet der schöne Turm des Seraskiers (Kriegsministers). So weit das Auge reicht, nichts als flache Dächer, rote Häuser und hohe Kuppeln, überragt von der Wasserleitung Kaser Valens, welche mitten durch die Stadt setzt und noch heute nach sechzehn Jahrhunderten das Wasser für Hunderttausende von Menschen herbeileitet. Durch die weiten Bogen flimmert jenseits der Hellespont, und die asiatischen Berge schließen dies Bild.

Arnaut-Kidi bei Konstantinopel, den 9. Februar 1836.
Auf den Wunsch des Seraskiers befinde ich mich jetzt hier im Hause seines ersten Dragomans (Dolmetschers). Mein Wirt heißt Mardiraki oder der kleine Martin, er ist ein Armenier und ein reicher angesehener Mann.

Obschon wir die Weisung haben, sehr fleißig zu sein, so tun wir doch eigentlich alles andere als übersetzen. Wenn ich dem kleinen Martin vorschlage, eine Pfeife zu rauchen, oder Tricktrack zu spielen, so ist er allzeit zu haben; spreche ich aber von der Übersetzung, so hat er dringende Abhaltung. Die schriftlichen Aufsätze werden hier ungefähr angefertigt wie bei uns die Tapisserie-Arbeit der Damen. Man sitzt dabei mit untergeschlagenen Beinen auf dem Sofa und malt mit der Rohrfeder übers Knie auf langen Streifen geglätteten Papiers die Charaktere (Schriftzeichen) von der Rechten zur Linken.

Übrigens geht mir hier nichts ab, und es ist sehr interessant, einen Blick in die Häuslichkeit einer armenischen Familie zu tun. Diese Armenier kann man in der Tat christliche Türken nennen, so ganz haben sie die Sitten und selbst die Sprache jener herrschenden Nation angenommen, während die Griechen weit mehr ihre Eigentümlichkeiten bewahrten. Die Religion erlaubt ihnen als Christen natürlich nur *eine* Frau; aber diese ist fast ebenso unsichtbar wie die Türkinnen. Wenn die Armenierinnen auf der Straße erscheinen, sieht man ebenfalls nur die Augen und den oberen Teil der Nase unverschleiert. Ich war schon mehrere Tage hier im Hause, ohne daß sich ein weibliches Wesen blicken ließ. Zuerst erschien die alte Frau M., welche nicht viel Verführerisches an sich hatte, und zuletzt erst, weil ich ein besonders geehrter Mussafir (Gast), ein hübsches Mädchen nach dem andern. Leider spricht keine ein Wort französisch. Nun mag man sich wohl mit einem Pascha durch den Dragoman unterhalten, aber mit jungen Damen ist das sehr hart.

Auf einen Europäer macht es einen eigenen Eindruck, sich von den Töchtern des Hauses aufwarten zu lassen. Sie bringen dir die Pfeife, reichen den Kaffee und bleiben mit verschränkten Händen vor dir stehen, bis du sie aufforderst, sich zu setzen. Es liegt aber darin für sie durchaus nichts Demütigendes, und ist auch in der Tat nur das altbiblische, naturgemäße Verhältnis. Wenn wir die Wahrheit sagen wollen, so müssen wir gestehen, daß bei uns ein junges Mädchen von dem Brautstand in den Ehestand eine Stufe herabsteigt, denn die Vergötterung, mit welcher ihr gehuldigt wurde, kann unmöglich für die Dauer eines Lebens vorhalten. Im Orient wird die Frau durch die Ehe gehoben, und wenn sie auch dem Manne untertan bleibt, so herrscht sie doch in ihrer Wirtschaft über die Mägde und Dienstboten, die Söhne und Töchter. Ich will damit nur sagen, daß wir in der einen Richtung vielleicht zu weit gehen, während, nicht die Armenier, aber die Türken in der anderen Richtung noch viel weiter gehen.

Wenn von der Sklaverei im Orient die Rede ist, so war dabei fast immer der himmelweite Unterschied übersehen worden, welcher zwischen einem türkischen und einem Negersklaven in Westindien stattfindet. Schon der Name Sklave in dem Sinne, welchen wir mit jenem Wort verbinden, ist falsch. Abd heißt nicht Sklave, sondern vielmehr Diener. Abd-allah, der

Diener Gottes; Abd-ul-medschid, der Diener der Andacht usw. Ein gekaufter türkischer Diener ist unendlich besser daran als ein gemieteter. Eben weil er das Eigentum seines Herrn, und dazu ein teures Eigentum, ist, schont er ihn; er pflegt ihn, wenn er krank ist, und hütet sich wohl, ihn durch übertriebene Anstrengung zugrunde zu richten. Von Arbeiten, wie die in den Zuckerplantagen, ist da überhaupt nicht die Rede, so wenig, wie denn dem Türken im allgemeinen Mäßigung, Billigkeit und Wohlwollen gegen die Seinigen abzusprechen sind. Bestimmt doch der Koran, »daß Sklaven und Sklavinnen mit nicht mehr als sechs Geißelhieben gezüchtigt werden sollen«. Die Unfreiheit eines türkischen Sklaven ist kaum größer als die eines *glebae adscripti* (an die Scholle gebundenen), ein Verhältnis, welches wir bis vor wenigen Jahren bei uns selbst erblickten, und welches von einer gewissen Stufe der Kultur unzertrennlich ist. Dabei ist aber die ganze übrige Lage des Sklaven ungleich milder als die des schollenpflichtigen Bauers.

Wenn irgendeine europäische Macht die Freilassung aller Sklaven im Orient bewirkte, so würden diese ihr wenig Dank dafür wissen. Als Kind in das Haus seines Brotherrn aufgenommen, bildet der Sklave ein Glied der Familie. Er teilt die Mahlzeit mit den Söhnen des Hauses, wie er die Arbeit in der Wirtschaft mit ihnen teilt; diese besteht meist darin, ein Pferd zu warten, oder seinen Herrn zu begleiten, ihm die Kleider nachzutragen, wenn er ins Bad geht, oder die Pfeife, wenn er ausreitet. Tausende von Sklaven, die Khavedschi und Tütundschi, haben kein anderes Geschäft als Kaffee zu kochen und die Pfeife instand zu halten. Fast immer endet die Sklaverei nicht bloß mit einer Freilassung, sondern auch mit einer Ausstattung fürs Leben. Gewöhnlich heiratet der Sklave die Tochter des Hauses, und wenn keine Söhne vorhanden, setzt ihn der Herr zu seinem Erben ein. Sind doch die Schwiegersöhne des Großherrn gekaufte Sklaven, und läßt sich doch von den mehrsten Würdenträgern des Reichs der Marktpreis nachweisen.

Noch muß ich auf eine andere eigentümliche Verschiedenheit hinweisen. In Amerika suchten christliche Pflanzer durch die strengsten Verbote und die grausamsten Mittel die Verbreitung des Christentums unter ihre Sklaven zu verhindern, während im Orient die Erziehung des gekauften Dieners in der

Religion seines Herrn durchaus vorgeschrieben ist. Die Kinder, welche als Sklaven aufgenommen werden, erhalten sogleich einen türkischen Namen, der gewöhnlich auch ein biblischer ist; so ist Ibrahim gleichbedeutend mit Abraham, Süleïman (oder wie die Europäer sagen: Soliman) mit Salomon, Daud mit David, Mussa mit Moses, Sekerieh mit Zacharias, Ejub mit Hiob, Jussuf mit Joseph usw. Ein Kriegsgefangener muhamedanischer Religion hingegen kann getötet, aber nicht verkauft werden.

Der wohlbegründete Vorwurf hingegen, welchen man auch der orientalischen Sklaverei machen kann, ist, daß sie die direkte Veranlassung gibt zu der Härte, mit welcher gegen eine Summe Geld ein tscherkessischer Vater sich auf ewig von seinem Kinde trennt, zu den Menschenjagden, welche der große Handelsmann am Nil alljährlich in Sennar (heute zum Sudan gehörig) anstellen läßt, und dergleichen Abscheulichkeiten mehr.

Viel härter als das Los der Sklaven im Orient scheint mir das Verhältnis der Frauen bei der Ausdehnung, in welcher der Türke die materielle Gewalt über das schwächere Geschlecht übt.

Die Ehe ist im Orient rein sinnlicher Natur, und der Türke geht über das ganze ›Brimborium‹ von Verliebtsein, Hofmachen, Schmachten und Überglücklichsein als ebenso viele *faux frais* hinweg zur Sache. Die Heirats-Angelegenheit wird durch die Verwandten abgemacht, und der Vater der Braut bekommt viel öfter eine Entschädigung für den Verlust eines weiblichen Dienstboten aus seiner Wirtschaft, als daß er der Tochter eine Aussteuer mitgäbe. Der Tag, an welchem die Neuvermählte verschleiert in die Wohnung ihres Gemahls tritt, ist der erste, wo dieser sie erblickt, und der letzte, an welchem ihre nächsten männlichen Verwandten, ihre Brüder selbst, sie sehen. Nur der Vater darf ihren Harem noch betreten und übt auch später immer eine gewisse Gewalt über sie. ›Harem‹ heißt wörtlich Heiligtum, und die Vorhöfe der Moscheen tragen denselben Namen.

Diese Art, die Ehen zu schließen, bedingt schon an sich die Leichtigkeit, sie wieder zu lösen; ein vorhergesehener Fall, für den die Rückzahlung des etwaigen Heiratsgutes und eine Geldentschädigung gleich bei der Hochzeit festgesetzt wird. Übrigens ist der Muselmann des Spruchs aus dem Koran eingedenk: »Wisset, ihr Männer, daß das Weib aus der Rippe, d. h. aus dem krummen Bein geschaffen. Wollt ihr ein krummes Bein grade biegen, so bricht es. Ihr Gläubigen, habt Geduld mit den Weibern!«

Obschon das Gesetz den Rechtgläubigen vier Frauen erlaubt, so gibt es doch nur sehr wenige Türken, die reich genug wären, um mehr als eine zu heiraten. So viele Frauen, so viele besondere Haushaltungen und Wirtschaften muß er haben, denn die Erfahrung hat gezeigt, daß zwei Frauen in einem Konak (Palast) sich durchaus nicht vertragen. Dagegen gestatten Gesetz und Sitte dem Moslem, so viele Sklavinnen zu haben, wie er will. Nicht der mindeste Makel haftet an der Geburt des Sohnes einer Sklavin; diese stehen unter dem Befehl der eigentlichen Kadynn oder Hanumm, der Frau vom Hause. Welche reiche Quelle aber von Zwist und Hader, von Eifersucht und Ränken ein solches Verhältnis abgibt, ist leicht einzusehen.

Die Weiber sind streng bewacht und von allem Umgang, außer mit Frauen, geschieden. In diesem Punkte sind alle Muselmänner einverstanden, und die Reformen werden gewiß zu allerletzt in die Harems dringen. Die Fenster sind mit Holzgittern und dahinter von oben bis unten mit dichtem Rohrgeflecht geschlossen, so, daß niemand von außen das mindeste vom Innern erblickt. Gewöhnlich gestattet ein kleines rundes Loch diesen Gefangenen einen Blick hinaus in die schöne freie Welt, oft aber siehst du auch 20 bis 30 Fuß hohe Bretterverschläge, welche den reizenden Anblick des Bospor verstecken, damit die vorüberfahrenden Kaiks (Küstenfahrzeuge) mit Männern nicht von den Frauen bemerkt werden. Es ist freilich bequemer, der einzige Mann zu sein, den die Frau sieht, als unter vielen der liebenswürdigste. Auf Promenaden, in den Kähnen oder im Wagen sitzen Frauen stets nur mit Frauen beisammen.

Wenn der Mann seiner Gattin auf der Straße begegnet, so wäre es die größte Unschicklichkeit, sie zu grüßen, oder nur Miene zu machen, daß er sie erkenne; deshalb ist auch der Anzug der Frauen in ihrem Hause ebenso übertrieben frei, wie er außerhalb übertrieben verhüllt ist. Ein weißer Schleier bedeckt das Haar und die Stirn bis zu den Augenbrauen, ein anderer Kinn, Mund und Nase. – Die größte Reform in dem Schicksal der türkischen Frauen besteht darin, daß bei Begünstigten, wie denen des Großherrn, die Nasenspitze und ein paar Locken an den Seiten sichtbar geworden sind. Den Rest des Körpers bedeckt ein weites Gewand aus einem leichten schwarzen, hellblauen oder braunen Stoff. Ebenso unschön ist die Fußbekleidung, aus ledernen Strümpfen und Pantoffeln bestehend, welche bei den Türkinnen gelb, bei den Armenierinnen rot, bei den Griechinnen schwarz und bei den Jüdinnen blau sind. So schleichen sie langsam und schwankend wie Gespenster, unerfreulichen Anblicks einher.

Gewiß sind die Gesichter der Türkinnen im allgemeinen sehr schön. Fast alle Frauen im Orient haben den köstlichsten Teint, wundervolle Augen und breite gewölbte Augenbrauen. Wenn diese über der Nase zusammenstoßen, so ist das eine Schönheit, und türkische Frauen ersetzen den Mangel jenes Reizes, indem sie mit schwarzer Farbe einen Stern oder einen Halbmond zwischen die Brauen malen; auch wird der Schwärze der Wimpern nachgeholfen, indem sie einen gefärbten Zwirnsfaden zwischen den Augenlidern durchziehen, und die Nägel, selbst das Innere der Hand und oft auch die Fußsohlen werden mit Henna rot gemalt. Die beständig sitzende Lebensweise hat aber den türkischen Frauen alle Anmut der Bewegung, die Einkerkerung jede Lebhaftigkeit des Geistes geraubt, und sie stehen in Hinsicht auf Bildung noch eine Stufe unter den Männern.

Wer sich durch ›TausendundeineNacht‹ verleiten läßt, das Land der Liebesabenteuer in der Türkei zu suchen, kennt die Verhältnisse wenig. Bei den Arabern mag es anders gewesen sein, aber bei den Türken herrscht in dieser Beziehung die trockenste Prosa. Ich glaube, daß aus dem, was ich oben beschrieben, hervorleuchtet, daß es zu Liebesintrigen den Frauen an Temperament, wenigstens an Geist, den Männern aber an Möglichkeit fehlt. Wird eine türkische Frau je des Treubruchs mit einem Moslem überführt, so verstößt sie ihr Gemahl mit Schimpf; hatte sie aber Verkehr mit einem Rajah, d. h. mit einem christlichen Untertan der Pforte (des Sultanats), so wird sie noch heute, im Jahre 1836, ohne Gnade ersäuft und der

Rajah gehenkt. Ich bin selbst Zeuge dieser letzten Barbarei gewesen.

Auf einem Spaziergang auf der asiatischen Küste begegnete ich unlängst einer Koppel schwarzer Sklavinnen, die, ich glaube, aus Oberägypten kamen, wo die Weiber ebenso garstig als die in Nubien schön sind. Jene glichen wirklich kaum Menschen; die Stirn ist eingedrückt, Nase und Oberlippe bilden fast eine Linie, der starke Mund tritt weit über die Nasenspitze vor, das Kinn zurück. Es ist der Übergang zur tierischen Gesichtsbildung. Der ganze Anzug dieser Damen bestand in einem Stück Sackleinwand, dennoch fehlte der Putz nicht, denn blaue Glasringe umgaben die Knöchel und Handgelenke, und das Gesicht war durch tiefe Einschnitte in die Haut verschönert. Sie drängten sich um mich und riefen aus rauher Kehle mit großer Lebhaftigkeit unverständliche Worte. Ein alter Türke, ihr Führer, bedeutete mir, daß sie fragten, ob ich eine von ihnen kaufen wollte. Eine solche Sklavin kostet durchschnittlich 150 Gulden, d. h. etwas weniger als ein Maultier. Auf dem Sklavenmarkt zu Konstantinopel habe ich die weißen Sklavinnen nicht sehen dürfen, von schwarzen saß eine große Zahl im Hof. Sie warfen sich mit Gier über das Backwerk, welches wir unter sie verteilten, und alle wollten gekauft sein.

Aber nichts ist bezeichnender für das Verhältnis der Frauen im Orient, als daß der Prophet selbst ihnen nach diesem Leben gar keine Stellung anzuweisen wußte. Die Huris im Paradies (Jungfrauen von ätherischer Schönheit) sind nämlich keineswegs die dort wiedererstandenen Frauen der Erde, und was nach dem Tode einmal aus diesen wird, weiß kein Mensch. Da sind nun meine hübschen Armenierinnen besser daran.

Lady Mary Montagu
Reisebriefe einer halben Türkin

An Gräfin Bristol
Konstantinopel, 10. April 1718.
Alle Statuen hier haben noch ihre Köpfe, und ich kann nicht umhin, der Unverschämtheit der Autoren zu gedenken, die behaupten, sie hätten keine. Doch ich möchte schwören, der größte Teil von ihnen hat sie überhaupt nie gesehen und diese Nachricht von den Griechen übernommen, die mit unglaublicher Standhaftigkeit der Überzeugung ihrer eigenen Augen widerstehen, wenn es gilt, durch Lügen ihre Feinde zu entehren. Wenn man sie fragte, so gäbe es in Konstantinopel nichts anderes, das des Besichtigens wert wäre, als die Hagia Sophia, obwohl noch einige andere größere Moscheen da sind. Die des Sultans Achmed zeichnet sich durch Bronzetüren aus; in allen diesen Moscheen gibt es kleine Kapellen, wo sich die Gräber der Stifter und deren Familien befinden, vor denen ungeheure Kerzen brennen. Die Börsen sind lauter vornehme Bauwerke mit schönen, meist von Säulen getragenen Gängen, die wunderbar reinlich gehalten werden. Jedes Handwerk hat seinen eigenen Gang, darin die Waren auf dieselbe Art wie in der Neuen Börse in London ausgestellt sind. Das Besisten- oder Juwelierviertel zeigt so großen Reichtum, solch ungeheure Menge von Diamanten und allen Gattungen von Edelsteinen, daß der Anblick derselben blendet. Auch das Viertel der Stikkereien ist sehr glitzernd, und die Leute gehen ebensosehr wegen der Unterhaltung als wegen der Geschäfte dorthin. Die Märkte finden meistens auf schönen Plätzen statt und werden wunderbar reichlich versorgt, vielleicht besser als in irgendeinem anderen Teil der Welt.

Ich weiß, Sie erwarten, daß ich etwas Besonderes über die Sklaverei sage, und Sie werden mich für eine halbe Türkin halten, wenn ich nicht mit demselben Abscheu davon spreche, wie andere Christen dies vor mir getan. Doch kann ich nicht umhin, die Menschlichkeit der Türken diesen Geschöpfen gegenüber zu bewundern; letztere werden nie schlecht behandelt, und ihre Sklaverei ist nicht schlimmer, als Dienstbarkeit allüberall auf der Welt. Allerdings ist es richtig, daß sie keinen Lohn bekommen, doch bekommen sie jährlich mehr in Form von Kleidung, als die Bezahlung gewöhnlicher Dienstboten bei uns ausmacht. Sie werden wohl einwenden, daß Frauen von Männern in schlechter Absicht gekauft würden. Meiner Meinung nach werden diese in allen großen Städten der Christenheit weit schmachvoller und öffentlicher verkauft.

Ich muß der Beschreibung von Konstantinopel hinzufügen, daß die historische Säule nicht mehr steht; sie stürzte zwei Jahre, ehe ich hierher kam, zusammen. Ich habe keine anderen Spuren des Altertums gefunden als die Wasserleitungsbogen, die so ungeheuer groß sind, daß ich glaube, sie seien noch älter als das griechische Kaiserreich. Die Türken haben zwar in einige Steine türkische Inschriften eingehauen, um ihrer Nation die Ehre dieses großen Werkes zuzuschanzen, doch ist der Betrug leicht zu entdecken.

Andere öffentliche Gebäude sind die Hans (Herbergen) und die Klöster. Die ersteren sind sehr groß und zahlreich, die zweiten wenig zahlreich und durchaus nicht prächtig. Ich war so neugierig, eines von diesen zu besuchen, um die Frömmigkeit der Derwische zu beobachten, die ebenso wunderlich ist wie nur die irgendwelcher Mönche in Rom. Sie haben die Erlaubnis zu heiraten, doch müssen sie ein seltsames Gewand tragen, welches aus einem einzigen Stück rauhen, weißen Tuches besteht, in das sie sich einhüllen und das die Arme und Beine bloß läßt. Ihr Orden hat keine anderen Regeln als die Ausübung ihrer fanatischen Riten an jedem Dienstag und Freitag. Diese bestehen in folgendem: Die Derwische versammeln sich in einer großen Halle, wo sie alle mit zu Boden gerichteten Blicken stehen und die Arme gekreuzt halten, während der Imam oder Prediger von einer in der Mitte befindlichen Kanzel einen Abschnitt aus dem Koran vorliest. Ist dies getan, so machen acht bis zehn von ihnen mit ihren Pfeifen, die kein musikalisches Instrument sind, ein melancholisches Konzert. Dann liest er nochmals vor und gibt eine kurze Auslegung des Gelesenen, danach singen und spielen sie, bis ihr Vorgesetzter, der einzige von ihnen, der grün gekleidet ist, aufsteht und einen feierlichen Tanz beginnt. Sie umstehen ihn alle in einer bestimmten Ordnung, und während die einen spielen, binden die anderen ihr Kleid, das sehr weit ist, fest um den Leib und beginnen sich mit großer Schnelligkeit zu drehen, doch stets in genauer Übereinstimmung mit der Musik, langsamer und schneller, wie die Weise es eben verlangt. Dies dauert über eine Stunde, ohne daß einer von ihnen im mindesten schwindelig würde, was nicht wunderlich ist, da sie alle von Kindheit daran gewöhnt sind, denn viele von ihnen werden bei der Geburt für diese Lebensweise bestimmt und sind überdies Söhne von Derwischen. Zwischen ihnen drehten sich einige sechs- oder siebenjährige kleine Derwische, welche diese Übung nicht mehr aus der Fassung brachte als die anderen. Zu Ende der Zeremonie rufen sie aus: »Es gibt keinen anderen Gott als Gott, und Mohammed ist sein Prophet«, wonach sie die Hand ihres Oberen küssen und sich zurückziehen.

Dies alles vollzieht sich mit dem feierlichsten Ernst. Nichts kann strenger sein als die Haltung dieser Leute, sie erheben nie den Blick und scheinen in Betrachtung versunken. Und so lächerlich dies in der Erzählung erscheinen mag, so ist doch etwas tief Ergreifendes in dem Ausdruck der Unterwerfung und Kasteiung, den sie annehmen.

An Gräfin Mar

(Undatiert. April/Mai 1718.)

Ebenso unterhaltend ist es, wie wehmütig Mr. Hill und alle Reiseschriftsteller seinesgleichen über die Gefangenschaft der türkischen Frauen klagen, die freier als vielleicht alle anderen Frauen der Erde und überdies die einzigen in der Welt sind, die ein Leben voll ununterbrochener Freuden, bar aller Sorgen führen. Ihre ganze Zeit ist ausgefüllt mit Besuche machen, Baden, oder der angenehmen Unterhaltung des Geldausgebens und der Erfindung neuer Moden. Ein Ehemann, der von seiner Frau einen gewissen Grad von Sparsamkeit forderte, würde als verrückt angesehen werden, da die Höhe der Ausgaben der Frauen von nichts anderem als von deren Launen abhängig ist. Seine Aufgabe ist es, Geld zu beschaffen, die ihre, es auszugeben, und dies edle Vorrecht erstreckt sich sogar auf die Geringste ihres Geschlechtes. Da ist ein Kerl, der auf dem Rücken gestickte Taschentücher zum Verkaufe herumträgt, eine armselige Erscheinung, wie dies bei einem so gemeinen Händler zu erwarten ist. Doch ich versichere Ihnen, seine Frau würde es verächtlich finden, etwas anderes als Goldstoff zu tragen, besitzt einen Hermelinpelz und eine Anzahl Juwelen für ihren Kopfputz. Die Türkinnen gehen aus, wann und wohin es ihnen beliebt. Es ist richtig, sie haben keine anderen Zusammenkunftsplätze als die Bäder, und auch dort können sie nur von ihren Geschlechtsgenossinnen gesehen werden, doch ist dies eine Unterhaltung, an der sie immerhin viel Vergnügen finden.

Ich war vor drei Tagen in einem der schönsten Bäder der Stadt und hatte Gelegenheit, den Empfang einer türkischen Braut und alle bei diesem Anlaß gebräuchlichen Zeremonien mit anzusehen. Diese erinnerte mich an das Hochzeitsgedicht für Helena bei Theokrit, und es scheinen die gleichen Sitten wie damals auch heute noch hier zu herrschen. Alle weiblichen Freunde, Verwandte und Bekannte der beiden neu verbundenen Familien trafen im Badehaus zusammen. Andere gehen aus Neugierde hin, und ich glaube, es waren an diesem Tage wenigstens zweihundert Frauen dort. Die Verheirateten und die Witwen setzten sich rundherum auf die Marmorsofas. Die Jungfrauen warfen raschest ihre Kleider ab und erschienen ganz ohne andere Hülle oder anderen Schmuck als ihr langes, offenes Haar, das mit Bändern und Perlen durchflochten war. Zwei von ihnen begrüßten die Braut, die von ihrer Mutter und einer anderen würdigen Verwandten begleitet war, an der Türe. Sie war ein schönes Mädchen von etwa siebzehn Jahren, sehr reich gekleidet und strahlend von Juwelen, doch wurde sie augenblicks in den Naturzustand zurückversetzt. Zwei Mädchen füllten vergoldete Silbergefäße mit Parfüm und führten den Zug an, der Rest folgte in dreißig Paaren nach. Die Führerinnen sangen ein Hochzeitslied, und der Chor stimmte ein. Die beiden letzten führten die schöne Braut, die mit zu Boden gesenkten Augen und mit einer reizenden, gezierten Bescheidenheit einherschritt. In dieser Ordnung zogen sie durch drei große Säle des Bades. Es ist nicht leicht, Ihnen die Schönheit dieses Anblicks zu beschreiben, da die meisten von ihnen wohlgebaut und von schöner, weißer Hautfarbe waren. (Durch den häufigen Gebrauch der Bäder sind sie alle im Besitz einer vollkommen glatten und glänzenden Haut.) Nach Beendigung dieses Umzuges wurde die Braut zu den Matronen geführt, von denen sie jede mit einem Glückwunsch und einem Geschenk begrüßte. Die Geschenke bestanden in Juwelen, Stoffen, Taschentüchern oder kleinen Galanterien, wofür sie sich mit einem Handkuß bedankte.

Es bereitete mir viel Vergnügen, diese Zeremonie mit anzusehen, und Sie mögen mir glauben, daß die türkischen Damen zumindest soviel Verstand und Höflichkeit, ja sogar Freiheit haben wie unsere Damen. Es ist richtig, daß die hiesigen Sitten ihnen sehr viel Gelegenheit bieten, ihren bösen Neigungen (wenn sie solche haben) nachzugehen und es andererseits ihrem Gatten vollständig in die Hand gegeben ist, sie zu bestrafen, wenn sie entdeckt werden. Ich zweifle nicht, daß sie ihre Verfehlungen oft auf sehr schwere Art büßen müssen.

Lord Byron
IN PREVESA

Prevesa, 12. November 1809.

Meine teure Mutter!
Ich lebe schon einige Zeit in der Türkei; diese Stadt liegt an der Küste, aber ich bin auch im Innern Albaniens gewesen und habe dem Pascha meinen Besuch gemacht. Malta verließ ich erst am 21. September in dem Kriegsschiff »Spyder« und war binnen acht Tagen in Prevesa. Ich machte ungefähr 150 Meilen bis Tepeleni, der Sommerresidenz des Pascha, wo ich drei Tage verlebte. Sein Name ist Ali, und er gilt für einen Mann von bedeutenden Fähigkeiten, er beherrscht ganz Albanien (das alte Illyrien), Epirus und einen Teil Mazedoniens. Sein Sohn, Weli Pascha, an welchen er mir Briefe mitgab, ist über Morea gesetzt und hat großen Einfluß in Ägypten; kurz, er ist einer der Mächtigsten im Osmanischen Reich.

Als ich nach einer Tour von drei Tagen durch das Gebirge, in einer überaus pittoresken Gegend, die Hauptstadt Janina erreichte, kam mir die Nachricht, daß Ali Pascha mit seinem Heer in Illyrien sei und den Ibrahim Pascha in der Festung

Berat belagere. Er hatte vernommen, daß ein Brite von Rang sich in seinem Gebiet befinde, und dem Befehlshaber von Janina Befehle zurückgelassen, für ein Haus zu sorgen und mich mit allen Lebensbedürfnissen kostenfrei zu versehen. Ob ich nun gleich den Sklaven Geschenke machen durfte, so hat man mir doch nicht das Geringste für den Haushalt zu bezahlen erlaubt. Ich ritt auf den Pferden des Wesirs spazieren und sah seine und seiner Enkel Paläste; sie sind brillant, doch viel zu viel überladen mit Seide und Gold. Dann nahm ich meine Reise übers Gebirge durch Zitza, ein Dorf mit einem griechischen Kloster – wo ich auf der Retourreise über Nacht blieb – in der entzückendsten Gegend, die ich je gesehen, etwa Sintra in Portugal ausgenommen. In neun Tagen kam ich nach Tepeleni. Unsre Tour wurde durch die reißenden Gebirgsströme, welche die Wege zerstört hatten, sehr aufgehalten.

Ich werde nie den eigentümlichen Eindruck vergessen, als ich Tepeleni nachmittags fünf Uhr betrat, wie gerade die Sonne unterging. Es erinnerte mich lebhaft – doch mit einiger Veränderung des Kostüms – an Walter Scotts Beschreibung des Schlosses Branksome in seinem Lay, und an das ganze Feudalwesen des Mittelalters. Die Albanier in ihren Gewändern, den reichsten von der Welt, die aus einer Art langem weißen Kilt oder schottischem Rock, einem goldverbrämten Mantel, einer karmosinfarbigen Sammetjacke und Sammetweste mit Goldlitzen, aus Pistolen und Dolchen mit Silbergriffen bestehen; die Tataren mit ihren hohen Mützen; die Osmanen in ihren großen Pelzen und Turbanen, die Soldaten und die schwarzen Sklaven mit den Pferden; erstere in Trupps auf einer weiten offenen Galerie vor dem Palast, letztere in einer Art von Kloster hinter demselben; dreihundert Pferde, alle aufgezäumt, um jede Minute fortzusprengen; Kuriere, die mit Depeschen kommen und gehen; das Schlagen der Pauken, das Rufen der Stunde vom Minarett der Moschee: Dieses alles gab mit der sonderbaren Erscheinung der Gebäude zusammen ein neues, entzückendes Schauspiel für den Pilgrim ab (das poetische Reisetagebuch »Child Harold's Pilgrimage«).

Ich wurde in ein sehr schönes Zimmer geführt, und der Sekretär des Wesirs erkundigte sich nach meinem Befinden – à la mode Turque.

Folgenden Tages wurde ich bei Ali Pascha eingeführt. Ich trug die vollständige Uniform eines Offiziers vom Generalstab, einen prachtvollen Degen und dergleichen mehr. Der Wesir empfing mich in einem großen Zimmer, dessen Fußboden mit Marmorplatten belegt war; ein Springbrunnen spielte in der Mitte, und rings an den Wänden waren scharlachrote Ottomanen ausgebreitet. Er empfing mich stehend, eine ganz besondere Höflichkeit von einem Türken, und ließ mich sitzen zu seiner Rechten. Ich habe einen griechischen Dolmetscher für alle Vorfälle des Lebens, aber bei dieser Gelegenheit wurde ein Arzt Alis mit Namen Femlario, der Latein spricht, gebraucht. Seine erste Frage war, warum ich so jung schon mein Heimatland verlassen hätte. Denn die Türken haben keinen Begriff davon, daß man zu seinem Vergnügen reist. Dann sagte er, der englische Minister, Kapitain Leake, hätte ihm bedeutet, daß ich von hoher Familie sei; und er ersuchte mich, meiner Mutter seinen Respekt zu bezeugen, was ich denn hiermit im Namen des Ali Pascha tue. Er meinte, er sei überzeugt, daß ich von hoher Geburt sei, weil ich kleine Ohren, gelocktes Haar und kleine weiße Hände hätte; auch sprach er sein Wohlgefallen über meine Person und Kleidung aus.

Dann bat er mich, ich möchte ihn, so lange ich mich in der Türkei aufhielte, als meinen Vater ansehen, indem er mich ganz wie sein Kind ansähe. Und in der Tat behandelte er mich wie ein Kind, denn er sandte mit den Tag über wohl zwanzigmal Mandeln und Zuckersorbet, Früchte und Konfitüren. Er bat mich, ihn recht oft zu besuchen, besonders zu Nacht, wo er freie Zeit hätte. Nach geschlürftem Kaffee und gedampfter Pfeife zog ich mich für dieses erste Mal zurück. Ich sah ihn später noch dreimal. Merkwürdig ist, daß die Muselmanen, die doch außer ihrem Sultan keine erbliche Würde kennen und wenige angesehene Familien zählen, auf die Geburt so viel Gewicht legen, denn ich sah meinen Stammbaum viel höher geschätzt als meine Titulatur.

Seine Hoheit ist sechzig Jahre alt, sehr feist und nicht groß, aber sein Antlitz ist anmutig, der Bart weiß und die Augen hellblau; sein Benehmen ist sehr leutselig, und er hat ganz die Würde, die ich bei den Moslems so allgemein finde. Er macht einen ganz anderen Eindruck, als sein wahrer Charakter ist –

denn er hat sich als ein verhärteter Tyrann herausgestellt, der die schrecklichsten Grausamkeiten verübte; sehr tapfer ist er und ein so vortrefflicher General, daß sie ihn den moslemischen Bonaparte nennen. Napoleon hat ihm zweimal das Königtum von Epirus angeboten, aber Ali zieht das britische Interesse vor und verachtet die Franzmänner, wie er selbst gegen mich äußerte.

Er offenbart so eine Konsequenz, daß beide Nationen ihm gleichermaßen den Hof machen. Die Albaner sind nämlich die mutigsten Untertanen des Sultans, und Ali ist nur dem Namen nach an die Pforte (das Sultanat) gebunden. Er war seinerzeit ein gewaltiger Soldat, aber er ist ebenso barbarisch wie glücklich, läßt die Aufrührer auf dem Roste braten und tut Ähnliches mehr. Bonaparte sandte ihm eine Tabatière mit seinem Portrait. Ali sagte, die Dose wäre ihm ganz recht, aus dem Bilde mache er sich aber den Kuckuck, es ziehe bei ihm so wenig wie das Original.

Seine Weise, die Abkunft der Menschen nach den Ohren, Händen usw. zu beurteilen, ist freilich sehr sonderbar. Er zeigte sich wirklich gegen mich wie ein Vater und gab mir Briefe, Wachen und alle nur möglichen Bequemlichkeiten. Unsere nächste Konversation handelte vom Krieg und vom Reisen, von England und von der Politik. Er ließ einen albanischen Soldaten kommen, der mir zur Begleitung gegeben wurde, und schärfte ihm ein, mich unter allen Umständen treu zu beschützen.

Sein Name ist Wiskillie und er in Person wie alle Albaner tapfer, von strenger Rechtlichkeit und treu; doch sind sie bei aller Anhänglichkeit grausam und haben manche Fehler, wobei man sie indes keiner Erbärmlichkeit zeihen kann. Hinsichtlich ihrer Physiognomie dürften sie wohl für die schönsten Männer von der Welt zu betrachten sein; auch ihre Frauen sind keine üblen Schönheiten, doch diese werden wie Sklavinnen gehalten, geschlagen, kurz wie wahre Lasttiere behandelt: pflügen müssen sie, und graben und säen. Ich sah sie Holz schleppen, ja selbst die Landwege ausbessern. Die Männer sind alle Soldaten, Krieg und Jagd ist ihre einzige Arbeit. Die Frauen müssen die eigentliche Arbeit verrichten, und dennoch ist dieses kein so drückendes Los in einer gesegneten Zone wie dieser.

Jakob Philipp Fallmerayer
Beim türkischen Statthalter in Larissa

Am Hoftor des Regierungsgebäudes, wo die oberste Zivil- und Militärgewalt der Provinz Thessalien residiert, fanden wir keine Schildwacht. Im Erdgeschoß, zum Teil in ärmlichen Schuppen auf zwei Seiten des innern Platzes, sind die Kanzleien. Im ersten Stockwerk, wohin man aus dem Hof auf einer hölzernen Außenstiege gelangt, ist ein offenes Vestibulum (Vorhalle), wo sich die Kavassen (Gendarmen) und unmittelbaren Diener der Gewalt aufhalten und der Privatsekretär seine Stube hat. Diesem erklärt man seine Absicht, mit dem Wesir zu sprechen, der unmittelbar am Vestibulum seinen Divan hat. Die Stelle der Zimmertür, die den ganzen Tag offen bleibt, vertritt ein Vorhang aus gefärbtem Tuch, das man ohne weitere Meldung auf die Seite schiebt oder, wenn man von Bedeutung ist, durch einen der Diener heben läßt.

Das alles ist aber so einfach und zugleich den engherzigen Begriffen und Satrapenlaunen des Okzidents so widerstreitend, daß es einem disziplinierten Deutschen beinahe an der nötigen Kühnheit gebricht, ohne alles Zögern, Zagen, Fragen, Besorgen und Verneigen vorwärts zu gehen. »Geh nur hinein! was zögerst du?« rief ein Albanese aus dem Vestibulums-Trupp dem Fremdling zu. Ich hob das Velum (den Vorhang) weg und sieh da! Namik Pascha in seinem kaffeebraunen Paletotsack, das kübelförmige dichtwattierte rote Fes auf dem Kopfe, saß mit untergeschlagenen Beinen wie eine Pagode an der Divansecke. Ich hielt meinen Sermon, so gut es ging, auf türkisch und übergab zugleich das Schreiben des (Konsuls) Herrn von Mihanowitsch. Der Wesir erwiderte den Gruß in derselben Sprache, tat einige Fragen, lud zum Sitzen ein und las den Brief, während der Diener schweigend und leisetretend den Kaffee und die Ambrapfeife brachte. Inzwischen traten immer mehr Leute in den Saal, denn es war um die geschäftigste Zeit des Tages, und wir wurden im Gespräch über den Inhalt des Briefes, über die Grenzverhältnisse des benachbarten Griechenlands, über die Londoner Konferenz, über Personalien etc. beständig unterbrochen, und der Pascha fragte, ob ich Eile habe und nicht einen Tag in Larissa bleiben und nach Sonnenuntergang mit ihm essen wollte, wir könnten dann in Ruhe weiterreden.

Obwohl ich lieber nach Turnovo zurückgeritten wäre, hatte ich doch nicht den Mut, nein zu sagen. Zugleich sandte der Pascha Befehl in ein angesehenes Christenhaus, man soll mir Quartier bereiten, und der Hausarzt, ein Grieche aus Volo, der etliche Jahre in Wien gewesen ist, wurde beauftragt, den Gast zu unterhalten, in der Stadt herumzuführen, ihn auf alles Merkwürdige aufmerksam zu machen und abends bei gehöriger Zeit in das Seraï zurückzubringen. Natürlich erhob niemand Widerspruch, denn des Wesirs Wille ist hier Gesetz.

Unter den Eintretenden war auch ein ganz ärmlicher in Lumpen gekleideter bejahrter Türke, der, wo nicht geradezu ein Bettler, doch jedenfalls in den geringsten und niedrigsten Umständen war. Drei albanesische Bimbaschi (Majore) in vergoldeten Brustschuppen und glänzenden Gewändern, und neben diesen ein mohammedanischer Landedelmann mit seinem elegant gekleideten, kokett geschniegelten Sohn machten dem Pascha zu gleicher Zeit ihre Cour (Aufwartung). Der Mann in Lumpen trat aber ohne die geringste Verlegenheit, vielmehr in ungebeugter stolzer Haltung vor den Pascha hin, legte eine kleine Feldblume als Gabe auf das Divankissen, nannte seinen Namen und fragte, wie es mit seiner Sache stehe; er habe auf seine vor mehreren Tagen eingereichte Bittschrift noch immer keinen Bescheid erhalten und komme nun selbst zu sehen, was der Pascha für ihn zu tun gedenke, denn es habe Eile, er könne nicht mehr leben und es müsse ihm geholfen werden. Der Wesir antwortete mit der größten Sanftmut: »Dschianum (mein Gemüt), ich habe deine Bittschrift gelesen und kenne deine Lage recht gut, und nur der Drang der Geschäfte, der jetzt besonders heftig ist, hat mich verhindert, die Sache vorzunehmen; man wird dir helfen, man wird das Mögliche tun, deine Lage zu erleichtern, nur mußt du dich noch einige Tage gedulden; beruhige dich nur und geh in Allahs Namen, deine Sache ist nicht vergessen.« Der Mann dankte, bat aber noch einmal, der Pascha möge ihn nicht zu lange warten lassen, »denn das erste und notwendigste Geschäft der Obrigkeit sei, dem Bedrängten beizustehen und dem Notleidenden Rat zu schaffen«. Und so ging der Mann in Lumpen mit derselben Zuversicht, mit welcher er hereingetreten war, zum Saal hinaus.

Denke man sich eine solche Szene in der Christenheit und stelle man die Leutseligkeit des Wesirs von Larissa neben die hochmütige Härte hin, mit der man Armen und Geringen in den Paschaliken (Provinzen) der christlichen Länder begegnet. In der Türkei gibt es keinen höhern Rang als »Moslim« zu sein, und auf diesen Titel ist der Bettler nicht weniger stolz und zuversichtlich als der Wesir. Ich hatte dem Auftritt mit dem größten Interesse zugesehen und ging dann mit dem Medicus in das angewiesene Christenhaus.

Zu sehen ist in Larissa nichts. Es ist eine Türkenstadt ohne die geringste Spur, als hätte hier jemals das kunstreiche Volk der alten Hellenen gewohnt. Lange grasbewachsene Erdlinien mit verfallenen Holztoren und halbgefüllten Gräben, über leere Felder streichend, verraten streckenweise die Richtung der alten Mauer und die verschwundene Größe von Larissa. (...)

Wohl strichen wir durch die Bazare von Jenischehir (›Neustadt‹, türk. Name für Larissa), um zu sehen, wieviel und welcherlei einheimisches und fremdes Gut in den Magazinen liege und zu welchen Preisen man hier verkaufe. Auch einige Stadtviertel wurden durchzogen, der Erzbischof und das neue Pracht-Seraï eines reichen Begs (Vornehmen) besucht, aber aus Zufall hörten wir nirgend ein verständiges Wort, nirgend einen neuen klugen Gedanken und saßen bis gen Abend hin im Kaffeehaus auf dem langgezogenen sanft anschwellenden Hügelkamm.

Wohl einige Stunden saß ich auf dem freien Platz vor der Tür und schaute bald in die blauen stillen Lüfte hinaus, bald in die langsam wogende Strömung des Peneios und auf den einsamen Platanen Chersones – Sonntagslust der Larissa-Jugend – an der nahen Uferkrümmung hinab. Am Abhang des Zitadellenhügels in der Richtung gegen die Bazare steht ein isolierter Turm mit einer Glockenuhr, und weithin über das Häusermeer tönte in abendlicher Stille der Stundenklang. Wir warteten, bis die letzten Strahlen der untergehenden Sonne auf den Gipfeln des Olymp erloschen, und kamen bei anbrechendem Dunkel in das Seraï zurück.

Namik Pascha saß noch auf derselben Stelle und in derselben Haltung, wie wir ihn vor mehr als sechs Stunden verlassen hatten. Namik Pascha reitet selten aus und sitzt, wenn er nicht in Geschäften seiner weiten Provinz von der Hauptstadt abwesend ist, Tage, Wochen, Monate lang von Morgen bis Abend gleichsam bewegungslos und mit allzeit gleicher Miene in der Divansecke, um Gerechtigkeit zu spenden, Fragen zu lösen, Bedenken zu heben, Streite zu schlichten, Huldigungen einzunehmen, Befehle zu erteilen und sich von jedermann Gehorsam und unterwürfiges Entgegenkommen leisten zu sehen. Geschäft oder kein Geschäft, Divane menschenvoll oder leer macht keinen Unterschied; der Pascha sitzt unverrückt und wartet, bis es etwas zu befehlen gibt.

Erst mit Untergang der Sonne steht er auf und geht langsam ernsthaft über die Stiege in den zweiten Stock hinauf, wo Harem und Familie mit dem übrigen Labsal der Tagesmühen seiner harrt. Gewiß liegt im Regieren ein eigentümlicher Reiz und ist das Geschäft im Grunde vielleicht nicht gar so langweilig und qualvoll, als es bisweilen Uneingeweihten scheinen mag. Auch hat man ja schon dem Diener des weisen Ritters von der Mancha gesagt: »Wer einmal die Hände am Steuerruder habe, wolle nicht mehr loslassen, weil Befehlen und Gehorsam zu finden gar so süße Dinge seien«, »*por ser dulcissima cosa el mandar y ser obedecido*«. Sollte es mit diesem Axiom richtig sein, so hatte Namik Pascha dieses Mal ganz gewiß einen Tag der Sättigung und des glücklichsten Übermaßes, denn meiner Rechnung nach saß er wenigstens vierzehn volle Stunden machtübend auf seinem Divansplatz.

REISENDE EIN LEBEN LANG

»Der echte Reisende beginnt früh wie das Genie. Und er macht es noch immer wie jener Araber Ibn Battuta, der am zweiten Tage des Rajab 725 (anno 1304) seine Heimatstadt Tanger verließ. ›So beschloß ich denn‹, sagte er, ›mich von meinen Lieben zu trennen, Männern wie Frauen, und verließ meine Heimat, wie der Vogel sein Nest verläßt. Krank vor Kummer nahm ich's doch auf mich, von ihnen zu gehen. Ich war damals 22 Jahre alt.‹ Das ist es! Für seine erste Reise nach Indien und China brauchte jener arabische Reisende 24 Jahre. Nach der Rückkehr diktierte er dem Kalligraphen seines Sultans seine Erlebnisse in 12 Wochen. Der wirkliche Reisende verbrennt immer seine Schiffe.«

Alfons Paquet
Die Welt des Reisens (1939)

Hsüan Tsang
Reise in die Westländer

Von Ch'ang-an, der Residenz der T'ang-Kaiser (dem heutigen Xian), brach im Jahre 629 der damals etwa 26jährige buddhistische Mönch Hsüan Tsang zu einer Reise auf, die ihn auf der alten Seidenstraße über die Wüste Gobi, die Gebirgszüge des Hindukusch und Pamir bis ins Punjab und zu den Wassern des Ganges führen sollte. Überzeugt, daß die bisher in China zugänglichen buddhistischen Texte voller Fehler und zudem unvollständig waren, zog er los, um im Mutterland des Buddhismus die wahren, »heiligen Schriften« zu studieren und mitzubringen. Folgerichtig war seine Reise zugleich eine Pilgerfahrt zu den Stätten Buddhas, bis hin zu dem Bodhi-Baum, in dessen Schatten Gautama die Erleuchtung erlangt hatte. Die Reise des »Schriftenholers« dauerte fast 17 Jahre. Überliefert ist sie in seinem länderkundlichen Reisebericht Hsi-yü chi (›Aufzeichnungen über die Westlande‹, 648), den er für den T'ang-Kaiser verfaßte, und in der ›Chronik des Meisters des Gesetzes der drei Körbe (tripitaka)‹, die seine Schüler Hui-li und Yen-ts'ung in zehn Bänden niederlegten (688). Im folgenden wird die persönlichere »Chronik« zitiert.

Ausgangspunkt ist Liangchou, die letzte größere Stadt in der westlichsten Provinz Chinas, damals wie heute Sammelplatz der Karawanenstraßen in Richtung Mongolei und Tarimbekken. Hsüan Tsangs Schüler berichten:

Zu dieser Zeit war die Verwaltung der Provinz Liangchou (heute: Gansu) neu geordnet, und die Landesgrenzen befanden sich nicht allzu fern. Die Leute waren starken Einschränkungen unterworfen; so war ihnen nicht erlaubt, außer Landes zu gehen. Der Gouverneur von Liangchou, Li-ta-liang, hielt sich strikt an die kaiserlichen Verbotsregeln. Zu ihm kam nun ein Mann, der ihm bedeutete: »In der Stadt ist ein Priester aus Ch'ang-an, er beabsichtigt, in die westlichen Länder zu reisen. Seine Pläne kenne ich nicht.« Der Gouverneur war voller Bedenken. Er ließ den Meister des Gesetzes (so der ständige Beiname des Hsüan Tsang) zu sich rufen und fragte ihn nach seinem Ziel. Der Meister erwiderte: »Mein Wunsch ist, nach Westen zu gehen, um das Gesetz (die rechtmäßigen Texte) zu finden.« Als Li-ta-liang dies vernahm, legte er ihm dringend nahe, in die Hauptstadt zurückzukehren.

Ein anderer Meister, Hui-wei, lebte zu der Zeit in Liangchou; aufgrund seiner spirituellen Fähigkeiten und Erkenntnisse war er der höchstangesehene Priester westlich des Huangho (Gelben Flusses). Er hegte große Bewunderung für die tiefgründige Argumentation des Meisters Hsüan Tsang, und als er von dessen Absicht vernahm, sich auf die Suche nach dem Gesetz zu machen, freute es ihn ungemein. Er schickte ihm insgeheim zwei seiner Schüler, Hui-lin und Taou-ching, und bat sie, den Meister unbemerkt nach Westen zu geleiten.

Von nun an wagte er es nicht mehr, sich öffentlich zu zeigen. Tagsüber versteckte er sich, nachts setzte er seinen Weg fort. Er erreichte so Kuachou (im Süden der Oase Anhsi); der Gouverneur To-Kiu hatte von seiner Ankunft gehört und war hoch erfreut, er versah ihn reichlich mit allem Nötigen. Als sich der Meister nach den Straßen westwärts erkundigte, sagte man ihm, 50 Li (chinesische Meile, von unterschiedlicher Länge) nördlich fließe der Su-lo-ho, erst breit und dann zunehmend eng und von so reißendem Lauf, daß sich kein Boot auf ihm halten könne. Zudem werde der Übergang von der Festung Jadetor oder Yü-mên-kuan bewacht, sie sei die Schlüsselstelle, wolle man die westlichen Grenzen erreichen. Jenseits der Festung im Nordwesten befänden sich fünf Wachttürme, jeweils in Sichtweite. Dies seien die letzten Posten; von da an erstrecke sich die Wüste Mo-kia-Yen (Gobi), und es beginne das Königreich I-gu (Oase Iwu, das heutige Hami).

Als der Meister diese Einzelheiten erfuhr, befiel ihn Angst und Mutlosigkeit. Sein Pferd war gerade gestorben, und er wußte nicht, welche Schritte er unternehmen sollte. Etwa einen Monat lang blieb er traurig und schweigsam. Als er sich zur Abreise anschickte, kamen Meldereiter aus Liangchou mit der Order: »Hier soll ein Priester namens Hsüan Tsang sein, der vorhat, auf das Gebiet von Si-Fan vorzudringen. Alle Provinzgouverneure haben den Auftrag, ihn davon abzuhalten.« Li-chang aber, der hiesige Gouverneur, war ein frommer und gewissenhafter Buddhist; er hegte die Vermutung, der Meister des Gesetzes sei die besagte Person, also zeigte er ihm heimlich das Dekret mit den Worten: »Ist nicht der Meister damit gemeint?« Der Meister aber zögerte und erwiderte nichts.

Darauf sagte Li-chang: »Der Meister möge die Wahrheit sprechen, und Euer Schüler wird sich einen Fluchtplan für Euch ausdenken.« Daraufhin sagte ihm der Meister die Wahrheit. Li-chang zeigte sich überrascht und voller Bewunderung: »Da der Meister in der Tat ein solches hochgestecktes Ziel erreichen kann, will ich das Papier ihm zuliebe vernichten.« Er zerriß es vor seinen Augen. »Und nun müßt Ihr eilig aufbrechen.«

Von der Zeit an wurden seine Ängste und Besorgnisse immer größer. Einer der beiden Novizen, die ihn begleiteten, kehrte auf der Stelle nach Dunhuang zurück; der andere namens Hui-lin blieb zwar bei ihm, doch weil der Meister wußte, daß jenem die Kraft für eine so weite Reise fehle, ließ er auch ihn umkehren. Durch Tauschhandel kam er wieder zu einem Pferd. Seine Sorge war nur, daß er keinen Führer und Begleiter hatte. Er begab sich zu dem Tempel nahe seiner Unterkunft, verbeugte sich vor dem Bild des Maitreya und flehte ihn an, ihm einen Führer zu senden, um die letzten Grenzposten zu passieren.

Anderntags kam ein Fremder in den Tempel, um zu Buddha zu beten, und dann erwies er dem Meister die Ehre, indem er dreimal um ihn herumschritt. Er stellte sich ihm als buddhistischer Eleve vor. Als der Meister seine Intelligenz, seinen kräftigen Körperbau und zudem sein höfliches Benehmen bemerkte, sprach er von seinem Vorhaben, in den Westen zu gehen. Der Fremde zeigte sich sehr bereitwillig und sagte, er würde den Meister bis jenseits der fünf Wachttürme geleiten. Das erfüllte den Meister mit Freude. Er gab ihm Kleider und andere Dinge, um dafür ein Pferd einzuhandeln, und bestimmte einen Zeitpunkt, an dem sie sich treffen sollten.

Anderntags vor Sonnenuntergang ging er in Richtung der Grassteppe, als auch schon der Fremde sich zeigte, zusammen mit einem alten Graubart – auch er ein fremder Barbar –, der auf einem dürren Rotfuchs ritt. Dem Meister war nicht sehr wohl dabei. Der junge Fremde stellte ihn vor: »Dieser verehrungswürdige Graubart kennt die Wege des Westens in- und auswendig. Mehr als dreißigmal ist er nach I-gu gegangen, hin und zurück. Ich habe ihn gebracht, daß er mit Euch geht – in der Hoffnung, daß er Euch Sicherheit geben möge.« Daraufhin sagte der Ältere: »Die Wege des Westens sind gefährlich und in schlechtem Zustand. Sanddünen halten einen auf, vor heißen Winden ist ebensowenig Schutz wie vor bösen Geistern. Ganze Karawanen gehen in die Irre, auch wenn sie viele Köpfe zählten. Um so gefährlicher für Euch, der Ihr alleine reist! Wie könnt Ihr eine solche Reise überstehen? Ich bitte Euch, erwägt die Sache reiflich und setzt nicht Euer Leben aufs Spiel.« Der Meister erwiderte: »Dieser arme Priester (er selbst) hat das Ziel, die westliche Welt zu erreichen. Sollte er letztlich nicht das Land der Brahmanen erreichen, gibt es auch keine Rückkehr nach Osten, er mag dann unterwegs zugrunde gehen.«

Darauf überließ ihm der fremde Graubart das rotbraune Pferd mit den Worten: »Es ist ausdauernd und kennt die Strecke; Eures ist, mit Verlaub, nicht für die Reise geeignet.«

Der Meister lud sein Gepäck auf und zog, zusammen mit dem jungen Fremden, in die Nacht hinaus. In der Morgendämmerung kamen sie an den Fluß und sahen in einiger Entfernung die Festung Yü-mēn-kuan. Der Fluß war an dieser Stelle nicht mehr als zehn Fuß breit. An beiden Ufern standen Wu-tung-Bäume; der Fremde fällte einige, warf damit einen Steg über den Fluß, legte die Äste darüber und füllte das Ganze mit Sand auf. Sie führten die Pferde herüber und zogen weiter.

Der Meister war sehr erleichtert, aber auch erschöpft. Bald stieg er vom Pferd und suchte sich einen Schlafplatz. Der fremde Führer tat desgleichen und breitete seine Matte auf dem Boden aus, etwa 50 Schritt von dem Meister entfernt. Sie legten sich zur Ruhe.

Nach einiger Zeit ergriff der Führer sein Messer, erhob sich und ging auf den Meister zu. Er war nur noch zehn Schritt von ihm entfernt, da machte er wieder kehrt. Der Meister, der nicht wußte, was der andere vorhatte, erhob sich beunruhigt, sprach einige Sätze aus den erhabenen Schriften und rief Kuan-yin (die Göttin der Barmherzigkeit) an. Der Fremde sah dies, kehrte auf seinen Platz zurück und legte sich schlafen.

Beim ersten Sonnenstrahl rief der Meister ihn an und hieß ihn Wasser holen. Nachdem sie sich gewaschen und etwas gestärkt hatten, schlug er vor, aufzubrechen. Der Führer erwiderte: »Euer Schüler führt Euch auf einen Weg, der unermeßlich weit ist und voller Gefahren. Man findet an ihm weder Wasser noch Weideland. Erst unterhalb des fünften Signalturms gibt es Wasser. Wir müssen des Nachts dort ankommen, uns heimlich damit versorgen und rasch weiterziehen, denn wenn man uns von oben bemerkt, sind wir so gut wie tot. Ist es nicht besser, jetzt umzukehren?« Der Meister lehnte dies entschieden ab, und sie drangen weiter in die Steppe vor. Plötzlich zog der Führer sein Messer, spannte seinen Bogen und bat den Meister, er möge voranreiten. Doch der Meister ging nicht darauf ein. Nach wenigen Li blieb der Fremde stehen und sagte: »Euer Schüler kann keinen Schritt weiter tun. Er hat besondere Rücksicht auf seine Familie zu nehmen und ist nicht bereit, die Gesetze seines Landes zu übertreten.« Der Meister durchschaute ihn und gab ihn frei. Er überließ dem jungen Mann sein Pferd, als Zeichen seiner Verpflichtung, und sie trennten sich.

Nun ganz allein und auf sich gestellt, ritt er durch die Sandwüste (Gobi). Das Einzige, wonach er sich richten konnte, waren aufgetürmte Gerippe und Dunghaufen. Als er so langsamen und beschwerlichen Schrittes seine Bahn zog, sah er plötzlich Hunderte von Bewaffneten, ganze Truppen, die den weiten Horizont bedeckten. Mal bewegten sie sich, dann verharrten sie wieder. Die Soldaten waren in Filzstoffe und Pelzwerk gekleidet. Jetzt kamen ihm auch Kamele und Pferde vor Augen, das Funkeln von Lanzen und Standarten. Bald waren es wieder andere Figuren und Formen, die sich in tausenderlei Erscheinungen darboten: mal in ungeheurer Entfernung, dann wieder wie mit Händen zu greifen nahe – und dann lösten sie sich in nichts auf.

Beim ersten Anblick dachte der Meister, es seien Räuber. Doch als er sie näherkommen und wieder verschwinden sah, da wußte er, daß es Halluzinationen von Dämonenwesen waren. Und wieder hörte er in der Leere den Klang von Stimmen: »Fürchte dich nicht! Fürchte dich nicht!«

Er faßte sich, und nachdem er etwa 80 Li weitergeritten war, sah er den ersten der Signaltürme. Um sich den Blicken der Wachtposten zu entziehen, verbarg er sich in einem sandigen Flußbett, bis es Nacht war. Er ging westlich am Turm vorbei und sah das Wasser. Als er seine Wasserflasche füllte, sauste ein Pfeil an ihm vorbei und ritzte seine Knie. Im nächsten Augenblick kam ein zweiter Pfeil. Er wußte, daß man ihn entdeckt hatte, und rief laut: »Ich bin ein Priester aus der Hauptstadt, schießt nicht auf mich.« Dann führte er sein Pferd auf den Turm zu, und die Wachtposten kamen heraus. Als sie sahen, daß er wirklich ein Priester war, führten sie ihn zum Befehlshaber der Wachtstation, sein Name war Wang-siang. Der ließ das Feuer hell auflodern, um den Meister genau zu betrachten. Er sprach: »Dies ist kein Priester unseres Landes Ho-si (Tangut), er kommt in der Tat aus der Hauptstadt.« Dann fragte er ihn nach dem Ziel seiner Reise. Der Meister erwiderte: »Herr Befehlshaber, haben die Männer von Liangchou dir nicht von dem Priester Hsüan Tsang berichtet, der sich aufmacht in das Land der Brahmanen, um dort das Gesetz zu suchen?« Jener antwortete: »Ich habe gehört, Hsüan Tsang sei wieder nach Osten zurückgekehrt. Warum bist du hier?« Der Meister führte ihn zu seinem Pferd und zeigte ihm verschiedene Stellen, auf denen sein Name und seine Titel geschrieben standen. Das überzeugte den anderen.

Als der Morgen kam und der Meister etwas zu sich genommen hatte, hieß Siang ihn seine Wasserflasche auffüllen, gab ihm einige Mehlfladen mit, begleitete ihn selbst etwa 10 Li weit und sagte dann: »Von hier aus führt der Weg geradeaus zum vierten Wachtturm. Der Mann dort ist gutherzig und außerdem ein naher Verwandter von mir. Sein Familienname ist Wang, sein Vorname Pi-lung. Wenn du ihn siehst, sag ihm, ich hätte dich geschickt.« Unter Tränen nahmen sie Abschied.

Er ritt nun bis tief in die Nacht und erreichte den vierten Wachtturm. Weil er fürchtete, man würde ihn aufhalten, wollte er nur in Ruhe Wasser schöpfen und dann weiterziehen. Kaum war er beim Wasser angelangt, flog auch schon ein Pfeil auf ihn zu. Er drehte sich um, rief die gleichen Worte wie tags zuvor und ging auf den Turm zu. Der Offizier dort war erfreut, als er von Wang-siang hörte, und behielt ihn die Nacht über da. Zum Abschied gab er ihm eine große lederne Wasserflasche und Futter für sein Pferd. »Es wäre besser, Ihr geht nicht zum fünften Turm, denn die Männer dort sind grob und gewalttätig, und es könnte ein Unglück geschehen. Etwa 60 Li von hier ist der Ye-ma-Brunnen, wo Ihr Euren Wasservorrat erneuern könnt.«

Er ritt nun weiter und kam an die Mo-kia-Yen-Wüste, die etwa 800 Li breit ist. Oben sind keine Vögel, unten keine Tiere. Es gibt weder Wasser noch Vegetation. Um sich selbst den Weg zu weisen, ließ er es sich angelegen sein, beim Laufen die Richtung des Schattens zu beobachten, und er rezitierte mit Inbrunst die Schrift von der prajñā-pāramitā (vollkommene buddhistische Weisheit).

Nach etwa 100 Li hatte er den Weg verloren. Er suchte nach dem Brunnen Ye-ma, konnte ihn aber nicht finden. Er wollte aus seiner Wasserflasche trinken, doch weil sie schwer war, glitt sie ihm aus der Hand, und das Wasser war verschüttet. In einem Augenblick war dahin, was für tausend Li hätte reichen sollen! Weil der Weg vor ihm in langen Windungen verlief, wußte er nicht, wohin er sich wenden sollte. Schließlich entschloß er sich, in Richtung Osten zum vierten Wachtturm zurückzukehren. Doch nachdem er zehn Li geritten, dachte er bei sich: ›Ich habe ein Gelübde getan: sollte es mir nicht gelingen, Indien zu erreichen, werde ich keinen Schritt nach Osten tun. Und was tue ich jetzt? Es ist besser, auf dem Weg nach Westen zugrunde zu gehen, als durch die Rückkehr nach Osten zu überleben.‹ Er gab dem Pferd die Zügel, rief Kuan-yin an und ritt nach Nordwesten.

Aber in welche Himmelsrichtung er auch blickte, es gab nichts, woran sein Auge sich hätte festhalten können. Keine Spur war zu sehen, weder von Menschen noch von Pferden, und in der Nacht zündeten die Dämonen so viele Feuer an wie Sterne am Himmel sind. Am Tage trieb der Wind den Sand vor sich her, wie in der Regenzeit. Und dennoch spürte er keinerlei Furcht. Doch das Wasser fehlte ihm, und er war so ausgedörrt, daß er nicht mehr weiterkonnte. Vier Nächte und fünf Tage lang hatte er nicht einen Tropfen Wasser, um Mund und Kehle zu netzen. Sein Magen brannte vor Hitze, und er war völlig erschöpft. Jetzt, wo er nicht mehr weiterkonnte, ließ er sich in den Sand fallen und betete ohne Unterlaß zu Kuan-yin, obwohl er von seinen Leiden ausgezehrt war. Und den Bodhisattva anrufend, sprach er: »Hsüan Tsang sucht weder Reichtum noch weltliche Ehren, er will keinen Ruhm ernten, es verlangt ihn nur um der religiösen Wahrheit willen, das wahre Gesetz zu finden. Ich weiß, daß der Boddhisattva alle lebende Kreatur in Liebe betrachtet, um sie von ihrem Elend zu erlösen. Wird er nicht auch meines, bitter wie es ist, erkennen wollen?«

So sprach er aus tiefstem Herzen und ohne Unterlaß bis zur Mitte der fünften Nacht, als plötzlich ein kühler Wind seinen Körper umfächelte, kalt und erfrischend wie ein Bad in eisigem Wasser. Seine Augen erlangten ihre Sehkraft zurück, und sein Pferd bekam Kraft, sich wieder aufzurichten. In seinen Körper kam wieder Leben. Er legte sich hin und schlief eine Weile. Er hatte einen Traum, und ihm war, als hätte er im Schlaf ein mächtiges Geistwesen gesehen, mehrere Chang (3,58 m) hoch, in der Hand eine Hellebarde, und es sprach: »Warum schläfst du noch und setzt nicht deinen Weg fort mit aller Kraft?«

Der Meister erhob sich aus seinem Schlummer und ritt zehn Li, als plötzlich sein Pferd die Richtung wechselte und sich nicht davon abhalten ließ. Einige Li später sah er auf einmal grüne Wiesen. Er stieg vom Pferd und ließ es grasen. Als er seine Reise wieder aufnahm, kam er nach zehn Schritt zu einer Wasserstelle, süß und schimmernd glatt wie ein Spiegel. Er stieg erneut vom Pferd, trank ohne abzusetzen, und seine Lebenskraft kehrte zurück. Mann und Pferd waren wieder gerüstet.

Marco Polo
Der Sommerpalast des Kaisers von China

Wenn man von Cianganor wegzieht und drei Tage in nordöstlicher Richtung weiterreist, kommt man an eine Stadt, Xandu genannt, die vom jetzt regierenden Großkhan Kublai erbaut wurde. Er hat hier einen Palast aus Marmor und anderen schönen Steinen errichten lassen, der durch die großartige Anlage und die Kunst der Ausführung Bewunderung erregt. Die eine Hauptseite ist nach der inneren Stadt gerichtet, die andere nach deren Mauern, und von jedem Ende des Gebäudes läuft eine

Mauer im Umfang von sechzehn Meilen um die benachbarte Ebene, zu der man nur durch den Palast gelangen kann. In dem Bezirk dieses königlichen Parkes liegen reiche und schöne Wiesen, die von vielen Bächen bewässert werden; dort hegt man allerlei Wild, Damhirsche, Rehe und Böcke, die den Falken, Sperbern und anderen Vögeln, die zur Jagd gebraucht werden, zum Unterhalt dienen; die Käfige der letzteren befinden sich auch in jenen Gründen.

Die Zahl dieser Vögel beläuft sich auf zweihundert, und der Großkhan begibt sich in eigener Person wenigstens einmal die Woche dorthin, um sie zu besichtigen. Sehr häufig, wenn er in diese Tiergärten reitet, führt er einen oder mehrere Leoparden auf Pferden hinter ihren Wärtern mit sich, und wenn er dann Befehl gibt, sie loszulassen, so erfassen sie augenblicklich einen Hirsch, eine Ziege oder einen Damhirsch, den er für seine Falken bestimmt, und auf diese Weise amüsiert er sich. Mitten in diesen Gärten in einem anmutigen Hain hat er ein königliches Lusthaus erbauen lassen, das auf schönen vergoldeten und bemalten Säulen ruht. Um jede Säule entfaltet ein Drache, der ebenfalls vergoldet ist, seine Flügel, während sein Kopf den Vorsprung des Daches stützt, und seine Krallen sind zur Rechten und Linken am Getäfel ausgestreckt. Das Dach besteht aus Bambusrohr, das ebenfalls vergoldet und mit so schönem Firnis übermalt ist, daß die Nässe ihm keinen Schaden tut. Die Bambusrohre, die dazu gebraucht werden, haben drei Spannen im Umfange und zehn Klafter Länge; man durchschneidet sie von den Enden in zwei gleiche Teile, so daß sie Rinnen bilden, und mit diesen ist das Haus gedeckt; aber um das Dach gegen den Wind zu schützen, ist jedes Rohr mit beiden Enden am Dachstuhl befestigt.

Das Gebäude wird auf jeder Seite wie ein Zelt von mehr als zweihundert starken, seidenen Seilen gehalten, da es sonst, wegen der Leichtigkeit des Rohrs, von der Gewalt stark wehender Winde umgerissen werden könnte. Das Ganze ist mit solcher Kunst gebaut, daß alle Teile zerlegt, weggeführt und wieder aufgestellt werden können, wie es Seiner Majestät gefällt. Diesen Platz hat er wegen seiner milden und heilkräftigen Luft als Erholungsort gewählt, und drei Monate des Jahres hält er dort Hof, nämlich im Juni, Juli und August, und jedes Jahr am achtundzwanzigsten Mondestag in dem letzten dieser Monate ist es gebräuchlich, von dort abzureisen und an einen bestimmten Ort zu ziehen, wo gewisse Opfer in folgender Weise dargebracht werden.

Man muß wissen, daß Seine Majestät in ihrem Marstall ungefähr zehntausend Hengste und Stuten unterhält, die weiß wie Schnee sind, und von der Milch dieser Stuten darf niemand trinken, der nicht zu der von Dschingis Khan abstammenden Familie gehört, mit Ausnahme einer einzigen anderen Familie, die Horiat heißt; ihr verlieh der Monarch dieses ehrenvolle Privilegium als Belohnung für tapfere Taten in der Schlacht, die in seiner Gegenwart verrichtet wurden.

So groß aber ist die Achtung, die diesen Pferden erwiesen wird, daß niemand es wagt, wenn sie auf den königlichen Wiesen weiden, sich vor sie hinzustellen oder sie in ihren Bewegungen zu hindern. Die Sterndeuter, die in seinen Diensten stehen und tief erfahren in den teuflischen Künsten der Magie sind, haben es ausgesprochen, es sei seine Pflicht, alljährlich am achtundzwanzigsten Mondestag im August die Milch, welche von diesen Stuten genommen wird, in den Wind zu sprengen, als ein Opfer allen Geistern und Götzen, die sie anbeten, um sie gnädig zu stimmen und dem Volke, Mann und Frau, Vieh, Geflügel, dem Korn und anderen Früchten der Erde ihren Schutz zu sichern.

Deswegen beobachtet Seine Majestät die erwähnte Regel und begibt sich an diesem bedeutungsvollen Tag an den Ort, wo er mit eigener Hand das Milchopfer darbringt. Bei dieser Gelegenheit zeigen die Sterndeuter oder Magier, wie sie genannt werden können, zuweilen ihre Geschicklichkeit in einer bewunderungswürdigen Weise; denn wenn sich der Himmel bewölkt und mit Regen droht, besteigen sie das Dach des Palastes, in welchem der Großkhan zurzeit residiert, halten durch ihre Zaubersprüche den Regen ab und beschwören das Ungewitter; denn wenn es ringsum im Lande regnet, stürmt und donnert, bleibt der Palast selbst von den Elementen unangefochten.

Die, welche solche Wunder tun, heißen Tebeth und Kesmir, zwei Klassen von Götzendienern, die in den magischen Künsten tiefer erfahren sind als irgendwelche Leute in anderen Ländern. Sie erklären, diese Werke kämen durch die Heiligkeit ihres Lebens und infolge ihrer Bußübungen zustande, und auf den so erlangten Ruf sich stützend, zeigen sie sich mit unreiner, unanständiger Haltung. Sie waschen sich nicht das Gesicht, kämmen sich nicht das Haar und leben allesamt in schmutziger Weise. Ja, ihre abscheuliche, bestialische Gewohnheit ist so groß, daß, wenn irgendein Verbrecher hingerichtet wird, sie den Leichnam mit sich nehmen, sein Fleisch am Feuer rösten und verschlingen. Von Leuten jedoch, die eines natürlichen Todes sterben, essen sie die Leichname nicht. Außer den schon erwähnten Namen haben sie auch noch einen anderen und heißen Baksi (›Bhikschu‹, Bettelmönch), ein Name, der sich auf ihre religiöse Sekte oder ihren Orden bezieht; wir würden sagen Prediger- oder Minoritenmönche.

So erfahren sind sie in ihrer höllischen Kunst, daß man behaupten kann, sie vollbringen, was sie nur wünschen, und wir wollen ein Beispiel geben, obwohl man denken wird, es übersteige die Grenzen alles Glaubens. Wenn der Großkhan in seiner Staatshalle beim Mahle sitzt, so ist die Tafel, welche in der Mitte steht, acht Ellen (braccia) erhöht, und in einiger Entfernung davon steht ein großes Büfett, wo alle Trinkgefäße aufgestellt sind. Nun bewirken sie durch ihre übernatürliche Kunst, daß die Flaschen mit Wein, Milch oder anderen Getränken die Becher von selbst füllen, ohne daß ein Bedienter sie berührt, und die Becher fliegen in einer Entfernung von zehn Schritten durch die Luft bis zur Hand des Großkhans. Sobald er sie geleert hat, kehren sie zu dem Platze zurück, von dem sie gekommen, und das geschieht in Gegenwart der Personen, die eingeladen sind, Zeugen solcher Kunst zu sein.

Diese Baksis gehen, wenn die Festtage ihrer Götzen nahen, in den Palast des Großkhans und reden ihn etwa so an: »Hoher Herr! Eure Majestät mögen wissen, daß, wenn die Ehre eines Brandopfers unseren Göttern nicht gegeben wird, sie in ihrem Zorn uns schlechtes Wetter schicken werden, mit Brand im Korn, Pestilenz im Reich und mit anderen Plagen. Deshalb bitten wir Eure Majestät, uns eine Anzahl Widder mit schwarzen Köpfen zu gewähren, ferner Weihrauch und Aloe, damit wir die hergebrachten Gebräuche in pflichtgemäßer Feierlichkeit vollbringen können.« Ihre Worte aber sprechen sie nicht unmittelbar zum Großkhan, sondern zu gewissen hohen Staatsbeamten, die sie ihm dann mitteilen. Wenn er sie vernommen hat, so verfehlt er nie, ihre Bitte in allem zu erfüllen. Wenn nun der Tag erscheint, so opfern sie die Widder und verrichten die Feierlichkeit, indem sie die Brühe, in der das Fleisch gekocht wurde, vor ihren Götzen ausgießen.

Es gibt in diesem Land große Klöster und Abteien, so groß, daß sie für kleine Städte gelten könnten; einige enthalten wohl zweitausend Mönche, die dem Dienst ihrer Götter geweiht sind, nach den irregeführten religiösen Gebräuchen des Volkes. Diese Mönche sind besser gekleidet als das übrige Volk; sie scheren Haupt- und Barthaare und begehen die Feste ihrer Götzen mit der ausgesuchtesten Feierlichkeit. Sie haben dabei Gesangchöre und brennende Fackeln. Einigen von ihnen ist es erlaubt, Frauen zu nehmen. Auch gibt es noch einen anderen geistlichen Orden, dessen Mitglieder Sensim genannt werden (vermutlich Taoisten); sie üben strenge Enthaltsamkeit und führen ein hartes Leben, denn sie essen nichts anderes als eine Art Nudeln aus Mehlkleie, welche sie so lange in warmes Wasser tauchen, bis die mehligen Teile sich von der Kleie getrennt haben. Diese Sekte betet das Feuer an, und ihre Anhänger werden von den anderen, weil sie nicht wie diese Götzen verehren, als Schismatiker betrachtet. Sie scheren ihr Haupt- und Barthaar wie die anderen und tragen hanfene Kleider von schwarzer oder dunkler Farbe; aber auch wenn der Stoff von Seide wäre, würde doch die Farbe dieselbe sein. Sie schlafen auf rohen Matten und erdulden größere Beschwerden als irgendein anderes Volk.

Ibn Battuta
In indischer Gefangenschaft

»Als ich vor dem Sultan erschien, überhäufte er mich mit Ehren noch über das Maß hinaus, das ich bei ihm gewohnt war, und sprach zu mir: ›Ich habe nach dir geschickt, daß du dich als mein Gesandter zu dem König von China begibst. Denn ich kenne deine Vorlieben für Reisen und weite Fahrten.‹«

Unsere Abreise geschah am 17. des Monats Safar im Jahre 743 (22. 7. 1342). Diesen Tag hatten sich die chinesischen Gesandten zur Abreise ausgesucht; denn diese Völker wählen zu einem Reisebeginn nur ganz bestimmte Monatstage aus.

In Kowil angelangt, erfuhren wir, daß eine Anzahl heidnischer Inder die Stadt Jalāli eingeschlossen habe und sie belagere. Dieser Ort ist sieben Meilen von Kowil entfernt. So begaben wir uns denn dorthin. Die Ungläubigen, die schon nahe daran waren, die Einwohner niederzukämpfen, wußten nichts von uns, bis wir einen heftigen Angriff auf sie machten. Es waren etwa tausend Reiter und dreitausend Mann Fußvolk. Wir erschlugen sie bis zum letzten Mann und bemächtigten uns ihrer Rosse und Waffen. Von unseren Leuten erlitten 23 Reiter und 25 Mann Fußvolk den Märtyrertod, darunter auch der Eunuch Kāfūr, der Mundschenk, der das Geschenk an den König von China zu betreuen hatte. Wir teilten diese Nachricht dem Sultan mit und verblieben in Kowil in Erwartung der Antwort. Inzwischen kamen die Ungläubigen erneut aus dem schwer zugänglichen Gebirge und überfielen die Umgebung der Stadt Jalāli. Unsere Leute stiegen tagtäglich mit dem Emir des Bezirkes aufs Pferd, um ihm zu helfen, die Angreifer zurückzutreiben.

An einem dieser Tage ritt ich mit einer Anzahl meiner Kameraden aus. Wir hatten einen Baumgarten aufgesucht, um in der hochsommerlichen Hitze Mittagsrast zu halten, als wir Geschrei hörten. Wir stiegen rasch auf und prallten mit den Ungläubigen zusammen, die ein Dorf in der Umgebung von Jalāli überfallen hatten. Wir verfolgten sie, sie aber zerstreuten sich;

auch unsere Leute kamen bei ihrer Verfolgung auseinander, und ich blieb mit fünf meiner Kameraden allein. Da griff uns aus einem nahen Dickicht eine Schar Reiter und Fußvolk an. Wir mußten wegen ihrer großen Zahl die Flucht ergreifen; mich verfolgten etwa zehn, sie ließen aber bald, bis auf drei, von mir ab. Ich hatte keinen Weg vor mir, und der Boden war sehr steinig. Die Vorderfüße meines Pferdes blieben zwischen den Steinen stecken, ich mußte absteigen, machte seine Füße frei und stieg wieder in den Sattel. Mein Sattelschwert, das mit Gold verziert war, fiel aus seiner Scheide; ich stieg nochmals ab, hob es auf, hängte es um und setzte mich wieder aufs Pferd, das alles, während die Feinde noch auf meiner Spur waren. Dann kam ich zu einer großen Schlucht; ich saß ab und stieg bis zu ihrer Sohle herab. Hier sah ich meine Verfolger zum letzten Mal.

Aus der Schlucht kam ich in ein Tal mitten in einem üppigen Wald, den ein Weg durchzog. Ich betrat ihn, ohne zu wissen, wohin er führe. Als ich weiterritt, griffen mich etwa vierzig Ungläubige an, die Bogen in ihren Händen hielten und mich umringten. Ich fürchtete, sie würden eine Ladung Pfeile auf mich abschießen, wenn ich ihnen zu entfliehen versuchte. Ich hatte keinen Panzer; so warf ich mich denn zur Erde und gab mich gefangen, da die Inder den, der sich so verhält, nicht töten. Sie ergriffen mich, raubten mir alles, was ich hatte, ausgenommen Jacke, Hemd und Hose, schleppten mich in das Dickicht und brachten mich schließlich zu ihrem Lagerplatz, der sich bei einem Teich zwischen den Bäumen befand. Sie brachten mir Brot aus Erbsenmehl; ich aß davon und trank Wasser. Unter den Rebellen befanden sich zwei Muslime, die mich auf persisch anredeten und mich über meine Person befragten. Ich berichtete ihnen einiges, verschwieg aber, daß ich im Auftrag des Sultans unterwegs sei. Sie sagten zu mir: »Zweifellos werden dich diese Leute da oder auch andere umbringen. Aber hier ist ihr Anführer.« Sie zeigten mir einen Mann unter den Anwesenden, den ich mit Hilfe der Muslime ansprach und den ich mir günstig zu stimmen trachtete. Er übergab mich drei seiner Leute, einem alten Mann, dessen Sohn und einem bösartigen Neger. Sie sprachen zu mir, und ich verstand soviel, daß sie den Auftrag erhalten hätten, mich umzubringen. Am Abend des Tages schleppten sie mich in eine Höhle. Gott aber gab einem Fieber mit Schüttelfrost Macht über den Neger, so daß er über mir zusammenbrach. Der Alte und sein Sohn schliefen.

Als der Morgen gekommen war, besprachen sie sich untereinander und deuteten mir durch Zeichen an, mit ihnen zum Teich herabzusteigen. Ich verstand, daß sie mich erschlagen wollten. Ich sprach den Alten an und suchte mir seine Gunst zu erwerben. Er hatte Mitleid mit mir. Ich schnitt die beiden Ärmel meines Hemdes ab und schenkte sie ihm, damit ihn seine Genossen nicht zur Rechenschaft zögen, wenn ich entfliehe. Um die Mittagszeit hörten wir beim Bassin sprechen; jene glaubten, es seien ihre Leute, und bedeuteten mir, mit ihnen zu kommen. Wir stiegen herab, fanden aber andere Leute. Diese rieten meinen Wächtern, mit ihnen zu gehen; sie aber wollten nicht. Sie setzten sich alle drei vor mir nieder, und ich saß Aug in Aug mit ihnen. Sie legten einen Hanfstrick, den sie bei sich hatten, auf die Erde; ich sah ihnen zu und sprach bei mir: »Mit diesem Strick werden sie dich binden und töten.« Nach etwa einer Stunde kamen drei von ihren Leuten hinzu. Sie besprachen sich, und ich verstand soviel, daß sie meine Wächter fragten, warum sie mich nicht getötet hätten. Der Alte zeigte auf den Neger, als ob er sich mit dessen Krankheit entschuldigen wollte. Einer der drei Neuankömmlinge war ein junger Mann von hübschem Äußeren. Er sprach zu mir: »Willst du, daß ich dich freigebe?« – »Gewiß«, erwiderte ich. »So geh denn!« Ich nahm die Jacke, die ich trug, und schenkte sie ihm. Er gab mir dafür ein abgenütztes Tuch, das er bei sich hatte, zeigte mir den Weg, und ich ging weg. Da ich fürchtete, sie könnten anderer Ansicht werden und mich wieder ergreifen, ging ich in ein Bambusdickicht, in dem ich mich verbarg, bis die Sonne untergegangen war. Dann kam ich heraus und ging auf dem Weg weiter, den mir der junge Mann gezeigt hatte, und der mich zu einem Wasser führte, aus dem ich trank. Ich wanderte das erste Drittel der Nacht hindurch und gelangte zu einem Berg, an dessen Fuß ich schlief. Am nächsten Morgen setzte ich den Pfad fort und erreichte am Vormittag einen hohen Felsenberg, auf dem Umm Gīlān, »dornige Akazien«, und Lotosbäume wuchsen. Ich pflückte Lotosfrüchte und aß sie, doch die Dornen hinterließen auf meinem Arm Spuren, die bis heute sichtbar geblieben sind.

Von diesem Berg stieg ich zu einem mit Baumwolle bepflanzten Feld hinunter, auf dem Rizinusbäume standen und wo sich ein Bā'in befand. Mit Bā'in bezeichnen die Inder einen sehr weiten, innen mit Steinen ausgemauerten Brunnen, der eine Treppe hat, auf welcher man bis zum Wasserspiegel hinabsteigen kann. Manche haben in ihrer Mitte und an den Ecken steinerne Pavillons, offene Hallen und Sitze. Die Könige und die Großen des Landes wetteifern in der Erbauung solcher Bā'in an Wegen, die kein Wasser haben.

Zu dem erwähnten Bā'in gelangt, löschte ich meinen Durst. Ich fand bei ihm einige Senfsprossen, die jemandem entfallen waren, als er sie waschen wollte. Ich aß davon, legte den Rest beiseite und schlief unter einem Rizinusbaum ein. Während ich schlummerte, erschienen plötzlich an dem Wasserplatz etwa 40 gepanzerte Reiter, von denen auch einige das Feld betraten. Gott aber schlug ihre Augen mit Blindheit, so daß sie mich nicht sahen. Nach ihnen hielten etwa 50 Bewaffnete ebenfalls beim Brunnen an. Einer von ihnen ging zu einem Baum, der dem gegenüber stand, unter dem ich lag, bemerkte mich aber nicht. Ich verkroch mich nun in das Baumwollfeld, wo ich den Rest des Tages blieb. Die Inder lagerten beim Bā'in, wuschen ihre Gewänder und spielten. Als die Nacht anbrach, verstummten ihre Stimmen, und ich entnahm daraus, daß sie abgezogen oder eingeschlafen waren. Ich kroch jetzt aus meinem Versteck heraus, folgte bei der mondhellen Nacht den Spuren der Pferde und marschierte, bis ich zu einem andern Brunnen kam, über dem sich ein Kuppelbau erhob. Ich stieg zu ihm herab, trank von seinem Wasser und aß von den Senfsprossen, die ich bei mir trug. Beim Betreten der Kuppel fand ich, daß sie voll von Gras sei, das die Vögel darin zusammengetragen hatten. Auf diesem Lager schlief ich. Ich fühlte zwar, daß sich Tiere unter dem Gras bewegten, die ich für Schlangen hielt, kümmerte mich aber nicht darum, so müde war ich.

Am nächsten Morgen folgte ich einem breiten Weg, der zu einem verlassenen Dorf führte, worauf ich einen anderen nahm, der ähnlich endete. So ging dies einige Tage. Einmal schlug ich einen Pfad ein, auf dem ich Ochsenspuren fand; auch einen Stier traf ich, der einen Packsattel und eine Sichel trug. Sieh da, dieser Weg führte zu einem Heidendorf. So nahm ich denn einen andern, der mich zu einem verlassenen Dorf brachte, in dem ich zwei nackte Schwarze sah. Ich fürchtete mich vor ihnen und blieb unter den Bäumen. Als es Nacht geworden, ging ich in das Dorf, in ein Haus hinein und fand in einem der Zimmer eine Art großes Faß, wie es die Inder verfertigen, um das Getreide aufzubewahren; es hat an seinem Boden eine Öffnung, weit genug für einen Mann. Ich kroch hinein und fand den Boden innen mit Stroh bedeckt; auch ein Stein war dort, auf den ich mein Haupt legte und einschlief. Auf dem Faß saß ein Vogel, der den größten Teil der Nacht mit den Flügeln schlug; ich glaube, daß er sich fürchtete; so fanden wir uns hier: zwei, die Furcht hatten.

In solcher Lage brachte ich sieben Tage zu, von dem Tag an gerechnet, an dem ich gefangengenommen worden und der ein Samstag war. Am 7. Tage gelangte ich in ein starkbevölkertes Dorf, das von Ungläubigen bewohnt war und in dem sich ein Teich und Gemüsegärten befanden. Ich bat die Einwohner um Speise, aber sie wollten mir nichts zu essen geben; um einen Brunnen fand ich aber Rettichblätter, die ich aß. Eine Schar Ungläubiger, die Vorposten aufgestellt hatten, rief mich an, ich gab aber keine Antwort und setzte mich auf den Boden nieder. Einer von ihnen kam mit gezogenem Schwert auf mich zu und schwang es, als ob er zuschlagen wollte. Ich drehte mich nicht einmal nach ihm um, so ungeheuer müde war ich. Er durchsuchte mich, fand aber nichts bei mir; da nahm er denn das Hemd, dessen Ärmel ich dem Alten gegeben hatte.

Am 8. Tage wurde mein Durst außerordentlich groß, und ich hatte kein Wasser. Ich kam in ein verlassenes Dorf, in dem ich keine Zisterne fand, obgleich die Bewohner dieser Dörfer sonst Zisternen anzulegen pflegen. Ich folgte nun einem Pfad, der mich zu einem ungemauerten Brunnen führte, auf dem wohl ein Strick aus Pflanzenfasern lag, aber kein Eimer daran, um Wasser darin zu schöpfen. Ich band das Tuch, das ich am Kopfe trug, an den Strick und schlürfte das Wasser, mit dem es getränkt war, aber das stillte meinen Durst nicht. So band ich denn meinen Stiefel an den Strick und schöpfte Wasser darin; aber ich hatte noch nicht genug. Ich ließ ihn ein zweites Mal hinab, aber der Strick riß, und der Stiefel fiel in den Brunnen. Da band ich den zweiten Stiefel an und trank, bis ich satt war. Dann schnitt ich ihn entzwei und band seinen Oberteil an meinen zweiten Fuß mit dem Strick des Brunnens und mit Fetzen, die ich dort fand.

Während ich über meine mißliche Lage nachdachte, zeigte sich plötzlich vor mir ein Mensch. Ich sah ihn an: Es war ein Schwarzer, der in seiner Hand einen Ledersack und einen eisenbeschlagenen Stock hielt. Auf der Schulter trug er einen Ranzen. Er sprach mich an: »Heil über Euch!« – »Auch über Euch sei Heil«, erwiderte ich, »und die Gnade Gottes und sein Segen.« Er fuhr auf persisch fort: »Wer bist du?« Ich antwortete: »Ich bin ein verirrter Mann.« – »Ich bin in der gleichen Lage«, sagte er. Dann band er seinen Krug an einen Strick, den er bei sich hatte, und schöpfte Wasser. Ich wollte trinken. Er aber hielt mich ab: »Gedulde dich!« Er öffnete seinen Sack und entnahm ihm eine Handvoll schwarzer Kichererbsen, die mit ein wenig Reis gebraten waren. Ich aß davon und trank. Er nahm die vorgeschriebenen Waschungen vor und betete mit zweimaliger Niederwerfung; auch ich wusch mich und betete. Dann fragte er nach meinem Namen, und ich sagte ihm Mohammed, und fragte ihn auch nach dem seinen. Er sagte: El-Kalb el-Farih (»das fröhliche Herz«). Ich nahm dies als ein günstiges Vorzeichen. Dann sprach er zu mir: »Im Namen Gottes, begleite mich!« »Ja«, erwiderte ich und ging eine Weile mit ihm, spürte aber eine solche Ermattung in meinen Gliedern, daß ich mich nicht aufrecht halten konnte und mich setzen mußte. »Was hast du denn?« fragte er mich. Ich sagte ihm: »Bevor ich dich traf, konnte ich gehen, aber nachdem ich dir begegnet, kann ich nicht mehr.« – »Lob sei Gott«, rief er aus, »steig auf meinen Rücken!« Ich sagte: »Du bist schwach und hältst das nicht aus.« – »Gott wird mich stärken«, erwiderte er, »du mußt es unbedingt tun.«

So stieg ich denn im Reitsitz auf seinen Rücken, während er zu mir sprach: »Rezitiere oft den Spruch des Korans: Gott ist uns Genüge und, oh, über diesen besten aller Beschützer!« Ich sagte diese Verse oft vor, aber der Schlaf in meinen Augen überwand mich, und ich kam nicht früher zu mir, als bis ich auf die Erde fiel. Da erwachte ich und sah von dem Mann keine

Spur. Dafür befand ich mich in einem dichtbevölkerten Dorf; ich ging weiter zur Ortsmitte und fand, daß es unterworfenen Indern gehörte und daß der Ortsvorsteher ein Muslim war. Man meldete ihm meine Anwesenheit, und er suchte mich auf. »Wie heißt dieses Dorf?« fragte ich ihn. Er erwiderte: »Tāj-Būra« (Tājpur). Zwischen diesem Ort und der Stadt Kowil, wo sich unsere Leute befanden, war eine Entfernung von zwei Parasangen. Der Ortsvorsteher ließ mich in sein Haus bringen und mir warme Speisen vorsetzen. Während ich mich wusch, sagte er mir: »Ich habe ein Kleid und einen Turban, die ein ägyptischer Araber von den Leuten des Feldlagers bei Kowil hinterlegt hat.« – »Her damit«, sprach ich, »ich werde sie anlegen, bis ich ins Feldlager gekommen bin.« Er brachte die Kleider, und ich sah, daß es meine eigenen Kleider waren, die ich dem Araber geschenkt, als wir in Kowil angekommen waren.

Mein Erstaunen war groß, und ich gedachte des Mannes, der mich auf seinem Rücken getragen hatte. Ich erinnerte mich auch an das, was mir der Heilige Gottes, des Erhabenen, Abū 'Abdallāh el-Murschidī, vorhergesagt hatte, nämlich: »Du wirst nach Indien kommen und dort meinen Bruder Dilschad treffen. Er wird dich aus einer bösen Lage, in die du geraten wirst, befreien.«

Da gedachte ich der Antwort des Unbekannten, als ich ihn nach seinem Namen fragte und er mir erwiderte »El-Kalb el-Farih«, was ins Persische übersetzt »Dilschad« heißt. Nun wußte ich, er war die Person, der zu begegnen jener mir geweissagt hatte, und er war ein Heiliger.

Noch in der gleichen Nacht schrieb ich an meine Gefährten in Kowil und teilte ihnen meine Rettung mit. Sie brachten mir ein Pferd und Kleider und freuten sich über meine Rettung.

ENTDECKUNGEN AMERIKAS

»Der Amerikaner, der den Kolumbus zuerst entdeckte, machte eine böse Entdeckung.«

Georg Christoph Lichtenberg
Sudelbücher, Heft G183 (1779/83)

Benedeit
Sankt Brandans wundersame Seefahrt

Sie fahren aufs Meer hinaus, und ihr Gastgeber fährt mit ihnen. Niemals mehr werden sie zu der Insel der Vögel zurückkehren. Sie richten ihren Kurs gen Osten und kommen nicht vom Weg ab: denn sie haben jemand an Bord, unter dessen Führung sie froh und glücklich fahren. In ununterbrochener Fahrt und ohne Aufenthalt fahren sie vierzig Tage auf hoher See, so daß sie nichts sehen als das Meer und den Himmel über sich; und mit Erlaubnis des göttlichen Königs nähern sie sich jetzt dem Nebel, der das ganze Paradies umschließt, das einst Adams Besitz war. Große Wolken hüllen alles in Finsternis, so daß es für seine Erben keine Rückkehr dorthin gibt. Der dichte Nebel blendet so sehr, daß jeder, der dort eintritt, nichts mehr erkennen kann, wenn er nicht von Gott Sehkraft erhält, mit der er diese Wolke durchdringen kann. Da sagte der Gastgeber: »Zögert nicht, sondern setzt das Segel in den Wind.« Als sie sich nähern, teilt sich die Wolke und läßt eine Durchfahrt frei. Sie fahren in den Nebel hinein und finden mitten hindurch einen breiten Weg. Wegen der Wolke an ihrer Seite vertrauen sie sich ganz ihrem Gastgeber an; sie ist riesig groß und dicht zusammengeballt und türmt sich zu beiden Seiten auf. Drei Tage fahren sie in voller Fahrt auf dem Weg, der sich vor ihnen aufgetan hat. Am vierten Tag kommen sie aus dem Nebel heraus; darüber sind die Pilger sehr froh.

Sie sind aus der Wolke herausgekommen und haben das Paradies gut sehen können. Zuerst sehen sie eine Mauer, die bis zu den Wolken reichte. Sie besaß keine Zinnen und keinen Wehrgang, keinen Wachturm noch überhaupt einen Turm. Keiner von ihnen weiß genau, aus welchem Material die Mauer gemacht ist. Sie war noch weißer als Schnee. Ihr Erbauer war der König der Könige. Sie war ganz aus einem Stück ohne jede Verzierung – mühelos hatte er sie fertiggestellt; die Edelsteine, mit denen die Mauer besetzt war, verbreiten großen Glanz. Auserlesene, goldgesprenkelte Chrysolithen gab es dort in großer Zahl. Die Mauer leuchtet und funkelt von Topasen und Chrysoprasen, Hyazinthen, Chalcedon, Smaragden und Sardonyx ...

Sie steuern geradewegs auf die Pforte zu, aber der Zugang war sehr schwierig: Drachen bewachen ihn, die am ganzen Körper wie Feuer brennen. Genau über dem Eingang hängt ein Schwert – wer sich vor ihm nicht fürchtet, ist ein Tor – mit der Spitze nach unten und dem Griff nach oben; es ist kein Wunder, daß sie sich fürchten. Es schwebt und dreht sich; allein der Anblick macht schwindlig. Weder Eisen noch Fels noch Diamant können seiner Schneide standhalten. Dann erblickten sie einen Jüngling von sehr großer Schönheit, der auf sie zukommt. Er ist ein Bote Gottes und sagt ihnen, sie sollten ans Ufer kommen. Sie legen an, er empfängt sie und nennt sie alle bei ihrem richtigen Namen. Dann küßte er sie herzlich und besänftigte die Drachen: Er heißt sie, sich ganz demütig und widerstandslos auf die Erde legen; und das Schwert läßt er von einem Engel festhalten, den er herbeiholen läßt: Der Eingang ist offen, und alle treten in die ewige Herrlichkeit ein.

Der Jüngling geht voraus und führt sie durch das Paradies. Sie sehen ein Land voll von schönen Bäumen und Wiesen; die Wiese, die immer voll von schönen Blumen ist, ist ein Garten. Die Blumen duften dort sehr süß wie an dem Ort, wo die Frommen wohnen, ein Ort mit herrlichen Bäumen und Blumen und sehr kostbaren Früchten und Düften. Dornen, Disteln und Brennesseln gibt es dort nicht. Alle Bäume und Kräuter strömen einen süßen Duft aus. Die Blumen blühen immer, und die Bäume tragen ständig Frucht, zu keiner Jahreszeit setzen sie aus. Hier ist stets milder Sommer, die Bäume tragen immer Frucht, die Blumen blühen, die Wälder sind voll von Wild und alle Flüsse voll von gutem Fisch ...

Der junge Mann sagte zu ihnen: »Laßt uns umkehren, ich werde euch nicht noch weiter führen. Es ist euch nicht erlaubt, weiter zu gehen; denn dafür seid ihr zu unwissend. Brandan, du hast jetzt das Paradies gesehen, worum du Gott so sehr gebeten hast. Hunderttausendmal mehr Herrlichkeit als du gesehen hast gibt es weiter da vorne. Mehr wirst du erst erfahren, wenn du hierher zurückkehrst. Wohin du jetzt leiblich gekommen bist, wird bald deine Seele zurückkehren. Nun kehre um; du wirst zurückkommen und hier das Jüngste Gericht erwarten. Nimm dir einige von diesen Steinen als Zeichen des Trostes mit.« Als der junge Mann dies gesagt hatte, ging Brandan weg und nahm als Zeichen Steine mit.

Brandan hat von Gott und den lieben Heiligen im Paradies Abschied genommen. Der junge Mann geleitet sie hinaus, bis sie alle in das Schiff eingestiegen sind, dann hat er über sie das Kreuzzeichen geschlagen. Sogleich haben sie ihre Segel gehißt, ihr frommer Gastgeber blieb dort zurück, denn das Paradies war seine rechtmäßige Bleibe. Brandan und seine Gefährten fahren voller Freude weg, die Winde sind ihnen nicht hinderlich: Nach drei Monaten kommen sie durch die große Macht Gottes wieder in Irland an.

Schon geht die Neuigkeit durch das Land, daß Brandan aus dem Paradies zurückgekehrt ist. Nicht nur seine Verwandten freuen sich, sondern alle miteinander. Vor allem seine lieben Mönche sind froh, daß sie jetzt ihren gütigen Vater wiederhaben. Oft erzählt er ihnen von ihrer Fahrt, wo es ihnen gutgegangen und wo sie in Bedrängnis geraten waren; und er erzählte ihnen, wie er alles Notwendige, worum er Gott bat, bereit vorfand. Dies und das, alles erzählte er ihnen, und wie er fand, was er suchte.

Der Wikinger Fahrten nach Weinland
Grönland-Saga

Nun ist zu berichten, daß Bjarni Herjulfsson von Grönland nach Norwegen fuhr und dort Jarl Erich besuchte. Der Jarl empfing ihn freundlich. Bjarni erzählte von seinen Fahrten. Er berichtete, daß er Neuland gesehen habe. Die Leute am Hofe aber meinten, er müsse doch wohl wenig wißbegierig gewesen sein, da er nichts aus jenen Gegenden zu berichten habe, und man machte ihm deshalb Vorwürfe. Bjarni wurde nun Hofmann beim Jarl und fuhr im nächsten Sommer wieder nach Grönland.

Damals sprach man viel davon, neue Länder aufsuchen zu wollen. Leif, der Sohn Erichs des Roten von Steilhang, ging zu

Bjarni Herjulfsson, kaufte sich ein Schiff von diesem und verschaffte sich Mannschaft dazu. Im ganzen waren es fünfunddreißig Mann. Leif bat seinen Vater Erich, wieder ihr Führer auf der Fahrt zu sein. Doch Erich wollte davon nichts Rechtes wissen. Er sagte, er sei zu alt dazu, und meinte, er könne nicht mehr solche Anstrengungen wie früher ertragen. Leif dagegen sagte, Erich würde auch jetzt noch von ihrem Geschlecht der beste Führer für eine solche Fahrt sein. So gab denn Erich nach und ritt, sobald sie fahrtbereit waren, von daheim fort. Nahe beim Schiff aber strauchelte Erichs Pferd. Er fiel herunter und verletzte sich den Fuß. Da sagte Erich: »Es soll mir nicht mehr vergönnt sein, weiteres Neuland zu entdecken als das, was ich jetzt bewirtschafte. Wir werden nicht mehr alle zusammen weiterfahren.« So kehrte Erich nach Steilhang zurück, aber Leif ging mit den fünfunddreißig Mann aufs Schiff.

Es war ein Deutscher mit auf der Fahrt namens Tyrkir. Sie rüsteten nun ihr Schiff, und sobald sie seefertig waren, fuhren sie aufs Meer und trafen zuerst auf das Land, das Bjarni und seine Leute zuletzt gesehen hatten. Sie segelten nach der Küste, ankerten, setzten ein Boot aus und fuhren an Land. Nirgends sahen sie Gras dort. Oben im Lande waren gewaltige Gletscher. Alles vom Strand bis zu diesen sah aus wie flaches Gestein, und das ganze Land erschien ihnen höchst unwirtlich. Da sagte Leif: »Uns ist's mit dem Land anders ergangen als Bjarni, der es gar nicht betrat. Ich werde ihm nun einen Namen geben. Es soll Flachsteinland (d. i. Labrador) heißen.«

Nun kehrten sie zum Schiff zurück und fuhren weiter. Sie fanden da ein zweites Land. Sie segelten wieder zur Küste, ankerten, setzten ein Boot aus und gingen ans Ufer. Das Land war eben und waldbestanden. So weit sie gingen, sahen sie weiße Sandflecken, und das Ufer fiel nicht steil ab nach der See. Da sagte Leif: »Auch diesem Land werde ich einen Namen geben, den es verdient. ›Waldland‹ (d. i. Neufundland) soll es heißen.« Dann fuhren sie schleunigst wieder zum Schiff.

Nun stachen sie wieder bei Nordost in See. Sie waren zwei Tage unterwegs und sahen dann wiederum Land. Sie segelten nach der Küste und kamen zu einer Insel nördlich vom Festland. Sie gingen sie hinauf, sahen sich bei gutem Wetter um und fanden Tau auf dem Gras. Sie netzten zufällig ihre Hände darin, führten sie zum Mund und meinten, nie etwas so Süßes gekostet zu haben. Sie fuhren jetzt zu ihrem Schiff zurück und segelten in den Sund zwischen der Insel und dem Vorgebirge, das sich nordwärts vom Lande her wies. Sie steuerten westlich an dem Vorgebirge vorüber. Da waren zur Ebbezeit große Untiefen am Seestrand, und ihr Schiff saß fest. Die Flut war vom Schiff in der Ferne zu sehen, doch sie waren so gespannt, ans Ufer zu kommen, daß sie nicht warten mochten, bis das Wasser ihr Schiff wieder hob. Sie gingen an Land. Dort kam ein Fluß aus einem See.

Sobald die Flut wieder ihr Schiff hob, nahmen sie ihr Boot, ruderten zum Schiff zurück, führten es stromaufwärts und schließlich in den See. Dort ankerten sie, trugen ihre Hängematten vom Schiff und schlugen Landzelte auf. Dann beschlossen sie, sich für den Winter dort anzusiedeln, und erbauten sich dort große Hütten (die sog. Leifshütten). Weder im Fluß noch im See fehlte es an Lachsen, und größere Lachse als diese hatten sie früher nie gesehen. Das Land war so reich, daß sie keine Winterfütterung für das Vieh nötig zu haben glaubten. Keinen Frost gab es dort im Winter, und das Gras wurde kaum welk. Tag und Nacht waren nicht so verschieden lang wie auf Grönland oder Island. Am Mittwintertag sah man die Sonne von halbacht Uhr vor- bis halbfünf Uhr nachmittags. Als der Hausbau fertig war, sprach Leif zu seinen Fahrtgenossen: »Nun will ich unsere Schar teilen und das Land auskundschaften lassen. Die eine Hälfte bleibe daheim in der Hütte, die andere erforsche das Land, gehe aber nie so weit, daß sie nicht abends zurück sein kann, und sie zersplittere sich ja nicht.« Das taten sie denn auch eine Zeitlang. Leif selbst zog bald mit aus, bald blieb er daheim in der Hütte. Er war groß und stark, von höchst mannhaftem Aussehen. Dazu ein in jeder Hinsicht kluger und maßvoller Mann.

Eines Abends fehlte einer aus der Schar, und das war Tyrkir, der Deutsche. Leif war darüber in großer Unruhe. Denn Tyrkir war lange bei ihm und schon bei seinem Vater gewesen und hatte ihn in seiner Kindheit sehr geliebt. Leif machte seinen Fahrtgenossen darob heftige Vorwürfe. Er brach auf, ihn zu suchen, und zwölf Männer begleiteten ihn. Sie waren aber erst kurze Zeit unterwegs, da kam ihnen Tyrkir schon entgegen.

Man empfing ihn voller Freude. Leif merkte bald, daß sein Ziehvater nicht recht bei sich war. Der hatte eine steile Stirn, flackernde Augen und Sommersprossen im Gesicht. Er war klein von Wuchs und unansehnlich, doch höchst geübt in allerlei Kunstfertigkeiten. Da sagte Leif zu ihm: »Wo weiltest du so lange, lieber Ziehvater, und warum trenntest du dich von den Gefährten?« Tyrkir sprach zuerst lange deutsch, rollte die Augen und fletschte die Zähne, und keiner verstand, was er sagte. Nach einer Weile aber sagte er dann auf nordisch: »Ich ging nicht viel weiter als ihr. Doch habe ich eine Neuigkeit für euch. Ich fand Weinranken und Weintrauben.« – »Ist das richtig, lieber Ziehvater?« fragte Leif. »Gewiß«, erwiderte Tyrkir, »wo ich daheim bin, fehlt es doch weder an Weinranken noch an Weintrauben.« Nun schliefen sie die Nacht, und am Morgen sagte Leif zu seiner Schiffsmannschaft: »Nun wollen wir uns mit zweierlei beschäftigen. An einem Tag immer mit Weinlese, am andern mit dem Abhacken der Weinranken und dem Fällen von Bäumen als Fracht für mein Schiff.« Und so ward's beschlossen.

Nun war, heißt es, ihr Schleppboot bald voll mit Weintrauben beladen und auch die Fracht für das Schiff selbst zurechtgehauen. Im Frühjahr rüsteten sie ihr Schiff und segelten ab. Leif gab dem Land einen Namen nach seiner Beschaffenheit und nannte es Weinland. Sie stachen nun in See und hatten Fahrwind, bis sie Grönland sehen konnten und die Berge dort unterhalb der Gletscher. Da kam ein Mann zu Leif und fragte: »Was steuerst du denn so sehr wider den Wind?« Leif erwiderte ihm: »Ich achte auf mein Steuer, doch auch auf anderes. Seht ihr denn nichts?« Sie sagten alle, sie sähen nichts, das des Aufsehens wert wäre. »Ich weiß nicht«, meinte Leif, »ist das dort ein Schiff oder eine Schäre?« Nun sahen's auch die andern und sagten, eine Schäre sei es. Doch Leif sah schärfer als sie und entdeckte dort zugleich Menschen. »Kreuzen wir nun wider den Wind«, sagte Leif, »um ihnen nahe zu kommen, falls sie in Not sind. Wir müssen an sie heran, um ihnen zu helfen. Sind sie aber nicht friedlich gesinnt, dann können wir uns noch immer gegen sie stellen, wie wir wollen. Sie aber haben das nicht in der Hand.«

Sie fuhren nun an die Schäre, zogen die Segel ein, ankerten

und setzten ein kleines Boot aus, das sie zusätzlich bei sich hatten. Dann fragte Tyrkir jene, wer ihre Schar befehlige. Die Antwort war, er heiße Thorir und sei aus Norwegen. »Wie aber«, fragten jene, »heißt du?« Leif nannte seinen Namen. Thorir fragte weiter: »Bist du der Sohn Erichs des Roten von Steilhang?« Leif bejahte es. »Jetzt will ich euch alle auf mein Schiff nehmen«, sagte er, »auch euer Gut, so viel das Schiff fassen kann.« Jene nahmen das Anerbieten an, und sie segelten dann mit ihrer Last zum Erichsfjord bis nach Steilhang. Dort trugen sie die Fracht vom Schiff.

Darauf bot Leif dem Thorir und dessen Frau Gudrid sowie noch drei von seinen Begleitern Aufenthalt bei sich an. Den andern Schiffsleuten Thorirs und seinen eignen aber schaffte er woanders Quartier. Leif hatte fünfzehn Mann von der Schäre gerettet und hieß fortan Leif der Glückliche. Er hatte dabei Gut und Ansehen gewonnen.

In diesem Winter brach ein schweres Siechtum aus unter Thorirs Leuten. Thorir selbst starb und manch anderer aus seiner Schar. Im gleichen Winter starb auch Erich der Rote. Nun wurde viel über Leifs Fahrt nach Weinland gesprochen, und dessen Bruder Thorvald dünkte es, jener habe das Land zu wenig untersucht. Da sprach Leif zu Thorvald: »Du magst, wenn du willst, auf meinem Schiff nach Weinland fahren, Bruder. Zunächst jedoch muß es das Holz holen, das Thorir auf der Schäre hatte.« Und das geschah denn auch.

Nun rüstete sich Thorvald zur Fahrt nach Weinland mit dreißig Mann nach den Anweisungen seines Bruders Leif. Sie machten das Schiff fahrtfertig und stachen in See. Von ihrer Fahrt wird nichts berichtet, bis sie nach Weinland kamen zu den Leifshütten. Dort bargen sie ihr Schiff am Ufer und verhielten sich ruhig den Winter über. Sie fingen sich Fische zur Mahlzeit.

Im Frühjahr aber sagte Thorvald, sie wollten ihr Schiff rüsten, ihr Schleppboot aber sollte mit einigen Männern nach Westen hin die Küste abfahren und dort den Sommer über weiter das Land untersuchen. Sie fanden, das Land war schön und bewaldet, und nur auf den kurzen Zwischenräumen zwischen Wald und See zogen sich weiße Sandstrecken hin. Auch zahlreiche Inseln und manche Untiefen waren dort. Sie stießen weder auf menschliche Siedlungen noch auf Tiere. Nur auf einer Insel im Westen trafen sie auf einen hölzernen Kornschober. Sonst fanden sie nirgends menschliche Spuren, kehrten um und kamen im Herbst zu den Leifshütten zurück.

Im Sommer danach aber fuhr Thorvald auf dem Handelsschiff nach Osten an der Küste entlang und dann auch an der Nordküste. Da überfiel sie bei einem Vorgebirge ein schwerer Sturm und trieb sie dagegen, so daß ihnen unten der Kiel abbrach. Sie mußten dort lange zur Ausbesserung ihres Schiffes verweilen. Da sagte Thorvald zu seinen Gefährten: »Jetzt wollen wir den Kiel auf diesem Vorgebirge aufrichten und es Kielspitz nennen.« Und das taten sie.

Dann segelten sie weiter nach Osten an der Küste entlang und dann in die nächsten Fjordmündungen hinein, und sie stießen auf ein Vorgebirge, das dort heraussprang und ganz bewaldet war. Da verankerten sie ihr Schiff und schoben die Brücke aufs Land. Thorvald ging ans Ufer mit allen seinen Gefährten. Er sagte: »Hier ist's schön, und hier möchte ich mir einen Hof bauen.« Dann gingen sie wieder aufs Schiff, und nun sahen sie auf dem Strande einwärts des Vorgebirges drei Höcker. Und als sie dahinkamen, sahen sie, es waren drei Fellboote, und drei Männer lagen unter jedem. Da ordneten sie ihre Schar und ergriffen sie alle außer einem, der auf einem der Fellboote entwich. Die übrigen acht erschlugen sie, und sie gingen dann wieder auf das Vorgebirge, um Umschau zu halten. Da sahen sie einige Erhöhungen im Fjord, und sie vermuteten darin Wohnstätten.

Nun überfiel sie eine solche Schläfrigkeit, daß sie sich nicht wachhalten konnten und sie allesamt einschliefen. Da ertönte ein Ruf über ihnen, daß sie alle aufwachten. So aber klang dieser Ruf: »Wach auf, Thorvald, mit allen deinen Gefährten, willst du dein Leben retten. Geh mit all deinen Leuten an Bord des Schiffes und verlaß schleunigst dieses Land.«

Indem kamen eine Unmenge Fellboote aus dem inneren Teil des Fjordes auf sie zugefahren und griffen sie an. Da sagte Thorvald: »Nun Schanzen aufgerichtet auf unserm Schiff! Wehren wir uns, so gut wir können. Doch angreifen wollen wir nicht.« Das taten sie. Aber jene – die Skrälinger* – schossen auf sie eine Zeitlang. Dann flüchteten sie, jeder so schnell er konnte. Thorvald fragte seine Gefährten, ob sie verwundet seien. Sie sagten: »Nein.« – »Ich hab eine Wunde unter dem Arm«, sagte er, »ein Pfeil flog mir zwischen der Schiffsschanze und dem Schild in den Arm. Hier ist der Pfeil. Er wird mein Tod sein. Nun rat ich euch, macht euch schleunigst auf die Heimfahrt. Mich aber tragt auf das Vorgebirge, wo's mir so schön schien, mich niederzulassen. Ich sprach wohl wahr, als ich äußerte, daß ich da einmal hausen würde. Dort bestattet mich. Setzt mir ein Kreuz zu Häupten und zu Füßen. ›Kreuzspitz‹ soll diese Stelle fortan heißen.«

Grönland war damals schon christlich, doch Erich der Rote war vor der Einführung des Christentums gestorben. Nun starb auch Thorvald. Seine Leute taten nach seiner Anweisung. Dann kehrten sie um zu ihren Gefährten, und sie teilten einander ihre Erlebnisse mit. Sie überwinterten dort noch und beluden ihr Schiff mit Weintrauben und Weinranken. Im Frühjahr rüsteten sie zur Fahrt nach Grönland, kamen auf ihrem Schiff wieder zum Erichsfjord und konnten Leif viel Neues erzählen.

Christoph Kolumbus
Meine dritte Reise oder Als erster Europäer in Südamerika

Jedesmal, wenn ich nach den Indien steuerte, änderte sich meiner Erinnerung nach die Temperatur stets, sobald ich 100 Leguas (Spanische Meile, entspricht ca. 5 km) westwärts von den Azoren angelangt war. Daher entschloß ich mich, falls mir Gott günstigen Wind und gutes Wetter schenken würde, den südlichen Kurs aufzugeben und westwärts zu segeln. Am Ende dieser acht Tage gefiel es unserm Herrn, mir günstigen Ostwind zu schenken. Ich steuerte nun westwärts und war mir

---

* Der Name (die Schwächlinge) bezeichnete zunächst die Eskimos auf Grönland und in Kanada, dann aber auch die Indianer Neufundlands und namentlich Neuschottlands: die Micmacindianer.

klar, diesen Kurs nicht zu ändern, bis ich Land zu finden hoffte, wo ich die Schiffe ausbessern und unsere Vorräte möglichst erneuern lassen wollte. Vor allem brauchten wir Wasser. Nach 17 Tagen, während denen der Herr mir günstigen Wind gab, sahen wir an einem Dienstag, dem 31. Juli (1498), gegen Mittag Land. Ich hatte es bereits am Montag vorher erwartet und hielt daher zunächst den alten Kurs bei. Aber als die Hitze zunahm, das Wasser hingegen weniger wurde, beschloß ich, nordwärts nach den Kariben-Inseln zu fahren und setzte dementsprechend die Segel um.

Wie mir Gottes Güte immer zugetan war, so auch jetzt. Einer der Seeleute erblickte vom Mastkorb aus gegen Westen eine Kette von drei Bergen. Wir sprachen darauf das Salve Regina und andere Gebete, und alle dankten Gott. Ich gab unsern nach Norden gerichteten Kurs auf und hielt nach dem Lande zu. Um die Stunde des Abendsegens (kurz vor 19 Uhr) erreichten wir ein Kap, das ich Kap Galea nannte (heute Kap Galeota an der Südostspitze von Trinidad). Der Insel selbst hatte ich bereits den Namen Trinidad gegeben. Hier stießen wir auf einen Hafen, der ausgezeichnet war, aber keinen Ankergrund besaß. Am Strand erblickten wir Häuser und Menschen. Das Land ringsum war sehr schön und so frisch und grün, wie die Gärten von Valencia im Monat März. Ich war enttäuscht, daß ich nicht in den Hafen einlaufen konnte, und ging daher an der Küste westwärts. Nachdem ich 5 Leguas gesegelt war, traf ich sehr guten Ankergrund und ankerte.

Am nächsten Tag segelte ich in derselben Richtung weiter, um einen Hafen zu suchen, wo ich die Schiffe ausbessern, Wasser einnehmen und meine Vorräte ergänzen konnte. Als wir eine Pipe Wasser eingenommen hatten, drangen wir weiter vor bis zu einem Vorgebirge, wo wir guten Ankergrund und Schutz vor den Ostwinden fanden. Ich ließ die Anker sacken, das Wasserfaß ausbessern, neuen Wasser- und Holzvorrat einnehmen und die Mannschaft von den lang ertragenen Strapazen ausruhen. Dieser Spitze gab ich den Namen Sandspitze (Punta del Arenal). Der Erdboden in der Nachbarschaft war voller Tierspuren, die an die der Ziegen erinnerten (vielleicht Hirsche?). Obgleich man daraus schließen mußte, daß es dort deren sehr viele gab, sahen wir nur eine, und diese war tot.

Am Tag darauf erschien aus dem Osten ein großes Kanu, in dem vierundzwanzig Mann hockten. Diese waren sämtlich jung, stattlich gebaut und mit Bogen, Pfeilen und Holzschilden wohl bewaffnet. Ihre Hautfarbe war nicht dunkel, sondern heller als bei allen andern Indianern, die ich bisher erblickt hatte. Sie zeichneten sich durch sehr gemessene Bewegungen und schöne Körperformen aus. Ihre Haare trugen sie lang und glatt, nach kastilischer Weise verschnitten. Um den Kopf waren ihnen baumwollene Tücher verschiedener Farbe geschlungen. Sie erinnerten an einen almaizar (maurischer Turban). Einige dieser Schärpen wurden an Stelle eines Gewandes um den Körper getragen. Die Eingeborenen riefen uns aus weiter Entfernung vom Kanu aus an. Aber keiner von uns konnte sie verstehen. Ich machte ihnen durch Zeichen verständlich, sie möchten näher herankommen. Darüber verstrichen über zwei Stunden. Waren sie zufällig ein wenig näher getrieben, entfernten sie sich bald wieder. Um sie zum Herankommen zu veranlassen, ließ ich ihnen Becken und andere schimmernde Gegenstände zeigen.

Endlich näherten sie sich weiter als bisher. Da ich mit ihnen sprechen wollte und sie durch nichts heranlocken konnte, ließ ich auf dem Achterdeck eine Trommel schlagen und einige unserer jungen Leute tanzen, in dem Glauben, die Indianer würden sich diese Lustbarkeit ansehen wollen. Aber sobald sie den Trommelschlag und den Tanz inne wurden, ließen sie ihre Ruder fallen und spannten ihre Bogen. Jeder ergriff seinen Schild, und sie begannen, ihre Pfeile auf uns zu schießen. Die Musik und der Tanz wurden daraufhin abgebrochen, und ich ließ einige unserer Armbrüste abschießen. Darauf wandten sie sich ab von uns, eilten zu der andern Karavelle und hielten sich unter deren Achterdeck auf. Der Pilot dieses Schiffes empfing sie höflich und schenkte dem, der ihr Häuptling zu sein schien, einen Rock und einen Hut. Man einigte sich durch Zeichen dahin, daß der Pilot sich an Land begeben und mit dem Häuptling reden sollte. Die Indianer begaben sich deshalb sofort dorthin und warteten auf ihn. Aber da der Pilot nicht ohne meine Erlaubnis gehen wollte, kam er in einem Boot zu mir aufs Schiff, worauf die Indianer in ihrem Kanu verschwanden. Ich habe weder einen von ihnen noch irgendeinen andern Bewohner der Insel je wiedergesehen.

Bei meiner Ankunft an der Sandspitze stellte ich fest, daß die Insel Trinidad mit dem Land von Gracia (Küste von Paria) eine zwei Leguas breite Straße bildet, die von Westen nach Osten ging. Als wir sie passieren mußten, stießen wir auf heftige Strömungen, die laut brüllend die Straße kreuzten, woraus ich schloß, dort müsse ein Sand- oder Felsenriff sein, das uns die Einfahrt unmöglich machen würde. Hinter dieser Strömung lief wieder eine andere, die ebenfalls durch brüllenden Lärm wie an Felsen schlagende Brandungswellen angezeigt wurde. Ich ankerte im Schutz der Sandspitze außerhalb der Straße und beobachtete, wie sich das Gewässer von Ost nach West stürzte. Dies ging ohne Unterlaß Tag und Nacht, so daß es unmöglich zu sein schien, rückwärts wegen der Strömung oder vorwärts wegen der Untiefen zu gehen.

Während ich auf Deck war, hörte ich in der Stille der Nacht ein fürchterliches Brüllen, das von Süden gegen das Schiff kam. Ich wollte feststellen, was dies sein könnte, und sah, daß das Meer wie ein schiffshoher Berg von West nach Ost rollte und immer näher kam. Vor diesem tosenden Meer wälzte sich eine mächtige, schrecklich brüllende Woge, die ähnlich dem furchtbaren Aufruhr der andern Strömung war. An diesen Tag lebt in mir eine Erinnerung der Furcht, die ich damals fühlte, weil das Schiff möglicherweise unter der Gewalt dieses entsetzlichen Meeres zerschellen könnte. Aber das Unheil ging vorüber und erreichte den Ausgang der Straße, wo der Aufruhr lange Zeit anhielt.

Am Tag darauf sandte ich Boote aus, die die Meerestiefe messen sollten. Sie fanden, daß an der tiefsten Stelle der Mündung der Straße 6 oder 7 Faden Wasser waren, und daß dort beständig Gegenströmungen sich bildeten, von denen die einen hinein-, die andern hinausstürzten. Dem Herrn gefiel es jedoch, uns günstigen Wind zu schenken. Ich drang durch die Straße vor und gelangte bald in ruhiges Fahrwasser. Wasser, das wir aus dem Meer heraufzogen, erwies sich als Flußwasser. Nun segelte ich nordwärts, bis ich zu einem stattlichen Hafen kam. Hier tauchten zwei hohe Vorgebirge auf. Eines lag nach Osten zu. Es bildete einen Teil der Insel Trinidad. Das andere zog sich gen Westen. Es gehörte zu dem Land, dem ich den Namen Gracia gegeben hatte. Hier fanden wir einen Kanal, der noch schmaler als der an der Sandspitze war. Er zeichnete sich ebenfalls durch Strömungen, schreckliches Brüllen und Tosen aus. Das Wasser war nicht salzig.

Bisher war es mir noch nicht gelungen, mit Eingeborenen in Verbindung zu treten, so sehr ich mich darum bemühte. Ich segelte immer der Küste folgend westwärts. Je weiter ich vordrang, desto ungesalzener und bekömmlicher wurde das Wasser, das ich fand. Als ich eine ziemliche Zeit lang weitergesegelt war, erreichte ich eine Gegend, wo das Land bebaut zu sein schien. Dort ging ich vor Anker und sandte die Boote an Land. Die Mannschaften, die an den Strand gingen, stellten fest, daß die Eingeborenen diesen Platz erst vor kürzester Zeit verlassen hatten. Sie beobachteten auch, daß auf dem Berg Affen hausten. Da ich hoffte, gen Westen flacheres Land zu finden, lichtete ich die Anker und folgte der Küste, bis die Gebirgskette zu Ende ging. Dort ankerte ich an einer Flußmündung, wo wir bald durch viele Eingeborene besucht wurden, von denen wir erfuhren, daß dieses Land Paria genannt wurde und daß weiter westwärts die Bevölkerung zahlreicher sei. Ich ergriff vier der Eingeborenen und setzte meine Fahrt gen Westen fort.

Als ich 8 Leguas weiter vorgedrungen war, fand ich im Rücken eines Vorgebirges, dem ich den Namen Punta de la Aguja (Nadelkap, heute Kap Pelikan) gab, eines der lieblichsten Gebiete der Welt, das obendrein dicht bevölkert war. Es war drei Uhr morgens, als ich dort ankam. Die grünen, schönen Gestade lockten mich, so daß ich dort vor Anker ging und mit den Eingeborenen in Verbindung trat. Einige dieser Fremdlinge kamen in ihren Kanus bald in die Nähe unseres Schiffes und forderten mich im Namen ihres Häuptlings auf, an Land zu gehen. Sowie sie bemerkten, daß ich ihnen keine Aufmerksamkeit zollte, erschienen sie in großer Zahl mit ihren Booten an unsern Schiffen. Viele von ihnen trugen Goldstücke auf der Brust, einige hatten Perlenbänder um die Arme. Darüber war ich sehr erfreut und suchte von ihnen zu erfahren, wo sie diese fänden. Sie versicherten mir, daß es diese Sachen in der Nähe ihres Landes und auch nordwärts davon gäbe. Ich würde mich hier gern länger aufgehalten haben. Aber die Vorräte an Getreide, Wein und Fleisch, die ich für die in Española zurückgelassenen Kolonisten bestimmt hatte, waren nahezu dahingeschwunden, weshalb ich meine ganze Sorge darauf richtete, sie in Sicherheit zu bringen und mich nicht wegen jeder Sache aufzuhalten. Ich wollte mir jedoch einige von den Perlen, die ich gesehen hatte, verschaffen und sandte zu diesem Zweck Boote ans Land.

Die Zahl der Eingeborenen war groß. Es waren prächtige Gestalten von gleicher Hautfarbe wie die übrigen Indianer. Sie waren überdies sehr entgegenkommend und nahmen unsere Matrosen äußerst höflich auf. Anscheinend waren sie uns sehr zugetan. Unsere Leute erzählten, daß zwei Häuptlinge, die sie für Vater und Sohn hielten, ihnen aus der Masse des Volkes entgegenkamen und sie zu einem sehr großen Haus führten, das mit Fassaden verziert war. Dieses Haus war nicht rund und zeltartig wie die andern Häuser. Im Innern befanden sich viele Schemel, auf die unsere Leute sich setzen mußten. Die Indianer ließen sich daneben nieder. Es wurde Brot gebracht, dazu Früchte aller Art, roter und weißer Wein, der nicht aus Weintrauben gewonnen war, sondern allem Anschein nach aus verschiedenen Früchten, vor allem aus Mais, einer Pflanze, die eine Ähre wie der Weizen trägt. Sie wuchs hier in großer Menge. Einige davon nahm ich mit nach Spanien.

Die Männer saßen zusammen auf der einen Seite des Hauses, die Frauen auf der andern. Sie bemühten sich gegenseitig eifrig, Nachrichten über ihre Heimatländer zu erhalten. Nachdem unsere Leute im Haus des älteren Indianers bewirtet worden waren, nahm sie der jüngere in seine Hütte und bereitete ihnen den gleichen herzlichen Empfang. Darauf kehrten die Matrosen zu den Booten zurück und kamen an Bord. Ich lichtete sogleich die Anker. Denn ich hatte Eile, um die Lebensmittel zu retten, die zu Ende gingen, und die ich mit so großer Mühe und Sorge zusammengebracht hatte. Ich mußte außerdem auf meine Gesundheit achten, die durch langes Wachen angegriffen war. Obgleich ich auf meiner letzten Reise 33 Tage ohne Schlaf und Ruhe zugebracht und beinahe das Augenlicht verloren hatte, schmerzten doch jetzt meine Augen unter Bluten viel stärker als bei der früheren Reise.

DIE NEUGEFUNDENEN LÄNDER

»Zu den größten und allerseltsamsten Ereignissen
natürlicher Art zähle ich in erster Linie dies, daß
ich in dem Jahrhundert zur Welt kam, da der
ganze Erdkreis entdeckt wurde, während den
Alten nur wenig mehr als der dritte Teil bekannt
gewesen war.
Jetzt haben wir Amerika entdeckt und, um
einzelne Teile zu nennen, Brasilien, die Feuerlande,
Patagonien, Peru, Paraná, Caribana, Neuspanien,
Neufrankreich... Bis alle diese Gebiete gerecht
verteilt sind, wird es sicherlich noch große
Mißhelligkeiten geben.«

Girolamo Cardano
De propria via (1575/76)

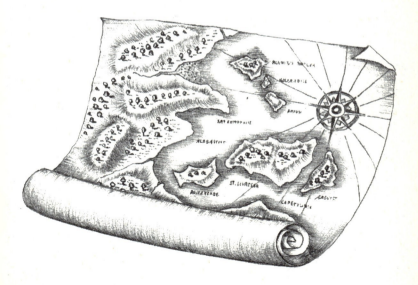

Francesco Antonio Pigafetta
Magellan überquert den Stillen Ozean

Mittwoch, den 28. November 1520, ließen wir besagte Straße (die Magellanstraße zwischen dem Südende Patagoniens und Feuerland) hinter uns und segelten auf das offene Meer hinaus, das wir später »mare pacifico« nannten. Wir brachten auf diesem Meer drei Monate und 20 Tage zu, ohne daß wir jemals Proviant oder Erfrischungen irgendeiner Art aufnehmen konnten. Was wir aßen, war alter Zwieback, fast zu Staub zerfallen und voller Maden, stinkend vom Kot, den die Ratten hatten fallen lassen, als sie sich über den frischen Zwieback hermachten. Und wir tranken Wasser, das gelb war und faulig roch. Wir aßen sogar die Ochsenhäute, mit denen die große Rahe überzogen war, um die Takelage zu schonen: Die Sonne, der Regen und der Wind hatten sie beinhart gemacht, und so ließen wir sie vier oder auch fünf Tage ins Meer hängen, hievten sie hoch, legten sie eine Weile in die Glut und verspeisten sie dann. Auch aßen wir Sägemehl und Ratten, deren jede einen halben Dukaten kostete, und nicht einmal davon gab es genug.

Zu diesen Mißhelligkeiten kam etwas weitaus Schlimmeres hinzu. Bei einem Großteil unserer Männer schwoll das Zahnfleisch oben wie unten dermaßen an, daß sie nichts mehr zu sich nehmen konnten. Und es litten so viele an dieser Krankheit (Skorbut), daß neunzehn von ihnen starben. Zu alledem kam noch, daß 25 bis 30 Mann der Taucherkrankheit anheimfielen, mit Schmerzen an Armen, Beinen und anderen Körperteilen, so daß nur einige wenige ihre Gesundheit behielten. Ich selbst, dem Herrn sei Dank, blieb von aller Krankheit verschont.

Während jener drei Monate und 20 Tage segelten wir an die 4000 Leguas (spanische Meile, ca. 5 km) auf offenem Meer. Wir hatten ihm den Namen »mare pacifico« gegeben, zu Recht, denn in dieser Zeit kam nicht ein einziger Sturm auf; auch konnten wir kein Land ausmachen, ausgenommen zwei kleine unbewohnte Inseln, wo es außer Vögeln und Bäumen nichts zu entdecken gab. Wir nannten sie die Unglücksinseln. Sie liegen 200 Leguas voneinander, und man kann dort nirgends ankern, weil man nicht auf Grund stößt. Auch sahen wir dort jede Menge Haifische, und zwar von der Größe, die Tiburoni genannt werden. Die erste Insel liegt auf 15 Grad, die andere auf 9 Grad südlicher Breite.*

Mit besagtem Wind segelten wir 50 oder 60 Leguas am Tag, manchmal auch mehr; das eine Mal kam der Wind von achtern, das andere Mal seitwärts. Und hätten nicht Gott der Herr und die Jungfrau Maria uns beigestanden und uns gutes Wetter gesandt, so daß wir uns an der Brise erfrischen konnten, so wären wir alle Hungers gestorben in diesem unermeßlichen Meer. Ich glaube nicht, daß es je einem Menschen in den Sinn käme, eine derartige Reise zu unternehmen.

Hätten wir uns, als wir aus jener (Magellan-) Straße kamen, nur immer nach Westen gehalten, so hätten wir um die ganze Erde segeln können, ohne je auf Land zu stoßen, ausgenommen das Kap der elftausend Jungfrauen, das in gerader Linie den östlichsten Punkt dieses Ozeans bildet, so wie das Kap der Sehnsucht den westlichsten Punkt des Pazifik ausmacht. Diese beiden Kaps sind genau 52 Breitengrade vom Südpol entfernt.

Der Südpol ist nicht auf die gleiche Weise von Sternen überwölbt wie der Nordpol. Hier kann man viele kleinere Sterne erblicken, nahe beieinander und doch wie zwei Wolken ein wenig voneinander entfernt und etwas verschwommen; und mitten unter ihnen sind zwei Sterne, nicht sonderlich groß, nicht sonderlich hell, die sich kaum bewegen: Diese beiden Sterne sind der Südpol (polo antarctico).

Die Nadel unseres Kompasses war noch immer vom Nordpol bestimmt, sie schlug aber nicht mit derselben Kraft aus wie in ihrer eigenen Hemisphäre (nördlich des Äquators). Als wir nun auf offenem Meer segelten, befragte der Generalkapitän alle Steuerleute, während wir unter Segel standen, in welche Richtung sie navigierten und die Seekarten absteckten. Alle erwiderten, genau nach dem Kurs, wie er ihn vorgegeben hätte. Darauf erklärte er, sie nähmen einen falschen Kurs (was

---

* Seinerzeit konnte die Breite nur nach der Sonne und die Länge überhaupt nicht berechnet werden. Es gab keinerlei Karten, auf die man sich stützen konnte. Magellans nautische Ausrüstung bestand lediglich aus Kompaß, Stundenglas und Sternhöhenmesser.

auch der Fall war), und es täte not, die Nadel entsprechend auszurichten, weil die Magneteinwirkung in dieser Region weitaus schwächer sei. Als wir uns so mitten auf offenem Meer befanden, erblickten wir am westlichen Himmel ein Kreuz aus fünf Sternen, leuchtend hell und sehr klar erkennbar.

Wir fuhren in nordwestlicher Richtung, bis wir schließlich den Äquator erreichten. Nachdem wir ihn überschritten hatten, segelten wir mit Kurs West-Nordwest. Dann fuhren wir 200 Leguas mit striktem Kurs westwärts, schlugen daraufhin die südwestliche Richtung ein, bis wir uns auf 13 Grad nördlicher Breite befanden, um Kap Cattigara (Comorin, südlichster Punkt der Halbinsel Vorderindien) anzulaufen. Dieses Kap liegt nicht dort, wo die Kosmographen es vermuten (sie haben es nie gesehen), sondern mehr gegen Norden etwa auf dem 12. Breitengrad.

Nachdem wir auf besagtem Kurs 60 Leguas zurückgelegt hatten, entdeckten wir Mittwoch, den 6. März 1521, in nordwestlicher Richtung unter 12 Grad nördlicher Breite eine kleine Insel und zwei weitere Inseln, die im Südwesten lagen. Die im Norden gelegene Insel war größer und höher als die beiden anderen. Der Generalkapitän beabsichtigte, die größere Insel anzulaufen, um unseren Proviant aufzufüllen. Doch war dies nicht möglich, weil die Inselbewohner in unsere Schiffe eindrangen und uns frech beraubten, ohne daß wir uns vor ihnen hätten schützen können. Während wir die Segel einholten, um an Land zu gehen, machten sie sich mit großer Geschicklichkeit daran, uns ein Boot zu stehlen, das am Heck des Kapitänsschiffes befestigt war. Das brachte den Generalkapitän so in Rage, daß er mit 40 bewaffneten Männern an Land ging, 40 oder 50 Hütten niederbrannte und auch mehrere kleine Boote; dabei tötete er sieben Inselbewohner. Unser Boot brachten sie zurück. Wir setzten nun unverzüglich die Segel und nahmen unseren alten Kurs wieder auf. Noch bevor wir an Land gingen, hatten einige unserer Kranken gebeten, wir möchten ihnen, sollte es Tote geben, doch deren Eingeweide bringen, das würde ihnen zur schnellen Genesung verhelfen.

Man muß hierzu wissen, daß diese Menschen, wenn wir sie

verwundeten und einer unserer Pfeile ihren Körper durchbohrte, sie den Pfeil voller Verwunderung betrachteten und ihn dann herauszogen; und unmittelbar darauf waren sie tot.

Als wir nun rasch aufbrachen und diese Menschen sahen, daß wir uns von der Insel entfernten, verfolgten sie uns mit hundert kleinen Booten oder noch mehr, und sie zeigten uns Fische und taten, als wollten sie uns davon geben. Doch statt dessen bewarfen sie uns mit Steinen und flüchteten dann. In ihren kleinen Booten fuhren sie zwischen dem am Heck vertäuten Boot und dem unter vollen Segeln stehenden Schiff hindurch; das geschah so schnell und mit so großem Geschick, daß es wie ein Wunder erschien. Wir sahen einige Frauen laut weinen und sich die Haare raufen, und ich glaube, daß dies der Männer wegen geschah, die wir getötet hatten.

Diese Menschen leben in Freiheit und ganz nach ihrem eigenen Willen, denn sie kennen keinen Herrn oder Höchsten über sich. Sie gehen vollständig nackt, und einige tragen einen Bart; das Haar reicht ihnen bis zu den Hüften. Nach Art der Albaner tragen sie kleine Hüte, die aus Palmblättern geflochten sind. Diese Menschen sind so groß wie wir und wohlgestaltet. Sie beten nichts und niemanden an. Bei der Geburt sind sie weiß, später wird ihre Haut dunkel. Die Zähne färben sie sich schwarz oder rot.

Auch die Frauen gehen nackt, sie bedecken nur ihre Scham mit einem Stück Palmbast, der zwischen Baum und Borke wächst, dünn und biegsam wie Papier. Sie sind zartgliedrig und schön. Ihre Haut ist heller als die der Männer, ihr tiefschwarzes Haar fällt weich und fließend bis zur Erde. Sie arbeiten nicht auf dem Feld, sondern bleiben in ihren Hütten und flechten aus Palmblättern Matten und Körbe. Als Nahrung dienen ihnen einmal Cochi oder Bataten (Süßkartoffeln), dann Vögel, spannenlange Feigen (Bananen), Zuckerrohr und fliegende Fische. Die Frauen reiben sich Körper und Haar mit Kokos- und Sesamöl ein. Ihre Hütten bestehen aus Holzgerüsten, überdeckt mit Planken und Feigenblättern in doppelter Ellenlänge (d. i. Bananenblätter). Sie sind ebenerdig. Innen sind Zimmer und Bettstatt mit Matten versehen, aus Palmblättern gefertigt und sehr schön anzusehen, und man liegt auf feinem, weichem Palmstroh. Diese Menschen haben keine

Waffen, sie benutzen lediglich Stöcke, deren Spitze aus Fischbein besteht. So arm sie sind, so einfallsreich sind sie auch und große Diebe; aus diesem Grund nannten wir diese drei Inseln »Ladronen«, Diebesinseln.

Ihre Hauptbeschäftigung ist es, mit ihren kleinen Booten und mit Angelhaken aus Fischbein Jagd zu machen auf fliegende Fische. Ihre Boote sind entsprechend ausgelegt. Sie gleichen den Gondeln von Fusine (bei Venedig), sind aber schmaler. Manche sind schwarz, einige weiß, andere wiederum rot. Dem Segel gegenüber ist ein großer, zugespitzter Balken angebracht, mit Querstangen, die bis ins Wasser reichen und so die Sicherheit vergrößern. Die Segel sind aus Palmblättern zusammengenäht, sie haben von vorn nach achtern zu die Form eines Lateinsegels. Ihre Paddel ähneln unseren Herdschaufeln. Heck und Bug unterscheiden sich bei diesen Booten nicht; wie die Delphine schnellen sie zwischen den Wogen hindurch. Aus den Gesten dieser Diebesleute konnten wir erschließen, daß sie glaubten, außer ihnen gäbe es keine anderen Menschen auf der Welt.

Bernal Diaz del Castillo
Cortez trifft Moctezuma in Mexiko

Wir waren nun schon vier Tage in Mexiko (damals Tenochtitlán genannt), und niemand von uns hatte bis jetzt das Quartier verlassen. Cortez wollte aber den großen Marktplatz der Stadt und den Haupttempel besichtigen. Er schickte deshalb seine Dolmetscher, die Donna Marina und Aguilar und einen seiner Pagen, den Ortega, der schon etwas Mexikanisch gelernt hatte, zu Moctezuma und ließ ihn um sein Einverständnis bitten. Der Fürst antwortete zwar, daß wir überall willkommen seien, hatte aber doch Sorge, daß wir seine Götzen in irgendeiner Form beleidigen könnten, und begleitete uns daher, zusammen mit vielen seiner Großen. Es war ein prachtvoller Aufzug. Auf halbem Weg stieg er aus der Sänfte; denn er hielt es für unehrerbietig, sich den Götzen anders als zu Fuß zu nahen. Die ersten

Männer seines Hofes führten ihn unter den Armen; andere gingen vor ihm her und trugen zwei Stöcke, die wie Zepter aussahen und die Nähe des Fürsten ankündigten. In der Sänfte trug er immer einen kleinen Stab, halb Gold, halb Holz, der wie ein Richterstab aussah. Er bestieg den Tempel in Begleitung von vielen Papas und brachte dem Huitzilopochtli, dem Kriegsgott, Rauchopfer dar. Unser Generalkapitän aber und wir anderen Berittenen waren wir üblich bewaffnet. Wir ritten, begleitet von zahlreichen Kaziken, über den großen Marktplatz von Tlatelolco.

Dort fanden wir eine unerwartet große Menge Menschen, zahlreiche Verkaufsstände und eine ausgezeichnete Ordnungspolizei. Die Kaziken machten uns auf alle Besonderheiten aufmerksam. Jede Warengattung hatte ihre Plätze. Da gab es Gold- und Silberarbeiten, Juwelen, Stoffe aller Art, Federn, Baumwolle und Sklaven. Der Sklavenmarkt war hier genauso groß wie der Negermarkt der Portugiesen in Guinea. Damit sie nicht fliehen konnten, waren sie mit Halsbändern an lange Stangen geschnallt. Nur wenige durften frei herumgehen.

Dann kamen die Stände mit einfacheren Waren, mit grobem Zeug, mit Zwirn und Kakao zum Beispiel. Ganz Neuspanien (Mexiko) bot hier seine Erzeugnisse an. Ich kam mir vor wie auf der großen Messe zu Hause, in meinem Geburtsort Medina del Campo, wo auch jede Ware ihre eigene Straße hat. Da gab es Sisalstoffe, Seile und Strickschuhe. Dort wurden gekochte süße Yuccawurzeln und andere aus dieser Pflanze gewonnene Produkte angeboten. Es gab rohe und gegerbte Häute von Tigern, Löwen, Schakalen, Fischottern, Rotwild, wilden Katzen und anderen Raubtieren. Wir fanden aber auch Stände, an denen Bohnen, Salbei und vielerlei andere Gemüse und Gewürze verkauft wurden. Es gab einen besonderen Geflügel- und Wildbretmarkt, einen für die Kuchenbäcker und einen für die Wursthändler. In den Ständen der Töpfer fanden wir von großen irdenen Gefäßen bis zum kleinsten Nachttopf alles. Wir gingen an Verkäufern von Honig, Honigkuchen und anderen Leckereien vorbei, an Möbel-, Holz- und Kohlenhändlern. Ganze Kähne mit menschlichen Fäkalien lagen am Ufer. Die Mexikaner brauchten sie zum Gerben. Ich finde kein Ende mit dieser Aufzählung, und doch habe ich das Papier, die Röhren mit dem flüssigen Eukalyptusöl und mit dem Tabak, die wohlriechenden Salben und die Hallen mit den Sämereien noch gar nicht genannt, ganz zu schweigen von den Heilkräutern. Und nun hätte ich doch fast die Handwerker vergessen, welche die Feuersteinmesser machen, das Salz, den Fischmarkt und die Brote, die aus getrocknetem Schlamm gemacht werden, den man in den Seen fischt. Sie schmecken wie Käse. Schließlich gab es noch Instrumente aus Messing, Kupfer und Zinn, handgemalte Tassen und Krüge aus Holz, kurz so vielerlei Waren, daß mein Papier nicht ausreicht, sie alle zu nennen. Es gab übrigens auch eine Art Marktgericht mit drei Richtern und mehreren Gehilfen, die für die Warenschau verantwortlich waren.

Wir wollten aber den großen Cue besteigen. Als wir auf dem Weg dorthin an den Vorhöfen des Marktes vorbeikamen, sahen wir noch Kaufleute, welche die Goldkörner aus den Bergwerken verkauften. Sie schütteten ihre wertvolle Ware in große Gänseknochen, deren Wände sie so lange bearbeiteten, bis das Gold durchschien. Je nach der Länge und Dicke dieser Röhren konnte man dafür soundso viele Packen Zeug oder Kakaobohnen (die heute noch als kleine Münze verwendet werden) oder Sklaven oder andere Waren eintauschen.

Vom Markt aus kamen wir bald in die großen Höfe, die den Haupttempel der Hauptstadt Mexiko umgaben. Sie waren größer als der Marktplatz von Salamanca. Um den riesigen Hof lief eine doppelte Mauer aus Kalk und Stein. Er war durchweg mit weißen, sehr glatten Platten gepflastert, die in einem bestimmten Wechsel von einem bräunlichen Estrich unterbrochen wurden. Alles war so sauber, daß man nirgends einen Strohhalm oder ein Stäubchen sah.

Moctezuma war bei seinen Opferzeremonien hoch oben auf dem Tempel. Er schickte uns über die vielen Stufen sechs Papas und zwei vornehme Staatsbeamte entgegen, die Cortez hinaufführen sollten. Es waren einhundertundvierzehn hohe Stufen. Die Mexikaner fürchteten, daß der Aufstieg unserem Cortez ebenso schwerfallen werde wie ihrem Moctezuma. Sie wollten ihm deshalb den Arm reichen. Er lehnte aber jede Hilfe ab. Die stumpfe Spitze des Cue war eine breite Plattform mit großen Steinen, auf welche die armen Opfer gelegt wurden.

Darüber stand ein großes Götzenbild, ein Drache, umgeben von anderen abscheulichen Figuren. Überall sahen wir Spuren von frischem Menschenblut. Moctezuma trat mit zwei Papas aus einer Art Kapelle, in der seine verfluchten Götzen standen, und empfing Cortez mit großer Höflichkeit. Er sagte: »Der Aufstieg wird dich wohl ermüdet haben, Malinche?« Cortez antwortete, daß uns nichts ermüden könne. Daraufhin nahm der Fürst ihn an der Hand und forderte ihn auf, von hier oben aus seine Hauptstadt, die anderen in den See gebauten Städte und die zahlreichen Ortschaften ringsherum zu betrachten, nicht zuletzt auch den großen Marktplatz, den man von hier aus besonders gut übersehen konnte.

Dieser Teufelstempel beherrschte wirklich die ganze Gegend. Wir sahen die drei Dammstraßen, die nach Mexiko führten: die von Iztapalapa, über die wir eingezogen waren, die von Tacuba, über die wir acht Monate später unter großen Verlusten fliehen mußten, und die von Tepeaquilla. Wir sahen die große Wasserleitung, die von Chapultepec kommt und die ganze Stadt mit süßem Wasser versorgt, und die langen hölzernen Brücken, von denen die Dammstraßen unterbrochen waren, um die Verbindung zwischen den vielen Teilen des Sees zu ermöglichen. Auf dem See wimmelte es von Fahrzeugen, die Waren und Lebensmittel aller Art geladen hatten. Wir stellten einwandfrei fest, daß man Mexiko nur über die Zugbrücken oder in Kähnen erreichen konnte. Aus allen Orten ragten die weißen Opfertempel wie Burgen über die Häuser mit ihren Söllern, über kleinere kapellenartige Bauten und über die Befestigungstürme hinaus. Es war ein einmaliger Blick.

Lange staunten wir dieses herrliche Gemälde unter uns an. Dann besahen wir uns von hier oben aus noch einmal den Marktplatz mit seinem Gewimmel von Menschen, die einen Lärm machten, den man über eine Stunde weit hören konnte. Leute, die Konstantinopel und Rom gesehen hatten, erzählten, daß sie noch nirgendwo einen so großen und volkreichen Marktplatz gefunden hätten.

Bei dieser Gelegenheit fragte Cortez den Pater Bartolomé (de Las Casas), ob er nicht auch finde, daß man jetzt den Moctezuma um die Erlaubnis zum Bau einer Kirche bitten solle. Der Pater meinte, es sei wohl jetzt noch etwas zu früh, so schön dieser Plan wäre. Er glaube nicht, daß der Fürst darauf eingehen werde. Daraufhin sagte Cortez zu Moctezuma: »Ihr seid fürwahr ein großer Monarch, und es käme Euch zu, ein noch größerer zu sein! Es war für uns eine ganz besondere Freude, all Eure Städte von hier oben aus betrachten zu dürfen. Nachdem wir nun schon einmal hier sind, habe ich aber noch eine Bitte: zeigt uns auch Eure Götter und Teufel!« Der Fürst besprach sich erst mit seinen Papas. Dann führte er uns in einen Turm.

Dort war ein großer Saal mit zwei altarähnlichen Postamenten und einer reichgeschmückten Decke. Auf diesen Postamenten standen zwei riesige, dicke Figuren. Die eine stellte den Kriegsgott dar, den Huitzilopochtli. Das Götzenbild zeigte ein breites Gesicht, mißgestaltete grausige Augen und war über und über mit Edelsteinen, Gold und Perlen bedeckt, die mit einem Kleister befestigt waren, den die Indianer aus einer besonderen Wurzel gewinnen. Riesige goldene, juwelengeschmückte Schlangen wanden sich um den Leib des Ungeheuers, das in der einen Hand einen Bogen, in der anderen Pfeile trug. Ein kleiner Götze stand neben ihm und trug ihm einen kurzen Spieß und einen goldenen, mit Edelsteinen besetzten Schild. Mit blauen Steinen verzierte Masken und Herzen aus Gold und Silber hingen dem Kriegsgott um den Hals. Vor ihm standen mehrere Kohlenbecken mit Kopal, dem uns schon bekannten Weihrauch des Landes, und mit drei Herzen von Indianern, die an diesem Tag für ihn geschlachtet worden waren und nun hier als Opfer verbrannt wurden. Die Wände und der Boden waren schwarz von Menschenblut. Es stank abscheulich in diesem Tempelraum.

Auf dem anderen Postament stand der Gott der Hölle mit einem Bärengesicht und mit leuchtenden Augen, die aus einem Spiegelglas gemacht waren, das sie in Mexiko Tezcat nennen. Auch dieser Huichilobos war über und über mit Juwelen bedeckt. Um seinen Leib wand sich ein Kreis von Figuren, die wie Teufel aussahen und lange nackte Schwänze hatten. Dem Ungeheuer waren an diesem Tag schon fünf Menschenherzen geopfert worden. Auf der höchsten Spitze des Opfertempels stand wieder ein kapellenartiger Bau aus Holz, der ganz besonders schön und kostbar war. Er war der Fruchtbarkeitsgöttin gewidmet. Auch sie saß erhaben da, halb Mensch, halb Eidechse. Die untere Hälfte mit den Samen aller Pflanzen der Erde war vor den Augen der Besucher verhüllt. In dem Raum war ein Gestank, schlimmer als in jedem schlechtgelüfteten Schlachthaus. Wir konnten es kaum erwarten, wieder an die frische Luft zu kommen. Dort stand auch die Höllenpauke, eine ungeheure Trommel, die einen sehr schwermütigen Ton von sich gab, den man zwei Stunden weit hörte. Das Trommelfell war aus der Haut einer Riesenschlange. Es gab dort oben auf der Plattform noch mehr Hölleninstrumente: große und kleine Höllentrompeten, riesige Schlachtmesser und die Reste von verbrannten Menschenherzen. Unser Generalkapitän sagte lächelnd zu Moctezuma: »In der Tat, ich kann nicht begreifen, wie ein so großer und weiser Herrscher wie Ihr an diese Götzen glauben kann, die doch keine Gottheiten sein können, sondern böse Geister, Teufel. Erlaubt uns, auf die Spitze dieses Tempels ein Kreuz und in einen Raum neben Eurem Kriegs- und Höllengott ein Muttergottesbild zu setzen. Ihr und Eure Papas, Ihr werdet sehr bald sehen, welche Angst diese Götzen ergreifen wird.«

Moctezuma kannte das Madonnenbild. Er antwortete Cortez in Gegenwart von zwei Papas, die sehr böse dreinblickten, mit nur schlecht verhaltenem Zorn: »Malinche! Hätte ich gewußt, welche Schmähreden du hier halten würdest, ich hätte dir meine Götter keineswegs gezeigt! In unseren Augen sind es gute Götter. Sie schenken uns Leben und Gedeihen, Wasser und gute Ernten, gesundes und fruchtbares Wetter, und wenn wir sie darum bitten, auch Siege. Deshalb beten wir zu ihnen, und deshalb opfern wir ihnen. Ich muß dich bitten, kein unehrerbietiges Wort mehr gegen sie zu sagen!« Cortez hörte die zornigen Worte und sah die Erregung, in der sie gesprochen wurden. Darum erwiderte er nichts, sondern sagte nur: »Ich glaube, es ist für uns beide Zeit zu gehen.«

Moctezuma antwortete, daß er ihn nicht länger aufhalten wolle. Er müsse nun hierbleiben und seine Götter wieder versöhnen; denn er habe uns auf den Tempel geführt und sei mit schuld an diesen Beleidigungen. Cortez erwiderte: »Wenn es so steht, dann bitte ich um Verzeihung.« Dann stiegen wir die einhundertvierzehn Stufen wieder hinunter, was einigen unserer Leute sehr schwerfiel, denn sie hatten geschwollene Leistendrüsen, was man gemeinhin Syphilis nennt.

Nicolaus Federmann
Auf Goldsuche im venezolanischen Urwald

Als wir das letzte Pueblo der Xaguas verlassen und uns dem Land der Caquetios, einem sehr streitbaren Volk, bis auf eine Meile genähert hatten, konnten wir in einer schönen Ebene, an einem großen Fluß gelegen, an die zwanzig ihrer Dörfer sehen. Wir hielten Rast und beratschlagten, was zu unternehmen sei, denn aus der Vielzahl an Pueblos konnten wir auf eine große Anzahl Indios schließen, und wenn sich diese unserer Freundschaft widersetzten, könnte das zu einem großen Nachteil für uns werden, denn über die Stärke, die Frechheit und Geschicklichkeit dieses Stammes hatten wir schon einiges vernommen. Zu unserer eigenen Sicherheit kamen wir überein, diese Indios nicht wie die anderen zu überfallen, denn es waren ihrer einfach zu viele, und wir hatten wenig dabei zu gewinnen.

Seit Coro hatten wir einen Caquetio-Indio dabei, den schickten wir mit einigen Xaguas zu ihren Pueblos; für die Kaziken oder Häuptlinge gaben wir ihnen eine Reihe von Geschenken mit, und man möchte sie von unserer Ankunft und dem Grund unserer Reise verständigen. Außerdem ließen wir ausrichten, wenn sie unsere Freunde sein wollten, möchten sie uns entgegenziehen und mit uns Frieden schließen.

Weil wir aber keineswegs sicher sein konnten, diesen Stamm so eilig und so gütlich zufriedenzustellen, blieben wir auf der Hut und stellten an diesem Tag und auch die Nacht über Wachen auf. Wir befanden uns etwa eine Meile von den Pueblos entfernt, und die Indios, die wir spät erst ausgesandt hatten, waren am Abend noch nicht mit einer Antwort zurückgekehrt. Unser Vorteil war, daß wir notfalls die Pferde als stärkste Waffe einsetzen konnten, denn vor ihnen haben die Indios die meiste Furcht.

Am frühen Morgen kamen unsere Abgesandten mit etwa 40 Caquetios zurück, sie brachten Wildbret und andere Speisen und sagten mir, daß ihre Kaziken oder Häuptlinge uns in ihren Pueblos erwarteten und daß sie uns gern für Freunde hielten. Also schickte ich sie wieder heim mit der Botschaft, ich würde ihnen zur Stunde noch nachfolgen; und obwohl sie auf uns warten wollten und sich erboten, uns den Weg zu zeigen, schlug ich ihnen das sachte ab, da ich in ihrer Abwesenheit von den Gesandten zu erfahren hoffte, was diese Caquetios vorhätten.

Doch konnte ich nichts anderes in Erfahrung bringen, als daß wir von ihnen weder Betrug noch Unannehmlichkeiten zu erwarten hätten, da der dolmetschende Caquetio, der mit uns aus Coro gekommen war, bei seinen Leuten uns hoch gerühmt hatte: Wir hätten allen Stämmen gegenüber Wohlverhalten gezeigt und dies mit Taten und Geschenken bewiesen. Er hatte aber auch auf unsere Macht und Stärke denen gegenüber, die sich uns widersetzten, hingewiesen, und darauf hätten die Caquetios beschlossen, unsere Freunde zu sein und uns alles, wessen wir bedurften, zu bewilligen.

Ich beschenkte den Dolmetsch und gab ihn frei, denn bis dahin hatte ich ihn einem Christen als Diener beigegeben. Ich konnte aber, nach der Größe der Ortschaften und der Vielzahl der Menschen zu urteilen, sehr wohl erkennen, daß nicht allein die Rede des Dolmetschs sie bewogen hatte; zu einem Teil war der Grund dafür ihr Verlangen, sich die Leute genauer anzusehen, von denen sie nie zuvor gehört hatten. Vielleicht waren sie auch der Meinung, sie seien uns an Zahl und Stärke überlegen und könnten, falls wir gegen sie mit Gewalt vorgingen, wirksamen Widerstand leisten.

Als ich nun den ersten Pueblo dieser Provinz Barquisimeto erreichte, fand ich darin eine große Menge Indios, an die 4000, alle wohlproportioniert und kräftig, und sie empfingen mich ausgesprochen freundlich. Um es kurz zu machen: Ich blieb in diesen Pueblos oder Flußdörfern, 23 an der Zahl und jeweils eine halbe, höchstens eine Meile voneinander entfernt, volle 14 Tage, um sie einzeln zu besichtigen und die Einwohner als Freunde zu gewinnen. Auch über die anderen Ortschaften des Landes, die an unserer Wegstrecke lagen, zog ich Erkundigungen ein. In allem bewiesen sie uns gute Freundschaft und machten uns – ungenötigt und aus freien Stücken – Geschenke im Wert von 3000 Goldpesos, das sind etwa 5000 rheinische Gulden. Es ist nun mal ein reiches Volk, das viel Gold besitzt, es verarbeitet und damit handelt. Macht man ihnen Gegengeschenke aus Eisen, also Hacken, Äxte, Messer und dergleichen, die sie dringend benötigen, dann wäre, wie sich leicht denken läßt, dafür viel Gold und Reichtum zu bekommen. Ihre vielen Geschenke gaben sie uns gutwillig, nur um ihre Herrlichkeit zu beweisen, und nicht, wie in den zuvor von uns besuchten Siedlungen, aus Furcht.

Wir konnten wohl spüren, daß sie sich auf ihre Vielzahl verließen, denn ich vermute, aus diesen 23 Ortschaften könnten sie in einem halben Tag etwa 30000 kriegsgeübte Indios zusammenbringen. Mit den vier Stämmen, die sie an vier Seiten umgeben, sind sie verfeindet und müssen daher jederzeit Krieg und Überfall ihrer Feinde befürchten und dagegen Vorsorge treffen.

Wir waren der Meinung, daß sie wegen dieser starken feindlichen Umgebung so eng beieinander wohnten, um ihnen um so wirkungsvoller Widerstand leisten zu können. Denn sie sind zahlenmäßig das größte Volk, das wir auf unserer Reise bisher – und seitdem – so nah beieinander, so gut bewaffnet und an so stark befestigten Plätzen angetroffen haben.

In dieser Provinz ging die Kunde von einem anderen Meer, das Südmeer oder mittägliches Meer genannt wird. Es war genau das, was wir erhofften und wonach wir verlangten, und was der Hauptgrund für unsere Reise gewesen war. Dieses Meer zu erreichen und dort großen Reichtum an Gold, Perlen und Edelsteinen vorzufinden, war unsere ganze Hoffnung, und sie stützte sich auf das, was man bereits in anderen indianischen Ländern an diesem Südmeer gefunden hat.

Und obwohl uns die Einwohner dieser Pueblos davon berichteten, so wollten sie selbst noch nie dort gewesen sein. Sie gaben vor, sie hätten durch ihre Eltern davon gehört – was wir aber für eine Ausrede hielten, um uns nicht dorthin führen zu müssen.

VOM KANNIBALEN ZUM EDLEN WILDEN

»Die Menschen in der Neuen Welt sind wild, in eben dem Verhältnis, wie wir die Früchte wild nennen, welche die Natur von selbst und nach ihrem eignen Fortschritt hervorgebracht hat, während es im Grunde sie eigentlich sind, die wir durch unsere Künstelei verstellt und aus der gewöhnlichen Ordnung – welche wir so nennen sollten – herausgerissen haben.«

Montaigne, Essais (1580)

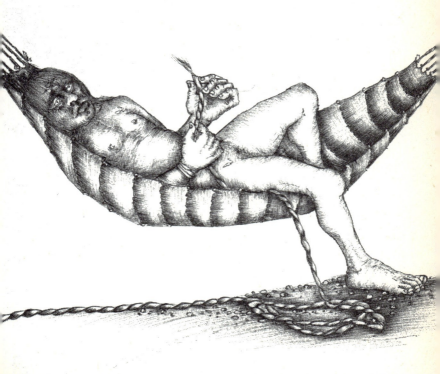

Hans Staden
Eine Landschaft der wilden nacketen grimmigen Menschfresser

Wie sie des Tages mit mir umgingen, als sie mich zu ihren Wohnungen brachten.

Selbigen Tages – nach der Sonne gerechnet, war es um die Vesperzeit – sahen wir ihre Wohnungen. Wir waren also drei Tage unterwegs gewesen, das waren von Bertioga aus, wo ich gefangengenommen wurde, dreißig Meilen Wegs.

Wie wir nun nahe an ihre Wohnungen kamen, war das ein Dörflein von sieben Hütten, und sie nannten es Ubatuba. Wir fuhren auf ein Uferland, das am Meer liegt, und nahe dabei arbeiteten die Frauen in ihrer Pflanzung mit Wurzelgewächsen, die sie Mandioka nennen. Dort waren ihrer viele dabei, die Wurzeln auszureißen, und ich mußte ihnen in ihrer Sprache zurufen: »Aju ne xé peē remiurama«, das heißt: »Ich, euer Essen, eure Speise, komme.«

Wie wir nun anlandeten, liefen sie alle aus den Hütten (sie lagen auf einer Anhöhe), jung und alt, um mich anzuschauen. Und die Männer gingen mit ihren Bogen und Pfeilen zu ihren Hütten und übergaben mich ihren Frauen; die nahmen mich zwischen sich, und einige gingen vor mir, einige hinter mir her, sie tanzten und sangen in einem fort die Gesänge, die sie den eigenen (gefangenen) Leuten vorzusingen pflegen, wenn sie sie essen wollen.

Sie brachten mich nun bis zur Ywara (Caiçara), das ist die Befestigung aus kräftigen langen Knüppeln, die sie rund um ihre Hütten errichten: Sie gleicht dem Zaun um einen Garten und ist ihrer Feinde wegen angelegt. Wie ich nun hineintrat, kam das Frauenvolk auf mich zu und schlug mich mit Fäusten und raufte mir den Bart und rief in seiner Sprache: »Xe anama poepika aé.« Das heißt so viel wie: »Mit dem Schlag räche ich an dir meinen Freund, den die, unter denen du gewesen, getötet haben.« Danach führten sie mich in die Hütte, wo ich mich in ein Inni (Hängematte) legen mußte; da kamen die Frauen heran und schlugen nach mir und rauften mich und drohten mir an, wie sie mich essen wollten.

Ebenso war das Mannsvolk in einer Hütte beieinander; es trank die Getränke, die sie Kawi (Cauim) nennen, und hatte seine Götzen bei sich, Tamerka (Maracá, Rasseln aus Flaschenkürbissen) genannt; und ihnen zu Ehren sangen sie, daß sie ihnen so gut geweissagt hatten, daß sie mich fangen würden. Den Gesang hörte ich wohl, doch während einer halben Stunde kam kein Mannsvolk zu mir; um mich waren nur Frauen und Kinder.

Wie meine beiden Herren zu mir kamen und mir sagten, sie hätten mich einem Freund geschenkt, der mich verwahren und totschlagen solle, wenn es Zeit wäre, mich zu essen.

Ich kannte mich in ihren Gebräuchen noch nicht so aus wie später und dachte, daß sie jetzt dazu rüsten, mich zu töten. Über eine kleine Weile kamen die, die mich gefangen hatten, mit Namen Jeppipo Wasu und Alkindar Miri. Es waren Brüder. Sie sagten, sie hätten mich aus Freundschaft dem Bruder ihres Vaters, Ipperu Wasu, geschenkt. Der solle mich verwahren und dann auch totschlagen, wenn man mich essen wollte, und sich so durch mich einen Namen verschaffen.

Dieser Ipperu Wasu hatte nämlich vor einem Jahr einen Sklaven gefangen und aus Freundschaft dem Alkindar Miri geschenkt. Dieser hatte ihn totgeschlagen und dadurch einen Namen gewonnen, dafür aber dem Ipperu Wasu versprochen, ihm den ersten, den er fangen würde, zu schenken. Der nun war ich.

Weiter sagten mir die beiden, die mich gefangen hatten: »Jetzt werden die Frauen dich hinausführen zum Poracé.« Das Wort verstand ich damals nicht, es heißt soviel wie tanzen. So zogen sie mich an den Stricken, die ich um den Hals hatte, wieder aus der Hütte auf den Platz. Es kamen alle Frauen, die in den sieben Hütten waren, und griffen mich an, das Mannsvolk aber ging davon. Da zerrten mich die Frauen, einige an den Armen, andere an den Stricken, die ich um den Hals hatte, so stark, daß ich kaum Atem holen konnte. So zogen sie mit mir dahin, und ich wußte nicht, was sie mit mir im Sinn hatten. Da gedachte ich des Leidens unseres Erlösers Jesu Christi, wie er durch die schnöden Juden unschuldig gelitten hatte. Das tröstete mich, und ich wurde um so geduldiger. Da brachten sie mich vor die Hütte des Königs. Er hieß Vratinge Wasu, auf deutsch gesagt »der große weiße Vogel«. Vor dessen Hütte war frische Erde aufgeschüttet, darauf setzten sie mich, und einige hielten mich fest. Da glaubte ich nicht anders, als daß sie mich nun bald totschlagen würden, und sah mich nach der Iwera Pemme (Ibirapema, eine Keule) um, mit der sie die (gefangenen) Leute erschlagen; und ich fragte, ob sie mich bald töten wollten, doch sie sagten, nein, noch nicht. Nun trat eine Frau aus der Gruppe auf mich zu. Sie hatte als Werkzeug ein Stück Kristall, in einer Art Gabelung befestigt, und schor mir damit die Augenbrauen. Sie wollte mir auch den Bart um den Mund abschneiden, doch das duldete ich nicht und sagte, sie sollten mich mit dem Bart töten. Da sagten sie, sie wollten mich noch nicht töten, und ließen mir den Bart. Doch einige Tage darauf schnitten sie ihn mir mit einer Schere ab, die sie von den Franzosen hatten.

Wie sie mit mir vor der Hütte tanzten, in der sie die Abgötter Tamerka (Maracá) hatten.

Danach führten sie mich von dem Ort, wo sie mir die Augenbrauen geschoren hatten, zu der Hütte, in der sie die Tamerka, ihre Abgötter, aufbewahren, und machten um mich einen runden Kreis. Da stand ich mittendrin, und zwei Frauen neben mir banden an eins meiner Beine mit einer Schnur etliche Rasseln; sie banden mir auch einen viereckigen Fächer aus Vogelschwanzfedern, der in ihrer Sprache Arasoya (Araçoia) heißt, hinten auf den Hals, so daß die Federn mir über den Kopf gingen. Danach fing das Frauenvolk an zu singen, und nach seinem Takt mußte ich mit dem Bein, an das sie mir die Rasseln gebunden hatten, auftreten, damit es rasselte und mit dem Gesang übereinstimmte. Das Bein, an dem ich verwundet war, tat mir dabei so weh, daß ich kaum stehen konnte, denn ich war noch nicht verbunden.

Wie sie mich nach dem Tanz dem Ipperu Wasu, der mich töten sollte, ins Haus brachten.

Wie nun der Tanz ein Ende hatte, wurde ich dem Ipperu Wasu ausgeliefert und dort in sicherer Verwahrung gehalten. Er sagte mir, ich hätte noch einige Zeit zu leben. Sie brachten alle ihre Abgötter, die in der Hütte waren, herbei und setzten sie um mich herum und sagten, die hätten geweissagt, daß sie einen Portugaleser fangen würden. Da sagte ich: »Die Dinger haben keine Macht und können auch nicht reden; und es ist eine Lüge, daß ich ein Portugaleser bin, vielmehr bin ich Freund der Franzosen und ihnen verwandt, und das Land, in dem ich daheim bin, heißt Allemanien.« Darauf meinten sie, das müßte ich lügen, denn wenn ich der Franzosen Freund wäre, was täte ich dann unter den Portugalesern. Sie wüßten sehr wohl, daß die Franzosen ebensosehr Feinde der Portugaleser seien wie sie. Denn die Franzosen kämen jedes Jahr mit Schiffen und brächten ihnen Messer, Äxte, Spiegel, Kämme und Scheren, und sie gäben ihnen dafür Brasilienholz, Baumwolle und andere Waren, wie Federwerk und Pfeffer.

Deshalb wären sie ihre guten Freunde, was man von den Portugalesern nicht sagen könnte. Denn die wären in den vergangenen Jahren ins Land gekommen und hätten da, wo sie jetzt wohnen, mit ihren Feinden Freundschaft geschlossen. Danach wären sie auch zu ihnen gekommen und hätten zu handeln begehrt; und sie wären guten Glaubens an ihre Schiffe gekommen und an Bord gestiegen, wie sie es noch heutigen Tages täten bei den Franzosen; und sie sagten, wenn dann die Portugaleser genug von ihnen im Schiff gehabt hätten, hätten sie sie (die Tupinambás) angegriffen, gebunden und ihren Feinden (den Tupiniquins) zugeführt, die sie dann getötet und gegessen hätten. (...) Und weiter sagten sie, daß die Portugaleser dem Vater der beiden Brüder, die mich gefangen hatten, einen Arm abgeschossen hätten, so daß er daran gestorben sei; und ihres Vaters Tod wollten sie nun an mir rächen. Darauf meinte ich, was sie denn an mir rächen wollten, ich sei nun mal kein Portugaleser; ich wäre vor kurzem mit den Kastilianern hierhin gekommen, hätte Schiffbruch erlitten und wäre aus diesem Grunde bei ihnen geblieben. (...)

Wie sie einen Gefangenen aßen und mich dazu mitnahmen.

Nachdem etliche Tage verstrichen waren, wollten sie einen Gefangenen im Dorf Ticoaripe, ungefähr sechs Meilen von dort, wo ich gefangen lag, essen. So machten sich einige aus den Hütten, bei denen ich war, auf und führten mich mit sich. Der Sklave, den sie essen wollten, war einer vom Stamm Maracaiá. Wir fuhren mit dem Boot dorthin.

Wie nun die Zeit kam, daß sie seinen Tod betrinken wollten (das ist so ihr Brauch, wenn sie vorhaben, einen Menschen zu essen), machten sie einen Wurzeltrank, Kawi (Cauim) genannt; erst danach, wenn der getrunken ist, töten sie ihn. Am Vorabend des Tages, an dem sie seinen Tod betrinken wollten, ging ich hin zu ihm und sagte zu ihm: »Du bist also gerüstet zum Tod.« Da lachte er und sagte: »Ja.« Nun nennen sie die Schnur, mit der sie die Gefangenen binden, Mussurana; sie ist aus Baumwolle und dicker als ein Finger. Ja, meinte er, er sei in allen Dingen wohl gerüstet, nur die Mussurana wäre nicht lang genug (es fehlten noch ungefähr sechs Klafter daran). Ja, sagte er, bei ihnen hätte man bessere. Und er redete so, als solle es zur Kirmes gehen.

Ich hatte nun ein Buch in portugalesischer Sprache bei mir, die Wilden hatten es in einem Schiff gefunden, das sie mit Hilfe der Franzosen erobert, das hatten sie mir gegeben. Ich ging von dem Gefangenen weg, las in dem Buch, und sein Schicksal jammerte mich. Dann ging ich wieder zu ihm hin, redete mit ihm (denn die Portugaleser haben diese Maracaiás zu Freunden) und teilte ihm mit: »Ich bin auch ein Gefangener, genauso wie du, aber ich bin nicht hergekommen, um von dir zu essen, sondern meine Herren haben mich mitgebracht.« Da sagte er, er wüßte wohl, daß Leute wie wir kein Menschenfleisch äßen.

Weiter sagte ich ihm, er solle getrost sein, denn sie würden nur sein Fleisch essen, aber sein Geist würde an einen anderen Ort fahren, wohin auch der Geist unserer Leute fahre: da gäbe es viel Freude. Da meinte er, ob das auch wahr sei. Ich sagte: »Ja.« Er sagte, er hätte Gott nie gesehen. Ich sagte, er würde ihn im anderen Leben sehen. Wie ich nun das Gespräch mit ihm beendet hatte, ging ich von ihm fort.

Selbige Nacht kam ein großer Wind und wehte so schrecklich, daß er Stücke von dem Dach der Hütte herunterwehte. Da begannen die Wilden mit mir zu zürnen und sagten in ihrer Sprache: »Aipó mair angaipaba ybytu guasu omou.« Das besagt: Der böse Mensch, der Heilige, macht, daß der Wind jetzt kommt, denn er sah tagsüber in die Donnerhäute – damit meinten sie das Buch, das ich bei mir hatte. Und ich täte es darum, weil der Sklave unser, d. h. der Portugaleser, Freund wäre; und ich wäre wohl der Meinung, mit dem bösen Wetter das Fest zu verhindern. Ich bat Gott den Herrn und sagte: »Herr, du hast mich bis hierher behütet, behüte mich auch fortan«, denn sie murrten sehr über mich.

Wie nun der Tag anbrach, wurde das Wetter schön, und sie tranken und waren es zufrieden. Da ging ich hin zu dem Sklaven und sagte ihm, der große Wind wäre Gott gewesen, und er wolle ihn zu sich nehmen. Anderntags wurde er gegessen. Wie das zugeht, werdet ihr in einem weiteren Kapitel finden.

Mit was für Zeremonien sie ihre Feinde töten und essen, auch, womit sie sie totschlagen und wie sie mit ihnen umgehen.

Wenn sie einen Feind heimbringen, so schlagen ihn erstmal die Frauen und Jungen. Danach bekleben sie ihn mit grauen Federn, scheren ihm die Augenbrauen, tanzen um ihn herum und binden ihn gut fest, daß er ihnen nicht entläuft. Sie geben ihm eine Frau, die ihn versorgt und auch mit ihm zu tun hat. Und wenn sie schwanger wird, ziehen sie das Kind auf, bis es groß ist. Dann aber, wenn es ihnen in den Sinn kommt, schlagen sie es tot und essen es auf.

Sie geben ihm (dem Gefangenen) gut zu essen, halten ihn so eine Zeitlang und rüsten sich dann: Sie verfertigen viele Gefäße, in die sie Getränke hineintun, backen zudem besondere Gefäße für die Gerätschaften, mit denen sie ihn bemalen und bekleben; sie machen Federquasten und binden sie an das Holz (den Schaft der Keule), mit dem sie ihn totschlagen. Sie knüpfen eine lange Schnur, Mussurana genannt, mit der binden sie ihn, sobald er sterben soll. Wenn sie alle Geräte beieinander haben, bestimmen sie den Zeitpunkt, an dem er sterben soll, und laden die Wilden von anderen Dörfern ein, in der und der Zeit dorthin zu kommen.

Dann füllen sie alle Gefäße voll Getränk. Ein oder zwei Tage, bevor die Frauen die Getränke zubereiten, führen sie den Gefangenen ein- bis zweimal auf den Platz und tanzen um ihn herum.

Sobald nun alle, die von außerhalb kommen, beieinander

sind, heißt der Hütten-Oberste sie willkommen und spricht die Worte: »So kommt und helft, euren Feind zu essen.« Tags zuvor, bevor sie zu trinken anheben, binden sie dem Gefangenen die Mussurana-Schnur um den Hals. An dem Tag bemalen sie die Iwera Pemme (Holzkeule Ibira-pema), mit der sie ihn totschlagen wollen. Sie ist mehr als ein Klafter lang, und man bestreicht sie mit einem Klebstoff. Dann nehmen sie Eierschalen, die grau sind und von dem Vogel Mackukawa (Macaguá) stammen, zerstoßen sie staubklein und bestreichen dann die Keule damit. Nun setzt sich eine Frau davor und kritzelt etwas in den angeklebten Eierschalenstaub. Während sie malt, stehen viele Frauen um sie herum und singen. Ist die Iwera Pemme dann, wie sie sein soll, geschmückt mit Federquasten und anderen Dingen, so hängen sie sie in eine leere Hütte an einer Stange über dem Erdboden auf und singen dann die ganze Nacht um die Hütte herum.

In derselben Weise bemalen sie das Gesicht des Gefangenen. Auch während die Frau an ihm herummalt, singen die anderen. Und wenn sie zu trinken anheben, nehmen sie den Gefangenen zu sich; der trinkt mit ihnen, und sie schwatzen mit ihm.

Wenn das Trinken dann ein Ende hat, ruhen sie anderen Tages und bauen dem Gefangenen eine kleine Hütte an der Stelle, an der er sterben soll; darin liegt er wohlverwahrt die Nacht über.

Gegen Morgen, eine gute Weile vor Tagesanbruch, kommen sie und tanzen und singen um die Keule herum, mit der sie ihn totschlagen wollen, sobald der Tag anbricht. Dann ziehen sie den Gefangenen aus der kleinen Hütte heraus, brechen die Hütte ab und machen einen Platz frei. Nun binden sie ihm die Mussurana vom Hals los, binden sie ihm um den Leib und ziehen sie nach beiden Seiten straff an. Er steht jetzt festgebunden in der Mitte; ihrer viele halten die Schnur an beiden Enden. Sie lassen ihn so eine Weile stehen, legen ihm Steinchen hin, damit er nach den Frauen wirft, die um ihn herumlaufen und ihm androhen, wie sie ihn essen wollen. Die Frauen sind bemalt und dazu bestimmt, wenn er zerschnitten ist, mit den ersten vier Stücken um die Hütten zu laufen. Daran haben die anderen Kurzweil.

Nun geschieht folgendes. Sie machen ein Feuer, ungefähr

zwei Schritt von dem Sklaven entfernt, so daß er es sehen muß. Dann kommt eine Frau mit der Keule Iwera Pemme gelaufen, hält die Federquasten in die Höhe, kreischt vor Freude und läuft an dem Gefangenen vorbei, damit er sie sieht. Nun ergreift eine Mannsperson die Keule, stellt sich damit vor den Gefangenen und hält sie ihm vor, so daß er sie sieht. Inzwischen geht derjenige, der ihn totschlagen will, mit anderen fort; es sind insgesamt vierzehn oder fünfzehn, und sie machen ihre Leiber mit Asche grau. Dann kommt er mit seinen Zuchtgesellen auf den Platz, dorthin, wo der Gefangene ist; der andere, der vor dem Gefangenen steht, übergibt ihm die Keule; dann kommt der König der Hütten und nimmt die Keule und steckt sie dem, der den Gefangenen totschlagen soll, einmal durch die Beine. Das gilt bei ihnen als eine Ehre.

Darauf nimmt wieder der, der ihn totschlagen soll, die Keule, und sagt: »Ja, hier bin ich, ich will dich töten, denn deine Leute haben auch viele meiner Freunde getötet und gegessen.« Der Gefangene antwortet: »Wenn ich tot bin, so habe ich noch viele Freunde, die mich sehr wohl rächen werden.«

Mit der Keule schlägt er ihm nun hinten auf den Kopf, daß ihm das Hirn herausspringt. Sogleich nehmen ihn die Frauen, ziehen ihn auf das Feuer, kratzen ihm die ganze Haut ab, machen ihn ganz weiß und stopfen ihm den Hintern mit einem Holz zu, damit nichts von ihm abgeht.

Wenn ihm die Haut abgefegt ist, nimmt ihn eine Mannsperson, schneidet ihm die Beine über den Knien und die Arme am Leib ab. Dann kommen die vier Frauen, nehmen die vier Stükke, laufen um die Hütten und machen ein großes Freudengeschrei. Danach trennen sie ihm den Rücken mit dem Hintern vom Vorderteil ab; das teilen sie dann unter sich. Das Eingeweide behalten die Frauen; sie sieden es, und von der Brühe machen sie eine Suppe, Mingáu genannt, die sie und die Kinder trinken. Das Eingeweide essen sie, essen auch das Fleisch vom Kopf; das Hirn, die Zunge und was sie sonst genießen können, essen die Jungen.

Wenn das alles geschehen ist, geht ein jeder wieder heim, und jeder nimmt sich sein Teil mit.

Der, der den Gefangenen getötet hat, gibt sich noch einen (Bei-) Namen, und der König der Hütten ritzt ihn mit dem

Zahn eines wilden Tieres oben in die Arme. Wenn es ausgeheilt ist, sieht man die Narben, und die gelten als ehrenvoll.

Den Tag über muß er nun in einem Netz (einer Hängematte) stilliegen; man gibt ihm einen kleinen Flitzebogen mit einem Pfeil, damit er sich die Zeit vertreibt. Er schießt in Wachs. Das geschieht, damit ihm die Arme von dem Schrecken des Totschlages nicht unsicher werden. Das alles habe ich gesehen und bin dabeigewesen.

Jean de Léry
DIE WILDEN FRAUEN

Die amerikanischen Barbaren, welche Brasilien bewohnen, heißen Tuupinambolsier, und mit diesen bin ich schier ein Jahr auf freundschaftlichem Fuße umgegangen.

Ebenso wie die Männer gehen die Frauen hier völlig nackt, und ebenso wie diese reißen sie sich alle Haare am ganzen Leib aus, selbst die Wimpern und Augenbrauen. Hinsichtlich des Haupthaars machen sie es aber anders als die Männer, die selbiges bis auf den Scheitel abscheren und es erst am Hinterkopf herabhängen lassen. Sie nähren es nicht bloß, sondern kämmen und waschen es auch sehr oft, wie das Frauenvolk bei uns. Nicht selten binden sie es mit einer rotgefärbten baumwollenen Binde zusammen. Gewöhnlich gehen sie jedoch mit weit herabhängenden Haaren einher: denn sie haben Vergnügen daran, wenn sie ihnen über und um die Schultern herumliegen und wallen.

Von den Männern unterscheiden sie sich auch dadurch, daß sie nicht, wie jene, ihre Lippen durchbohren und folglich auch nicht ihr Gesicht mit Edelsteinen auszieren. Ihre Ohrläppchen durchlöchern sie jedoch so stark, daß man, wenn sie die Ohrgehänge herausgenommen, einen Finger in die Öffnung stecken kann. Diese Ohrgehänge werden aus der großen Vignol-Muschel gemacht; sie haben die Weiße und Länge einer mittleren Kerze, weshalb sie denn auch, da sie bis auf die Schultern, mitunter bis auf die Brust reichen, den Ohren (zumindest von weitem) die Form der Hängeohren von Spürhunden geben.

Das Gesicht putzen sie folgendermaßen heraus: Die Nachbarin oder Freundin trägt mit einem winzigen Pinsel einen kleinen runden Tupfen auf die Wangenmitte der zu Bemalenden auf. Dann macht sie ringsherum Kreise in der Form eines Schneckenhauses und fährt darauf mit blauen, gelben und roten Farben fort, bis sie der anderen das ganze Gesicht bunt angestrichen und verziert hat. Ebenso wie es in Frankreich manche Straßenmädchen tun, vergißt man dabei auch nicht, an die Stelle der ausgezupften Wimpern und Augenbrauen einen Pinselstrich zu setzen.

Im übrigen fertigen sie prächtige Armbänder an, die aus vielen weißen Knochenstücken bestehen, die in Form von großen Fischschuppen geschnitten und aneinandergefügt werden. Sie verstehen sich darauf, eine dieser Schuppen mit der anderen durch Wachs und eine Art Gummilösung, die anstelle von Leim benutzt wird, so gut miteinander zu verbinden, daß es wirklich nicht besser gemacht werden kann. Das Ganze ist, wenn es fertiggestellt ist, etwa anderthalb Fuß lang und kann wohl am besten mit den Armschienen, die man bei uns beim Ballspiel verwendet, verglichen werden. Auch weiße Halsbänder tragen sie, die sie in ihrer Sprache »Buüre« nennen. Sie tragen sie allerdings nicht am Hals, wie das die Männer tun, sondern wickeln sie sich nur um die Arme. Für den gleichen Zweck bedienen sie sich auch gern der hübschen kleinen Glasknöpfe in Gelb, Blau, Grün und anderen Farben, die wie Rosenkränze aufgereiht sind und die von ihnen »Morubi« genannt werden. Davon hatten wir große Mengen für die dortigen Tauschgeschäfte mitgebracht. Kamen wir in ihre Dörfer, oder suchten sie uns im Fort auf, damit wir ihnen Glasperlen geben sollten, boten sie uns Früchte oder irgend etwas anderes aus ihrem Lande an. Das taten sie, wie das so ihre Art ist, mit vielen Schmeicheleien. Sie konnten uns zur Verzweiflung bringen, wenn sie uns ständig folgten und dabei sagten: »Mair, deagatorem amabé morubi«, das heißt: »Franzose, du bist gut, gib mir von deinen Armbändern aus Glasknöpfen«. Ebenso verfuhren sie, wollten sie von uns Kämme haben, die sie »Guap« oder »Kuap« nennen, oder Spiegel, die von ihnen »Arona« genannt werden, oder sonstige Kramwaren, die wir besaßen und die sie gern haben wollten.

Zu den seltsamsten und in hohem Maß ungewöhnlichen Tatsachen, die ich bei den brasilianischen Frauen beobachtet habe, gehört folgendes: Sie bemalen sich den Körper, die Arme, die Schenkel und die Beine nicht so oft wie die Männer. Sie bedecken sich auch nicht mit Federn oder sonstigen Dingen, die in ihrem Lande wachsen. Trotzdem ist es uns nie gelungen, sie zum Anlegen von Kleidern zu bewegen. Mehrere Male haben wir vergeblich versucht, ihnen Wollkleider und Hemden einzutauschen. Bei den Männern gelang uns das zuweilen, und manchmal zogen sie die Sachen sogar an. In dieser Hinsicht waren die Frauen außerordentlich hartnäckig, und ich glaube nicht, daß sie ihre Ansicht inzwischen geändert haben. Sie duldeten nicht die geringste Kleinigkeit an ihrem Körper, was es auch sei.

Um sich von solchem Zwang befreien und ständig nackt bleiben zu können, berufen sie sich auf folgende dort übliche Gewohnheit: An jeder Quelle und an jedem klaren Fluß, denen sie unterwegs begegnen, kauern sie sich nieder oder gehen ins Wasser und schütten sich mit beiden Händen Wasser über den Kopf. Sie waschen sich und tauchen dabei, wie es die Enten tun, den ganzen Körper unter Wasser. Das geschieht oft mehr als zehnmal am Tag. Sie sagen, jedesmal dabei Kleider auszuziehen, sei ihnen viel zu beschwerlich. In der Tat eine prächtige, ganz vortreffliche Begründung! Wir mußten uns mit ihr begnügen, denn durch Disputieren richteten wir nichts bei ihnen aus. Sie halten so viel von ihrer Nacktheit, daß nicht nur die freien Tuupinambolsierinnen auf dem Festland alle Kleider hartnäckig verwarfen; selbst die von uns gekauften weiblichen Gefangenen, deren wir uns bei der Befestigung unseres Forts als Sklavinnen bedienten, konnten sich nicht enthalten, bei der Nacht vor dem Schlafengehen völlig nackend auf der Insel herumzulaufen, so zu ihrem Vergnügen, ohne Hemd oder sonst ein Kleidungsstück. Und hätte es in ihrer Macht gestanden, die Kleider an- oder abzulegen, und wären sie von uns nicht mit Schlägen dazu gebracht worden, sie anzuziehen, sie hätten lieber die brennende Sonnenhitze ertragen, hätten eher in Kauf genommen, sich Arme und Schultern vom vielen Stein- und Lehmtragen zu verletzen. – Soviel von dem Putz, den Armbändern und übrigen Zierraten der amerikanischen Frauen.

Von dem Putz der neugeborenen Kinder werde ich noch berichten, wenn ich auf das Heiraten bei den Barbaren zu sprechen komme. An dieser Stelle will ich nur noch einiges über die etwas älteren sagen, die über das dritte, vierte Jahr hinaus sind und bei ihnen »Konomimiri« heißen. Sie machten uns nicht wenig Vergnügen, wenn sie uns beim Eintritt in ihre Dörfer in Scharen entgegenliefen. Sie sind viel dicker als unsere Kinder, haben einen weißen Knochen in der Unterlippe, rundum abgeschorene Haare und den Körper zuweilen bemalt.

Um etwas von uns zu erhalten, gaben sie uns schmeichelnde Worte und wiederholten sie oft: »Kutuassat, amabi pinda«, das heißt: »Verbündeter, gib mir Angeln (zum Fischen).« Erhielten sie diese, was nicht selten vorkam, so geschah es in der Weise, daß wir zehn bis zwölf kleinere Angeln auf den Sand oder in den Staub niederlegten. Dann fingen sie gleich an zu jauchzen, warfen sich auf den Boden und wühlten wie Kaninchen in der Erde herum: daran hatten wir denn nun so unsere Freude.

Wiewohl ich das Jahr hindurch, das ich bei ihnen zugebracht habe, die Barbaren jeglichen Alters sehr sorgfältig beobachtet habe, so gestehe ich doch am Ende, daß es wegen ihrem sehr anderen, uns ganz fremden Betragen äußerst schwer fällt, sie mit der Feder oder dem Pinsel abzubilden. Will also einer sein vollkommenes Vergnügen an ihnen haben, so wollte ich ihm raten, selbst nach Amerika zu gehen. Aber, wird einer sagen, das ist keine Reise von einem Tag. Das sage ich auch, und wollte daher auch nicht, daß sie einer ohne guten Vorbedacht unternähme.

MIT KÄPTN COOK DREIMAL UM DIE WELT

»Jetzt scheint, um die Welt gekommen zu sein, zu den Erfordernissen einer gelehrten Erziehung zu gehören, und in England soll schon ein Postschiff eingerichtet werden, Müßiggänger für ein geringes Geld auf Cook's Spuren herumzuführen.«

Adelbert von Chamisso
Tagebuch der Reise um die Welt (1836)

James Cook
Aus dem Tagebuch meiner ersten Reise

Freitag 6. Oktober 1769. Die Farbe des Wassers scheint blasser als gewöhnlich, auch schon während der letzten Tage. Das veranlaßte uns häufig zu loten, doch können wir mit 180 Faden noch keinen Grund finden.

Um zwei Uhr nachmittags erblickten wir Land vom Mastkorb aus im NW. und konnten es bei Sonnenuntergang nur gerade von Deck aus erkennen.

Sonnabend 7. Oktober. Bei Tageslicht segelten wir auf das Land (Neuseeland) zu, um fünf Uhr nachmittags erblickten wir die Einfahrt zu einer Bucht, die sich recht weit landeinwärts zu erstrecken schien.

Sonntag 8. Oktober. Bei Tagesanbruch fanden wir uns leewärts der Bucht, der Wind stand im Norden. In der Bucht sahen wir mehrere Kanus, Menschen an der Küste und einige Häuser im Land. Das Land an der Meeresküste ist hoch mit steilen Felsen, und landeinwärts liegen hohe Gebirge. Nachmittags fuhren wir in die Bucht ein und ankerten an der Nordostseite vor der Mündung eines kleinen Flusses. Dann fuhr ich mit einer Abteilung in der Pinasse (eine Art Schaluppe aus Fichtenholz) und der Jolle, begleitet von Herrn Banks und Dr. Solander, an Land. Alsbald machten sich die Wilden aus dem Staub. Indessen gingen wir bis zu ihren Hütten, die etwa zwei- bis dreihundert Ellen vom Strande lagen, und ließen vier Leute zurück, um die Jolle zu bewachen. Kaum hatten wir sie verlassen, als vier Männer aus dem Gehölz auf dem andern Ufer des Flusses traten, die der Jolle sicherlich die Fahrt stromabwärts abgeschnitten hätten, wenn nicht die Besatzung der Pinasse sie entdeckt und ihr zugerufen hätte, hinabzufahren, was sie auch, von den Wilden dicht verfolgt, tat. Der Bootsführer der Pinasse, der die Aufsicht über beide Boote führte, ließ, als er dies sah, zwei Flinten über ihre Köpfe abschießen. Bei dem ersten Schuß stockten sie und sahen sich um, aber von dem zweiten nahmen sie nicht mehr Notiz. Darauf wurde ein dritter abgefeuert und dieser traf einen von ihnen, der gerade im Begriff war, seinen Speer nach dem Boot zu schleudern. Da standen die drei andern eine oder zwei Minuten lang regungslos, doch als sie zu sich gekommen waren, eilten sie davon. Als wir die Schüsse hörten, kehrten wir augenblicklich zu den Booten zurück und gingen an Bord, nachdem wir den Toten in Augenschein genommen hatten.

Montag 9. Oktober. Am Morgen sah man einige Eingeborene an demselben Platz wie gestern abend. Ich ging mit bemannten und bewaffneten Booten auf der entgegengesetzten Seite des Flusses an Land. Herr Banks, Dr. Solander und ich landeten anfangs allein. Wir riefen sie in der Sprache der Georgs-Insel an, aber sie antworteten, indem sie ihre Waffen über dem Kopf schwangen und, wie wir annahmen, den Kriegstanz tanzten. Darauf zogen wir uns zurück, bis die Seesoldaten gelandet waren, die ich etwa zweihundert Ellen hinter uns aufziehen ließ. Wir gingen wieder an den Fluß und nahmen Tupia (einen Tahitier), Herrn Green und Dr. Monkhouse mit. Tupia sprach sie in seiner eigenen Sprache an, und wir waren angenehm überrascht zu bemerken, daß sie ihn vollkommen verstanden. Nach kurzer Unterhaltung schwamm einer von ihnen zu uns herüber und nach ihm noch zwanzig bis dreißig. Wir machten jedem Geschenke, aber damit waren sie nicht zufrieden, sondern wollten alles, was wir bei uns hatten, besonders unsere Waffen. Tupia warnte uns mehrmals, sobald sie herüberkämen, auf der Hut zu sein, denn ihre Gesinnung sei uns nicht freundlich. Und das merkten wir sehr bald, denn einer entriß Herrn Green seinen Hirschfänger und wollte ihn nicht herausgeben. Das ermutigte die übrigen zu größerer Frechheit, und da ich sah, daß noch mehr ihnen zu Hilfe herüberkamen, ließ ich auf den, der den Hirschfänger genommen hatte, feuern, was auch sofort geschah und ihn so verwundete, daß er bald darauf starb. Die andern zogen sich zu einem fast mitten im Fluß gelegenen Felsen zurück. Ich sah, daß hier mit diesem Volk nichts anzufangen war, und da auch das Wasser im Fluß salzig war, schiffte ich mich ein, um auf der andern Seite des Vorsprungs nach frischem Wasser zu suchen und, wenn möglich, einige Eingeborene zu überraschen, an Bord zu nehmen und durch freundliche Behandlung und Geschenke ihre Freundschaft zu erwerben.

Ich ruderte um die Spitze der Bucht, konnte aber wegen der

starken Brandung allenthalben an der Küste keinen Landungsplatz finden. Als ich zwei Boote von der See hereinkommen sah, ruderte ich dem einen entgegen, um die Leute abzufangen, und kam so nahe heran, ehe sie auf uns achteten, daß Tupia ihnen zurufen konnte, sie sollten sich neben uns legen, wir würden ihnen nichts tun. Statt dessen bemühten sie sich aber zu entkommen, worauf ich ihnen eine Flinte über die Köpfe hinweg abschießen ließ in der Voraussicht, das würde sie veranlassen, sich entweder zu ergeben oder über Bord zu springen. Aber darin täuschte ich mich, denn unverzüglich griffen sie zu den Waffen oder was sie sonst im Boot hatten und fingen an, uns anzugreifen. Nun sah ich mich genötigt, Feuer geben zu lassen, und unglücklicherweise wurden zwei oder drei getötet, einer verwundet, und drei sprangen über Bord. Diese nahmen wir auf und brachten sie an Bord, wo sie gekleidet und mit aller erdenklichen Freundlichkeit behandelt wurden. Zum Erstaunen aller wurden sie auf einmal so fröhlich und glücklich, als wären sie bei ihren eigenen Freunden.

Ich bin gewärtig, daß die meisten menschlich Denkenden, die derartige Erfahrungen noch nicht gemacht haben, mein Verhalten verurteilen werden, auch bin ich selbst der Meinung, daß mein Grund, das Boot abzufangen, mich nicht ganz rechtfertigt, und hätte ich denken können, daß sie den geringsten Widerstand leisten würden, wäre ich gar nicht an sie herangegangen; da sie es aber taten, durfte ich nicht stehenbleiben und mich oder meine Begleiter am Kopf treffen lassen.

Georg Forster
NACHRICHT VON DER OSTERINSEL

Am 13ten März 1774 frühmorgens liefen wir dicht unter die südliche Spitze der Insel. Die Küste ragte in dieser Gegend senkrecht aus dem Meer empor und bestand aus gebrochnen Felsen, deren schwammige und schwarze eisenfarbige Masse vulkanischen Ursprungs zu sein schien. Zwei einzelne Felsen lagen ungefähr eine Viertelmeile vor dieser Spitze in der See.

Einer von ihnen hatte eine sonderbare Form, er glich nämlich einer großen Spitzsäule oder einem Obelisk, und beide waren von einer ungeheuren Menge Seevögel bewohnt, deren widriges Geschrei uns die Ohren betäubte. Nicht lange danach entdeckten wir eine andre Landspitze, ungefähr zehn Meilen von der ersten, und hier wurde das Land nach dem Ufer herab etwas flacher und ebener. In dieser Gegend entdeckten wir auch einige bepflanzte Felder, doch schien die Insel, im Ganzen genommen, einen elenden dürren Boden zu haben. Der Pflanzungen waren so wenige, daß wir uns eben keine Hoffnung zu vielen Erfrischungen machen durften; dennoch blieben unsre Augen unablässig darauf gerichtet. Mittlerweile sahen wir viele, fast ganz nackte Leute eiligst von den Bergen gegen die See herabkommen. Soviel wir unterscheiden konnten, waren sie unbewaffnet, welches uns ein Merkmal friedlicher Gesinnung zu sein dünkte. Wenige Minuten danach schoben sie ein Kanu ins Wasser, in welchem sich zwei von ihnen zu uns auf den Weg machten; weil sie sehr rasch ruderten, waren sie in kurzer Zeit neben dem Schiff. Sie riefen, wir möchten ihnen einen Strick zuwerfen, dessen Benennung in ihrer Sprache ebenso wie in der tahitischen lautete. Sobald wirs getan hatten, befestigten sie einen großen Klumpen reife Pisangs (Adamsfeige, Banane) daran und winkten nun, daß man den Strick wieder heraufziehen möge. Welche allgemeine und unvermutete Freude der Anblick dieser Früchte bei uns verursachte, ist kaum zu beschreiben; nur Leute, die ebenso elend sind, wie wir damals waren, können sich einen richtigen Begriff davon machen. Mehr als fünfzig Personen fingen aus Übermaß der Freude auf einmal an, mit den Leuten im Kanu zu sprechen, die natürlicherweise keinem einzigen antworten konnten. Kapitän Cook nahm allerhand Bänder, befestigte Medaillen und Korallen daran, und ließ ihnen solche zum Gegengeschenk herab. Sie bewunderten diese Kleinigkeiten sehr, eilten aber unverzüglich wieder ans Land. Als sie auf dem Rückweg um das Hinterteil des Schiffs herumruderten und dort eine ausgeworfne Angelschnur vom Verdeck herabhängen sahen, banden sie zum Abschiedsgeschenk noch ein kleines Stückchen Zeug daran. Beim Heraufziehen fanden wir, daß es aus ebensolcher Baumrinde wie das tahitische verfertigt und gelb gefärbt war.

Den wenigen Worten nach zu urteilen, die wir von ihnen gehört hatten, dünkte uns ihre Sprache ein Dialekt der Tahitischen zu sein. Es wird also an beiden Enden der Südsee einerlei Sprache geredet. Ihr ganzes Ansehen ließ uns vermuten, daß sie ein Zweig desselben Volksstammes sein müßten. Sie waren von mittlerer Größe, aber mager, und der Gesichtsbildung nach den Tahitiern ähnlich, jedoch nicht so schön. Der eine von den beiden, die im Kanu waren, hatte einen Bart, der bis auf einen halben Zoll abgeschnitten war. Der andre war ein junger Mensch von siebzehn Jahren. Sie hatten über den ganzen Körper ebensolche Punkturen wie die Neuseeländer und die Einwohner der Societäts- und der freundschaftlichen Inseln, gingen aber völlig nackend. Das Sonderbarste an ihnen war die Größe ihrer Ohren, deren Zipfel oder Lappen so lang gezogen war, daß er fast auf den Schultern lag; daneben hatten sie große Löcher hineingeschnitten, daß man ganz bequem vier bis fünf Finger durchstecken konnte. Dies stimmte genau mit der Beschreibung überein, welche Roggewein (Roggeven, Entdecker der Osterinsel) in seinem Reise-Journal von ihnen macht. Ihr Kanu war in seiner Art nicht minder sonderbar. Es bestand aus lauter kleinen Stückchen Holz, die ungefähr vier, fünf Zoll breit und drei bis vier Fuß lang, sehr kunstvoll zusammengesetzt waren. Überhaupt mochte es ungefähr zehn bis zwölf Fuß lang sein. Das Vor- und Hinterteil war jedes sehr hoch, in der Mitte aber war das Fahrzeug sehr niedrig. Es hatte einen Ausleger oder Balancier von drei dünnen Stangen, und jeder von den Leuten führte ein Ruder, dessen Schaufel gleichfalls aus verschiednen Stücken zusammengesetzt war. Auch diesen Umstand findet man in den holländischen Nachrichten, welche von Roggeweins Reise im Jahr 1728 zu Dort gedruckt ist, ganz gleichlautend angezeigt. Da sie die Sparsamkeit mit dem Holz so weit treiben, so ist zu vermuten, daß die Insel Mangel daran haben müsse, wenngleich in einer andern Reisebeschreibung das Gegenteil behauptet wird.

Obwohl wir der Stelle gegenüber, von wo das Kanu abgegangen war, einen Ankerplatz fanden, so liefen wir doch, in der Hoffnung, noch besseren Ankergrund zu finden, noch weiter längs der Küste und bis an ihre nördliche Spitze hin, die wir gestern, wiewohl von der andern Seite, gesehen hatten. Die

Hoffnung aber, hier eine bequemere Reede zu finden, schlug uns fehl, und so kehrten wir an den alten Platz wieder zurück. Am Ufer sah man eine Menge schwarzer Säulen oder Pfeiler, die zum Teil auf Plattformen errichtet waren, welche aus verschiednen Lagen von Steinen bestanden. Wir konnten nun an diesen Säulen nachgerade so viel unterscheiden, daß sie am obern Ende eine Ähnlichkeit mit dem Kopf und den Schultern eines Menschen hatten; der untere Teil aber schien bloß ein roher unbearbeiteter Steinblock zu sein. Von angebauten Ländereien bemerkten wir hier am nördlichen Ende der Insel nur wenig, denn das Land war in dieser Gegend steiler als nach der Mitte der Insel hin. Auch sahen wir nunmehr ganz deutlich, daß auf der ganzen Insel kein einziger Baum über zehn Fuß hoch war.

Nachmittags setzten wir ein Boot aus, in welchem der Lotse ans Land gehen sollte, um die Reede zu sondieren, von wo das Kanu zu uns gekommen war. Sobald die Einwohner unser Boot vom Schiff abrudern sahen, versammelten sie sich am Ufer, in der Gegend, nach der unsre Leute zu steuern schienen. Der größte Teil der Indianer war nackt, nur einige wenige hatten sich in Zeug von schöner hellgelber oder vielmehr Orangefarbe gekleidet, und diese mußten unsern Bedünken nach die Vornehmern der Nation (des Volkes) sein. Nunmehr konnten wir auch ihre Häuser bereits unterscheiden. Sie waren dem Anschein nach ungemein niedrig, aber lang; in der Mitte hoch und gegen beide Seiten schräg ablaufend, so daß sie der Form nach einem umgekehrten Kanu nicht unähnlich sahen. In der Mitte schienen sie eine kleine Öffnung oder Tür zu haben, die aber so niedrig war, daß ein Mann von gewöhnlicher Größe sich bücken mußte, um hineinzukommen. (...)

Nachdem wir eine Weile am Strande bei den Eingeborenen geblieben waren, gingen wir tiefer ins Land hinauf. Der ganze Boden war mit Felsen und Steinen von verschiedener Größe bedeckt, die alle ein schwarzes, verbranntes, schwammiges Aussehen hatten und folglich einem heftigen Feuer ausgesetzt gewesen sein mußten. Zwei bis drei Grasarten wuchsen zwischen diesen Steinen kümmerlich auf und milderten einigermaßen, obgleich sie schon halb vertrocknet waren, das verwüstete öde Ansehn des Landes. Ungefähr fünfzehn Schritte vom

Landungsplatz sahen wir eine Mauer von viereckigen gehauenen Steinen, davon jeder anderthalb bis zwei Fuß lang und einen Fuß breit war. In der Mitte betrug die Höhe ungefähr sieben bis acht Fuß; an beiden Enden aber war sie niedriger und im ganzen ungefähr zwanzig Schritt lang. Das Sonderbarste war die Verbindung dieser Steine, die so kunstvoll gelegt und so genau ineinander gepaßt waren, daß sie ein ungemein dauerhaftes Stück von Architektur ausmachten. Der Stein, woraus sie gehauen, ist nicht sonderlich hart, sondern nur eine schwarzbraune, schwammige, spröde Steinlava. Der Boden lief von der Küste immer bergauf, dergestalt, daß eine zweite Mauer, welche parallel mit dieser und zwölf Schritte weiter hinauf lag, nur zwei bis drei Fuß hoch sein durfte, um in dem Zwischenraum eine Art von Terrasse zu bilden, auf der das Erdreich eine ebene Fläche ausmachte, die mit Gras bewachsen war.

Fünfzig Schritt weiter gegen Süden fanden wir einen andern erhabnen ebnen Platz, dessen Oberfläche mit ebensolchen viereckigen Steinen gepflastert war wie man zum Mauerwerk gebraucht hatte. In der Mitte dieses Platzes stand eine steinerne Säule, aus einem Stück, die eine Menschenfigur bis auf die Hüften abgebildet vorstellen sollte und zwanzig Fuß hoch und fünf Fuß dick war. Diese Figur war schlecht gearbeitet und bewies, daß die Bildhauerkunst hier noch in der ersten Kindheit war. Augen, Nase und Mund waren an dem plumpen ungestalten Kopf kaum angedeutet. Die Ohren waren nach der Landessitte ungeheuer lang und besser als das übrige gearbeitet, obgleich sich ein europäischer Künstler ihrer geschämt haben würde. Den Hals fanden wir unförmig und kurz, Schultern und Arme nur wenig angedeutet. Auf dem Kopf war ein hoher runder zylindrischer Stein aufgerichtet, der über fünf Fuß im Durchschnitt und in der Höhe hatte. Dieser Aufsatz, der dem Kopfputz einiger ägyptischer Gottheiten gleich sah, bestand aus einer andern Steinart, denn er war von rötlicher Farbe; auch war an dessen beiden Seiten ein Loch zu sehen, als hätte man ihm seine runde Form durch ein Dreh- oder Schleifwerk gegeben. Der Kopf nebst dem Aufsatz machte die Hälfte der ganzen Säule aus, soweit sie über der Erde sichtbar war.

Wir merkten übrigens nicht, daß die Insulaner diesen Pfeilern, Säulen oder Statuen einige Verehrung erwiesen hätten; doch mußten sie wenigstens Achtung davor haben, denn es schien ihnen manchmal ganz unangenehm zu sein, wenn wir über den gepflasterten Fußboden oder das Fußgestell gingen und die Steinart untersuchten, wovon sie gemacht waren. (...)

Früh am folgenden Morgen beorderte Kapitän Cook die Leutnants Pickersgill und Edgecumbe, mit einer Partei (Schar) Seesoldaten und Matrosen das Innere des Landes zu untersuchen, um womöglich zu erfahren, ob es in irgendeiner andern Gegend besser angebaut und stärker bewohnt wäre. Herr Wales und Herr Hodges, Doktor Sparrman und mein Vater machten sich mit auf den Weg, so daß das ganze Detachement aus siebenundzwanzig Mann bestand.

Ich hingegen ging nach dem Frühstück mit Kapitän Cook und einigen andern Offizieren ans Ufer, wo wir ungefähr zweihundert Einwohner, und unter diesen vierzehn oder fünfzehn Weiber nebst ein paar Kindern, versammelt fanden. Es war uns unmöglich, die Ursache dieser Ungleichheit in der Zahl der beiden Geschlechter zu erraten; da aber alle Weibsleute, die wir bisher gesehen, ungemein freigebig mit ihren Gunstbezeugungen waren, so vermutete ich damals, daß die Verheirateten und Eingezognern (zurückgezogen Lebenden), welche vielleicht die größte Zahl ausmachten, keinen Gefallen finden mochten, mit uns bekannt zu werden, oder vielleicht durch die Eifersucht der Männer gezwungen würden, in den entferntern Teilen der Insel zurückzubleiben.

Die wenigen, deren wir hie und da ansichtig wurden, waren die ausschweifendsten Kreaturen, die wir je gesehen. Sie schienen über alle Scham und Schande völlig weg zu sein, und unsre Matrosen taten auch, als wenn sie nie von so etwas gehört hätten; denn der Schatten der kolossalischen Monumente war ihnen in Hinsicht auf ihre Ausschweifungen schon Obdachs genug.

Heinrich Zimmermann
Unter Kapitän Cook bei den Aborigines und den Uramerikanern

Auf meiner im Jahre 1770 angetretenen Wanderschaft mußte ich, weil ich auf der erlernten Gürtlersprofession*, teils aus damaligem Abgang fremder Sprachen und teils aus Mangel der Professuonisien selbst, nicht allerorten Arbeit finden konnte, allerlei Wege zur Gewinnung meines Brots einschlagen; unter anderem war ich genötigt, zu Genf bei einem Rotgießer und bei einem Vergolder, zu Lyon bei einem Glockengießer, zu Paris bei einem Schwertfeger und zu London in einer Zuckersiederei Arbeit zu nehmen. Ich wollte, nach dem mir angeborenen frischen Pfälzermute, auch noch versuchen, wie es auf der See hergehe, und da in dem Jahre 1776 von dem Königreich Großbritannien zwei Kriegsschaluppen, nämlich die alte ›Resolution‹ und ›Discovery‹, auf neue Entdeckungen ausgeschickt wurden, so ging ich unterm 11. März nämlichen Jahres auf letzterer als Matros in Dienst.

Ich nahm mir gleich bei dem Anfang der Reise vor, alle Entdeckungen und alle Begebenheiten, soweit mein gemeiner Verstand reicht, fleißig zu bemerken, brauchte aber dabei, weil ich im voraus wußte, daß man (wie auch wirklich geschehen) die hiervon veröffentlichten Papiere entweder einliefern oder zernichten würde, die Vorsicht, daß ich mir ein kleines Schreibheft hielt, in dem ich das Hauptsächlichste ganz kurz und in halben Worten in deutscher Sprache niederschrieb.

Den 26. Jenner 1777 kamen wir an den südlichsten Teil von Neuholland (Australien, soweit von den Holländern entdeckt), nämlich das sogenannte Van-Diemens-Land (Tasmanien), und warfen in einem bequemen Hafen Anker.

Herr Cook ging am nämlichen Tag mit noch einigen Leuten ein ziemliches Stück Weges in das Land hinein und war so glücklich, bei seiner Rückkunft ungefähr neun Wilde mitzubringen; er beschenkte sie mit Spiegeln, weißen Hemden, Ge-

---

* Gürtelmacher, im speziellen einer, der die Beschläge anfertigt.

hängen von Glaskorallen und einigen metallenen Brustbildern Ihrer Majestät König Georgs III. von Großbritannien, und dieses tat eine so gute Wirkung, daß am andern Tag schon von selbst sich 49 Manns- und Frauenspersonen bei uns einfanden; sie wurden zum Teil wie die vorigen beschenkt, waren aber gleich jenen nicht zu bewegen, mit uns auf die Schiffe zu gehen.

Diese Wilden (Aborigines) sind von ganz dunkelbrauner Farbe, haben ganz kurze wollige Haare und sind nach der Äußerung des Herrn Cook den Eingeborenen an der Küste von Neuholland sehr ähnlich; sie gehen ganz entblößt, und beiderlei Geschlechter bedecken niemals ihre Scham. Die Weiber hatten ihre kleinen Kinder in einem Fell auf dem Rücken hangen und trugen sie mit sich, wo sie auch hingingen. Ihre Mundart ist ganz fein, von ihrer Sprache aber konnten wir und auch O-mai (ein »vornehmer Wilder« aus Otaheite, der mit an Bord war) nicht das mindeste verstehen. Ihr Wuchs ist nicht der schönste, und wir bemerkten unter ihnen eine sehr krüppelhafte und bucklige Mannsperson, die außer ihrer Ungestalt sich noch dadurch von allen andern unterschied, daß sie ganz feuerrotes wolliges Haar hatte; gleichwohl war diese, soviel wir an dem verehrenden Betragen der übrigen abnehmen konnten, ihr Befehlshaber.

Waffen nahmen wir bei ihnen gar keine wahr und hielten sie daher für gute, unschuldige Leute; Herr Cook konnte seine Verwunderung über den Unterschied dieser gegen jenes ungesellige wilde Volk an der Küste von Neuholland nicht genug äußern.

(Während der Fahrt entlang der Küste Britisch Kolumbiens:) Zwischen dem 58. und 59. Breitengrad unterscheidet sich das Volk von dem übrigen. Denn hier bemerkten wir, daß die Einwohner an der unteren Lippe sich noch einen Mund schnitten und sich auch falsche Zähne von Abgestorbenen künstlich einsetzten. Abenteuerlich waren diese Leute mit zwei Mäulern anzusehen, und wie sie zu beiden die Zunge herausstreckten; und machten selbiges dabei noch gräßlicher, weil sie unten an der Nase durch den Nasenknorpel ein ungefähr 5 bis 6 Zoll langes dünnes Bein gezogen hatten.

Von der Religion, sonstigen Sitten und Gebräuchen dieses amerikanischen Volkes in seiner Gesamtheit konnte ich, weil wir uns nirgends viel aufhielten, keine Erkundigung einziehen; es ist aber das ungesittetste und unartigste Volk unter allen wilden Nationen, so wir auf der ganzen Reise gefunden, und selbst ihre Mundart ist ganz stürmisch, indem sie mit außerordentlichem Geschrei alle ihre Reden vorbringen.

Sie rückten einmal in zwei Abteilungen mit ungefähr 40 bis 50 Kanus gegen uns an; sie umringten die Schiffe und fuhren dreimal um sie herum. Wir befürchteten einen Angriff und luden unsere Kanonen; sie stimmten alsdann auf ihren Kanus einen sehr schönen Gesang an und führten den Takt mit den Rudern. Die Genauigkeit, die sie in Führung des Taktes beobachteten, und die Lieblichkeit des Gesangs, ungeachtet ihrer starken Stimmen, zogen unsere Verwunderung ausnehmend an. Von jeder Abteilung war einer wie ein Harlekin in verschiedenen Farben gekleidet; diese wechselten mit ihren vielfarbigen Kleidern und mit verschiedenen vor das Gesicht gehaltenen Masken öfters ab und machten allerlei Possenspiele.

Das gesamte amerikanische Volk ist in der Fischerei sehr geschickt. Sie wissen sogar die Walfische zu fangen. Sie haben Harpunen von Bein, und diese sind, ebenso wie ihre Pfeile, vorne mit einem geschliffenen scharfen Stein versehen. In der Mitte hat die Harpune ein Gewerbe (Gelenk, Widerhaken); und wenn sie in den Walfisch eingeworfen ist, so kann sie wegen des Gewerbes nicht mehr heraus. Sie verfolgen den Walfisch beständig und werfen immer Harpunen in ihn, bis er sich verblutet.

KAPERKAPITÄNE, PIRATEN, PFLANZENJÄGER

»Ich bin Reisender und Seemann, das ist ein Lügner und schwachdenkender Mensch in den Augen jener Art von bequemen und stolzen Schriftstellern, welche im Schatten ihres Arbeitszimmers ins Blaue hinein über die Welt und ihre Bewohner philosophieren und sozusagen die Natur nach ihren eigenen blödsinnigen Einfällen bilden wollen.«

Louis Antoine de Bougainville
Voyage autour du monde (1771)

William Dampier
Abschweifungen eines Freibeuters

Meine Eltern wollten anfangs nicht einen Seefahrer aus mir machen, sondern hielten mich zur Schule an, wo ich bleiben sollte, bis ich Alter und Verstand erreicht haben würde, eine gewisse Lebensart zu wählen. Nachdem aber Vater und Mutter starben, faßten die, die für mich sorgten, andere Gedanken, nahmen mich aus der Lateinschule, ließen mich zwar schreiben und rechnen lernen, schickten mich aber nicht gar lange darauf nach Weymouth, zu einem seeverständigen Mann – was mit meiner Begierde, die ich von Jugend auf gehabt hatte, nämlich die Welt zu besehen, vortrefflich übereinkam.

Ich tat also mit meinem neuen Herrn eine kleine Reise nach Frankreich und, als wir von da wiederkamen, nach Terraneuf (Neufundland), und dazumal mochte ich ungefähr achtzehn Jahre alt gewesen sein. Auf dieser Reise brachte ich einen Sommer zu, war aber in selbigem Land so erfroren, daß ich nicht mehr dahin zu gehen verlangte, sondern mich wieder zu meinen Verwandten nach Hause begab.

Ich blieb nicht lange daheim, sondern ging nach London, wo man mir viel von einer langwierigen Reise in warme Länder vorschwatzte; das waren beides Dinge, die ich mir stets gewünscht hatte, und also entschloß ich mich, noch einmal mich auf See zu wagen. Weil ich nun erfuhr, daß ein Londoner Schiff namens »Johann und Martha«, welches der Capitain Earning kommandierte, nach Ostindien gedungen war, ließ ich mich auf selbigem einschreiben und wurde angewiesen, auf den Mast achtzuhaben, wozu mich meine ersten beiden Reisen schon geschickt genug gemacht hatten.

Wir gingen geradewegs nach Bantam auf die Insel Java, und als wir zwei Monate oder etwas darüber da verweilt, kehrten wir wieder nach England zurück und hatten damit etwas über ein Jahr zugebracht. Auf dem Hinweg legten wir bei S. Jacob, welche eine der Kapverdischen Inseln ist, und auf dem Rückweg bei der Himmelfahrts-Insel an. Auf dieser Reise lernte ich immer mehr von der Schiffahrt, hielt aber kein Tage-Register (Tagebuch). Wir gelangten nach Plymouth ungefähr zwei Monate, bevor der Ritter Robert Holms auszog, um die holländische Flotte von Smyrna (Izmir) zu verscheuchen – was das Kriegsfeuer mit den Holländern ein weiteres Mal entfachte, mich aber den ganzen Sommer über hinderte, in See zu stechen, weswegen ich mich zu meinem Bruder nach Somersetshire begab.

Weil mir aber die Zeit auf dem Land zu verdrießlich war, ließ ich mich auf das Schiff »Der königliche Prinz« werben, das der Ritter Eduard Sprag befehligte; unter ihm tat ich im Jahr 1673 Dienste, dem gleichen Jahr, in dem auch jener Krieg endigte. Wir bestritten diesen Sommer drei Schlachten, deren zwei ich beiwohnte; weil mich aber einen Tag oder zwei vor der dritten Schlacht eine schwere Krankheit überfiel, wurde ich auf ein Hospitalschiff gebracht. So sah ich dem Treffen, in welchem der Ritter Sprag totgeschossen wurde, nur von weitem zu. Kurz darauf brachte man mich mitsamt den anderen Kranken und Verwundeten nach Harwich, wo ich ziemlich lange elendig schmachten mußte, bis ich wieder zu meinem Bruder kommen konnte, meine Gesundheit zu pflegen.

Sobald nun der Krieg mit Holland zu Ende und ich wieder recht gesund geworden war, nahm mich meine alte Begierde, auf See zu leben, wieder ein. Es machte mir auch ein gewisser Edelmann aus der Nachbarschaft, der Obrist Helliar von East-Coker, einen guten Vorschlag, daß er mich nämlich nach Jamaika schicken und bei seinen Ländereien dort beschäftigen wollte. Ich nahm das Angebot an und begab mich auf das Schiff des Kapitän Kent, genannt »der vergnügte Mann von London«.

Damals war ich ungefähr zweiundzwanzig Jahre alt, aber noch niemals in Westindien gewesen. Damit man mir nun nicht bei meiner Ankunft in Jamaika einen Possen spielte und mich etwa in die Dienste der (Westindischen) Kompanie zwang, so bedung ich mir bei Kapitän Kent aus, ihm während der Reise Bootsknechtsdienste zu leisten, wofür er mir jedoch eine eigenhändig von ihm unterschriebene Versicherung geben mußte, daß ich bei der Ankunft wieder frei und ledig sein sollte.

Zu Anfang des Jahres 1674 gingen wir von der Themse ab und hatten so guten Wind, daß wir geschwind unter die beständigen Winde kamen, die uns bald vor die Insel Barbados brachten. Als wir sie zu Gesicht bekamen, sagte der Kapitän zu den Kaufleuten, wenn sie das Ankergeld bezahlen wollten, würde er auf der Reede der Insel anlegen und warten, bis sie Erfrischungen eingenommen hätten. Sie aber hatten keine Lust, deswegen den Beutel zu ziehen, und so folgte er dem Weg nach Jamaika.

Die andere Insel, die wir antrafen, war die von S. Lucia. Sie liegt ungefähr dreißig Meilen von Barbados und ist sehr reich an großen schönen Bäumen, die zu allerhand Zimmerer- und anderer Arbeit gebraucht werden können. Aus diesem Grund wird sie oft von den Engländern besucht, die von dort Holz zu den großen Spillen (Spindeln) und anderen Schiffsgeräten holen. Man hat auch versucht, dort eine englische Pflanzstadt zu errichten, konnte aber bisher wegen der karibischen Indianer nicht zum Zweck gelangen.

Diese Kariben sind Indianer von kriegerischer Art, gewohnt, auf ihren Pirogen oder großen Kanus stets auf Seeraub auszugehen. Eigentlich wohnen sie zwar auf dem Festland, zu gewissen Jahreszeiten fahren sie aber auf die Inseln, um sich dort zu erlustigen. Ehemals kamen sie oft auf die Barbadischen, aber seit sich die Engländer darauf festgesetzt, haben sie es bleiben lassen und ihre Streifereien nicht weiter betrieben als auf die Inseln, welche die Europäer noch nicht in Beschlag genommen haben – ausgenommen diejenigen, wo sie Hoffnung haben, sich ihrer zu bemächtigen; eine solche ist S. Lucia.

Viele von ihnen wohnen auch auf der Insel Tabago nahe am Festland; von da aus haben sie den Holländern, als diese sich auf Lucia festsetzen wollten, großen Schaden zugefügt. Ich habe gehört, daß diese Indianer ehemals auf den meisten der karibischen Inseln Pflanzstädte gehabt haben, und daß sie, wenn sie ausreisten, drei oder vier Wochen auf einer geblieben und danach zu einer anderen gegangen sind: Auf solche Weise haben sie, ehe sie wieder nach Hause gezogen, fast alle diese Inseln besucht.

Eine weitere Insel, S. Vincenz genannt, liegt nicht weit von S. Lucia. Wir fuhren zwischen diesen beiden hindurch, und weil wir auf S. Lucia Rauch sahen, schickten wir unsere kleine Schaluppe hin. Unsere Leute haben da etliche karibische Indianer angetroffen und ihnen Plantains (Pflanzen), Bananen, Tannäpfel und Zuckerrohr abgekauft; als sie wieder zu uns stießen, folgte ihnen ein Kanu mit drei oder vier Indianern nach. Diese wiederholten oft den Namen »Kapitän Warner«, und wir verstanden damals nicht, was sie damit sagen wollten. Ich erfuhr aber hernach, daß dieser Kapitän Warner ein Sohn des Gouverneurs Warner, gezeugt mit einer Indianerin, gewesen und auf Antego, einer von unseren englischen Inseln, geboren worden war. Der Vater hatte ihn nach englischen Sitten erziehen lassen, und von der Mutter her hatte er die indianische Sprache gelernt. Als er nun sah, daß seine englischen Freunde ihn ihre Verachtung spüren ließen, verließ er das väterliche Haus und begab sich auf die Insel S. Lucia, wo er unter den karibischen Indianern, die mütterlicherseits mit ihm verwandt waren, lebte. Dort schickte er sich so gut in ihre Gebräuche, daß er einer ihrer Oberhäupter wurde und so mit ihnen, von einer Insel zur anderen, nach Beute auszog.

Nun hatten die Kariber einmal in unseren Pflanzstädten auf Antego einigen Schaden verursacht, und des Gouverneurs Warners rechtmäßiger Sohn war mit einer Abteilung dorthin geschickt worden, um ihnen so zu begegnen, wie sie es verdienten. Bei dieser Gelegenheit suchte er die Gegend auf, wo sein Bruder, der indianische Warner, wohnte und bezeugte große Freude über dieses Ersuchen – obwohl der Ausgang zeigte, daß sie nichts weniger als aufrichtig gewesen war. Denn der englische Warner hatte ziemlich viele starke Getränke mitgebracht und seinen Bruder vom Vater her zu sich gebeten, einmal miteinander zu feiern und lustig zu sein. Während sie sich ergötzten, gab er jedoch seinen Leuten durch ein verabredetes Zeichen Befehl, den Bruder samt allen mitgebrachten Indianern umzubringen, was dann auch alsbald vollzogen wurde.

Die Ursachen dieses barbarischen Verfahrens werden unterschiedlich benannt: Einige sagen, der indianische Warner hätte Schuld an allem Schaden, der den Engländern zugefügt worden, deshalb hätte der Bruder ihn und seine Leute hinrichten lassen. Andere wollen das Gegenteil behaupten: daß er der Engländer bester Freund gewesen und gar nicht hätte zulassen wollen, daß seine Leute ihnen den geringsten Schaden tun; er hätte vielmehr alles, was nur möglich, angewendet, um mit ihnen in guter Freundschaft zu stehen; sein Bruder hätte ihn bloß darum töten lassen, weil er sich geschämt, einen Indianer zu einem so nahen Anverwandten zu haben.

Dem sei nun, wie es wolle, der Bruder wurde dieser Mordtat wegen gerichtlich belangt, auch endlich nach England geschickt, um da sein Urteil zu empfangen. Man muß gestehen, daß dergleichen untreue Stückchen – die Schande ungerechnet, die es ist, sie zu begehen – ein großes Hindernis sind, sich bei den Indianern beliebt zu machen.

Solange der Wind aus Norden blies, hatten wir gute Hoffnung, Jamaika zu erreichen. Als wir uns aber darin betrogen sahen, wurden wir sehr bekümmert, denn wir konnten die Insel nicht finden, wo wir doch nach unserer Rechnung gar nicht mehr weit davon sein sollten; und gegen Mittag, als wir auf der Karte nachsuchten, befanden wir, wir seien schon auf der Breite (dem Breitengrad) dieser Insel.

Wir hatten damals nicht mehr den geringsten Proviant. Daher fragte uns der Kapitän, was zu tun sei und welcher Weg wohl der kürzeste wäre, um an Land zu kommen: ob der nach Jamaika, oder ob man versuchen sollte, den Wind hinter uns zu bekommen, und so zu den Südinseln zu segeln. Alle unsere Leute, ich ausgenommen, waren letzterer Meinung, und zwar darum, weil unser Schiff so schlecht besegelt war, daß es mit dem Wind allein, ohne die See- und Landlüftchen, nimmermehr fortkommen würde; die aber könnten wir nicht erwarten, weil wir zu weit von der Küste wären und sich gar kein Land zeigte. Hingegen könnten wir – so sagten sie – bei den Südinseln in drei oder vier Tagen anlangen und dort auch genug Lebensmittel antreffen, entweder Fleisch oder Fisch.

Ich sagte dazu, eben das wäre der Knoten, ob wir etwas antreffen würden, denn es könnte ebenso geschwind geschehen, daß wir dort so wenig fingen wie auf der Insel Pins, wo Ochsen und Schweine genug gewesen und wir doch nicht gewußt hätten, wie wir es anstellen sollten, etwas zu fangen. Überdies könnten wir leicht sechs oder sieben Tage mit der Reise zu den besagten Inseln zubringen; die ganze Zeit über würden wir nun fasten müssen, was uns, wenn es auch nur zwei oder drei Tage währen sollte, so entkräften würde, daß wir bei unserer Ankunft nicht mehr jagen könnten. Im Gegenteil, wenn wir nur noch ein, zwei Tage die See halten und Jamaika suchen wollten, wäre es die glaublichste (plausibelste) Sache von der Welt, daß wir es entdecken und so weit anrükken könnten, um unsere Schaluppe nach Proviant auszuschikken, wenngleich auch das Schiff nicht bis auf die Reede gelangte. Andererseits wären wir, unserer Berechnung nach, nicht mehr so weit davon, daß wir es nicht sehen sollten, wenn nur klares Wetter wäre; die Wolken, die ganz niedrig standen, würden es zweifellos uns nur verdecken.

Dessenungeachtet und obgleich einige meinem Rat beifielen, wurde doch beschlossen, nach den Südinseln aufzubrechen; also wendeten wir das Schiff, spannten die Segel auf und fuhren immer Kurs Nord-Nord-Westen. Ich aber war über unser Vorhaben so voller Verdruß, daß ich in meine Hütte (Koje) kroch, vorher aber meine Gesellschaft warnte, wir müßten nun alle Hungers sterben.

Obgleich ich mich nun ins Bett legte, konnte ich doch unmöglich einschlafen. Denn wenn ich bedachte, daß ich drei oder vier Tage, wenn nicht eine ganze Woche würde Hunger leiden müssen, nachdem ich schon so viel ausgestanden, machte es mir große Unruhe. Und dazu war es noch ein besonderes Glück, daß unser Proviant bisher gereicht hatte: Denn wir hatten auf dem Schiff zwei Tonnen gesalzenes Rindfleisch, das wir eigentlich verkaufen sollten; es war aber so arg, daß niemand es kaufen wollte, was dann uns zustatten kam, weil wir, nachdem der andere Proviant völlig verzehrt, selbiges angriffen.

Wir kochten alle Tage zwei Stücke davon, und weil alle unsere Erbsen aufgegessen, auch wenig Mehl mehr übrig war, schnitten wir das gekochte Fleisch in kleine Stückchen, ließen es hernach weiterkochen, machten die Suppe mit ein wenig Mehl dick und aßen alles zusammen mit Löffeln. Diese kleinen Stückchen Fleisch sahen so braun aus wie die trockenen Rosinen, die wir an unsere Olla podrida (scharf gewürzter Fleischtopf) tun. Auf andere Weise zubereitet, war es gewiß nicht eßbar, denn obwohl es nicht stank, war es doch ganz schwarz und von recht üblem Geschmack, hatte auch kein Fitzelchen Fett. Außerdem war so wenig Brot und Mehl vorhanden, daß wir nicht einmal einen Kuchen backen konnten, um was zum Fleisch zuzubeißen.

Aber um wieder auf die Reise zu kommen: ich hatte in meiner Hütte kaum anderthalb Stunden zugebracht, als einer von unsern Leuten, die auf dem Oberdeck herumgingen, zu schreien anfing: »Land! Land!« Diese Zeitung erfreute mich trefflich, zumal da wir das Land alsbald ganz genau liegen sahen. Das erste, was wir entdeckten, war ein Hochland, und wir erkannten es als Berg Blewfields*, denn oben am Gipfel war er in der Mitte eingedrückt und hatte auf jeder Seite eine kleine Spitze. Er lag im Nord-Ost-1/4 Ost, und wir hatten den Wind im Osten, weswegen wir uns um etliche Grad wandten und nach Nord-Nord-Ost gingen, hierauf auch bald die ganze Küste sahen, die kaum fünf oder sechs Meilen von uns war. Wir bemühten uns den ganzen Nachmittag, so nahe wie wir konnten heranzukommen, und hatten uns gar keinen besonderen Ort vorgenommen, wo wir ankern wollten; der erste bequeme Ort, den wir finden würden, sollte uns dazu recht sein.

Am andern Morgen waren wir nahe genug am Land zwischen dem Vorgebirge Blewfields und Nigril, der Wind stand auch gut, um letztere zu erreichen; also wandten wir uns geradewegs dahin. Auf einmal ließ sich ein kleines Schiff sehen, ungefähr zwei Meilen von uns im Nordwesten; es gab durch Auf- und Ablassen seines Schumpfer-Segels ein Zeichen, daß es gerne mit uns reden wollte. Wir fürchteten aber, es möchte ein Feind sein, hielten uns daher noch mehr an das Ufer und ließen endlich, gegen drei Uhr nachmittags, vor Nigril den Anker fallen, nachdem wir dreizehn Wochen auf dieser Reise zugebracht hatten.

Wahrhaftig, ich glaube nicht, daß jemals ein Schiff auf dem Rückweg von der Bucht Campeche so viel krumme Wege hat nehmen dürfen wie unseres. Denn zuerst mußten wir durch die Klippen Alcranes fahren, und als wir diese Inseln besehen, verfielen wir auf die Sandbänke bei Colorado. Von da machten wir einen Umweg nach Groß-Caymanes und durchstreiften danach die Insel Pins, wiewohl ganz ohne Nutzen. Indessen

---

* Die Blauen Berge auf Jamaika, 2257 m hoch.

kann ich doch soviel sagen, daß wir durch dieses Hin- und Herlaufen so vieles in Erfahrung brachten, als wenn wir einzig aus diesem Grund ausgeschickt worden wären.

Alexandre Olivier Oexmelin
DER AUFSTIEG DES BERÜHMTEN SEERÄUBERS L'OLONOIS

L'Olonois, französischer Herkunft, ist aus dem Poitou, aus einem Ort, den man »les sables d'Olone« nennt, woher er auch den Namen hat, unter dem er in ganz Amerika bekannt ist. Er verließ Frankreich schon in seiner Jugend und schiffte sich in La Rochelle ein, wo er bei einem Bewohner der karibischen Inseln anheuerte; der nahm ihn dorthin mit und behielt ihn drei Jahre lang in seinen Diensten.

Während dieser Zeit hörte er oft, wie man von den Seeräubern der Küste von Santo Domingo sprach, und er begeisterte sich so sehr für diese Art Leben, daß er, sobald er Herr seiner selbst war, die erste sich bietende Gelegenheit ergriff, sich ihnen anzuschließen und Seeräuberdienste zu tun. Dann wurde er selbst einer, und zwar einer der berühmtesten.

Als L'Olonois dieses Leben eine Zeitlang geführt hatte, langweilte es ihn, und er wollte mit den Freibeutern, die ihren Standort in Tortuga hatten, auf große Fahrt gehen. Er war wohl wie geschaffen für dieses Metier; seit seiner ersten Reise zeigte er sich darin so geschickt, daß er alle anderen übertraf.

L'Olonois machte nur wenige Fahrten als Begleiter mit; seine Kameraden wählten ihn bald zu ihrem Anführer und gaben ihm ein Schiff, mit dem er einige Raubzüge machte. Und doch verlor er alles wieder. Monsieur de la Place, der Gouverneur von Tortuga, gab ihm ein anderes Schiff, mit dem er auch nicht mehr Glück hatte; denn kaum hatte er einige Beute von geringem Wert gemacht, verlor er sie wieder und hatte zudem noch das Pech, in die Hände der Spanier zu fallen, die fast alle seine Leute töteten und ihn selbst verwundeten. Wen immer die Spanier verschonten, wurde als Gefangener nach Campeche gebracht.

Um sein Leben zu retten, beschmierte sich L'Olonois mit Blut und legte sich zu den Toten, und als die Spanier verschwunden waren, rappelte er sich auf, ging sich in einem Fluß waschen, zog die Kleider eines Spaniers an, der gründlich tot war (denn die beiden hatten sich geschlagen), und kam nun in die Stadt, wo er Mittel und Wege fand, einige Sklaven abzuwerben; er versprach ihnen, sie freizulassen, wenn sie ihm gehorchen wollten, und sie stimmten zu. Sie griffen sich das Boot ihres neuen Herrn und brachten es an einen Ort, wo L'Olonois sie erwartete, um sich vollends in Sicherheit zu bringen. In wenigen Tagen erreichten sie Tortuga. Die Spanier, immer noch des Glaubens, ihn getötet zu haben, machten ein Freudenfeuer; sie waren entzückt, sich eines Mannes entledigt zu haben, der ihnen keine Atempause gegönnt hatte.

In Tortuga angekommen, hielt L'Olonois sein Versprechen, den Sklaven die Freiheit zu schenken. Er dachte an nichts anderes mehr, als sich für die Grausamkeiten zu rächen, die die Spanier ihm angetan, indem sie Schiffbrüchige niedermetzelten. Das Verlangen, ein Vermögen zu machen, stachelte um so mehr seine Rachsucht an. Er beschloß, mit seinem Boot an die Nordküste Kubas zu fahren, vor den Hafen La Beca de Caravelas, wo Schiffe ankern, um Leder, Zucker, Fleisch und Tabak zu laden und in die Hauptstadt Havanna zu bringen, damit man die spanische Flotte dort versorgen könne.

Einige Freibeuter, von seinen Absichten ins Bild gesetzt, versammelten sich. Es waren einundzwanzig Leute, die sich ihm anschlossen, der Chirurg nicht mitgezählt. Sie schifften sich ein mit so viel Munition, wie sie ergattern konnten, und erreichten in wenigen Tagen Kuba, wo sie von einigen Fischerbooten entdeckt wurden; eins davon kaperten sie und nahmen es als weitere Verstärkung. Dann zogen sie sich, elf in jedem Boot, zu jenen kleinen Inseln vor der Küste zurück, die man Cayes du Nord nennt.

Beide Boote gingen nun auf einigen Abstand voneinander; jedes war stark genug, um sich eines der kleinen Handelsschiffe zu bemächtigen, die für gewöhnlich nur fünfzehn oder sechzehn Unbewaffnete an Bord haben. Doch lagen sie einige Monate, ohne etwas erbeuten zu können, obwohl es mitten in der verkehrsreichen Jahreszeit war. Schließlich fingen sie ein Fischerboot und erfuhren, man habe von ihrem Vorhaben Wind bekommen, und dies sei der Grund, weshalb kein Schiff es wage, in den Hafen einzulaufen oder ihn zu verlassen; doch mittlerweile hätten sich die am Handel Interessierten beim Gouverneur von Havanna beschwert und ihn inständig gebeten, dem Übel abzuhelfen und los ladrones (die Räuber) zu vernichten. Tatsächlich habe der Gouverneur auf diese Klagen hin eine leichte Fregatte geschickt, ausgerüstet mit zehn Kanonen und achtzig der kräftigsten Männer der Stadt, die bei der Abfahrt schworen, keinerlei Gnade walten zu lassen.

L'Olonois, der hiervon nun Kenntnis hatte, sagte zu seinen Kameraden: »Gut, meine Brüder, wir werden gerüstet sein.« Fortan waren sie auf der Hut, und wenige Tage darauf erspähten sie das große Schiff.

Es ging in einem Salzwasserfluß vor Anker, den die Spanier Effera nennen. In dieser Nacht noch, beschlossen unsere Freibeuter, wollten sie angreifen; sie kamen abends aus ihrem Versteck und ruderten sachte am Ufer entlang, im Schutze der Bäume, die den Fluß säumten. Kurz vor Tagesanbruch begannen sie, die Spanier von beiden Seiten mit Gewehren zu beschießen. Diese hielten gut Wache und zahlten ihnen mit gleicher Münze heim, obwohl sie sie nicht sahen. Die Freibeuter hatten ihre Boote unter Bäumen versteckt, die sie tarnten, und sich dahinter zurückgezogen, so daß die Boote ihnen als Verschanzung dienten. Die Spanier kartätschten los und schossen Musketensalven ab, ohne einen ihrer Feinde jedoch töten oder verletzen zu können.

Der Kampf dauerte nun schon bis Mittag, und die Spanier, die sich sehr geschwächt fühlten, machten Anstalten, sich zurückzuziehen: Da sahen die Freibeuter das Blut aus den Abflußrohren des Schiffes rinnen, ließen so schnell wie möglich ihre Boote zu Wasser, enterten, und die Spanier leisteten keinerlei Widerstand.

Man ließ sie von Bord und tötete all die Verletzten. Während des Blutbads warf sich ein Gefangener L'Olonois zu Füßen und rief in seiner Sprache: »Señor Capitan, no me mateis, yo os dire la verdad. – Herr Kapitän, tötet mich nicht, ich werde Euch die Wahrheit sagen.« L'Olonois, der Spanisch verstand, glaubte bei dem Wort »verdad«, daß da ein Geheimnis wäre; er befragte ihn, aber der Gefangene, er zitterte wie Espenlaub, konnte ihm keinerlei Antwort geben. Schließlich versprach er ihm Gnade, auf Ehrenwort, was er dann auch hielt. Da nahm der Gefangene wieder das Wort: »Señor Capitan«, sagte er, »der Herr Gouverneur, der nicht daran gezweifelt hat, diese stark bewaffnete Fregatte sei allemal fähig, das stärkste Eurer Schiffe zu besiegen, hat mich als Scharfrichter eingesetzt. Alle Gefangenen, die der Kapitän machen würde, sollte ich hängen. Euer Volk sollte so eingeschüchtert werden, daß es sich in Zukunft nie mehr in die Nähe dieser Küste wagt.«

Bei den Worten »Scharfrichter« und »hängen« geriet L'Olonois in höchste Wut, und es war ein Glück für den Sklaven, daß er noch den Satz sagte: »Ich werde dich begnadigen, dir sogar die Freiheit schenken, denn ich habe es versprochen.« Im gleichen Moment ließ er die Bodenluke öffnen, durch die er den Spaniern befahl, einer nach dem anderen heraufzukommen, und sobald sie oben waren, schlug er ihnen mit seinem Säbel die Köpfe ab. Er richtete dieses Blutbad ganz allein an; nur den letzten ließ er am Leben und gab ihm einen Brief mit an den Gouverneur von Havanna, des Inhalts, daß er mit seinen Leuten genau das gemacht habe, was er, der Gouverneur, ihm und den Seinen angedeihen lassen wollte; er freue sich sehr, daß dieser Befehl nun von seiner Seite komme; und der Herr könne sicher sein, daß jedem Spanier, den er in die Hände bekäme, dieselbe Behandlung zuteil würde; daß er vielleicht selbst solches Schicksal erleiden würde, aber dennoch entschlossen sei, sich eher zu töten, wenn es sein müsse, als in seine Hände zu fallen.

Der Gouverneur, von dieser Nachricht bestürzt, war es noch mehr, als er hörte, daß zweiundzwanzig Männer mit zwei Booten diesen Coup gelandet hatten. Das brachte ihn so in Wut, daß er Befehl gab, alle Häfen Westindiens anzulaufen und sämtliche französischen und englischen Gefangenen hängen zu lassen, anstatt sie mit Schiffen nach Spanien zu deportieren. Als das kubanische Volk von diesem Entschluß hörte, hielt es ihm vor, daß für jeden Engländer oder Franzosen, den die Spanier gefangennähmen, hundert der Ihren dran glauben müßten. Sie müßten aber segeln, um ihren Lebensunterhalt zu verdienen, und ihr Leben sei ihnen allemal teurer als ihre Habe. Denn auf diese wären die Freibeuter ja nur aus, das Leben hätten sie ihnen immer gelassen. Und aus diesem Grunde bäten sie den Gouverneur inständig, seine Absicht nicht auszuführen.

Dies hat man von den Spaniern erfahren, die von den Freibeutern gefangengenommen wurden.

Adelbert von Chamisso
GRÜNES BRASILIEN

Die Insel Santa Catharina liegt in der südlichen Halbkugel außerhalb des Wendekreises, in derselben Breite wie Teneriffa in der nördlichen. Dort ist der felsige Grund nur stellenweis und nur dürftig begrünt; den europäischen Pflanzenformen sind fremdartige beigemengt, und ihre auffallendsten auch fremd dem Boden. Hier umfängt eine neue Schöpfung den Europäer, und in ihrer Überfülle ist alles auffallend und riesenhaft.

Wenn man in den Kanal einläuft, der die Insel Santa Catharina von dem Festland trennt, glaubt man sich in das Reich der noch freien Natur versetzt. Die Berge, die sich in ruhigen Linien von beiden Ufern erheben, gehören, vom Urwald bekleidet, nur ihr an, und man gewahrt kaum an deren Fuß die Arbeiten des neu angesiedelten Menschen. Im Innern ragen, als Kegel oder Kuppeln, höhere Gipfel empor, und ein Bergrükken des Festlandes begrenzt gegen Süden die Aussicht.

Die Ansiedlungen des Menschen liegen meist längs dem Gestade, umschattet von Orangenbäumen, welche die Höhe unserer Apfelbäume erreichen oder übertreffen. Um sie herum liegen Pflanzungen von Bananen, Kaffee, Baumwollstauden usw., und Gehege, worin etliche unserer Küchengewächse, denen viele europäische Unkrautarten parasitisch gefolgt sind, unscheinbar gebaut werden. Der Melonenbaum und eine Palme *(Cocos Romanzoffiana M.)* ragen aus diesen Gärten hervor. Unterläßt der Mensch, die Spanne Landes, die er der Natur abgerungen hat, gegen sie zu verteidigen, überwuchert gleich den Boden ein hohes, wildes Gesträuch, worunter schöne Melastoma-Arten sich auszeichnen, umrankt von purpurblütigen Bignonien.

Will man von da seitab in die dunkle Wildnis des Waldes einzudringen versuchen, wird man von dem ausgehauenen Pfad, den man betreten hat, bald verlassen, und der Gipfel des nächsten Hügels ist unerreichbar. Fast alle erdenklichen Baumformen drängen sich im Wald in reicher Abwechslung. Ich will bloß die Akazien anführen, mit vielfach gefiederten Blättern, hohen Stämmen und fächerartig ausgebreiteten Ästen. Darunter wuchern am Boden über umgestürzten modernden Stämmen, weit über Manneshöhe, Gräser, Halbgräser, Farren, breitblättrige Heliconien usw.; dazwischen Zwergpalmen und baumartige Farrenkräuter. Vom Boden erhebt sich zu den Wipfeln hinan und hängt von den Wipfeln wieder herab ein vielfach verschlungenes Netz von Schlingpflanzen. Viele Arten aus allen natürlichen Familien und Gruppen des Gewächsreiches nehmen in dieser Natur die bezeichnende Form der Lianen an. Hoch auf den Ästen wiegen sich luftige Gärten von Orchideen, Farren, Bromeliazeen usw., und die Tillandsia usneoides (Ananas) überhängt das Haupt alternder Bäume mit greisen Silberlocken. Breitblättrige Aroideen wuchern am Abfluß der Bäche. Riesenhafte säulenartige Kakteen bilden abgesonderte, seltsame, starre Gruppen. Farrenkräuter und Lichene bedecken dürre Sandstriche. Über feuchten Gründen erheben luftige Palmen ihre Kronen, und gesellig übergrünt die ganzblättrige Mangle (Rhizophora) die unzugänglichen Moräste, in welche die Buchten des Meeres sich verlieren. Die Gebirgsart, ein grobkörniger Granit, durchbricht nirgends die Dammerde und wird nur stellenweise am Gestade und an den Klippen wahrgenommen, die aus dem Kanal hervorragen.

Ich muß bemerken, daß ich nirgends die Palmen, weder in Brasilien noch auf Luçon noch auf Java, soweit ich vom Schiff aus die naheliegende Küste überschauen konnte, die Vorherrschaft über andere Pflanzenformen behaupten, den Wald überragen und den Charakter der Landschaft bedingen sah. Nur die von dem Menschen angepflanzte und ihm nur hörige, schönste der Palmen, die schlanke, windbewegte Kokospalme auf den Südseeinseln könnte als Ausnahme angeführt werden. Aber vorherrschend sollen zwischen den Tropen die Palmen sein in den weiten, niedern, oft überflossenen Ebnen, durch welche die großen Flüsse Amerikas sich ergießen.

Obgleich Amerika den riesenhaften Tierformen der alten Welt, von dem Elefanten bis zu der Boaschlange, keine ähnlichen entgegenzustellen hat, scheint doch in der brasilianischen Natur die Mannigfaltigkeit und Fülle diesen Mangel auszugleichen. Die Tierwelt ist in Einklang mit der Pflanzenwelt. Der Lianenform der Gewächse entspricht der Kletterfuß der Vögel und der Wickelschwanz der Säugetiere, mit dem selbst Raubtiere versehen sind. Überall ist Leben. Herden von Krebsen bewohnen in der Nähe des Meeres die feuchteren Stellen des Landes und ziehen sich vor dem Wanderer in ihre Höhlen zurück, ihre größere Schere über dem Kopf schwingend. Der größte Reichtum und die größte Pracht herrschen unter den Insekten, und der Schmetterling wetteifert mit dem Kolibri. Senkt sich die Nacht über diese grüne Welt, entzündet rings die Tierwelt ihre Leuchtfeuer. Luft, Gebüsch und Erde erfüllen sich mit Glanz und überleuchten das Meer. Der Elater trägt in gradlinigem Flug zwei Punkte beständigen Lichtes, zwei nervenversehene Leuchtorgane auf dem Brustschild; die Lampyris wiegt sich in unsicheren Linien durch die Luft mit ab- und zunehmendem Schimmer des Unterleibes; und bei dem märchenhaften Schein erschallt das Gebell und das Gepolter der froschähnlichen Amphibien und der helle Ton der Heuschrekken.

Den unerschöpflichen Reichtum der Flora Brasiliens beweisen die seit Jahren ihr gewidmeten Bemühungen von Auguste de Ste Hilaire, Martius, Nees von Esenbek, Pohl, Schlechtendal und mir, teils auch von de Candolle und Adrien de Jussieu. Alles war neu für die Wissenschaft. Die Arbeiten so vieler Männer haben sich noch nur über Bruchstücke erstrecken können; und hält einer Nachlese in einer Familie, die bereits ein anderer bearbeitet hat, gibt oft diese der ersten Ernte wenig nach.

Am 13. Dezember (1815), dem Morgen nach unserer Ankunft, ward der Rurick dem Lande näher gebracht, und ich begleitete sodann den Kapitän nach der Stadt Nostra Señora do Destero, auf der Insel an der engsten Stelle des Kanals, beiläufig neun Meilen von unserm Ankerplatz gelegen. Ich habe sie wiederholt besucht, und sie hat mir keine deutliche Erinnerung zurückgelassen; auch von den Menschen, mit denen ich in Berührung gekommen, vermisse ich in mir ein bestimmtes Bild. Die Natur, nur die riesenhafte Natur hat mir bleibende Eindrücke eingeprägt.

Am 14. ward das Observatorium ans Land gebracht und daselbst ein Zelt aufgeschlagen. Ein ärmliches Haus und das Zelt dienten dem Kapitän und der Schiffsgesellschaft, die er mit sich nahm, zur Wohnung, während Gleb Simonowitsch auf dem Schiffe blieb, dessen Kommando er übernahm.

Ich erfuhr, daß der Leutnant Sacharin, der auf der Herreise mehr und mehr erkrankt war, sich hier, und gleich am andern Morgen, einer furchtbaren chirurgischen Operation unterwerfen wolle, und Eschscholtz (russischer Naturforscher, hier Schiffsarzt), der sie verrichten sollte, eröffnete mir, daß er dabei auf meine Beihilfe rechne. Es war, ich gestehe es, einer der ernstesten Momente meines Lebens, als nach empfangenen Instruktionen und getroffenen Vorbereitungen ich mit Eschscholtz an das Bett des Kranken trat und zu mir selber sagte: »Fest und aufmerksam! Von deiner unerschütterlichen Kaltblütigkeit hängt hier ein Menschenleben ab.« Als aber zu dem blutigen Werk geschritten werden sollte, fand der Doktor die Umstände, und zwar zum Besseren, verändert. Die Operation unterblieb, und der Kranke erholte sich wirklich und konnte in der Folge seinen Dienst wieder versehen.

Obgleich es nicht die Regenzeit war, die für diesen Teil Brasiliens in den September fällt, so hatten wir doch fast beständigen Regen, und man brachte wohl im Volk die Ankunft der Russen mit dem ungewöhnlichen Wetter in Verbindung. Indes war von den gesammelten und schwer zu trocknenden Pflanzen mein ganzer Papiervorrat bereits eingenommen. Die vom Schiff, welche unter dem Zelte schliefen, Maler, Steuermann und Matrose, bedienten sich meiner Pflanzenpakete zur Einrichtung ihres Lagers und als Kopfkissen. Ich war darum nicht befragt worden und hätte mich der eingeführten Ordnung zu widersetzen vergeblich versucht. Das Zelt wurde aber in einer stürmisch regnichten Nacht umgeworfen, und das erste, woran jeder bei dem Unfall dachte, war eben nicht, meine Pflanzenpakete ins Trockene zu bringen. Ich verlor auf die Weise nicht nur einen Teil meiner Pflanzen, sondern auch noch einen Teil meines Papiers – ein unersetzlicher Verlust, und um so empfindlicher, als mein Vorrat nur gering war, indem ich auf einen anderen zu rechnen verleitet worden, und selber nun mit meinem Eingebrachten für einen Zweiten, für Eschscholtz, der ganz entblößt war, ausreichen sollte.

TAHITI, EIN TRAUM

»Käme doch bald der Tag, an dem ich mich
flüchten kann in die Wälder einer einsamen Insel
der Südsee, dort in Verzückung und Ruhe nur
meiner Kunst zu leben. Umgeben von einer
neuen Familie, fern von Europa und seiner Jagd
nach dem Geld. Dort in Tahiti, im Schweigen der
schönen tropischen Nächte, könnte ich lauschen
auf die leise holde Musik meines Herzens...«

Paul Gauguin
Brief aus Paris im Februar 1890

Louis Antoine de Bougainville
Ankunft auf der Insel der Liebe

Zu Ende des Monats hatten wir fünf Tage Sturm und unaufhörlichen Regen. Der Skorbut fing an, sich bei acht bis zehn Matrosen zu zeigen. Die Feuchtigkeit und das nasse Wetter beförderte ihn hauptsächlich. Man gab einem jeden täglich ein Maß Limonade, von Limonadenpulver gemacht, dem wir auf der ganzen Reise ungemein viel zu danken haben.

Seit dem dritten März (1768) hatte ich auch begonnen, mich der Blasen des Herrn Poissonnier zu bedienen und zur Suppe, zum Kochen des Fleisches und Gemüses süß gemachtes Seewasser zu nehmen. Das dadurch erhaltene Wasser war uns auf einer so langen Seereise eine große Hilfe. Wir unterhielten das Feuer unter der Blase zwölf Stunden und bekamen dadurch jedesmal ein Oxhoft (Drei-Eimer-Faß) gutes Wasser. Um das süße Wasser noch mehr zu schonen, wurde das Mehl zum Brotbacken mit Seewasser genetzt.

Den andern April sahen wir des Morgens um zehn Uhr in Nordnordosten einen hohen steilen Berg, der ganz allein zu liegen schien, und dem ich den Namen le Boudoir oder le Pic de la Boudeuse gab. Wir hielten Kurs Nord, um ihn näher zu sehen, und entdeckten im Nordwesten eine Küste, die zwar auch hoch schien, deren Umfang aber nicht absehbar war. Wir hatten Holz und andere Erfrischungen und folglich eine Landung höchst nötig, dazu hofften wir hier Gelegenheit zu finden. Den Tag über war der Wind still, gegen Abend erhob sich eine Kühlung, die uns in der Nacht dem Lande näher brachte; mit eingezogenen Segeln erwarteten wir den Tag. Nachdem die Sonne den Nebel um neun Uhr verjagt hatte, zeigte sich das Land sehr deutlich, den Boudoir konnten wir aber nur vom Mastkorb aus sehen. Wir suchten die Insel vor den Wind zu bekommen. Sowie wir uns näherten, erblickten wir eine andere Küste noch weiter gegen Norden, konnten aber nicht unterscheiden, ob es eine andere Insel war, oder ob sie mit der ersteren zusammenhing. Diese Inseln nannten wir den Archipel de Bourbon.

In der Nacht vom dritten bis zum vierten April lavierten wir, um weiter gegen Norden zu kommen. Wir sahen mit Freuden allenthalben Feuer auf der Küste, als ein Zeichen, daß sie bewohnt war. Den vierten entdeckten wir mit Sonnenaufgang, daß die beiden Küsten, welche uns gestern getrennt schienen, durch eine niedrige und einwärts gebogene Küste zusammenhingen und eine Bay bildeten, deren Einfahrt gegen Nordosten lag. Wir fuhren mit vollen Segeln auf diese Bay zu und wurden eine Pirogge gewahr, die mit Segeln und Rudern der Küste zueilte. Sie vereinigte sich mit einer Menge anderer von allen Ecken der Insel, die uns entgegenkamen. Eine führte die andere gleichsam an, darin zwölf nackende Männer saßen, die uns Zweige von Bananenstauden anboten und durch ihre Gebärden zu verstehen gaben, daß es Zeichen des Friedens wären. Wir versicherten sie durch allerlei Zeichen gleichfalls unserer Freundschaft, darauf kamen sie an unser Schiff, und einer unter ihnen, der sich durch seine dicken und struppigen Haare, die wie eine Strahlenkrone aufwärts standen, auszeichnete, überreichte uns nebst dem Friedenszweig ein kleines Schwein und einige Bananen. Wir nahmen das Geschenk an, welches er an einen Strick band, den wir ihnen zuwarfen, und schickten ihnen dafür Mützen und Halstücher. Diese Geschenke waren das erste Unterpfand unsers Bündnisses mit diesem Volk.

In kurzer Zeit versammelten sich über hundert Piroggen von verschiedener Größe um unsere beiden Schiffe. Sie waren mit Kokosnüssen, Bananen und andern Früchten des Landes beladen, welches für uns große Leckerbissen waren. Wir tauschten sie gegen allerlei Kleinigkeiten aus. Der Handel wurde mit beiderseitigem Zutrauen geschlossen, aber keiner von den Insulanern wagte sich an Bord. Wir mußten in ihre Piroggen steigen oder ihnen von weitem zeigen, was wir vertauschen wollten. Wenn wir einig waren, so ließen wir einen Korb hinunter; bald gaben wir ihnen unsere Waren zuerst, bald erhielten wir ihre Früchte zuerst. Sie waren darin so treuherzig, daß wir uns daraus gute Vorstellungen von ihrem Charakter machten. Sie hatten auch gar keine Waffen in ihren Piroggen. Bei dieser ersten Zusammenkunft waren keine Frauen dabei. Die Piroggen blieben bis zum Anbruch der Nacht bei uns, als wir uns zur See wandten und sie ans Land fuhren.

Wir suchten in der Nacht Norden zu gewinnen, doch so, daß

wir uns nicht über ein paar Meilen von der Küste entfernten. Die ganze Küste war bis nach Mitternacht so wie in der vorigen Nacht mit kleinen, nicht weit voneinander entfernten Feuern erleuchtet. Es schien, als wenn diese Beleuchtung beabsichtigt wäre. Wir ließen, um ihnen gleichsam darauf zu antworten, einige Raketen in der Nacht aufsteigen.

Den fünften April brachten wir den ganzen Tag mit Lavieren zu und ließen unterdessen durch unsre Boote einen Ankerplatz suchen. Der Anblick der Küste, die sich wie ein Amphitheater erhebt, gab uns einen reizenden Prospekt. Obgleich die Berge sehr hoch sind, so entdeckt man doch nirgends nakkende Felsen, sondern alles ist mit Bäumen bedeckt. Mitten im südlichen Teil der Insel erhob sich eine sehr hohe freistehende Spitze, die aber bis oben hinauf mit Bäumen besetzt war, den andern an Höhe gleich. Sie schien unten kaum dreißig Klafter im Durchmesser zu haben, und allmählich nahm sie ab. Von weitem sah sie aus wie eine Pyramide von erstaunlicher Höhe, welche kunstvoll mit Kränzen geziert war. Das flache Land ist in Wiesen und kleine Wäldchen abgeteilt, und längs der ganzen Küste erstreckt sich am Fuße des in mehrerer Entfernung liegenden höhern Landes ein platter Landstrich, der überall angebaut ist. Hier sahen wir die Wohnungen der Insulaner unter Bananensträuchern und Kokosbäumen, die voll Früchte hingen.

Wie wir längs der Küste hinfuhren, zog eine prächtige Kaskade, welche ihr schäumendes Wasser in die See hinabstürzte, unsere Augen auf sich. Wir wünschten einstimmig, an diesem angenehmen Ort ankern zu können. Die Boote fanden aber nichts als steinigen Grund, folglich mußten wir uns entschließen, eine bessere Stelle zu suchen.

Mit Anbruch des folgenden Tages kamen die Piroggen wieder an Bord, und der ganze Tag wurde mit Tauschen zugebracht. Diesesmal machten wir einen neuen Handel, sie brachten nicht nur Obst wie gestern, sondern auch Hühner, Tauben, allerlei Werkzeuge zum Fischen, sonderbare Gerätschaften, Muscheln und dergleichen. Sie verlangten zum Tausch Eisen und Ohrringe. Der Handel geschah wie gestern in gegenseitigem Zutrauen. Heute kamen auch einige Frauen in den Piroggen mit, sie waren anmutig und meist nackend.

Ein Wilder kam an Bord der Etoile und blieb die Nacht da, ohne einige Bekümmernis blicken zu lassen.

Den sechsten April früh waren wir durch Lavieren an die nördliche Spitze der Insel gekommen. Hier sahen wir eine andere liegen; zwischen beiden zeigten sich verschiedene Bänke, welche die Durchfahrt verhinderten. Ich entschloß mich deswegen, wieder umzukehren und in der Bay, die wir zuerst entdeckt hatten, einen Ankerplatz zu suchen. Unsere Boote fuhren voraus und fanden längs der ganzen nördlichen Seite der Bay, eine Viertelmeile vom Ufer, eine Untiefe, die sich bei Ebbe zeigte. Inzwischen entdeckten sie eine halbe Meile von der nördlichen Spitze einen Einschnitt von zwei Kabeltauen breit, wo sich dreißig bis fünfunddreißig Faden Tiefe und dahinter eine Reede von neun bis dreißig Faden Tiefe fand. Zugleich hatte man verschiedene kleine Flüsse entdeckt, die zum Wassereinladen sehr bequem waren. Diese Nachricht bewog mich, diesen Ankerplatz zu wählen. Wir steuerten gerade darauf zu und nahmen, nachdem jedes Schiff den ersten Anker auf vierunddreißig Faden und auch den zweiten geworfen hatte, unsere Stangen und Segelstangen ein.

Je näher wir dem Land kamen, desto zahlreicher umgaben die Einwohner unsere Schiffe. Ihre Anzahl war so groß, daß wir viele Mühe hatten, unsere Schiffe zu befestigen. – Alle schrien Tayo, welches so viel heißt wie Freund, und gaben uns auf alle Arten ihre Freundschaft zu erkennen. Alle verlangten Nägel und Ohrringe. In den Pirogen fanden sich viele Frauen, die den Europäerinnen, was den schönen Wuchs betraf, den Vorzug streitig machen konnten, und auch im übrigen nicht häßlich waren. Die meisten dieser Nymphen waren nackend, weil die Männer und alten Weiber, die sich bei ihnen befanden, ihnen ihre Bedeckung, die sie sonst tragen, weggenommen hatten; sie machten allerlei freundliche Mienen gegen uns, beobachteten aber doch bei aller Naivität eine gewisse Art von Schamhaftigkeit, welche die Natur dem andern Geschlecht allenthalben eingeprägt hat, und vermöge deren sie das, was sie oft am meisten wünschen, auch in einem Land, wo die Freiheit des ersten Weltalters herrschte, zu verhehlen wußten. Die Männer handelten freier und unverstellter; sie suchten uns zu bewegen, eine Frau zu wählen und mit ihr an Land zu gehen, und gaben uns zu verstehen, auf welche Art wir uns mit ihnen beschäftigen sollten. Man kann sich vorstellen, wie schwer es hielt, vierhundert junge französische Seeleute, die in sechs Monaten keine Frauensperson gesehen hatten, zu bändigen. Aller Vorsicht ungeachtet kam ein Mädchen auf das Vordeck und stellte sich bei der Spille zum Ankertau, wo sie ihre Bedeckung fallen ließ und wie Venus dastand, als sie sich dem Phrygischen Hirten zeigte. Matrosen und Soldaten, alles lief zur Spille, und vielleicht ist niemals so fleißig an einem Ankertau gearbeitet worden.

Durch unsere Umsicht hielten wir dennoch das bezauberte Schiffsvolk im Zaum, obgleich wir nicht wenig mit uns selbst zu kämpfen hatten. Mein Koch war entwischt, kam aber bald mehr tot als lebendig wieder. Kaum war er mit seiner Schönen ans Land getreten, umgab ihn eine Menge Insulaner, zog ihn ganz nackend aus, betrachtete ihn von oben bis unten und erhob ein großes Geschrei. Er wußte nicht, was daraus werden sollte, und war vor Furcht ganz außer sich. Nachdem sie ihn genug betrachtet hatten, gaben sie ihm seine Kleider wieder, ließen seine Schöne zu ihm und drangen sehr eifrig in ihn, seinen Begierden mit ihr nachzuhängen. Er war aber dermaßen außer sich, daß sie ihn wieder an Bord schleppen mußten, und er versicherte mir, wenn ich auch noch so sehr auf ihn schmälte (ihn schimpflich behandle), so würde ich ihm doch nie eine solche Furcht einjagen, als er jetzt ausgestanden hätte.

Denis Diderot
Überwältigende Gastfreundschaft

Als die Tahitianer die Mannschaft Bougainvilles unter sich aufteilten, erhielt Oru den Schiffsgeistlichen.* Der Kaplan und Oru waren ungefähr gleichaltrig: fünfunddreißig oder sechsunddreißig Jahre. Oru hatte damals nur seine Frau und drei Töchter: Asto, Palli und Thia. Sie entkleideten den Geistlichen, wuschen ihm Gesicht, Hände und Füße und bereiteten ihm ein einfaches und bekömmliches Mahl.

Als er sich schlafen legen wollte, kam Oru, der sich mit seiner Familie zurückgezogen hatte, wieder zu ihm und bot ihm seine Frau und die drei Mädchen, völlig unbekleidet, mit den Worten dar: »Du hast zu Abend gegessen, du bist jung und fühlst dich wohl. Allein wirst du schlecht schlafen, der Mann braucht für die Nacht eine Gefährtin an seiner Seite. Hier ist meine Frau, da sind meine Töchter; suche aus, welche dir gefällt! Ich wäre dir allerdings sehr dankbar, wenn du meiner jüngsten Tochter, die noch keine Kinder gehabt hat, den Vorzug gäbest.« Die Mutter setzte hinzu: »Ach, ich habe keinen Grund, mich zu beklagen! Die arme Thia! An ihr liegt es nicht.«

Der Kaplan erwiderte, seine Religion, sein Stand, die guten Sitten und die Ehrbarkeit gestatteten ihm nicht, sein Angebot anzunehmen.

Oru aber entgegnete: »Ich weiß zwar nicht, was das für ein Ding ist, das du Religion nennst. Ich kann jedoch nur Schlechtes davon denken, da sie dich hindert, ein unschuldiges Vergnügen zu genießen, zu dem uns die Natur, die alleinige Herrin, alle einlädt: dem Vater, der Mutter und den Kindern eine Gefälligkeit zu erweisen, um die sie dich bitten, dich dem Gastgeber für einen guten Empfang erkenntlich zu zeigen und ein Volk zu bereichern, indem du es um einen Erdenbürger ver-

---

* Obwohl alles folgende keinen Anspruch erhebt, authentisch zu sein, ist es vielleicht trotzdem ganz interessant zu wissen, daß der Geistliche des Bougainvilleschen Schiffes »Boudeuse« sich Pater Lavaisse nannte und Franziskaner war.

mehrst! Zwar weiß ich nicht, was das für ein Ding ist, das du Stand nennst; deine vornehmste Pflicht aber ist doch, als Mann zu handeln und dankbar zu sein. Ich würde niemals von dir erwarten, daß du die Sitten Orus in deinem Lande einführst, wohl aber bittet dich Oru, dein Gastgeber und Freund, inständig, du mögest dich in die Sitten und Gebräuche Tahitis schikken. Sind diese Sitten denn besser oder schlechter als die euren? Die Frage ist leicht zu lösen: Gibt es in deinem Heimatland mehr Menschen als Nahrung für sie? In diesem Falle wären deine Sitten weder schlechter noch besser als die unseren. Könnte die Erde bei dir zu Hause noch mehr Menschen ernähren? Wenn ja, dann wären unsere Bräuche besser als die deinen. Was die Ehrbarkeit betrifft, die du mir entgegenhältst, so verstehe ich dich. Ich gebe zu, daß ich unrecht habe, und bitte dich dafür um Verzeihung. Ich verlange nicht, daß du deiner Gesundheit schadest: Wenn du müde bist, mußt du dich ausruhen. Ich hoffe jedoch, du wirst uns nicht auch weiterhin betrüben. Sieh dir an, welchen Kummer du über alle Gesichter hier verbreitet hast. Die Frauen befürchten, du könntest irgendwelche Makel an ihnen bemerkt haben und sie deshalb verschmähen. Aber selbst wenn dem so wäre, würde dir denn die Freude nicht genügen, einer meiner Töchter vor ihren Gefährtinnen und Schwestern die Ehre gegeben und ein gutes Werk getan zu haben? Sei edelmütig!«

Der Kaplan: »Das ist es ja gar nicht! Sie sind alle vier gleich schön. Aber meine Religion, mein Stand!«

Oru: »Sie gehören mir, und ich biete sie dir an. Sie können über sich selbst bestimmen und wollen sich dir hingeben. Was für eine Reinheit des Gewissens dir von den Dingen Religion und Stand auch vorgeschrieben ist, du darfst sie ohne Skrupel annehmen. Es ist kein Mißbrauch meiner Autorität, und du kannst sicher sein, ich kenne und achte eines jeden persönliche Rechte.«

An dieser Stelle gibt der aufrichtige Kaplan zu, daß ihn die Vorsehung noch nie einer so großen Versuchung ausgesetzt habe. Er war jung, erregt und voller Gewissensqualen. Er wandte seine Blicke von den reizenden Bittstellerinnen ab, schaute erneut hin und erhob Augen und Hände gen Himmel. Thia, die Jüngste, umfing seine Knie und sagte:

»Fremder, bereite meinem Vater, meiner Mutter und mir keinen Kummer! Gib mir die Ehre, in dieser Hütte und vor den Meinen! Verhilf mir zu dem Ansehen meiner Schwestern, damit sie sich nicht länger über mich lustig machen! Asto, die Älteste, hat schon drei Kinder, Palli, meine zweite Schwester, hat deren zwei, und Thia hat noch keine! Fremder, ehrenwerter Fremder, weise mich nicht ab! Mach mich zur Mutter, verhilf mir zu einem Kinde, damit ich es eines Tages in Tahiti neben mir an der Hand führen kann, damit man in neun Monaten sieht, wie ich ihm die Brust gebe! Ich werde stolz darauf sein, und es wird einen Teil meiner Mitgift bilden, wenn ich aus der Hütte meines Vaters in eine andere übersiedele. Vielleicht habe ich mit dir mehr Glück als mit den Jünglingen Tahitis. Wenn du mir diese Gunst gewährst, werde ich dich nie vergessen. Mein ganzes Leben lang will ich dich segnen. Ich will deinen Namen in meinen Arm ritzen und in den deines Sohnes. Immer wieder werden wir ihn mit Freuden aussprechen. Und wenn du dieses Gestade verlassen solltest, so werden dich meine segnenden Wünsche über die Meere begleiten, bis du wieder in deinem Lande angekommen bist.«

Der gute Kaplan erzählt weiter, sie habe ihm die Hände gedrückt, habe ihn mit ihren ausdrucksvollen und rührenden Augen angesehen, habe geweint. Vater, Mutter und Schwestern hätten sich entfernt, er sei mit ihr allein geblieben, und mit dem Ausruf »Aber meine Religion! Aber mein Stand...!« habe er sich am nächsten Morgen in den Armen dieses jungen Mädchens wiedergefunden, das ihn nun mit Zärtlichkeiten überhäufte und Vater, Mutter und Schwestern, als diese morgens an ihr Lager traten, aufforderte, ihm ebenfalls ihre Dankbarkeit zu bezeigen.

ALLEIN AUF DER INSEL

»Der Verfasser schien die Absicht gehabt zu haben, zu zeigen, wie mancherlei und wunderbare Zufälle einem Menschen begegnen könnten und wie ihm sein Fleiß und Geschicklichkeit zu helfen vermöchten, wenn er das Unglück hätte, daß er allein auf einer Insel leben müßte.
Und da ein zu unserer Zeit lebender englischer Bel Esprit namens Daniel Foe sonst gar artige Dinge geschrieben hat, sind einige bald auf ihn gefallen und wollen ihn für den wahren Autor dieses Buches halten.«

Vorrede des deutschen Verlegers von
›Robinson Crusoe‹, 6. Auflage 1721

Will und Robin, die Moskito-Indianer
Nach dem Tagebuch des Kapitäns William Dampier

Am 22. März 1684 bekamen wir die Insel Juan Fernandez zu Gesicht, und am Tage darauf fuhren wir hinan und warfen in einer Bucht im Süden Anker. Alsbald ließen wir unser Kanu zu Wasser und fuhren an Land, um unseren Moskito (Angehöriger eines karibischen Indianerstammes) zu suchen, den wir anno 1681 dort gelassen hatten, als wir durch die Spanier verjagt worden waren. Dieser Indianer war mehr als drei Jahre ganz allein auf der Insel gewesen, und obwohl die Spanier, welche wußten, daß wir ihn dort gelassen hatten, etliche Male nach ihm suchten, hatten sie ihn dennoch nicht finden können. Er war im Wald auf der Ziegenjagd gewesen, als damals Kapitän Watlin mit seinen Leuten wieder zu Schiffe gegangen war, und als er ans Ufer kam, waren die Schiffe schon unter Segel. Er hatte sein Rohr (Flinte) bei sich, ein Messer, ein kleines Pulverhorn mit Pulver und ein wenig Blei. Als er dieses verschossen hatte, erdachte er ein Mittel, mit seinem Messer den Büchsenlauf in kleine Stücke zu zersägen und Harpunen, Angeln, Spießeisen sowie ein langes Messer daraus zu machen. Mit seinem Flintenstein und einem Stückchen Eisen, das er von den Engländern hatte härten lassen, schlug er Feuer und machte damit die Eisenstücke glühend. Dann schlug er sie mit einem Stein und gab ihnen die Form, die er wollte. Danach zerschnitt er sie mit dem Messer, das er wie eine Säge zugerichtet hatte, schliff sie spitz und gab ihnen den nötigen Härtegrad. Dies wird jemandem, der nicht die Geschicklichkeit der Indianer kennt, wunderlich vorkommen, aber sie tun dies in ihrem Lande insgemein, wo sie ihre Gerätschaften zum Fischfang ohne Esse und Amboß verfertigen, was sie freilich viel Zeit kostet. Andere Indianer, die den Gebrauch des Eisens nicht kennen wie die Moskiten, die es von den Engländern gelernt haben, machen sich Äxte aus einem sehr harten Stein, womit sie auch Bäume abhauen können, aus denen sie hernach Häuser bauen oder Kanus machen. Die Indianer von Patagonien machen ihre Pfeilspitzen aus scharfgemachten oder gar aus ungeschliffenen Steinen; die habe ich gesehen und sehr bewundert.

Kommen wir jedoch wieder auf unseren Moskito von der Insel Juan Fernandez zu sprechen. Mit den auf die beschriebene Art gemachten Werkzeugen hatte er sich allerhand Lebensmittel, die auf der Insel zu finden sind, auch Ziegen und Fische, verschaffen können. Ehe er sich Angeln gemacht, sagte er, hätte er vom Seekalb essen müssen, welches eine gar schlechte Speise sei; später aber hätte er es nur gefangen, um aus dessen Haut Riemen zu schneiden und Angelschnüre zu machen. Eine halbe Meile von der See hatte er eine kleine Hütte, mit Ziegenfellen überzogen, und seine Bettstatt stand auf Pfosten zwei Fuß über dem Boden und war von ebensolchen Häuten bedeckt. Ein Kleid hatte er nicht, weil dasjenige, das er einmal von Kapitän Watlin bekommen, gänzlich abgenutzt war; so trug er um die Lenden bloß ein Stück einfaches Fell.

Unser Schiff hatte er bereits am Tage zuvor gesehen, noch ehe wir landeten, und weil er es mit Sicherheit für ein englisches hielt, hatte er am Morgen, bevor wir ankerten, drei Ziegen getötet und mit Kraut gekocht, um uns bei der Landung zu bewirten. Also kam er jetzt ans Ufer und bewillkommnete uns wegen unserer glücklichen Ankunft. Beim Aussteigen sprang unser indianischer Moskito, Robin genannt, als erster an Land, lief zu seinem Landsmann und warf sich der Länge nach zu seinen Füßen mit dem Angesicht auf die Erde nieder. Dieser hob Robin auf, umfing ihn und fiel seinerseits zu dessen Füßen auf sein Gesicht nieder und wurde von diesem wieder aufgehoben. Wir blieben stehen und sahen mit Lust, wie einer den anderen bei diesem Wiedersehen so hochvergnügte, liebreiche und freudenvolle Bezeigungen spüren ließ. Nachdem sie dies vollbracht hatten, gingen auch wir hinzu, um den Wiedergefundenen zu umfangen, der sehr erfreut war, seine alten Freunde wiederzusehen, die seiner Meinung nach gekommen waren, weil sie nach ihm suchten. Er hieß Will wie der andere Robin, welche Namen ihnen beiden die Engländer gegeben hatten, denn unter sich haben sie keine Namen und sehen es für eine große Gewogenheit an, wenn ihnen jemand von uns, solange sie bei uns sind, einen solchen gibt. Wenn man es nicht tut, beklagen sie sich und sagen, sie seien elende Leute, die keinen Namen hätten.

DER ZIEGENMANN
Bericht von Kapitän Woodes Rogers

2. Februar 1709. Wir verhielten am hinteren südlichen Teil der Insel (Juan Fernandez) und wollten einlaufen mit der ersten südlichen Brise – die dort, wie wir von Kapitän Dampier wußten, für gewöhnlich den ganzen Tag anhält. Gegen Mittag schickten wir unsere Jolle los, mit Kapitän Dover, Mr. Frye und sechs Leuten, alle bewaffnet. Als das Boot nicht zurückkehrte, schickten wir unsere Pinasse (Boot aus Fichtenholz) mit bewaffneter Besatzung hinterher; sie sollte den Verbleib der Jolle erkunden. Unsere Befürchtung war, die Spanier könnten dort ein Fort haben und hätten unsere Leute gefangengenommen. Für unser Boot setzten wir ein Signal.

Wenig später kehrte unsere Pinasse vom Land zurück. Sie führte eine Unmenge Krebse mit sich und dazu einen Mann, der in Ziegenfelle gekleidet war und wilder aussah als die, welche die Felle zuerst auf dem Leib hatten.

Vier Jahre und vier Monate hatte er auf dieser Insel zugebracht. Stradling, der Kapitän der »Cinq Ports«, hatte ihn dort ausgesetzt. Er war Schotte und hieß Alexander Selkirk, ehemals Schiffsmeister (Obermaat) auf der »Cinq Ports«, die zuletzt unter Kapitän Dampier in diesen Breiten gesegelt war. Der nun hatte mir erzählt, Selkirk sei sein bester Mann gewesen, und so war ich augenblicklich bereit, ihn als Maat an Bord zu nehmen.

Er war es gewesen, der letzte Nacht beim Anblick unserer Schiffe das Feuer entzündet hatte, weil er sie für englische hielt. Während seines Inselaufenthalts hatte er mehrfach Schiffe vorbeisegeln sehen, doch nur zwei waren vor Anker gegangen. Als er sie sich näher besah, stellte er fest, daß es Spanier waren. Er zog sich zurück, und sie jagten ihm einige Kugeln hinterher. Wären es Franzosen gewesen, er hätte sich ihnen ergeben. Lieber wollte er einem einsamen Tod auf der Insel entgegensehen, als in diesem Teil der Welt den Spaniern in die Hände fallen; weil er fürchtete, sie würden ihn totschlagen oder als Sklaven ins Bergwerk verschleppen; weil er fürchten mußte, sie würden keinem Fremden das Leben lassen, der in der Lage war, das Südmeer (den Zugang zur Karibischen See) zu entdecken.

Die Spanier waren gelandet, ehe er sie als solche erkannte, und sie rückten ihm so nahe, daß er alle Kräfte aufbieten mußte, um zu entkommen. Nicht nur, daß sie auf ihn schossen, sie verfolgten ihn auch bis tief in den Wald. Dort rettete er sich auf einen hohen Baum, an dessen Fuß die Spanier ihr Wasser abschlugen und ein paar Ziegen erlegten, dann jedoch wieder abzogen, ohne ihn zu entdecken.

Er erzählte uns, er sei in Largo, in der schottischen Grafschaft Fife, geboren und von Kind auf zur Seefahrt bestimmt gewesen. Der Grund, warum er auf der Insel zurückblieb, war eine Meinungsverschiedenheit zwischen ihm und dem Kapitän. Dazu kam, daß sich die Schiffe in sehr schlechtem Zustand befanden, und so wollte er lieber hier bleiben als mit dem Kapitän weitersegeln; als er sich schließlich doch dazu bereit fand, nahm ihn der Kapitän nicht wieder an Bord.

Schon einmal war er auf der Insel gewesen, um Holz und Wasser zu holen; damals waren zwei Mann der Besatzung dort für sechs Monate zurückgelassen worden, ehe das Schiff, das gerade von zwei Schiffen der französischen Südmeerflotte gejagt wurde, zur Insel zurückkehren konnte.

Kleidung und Bettzeug hatte er bei sich, dazu eine Steinschloßflinte, ein wenig Pulver, Kugeln, Tabak, ein Beil, ein Messer, einen Kessel, eine Bibel, einige andere nützliche Dinge, seine nautischen Instrumente und Bücher. Für seinen Unterhalt und für seine Zerstreuung sorgte er so gut er konnte, doch hatte er während der ersten acht Monate sehr damit zu tun, sich der Melancholie zu erwehren – und des Schreckens, sich ganz allein an einem so gottverlassenen Ort wiederzufinden.

Aus Piemento-Bäumen baute er zwei Hütten, deckte sie mit langen Gräsern und bespannte die Wände mit den Fellen von Ziegen, die er, solange sein Pulvervorrat – gerade mal ein Pfund – reichte, mit seiner Flinte nach Belieben erlegen konnte. Als dieser Vorrat zur Neige ging, schlug er Funken, indem er zwei Piemento-Hölzer auf seinen Knien gegeneinanderrieb. Die kleinere Hütte, sie lag ein Stück von der anderen entfernt, nutzte er als Vorratskammer, die größere diente ihm zum Schlafen, Lesen, Psalmensingen und zum Gebet. Und so kam es, wie er sagte, daß er in dieser Einsamkeit ein besserer Christ wurde als er je gewesen und, so fürchtete er, je wieder sein würde. Zu Anfang aß er überhaupt nicht, es sei denn, der Hunger trieb ihn dazu; zum einen aus Kummer, zum anderen, weil ihm Brot und Salz fehlten. Schlafen legte er sich erst, wenn er sich nicht mehr aufrechthalten konnte. Das Piemento-Holz, das sehr hell brennt, diente ihm als Feuer und als Kerze, und es erfrischte ihn durch seinen Wohlgeruch.

Fische hätte es durchaus reichlich gegeben, doch konnte er sie ohne Salz nicht essen, weil sie seine Verdauung zu sehr anregten. Anders verhielt es sich mit den Krebsen, die dort so groß werden wie bei uns die Hummer und sehr wohlschmeckend sind. Diese kochte er zuweilen, oder er briet sie sich, wie er es auch mit dem Ziegenfleisch tat, aus dem sich überdies eine vorzügliche Brühe bereiten ließ, weil diese Ziegen nicht so streng riechen wie die unseren. Seinen Aufzeichnungen nach erlegte er während dieser Zeit fünfhundert Ziegen, noch einmal so viele fing er ein, kennzeichnete sie an einem Ohr und ließ sie wieder laufen. Als ihm das Pulver ausging, bezwang er sie durch bloße Schnelligkeit, denn seine Lebensweise und sein beständiges Gehen und Laufen hatte alle dickflüssigen Säfte aus seinem Körper vertrieben, so daß er mit einer wundersamen Behendigkeit durch die Wälder lief, die Felsen und die Hügel hinauf, wie wir es selbst beobachten konnten, als wir ihm den Auftrag gaben, einige Ziegen für uns zu fangen. Wir hatten eine Bulldogge, die wir ihm samt einigen unserer schnellsten Läufer auf die Ziegenjagd mitgaben. Doch er ließ Hund und Männer weit abgeschlagen hinter sich. Er fing die Ziegen, lud sie sich auf die Schultern und brachte sie zum Schiff.

Er erzählte uns, wie ihn seine Schnelligkeit einmal, als er einer Ziege nachjagte, fast das Leben gekostet hätte. Er verfolgte sie sehr zielstrebig, bekam sie dann genau über einem Abgrund zu fassen, den er aber zu spät erkannte, weil Büsche ihm die Sicht verdeckt hatten, und so stürzte er mitsamt der Ziege aus beträchtlicher Höhe in eine Schlucht. Ganz zerschunden und zerschlagen kam er gerade noch mit dem Leben davon, und als er wieder zur Besinnung kam, fand er die Ziege tot unter sich. An die vierundzwanzig Stunden lag er so, und mit Müh und Not gelang es ihm, den Weg zu seiner

Hütte – etwa eine Meile – auf allen Vieren zurückzulegen. Zehn Tage lang konnte er seine Behausung nicht verlassen.

Schließlich war er soweit, daß er sein Essen auch ohne Salz und Brot genoß, auch konnte er eine Menge guter Steckrüben ernten, die Kapitän Dampiers Leute dort ausgesät hatten und die mittlerweile einige Morgen Land bedecken. Palmkohl hatte er zur Genüge, und seine Mahlzeiten würzte er mit den Früchten des Piemento-Baumes, die wie Jamaika-Pfeffer schmecken und sehr wohlriechend sind. Auch entdeckte er dort noch eine Art schwarzen Pfeffer, den Malagita-Pfeffer, der die Winde austrieb und gut gegen Bauchschmerzen half. Seine Kleidung und sein Schuhwerk waren bald verschlissen, und als er schließlich ohne das auskommen mußte, wurden seine Fußsohlen so hart und unempfindlich, daß er ohne alle Beschwerden laufen konnte, wo und wie er wollte. Selbst nachdem wir ihn gefunden hatten, dauerte es noch eine ganze Weile, ehe er wieder Schuhe tragen konnte; so lange war er davon entwöhnt, daß ihm die Füße anschwollen, wenn er sie wieder in Schuhe stecken wollte.

Die Ratten nagten, während er schlief, an seinen Beinen und Kleidern, so daß er sich genötigt sah, die Katzen mit Ziegenfleisch zu traktieren. Das ließ viele von ihnen derart zahm werden, daß sie ihn zu Hunderten umlagerten und ihn bald von allen Ratten befreiten. Desgleichen zähmte er einige Zicklein, und hin und wieder vergnügte er sich mit ihnen und seinen Katzen, tanzte mit ihnen und sang Lieder dazu. Und so kam es schließlich, daß er durch eine gütige Vorsehung und die Kraft seiner Jugend – er war nicht älter als 30 Jahre – die ganze Mühsal seiner Einsamkeit überwand und guten Mutes war.

Als seine Kleider abgetragen waren, nähte er sich einen Rock und eine Kappe aus Ziegenhäuten; als Faden dienten ihm schmale Riemen, die er mit seinem Messer aus den Häuten schnitt. Als Nadel hatte er nichts als einen Nagel. Als auch sein Messer bis auf den Rücken abgenutzt war, machte er sich, so gut er konnte, neue: am Ufer waren einige eiserne Ringe zurückgelassen worden, die klopfte er so dünn es ging und wetzte sie an den Steinen. Er hatte noch ein Stück Leinen bei sich, und so schneiderte er sich mit Hilfe eines Nagels Hemden und nähte sie mit wollenen Fäden zusammen, die er sich zu diesem

Zweck aus seinen alten Strümpfen zog. Als wir ihn fanden, trug er sein letztes Hemd auf dem Leib.

Als er zu uns an Bord kam, hatte er von seiner Sprache, die er so lange nicht gebraucht hatte, so vieles vergessen, daß wir ihn kaum verstehen konnten; die Worte schien er nur zur Hälfte auszusprechen. Wir boten ihm einen Schluck aus der Flasche an, doch rührte er den Branntwein nicht an, da er Zeit seines Aufenthalts nichts als Wasser getrunken hatte. Und es dauerte auch eine ganze Weile, bis er unser Essen zu sich nehmen konnte.

Von anderen als den schon erwähnten Erzeugnissen der Insel wußte er nichts zu berichten, mit Ausnahme von kleinen schwarzen Pflaumen, die sehr gut schmecken, an die man aber schwer herankommt, weil die Bäume, auf denen sie wachsen, nur auf hohen Bergen und Felskuppen gedeihen. Piemento-Bäume gibt es dagegen in großer Zahl, und wir sahen einige, die 60 Fuß hoch und zwei Yards dick waren; auch sahen wir Baumwollbäume, die noch höher wuchsen und an die vier Faden Umfang hatten. Das Klima ist so mild, daß Bäume und Gräser das ganze Jahr über grünen. Der Winter dauert nicht länger als den Juni/Juli über, und auch dann ist er nicht sonderlich streng; es gibt nur leichten Frost, kleinere Hagelschauer, manchmal allerdings heftige Regengüsse. Die Sommerhitze ist ebenfalls mäßig, Gewitter oder sonstige stürmische Wetter treten selten auf. Er sah auch keinerlei giftiges oder gefährliches Getier auf der Insel, und bis auf die erwähnten Ziegen sonst kein Wild. Die ersten hatte Juan Fernando dort ausgesetzt, damit sie sich vermehren sollten. Der Spanier hatte sich eine Zeitlang mit ein paar Familien hier niedergelassen. Als aber das Land Chili (Chile) sich den Spaniern unterwarf, erschien ihm dies aussichtsreicher, und so verließen sie die Insel, die durchaus geeignet ist, eine große Zahl von Menschen aufzunehmen, und die so gut befestigt werden kann, daß ihre Bewohner nicht so leicht zu vertreiben sind.

Ringrose erwähnt in seinem Bericht über die Reise Kapitän Sharps und andere Seeräubereien, daß sich einer der Leute von einem Schiff, das später mitsamt der Besatzung unterging, auf diese Insel gerettet hatte, und daß er fünf Jahre lang in dieser Einsamkeit lebte, bis ein anderes Schiff ihn aufnahm und von hier fortbrachte. Kapitän Dampier berichtet von einem Moskito-Indianer aus dem Gefolge von Kapitän Watlin, der sich noch auf der Jagd im Walde befand, als der Kapitän die Insel verließ. Fünf Jahre lebte er alleine dort und behalf sich ganz ähnlich wie Mr. Selkirk, bis Kapitän Dampier im Jahre 1684 die Insel anlief und ihn mit sich nahm. Als erster ging damals einer seiner Stammesbrüder an Land und ihre Begrüßung bestand darin, daß sie sich zunächst beiderseits auf den Boden warfen und sich dann umarmten. Was immer auch an diesen Geschichten Wahres sein mag, für die Geschichte von Mr. Selkirk kann ich mich verbürgen. Auch gibt mir sein Betragen nach der Rettung Anlaß, seinen Ausführungen darüber, auf welche Weise er diese Zeit zugebracht, Glauben zu schenken, und wie er ein Elend gemeistert hatte, in dem nichts als die göttliche Vorsehung ihm hätte zu Hilfe kommen können.

Daraus läßt sich ersehen, daß die Einsamkeit und der Rückzug aus der Welt keineswegs ein derart unerträglicher Zustand ist, wie man sich dies gemeinhin vorstellt; vor allem dann nicht, wenn einer unausweichlich dazu bestimmt ist und dem ausgesetzt ist wie dieser Mann – der aller Wahrscheinlichkeit nach sonst der See zum Opfer gefallen wäre, da das Schiff, das ihn ausgesetzt hatte, bald darauf sank und kaum einer der Besatzung überlebte. Diese Geschichte läßt uns die Wahrheit der Maxime erkennen, daß Not erfinderisch macht. Er (Mr. Selkirk) fand einen Weg, seine Bedürfnisse auf ganz natürliche Weise zu stillen und sich so das Leben zu erhalten, wenn auch nicht so bequem, doch ebenso wirksam wie wir es mit Hilfe all der Errungenschaften unserer Gesellschaft vermögen. Auch können wir daraus lernen, wie sehr eine einfache und gemäßigte Lebensweise der körperlichen Gesundheit wie der geistigen Beweglichkeit zuträglich ist; beides gefährden wir durch Exzeß und Überfluß, besonders beim Branntwein, und ebenso durch die Art und Mannigfaltigkeit unserer Speisen und Getränke. Als dieser Mann nämlich unsere übliche Essens- und Lebensweise wieder aufnahm, büßte er, obwohl alles andere als ein Trinker, ein gut Teil seiner Kraft und Beweglichkeit ein.

Doch sollte ich solcher Art Erwägungen besser unterlassen, weil sie sich eher für einen Philosophen oder Geistlichen schikken, und zu meinem eigenen Metier zurückkehren.

Das Leben und die ganz ungemeinen Begebenheiten des Robinson Crusoe, von ihm selbst beschrieben

Wie ich Freitag, meinen Wilden, als Knecht gewann.

Ich merkte, daß die zwei Verfolger gut zweimal so lange mit dem Schwimmen zubrachten wie der vor ihnen Flüchtende. Jetzt fiel mir recht eifrig und ernstlich ein, nun sei die Zeit da, einen Knecht und vielleicht sogar einen Kameraden und Gehilfen zu erwerben; und ich sei vom Himmel selbst berufen, das Leben dieses armen Menschen zu retten. Sogleich stieg ich in größter Eile die Leiter herunter, nahm meine beiden Rohre (Flinten), die unten angelehnt waren, stieg sodann mit der gleichen Geschwindigkeit wieder auf den Hügel hinauf, lief direkt aufs Meer zu und kam, weil der Weg nur kurz und es immerzu bergab ging, zwischen die Verfolger und den Verfolgten. Letzteren rief ich laut an. Der sah auch zurück, erschrak aber anfangs ebenso heftig vor mir wie vor den anderen. Doch winkte ich ihm mit der Hand, er möge nur zurückkommen, rückte nun gegen seine beiden Verfolger an, fuhr auf den vordersten zu und schlug ihn mit dem Flintenschaft zu Boden; schießen wollte ich nicht gern, damit die übrigen es nicht hörten – wiewohl auf eine solche Entfernung nicht leicht etwas zu hören war und sie, da sie auch den Rauch nicht sehen konnten, nicht so leicht gewußt hätten, was sie dem entnehmen sollten.

Als dieser erste zu Boden geschlagen war, blieb der andere Verfolger wie erschreckt stehen, und ich ging rasch auf ihn zu. Doch wie ich näher kam, merkte ich, er hatte Bogen und Pfeil und wollte auf mich abdrücken. So mußte ich ihm zuvorkommen und traf ihn auch: Er war auf der Stelle tot.

Der arme Flüchtling war, obgleich er seine beiden Feinde fallen sah und für tot halten mußte, dermaßen erschrocken über das Feuer und den Knall meines Rohres, daß er stockstill stand. Er tat weder vor noch hinter sich einen Schritt, und doch konnte man ihm anmerken, er habe mehr Lust zu fliehen als herzukommen. Ich rief noch einmal überlaut und winkte ihm, er möge doch näherkommen. Dies verstand er nun leicht, er lief auf mich zu, hielt dann aber wieder inne; dann wieder weiter, und blieb wieder stehen. Da konnte ich merken, daß er vor Angst bebte, als sei er gefangen und werde wie seine zwei Feinde jetzt den Rest bekommen. Ich winkte ihm abermals mit Kopf und Händen, er möge doch näher hertreten und gab ihm alle erdenklichen freundlichen Zeichen. Er kam auch wirklich näher und näher, kniete aber alle zehn oder zwölf Schritte nieder zum Zeichen der Dankbarkeit, daß ich ihm sein Leben gerettet hatte. Ich blickte freundlich zu ihm hin und winkte ihm, noch näher zu kommen. Endlich trat er ganz dicht an mich heran, kniete wieder, küßte den Boden, legte sich bäuchlings hin und setzte meinen Fuß auf seinen Kopf – vermutlich statt eines Eides, lebenslang mein Sklave zu bleiben. Ich hob ihn auf, erzeigte mich gegen ihn freundlich und machte ihm Mut, so gut ich nur konnte.

Allein da war noch mehr zu tun. Denn ich merkte, daß der Wilde, den ich anfangs zu Boden geschlagen hatte, nicht tot war, sondern seine Wunden betrachtete und sich zu erholen schien. Also wies ich mit der Hand auf den Wilden, daß der meinige sehen sollte, er sei noch nicht tot. Hierauf sprach er einige Worte zu mir, und obgleich ich's nicht verstehen konnte, klangen sie für mich doch angenehm, weil dies der erste Laut einer Menschenstimme war, die ich, die meinige ausgenommen, in mehr als fünfundzwanzig Jahren gehört hatte.

Allein, hier und jetzt war keine Zeit zu solchen Reflexionen. Denn der zu Boden geschlagene Wilde erholte sich soweit, daß er aufgerichtet saß, und ich merkte an dem meinigen, daß ihm bange wurde. Doch als ich das sah, richtete ich das Rohr auf ihn, als ob ich ihn wie den anderen erschießen wollte. Hier gab mir *mein* Wilder, denn so nenne ich ihn fürderhin, durch Gebärden zu verstehen, ich möchte ihm doch mein Schwert leihen, das blank an meiner Seite hing. Kaum hatte er's in Händen, rannte er hin zu seinem Feind und hieb ihm mit einem Streich den Kopf so glatt ab, daß kein Scharfrichter von Nürnberg es geschwinder und besser hätte tun können. Dies kam mir sehr seltsam vor bei einem Menschen, von dem ich zu glauben Ursache hatte, sein Lebtag habe er noch nicht ein Schwert gesehen außer ihren eigenen aus Holz. Doch wurde mir später erzählt, sie machten ihre hölzernen Schwerter scharf und schwer, und aus dermaßen hartem Holz, daß sie einen

Schädel oder eine Schulter damit abzuhauen imstande wären – noch dazu auf einen Streich.

Als er dies nun getan, kam er zum Zeichen des Sieges lachend zu mir zurück und legte mit vielen mir unverständlichen Gebärden das Schwert samt dem Kopf des hingerichteten Wilden genau vor meine Füße.

Aber was ihn vor allem erstaunte und was er gar nicht begreifen konnte, wie ich den anderen Indianer, der doch so weit von mir entfernt war, hatte umbringen können; er zeigte mit der Hand auf ihn und bat mit seinem Mienenspiel um Erlaubnis, zu ihm zu gehen, was ich ihn, so gut ich konnte, zu tun hieß. Als er zu ihm hinkam, blieb er erschrocken stehen, sah ihn an, drehte ihn zunächst auf die eine Seite, dann auf die andere und besichtigte die Wunde, die die Kugel gemacht: ein Loch, anscheinend mitten in der Brust, aus dem nach außen nur wenig Blut floß, inwendig aber wohl um so mehr, denn er war gleich mausetot gewesen. Darauf nahm mein Wilder seinen Bogen und die Pfeile auf und kam zu mir zurück; ich wandte mich zum Gehen und bedeutete ihm, mir zu folgen, ihm mit Zeichen zu verstehen gebend, es könnten ihrer mehrere nachkommen.

Darauf gab er zu erkennen, er wolle die beiden im Sand vergraben, damit sie von den anderen, falls sie nachkommen sollten, nicht gesehen würden. Als ich ihm dies durch Gebärden erlaubte, stürzte er sich in die Arbeit, hatte im Nu mit bloßen Händen eine Grube ausgehoben, passend für den ersten; er schleppte ihn hinein, deckte sie zu und tat mit dem anderen das gleiche. Mit beiden war er schätzungsweise in einer Viertelstunde fertig. Jetzt rief ich ihn ab und nahm ihn mit mir, aber nicht in mein Kastell, sondern weit weg zu meinem Keller am jenseitigen Ende der Insel. Hier gab ich ihm Brot und ein Büschel gedörrter Trauben nebst einem Trunk Wasser, den er nach seinem schnellen Lauf gewiß dringend benötigte. Als er sich soweit erholt hatte, winkte ich ihm, er möge sich hinlegen und schlafen. Da war ein Platz, wo ich einen Haufen Reisstroh aufgeschüttet und eine Bettdecke, die ich sonst selber benutzte, dazugelegt hatte. Hier legte sich der arme Schelm hin und fiel in Schlaf.

Er war ein artiger Bursche, hübsch und gut gewachsen, mit

langen, ebenmäßigen Gliedern, nicht zu groß, eher schlank und wohlproportioniert; meines Erachtens war er etwa 26 Jahre alt. In seinem Wesen lag nichts Grausames oder Trotziges, wohl etwas sehr Männliches; in Anmut und Lieblichkeit der Gebärden stand er einem Europäer, besonders wenn er lächelte, in nichts nach. Sein Haar war schwarz und lang, nicht kraus und wollig, seine Stirn hoch und breit, und die Augen verrieten große Lebhaftigkeit und funkelnde Schärfe. Die Farbe seiner Haut war nicht kohlschwarz, sondern eher schwarzbraun und nicht von jenem ekelhaften Gelbschwarz der Brasilianer, Virginier und anderer geborener Amerikaner – vielmehr von einer Art glänzendem dunklen Oliv, das etwas sehr Anmutiges an sich hatte, sich aber nicht so leicht beschreiben läßt. Das Gesicht war rund und fleischig, die Nase zwar klein, aber nicht flach wie bei den Negros. Er hatte einen hübschen Mund, schmale Lippen und Zähne, die ebenmäßig und so weiß wie Elfenbein waren.

Nachdem er etwa eine halbe Stunde mehr geschlummert als geschlafen haben mochte, wachte er auf und kam aus dem Keller zu mir heraus. Ich hatte derweil in dem Pferch nebenan meine Ziegen gemolken und war eben damit fertig. Als er mich erblickte, sprang er zu mir her und warf sich erneut zu Boden, mit allen erdenklichen Zeichen der Demut und Dankbarkeit, wie er durch allerhand seltsame Gebärden zu erkennen gab. Dann legte er den Kopf platt auf die Erde, direkt neben meinen einen Fuß, und setzte den anderen auf seinen Kopf, so wie er es das erste Mal gemacht hatte; darauf bezeigte er mir auf jede erdenkliche Art seine völlige Unterwerfung, Dienstbarkeit und Ehrerbietung, woraus ich entnehmen sollte, daß er mir zeit seines Lebens zu dienen bereit sei.

Ich verstand ihn in vielen Dingen und ließ ihn auch merken, daß ich mit ihm ganz zufrieden sei. Binnen kurzer Zeit fing ich an, mit ihm zu sprechen und ihn mit mir sprechen zu lehren. Zunächst gab ich ihm zu verstehen, er solle *Freitag* heißen, weil ich ihm an einem solchen Tag das Leben gerettet und mich allzeit gern an diese Zeit erinnern wollte; zu mir aber sollte er *Herr* sagen. Ich lehrte ihn auch die Beiwörter *Ja* und *Nein,* und den Verstand davon. Ich gab ihm ein wenig Milch in einen irdenen Topf, trank vor seinen Augen davon, tunkte mein

Brot ein und reichte ihm ein Stück, um ein Gleiches zu tun. Dies begriff er geschwind und machte mir Zeichen, es schmekke ihm recht gut.

Ich blieb die ganze Nacht mit ihm hier. Sobald es aber tagte, hieß ich ihn mit mir gehen und gab ihm zu verstehen, daß ich ihm Kleider geben wollte, worüber er sehr erfreut schien, denn er war splitternackt. Als wir zu der Stelle kamen, wo er die zwei Körper eingescharrt hatte, zeigte er mir die Zeichen, die er gemacht, um sie wiederfinden zu können. Er ließ sich auch anmerken, daß er Lust hätte, sie wieder auszugraben und aufzuessen. Hierüber zeigte ich mich sehr unwillig und drückte ihm gegenüber meinen Abscheu aus, tat so, als ob ich schon bei dem bloßen Gedanken mich erbrechen müßte, und winkte ihm mit der Hand, sich wegzuscheren – was er auch demutsvoll tat.

Als nächstes führte ich ihn hinauf auf den Hügel, um zu sehen, ob seine Feinde fort wären; ich zog mein Fernglas heraus und sah ganz deutlich den Platz, wo sie gewesen, aber keine Spur von ihnen oder ihren Kanus. Allem Anschein nach waren sie weggefahren und hatten ihre beiden Kameraden im Stich gelassen, ohne weiter nach ihnen zu suchen.

Damit gab ich mich noch nicht zufrieden, denn jetzt hatte ich mehr Mut, folglich auch mehr Neugier. Ich nahm also meinen Freitag mit mir, gab ihm das Schwert in die Hand – zu seinem Bogen und Pfeil, mit denen er, wie ich merkte, gut umzugehen wußte – und überdies ein Rohr (eine Flinte) auf die Achseln. Die anderen zwei trug ich, und so marschierten wir auf den Ort zu, wo diese Unmenschen so barbarisch gehaust hatten: denn jetzt wollte ich gründlich Bescheid wissen.

Als wir uns dem Platz näherten, erstarrte mir gleichsam das Blut in den Adern, und vor dem entsetzlichen Greuel wollte mir das Herz im Leibe brechen. Zumindest für mich war es ein abscheulicher Anblick, aber Freitag machte sich nichts daraus. Überall lagen Menschenknochen herum, die Erde war von ihrem Blut gefärbt; große Fleischfetzen lagen hier und da, halb schon verzehrt, zerrissen und geschunden. Mit einem Wort, alles deutete auf eine Siegesmahlzeit, die sie nach Überwindung ihrer Feinde hier veranstaltet hatten. Ich sah drei Hirnschädel, fünf Hände und etliche Hüft- und Schienbeine und dazu viele andere Gliedmaßen. Freitag gab mir durch Zeichen zu verstehen, sie hätten vier Gefangene zur Mahlzeit mit hergebracht. Drei davon wären verspeist, und der vierte – auf sich zeigend – habe er sein sollen. Zwischen ihnen und dem Nachbarkönig, zu dessen Untertanen auch er gehört habe, wäre eine große Schlacht geschlagen worden. Man hätte eine große Anzahl Gefangene gemacht, die von ihren jeweiligen Überwindern an verschiedene Plätze gebracht worden seien, um eine Mahlzeit davon zu halten – eben so, wie die Hiergewesenen mit den hierher Gebrachten umgesprungen seien.

Ich hieß Freitag, alle Hirnschalen, Knochen, Fleisch und sonstige Reste zu sammeln und auf einen Haufen zu legen, ein großes Feuer darunter zu machen und alles zu Asche zu verbrennen. Ich merkte, daß sich sein Magen noch immerzu nach Menschenfleisch sehnte und daß er seiner Natur nach wie zuvor Kannibale war. Allein, ich bezeugte bei dem bloßen Gedanken daran und dem geringsten Anschein davon ein solches Grauen, daß er sich unterstand, seinen Wunsch zu äußern. Ich hatte ihn schon merken lassen, ich würde ihn über den Haufen schießen, wenn er's täte.

Nach verrichteter Arbeit kehrten wir heim in unser Kastell, und nun begann ich, meinen Wilden zu versorgen. Erst gab ich ihm eine leinene Hose aus der Kiste des armen Stückmeisters, die ihm nach einer kleinen Änderung ganz gut stand. Dann nähte ich ihm, so gut ich konnte, ein Wams von Bocksleder und verehrte ihm eine Hasenfellmütze, welche sehr bequem und beinah schick war. Auf diese Weise war er für den Anfang passabel gekleidet und konnte sich was darauf einbilden, daß er es meist so gut hatte wie sein Herr selbst. Wahr ist's, daß er sich anfangs etwas possierlich darin bewegte, weil ihm das Hosentragen etwas sehr Ungewohntes war und die Wamsärmel an den Achseln und unterm Arm spannten. Doch als ich ihm an der Stelle, über die er am meisten klagte, ein wenig nachgeholfen und er sich auch allmählich daran gewöhnt hatte, zog er sie endlich ganz gerne an.

AMAZONIEN UND ELDORADO

»Nach den Besonderheiten seines Landes befragt, sagte der Indio: Ein Herrscher jenes Landes fahre mit einem Floß auf eine von Bergen umgebene Lagune hinaus. Sein Körper sei ganz nackt (denn er entkleide sich zu diesem Anlaß), mit harzigem Öl gesalbt und darüber mit Goldstaub bestreut, wodurch er sehr glänzte.
Belalcázar und seine Soldaten wußten für diese Provinz keinen besseren Namen als El Dorado. Er rührt vom goldbedeckten Mann her, der auf die Lagune hinausfährt, um Opfer darzubringen.«

Fray Pedro Simón
Noticias de las Conquistas de Tierra Firme en las Indios Occidentales (1536)

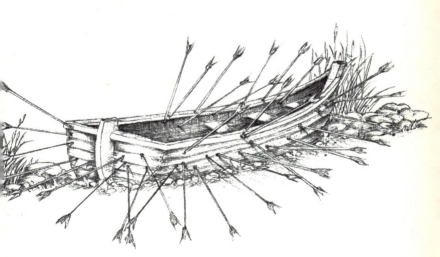

Walter Raleigh
Bei den Wasserfällen des Rio Caroni

Am nächsten Morgen brachen wir vom Hafen auf und fuhren stromaufwärts nach Westen, um uns den berühmten Fluß namens Caroni anzuschauen, nicht nur, weil er selbst erstaunlich ist, sondern weil ich wußte, daß er zu den stärksten Feinden der Epuremei führt, den Untertanen des Inka, des Herrschers von Guyana und Manoa. Nachts lagen wir an einer anderen Insel namens Caiama vor Anker, die etwa fünf bis sechs Meilen lang war, und am nächsten Tag erreichten wir die Einmündung des Caroni.

Als wir noch weit davon entfernt waren, hörten wir schon das Tosen und Brausen des Flusses. Aber als wir nun mit unserer Barkasse und den Jollen in ihn einfuhren und 40 Meilen stromaufwärts zu den Stämmen der Cassipagotos gekommen zu sein glaubten, waren wir mit unserer Barkasse mit acht Ruderern nicht imstande, in einer Stunde auch nur einen Steinwurf weiter zu kommen. Dabei ist der Fluß so breit wie die Themse bei Woolwich, und wir versuchten es auf beiden Seiten in Ufernähe, in der Mitte und an allen anderen erdenklichen Stellen des Stroms.

So schlugen wir unser Lager am nächsten Ufer auf und schickten unseren Orenoquepone aus, der von Morequito gekommen war, um den Stämmen Kunde von unserer Anwesenheit zu bringen und auszurichten, daß wir die Leute von Canuri sprechen wollten, die in der Provinz an diesem Fluß wohnten. Er sollte ihnen sagen, daß wir die Feinde der Spanier seien, denn dies war der Fluß, an dem Morequito den Mönch und jene neun Spanier, die aus der Inkastadt Manoa kamen, erschlagen und ihnen 40000 Goldpesos abgenommen hatte.

Am nächsten Tag kam also ein Häuptling oder Kazike namens Wanuretona mit vielen Leuten den Fluß herunter und brachte alle möglichen Vorräte für uns mit, wie es die anderen getan hatten. Und wie ich vorher mein Kommen dem Topiawari erklärt hatte, so hielt ich es auch mit diesem Kaziken und sagte ihm, daß Eure Majestät mich ausgeschickt hätten. Ich brachte auch von ihm soviel wie möglich über Guyana in Erfahrung und fand heraus, daß die Anwohner des Caroni die Feinde nicht nur der Spanier, sondern noch mehr die der Epuremei waren, die von Gold nur so strotzten. Von diesem Wanuretona erfuhr ich auch, daß an den Quellen dieses Flusses drei mächtige Stämme an einem großen See wohnten, aus dem dieser Fluß entsprang; sie hießen Cassipagotos, Eparagotos und Arawagotos, und sie würden sich alle beteiligen, wenn wir gegen die Spanier oder die Epuremei zu Felde zögen. Bei unserem Einmarsch in das Land jenseits der Berge von Curaa könnten wir unser Begehr nach Gold und allen anderen guten Dingen befriedigen. Er erzählte uns auch von dem Stamm der Iwarawaqueri, die täglich mit den Epuremei kämpften; diese wohnten in Macureguarai, der ersten Siedlung von Untertanen des Inka von Guyana.

An diesem Fluß, so berichtete mir ein gewisser Kapitän George, den ich mit Berreo gefangen hatte, lag ein großes Silberbergwerk, und zwar unweit des Ufers. Um diese Zeit waren der Orinoco, der Caroni und auch alle anderen Flüsse um vier oder fünf Fuß gestiegen, und es war unmöglich, mit Menschenkräften oder überhaupt einem Boot stromaufwärts zu rudern. Deshalb befahl ich den Kapitänen Thyn und Grenville und anderen sowie etwa 30 Schützen, den Fluß am Ufer entlang zu ziehen, um eine Stadt jenseits des Tales namens Amnatapoi, etwa 20 Meilen weiter, zu erreichen. Wenn sie dort Führer fänden, sollten sie weiter zu Fuß des Berges und in eine andere große Siedlung namens Capurepana marschieren, die einem Kaziken namens Haharacoa gehörte, der ein Neffe unseres besten Freundes, des alten Königs Topiawari von Arromaia, war: Denn dieser Ort und die Provinz von Capurepana waren der Grenzstadt des Reiches, Macureguarai, benachbart.

Inzwischen marschierte ich mit den Kapitänen Gifford, Calfield und Hancock sowie einem Halbdutzend Schützen über Land, um die eigenartigen Wasserfälle des Caroni zu besichtigen, die in der Entfernung rauschten. Auch die angrenzenden Ebenen und die übrige Provinz Canuri wollten wir sehen. Ich sandte auch die Kapitäne Whiddon und Connocke mit acht Schützen aus, um zu versuchen, Erzproben am Flußufer zu finden.

Als wir die ersten Hügel vor den Ebenen am Fluß erklommen hatten, sahen wir den großartigen Wasserfall, der den Caroni hinunterstürzte. Von dieser Höhe aus konnten wir sehen, wie der Fluß in über 20 Meilen Entfernung in drei Armen dahinfloß, und wir sichteten zehn oder zwölf Wasserfälle, jeder so hoch über dem anderen wie ein Kirchturm; sie ergossen sich mit solcher Wucht, daß der Rückprall des Wassers wie der Dunst eines heftigen Regenschauers wirkte, und an einigen Stellen hielten wir ihn zuerst für Rauch, der von einer großen Stadt aufstieg.

Was mich selbst betrifft, so hatte ich allen Grund, jetzt umzukehren, denn ich gehe sehr schlecht zu Fuß; aber die übrigen waren so begierig, näher an diese tosenden Gewässer heranzukommen, daß sie mich nach und nach mitzogen, bis wir den nächsten Hügel erreichten, von wo aus wir sie klarer erkennen konnten. Nie habe ich ein schöneres Land gesehen oder eindrucksvollere Aussichten – Hügel, die hie und da über den Tälern aufstiegen, den Fluß, der sich in verschiedenen Armen entlangwand, die angrenzenden Felder, ganz ohne Gebüsch oder Stoppeln, sondern alles schönes, grünes Gras und harter Sandboden, auf dem man leicht marschieren oder reiten konnte. Überall kreuzte Wild unseren Pfad; gegen Abend sangen Vögel auf jedem Baum – tausend verschiedene Melodien; am Fluß saßen weiße, blutrote und rosafarbene Kraniche und Reiher. Ein sanfter Ostwind erfrischte die Luft, und jeder Stein, den wir aufhoben, versprach seinem Aussehen nach entweder Gold oder Silber; Eure Lordschaften werden viele davon sehen, und ich glaube, manche können nirgends übertroffen werden. Und doch konnten wir sie hier und dort nur mit unseren Dolchen und Fingern herauskratzen, denn die Felsen sind aus dem besagten Mineralspat, so hart oder noch härter als Feuerstein, und außerdem liegen die Adern ein bis zwei Klafter tief in den Felsen. Aber uns fehlten alle notwendigen Dinge außer unserem Verlangen und dem guten Willen, mehr zu leisten, wenn es Gott gefallen hätte.

Kurz: als unsere beiden Gruppen zurückkehrten, brachten sie verschiedene Gesteinsproben mit, die sehr gut aussahen, die sie aber großenteils lose auf dem Boden gefunden hatten; sie waren zumeist nur äußerlich farbig, aber enthielten kein Gold. Die Leute, die weder Sachkenntnis noch Erfahrung hatten, behielten alles, was glitzerte, und ließen sich wegen dieses Glanzes nicht ausreden, daß es kostbar sei. Diese Proben sowie Markasitstücke aus Trinidad brachten sie heim und ließen sie an vielen Stellen prüfen, wobei sie zu der Überzeugung gelangten, daß alle von derselben Art seien. Ich habe manche später einem Spanier gezeigt, der mir sagte, es handle sich um »La Madre del Oro« (Goldgestein), diese Minen lägen aber tiefer im Boden.

Man wird mich wenig bereit dazu finden, mich selbst oder mein Land mit Phantastereien zu täuschen; auch hätte ich wenig Lust auf die Art von Unterkunft, die ständige Wachsamkeit, die Sorgen, Gefahren, Krankheiten, üblen Gerüche, schlechte Kost und die vielen anderen Widrigkeiten, die mit solchen Expeditionen verbunden sind, um mich nochmals danach zu drängen – wäre ich nicht überzeugt davon, daß die Sonne an keinem Ort der Erde auf derartige Reichtümer scheint. Kapitän Whiddon und unser Schiffsarzt Nicholas Millechap brachten mir eine Art von Steinen wie Saphire; was sie wirklich sein könnten, weiß ich nicht. Ich habe sie einigen Orenoqueponi gezeigt, und sie versprachen, mich zu einem Berg zu führen, auf dem sehr große Stücke davon diamantartig zu finden seien; ob sie nun Bergkristalle, Bristol-Diamanten oder wirklich Saphire sind, weiß ich noch nicht, hoffe aber auf das Beste.

Gaspar de Carvajal
Mit Francisco de Orellana den Amazonas hinab

Am folgenden Donnerstag fuhren wir an Dörfern von mittlerer Größe vorüber, unternahmen aber keinen Versuch, dort anzuhalten. Alle diese Dörfer sind Unterkünfte für Fischer aus dem Inneren des Landes. Wir aber fuhren weiter auf der Suche nach einem friedlichen Ort, an dem wir das Fest des gesegneten hl. Johannes des Täufers, des Herolds Christi, feiern und uns daran freuen konnten. Da war es Gottes Wille, daß wir, als wir um eine Biegung des Flusses fuhren, am Ufer vor uns viele

Dörfer sehen sollten, und zwar sehr große, die weiß leuchteten. Hier stießen wir plötzlich auf das Land und den Herrschaftsbereich der Amazonen. Die genannten Dörfer waren gewarnt worden und wußten von unserem Kommen. Deshalb eilten auch die Bewohner heraus zum Wasser, aber keineswegs, um uns in freundlicher Absicht zu treffen. Als sie nahe an den Kapitän herangekommen waren, hätte sie dieser gerne so weit gebracht, daß sie Frieden hielten. Deshalb begann er auf sie einzureden, sie aber lachten und machten sich über uns lustig. Sie kamen nahe zu uns heran und sagten uns, wir sollten weiterfahren. Auch fügten sie hinzu, daß sie dann weiter unten auf uns warten, uns alle ergreifen und zu den Amazonen bringen wollten. Der Kapitän, der über das dreiste Auftreten der Indianer verärgert war, gab den Befehl, mit Armbrüsten und Arkebusen (Hakenbüchsen) auf sie zu schießen, damit sie darüber nachdenken und der Tatsache gewärtig werden könnten, daß auch wir etwas in Händen hätten, womit wir sie angreifen könnten. Auf diese Weise wurde ihnen Schaden zugefügt, und sie wandten sich dem Dorf zu, um zu melden, was sie gesehen hatten. Wir hingegen säumten nicht, weiterzufahren und nahe an die Dörfer heranzusteuern. Bevor wir jedoch noch auf eine halbe Meile an das Ufer herangekommen waren, standen am Ufer entlang in Abständen ganze Scharen von Indianern, und je weiter wir vordrangen, desto näher rückten sie allmählich zusammen und zogen sich auf ihre Wohnstätten zurück. In der Mitte eines Dorfes stand eine große Schar von Kriegern in guter Ordnung aufgestellt. Der Kapitän gab den Befehl, die Brigantinen direkt dorthin zu steuern, wo diese Männer standen, da er nach Lebensmitteln suchen wollte.

Als wir dem Ufer immer näher kamen, begannen die Indianer zur Verteidigung ihres Dorfes mit Pfeilen nach uns zu schießen, und da es zahlreiche Krieger waren, schien es, als regne es Pfeile. Aber unsere Arkebusiere und Armbrustschützen waren auch nicht träge. Obwohl sie viele töteten, schienen es die Indianer gar nicht zu merken, denn trotz des Schadens, der ihnen zugefügt wurde, machten sie unermüdlich weiter, indem die einen kämpften, die anderen Kriegstänze vollführten. Hier waren wir alle dem Untergang nahe, denn weil so viele Pfeile flogen, hatten unsere Gefährten alle Hände voll zu tun, sich davor zu schützen, und konnten nicht rudern. Deshalb fügten die Indianer uns so viel Schaden zu, verwundeten fünf von uns, darunter auch mich, noch ehe wir an Land springen konnten. Sie trafen mich mit einem Pfeil direkt in die Seite; wenn meine Kleider nicht so dick gewesen wären, hätte das mein Ende bedeutet. Angesichts der Gefahr, in der wir schwebten, begann der Kapitän die Leute an den Rudern zu ermuntern und anzufeuern, eiligst die Schiffe auf den Strand laufen zu lassen. So gelang es uns, wenn auch unter großen Mühen, die Boote an Land zu bringen, und unsere Gefährten sprangen ins Wasser, das ihnen bis zur Brust reichte. Hier kam es nun zu einem harten Gefecht, da die Indianer sich unter unsere Spanier mischten, die sich wiederum so tapfer verteidigten, daß es ein wundervoller Anblick war. Über eine Stunde dauerte dieser Kampf, und die Indianer verloren nicht den Mut, ja es schien, als verdopple er sich, wo sie viele ihrer eigenen Leute fallen sahen. Sie schritten über deren Leichen hinweg, zogen sich etwas zurück und stießen dann wieder vor. Ich will, daß man erfährt, warum diese Indianer sich auf solche Weise verteidigten. Es muß erklärt werden, daß sie die tributpflichtigen Untertanen der Amazonen sind.

Als sie von unserem Kommen erfahren hatten, wandten sie sich mit der Bitte um Hilfe an diese, und es kamen so etwa zehn oder zwölf von ihnen, denn wir selbst sahen diese Weiber, die als weibliche Hauptleute in vorderster Front vor allen Indianermännern kämpften. Diese Frauen waren so tapfer, daß die indianischen Männer es nicht wagten, sich zur Flucht zu wenden, und jeden vor unseren Augen mit Keulen töteten, der uns den Rücken kehrte. Das ist auch der Grund dafür, daß die Indianer die Verteidigung so lange aufrechterhielten. Die Frauen sind sehr hellhäutig und groß und tragen sehr langes Haar, das sie geflochten und um den Kopf gewickelt haben. Sie sind sehr kräftig und gehen ganz nackt, wobei allerdings ihre Schamteile bedeckt sind. In den Händen tragen sie ihre Pfeile und Bogen, und sie leisten im Kampf soviel wie zehn Indianermänner. Es war unter ihnen ungelogen eine Frau, die einen Pfeil eine Spanne tief in eines unserer Boote schoß; andere trafen weniger tief, aber unsere Brigantinen sahen bald aus wie Stachelschweine.

Um auf unsere eigene Lage und unseren Kampf zurückzukommen: Dem Herrn gefiel es, unseren Gefährten Kraft und Mut zu geben, so daß sie sieben oder acht von den Amazonen töteten, worauf dann die Indianer den Mut verloren. Sie wurden besiegt, in die Flucht geschlagen und erlitten beträchtliche Verluste. Weil aber viele Krieger da waren, die aus anderen Dörfern stammten und Hilfe gebracht hatten und die jetzt ihre Kriegsrufe ausstießen, gab der Kapitän unseren Leuten den Befehl, eilends in die Boote zu gehen, denn er wollte nicht das Leben aller aufs Spiel setzen. Deshalb gingen sie nicht ohne Schwierigkeiten in die Boote, da die Indianer bereits wieder zu kämpfen begannen. Außerdem näherte sich auf dem Wasser eine große Kanuflotte. So stießen wir rasch ab, hinaus auf die Mitte des Flusses.

Wir waren nun von der Stelle unseres Aufbruchs, an der wir Gonzalo Pizarro verlassen hatten, vierzehnhundert Meilen gefahren, eher mehr als weniger, und wir wußten nicht, wie weit es von hier noch bis zum Meer war. In dem eben erwähnten Dorf wurde ein indianischer Trompeter gefangen, der zu den kämpfenden Truppen gehört hatte. Er war ungefähr dreißig Jahre alt. Nach seiner Gefangennahme begann er dem Kapitän vielerlei über das Gebiet weiter landeinwärts zu erzählen, und der Kapitän nahm ihn mit.

Als wir nun – wie ich berichtet habe – draußen auf dem Fluß waren, ließen wir uns, ohne zu rudern, weitertreiben, denn unsere Gefährten waren so müde, daß sie nicht die Kraft hatten, die Ruder zu halten. Kaum waren wir auf der Fahrt flußabwärts ungefähr einen Armbrustschuß weit gekommen, da entdeckten wir ein nicht besonders kleines Dorf, in dem keine Leute zu sehen waren. Deshalb baten alle Gefährten den Kapitän, doch dorthin zu steuern. Sie hofften, wir könnten uns vielleicht Nahrungsmittel beschaffen, die man uns in dem letzten Dorf verweigert hatte. Der Kapitän lehnte ab und meinte, wir müßten hier noch mehr auf der Hut sein als an einer Stelle, an der wir die Indianer deutlich sehen könnten. So berieten wir wieder miteinander, und ich schloß mich den Bitten aller Gefährten an, uns in dieser Sache entgegenzukommen. Der Kapitän gewährte endlich unseren Wunsch, und obwohl wir an dem Dorf schon vorüber waren, gab er den Befehl, die Brigantinen an das Ufer zu steuern. Die Indianer hielten sich aber in einem mit Bäumen bedeckten Gelände verborgen, aufgeteilt in kleine Gruppen, und warteten nur darauf, aus dem Hinterhalt über uns herzufallen. Als wir nahe genug ans Ufer herangekommen waren, ergriffen sie deshalb die Gelegenheit, uns anzugreifen, und begannen so wütend mit Pfeilen auf uns zu schießen, daß wir einander nicht sehen konnten. Da aber unsere Spanier von Machiparo an mit guten Schilden ausgerüstet waren, fügten sie uns nicht so viel Schaden zu als sie wohl getan hätten, wenn wir nicht mit den genannten Schutzwaffen ausgerüstet gewesen wären. Und von uns allen trafen sie in diesem Dorf niemanden außer mich, denn sie setzten mir einen Pfeil direkt in eines meiner Augen, und zwar so, daß der Pfeil durchging bis auf die andere Seite. Durch diese Verwundung habe ich das Auge verloren, und selbst jetzt leide ich noch daran und bin nicht ohne Schmerzen, obwohl unser Herr so gütig war, mir das Leben zu erhalten, so daß ich meinen Lebenswandel bessern und ihm besser dienen konnte, als ich es bis dahin getan hatte.

Mittlerweile waren die Spanier aus dem kleineren Boot an Land gesprungen. Die Indianer umzingelten sie aber, und wäre nicht der Kapitän mit der großen Brigantine zu Hilfe gekommen, es wäre um sie geschehen gewesen, und die Indianer hätten sie getötet. Bei der Verteidigung aber hatten unsere Gefährten eine so glänzende Geschicklichkeit und Tapferkeit bewiesen, daß sie nun erschöpft waren und dadurch in eine sehr ernste Lage gerieten. Der Kapitän rief sie zurück, und als er sah, daß ich verwundet war, befahl er den Leuten, auf die Boote zurückzukehren. Und so gingen sie denn an Bord, weil die Indianer zahlreich und hartnäckig waren, so daß unsere Gefährten ihnen nicht standhalten konnten. Der Kapitän fürchtete, einige von ihnen zu verlieren, er wollte sie nicht einem solchen Risiko aussetzen, zumal er ganz offensichtlich annehmen mußte, daß die Indianer angesichts des dichtbesiedelten Landes hier auf jeden Fall Hilfe erhalten würden. Hier lag nämlich ein Dorf neben dem anderen, keine halbe Meile entfernt, und an der ganzen rechten Flußseite, dem südlichen Ufer, lagen sie sogar noch dichter. Und ich kann hinzufügen, daß abseits vom Fluß, in einer Entfernung von rund zwei Meilen landeinwärts, einige sehr große Städte zu sehen waren, deren weiße Farbe von weitem glänzte. Im übrigen ist dieses Land so fruchtbar und so normal in seinem äußeren Bild wie unser Spanien. Wir betraten es am St.-Johannistag, und die Indianer begannen schon, ihre Felder abzubrennen. Es ist ein Land mit gemäßigtem Klima, in dem man Weizen ernten und alle Sorten von fruchttragenden Bäumen anbauen kann. Außerdem ist es geeignet für die Aufzucht verschiedener Vieharten, weil es dort, gerade wie in unserem Spanien, vielerlei Grassorten gibt, wie wilden Majoran und Disteln von einer farbigen Art. In den Wäldern dieses Landes gibt es immergrüne Eichen und Korkbäume. Das Land liegt hoch und bildet gewellte Savannen, deren Gras nicht weiter als bis zu den Knien reicht, und es gibt dort Wild von allen Arten.

(Nach der Schlacht mit den Amazonen flüchten sich Orellana und seine Leute in eine unbewohnte Gegend und lagern in einem Eichenhain nahe am Fluß. Als sich alle etwas beruhigt haben, beginnt er mit einem gefangenen Indio eine Fragestunde über die Amazonen:)

Der Hauptmann Orellana nahm sich hier den Indio vor, den man bei dem Kampf gefangen hatte. Er verstand ihn ein wenig mit Hilfe eines Vokabulars, das er sich angelegt hatte, und befragte ihn, wo er herstamme. Der Indio antwortete: aus dem Ort, wo er gefangen worden war. Der Hauptmann fragte ihn, wie der Herrscher des Landes heiße; der Indio antwortete, er sei ein großer Herr, und seine Herrschaft reiche bis hierher, wo wir uns befänden; das waren demnach 150 Meilen.

Der Hauptmann fragte, was das für Frauen seien, die ihnen Hilfe gebracht und uns bekriegt hätten; der Indio gab Bescheid, diese Frauen wohnten sieben Tagereisen landeinwärts; jener Häuptling Couynco sei ihr Untertan; deshalb seien sie gekommen, um die Küste zu verteidigen.

Der Hauptmann fragte, ob jene Frauen verheiratet seien; der Indio sagte: nein. Der Hauptmann fragte ihn nach ihrer Lebensweise. Antwort des Indio: wie schon gesagt, wohnten jene im Hinterland; er selber sei schon viele Male dort gewesen und habe ihre Wohnungen gesehen und ihre Gebräuche beobachten können, denn als ihr Vasall sei er immer von seinem Herrn geschickt worden, die Tribute zu überbringen.

Der Hauptmann fragte, ob die Zahl dieser Frauen groß sei; der Indio sagte: ja; er wüßte 70 Ortschaften mit Namen, und er zählte diese auch in Gegenwart von uns allen auf; in einigen sei er selbst gewesen.

Der Hauptmann fragte, ob jene Dörfer aus Stroh seien; der Indio sagte: nein, sondern aus Stein und mit Türen, und von einem Dorf zum anderen führten Wege mit Zäunen rechts und links und Wachtposten in gewissen Abständen, damit sie niemand betrete ohne Zahlung einer Gebühr.

Der Hauptmann fragte, ob jene Frauen Kinder gebären; der Indio sagte: ja. Der Hauptmann fragte, wie sie denn schwanger werden könnten, wo sie doch nicht verheiratet seien und kein Mann unter ihnen wohne, und erhielt den Bescheid: jene Indianerinnen hätten von Zeit zu Zeit Gemeinschaft mit Indios. Wenn sie jene Lust ankomme, sammelten sie eine Menge Kriegsvolk und überfielen einen großen Herrn, dessen Residenz und Land an das jener Frauen angrenzt, entführten mit Gewalt die Männer in ihr Land, behielten sie bei sich, solange es ihnen dienlich erscheine, und schickten sie, wenn sie sich schwanger fühlten, wieder heim, ohne ihnen ein anderes Übel zuzufügen. Wenn sie dann niederkämen und es sei ein Sohn, dann töteten sie ihn und schickten ihn zu seinem Vater; wenn es eine Tochter sei, dann feierten sie Feste und zögen sie auf und lehrten sie alle Künste des Krieges.

Der Indio erzählte noch mehr: unter all diesen Frauen gebe es eine Herrin, die alle übrigen unter ihre Hand und Gerichtsbarkeit zwinge; diese Herrin heiße Coñori. Er berichtete von unermeßlichen Gold- und Silberschätzen; alle Frauen von Rang ließen sich alles auf Gold und Silber servieren; die übrigen Frauen vom Volk bedienten sich hölzerner Gefäße mit Ausnahme jenes Geschirrs, welches aufs Feuer kommt; dieses sei aus Ton. Er sagte, in der Hauptstadt, in der die Königin residiere, stünden fünf ganz große Häuser: Das seien die der Sonne geweihten Heiligtümer und Häuser, und sie nennten sie Caranain. Das Innere jener Häuser sei vom Boden weg bis auf halbe Mannshöhe verkleidet mit starken, in den lebhaftesten Farben bemalten Tafeln und beherberge zahlreiche goldene und silberne Götterbilder in Frauengestalt, desgleichen viele tönerne Gefäße, ebenfalls in Frauengestalt, sowie anderes Gold- und Silbergeschirr für den Dienst der Sonne.

Jenes Frauenvolk kleidet sich in Gewänder aus feinster Wolle, denn dortzulande gibt es viele Schafe von der Art (der Lamas) in Peru.

(Abschließend erzählt der indianische Gewährsmann:)

Viele jenem Frauenstaat benachbarte indianische Provinzen seien ihnen untertänig und müßten Tribute und Dienste leisten; mit anderen stünden die Frauen im Krieg, insbesondere mit dem schon erwähnten Stamm, dessen Männer sie sich holen, um mit ihnen Umgang zu pflegen. Dieser Stamm sei sehr stark an Zahl und seine Mitglieder besonders hoch gewachsen und hellhäutig. Der Gewährsmann betonte, er habe alles, von dem er hier erzähle, viele Male gesehen; er sei ja täglich dort aus- und eingegangen.

(Pater Carvajal bemüht sich seinerseits, die Aussagen jenes von Orellana so eifrig befragten Indios durch Vergleiche mit schon früher empfangenen Mitteilungen zu stützen:)

Alles, was jener Indio gesagt hat, ja mehr noch, hatten wir bereits sechs Meilen von Quito weg erfahren. Dort waren nämlich über jene Frauen viel Nachrichten im Umlauf: Um sie zu sehen, fahren die Indios in großer Zahl 1400 Meilen weit den Fluß hinab.

Zu uns hatten die Indios dort oben gesagt: wer es auf sich nehme, zu diesen Frauen im Tiefland zu wandern, der müsse als Knabe aufbrechen und käme als Greis wieder.

Ulrich Schmidel
DEN AMAZONEN ENTGEGEN

Alsdann kamen wir zu den Scherues. Man rechnet mit 38 Meilen von den Acares her, die bewältigten wir in neun Tagen. Die Scherues, zu denen wir jetzt kamen, tragen Knebelbärte und haben einen runden Ring aus Holz am Ohrzipfel, und das Ohr ist um den Holzring gewickelt, daß es seltsam anzuschauen ist.

Die Männer tragen auch einen breiten Stein aus Kristall an der Lippe, etwa so geformt wie ein Brettstein, und sie sind am ganzen Leib blau bemalt, von oben bis auf die Knie, und es sieht aus, als seien ihnen Hosen gemalt. Die Frauen sind aber auf andere Weise bemalt, auch blau und recht kunstvoll, von den Brüsten bis zur Scham; sie gehen mutternackt und sind auf ihre Weise schön; im Finstern vergingen sie sich wohl.

Bei diesen Scherues blieben wir einen Tag und zogen danach in drei Tagen zu einem König, 14 Meilen weit entfernt; sein Stamm heißt auch Scherues, doch ist sein Land nur vier Meilen breit; gleichwohl hat er auch einen Fleck am Wasser Paraboe (Paraguay-Fluß). Da ließen wir unser Schiff mit zwölf Spaniern zur Bewachung, damit wir beschützt wären, wenn wir wieder zurück kämen. Den Scherues an diesem Fleck befahlen wir, den Christen gute Gesellschaft zu leisten, was sie dann auch taten.

So blieben wir zwei Tage lang am Fleck, machten uns fertig zur Reise und nahmen den nötigen Proviant auf; dann zogen wir über das Wasser Paraboe und kamen dorthin, wo der König in Person wohnt. Und als wir bis auf eine Meile herankamen, da zog der König der Scherues uns auf einer Heide entgegen, friedlich gestimmt, mit 12 000 Mann oder mehr. Der Weg, auf dem sie gingen, war acht Schritt breit und mit lauter Blumen und Gras übersät bis zu dem Ort hin, so daß man nicht einen einzigen Stein oder Holz oder Stroh hätte finden können; auch hatte der König seine Musik bei sich wie unsereins die Schalmeien. Und weil der König angeordnet hatte, daß man beiderseits des Weges Hirsche und anderes Wildbret jage, fingen sie an die 30 Hirsche und 20 Strauße oder Nandu, was sehr hübsch anzuschauen war. Als wir nun in ihrem Ort ankamen, ließ der König allewweil zwei Christen in ein Haus einquartieren und unsern Hauptmann (Hernando de Rivero) samt seinen Dienern in das königliche Haus, und ich war nicht weit davon entfernt untergebracht. Danach schärfte der König seinen Untertanen ein, sie sollten uns Christen gut bewirten und es an nichts fehlen lassen. So hielt dieser König auf seine Weise hof, als der größte Herr im Land. Man mußte ihm zu Tisch blasen, und wenn dann dazu Gelegenheit ist, müssen die Männer und die schönsten Weibsbilder vor ihm tanzen, und ihrem Tanz zuzuschauen war für uns Christen ganz merkwürdig, daß manchem sein Maul offenstand.

Dieser Stamm gleicht den anderen Scherues. Ihre Frauen machen große Mäntel aus Baumwolle, recht subtil wie die aus Arles; dahinein wirken sie dann allerlei Figuren, wie Hirsche, Strauße, indianische Schafe, je nachdem, was eine kann. In solchen Mänteln schlafen sie, wenns kalt ist, oder sitzen darauf, oder wozu sie es sonst brauchen können und wollen. Diese Frauen sind sehr schön und große Buhlerinnen, auch recht liebenswürdig und sehr hitzig am Leib, wie mich dünkt.

Dort blieben wir vier Tage lang. Indes fragte der König unsern Hauptmann, was unser Begehr und Absicht, und worauf wir aus wären. Da antwortete unser Hauptmann, er suche Gold und Silber. So gab ihm der König eine silberne Krone, die hat ungefähr anderthalb Mark (d. i. 24 Lot Silber) gewogen; außerdem eine Plantsche (dünne Platte) aus Gold, die ist anderthalb Spann lang und eine halbe Spanne breit gewesen, dazu eine Brazalete (Armschiene), das ist ein halber Harnisch, und andere Sachen aus Silber. Er sagte darauf zu unserem Hauptmann, er hätte weder Gold noch Silber mehr, und diese Stücke habe er vor Zeiten im Krieg von den Amossenes (Amazonen) erobert.

Als er von den Amazonen hören ließ und uns zu verstehen gab, wie groß ihr Reichtum sei, waren wir sehr froh. Alsbald fragte unser Hauptmann den König, ob wir zu Wasser mit unseren Schiffen dorthin kommen könnten und wie weit es bis zu ihnen sei. Darauf antwortete der König, zu Wasser könnten wir nicht dorthin gelangen, sondern müßten über Land ziehen und hätten zwei Monate lang ununterbrochen zu reisen. Wir aber wollten zu den gedachten Amazonen ziehen, wie Ihr hören werdet.

Diese Amazonenfrauen haben nur eine Brust und kommen zu ihren Männern nur drei oder vier Mal im Jahr, und so sie mit einem Knäblein vom Manne schwanger sind, so schicken sie es ihrem Mann heim; ist es aber ein Maidlein, so behalten sie es bei sich und brennen ihm die rechte Brust aus, damit sie nicht weiter wachsen kann. Die Ursache dafür ist, daß sie Gewehr und Bogen gebrauchen und dies auch gern tun, denn es sind streitbare Weiber, und sie führen Krieg gegen ihre Feinde.

Diese Frauen wohnen auf einer Insel, ringsum von Wasser umfangen, und dazu recht groß; wenn man zu ihnen will, muß man mit Kanus dahin fahren. Doch auf dieser Insel haben die Amazonen kein Gold oder Silber, sondern auf der Tierra firma (Festland), das ist das Land, in dem auch die Männer wohnen: Dort haben sie großen Reichtum. Es ist ein großes Volk und ein mächtiger König; er soll nach dem Hauptort Jegiuß (jegnes) heißen. Nun forderte unser Hauptmann Ernando Rieffiro (Hernando de Rivero) den besagten König der Scherues auf, er solle uns von seinem Stamm etliche Leute beigeben, damit sie unseren Plunder trügen und uns den Weg wiesen; er wolle landeinwärts ziehen und jene Amazonen aufsuchen. Der König war dazu bereit, wies uns jedoch gleichzeitig darauf hin, das Land stünde zu dieser Zeit voller Wasser und es sei nicht gut, für diesmal dahin zu reisen. Wir aber wollten's nicht glauben, sondern begehrten die Indianer von ihm. Da gab er unserem Hauptmann für seine Person 20 Mann mit, die ihm das Plunderwerk und seine Speis tragen mußten; einem jeden von uns aber gab er fünf Indianer mit, die unser warten und uns das nötige Gepäck tragen sollten, denn wir hätten acht Tage zu reisen, ohne auf einen Indianer zu stoßen.

Es sollten ganze dreißig Tage daraus werden, und unser Trupp war wegen des Wassers, in dem wir herumwateten und nicht herausfanden, wohl halb bis auf den Tod krank ... bis wir wieder zu den Scherues kamen.

PILGERN INS HEILIGE LAND

»Will dir nach sehen
        will dir nach senden
Mit meinen fünf Fingern
        fünfundfünfzig Engel.
Gott mit Gesunden
        heim dich gesegne.
Offen sei dir dies Siegestor
        so auch dir dies Segeltor:
Verschlossen sei dir dies Wogentor
        so auch dir dies Waffentor.«

Reisesegen, 12. Jahrhundert
(Weingartner Handschrift)

John Mandeville
Wundersame Kunde aus Ägypten und Jerusalem

Ägypten ist gut fünfzehn Tagereisen lang und nicht mehr als ihrer drei breit, und über dreißig Tagereisen ist es ein wüstes, unbebautes Land. Der eine Zugang ist der Hafen Neu-Danuten, der andere das wohlbefestigte Alexandria. Doch Süßwasser gibt es dort nicht, es sei denn, sie führen es aus dem Nil, der Gyon heißt, in unterirdischen Dolen (Röhren) heran. Nähme man ihnen die Dolen, könnten sie nicht lange in der Stadt bleiben.

In Ägypten gibt es nur wenige Schlösser und befestigte Orte, aber das Land ist sonst durchaus umfriedet. In der ägyptischen Wüste leben viele heilig-andächtige Brüder und Einsiedler, die darin unbeschreiblich viele Wunder erblicken, von mancherlei fremder, seltsamer Gestalt und Form.

Unter anderen war dort ein Mönchsbruder, zu dem ein fremdartiges Geschöpf gelaufen kam; es glich einem Menschen bis an den Nabel, außer das es zwei spitzige Hörner auf dem Haupt hatte, und unterhalb des Nabels war es gestaltet wie eine Geiß. Der Einsiedler beschwor es bei den Namen Gottes, es möge ihm sagen, was es sei. Da sprach es: »Ich bin eine todgeweihte Kreatur und bitte dich, daß du Fürsprache für mich einlegst bei eben dem Gott, der sich vom Himmel in der reinen Jungfrau Maria Leib gesenkt, um das Menschengeschlecht durch seinen bitteren Tod am Stamm des Kreuzes zu erlösen.«

Und selbigen Tieres Haupt und Hörner sieht man noch heute. Ich habe sie selbst gesehen, und es sagten mir viele Fürsten und Herren, daß es sich so zugetragen habe.

Ich will nun die Stätte beschreiben, die sich bei Jerusalem befindet, und berichten vom heiligen Grab unseres Herrn. Die Kirche, in der das heilige Grab ist, liegt außerhalb der Stadt, doch führt ein Mauergang von ihr bis in die Stadt hinein. Oben ist sie zugewölbt, mit Blei gedeckt und mit einem Tagloch versehen. Vor der Kirche steht ein dazugehöriger Glockenturm. Und mitten in der Kirche befindet sich ein Tabernakel, halbrund und köstlich geschmückt mit Gold und Edelsteinen. Im

Tabernakel rechterhand ist das heilige Grab unseres Herrn Jesu Christi. Es mißt acht Schritt in der Länge und fünf in der Breite; das Tabernakel selbst ist neun Schuh hoch. Es ist noch nicht lange her, da war das heilige Grab ungesichert, so daß man es ohne weiteres berühren und küssen konnte. Aber die Christenpilger brachen viele Stücke davon ab und führten es als Heiligtum mit sich fort. Da sicherte es der Sultan und verschloß es, so daß man es nun nicht mehr betreten kann.

Doch ein Stein, so groß wie ein Kopf, ist ihm entnommen und außerhalb des Tabernakels aufgehängt: um der Pilger willen, damit sie es küssen und berühren. Das Tabernakel selbst ist finster, und es geht kein Licht hinein, doch beleuchten es die Ampeln, die ständig davor brennen. Alle Jahre am Karfreitag erlöschen sie von selbst und zünden sich am Ostertag wieder an, was den Tod und die Auferstehung Christi bedeutet, der an dieser Stätte vom Tode auferstand.

In der Kirche rechterhand befindet sich der Kalvarienberg, auf dem Christus gekreuzigt wurde. Das ist ein Fels von roter und weißer Farbe – wie von heiligem Blut; er ist nicht von Natur so. Dieser Fels ist gespalten, und die Spalten heißen Goldach. Sie sind es, in die das Blut unseres Herrn rann, als er den Tod am Kreuz um der Sünder willen erlitt. In diese Spalten sind nun Staffeln gehauen, auf denen steigt man hinauf bis zu der Stelle, wo das Kreuz stand, um sie zu besehen und zu ehren. Die Pilger beten dort sehr andächtig und küssen die Stätte.

Und an eben diesem Platz, wo das Fronkreuz gestanden hat, wurde zu Noahs Zeiten, als Gott die Welt mit Wasser vertilgte um ihrer Sünden willen, das Haupt Adams, unseres ersten Vaters, gefunden: als ein wahres Zeugnis, daß mit Gottes Verdienst seine Sünde gebessert worden ist. An selbigem Fleck auch, auf eben diesem Berge, opferte Abraham seinen Sohn Isaak auf dem Altar. Droben auf dem Felsen steht ein Altar, da liegen König Gottfried (Gottfried von Bouillon, gest. am 18. 7. 1100 zu Jerusalem) und König Bulhen (Balduin I., König von Jerusalem, gest. 1118) und viele andere christliche Könige und Fürsten begraben, die dieses Land gewonnen hatten und dort als gewaltige Könige und Herrscher regierten. Nicht weit von dem Fleck, wo das Kreuz stand, ist eine Inschrift in griechischer Sprache angebracht, die besagt auf deutsch: Gott unser König in Ewigkeit hat mitten in der Welt unser Heil bewirkt.

Auch ist inmitten des Felsens ein Kreuz eingesenkt und eine Schrift eingehauen, ebenfalls in griechischer Sprache. Auf deutsch bedeutet sie: Was du hier siehst, ist ein Fundament des ganzen, das Erdreich umspannenden Glaubens.

An diesem Felsen zur Rechten ist ein Altar mit der Säule, an der unser Herr Jesus Christus gegeißelt wurde; und von selbiger Säule oder selbigem Altar schwitzen die Steine bis an den vierten Pfeiler und geben allzeit Wasser. Man meint, daß sie die Marter beweinen und den Schweiß der Geißelung und das Sterben unseres Herrn Jesu Christi, und daß die Feuchtigkeit von Gottes Blut herrührt.

Bei eben diesem Altar, 42 Staffeln tief in der Erde, wurde das heilige Kreuz unseres Herrn Jesu Christi gefunden; die Juden hatten es vor vielen Jahren dorthin versteckt, und mit Gottes Fügung geschah es, daß die Kaiserin Helena es fand. Nun lagen auch die Kreuze der beiden Schächer dabei, und da man nicht wußte, welches das rechtmäßige Kreuz war, legte man eins nach dem andern auf einen toten Menschen. Die zwei Kreuze gaben kein Zeichen, doch sobald das rechte Kreuz Christi den Toten berührte, wurde er wieder lebendig. Und daran erkannte die heilige Helena, dies war das rechte, wahre Kreuz, an dem Gottes Sohn Jesus gelitten hatte und gestorben war.

Nah dabei befindet sich eine Mauerlücke, in der die vier Nägel verborgen waren. Ich spreche von vier Nägeln, denn zwei wurden durch die Hände und zwei durch die Füße geschlagen. Aus einem der vier Nägel ließ sich Kaiser Konstantin einen Roßzaum machen. Und zu Zeiten, als er mit den Heiden kämpfte, da siegte er durch eben dieses Zaumes Kraft. Er gewann die Türkei, Armenien, die großen und die kleinen Syrien, Jerusalem und Arabien, Mesopotamien, das Königreich von Halape, Ägyptenland und alles Land zu Äthiopien, bis hin zu den minderen Indien (Vorderindien); und alle diese Länder wurden christlich.

Bernhard von Breydenbach
Reise über den Berg Sinai in die Stadt Kairo

Am 14. Tag des Monats September (1483) kamen wir noch tiefer in die Wüste, wo man weder Mensch noch Vieh noch Vogel findet, denn allein den Vogel Strauß. Endlich kamen wir in ein Gebirge. Von dem höchsten Felsen sahen wir zur linken Hand den Berg Gottes Horeb und Sinai und zur rechten das Rote Meer, wohin es noch vier Tagereisen war. Auch sahen wir ein großes Tier, das viel größer als ein Kameltier ist. Unser Geleitsmann sagte uns, daß es ein Einhorn wäre. Daselbst sahen wir auch einen Hirten mit seinem Vieh an einem Berg weiden, was uns gar seltsam war, da wir lange kein heimisch Vieh und Menschen in der Wüste gesehen hatten. Am 17. Tag mußten wir durch ein Tal reiten, das mit wunderlichen Felsen geschlossen war, und wir kamen in eine sandige Ebene. Man glaubt, daß hier die Kinder Israels gewohnt und gezeltet haben, während Moses mit dem Herrn auf dem Berg redete. So kamen wir aus dem weiten in ein sehr enges, tiefes und steiniges Tal, und es war ein über alle Maßen böser Weg. Doch hatten wir vor unseren Augen das Kloster Sankt Katharina und den Berg Sinai, und unsere Freude war darüber groß. Wir sahen auch den hohen Felsen, darauf Moses wie auf einem Predigtstuhl das Gesetz und die Gebote den Kindern Israel vorhielt und ihnen predigte.

Am vierten Tag des Monats Oktober kamen wir in eine Herberge, wo das Rote Meer endet und dort sahen wir kostbare Werke, die vor Zeiten von einem König der Ägypter angefangen waren, der das Rote Meer in den Fluß Nil führen wollte, so daß Orient und Okzident zusammenwuchsen und die Schiffe von Indien auf dem Roten Meer bis zum Nil kommen mochten, und von dort in das große Meer, in das der Nil fließt. So hatte der König die hohen Felsen und Berge durchgraben lassen, um einen Fluß dadurch zu machen. Aber das Werk wurde nicht vollbracht, denn die weisen Ägypter rieten dagegen, da durch den Einfluß des Roten Meeres, dessen Wasser bitter und unfruchtbar ist, das fruchtbare und süße Wasser des Nils verdorben würde. Und so blieb das Werk aus solchen und anderen Ursachen unvollbracht. Am Mittag kam der Geleitsmann von Kairo, um uns in die Stadt zu geleiten. Aber wir erlangten von ihm durch großes Bitten und nicht wenig Geld, daß wir zuerst in den Garten Balsam geführt wurden. Zu Anfang sahen wir einen großen Feigenbaum, von dort kamen wir zu einem anderen wunderbaren Baum, dessen Blätter fünfzehn oder sechzehn Schuh lang waren und zwei Schuh oder mehr breit, die Frucht desselben Baumes waren lange Äpfel, deren achtzehn oder neunzehn oder zwanzig an einem Stiel wuchsen wie viele Weinbeeren an einer Traube. Man sagt, daß der Baum der Erkenntnis des Bösen und Guten, von dem Adam und Eva gegessen hatten, von der Gestalt gewesen sei wie dieser Baum. Man sagt auch, daß die Alten vor Zeiten, als das Papier erfunden wurde, auf die Blätter dieses Baumes, die vorher gedörrt waren, schrieben, obwohl die Blätter schlechtere Linien haben, als wenn man sie auf Pergament oder Papier machte.

Dann kamen wir an ein Türlein, das gar wohl verschlossen war, und etliche Hüter standen mit Kolben davor, den Balsam Garten zu hüten, damit niemand hineinginge. Wir gaben ihnen Geld, worauf sie uns einließen. Wir mußten ihnen auch geloben, daß niemand ein Ästlein oder Zweiglein oder Blatt davon wollte nehmen, schneiden oder brechen. Also ging unser Geleitsmann vor und zeigte uns, was wir zuvor von dem Balsam gehört und gelesen hatten. Er nahm ein Zweiglein und bog dasselbe gegen die Sonne wie ein Räutlein, wovon das Zweiglein brach und ein klar und fettes Tröpflein wie Öl herausfloß und die Luft ringsum über alle Maßen mit gutem Geruch füllte. Und als derselbe Geleitsmann uns einen Tropfen inwendig auf die Hand gab, durchdrang es von Stund an die Hand, so daß man es an der anderen Seite noch riechen konnte. Die Reben Balsam haben gewöhnlich eines Menschen Länge und sind sehr ähnlich den Reben, an denen Sankt Johannes Beerlein oder Trauben wachsen. In dem Monat Dezember schneidet man dreimal die Zweige des Balsam an den Rinden und hängt Gläser an den Schnitt, aus dem das Öl Balsam aus den Wunden fließt. Das Öl, das von dem ersten Schnitt gesammelt wird, gehört allein dem Sultan und wer davon nimmt, muß sterben. Als wir den Garten Balsam verlassen hatten, ritten wir an vielen schönen fruchtbaren und lustigen Gärten vorbei, in denen große Paläste erbaut waren, nach Kairo.

Am 14. Tag kamen in der Früh zwei Mamelucken und brachten Esel und Eseltreiber, damit wir die Stadt beschauen sollten. Wir stiegen auch auf einen großen Berg und überschauten die Stadt Kairo, die fürwahr sehr groß ist, und es wurde uns gesagt, daß zu dieser Zeit keine größere Stadt in der Welt sei. Der Palast des Sultans ist so groß, daß die ganze Stadt Ulm oder die halbe Stadt Nürnberg hineingeht. Viele kostbare Moscheen gibt es hier mit hohen Türmen, so daß ich glaube, daß nie zu Rom so viele Kirchen waren als hier Moscheen. Auch hat diese Stadt mehr Volk als eine andere unter der Sonne. Viel mehr Menschen, die kein Haus und Hof haben, schlafen unter dem bloßen Himmel als in Venedig wohnhafte Bürger sind.

Als wir wieder in unsere Herberge ritten, durch ein großes Gedränge von Menschen, Kameltieren und Eseln, wurden wir nicht wenig geschlagen, verspottet und gezogen. Wir sahen aber auch viele Sarazenen auf den Gassen und Straßen kochen; da sie selten in ihren Häusern kochen, sind gekochte Speisen zu kaufen. Und es wurde uns gesagt, daß bei zwölftausend Köche in Kairo wären. Viele tragen ihre Küchen auf dem Kopf durch die Stadt, das ist brennendes Feuer, siedende Töpfe und Bratspieße, was wir auch mit unseren eigenen Augen sahen und sehr verwunderlich ist.

Wir kamen auch an einen Markt, wo man die Menschen verkauft wie die unvernünftigen Tiere. Es war ein großer Zulauf dort und viele der armen Menschen, die dort feil waren, und wir hatten großes Mitleid. Der Mameluck, unser Führer, wurde gefragt, wie teuer wir Sklaven wären. Darauf antwortete unser Mameluck schimpfend, daß diese Menschen nicht feil seien, aber daß sie bald auf einen Markt kommen würden, auf dem sie sehr teuer würden. Doch wollte der Kaufmann ihm für einen von uns zehn Dukaten geben, bis er merkte, daß wir nicht käuflich waren.

An dem Fluß Nil ist auch ein Revier, in dem man die seltsamsten Vögel, Sittiche oder Papageien findet, dazu Affen mit Schwänzen und Meerkatzen in großer Zahl.

Unter dem Hofgesinde des Sultans waren viele edle Knaben

und die Zahl der Mamelucken, die dazumal am Hofe waren, erstreckte sich auf zweiundzwanzigtausend. Diese Zahl wird gewöhnlich eingehalten, auch wenn die Kinder ihren Eltern nachfolgen. Die Mamelucken stammen gar viel aus Slavonien, Albanien, Ungarn und den welschen Landen, gar wenig sind aus deutschen Landen.

Viele von uns gingen auch in das Schweißbad, da die Sarazenen schöne Badstuben aus Marmelstein oder besetzt damit in ihren Städten und Landen haben. Auch beweisen sie gute Dienstbarkeit in den Bädern. Sie haben eine seltsame Weise, die Glieder derer, die da baden, zu richten oder zu reiben. Etliche von uns gingen durch die Stadt, um Abenteuer zu suchen. Sie wurden in ein Haus geführt, in dem ein großer Backofen mit vielen Höhlen und Löchern war, in die zu etlichen Zeiten drei oder viertausend Hühner, Gänse, Enten und Taubeneier mit Mist bedeckt eingelegt wurden. In einem gewissen Abstand wurden brennende Kohlen im Kreis darumgelegt, von deren Hitze die Eier warm wurden und ausbrüteten: Und es laufen die Jungen daraus, die man auf dem Markt verkauft. Wenn dieses auch eine lügnerische Gestalt hat, so ist es doch die volle Wahrheit.

AUF NACH MEKKA

»Nach dem Gebot des Koran ist jeder Muslim verpflichtet, wenigstens einmal in seinem Leben die Wallfahrt nach Mekka – den Haddsch – zu verrichten. Die Wallfahrt ist nur gültig, wenn die Pilger sich den Bedingungen eines besonderen Weihezustandes – dem Ihrām – unterwerfen. Ihrām bedeutet, daß man sich nicht rasieren oder kämmen, Haare und Nägel nicht schneiden darf, sich der Jagd, des Gebrauchs von Parfum und des Geschlechtsverkehrs enthalten muß sowie die Ihrām-Tracht trägt.«

Lexikon der Islamischen Welt (1974)

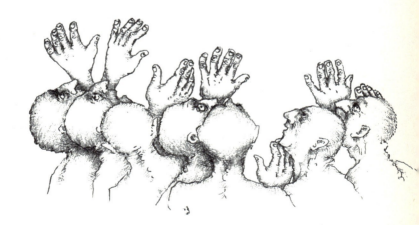

Ibn Dschubair
DER HADDSCH

An jenem Freitagmorgen war eine Menschenmenge auf (der Ebene) 'Arafāt, die ihresgleichen am Tage der Auferstehung finden kann. Einige wahrheitsuchende Scheichs unter den ansässigen Pilgern bestätigten, daß sie niemals eine zahlreichere Menschenansammlung auf 'Arafāt gesehen hatten. Ich glaube nicht, daß seit der Zeit von Harūn ar-Raschīd, der als letzter Kalif die Pilgerfahrt unternahm, wieder eine solche Menschenmenge zusammenkam.

Als am Freitag die Mittags- und Nachmittagsgebete zusammen gesprochen wurden, standen die Menschen reuevoll und tränenüberströmt, demütig die Gnade Allahs erflehend. Die Rufe »Allah ist groß« erhoben sich; laut waren die Stimmen der Menschen im Gebet. Niemals zuvor hatte es einen Tag solchen Weinens, solcher Reue der Herzen, eines solchen Beugens der Nacken in ehrerbietiger Unterwerfung und Demut vor Gott gegeben. In dieser Art fuhren die Pilger fort; die Sonne verbrannte ihre Gesichter, bis der Ball gesunken war und die Zeit der Sonnenuntergangsgebete bevorstand. Der Emir der Pilgerfahrt war mit einer Anzahl gepanzerter Soldaten angekommen; sie standen nahe dem Felsen neben der kleinen Moschee. Die jemenitischen Sarwa bezogen ihre Positionen an den festgesetzten Plätzen, Stellungen, die sie durchgehend in der Erbfolge von ihren Ahnen seit den Tagen des Propheten innegehabt haben. Kein Stamm von ihnen greift auf den Platz eines anderen über. Ihre Zahl in diesem Jahr war so groß wie nie vorher. Ebenso war der Emir aus dem Irak mit einer großen Gruppe wie nie zuvor angekommen. Mit ihnen kamen fremde Emire aus Chorasān, hochgeborene Damen, chawātīn, und viele Damen, Töchter von Emiren, zusammen mit jenen aus anderen Ländern in unüberschaubarer Zahl; alle bezogen ihre Plätze.

Für die Rückkehr von 'Arafāt hatte man den mālikitischen Imam als Führer und Vorbeter ernannt, denn die Praxis der Mālikiten verlangt, daß man nicht von 'Arafāt aufbrechen solle, bis die Sonnenscheibe unter den Horizont gesunken und die

Zeit zum Sonnenuntergangsgebet gekommen sei. Dennoch waren einige jemenitische Sarwa früher aufgebrochen. Als der Zeitpunkt gekommen war, gab der mālikitische Imam mit seinen Händen das Zeichen, und sie stiegen von ihren Plätzen herab. Die Menschen drängten sich auf ihrem Rückweg mit solch einer Wucht voran, daß der Boden zitterte und die Berge bebten. Was für ein Erlebnis war das gewesen, wie überwältigend anzusehen, und welche Hoffnungen auf glückliche Belohnung hatte es in die Seele gebracht! Gott gebe, daß wir zu denen gehören mögen, denen Er dort Seine Anerkennung gab und die Er mit Seiner Güte bedachte.

Das Zeltlager des Emirs aus dem Irak war wundervoll anzusehen und hervorragend ausgestattet, mit großen schönen Zelten und Erhebungen, wundervollen Pavillons und Sonnensegeln; ein Anblick, den ich nie überraschender gesehen hatte. Das Lager des Emirs war das größte, denn es war von Leinenschirmen umgeben wie eine Mauer, die eine Art eingeschlossener Garten oder ein verziertes Gebäude bildeten. Darin standen aufgeschlagene Zelte, alle schwarz auf weißem Hintergrund und getupft und bunt gefleckt, als seien es Blumen in einem Garten. Die Ansichten der vierseitigen Schirme waren alle bedeckt mit Formen von schwarzen Schilden, die auf das weiße Leinen gemalt waren, um den Betrachter zu erschrecken. Er soll sie als Schilde auf Rössern mit gestickten Pferdegewändern einschätzen. In diesen mauerähnlichen Schirmen waren große Türen wie bei stattlichen Burgen, durch die man in Vorhallen und Labyrinthe eintrat. Man passierte durch den offenen Grund, wo die Pavillons standen. Es ist, als lebe der Emir in einer mit Mauern umgebenen Stadt, die sich bewegt, wenn er sich bewegt, und die stehenbleibt, wenn er sich niederläßt. Sie ist ein Stück königlichen Glanzes; ähnliches ist von westlichen Königen noch nicht gesehen worden. Die Wächter, Diener und Gefolgsleute des Emirs stehen in den Türen. Die Türen sind so hoch, daß ein Reiter mit seinem Banner hindurchgelangen könnte, ohne seinen Kopf zu neigen oder zu beugen.

Der Aufbau wird von dicken Leinenseilen, die mit Haken im Boden verankert sind, gehalten; das Ganze wird mit enormer bautechnischer Fertigkeit aufgerichtet. Die anderen Emire, die in Begleitung des irakischen Emirs gekommen waren, hatten weniger großartige Zeltlager. Doch sie waren alle in ähnlichem Stil, mit glänzenden Pavillons von ungewöhnlicher Form, aufgebaut wie schwebende Kronen; sie zu beschreiben würde zu lange dauern und zu vieler Worte bedürfen, so groß war der Glanz dieses Lagers an Ausrüstung, Möblierung usw. All dies weist auf große Fülle und Überfluß an Wohlstand und Reichtum hin.

Bei ihren Reisen auf dem Kamel werden die Reisenden von Baldachinen beschattet, hübsch anzusehen und von ungewöhnlicher Form, die über hölzernen Sänften errichtet werden. Diese nennen sie qaschâwa. Sie sehen aus wie ausgehöhlte Bahren und sind für die Männer und Frauen, die darin reisen, wie Kinderwiegen mit weichen Matratzen ausgelegt, auf denen der Reisende so komfortabel sitzt, als befände er sich in einem weichen, bequemen Bett. Ihm gegenüber, auf der anderen Hälfte der Bahre sitzt im Gleichgewicht sein männlicher oder weiblicher Gefährte; über beiden ist der Baldachin ausgebreitet. So reisen sie, ohne die Bewegungen zu spüren, schlummernd oder mit dem beschäftigt, was ihnen beliebt. Wenn sie zum Ziel ihrer Reise kommen, werden sofort Schutzwände aufgerichtet, sofern sie Menschen von reichen oder luxuriösen Möglichkeiten sind; sie treten noch reitend ein. Dann werden Stufen zu ihnen getragen, sie steigen hinab, indem sie vom Schatten ihres Baldachins in den ihres Halteplatzes hinüberschreiten, ohne daß ein Windchen sie belästigt oder ein Strahl der Sonne sie berührt. Das sei genug für den Leser von diesem Luxusleben!

Wie lang ihre Reisen auch sein mögen, sie werden keinen Strapazen und Mühsalen ausgesetzt. Bei dem ständigen Aufschlagen und Abbauen der Zelte haben sie keine Belästigung zu ertragen. Weniger bequem als diese haben es diejenigen, die in mahāra's reiten, die dem schuqdhuf ähneln. Doch der schuqdhuf ist größer und breiter, jener kompakt und weniger bequem. Er spendet auch Schatten als Schutz gegen die sengende Sonne. Wessen Mittel für die Reisebequemlichkeiten nicht reichen, der muß die Strapazen des Weges ertragen, die aber ein Teil der Züchtigungen von Gott sind.

Wir kehren nun zu der Erzählung über die Rückkehr von 'Arafāt am Abend des Stehens zurück. Die Menschen brachen auf, nachdem die Sonne untergegangen war, wie wir sagten. Am späten Abend kamen sie nach Muzdalifa, wo sie gemäß den vom Propheten niedergelegten Regeln die kombinierten Sonnenuntergangs- und Nachtanbruchsgebete rezitierten. Die ganze Nacht hindurch war der Ort von Wachskerzen hell erleuchtet. Die erwähnte Moschee war so hell, daß es dem Betrachter vorkam, als ob alle Sterne des Himmels darauf niederschienen. Nach derselben Art war der Berg der Barmherzigkeit und seine Moschee in der Freitagnacht anzusehen gewesen; denn diese Fremden aus Chorasān und andere Irakis sind höchst emsige Männer, die Kerzen in großen Zahlen mitbringen, damit die ehrwürdigen Schreine erleuchtet seien. Eben ihretwegen hatte der Haram für die Dauer ihres Aufenthalts diesen Anblick. Jeder von ihnen traf mit einer Kerze in der Hand ein. Die meisten trugen sie zum Pavillon des hanafitischen Imams, denn er gehörte ihrem Ritus an. Eine riesige Kerze wie eine Zypresse sahen wir, die »eine Last für eine Truppe von kräftigen Männern wäre«. Sie wurde vor dem hanafitischen Imam aufgestellt. In der Nacht zum Sonnabend blieben die Menschen in Muzdalifa; nachdem sie das Morgengebet gesprochen hatten, brachen sie früh nach Minā auf. Sie standen und beteten auf dem Weg, denn ganz Muzdalifa ist ein »Stehgrund« außer dem Tal von Muhassir, wo man sich schnell in Richtung Minā bewegen muß, bis man dorthin gelangt. Bei Muzdalifa versorgten sich die meisten Pilger mit Steinen für die Bewerfung der Haufen. Dies ist die beliebteste Stätte dafür; es gibt aber auch andere Orte. Sie lesen sie in der Umgebung der Moschee in Minā auf, nach ihrem Wunsch.

Als die Pilger in Minā eintrafen, beeilten sie sich, die sieben Steine auf den hinteren Haufen zu werfen. Dann schlachteten sie das Opfertier. Daraufhin ist ihnen erlaubt, alles zu tun, außer Kontakt mit Frauen aufzunehmen und Parfum zu verwenden.

Dieser Hügel wurde bei Sonnenaufgang am Opfertag gesteinigt. Die meisten Pilger brachen dann auf, um die Umschreitung der Rückkehr zu vollziehen.

Einige von ihnen blieben bis zum zweiten Tag und manche bis zum dritten, dem Tag des Abstiegs nach Mekka. Am zweiten Tag, der auf den Tag des Opfers folgt, bei Sonnenuntergang, warfen die Pilger sieben Steine auf den ersten Haufen, dann ebenso auf den mittleren und verharrten an beiden zum Gebet. Sie taten dasselbe am hinteren Haufen, doch hielten sie hier nicht an; damit ahmten sie in allem die Handlungsweise des Propheten nach.

An dem Tag nach dem Opferfest, nach dem Werfen der Steine, hielt der Prediger eine Ansprache in der Moschee und leitete dann das kombinierte Mittags- und Nachmittagsgebet. Dieser Prediger kam mit dem irakischen Emir, beauftragt vom Kalifen, um die Predigt zu halten und die Pflichten des Kadi in Mekka wahrzunehmen, wie behauptet wird. Seine Ausführungen zeigten, daß er einfältig und dumm war. Seine Rede beachtete nicht die Regeln der Grammatik.

Am dritten Tag eilten die Pilger zum Abstieg nach Mekka. Sie hatten nun das Werfen der neunundvierzig Steine vollendet. Einige sprachen das Nachmittagsgebet im Flußbett, andere in der Moschee, wieder andere hatten sich beeilt und das Mittagsgebet im Flußbett gesprochen. Früher war es üblich gewesen, in Minā drei Tage lang nach dem Tag des Opferfestes zu bleiben, um siebzig Steine zu werfen. Doch heutzutage wird das in zwei Tagen erledigt gemäß dem von Gott Gesagten: »Wer nach zwei Tagen eilt, so ist es keine Sünde für ihn; wer sich verspätet, für den ist es auch keine Sünde.« Dies geschieht aus Angst vor den Banū Schu'ba und vor Überfällen durch mekkanische Räuber.

Am Tag des Abstiegs kam es zu Meinungsverschiedenheiten und Unruhen zwischen den (arabischen) Einwohnern von Mekka und den Türken aus dem Irak, dabei wurden einige verletzt. Schwerter wurden gezogen, Pfeile auf die Bogensaiten gelegt, Speere geworfen und einige Güter der Kaufleute geplündert. Minā ist in jenen drei Tagen ein großer Markt. Hier werden Waren von edelsten Juwelen bis zur billigsten Perlenschnur zusammen mit anderen Artikeln und verschiedenen Dingen aus aller Welt verkauft; es ist der Treffpunkt von Menschen aus aller Herren Länder. Gott bewahrte uns vor den Übeln dieser Unruhe und brachte schnell Ruhe zurück. So endete das erfolgreiche Stehen in der 'Arafāt-Ebene; und die Gläubigen hatten ihre Pilgerfahrt beendet. Lob und Dank sei Gott, dem Herrn des Universums!

Am Sonnabend, dem 24. März 1184, dem Tag des Opferfestes, wurde der Vorhang der Kaaba auf vier Kamelen vom Zeltlager des irakischen Emirs nach Mekka transportiert. Davor schritt der neue Kadi, in die schwarze vom Kalifen gesandte Kleidung gehüllt, vor ihm Banner und hinter ihm Trommeln. Ein Vetter des ehemaligen Banū Schaiba-Oberhaupts ging mit; es wurde berichtet, daß das Dekret des Kalifen bezüglich der Amtsenthebung des Oberhaupts aufgrund einiger berüchtigter Handlungen ausgeführt worden sei. Möge Gott das erhabene Haus reinigen!

Dieser Vetter verhielt sich wohlwollender und vorbildlicher, das haben wir bereits bei der ersten Verhaftung erwähnt.

Die kiswa wurde auf dem Dach der Kaaba abgelegt, und am Dienstag, dem 27. März, waren die Banū Schaiba sehr damit beschäftigt, sie zu befestigen. Sie hatte eine satte grüne Farbe und verzückte die Augen durch ihre Schönheit. In ihrem oberen Teil hatte sie ein breites rotes Band, und auf der dem Maqām gegenüber befindlichen Seite waren auf diesem Band nach dem »bismillāh« die Worte geschrieben: »Dies ist das erste für die Menschen geschaffene Haus als ein Zeichen.«

Auf den anderen Seiten war der Name des Kalifen mit Anrufungen zu seinen Gunsten genannt. Um das Band herum verliefen zwei rötliche Zonen mit kleinen weißen Medaillons, die Koranverse sowie den Namen des Kalifen in feinen Buchstaben enthielten. Die Verhüllung der Kaaba war fertiggestellt, und die Säume der kiswa wurden umgelegt, um sie vor den Händen der Fremden, die heftig daran reißen und sich stürmisch darauf werfen, zu schützen. Dem Betrachter bot die Kaaba dann den lieblichsten Anblick, wie eine Braut in dem feinsten grünen Seidenbrokat. Möge Gott geben, daß sie von allen, die sich danach sehnen, gesehen wird.

In diesen Tagen war die Kaaba täglich für die Fremden aus dem Irak und Chorasān und die anderen, die mit dem Emir eintrafen, geöffnet. Das Gedränge dieser Menschen, die Weise, wie sie sich auf die edle Tür warfen, ihre Zusammenstöße, das Schwimmen einiger auf den Köpfen der anderen, als seien sie im Wasser, war etwas, was niemals schrecklicher anzusehen gewesen war. Leben wurde vernichtet und Glieder gebrochen. Während alledem waren sie unachtsam und ruhten niemals.

Wie Motten auf eine Lampe warfen sie sich auf die Kaaba in einem Überschuß von Bewegtheit und Kraft. Das Verhalten der jemenitischen Sarwa beim Eintreten war gesetzt und ruhig im Vergleich zu dem dieser barbarisch-züngigen Fremden. Möge Gott ihnen für ihre guten Absichten Vorteile gewähren! Gelegentlich mischte sich eine Gruppe von Frauen in das Gedränge und kam mit »brennender Haut« heraus, gerötet durch die Quetschungen eines Kampfes, der durch Emotion und Ekstase entfacht wird.

Richard Francis Burton
Als Muslim verkleidet in Mekka

Als wir eben eine Talschlucht hinter uns hatten, kam eine Reiterschar an uns vorüber. An der Spitze ritt kein geringerer Mann als der Scherif von Mekka, Abd el Motalleb ben Galeb, ein Greis ohne Bart, mit afrikanischen Gesichtszügen. Alle seine Kleider waren weiß, und von dem großen weißen Turban stach sein stark ins Schwarze spielendes Gesicht scharf ab. Er ritt auf einem Maultier, das zum Paßgang abgerichtet war; als Zeichen seiner Würde wurde ihm von einem zu Fuße gehenden Diener ein großer, grünseidener Regenschirm vorangetragen; sein Gefolge bildeten etwa vierzig Musketenträger. Nach einem nicht unbeträchtlichen Zwischenraum folgten die vier Söhne des Scherif; die drei älteren trugen prächtige seidene Kleider und ritten schöne Dromedare, ihr Rang war durch vergoldete Säbel und Dolche bezeichnet. Der vierte Sohn war noch ein Knabe.

Gegen Abend hielten wir an, sahen aber von Mekka nichts, weil die Stadt in einem mehrfach gewundenen Tal liegt. Ich verrichtete meine gewöhnliche Andacht und sprach dann, nach meines Motawwef, des Führers, Anweisung, folgendes Gebet: »O Allah, wahrlich dort ist Deine schützende Burg, dort Dein Heiligtum. Wer dieses betritt, ist gerettet. Halte das Feuer der Hölle fern von meinem Fleisch und Blut, von meinen Knochen und meiner Haut. Ich beschwöre Dich darum, denn Du bist

Allah, der Barmherzige und Gütige, dem nichts verglichen werden kann. Habe Erbarmen mit unserm Herrn Mohammed, seinen Nachkommen und Getreuen, mit Einem und mit Allen!« Darauf folgte dann das Talbiyet und noch ein besonderes Gebet für mich selbst.

Nun ritten wir weiter, aber es war dunkel und wir sahen nichts. Ich schlief ein. Um ein Uhr in der Früh weckte mich der Ruf: »Da ist Mekka, Mekka! Das Heiligtum, das Heiligtum!« Alle riefen »Lebbeyk, lebbeyk!« Viele weinten und schluchzten. Ich bog mich aus der Sänfte und gewahrte beim Sternenschimmer die verschwommenen Umrisse einer großen Stadt, die sich schwarz auf dem Horizont der Ebene abhoben. Bald überstiegen wir noch eine Hügelreihe, durch die ein Weg ausgehauen war. Zu beiden Seiten erheben sich Türme, um den Darb el Maula zu beschützen, das heißt den Pfad, auf dem man von Norden her zur heiligen Stadt gelangt. Und nun kamen wir in die Maabideh, die nördliche Vorstadt, in welcher der Palast des Scherifs liegt, und bogen zur Rechten ab, um in das afghanische Stadtviertel zu gelangen. Mohammed, dessen Wohnung im syrischen Viertel lag, war nicht ohne Besorgnis, weil diese beiden Stadtviertel miteinander in schlechtem Einverständnis leben. Die Kinder bewerfen sich mit Steinen, die Männer prügeln sich, wenn sie einander begegnen; manchmal greift man auch, allen Verboten der Religion Trotz bietend, zum Säbel oder Dolch. Bei diesen Feindseligkeiten gilt eine feste Regel. Sobald zum Beispiel ein Bürger getötet wird, eröffnet man eine Sammlung, um den Blutpreis zu bezahlen. Der Bewohner des einen Stadtviertels, der in ein anderes geht, wird dort als Gastfreund behandelt; sobald er aber die Grenze überschreitet, läuft er Gefahr, von denselben Leuten niedergeschlagen zu werden, die ihm eben noch gastfreundlich begegneten.

Nachdem ich noch durch mehrere enge, zum Teil sehr abschüssige Gassen gekommen war, in denen ich absteigen mußte, gelangte ich vor das Haus meines jungen Geleitsmannes Mohammed....

Mohammed mußte lange an die Tür seines väterlichen Hauses klopfen, bevor ein alter indischer Diener öffnete; dann eilte er die Treppe hinauf zu seiner Mutter, während ich auf der

Straße blieb und das Zaghrite vernahm, jenen hellen Schrei, mit welchem die Frauen ein heimkehrendes Mitglied der Familie begrüßen. Der junge Mensch war aber bald wieder unten und benahm sich nun sehr gemessen, höflich und aufmerksam, denn jetzt war ich sein Gast, den er in einen großen unbeleuchteten Saal führte. Dort setzte ich mich auf eine breite Mastaba, eine Erhöhung, die mit einem Teppich bedeckt war. Ein Diener brachte Licht, auch hörte ich in dem Gemach über mir rasche Tritte und vernahm, daß die Kabira, die Hausfrau, allerlei Vorkehrungen traf. Mich hungerte sehr, aber mein Verlangen wurde bald befriedigt, weil gleich, nachdem die Kamele entlastet waren, eine große Schüssel voll zuckerbestreuter Nudeln aufgetragen wurde. Diese Kunafa schmeckten prächtig und wurden rasch verzehrt. Wir ließen dann aus einem Kaffeehaus Decken holen und streckten uns der Länge nach hin, um ein wenig zu schlummern, denn schon nach zwei Stunden, bei Tagesanbruch, mußten wir wieder auf den Beinen sein, um den Tawaf el Kudum, den »Umgang nach der Ankunft« zu halten.

Als die Gipfel des östlich von Mekka sich erhebenden Gebirges Abu Kobeïs von den ersten Strahlen der Morgensonne vergoldet wurden, gingen wir zur Moschee und traten durch das Tor Ziyedeh, also auf der Nordseite hinein, stiegen auf zwei langen Treppen hinab, eilten durch die Säulengänge und befanden uns dann im Angesicht des Gotteshauses. Es machte nicht etwa den gewaltigen Eindruck, dessen wir uns beim Anblick ägyptischer Denkmäler nicht erwehren können; es war auch nicht etwa anmutig wie die griechischen Monumente, aber das Schauspiel, welches ich sah, war wundersam befremdend, ich kann wohl sagen, einzig in der Welt. Wie wenigen Europäern ist es vergönnt gewesen, dies vor mir zu genießen! Da lag das weltberühmte Heiligtum des Islam direkt vor meinen Augen! Unter allen Menschen, welche den Tempelvorhang mit ihren Tränen benetzten oder ihre hochwallende Brust an den Schwarzen Stein in der Mauer drückten, war sicherlich kein einziger so tief bewegt, so gewaltig im Innern ergriffen wie ich, der einsame Pilger, welcher fernher aus dem Norden bis hierher wanderte. Aber freilich, jene fromme Menge war von religiöser Begeisterung erfüllt, ich dagegen hatte nur den

Enthusiasmus der Neugier und Wißbegierde und war von dem selbstsüchtigen Gefühl durchdrungen, daß meinem Stolze Genüge geschehen sei. Ich stand am Grabe des Propheten!

Mohammed ließ mich eine Weile ungestört; dann erinnerte er mich daran, daß nun die Pflichten der Pilgerschaft erfüllt werden müßten. Wir gingen in das Innere der Kaaba durch die Pforte der Begrüßung, erhoben unsere Hände, sprachen das Lebbeyk, das Tekbïr und das Tahlil und einige andere Gebete und bedeckten dann das Gesicht mit unseren Händen. Dann begaben wir uns zu der Stätte, an welcher die Schafeïs beten; sie liegt zwischen dem Makam Ibrahim und dem Brunnen Zemzem. Dort hat der Pilger das zweimalige Verbeugen zu Ehren der Moschee zu erfüllen. Die Sakkas oder Brunnenwärter brachten uns eine Schale Wasser; in Anbetracht des Geschenkes, welches ich ihnen dafür verabreichte, gaben sie in meinem Namen auch armen Pilgern zu trinken, für welche sie ein großes irdenes Gefäß füllten. Darauf schritten wir dem östlichen Winkel der Kaaba zu, wo der Schwarze Stein sich befindet, stellten uns in einer Entfernung von etwa zehn Schritten ihm gegenüber, erhoben unsere Hände und sprachen: »Es gibt keinen Gott außer Gott; seine Verheißungen sind Wahrheit und die, so ihm dienen, sind siegreich. Es gibt keinen andern Gott als Allah, den einzigen, ungeteilten. Er besitzt die höchste Gewalt. Ihm sei Ruhm, er verfügt über alle Dinge!« Wir gaben uns Mühe, bis dicht an die Mauer vorzudringen, in welcher der Stein angebracht worden ist, konnten aber nicht dorthin gelangen, weil die Menge der Pilger zu groß war. Er blieb also diesmal von uns unberührt, aber wir erhoben die Hände bis an die Ohren, ließen sie dann wieder sinken und riefen: »O Allah, ich erfülle diese Handlung in dem Glauben an Dich, gemäß Deinem Buche (dem Koran) und nach dem Beispiel Deines Propheten. Möge Allah ihn segnen und bewahren! O Gott, ich strecke meine Hand nach Dir aus und groß ist mein Verlangen, Dir zu nahen. O, erhöre mein Flehen, mindere meine Sorgen, erbarme Dich meiner Erniedrigung und bewillige mir gnädig Verzeihung.«

Der Andrang war immer noch so stark, daß wir auch jetzt noch nicht zum Stein gelangen konnten. Wir erhoben also wiederum die Hände bis zu den Ohren, wandten die flache Seite zu dem Stein hin, gleichsam als ob wir ihn berührten, sprachen das Takbir, Tahlil und Hamdilah, segneten den Propheten und küßten die Fingerspitzen unserer rechten Hand. Darauf begann die Feierlichkeit des Tawaf, des Umgangs. Dabei mußten wir dem Mataf folgen, das heißt dem länglich runden Weg, der mit Granit gepflastert ist und dicht an der Kaaba um diese herumführt. Unter Anleitung meines Führers sprach ich folgende Worte, die er mir vorsagte: »Im Namen Allahs. Allah ist allmächtig. Ich habe den Vorsatz, sieben Umgänge zu machen zu Gottes Ehre, des Ruhmreichen, des Erhabenen, des Allmächtigen. Gott, ich vollziehe diese Handlung in dem Glauben an Dich, gemäß Deinem Buche«, und so fort, wie oben. Dieses Gebet sprachen wir während des Ganges zum El Moltasem, einer Stelle zwischen der Kaabatür und dem Schwarzen Stein, und als wir dort waren, riefen wir: »O Allah, Du hast die Wahrheit gelehrt; verzeihe mir, wenn ich Deine Gebote übertreten habe!« Der Tür gegenüber wurde Folgendes gesprochen: »Gott, dieses Haus ist Dein Haus, dieses Heiligtum Dein Heiligtum, diese Zuflucht Deine Zuflucht; hier ist die Stätte für alle, welche bei Dir Schutz suchen gegen das Feuer der Hölle.«

Entsprechende Gebete sprachen wir vor dem Makam Ibrahim, in dem Irakwinkel, bei der Dachrinne. Dann wandten wir uns nach dem westlichen Winkel, Ruhn el Schami, und riefen: »O Allah, möge diese Pilgerschaft Dir genehm sein und mir Vergebung meiner Sünden bringen; möge sie sein ein löbliches Unternehmen, eine vor Dir angenehme Handlung, ein wirksames Bewahrungsmittel. Du bist voll Ruhm und Barmherzigkeit!«

Diese Worte müssen dreimal gesprochen werden. Wir gelangten dann an den Yemeniwinkel, wo wir den Andrang nicht so stark fanden. Deshalb konnten wir, nach dem Beispiel des Propheten, mit unserer rechten Hand die Mauer berühren, küßten dann die Fingerspitzen und sprachen, ehe wir noch den Schwarzen Stein erreichten, an welchem unser Umgang endete, folgende Worte: »O Allah, wahrlich, ich suche Zuflucht bei Dir gegen Untreue, Dürftigkeit und Grabespein, gegen die Unruhen des Lebens und des Todes. Ich komme zu Dir, um Schutz zu finden gegen die Schmach in dieser und jener Welt; ich flehe um Deine Verzeihung für die Gegenwart und für die

Zukunft. Herr, gewähre mir Glück in diesem und in jenem Leben, und bewahre mich vor der Züchtigung durch das ewige Feuer.«

Damit war unser erster Umgang vollendet. Dieser und die beiden folgenden werden rasch, gleichsam im Turnerschritt vorgenommen, die vier übrigen müssen mit berechneter Langsamkeit zurückgelegt werden. Bei allen diesen Umgängen war es uns nicht möglich, bis dicht an den Schwarzen Stein vorzudringen und zum Kuß zu gelangen; wir mußten uns damit begnügen, vor ihm stehenzubleiben, hielten die Hände an die Ohren und sprachen: »Im Namen Allahs, und Gott ist der Allmächtige.« Dann küßten wir die Fingerspitzen, begannen wieder einen Gang und sprachen dieselben Gebete.

Der Tawaf war nun vollendet, und es kam darauf an, den Stein zu küssen. Lange verzweifelte ich daran, durch die Masse von Beduinen und andern Pilgern, welche ihn umlagerten, hindurchdringen zu können. Aber Mohammed zeigte sich den Umständen gewachsen. Während unserer Umgänge hatte er seinen religiösen Eifer auch dadurch betätigt, daß er alle Perser, die uns in den Weg kamen, ausschimpfte. Beleidigende Reden gegen diese verruchten Ketzer und fromme Gebete entströmten wechselweise seinem Mund. Es waren, wenn ich so sagen darf, malerische Unterbrechungen, zum Beispiel so: »O Allah, ich suche meine Zuflucht bei Dir gegen die Schmach dieser Welt!« Ein bärtiger Mann aus Chorasan begegnete uns, Mohammed bricht in seinem Gebet ab und ruft ihm unter den Bart: »Du verfluchter Sohn eines Verfluchten, Du Schwein, und Bruder einer Sau!« Dazu kamen andere Liebenswürdigkeiten ähnlicher Art. Keiner dieser Adschemis wagte ein Wort zu entgegnen. Höfliche Reden und Bitten halfen bei den frommen Pilgern vor dem Stein nichts; sie standen dichtgedrängt, ein Wald von nackten Schultern und geschorenen Köpfen und wollten weder weichen noch wanken. Da brachte mein Führer ein halbes Dutzend stämmiger Mekkawis, echte Stadtkinder, zusammen, und mit deren Unterstützung brachen wir uns Bahn. Die Beduinen waren grimmig wie wilde Katzen, aber sie hatten keine Dolche und waren ohnehin sehr abgemagert, weil ihnen im Sommer ihre Hauptnahrung, die Milch, spärlich zugemessen war. Ich hätte mit leichter Mühe ein halbes Dutzend dieser Leute umwerfen können. Also trotz ihres Grimmes und Geschreis erreichten wir unsern Zweck und blieben wohl zehn Minuten lang in ausschließlichem Besitze des Schwarzen Steines. Wir küßten ihn, rieben an ihm Hände und Stirn, aber dabei betrachtete ich das Heiligtum mit der größten Aufmerksamkeit und bin nun überzeugt, daß der Stein ein Aërolith ist.

Wir gelangten dann mit Mühe bis zur Stätte Multazem, drückten dort Magen, Brust und rechte Wange gegen die Kaaba, hoben die Arme über den Kopf empor und riefen: »O Allah, Herr des alten Hauses. Befreie meinen Leib vom Höllenfeuer, beschütze mich vor jeder Missetat, laß mich zufrieden sein mit dem täglichen Brot, das Du uns gibst, und segne mich bei allem, das Du mir gewährst!« Darauf folgte der Istighfar oder die Bitte um Vergebung: »Ich erflehe die Verzeihung Allahs, des Höchsten, Einzigen, Lebendigen, Ewigen, und biete ihm meine Reue dar.« Dann sprachen wir die Segnung für den Propheten, erbaten für uns, was unser Herz am meisten begehrte, küßten den Multazem, gingen zu der Stätte beim Makam Ibrahim, wo die Schafeïs beten, und sprachen die beiden Sunnat el Tawaf, das heißt die Gebete des Umgangs des Propheten. An der Tür zum Zemzem war ich genötigt, noch einmal zu trinken; das Wasser ist sehr bitter. Auch einem Sturzbad entging ich nicht, denn man goß mir ein paar Eimer Wasser über den Kopf; indem es vom Körper des Pilgers zur Erde fiel, nahm es alle Sünden fort, mit denen meine Seele beschmutzt war. Während dieses Sturzbades sagte ich: »O Allah, ich flehe Dich an, daß Du mir Überfluß an täglichem Brot gewährest und Wissenschaft, welche dem Menschen nütze ist, auch Heilung von allem Übel.«

Noch einmal mußte ich zum Schwarzen Stein zurückgehen und, da ich jetzt nicht bis zu ihm vordringen konnte, das Takbir, Tahlil und Hamdilah hersagen. Das war aber die letzte Station. Meine nackten Füße waren wie geschunden, mein geschorener Kopf war von der Sonne verbrannt. Um zehn Uhr verließ ich die Moschee und begab mich nach Hause.

Mohammeds Mutter war Witwe und hatte die verfügbaren Gemächer an ihren Bruder vermietet, einen alten ausgetrockneten Mekkawi mit einem Geiergesicht, Habichtskrallen und Hyänenlachen. Dieser liebenswürdige Mann war sehr ungehalten, als ich in meiner Eigenschaft als Gast den Anspruch erhob, ein besonderes Zimmer zu haben. Am Ende versprach er aber doch, daß mir eine kleine Kammer, die als Magazin benutzt wurde, eingeräumt werden solle, wenn ich vom Berge Arafat zurückkäme. Damit mußte ich vorerst mich begnügen und den übrigen Teil des Tages im gemeinschaftlichen Männerzimmer zubringen. Dieser große Saal nahm etwa drei Viertel des Erdgeschosses ein. In einem Winkel links vom Eingang war eine breite viereckige Mastaba, die eine Erhöhung, welche als Diwan benutzt wird, mit einem Teppich belegt. An der Hinterwand befand sich ein kleinerer, abscheulich schmutziger Diwan und hinter ihm ein dunkler Winkel, in welchem das Gepäck der Pilger aufgehäuft lag. Der Mastaba gegenüber stand in einer Ecke ein großes Kohlenbecken, auf dem die indischen Diener den Kaffee kochten oder die Pfeifen anzündeten.

Ich nahm auf der Mastaba Platz. Bald danach trat eine Schar türkischer Pilger ein, die im Hause Unterkommen gefunden hatte. Anfangs begegneten wir einander keineswegs mit herzlicher Zuvorkommenheit, ich sah aber bald, daß ich in ihnen wackere, umgängliche Leute vor mir hatte, mit denen ich recht gut auskam.

Am Abend ging ich mit Mohammed und Scheich Nur, der eine Decke und eine Laterne trug, wieder in die Moschee. Der Mond fiel mit seinem Silberlicht auf den Gipfel des Abu Kobeys und in den Tempelhof; die große schwarze Masse der Kaaba überschattete alle kleineren Gebäude, mit denen sie umgeben ist. Ich hatte nur Sinn und Augen für dieses in der Welt einzig dastehende wundersame Denkmal. Da war der Tempel Allahs, des einigen Gottes, des Gottes Abrahams, Ismaels und seiner Nachkommen. Der Anblick war erhaben; die Kaaba drückte mit einer Gewalt, die ich nicht beschreiben kann, die Größe des Gedankens aus, dem der Islam entsprossen ist und der dessen Bekennern eine so unerschütterliche Zuversicht einflößt.

Vor den Zugängen drängten sich Männer, Frauen und Kinder hinter den Metowwefs (Führern); einige gingen bedächtig, andere bewegten sich rasch hin und her, die meisten standen still und beteten. Es waren immer die gleichen Gegensätze. Da schritt die Frau aus der Wüste mit stolzem Gang einher, in langem schwarzen Gewand; aus den beiden Öffnungen des roten Schleiers blitzten ein paar schwarze Augen hervor. Ich sehe eine alte Inderin mit halbtatarischem Gesicht, häßlicher Gestalt und mageren Beinen. Man bringt eine Leiche auf der Bahre daher; vier Träger, welche von eifrigen Gläubigen für ihre Mühewaltung belohnt werden, führen den Toten um das Heiligtum. Die Türken erkenne ich an ihrer hellen Haut; sie gehen schweigsam einher und zeigen jene abstoßende hochmütige Kälte, welche ihnen eigen ist. Dort sehe ich einen ausgehungerten Inder aus Kalkutta mit häßlichem Turban, ungestalten Armen und schwankendem Gang. An die Mauer des Heiligtums drückt sich ein armer, von Mühsal beladener Mann, der krampfhaft zuckt und Seufzer hervorpreßt, so tief und schmerzhaft, daß man meint, das Herz müsse ihm brechen.

Wir waren in der Moschee, bevor es dunkelte. Mohammed hatte Gerste mitgebracht, um die Tauben zu füttern, die sich in Menge am liebsten zwischen der kleinen Pforte der Begrüßung und dem östlichen Säulengang aufhalten. Dort sitzen auch den ganzen Tag über Frauen und Kinder, die gegen eine Kupfermünze den Gläubigen Futter ablassen.

Ich verweilte bis zwei Uhr morgens in der Moschee, um abzuwarten, ob sie wohl leer würde; aber das geschah nicht. Viele Pilger blieben, ohne in ihre Wohnungen zu gehen, im Hofraum des Heiligtums, um gleich von dort in der Frühe den Pilgerzug nach dem Berge Arafat anzutreten. Sie hatten sich in Gruppen geteilt, vor deren jeder eine Laterne stand, saßen auf ihren Decken, unterhielten sich und betrachteten die Kaaba. Die Menschenmenge war so groß, daß ein paar Stunden verliefen, ehe ich zum Gebet auf Ismaels Grabe kam. Zwischen den Säulen fand ich Kaufleute, die geweihte Sachen feilboten, zum Beispiel Kämme, Rosenkränze, Zahnreiniger und was dergleichen mehr ist.

Meine beiden Gefährten waren um Mitternacht eingeschlafen. Ich faßte nun den Vorsatz, ein Stück von dem Gewande abzureißen, welches die Kaaba deckt; es waren aber zu viele Blicke auf das Heiligtum gerichtet, und ich mußte mich begnügen, mit abgezählten Schritten, mit meinem Arm und einem

Streifen Band die Verhältnisse des Gebäudes abzumessen. Späterhin konnte auch ich der Ermüdung nicht länger widerstehen, weckte Mohammed und Scheich Nur und ging mit ihnen durch die mondbeleuchteten Gassen heim. Alles war still und die Sicherheit allgemein, denn fast überall schliefen die Leute vor den Häusern, deren Türen offen standen.

Heinrich Freiherr von Maltzan
RUND UM DEN SCHWARZEN STEIN

Da lag sie, eine finstere, schwermütige Masse, von schlecht zubehauenen Steinen erbaut. Ein viereckiges, schwerfälliges Monstrum der Kunst, plump und roh in seiner Anlage und Ausführung, wie es das Kindheitsalter barbarischer Tempelarchitektur erzeugt hatte. Da lag die Kaaba, das Ziel meiner Wallfahrt, das Zentrum des Islam. Sie ragte über alles, was sie umgab, empor, höher als der die Moschee umgrenzende Portikus, höher als alle das Gebäude umringenden Heiligtümer. Obgleich an und für sich nicht sehr hoch, denn die Höhe der Kaaba beträgt nur vierzig Fuß, so nahm sie sich doch, wegen der absichtlich niedrig gehaltenen Bauten neben ihr und um sie herum, imposant aus; dem Pilger, der keine Mühe und Qual gescheut hatte, um zu ihr zu gelangen, schien sie einen stolzen Willkomm zuzurufen und ihn aufzufordern, niederzufallen und ihrer schwerfälligen Masse in tiefster Verehrung seine abgöttische Huldigung darzubringen.

Die Kaaba, die zwar Kubus oder Würfel genannt wird, aber kein Würfel ist, denn ihre Höhe beträgt beinahe das Doppelte ihrer Länge und Breite, erregt durch diese ihre einfache, dennoch seltsame Form beim ersten Anblick unsre Überraschung. Der Umstand, daß sie bei einer verhältnismäßig kurzen und schmalen Basis eine Höhe besitzt, die man mit der eines abgeschnittenen Turmes vergleichen möchte, unterscheidet sie auffallend von andern barbarischen Heiligtümern alter Zeiten, welche fast immer von einer erdrückenden Niedrigkeit sind. Die Seltsamkeit dieser Form des Gebäudes, dazu sein finsteres

Aussehen, seine bevorzugte Lage mitten im Tempelhof, die Heiligtümer, die es umringen, die Scharen und Scharen halbnackter Fanatiker, welche in wahnsinnigem Enthusiasmus bald vor ihr niedersinken, bald aufspringen, um sie und ihre Heiligtümer an Herz und Mund zu drücken, bald im verrücktesten Rennen um sie herumlaufen: dies alles verfehlt nicht, einen in seiner Seltsamkeit mächtigen, ich möchte sagen grauenerregenden Eindruck hervorzubringen.

Auch bei mir war dieser Eindruck nicht von Grauen frei. Ich war von dem Schauspiel, das ich vor mir hatte, tief ergriffen. In diesem Augenblick vergaß ich mein eignes Ich gänzlich, ich dachte nicht im geringsten daran, mir Glück zu wünschen, daß ich nun am Ziel meiner Wünsche stand, daß ich einer der wenigen Europäer geworden war, welche dies Heiligtum sehen durften. Nein! Meine Sinne und mein Geist waren ganz von dem vor mir liegenden, in seiner Art einzigen Schauspiel in Anspruch genommen, ich möchte sagen, überwältigt. Eine finstre Dämonenburg erschien mir diese Kaaba, die wie ein koboldartiger Alp auf der Religion des Islam lastet und jeden freieren Aufschwung in ihr verhindert.

Auf einmal wurde mir, wie durch Intuition, die düstere Bedeutung dieses einstigen Götzentempels klar. Alles, was die Kaaba und ihren Pilgerdienst betrifft, ist so ganz dem reineren Monotheismus fremd, alles dies ist so durchaus und so unzweifelhaft heidnisch, daß man deutlich erkennt, daß Mohammed, der dieses götzendienerische Element, um seiner Lehre unter den fanatisch-heidnischen Arabern mehr Anhänger zu verschaffen, in seine Religion mit aufnahm, dadurch sie für ewig zu einem Kultus von barbarischer Rohheit gestempelt hat.

Aber, was auch meine Betrachtungen beim Anblick des größten Heiligtums des Islam sein mochten, äußerlich war ich genötigt, davor die größte Ehrfurcht an den Tag zu legen. Mein Metuaf rüttelte mich bald aus dem Nachdenken auf, in welchem er mich einen Augenblick unbehelligt gelassen, und mahnte mich an die Pflichten der Pilgerschaft, die ich jetzt zu erfüllen hatte. Die erste dieser Pflichten war, daß ich bei dem zweiten »Tor des Grußes« (denn es gibt eines am Eingang, und ein anderes mitten im Hof der Moschee) die zweimalige Verbeugung zu Ehren der Kaaba machen mußte. Dann schritt ich durch dieses zweite Tor des Grußes, welches ein gänzlich freistehender, runder, etwa zwanzig Fuß hoher Bogen ist, zu den sogenannten »Fußstapfen Abrahams«, die direkt auf dem Weg vom Tor des Grußes zur Kaaba liegen. Dort mußte ich das »Allahu Akbar« (Gott ist groß), welches man kurzweg das Takbir nennt, und das »La Illaha il Allah« (Es gibt keinen Gott außer Gott), das sogenannte Tahalil, sprechen.

Kaum hatte ich diese Formeln gesprochen, als zwei Diener der Moschee mit Krügen voll Wasser, aus dem links von Abrahams Fußstapfen gelegenen Semsembrunnen, auf mich zukamen und mir von der heiligen Flüssigkeit zu trinken gaben, wofür sie natürlich eine Vergütung erhielten, denn nichts ist in der Mesdschid el Haram umsonst, selbst für die Luft, die man einatmet, muß gewissermaßen gezahlt werden. Dieses Wasser, welches sehr viel wunderbare Eigenschaften haben mag, besitzt jedoch nicht die dem Trinker willkommnere Eigenschaft, genießbar oder verdaulich zu sein. Es ist bitter, liegt einem schwer im Magen und hat viel mineralische Bestandteile, die ein andres gutes Trinkwasser nicht zu haben pflegt. Aber es ist ein Wunderwasser; wer es trinkt, der ist des Paradieses gewiß und genießt auch auf Erden schon eine Menge von Vorzügen, die mir nun alle zuteil werden sollten, von denen ich jedoch leider nicht viel zu spüren bekam. Den Frauen verleiht es eine Verlängerung ihrer Jugend und größere Dauer ihrer Schönheit. Unfruchtbare werden durch seinen Genuß mit Sprößlingen gesegnet, wozu übrigens die vielen temporären Ehen, welche hier eingegangen werden, auch kein Hindernis bilden.

Indes, dem Semsembrunnen selbst durfte mein Besuch jetzt noch nicht gelten. Zuerst mußte ich den Schwarzen Stein küssen und den Tuaf, den Umlauf um die Kaaba, machen. Wir näherten uns also der Kaaba und zwar ihrer östlichen Ecke, wo der berühmte Hadschar el assuad, der Schwarze Stein, sich eingemauert befindet. Anfangs konnte ich ihn jedoch wegen des dichten Gedränges von Pilgern, das ihn umringte, nicht sehen, und mußte Ssadak aufs Wort glauben, daß er hier vorhanden sei. Da dieser Stein aber einige fünf Fuß über dem Boden eingemauert ist, und die ihn umringenden Haddschadsch meist klein waren, so bekam ich ihn nach kurzem Warten doch von Zeit zu Zeit zu Gesicht, wenn gerade ein besonders kleiner Pilger vor ihm stand. So viel ich jetzt unterscheiden konnte, war er nur etwa acht Zoll lang, etwa ebenso breit, seine Farbe ein schmutziges Schwarzbraun, außerdem schien er mit einem schwarzen Zement überzogen.

Zu ihm zu gelangen war jedoch wegen der ihn umlagernden, ihn umknienden und ihn küssenden Pilgerscharen vor der Hand nicht möglich. Wie eine Mauer unbeweglich, so standen die Leiber dieser Haddschadsch da. Da ihre Gesichter alle dem Schwarzen Stein zugekehrt waren, so sah man nichts als die knochigen Schultern, die kahlen Scheitel und die schmutzigen Lumpen des Ihram dieser Pilger. Man fühlte freilich desto mehr. Denn der Schwarze Stein ist nicht nur ein Sammelpunkt der Mohammedaner aus allen Weltteilen, sondern leider auch dessen, was sie mitbringen, nämlich des Ungeziefers aus allen Himmelsgegenden. Hier geben sich die Springer unter den Insekten mit den kriechenden und hüpfenden Ungetümen Rendezvous. Hier fehlt weder jenes grünliche Tierchen von großer Lebhaftigkeit, das kein anständiger Europäer ohne Not nennt, noch das verwandte weißliche Insekt, noch auch das runde, braune Stechungeheuer, welches man bei uns in den Betten unreinlicher Gasthöfe zuweilen kennenlernt. Hier feiert namentlich der Culex annulatus, das ägyptische Stechinsekt, seine glänzendsten Siege, und verschiedene Gattungen von Simulia versuchen sich am eisenarmen Blut der hinfälligen Haddschadsch, aus dem sie gewiß nur eine höchst dürftige Nahrung ziehen. Kurz, es war, als ob auch die Insekten ihre Pilgerreise nach Mekka und ihre Wallfahrt zum Schwarzen Stein zurückgelegt hätten, ein Manöver, das ihnen weniger Mühe gemacht hatte als den menschlichen Pilgern, da ja letztere das Beförderungsmittel und nebenbei durch ihr Blut auch die Nahrung für die liebenswürdigen Tierchen abgaben.

Alle diese springenden und hüpfenden Ungetüme waren sich offenbar bewußt, denn es liegt Instinkt in den Massen, daß sie hier sich ganz am rechten Ort befanden, daß nirgends in der Welt sie solche Immunität und solche Privilegien genossen wie hier, wo kein Mensch ihnen ein Haar krümmen durfte, denn bekanntlich ist es dem Pilger unter Androhung der schwersten Strafen und Sühneopfer verboten, ein Schmarotzerinsekt auch nur zu berühren, um es zu entfernen, weil er es dabei verletzen könnte. Deshalb genossen diese kleinen Tyrannen ihren Triumph vollkommen und labten sich am Blute der Haddschadsch nach Herzenslust, in vollen Wonnepokalen. Auch dem Schreiber dieser Blätter ging es nicht besser als allen übrigen. War er bisher auf der Pilgerfahrt dem Insektenkommunismus, dem einzigen durchführbaren Kommunismus auf Erden, einigermaßen entgangen, so war doch nun alle Vorsicht unmöglich geworden. Eine völlige Invasion aller hüpfenden und springenden Ungetüme fand statt, sie bestiegen meinen Rükken, meine Brust, sie tummelten in Bart und Haar, sie belebten meinen Ihram, sie feierten ihre Siege und riefen: »Io triumphe!«

IM LAND DER AUFGEHENDEN SONNE

»Wenn ich auf ihren Strohmatten lagerte, aus der winzigen dünnen Schale einen Schluck Reiswein trank, die seltsamen Gerichte aus Fisch und Gemüse, zierlich auf schwarzer Lackplatte angeordnet, mehr mit den Augen als mit dem Gaumen genoß, die köstliche Kahlheit ihrer Zimmerwände auf mich wirken ließ, der Vollkommenheit eines künstlich verdrehten Buchsbaumzweiges in der Vase nachsann, dem Brodeln des Teewassers wie einer delphischen Stimme lauschte, wenn ich, mit einem Wort, die durchdachte Vollkommenheit und Regelstrenge ihres traditionellen Lebens mitlebte, dann dachte ich oft: Sie können nichts Häßliches machen, diese Japaner!«

Friedrich Sieburg, Die stählerne Blume.
Eine Reise nach Japan (1939)

Fernão Mendes Pinto
Denkwürdige Begebenheiten mit japanischen Herren

Als wir siebzehn Tage, nicht ohne große Gefahr, auf der Insel Lampacau zugebracht hatten, kam zufälligerweise ein Seeräuber dorthin. Er hieß Samipocheca und war vor der Schiffsflotte des Aytao von Cincheo geflohen, der ihm eine Niederlage beigebracht und sechsundzwanzig Schiffe abgenommen hatte, so daß ihm nicht mehr als zwei verblieben waren. Der größte Teil seiner Besatzung lag verwundet danieder, und um ihrer Genesung willen verzog er sich für zwanzig Tage dorthin. Die Notlage, in der wir uns befanden, trieb uns dazu, uns ihm zu übergeben und seinem Belieben anheimzustellen, uns zu führen, wohin er wolle.

Als nun die zwanzig Tage verflossen und die Verwundeten genesen waren, begaben wir uns, wiewohl noch mit Haß und Bitterkeit gegeneinander, mit diesem Seeräuber zu Schiff: nämlich drei in die Dschunke, die er befehligte, und fünf in das andere Schiff, das des Seeräubers Neffe kommandierte. Wir fuhren also von der Insel ab und segelten mit gutem Wind neun Tage lang, mit dem festen Vorsatz, den Hafen Lailo, sieben Meilen von Cincheo und achtzig Meilen von unserer Insel entfernt, anzulaufen. Als wir aber zu dem Salzfluß, fünf Meilen vor Chabaquea, kamen, wurden wir von einem Seeräuber angegriffen. Aus sieben mächtigen Dschunken bestürmte er uns vier Stunden lang sowohl mit Pfeilen wie mit Feuertöpfen, dermaßen heftig, daß darüber zwei seiner eigenen Schiffe und die Dschunke, die fünf von uns Portugiesen aufgenommen hatte, in Brand vergingen; wir konnten ihnen nicht helfen, weil wir zumeist verwundet waren.

Unser Schiff kam noch mit Glück davon; obwohl es sehr beschädigt war, segelten wir drei Tage lang weiter, wurden dann jedoch von einem solch wütenden Sturm überfallen, daß uns bei der Nacht das Land außer Sicht geriet und wir es nicht wiederfinden konnten. Wir hielten deswegen auf die Insel Lequios zu, wo der Seeräuber, der uns befehligte, sehr bekannt war. Es wollte sich aber kein Land eräugen, ohne Zweifel auch aus Ermangelung eines Steuermanns, denn der unsere war im letzten Gefecht tot geblieben; überdies hatten wir den Wind und die Strömung gegen uns.

So trieben wir dreiundzwanzig Tage umher, bis wir endlich Land sahen. Wir hielten darauf zu und hielten nach einem Hafen oder einer Anlaufstelle Ausschau. Gegen Süden bemerkten wir ein großes Feuer und mutmaßten daher, daß eine Ortschaft nicht weit sei. Wir warfen Anker und sahen zur Stund zwei kleine Almadias oder Schiffchen mit sechs Männern auf uns zukommen. Sie fragten, woher wir kämen, worauf wir antworteten, aus China, und wir seien gewillt, mit Kaufmannsgütern hier Handel zu treiben, falls man uns dies vergönne. Einer der Männer antwortete, daß der Nautaquin, der Herr dieser Insel Tanixumaa (es handelt sich um Tane-ga-Shima, südlich von Kiuschu), dies gern bewilligen werde, sofern wir bereit wären, den Japanern, denen dieses Land gehöre, die übliche Gebühr zu entrichten. Darüber waren wir sehr erfreut, lichteten den Anker und segelten um eine Biegung zum Hafen von Miaygimaa, wo uns alsbald zahlreiche Paraoos oder kleine Nachen mit allerhand frischen Speisen entgegenkamen.

Zwei Stunden nach unserer Ankunft in Miaygimaa kam der Nautaquin, der Fürst dieser Insel, begleitet von vielen Kaufleuten und Edlen, auf unsere Dschunke. Sie brachten ganze Kisten voll Silberstücke mit, um mit uns zu handeln. Sobald er unser Schiff betreten, sah er uns Portugiesen an und fragte, was wir für Leute seien. An unseren Bärten und Gesichtszügen konnte er wohl abmerken, daß wir keine Chinesen waren. Der Seeräuber antwortete, wir kämen aus Malakka, wohin wir vor vielen Jahren aus einem Land Portugal angelangt wären. Der Nautaquin besah sich hierauf alles auf dem Schiff, ließ sich dann auf einen Stuhl nieder und fragte nach mancherlei Geschichten und Begebenheiten, worauf wir ihm das berichteten, was ihn wohl am meisten interessieren konnte. Auf diese Weise brachte er längere Zeit mit uns zu, und aus seinen Fragen sprachen große Neugier und der Hunger nach Kenntnis fremder, ausländischer Dinge. Endlich schied er von uns mit den Worten: Wenn es uns beliebe, möchten wir ihn doch anderntags in seinem Haus besuchen und ihm das Geschenk machen, von den neuen Dingen aus der großen Welt, die wir bereist hätten, ausführlich zu erzählen.

Am folgenden Morgen sandte er zu unserer Dschunke einen großen Paraoo, beladen mit allerlei Eßbarem, wie Trauben, Birnen, Melonen und allerhand Gemüsen. Der Seeräuber sandte ihm seinerseits ein Schifflein mit einigen kostbaren Geschenken und feinen chinesischen Waren und ließ ihm ausrichten, daß er ihn an Land besuchen wolle, und er brächte einige Proben und Muster von Waren, die er zu verkaufen hätte, mit. Das tat er gleich folgenden Tags und nahm uns drei mit, dazu noch zehn oder zwölf Chinesen, die ihm die ansehnlichsten zu sein schienen, damit er ein gutes Entrée hätte und an Ansehen gewönne, denn dies Volk neigt doch sehr zur Eitelkeit.

Der Nautaquin empfing uns in seinem Haus sehr freundlich und wurde von unserem Seeräuber stattlich beschenkt. Er zeigte ihm auch sogleich Muster von all seinen Waren, woran der Nautaquin großes Vergnügen hatte und die vornehmsten Kaufleute des Landes, welche Handel treiben, rufen ließ. Danach fragte er uns wieder nach den verschiedensten Dingen, worauf wir ihm zwar Auskunft gaben, doch mehr, um seine Begierde zu sättigen, als mit der Wahrheit herauszurücken. Das erste, was er vorbrachte, war dies: Er habe die Chinesen und Lequioten so verstanden, daß Portugal reicher und größer sei als ganz China – was wir bekräftigten. Zum anderen habe er vernommen, unser König habe den größten Teil der Welt zur See erobert – was wir auch bejahten. Zum dritten begehrte er von uns zu wissen, ob dem so wäre, daß unser König so reich an Gold und Silber sei, daß er mehr als zweitausend Häuser bis unter das Dach damit angefüllt hätte. Darauf antworteten wir, wir könnten hierüber keine genaue Zahl nennen, weil Portugal so überaus reich, groß und einwohnerstark sei.

Als er nun mit solchen und ähnlichen Fragen länger als zwei Stunden mit uns zugebracht, drehte er sich zu den Seinen um und sagte: »Gewiß kann keiner der uns auf Erden bekannten Könige sich glücklich schätzen, sofern er nicht dieses großen Fürsten Untertan ist.« Dann verabschiedete er sich vom Seeräuber und bat uns, die Nacht über bei ihm zu bleiben und sein Verlangen zu stillen, noch andere wundersame Sachen zu erfahren. Er versprach auch, uns am folgenden Tag im angenehmsten Viertel der Stadt nahe seinem Haus ein Quartier zuzuweisen, was wir auch mit Freuden annahmen. Er empfahl uns einem reichen Kaufmann, der uns zwölf Tage bei sich behielt und uns trefflich traktierte.

Anderntags entlud der chinesische Necoda oder Seeräuber alle seine Waren, wie ihm der Nautaquin geheißen, und schaffte sie in ein dafür vorgesehenes Speicherhaus. Innerhalb von drei Tagen verkaufte er alle seine Waren, teils weil er wenig davon hatte, teils weil sie im Lande rar waren. Der Gewinn schraubte sich so in die Höhe, daß der Verlust seiner sechsundzwanzig Schiffe damit ersetzt war. Denn er bekam, was er forderte, und bekannte selbst, der Wert seiner Waren beliefe sich auf 2500 Taels, sie hätten ihm aber einen Gewinn von mehr als 30000 Taels eingetragen. Wir drei Portugiesen dagegen, die wir keinerlei Ware zu verkaufen hatten, vertrieben uns die Zeit mit Fischfang, Jagd und Besichtigen heidnischer Kirchen, die sehr prächtig waren und in denen uns die Bonzen, ihre Priester, freundlich empfingen.

Dreiundzwanzig Tage waren wir nun schon auf dieser Insel und hatten uns die Zeit mit Fischen und Jagen, dem dieses Volk sehr zugetan ist, vertrieben, als im Hafen ein Schiff des Königs von Bungo (Provinz auf der Insel Kiuschu) einlief, dem Kaufleute entstiegen. Sie begaben sich, wie hierzulande üblich, mit einigen Geschenken zum Nautaquin. Unter ihnen befand sich ein sehr alter Mann mit großem Gefolge, dem die anderen mit besonderer Ehrerbietung begegneten. Dieser überreichte, auf den Knien liegend, dem Nautaquin einen kostbaren vergoldeten Säbel und ein Kästchen voller Fächer, was der Nautaquin mit Freuden in Empfang nahm. Der alte Mann bat dann im Namen seines Herrn, des Königs von Bungo und des Nautaquin Onkel, man möge belieben, ihm einen der Männer zu senden, die vom Ende der Welt gekommen seien und von vielen Wunderdingen zu berichten wüßten; er würde dies als ein Zeichen großer Freundschaft ansehen.

Bald nach Beendigung der Audienz schickte der Nautaquin nach uns und erklärte, daß sein Oheim, der König von Bungo, darum gebeten habe, einer von uns dreien solle zu ihm reisen und ihm, der nach neuen und fremden Dingen begierig sei, das Vergnügen bereiten. Wir waren darüber sehr erfreut und sagten, er könne ganz nach Belieben einen von uns auswählen. Der Nautaquin überlegte kurz und wählte dann mich aus, weil ihm mein Geist fröhlicher erschien als der der anderen; das dürfe den Japanern wohl am besten gefallen und auch den kranken König erquicken.

Der Gesandte erschien dann wieder, und der Nautaquin empfahl mich ihm und gab mir noch 200 Taels für die Reise, worauf ich mich nun reisefertig machte. Als alles soweit bestellt war, begaben sich der Gesandte und ich an Bord eines Ruderschiffs, das sie Funce nennen, fuhren des Nachts los und ankerten morgens im Hafen von Himangoo. Von dort ging es weiter bis zur großen Stadt Quanguizumaa. Andertags segelten wir mit gutem Wind weiter und kamen erst nach Tanoraa, dann nach Minatoo, nach Fiungaa und erreichten schließlich die sechs Meilen von der Stadt entfernte königliche Festung Osquy. Hier hielt sich der Gesandte einige Tage auf, da der Schloßvogt, sein Schwager, erkrankt war. Von hier aus reisten wir dann auf dem Landweg nach Fucheo und kamen gegen Mittag glücklich dort an. Weil aber diese Zeit ungelegen war, um mit dem König zu sprechen, nahm mich der Gesandte mit in sein Haus, wo er von seiner Gemahlin und den Kindern freundlich empfangen wurde, und ich dazu gleich mit.

Nachdem er sich ein wenig ausgeruht hatte, legte er feine Kleider an und ritt mit mir zum königlichen Hof. Der König ließ ihn durch seinen Sohn, der neun oder zehn Jahre alt und von vielen Edlen begleitet war, empfangen. Nach den üblichen Zeremonien nahm der Sohn den Gesandten bei der Hand und führte ihn in die Kammer zum König, der krank zu Bett lag. Als der König den Brief des Nautaquin gelesen und das Befinden seiner Tocher vernommen hatte, befahl er dem Gesandten, mich zu rufen, da ich ein wenig abseits stand. Ich trat nun vor den König, der mich freundlich empfing und zu mir sprach: »Deine Ankunft in meinem Land soll mir ebenso angenehm sein wie der Regen, der vom Himmel auf unsere Reisfelder herniederfällt.« Diese Freundlichkeit traf mich so unverhofft, daß ich nichts zu antworten wußte. Der König aber fuhr fort und sagte zu seinen Herren: »Ich glaube, dieser Fremdling ist erschrocken über so viel Volk. Vielleicht ist er es nicht gewohnt. Ich will dies aufschieben, bis er eine Zeitlang hier gewesen ist.«

Darauf ließ ich durch meinen Dolmetscher antworten: »Ich

gestehe zwar gern meine große Bestürzung ein, doch liegt es nicht an dem vielen Volk, da ich schon eine größere Zahl gesehen habe, sondern daran, daß ich vor den Füßen eines so großen Königs stehe, was allein ausreichen würde, hunderttausend Jahre stumm zu bleiben, wenn ich so lange leben könnte.« Ich fügte auch noch hinzu, daß die, die ihm dienten, allesamt Menschen seien wie ich. Was jedoch Seine Hoheit angehe, so habe ihn Gott mit einem großen Vorteil vor allen anderen Menschen ausgestattet, indem Er ihn zum Herrn und die vielen anderen zu Dienern gemacht habe. Deshalb sei auch ich gegenüber Seiner Hoheit nichts anderes als eine kleine Ameise, welche ihrer Kleinheit wegen von Seiner Hoheit nicht gesehen werden könne und auf die gehaltene Rede nichts zu antworten wisse.

Die Umstehenden zollten meiner Antwort, die doch ungeschickt war, solch hohe Achtung, daß sie vor lauter Verwunderung in die Hände klatschten und zum König sagten: »Ganz gewiß scheint er kein Kaufmann zu sein, der sich mit geringen Dingen abgibt. Er scheint etwas Höheres, Größeres zu sein.«

Der gichtkranke König winkte mich ein wenig näher zu sich ans Bett heran und sprach: »Ich bitte dich, laß dich nicht verdrießen, bei mir zu bleiben, da ich dich gern sehe und mit dir sprechen möchte. Sag mir, gibt es in deinem Land kein Heilmittel gegen die Pein, die mich ganz lahm macht, oder gegen den Ekel vor Speisen, der mir nun schon seit zwei Monaten fast jegliches Essen verleidet?«

Ich erwiderte, daß ich in der Arzneikunst nicht erfahren sei, ich aber in der Dschunke, mit der ich von China gekommen, ein sonderbares Holz gesehen hätte, das, sobald man es ins Wasser lege, die Kraft hätte, viele schwere Krankheiten, so wie die seine, zu vertreiben.

Er ließ sogleich dieses Holz aus Tanixumaa herbeischaffen, und nach dreißig Tagen war er von seiner Krankheit geheilt. Ich hatte unterdessen genug zu tun, die vielen Fragen des Königs, der Königin und der vielen Fürsten zu beantworten, die da meinten, außer Japan gäbe es nichts auf der Welt.

Engelbert Kaempfer
Die Strassen Nippons

Die Heerstraßen des Landes sind täglich mit einer unglaublichen Menge Menschen angefüllt, zu einigen Jahreszeiten so stark wie die Gassen in einer volkreichen europäischen Stadt; von dem Tokaido, der unstreitig der bedeutendste der sieben Hauptwege ist, kann ich das aus Erfahrung bezeugen, weil ich ihn viermal passiert bin. Dies verursachen teils die große Anzahl der Einwohner des Reiches, teils die vielen Reisen, die sie unternehmen, ganz gegen die Gewohnheit anderer Nationen. Ich will hier die merkwürdigsten Parteien der Reisenden anführen.

Zuerst nehme ich die großen und kleinen Landesfürsten, der hohen und niederen Gouverneure der Kaiserlichen Städte und Landschaften, nebst ihrem Gefolge, welche den Weg in der Zeit von einem Jahr hin und her und also zweimal machen, indem sie am Hofe zu bestimmter Zeit erscheinen und wieder von da abreisen müssen. Sie verrichten das jedesmal in Begleitung ihres ganzen Hofstaats mit einem so zahlreichen und kostbaren Aufzug, wie es ihr Stand und Vermögen nur immer erlauben. Der Zug der größten Landesfürsten füllt daher den Weg auf etliche Tagereisen; wie es uns denn begegnet ist, daß ihr Vortrab, der aus den geringeren Bedienten, Bagageführern und Troßknechten besteht, allemal zwei Tage lang – jedoch in zerteilten Haufen – bei uns auf unserer schleunigeren Fortreise vorbeigezogen, ehe wir den Landesfürsten selbst mit seinem Hofschwarm in einer regelmäßigen Ordnung gesehen haben. Das aber pflegte erst am dritten Tage zu geschehen.

(...)

So sehr es übrigens bei einem fürstlichen Zug zu verwundern und zu rühmen ist, daß alle Personen, außer den Piken- und Norimons-(Sänften-)Trägern auch andere Livreebediente, in nichts als in schwarzer Seide gekleidet gehen, und in was für einer regelmäßigen schönen Ordnung eine so große Menge Volks ohne den geringsten Lärm, außer dem, der von dem Rauschen der Kleider und Bewegung der Menschen und Pferde entstehen muß, einherzieht – so belachenswert ist es hingegen, daß die Piken- und Norimons-Träger sich hinten so hoch aufgeschürzt haben, daß sie alles, außer daß das Schamtuch zu einiger, doch nicht hinlänglicher Bedeckung dient, preisgeben; noch mehr aber, daß die Heiducken, Prunkpiken-, Sonnenhut-, Schirm- und Kastenträger, wenn sie durch bewohnte Straßen oder andere Aufzüge vorbeipassieren, einen närrischen Gang annehmen. Die einen ziehen bei jedem Schritt den Fuß beinahe bis ans Kreuz hoch und werfen zugleich den einen Arm weit hervor, daß es scheint, als wenn sie durch die Luft schwömmen; die anderen lassen bei eben solchem Gang auch die Prunkpiken, den Hut und Sonnenschirm mit jedem Tritt einigemal sich hin- und herbewegen, auch den Fassanbak (lakkiertes Kästchen) auf der Schulter nicht stille liegen. Die Norimons-Träger haben ihre Ärmel mit einer durchgehenden Schnur aufgebunden und die Arme bloß; sie tragen bald auf der Schulter, bald auf der einen über den Kopf gehobenen Hand und recken den anderen freien Arm mit der flachen Hand horizontal aus, womit sie samt kurzen Tritten und steifen Knien eine lächerliche Furcht und Vorsichtigkeit affektieren.

Will etwa ein großer Herr hie und da einen Trunk Tee zu sich nehmen oder rauchen, oder tritt er zur Verrichtung seiner Notdurft in eine dazu überall vorhandene grüne Hütte oder ein Bauernhäuschen auf kurze Zeit ab, so gibt er dem Wirt jedesmal einen Kobang (Goldmünze, im Wert von 23 ½ holländ. Gulden) zur Belohnung, in den Mittags- und Nachtherbergen aber weit mehr.

Die Personen, die eine Betfahrt nach Isje (Ise, Stadt der Schinto-Schreine) unternehmen, haben gleichfalls, aus was für einer Provinz sie auch kommen mögen, einen Teil der großen Landstraßen zu berühren. Diese Betfahrt wird das ganze Jahr hindurch, vor allem aber im Frühling, unternommen, daher ist der Weg um diese Zeit vorzugsweise von solchen Wandersleuten voll. Alte und Junge, Reiche und Arme beiderlei Geschlechts machen sich eine Andacht aus dieser Reise, rechnen sie sich zum Verdienst an; sie suchen sie zu Fuß und so gut sie können durchzuführen. Die Vielheit derer, die ihre Kost und ihr Zehrgeld unterwegs erbetteln müssen, fällt den nach Hofe Reisenden nicht wenig verdrießlich, da sie alle Augenblicke angegangen werden – was jedoch nicht anhaltend, sondern nur einmal, mit bloßem Haupt und demütiger Stimme, mit diesen Worten geschieht: »Großer Herr, gebt dem Betfahrenden nach Isje einen Heller zur Reise.« Die Einwohner der Stadt Jedo (Tokio) und der Provinz Osju haben vor allen anderen die Gewohnheit, diese Wallfahrt, auch ohne Erlaubnis ihrer Obrigkeit, zu unternehmen; ja sogar die Kinder, denen begangener Übeltat halber eine Züchtigung bevorsteht, laufen eigensinnig von hier häufig ihren Eltern weg, gehen nach Isje und holen Ablaß, der ihnen denn zur Absolution gültig sein soll. Da auf diesem Weg so viel Volk ist, daß in den Herbergen nicht alle unterkommen können, findet man viele sowohl aus diesem Grund wie auch aus Armut öfters im Feld übernachten, andere bisweilen am Wege krank und tot daliegen; die solchermaßen verlorenen Ablaßschachteln werden von den Findern aufgehoben und in die Zweige des nächsten Baumes oder Strauches gesteckt.

Es gibt auch lose Vögel, die unter dem Schein der Wallfahrt den größten Teil des Jahres hier mit Betteln zubringen, solange sie sich wohl dabei befinden; andere wissen diese Fahrt auf eine komische Weise zu einer Bettelfahrt zu machen und das Auge und Geld andrer Leute leichter und mit Kurzweil an sich zu ziehen. Es gesellen sich zu diesem Zweck gewöhnlich vier Personen zusammen, die sich wie die Hofbedienten eines Kuge oder Dairi in ein weites weißes Leinengewand kleiden; zwei von ihnen tragen langsamen Schrittes und öfters stillstehend eine mit Tannenzweigen und zerschnittenem weißen Papier verzierte und behangene Bahre, und auf ihr eine aus leichter Materie gemachte große Glocke, einen Kessel oder dergleichen, das etwas aus den alten Fabeln ihrer Vorfahren und Götter abbilden oder vorstellen soll. Der Dritte schreitet aus Hochachtung gegenüber der heiligen Vorstellung mit einem Kommandostab in der Hand, oben geziert mit einem weißen Busche, voraus und stimmt mit rauher Kehle ein Lied an, das darauf paßt. Der Vierte geht sodann vor die Häuser oder zu den mildtätigen Zuschauern und sammelt die Gaben ein. Sie machen ihre Tagereisen dabei so kurz, daß der ganze Sommer draufgeht. (...)

Sehr sonderbar kommt es einem vor, daß man zur Winterszeit manchmal nackende Leute antrifft, die nur mit einem

Strohbusch zur Bedeckung der Scham umgürtet sind. Selbige haben an gewisse Tempel und Abgötter ein Wallfahrtsgelübde getan, um die verlorene Gesundheit oder sonst etwas für ihre Eltern, Blutsfreunde oder für sich selbst dadurch zu erlangen; unterwegs leben sie sehr streng und armselig, suchen keine Almosen und gehen allezeit einzeln und ohne sich viel aufzuhalten ihren Weg fort.

Ferner sieht man unsere Landstraße auch mit vielerlei anderen, zumeist jungen und kahlgeschorenen Bettlern bevölkert. Als Sotoktai den »Fotoge« oder ausländischen Götzendienst eifrig ausbreitete und dabei einen gewissen Moria zu seinem heftigsten Widersacher hatte, da hieß er allen Männern, die seiner Lehre folgten, zum Unterschied derer, die dem Moria anhingen, das Haupt zur Hälfte zu scheren, den armen Kindern nach der Manier der Pfaffen aber ganz kahl, wodurch ihnen als Geschorenen zugleich die Freiheit zu betteln allein erteilt ward – ein Brauch, der sich bis hierher erhalten hat.

Unter diesen Geschorenen befindet sich ein merkwürdiger Orden junger Dirnen, denen man den Namen Bikuni oder Nonnen gibt, weil sie unter der Herrschaft und dem Schutze der Nonnenklöster zu Kamakura und Kyoto stehen, an die sie – oder auch an die Khumanotempel nahe Isje – alljährlich einen Tribut von ihrem Erwerb entrichten müssen; in deren Umgebung halten sie sich denn auch meistens auf und werden deshalb, zum Unterschied zu den geistlichen Nonnen, Khumano no bikuni genannt. Sie sind fast die schönsten Dirnen, die uns auf der Reise durch Japan vorgekommen: Diejenigen armen jungen Weibspersonen, welche gut und reizend aussehen, erhalten ohne große Mühe die Erlaubnis, als Nonnen zu betteln, weil sie es eben sind, die den Reisenden durch ihre anlockende Gestalt die Almosen am besten abzwingen können. Die bettelnden Jammabos widmen ihre Töchter dieser Profession, nehmen auch wohl die Bikuni zu ihren Weibern. Manche von ihnen sind in den Bordellen erzogen; wenn sie da ihre Zeit gedient haben, erkaufen sie alsdann diese Freiheit und bringen darin den Rest ihrer Jugend zu. Ihrer zwei oder drei gesellen sich zueinander, gehen täglich eine oder mehrere Meilen von ihrer Wohnung weg und warten die vornehmen Leute ab, die in Cangos (Sänften) oder auf Pferden vorbeireisen; jede macht sich zu einem besonders und singt ein Bauernliedchen auf; findet sie einen recht Freigebigen, so belustigt sie ihn für etliche Stunden. Nichts Geistliches und Armes ist ihnen anzusehen, denn sie haben ihr geschornes Haupt mit einer schwarzseidenen Kappe verhüllt, sich mit bürgerlichen Kleidern nett und sauber ausgeschmückt, die Hände mit Handschuhen ohne Finger bedeckt, das gewöhnlich geschminkte Gesicht mit einem breiten Sonnenhut vor der Luft geschützt, und führen einen kleinen Reisestab mit sich, so daß sie romantische Schäferinnen vorstellen. In ihren Reden und Gebärden haben sie nichts Freches, Demütiges, Niederträchtiges und Affektiertes, sondern geben sich frei, aber auch zurückhaltend. Doch um diese Bettlerinnen nicht über Gebühr zu erheben, muß ich sagen, daß es mit ihrer Schamhaftigkeit, wider die Landessitten und Ordensgebräuche, nicht weit her ist, zumal sie ihren Busen auf offener Straße den freigebigen Reisenden darhalten; daher kann ich sie, so geistlich sie auch geschoren sind, von der Zahl leichtfertiger und unzüchtiger Weibspersonen nicht gut ausschließen.

Bei dieser Gelegenheit komme ich auf einen anderen Bettlerorden, den der Jammabos, d. i. Bergpfaffen, die aber eigentlich Jammabus, d. i. Bergsoldaten, heißen, weil sie stets einen Hiebdegen tragen. Sie sind nicht geschoren und suchen der Regel des ersten Pilgrims oder Stifters ihres Ordens nachzukommen, der mit Bergsteigen seinen Leib kasteite – oder ihn wenigstens mit ihrer Kleidung und einigen äußerlichen Manieren nachzuahmen. Sie stehen wie Laien unter dem Haupt dieses Ordens in Kyoto, wohin sie jährlich ein Stück Geldes aufbringen müssen, wogegen sie dann einen höheren Rang samt einem Zierzeichen abholen, woran derselbe unter ihnen erkannt wird. Ihr Aufenthalt und Wohnplatz ist in der Nähe eines berühmten einheimischen Götzen- oder Cami-Tempels; wenn sie in dessen Namen den Reisenden anbetteln, so halten sie mit trotziger Miene eine kurze Rede von seinen Wundern und von seiner Heiligkeit; sie klingeln mitunter mit ihrem Knüttelstock, der oben mit eisernen Ringen behangen ist, um der Sache Nachdruck zu verleihen, und blasen zum Schluß, anstatt zu bitten, auf einem großen Schneckenhorn. Ihre Kinder, die sie auf eben die Weise und in dem Ordenshabit, jedoch in geschornen Köpfen, mitbetteln lassen, fallen den Reisenden am meisten lästig. Gewöhnlich passen sie ihn da ab, wo es bergan geht, weil es alsdann langsamere Schritte gibt und ihnen so leicht nichts und niemand entgehen kann. An verschiedenen Orten kommen sie den Reisenden, mit einer Schar Bikuni vermengt, wie ein Bienenschwarm entgegen; da kann man denn vor dem Lärmen, den sie mit Singen, Blasen, Perorieren und Anschreien machen, kaum sein eigenes Wort verstehen. Dieser Bergpfaffen bedienen sich die Leute zum Beschwören, Wahrsagen, dem Deuten zukünftiger Dinge und zu anderem Aberglauben und Zaubereien; zum Dienst und zur Wartung der Tempel aber werden sie niemals gebraucht.

Wiederum eine andre Art Bettler sind alte und dem Ansehen nach achtbare Männer, welche, um desto eher Almosen zu erhalten, wie Siuke oder Buds(do)pfaffen geschoren und bekleidet sind. Einige von ihnen, deren allzeit zwei beieinander stehen, halten ein länglich schmales, nach Siamischer Kanzleiart gefaltetes Buch von Papier vor sich, das einen Teil ihres Fokekjio (ihrer Bibel) enthält und mit Charakteren (Schriftzeichen) bedruckt ist, die sie zwar nicht verstehen, wovon sie aber doch etwas auswendig gelernt haben, welches sie hersagen, als ob sie es abläsen, und dann dafür eine gute Gabe von dem Zuhörer erwarten. Andere von ihnen sieht man bisweilen hie und da an einem Bach sitzen und ein Sjegaki, d. i. eine Zeremonie für abgeschiedne Seelen, machen: Sie besteht darin, daß ein solcher Pfaffe einige Holzspänchen, worauf die Namen gewisser abgestorbener Personen geschrieben sind, unter dem Gemurmel gewisser Worte mit einem Strauch des Baumes Fanna Skimmi abwäscht, was denselben zur Abkühlung im Fegfeuer und so statt einer Seelenmesse dienen soll. Wer sich von den Vorbeigehenden etwa selbst in dem Bach abspülen will, wirft dem Pfaffen einen Semin oder Heller auf seine ausgebreitete Matte zu, wofür der aber mit keiner Miene dankt, weil er es mit seiner Geschicklichkeit und Andacht verdient – wie auch bei den vornehmen Bettlern das Danksagen nicht gebräuchlich ist. Einem jeden, der diese Zeremonie des Sjegaki gelernt hat, steht sie zu machen frei.

Noch andere, und zwar die meisten und geringsten dieser Gattung von Bettlern, sitzen einzeln, fast auf dem ganzen

Wege, auf einer Strohmatte, singen und sprechen stets mit
kläglicher Stimme »Namanda!« – zusammengezogen aus Na-
mu Amida Budsu, welches eine kurze Formel ist, womit sie
den Götzen Amida (Amitabha) als Fürsprecher der verstorbenen Seelen anrufen; sie schlagen dabei mit einem hölzernen
Hämmerchen kräftig auf die kleine Glocke vor ihnen, die wie
ein Mörser gestaltet ist, weil sie glauben, durch den Schall
könnten sie besser von dem Amida, oder auch wohl von dem
Vorbeireisenden, gehört werden. (...)

Endlich will ich nur noch eine ganz besondere Bettelmusik
oder ein Glockenspiel erwähnen, das Fatsjo Canne, d.i. das
Glockenspiel der Acht, genannt wird und das uns auf unserem
Wege, wenn auch selten, vorgekommen ist. Ein Knabe trägt
ein hölzernes Joch und darüber am Hals ein Halfter, von dem
acht platte Glöckchen von verschiedenen Tönen, jede an einem
besonderen Riemen, herabhängen: Er dreht sich damit in einer
bewundernswürdigen Geschwindigkeit herum, so daß das
Joch, das seinen Armen zur Lehne dient, nebst den Glocken
sich horizontal aufhebt und auseinander breitet. Während des
Umdrehens schlägt er mit zwei Hämmern auf die Glocken und
spielt eine wilde Melodie. Zwei andere, neben ihm Sitzende,
schlagen eine große und eine kleine Trommel dazu, und zusammen machen sie solchergestalt ein sonderbares Getöne.
Man wirft ein paar Senni vor sie nieder, wenn man ihnen seinen Gefallen bezeugen will.

Das Gewimmel auf unserm Wege wird nicht wenig durch
die geringen Krämer und Bauernkinder vergrößert, die bis in
die Nacht umherlaufen und den Reisenden ihre armseligen Waren aufbetteln, als da sind: allerlei Backwerk, worin der Zucker
kaum zu schmecken ist, Mehlkuchen, Soccani und allerhand in
Wasser abgesottene Wurzeln, gedruckte Wegweiser oder Reisebücher, Strohschuhe für Menschen und Pferde, Seile und
Stricke, Zahnstocher und andere nach Gelegenheit des Orts aus
Stroh, Bisam, Bambus und Holz gemachte Kleinigkeiten. So
stehen auch vielerorten in und unweit den Dörfern eine Partie
Träger mit Cangos oder Sänften, auch Knechte mit nachlässig
und schlecht gesattelten Pferden bereit, die sie dem ermüdeten
Fußgänger bis zur nächsten Post oder so weit sie wollen für
einen geringen Lohn anbieten. Es sind dies gemeinhin Leute,

die etwas auf eine Station gebracht haben und leer wieder zurückkehren.

Schließlich gehören noch die unzüchtigen Weibspersonen in den großen und kleinen Herbergen, Teebuden und Garküchen in den Dörfern und Flecken der großen Insel Nippon hierher, weil sie, sobald sie gegen Mittag gekleidet und geschmückt sind, den Reisenden von dem Sitz der Galerie vor ihren Häusern stets entgegenschauen und sie, die eine hier, die andere dort, mit einem wetteifernden liebkosenden Geschrei zur Einkehr einladen und ihnen die Ohren vollschwatzen. In den Sjuku oder Postflecken, allwo verschiedene Herbergen nebeneinander stehen, ist es in der Beziehung am ärgsten, wie z. B. vorzüglich in den zwei nahe beisammen liegenden Flecken Akasaki und Goy, worin sich fast lauter Herbergen und in jeder drei bis sieben solcher Menschen befinden; daher haben sie auch den Beinamen »der japanische Hurenstapel« und »die allgemeine Schleifmühle« scherzweise bekommen, zumal die Japaner selten hier passieren, ohne mit diesem Gesindel Gemeinschaft zu machen, wovon sie öfters und zu ihrem großen Verdruß ein Denkmal mit nach Hause zurückbringen.

Philipp Franz von Siebold
AUF KAEMPFERS SPUREN

Ein wahrer Reisebedarf sind in Japan die verschiedenartigen Wegweiser oder Wegkarten und die Reisebücher. Man bedient sich ihrer weit häufiger und allgemeiner als in Europa. Sie sind zweckmäßig abgefaßt sowohl für Land- als auch Seereisen und enthalten nebst den Reisekarten und Meilenweisern eine gedrängte Übersicht der für einen japanischen Reisenden wissenswürdigsten Punkte, wie Angaben des Reisebedarfs, Pferde- und Trägertaxen, Formeln der Pässe, die Namen der berühmtesten Berge und Wallfahrtsorte, Regeln der Wetterkunde, Tabellen der Ebbe und Flut, chronologische Übersichtstafeln und dergleichen. Selbst ein Aufriß der gebräuchlichsten Maßstäbe und eine aus aufstellbaren Papierstreifen verfertigte Sonnenuhr ist darin angebracht.

Wir wenden uns nun zu einem anderen Gegenstand, der gleichfalls einen Teil unserer Aufmerksamkeit verdient, nämlich zu Postwesen und Grenzwachen. Die Geschichte erwähnt die Einführung beider Anstalten unter der Regierung des Mikado Kotoku im Jahre 646 unserer Zeitrechnung gleichzeitig mit noch anderen wichtigen Staatseinrichtungen. Sämtliche Landschaften des Reiches erhielten damals eigene Provinzialbeamte, und die Notwendigkeit einer engeren Verbindung mit der Hauptstadt scheint den Anlaß zur Errichtung regelmäßiger Poststationen gegeben zu haben. Gegenwärtig befinden sich längs den besuchtesten Straßen durchs ganze Reich Posthäuser, die zum Einstellen und Wechseln der Lasttiere und Träger eingerichtet und durchgängig mit einer geräumigen Halle versehen sind. Sie heißen Jeki-ten, Poststationen, oder auch Umadsuki, Pferdestationen. Da der Unterhalt der Menschen und Pferde, deren ein einziger Zug eines Großen oft Hunderte fordert, für einen einzigen Unternehmer zu schwierig ist, so wird das Lasttragen und Unterhalten der Lasttiere ein Erwerbszweig des ganzen Ortes, wo sich ein Posthaus befindet, und das letztere ist bloß das Lokal, wo unter amtlicher Aufsicht und mit Sicherheit und Pünktlichkeit dem Reisenden die nötige Hilfe verschafft und der Verkehr durchs Land geleitet wird.

Die Brief- und Eilposten haben ihren Zentralpunkt in Osaka als der ersten Handelsstadt des Reiches, von wo aus sie namentlich nach den beiden Hauptstädten Kyoto und Jedo, nach den Residenzen der Landesfürsten und endlich nach Nagasaki als dem Handelsplatz für Fremde lebhaft verkehren. Sie gehen regelmäßig den 7., 17. und 27. jeden Monats von Osaka nach Nagasaki und den 8., 18. und 28. nach Kyoto und Jedo. Nach Kyoto findet sich bei der geringen Entfernung außerdem auch täglich Gelegenheit. Nach Nagasaki gehen diese Posten in sieben Tagen, und zwar zur See in einem kleinen, gutbesegelten und mit vielen Rudern besetzten Fahrzeug bis Shimonoseki und Kokura, von wo aus die Briefe durch Läufer bis an den Ort ihrer Bestimmung gebracht werden. Der Läufer trägt das mit Wachstuch überzogene Briefpäckchen an einem Stock befestigt und läuft laut rufend die nächste Station an, wo es einem anderen übergeben und, ohne niedergelegt zu werden, weitergebracht wird. Bei wichtigen Papieren werden aus Vorsorge für Unfälle zwei solcher Boten genommen. Ihr japanischer Name ist Hikijaku (vom chinesischen Hikeo, geflügelte Füße). Außer diesen regelmäßigen Posten können jederzeit Eilposten abgefertigt werden, deren Kosten nach Verhältnis der Jahreszeit und Witterung verschieden sind. Von Osaka bis Nagasaki zahlt man 100 bis 200 Gulden. Die Handelsgeschäfte in Osaka und namentlich der Handel mit Reis und getrockneten Fischen, welcher ganz so wie unser Effektenhandel getrieben wird, sind es, was die Eilposten vorzüglich beschäftigt.

Hier wäre noch jene Einrichtung zu erwähnen, welche nach Art der Telegraphen zur schnellen Verbreitung einer wichtigen Nachricht dienen. Es sind die Feuerherde, welche sich auf den höchsten Bergen im ganzen Reich befinden und worauf bei Ereignissen von höchster Wichtigkeit für den Staat, wie Landung einer fremden Macht, Feuersignale gegeben werden. Bei weniger wichtigen Vorfällen bedient man sich der Raketen, welche in der chinesischen und japanischen Kriegskunst seit ältesten Zeiten bekannt sind.

In den Ortschaften, wo sich Posthäuser befinden, sind Gasthöfe und Herbergen mit verschiedenen Einrichtungen zur Bequemlichkeit und zum Vergnügen der Reisenden. Die Wirtshäuser ersten Ranges sind die Tatsi oder nach allgemeinerem Ausdrucke Honjin. Fürsten und andere vornehme Reisende kehren darin ein, während Leute geringeren Standes die Jadojas oder Nachtherbergen angehen. Auf der Reise werden wir beide näher kennenlernen. Unsere Gesandtschaft bezieht die Honjin; sind diese aber besetzt, so übernachtet sie auf Kiushiu in buddhistischen Tempeln und längs der Tokaido in Jadojas.

Bäder, und zwar sehr heiße, sind ein allgemeines Bedürfnis. Die Reisenden, besonders die Träger, bedienen sich ihrer täglich. In jedem Wirtshaus befinden sich Badestuben für vornehme und geringe Gäste, und meistens sind noch öffentliche Badehäuser in der Nähe. (...)

Wir setzten unsere Reise (von Omura) nach Uresino fort und besuchten nach dem Mittagsmahl seine berühmte Heilquelle. Sie befindet sich am Fuße eines Berges auf einem Gipslager und sprudelt, siedheiß und Blasen werfend, in einem darin ausgehauenen, etwa 6 Fuß langen, 2 Fuß tiefen Bassin hervor. Auf dem Boden bemerkt man aufwallenden Sand, worin sich beständig Blasen entwickeln, und die Fassung ist mit einer Decke kohlensauren Kalkes beschlagen. Das in die Badeanstalt zu leitende Wasser sammelt sich in einem kleineren, tieferen Behälter an der Seite des Bassins, und das überflüssige läuft durch einen Guß in einen vorbeifließenden Bach ab. Die Farbe des Wassers ist von der des reinen, gewöhnlichen nicht verschieden; es ist vollkommen klar und durchsichtig. Der Geruch ist schwach schwefelig, der Geschmack süßlich, das spezifische Gewicht 0,995. Die Quelle selbst wie die ganze Badeanstalt und eine beträchtliche Strecke des Baches waren bedeckt mit Dampf und alles Laub in der Nähe, namentlich ein großer Kampferbaum, gelb gefärbt.

Den Eingeborenen ist es verboten, hier zu fischen, da die Fische dem Schutzpatron der Heilquelle geweiht sind.

Die Badeanstalt ist sehr einfach. Sie besteht aus drei einstöckigen, mit Schindeln gedeckten Hallen, wovon die zwei größeren drei, die kleinere eine Badestube enthalten. In drei dieser Stuben sind zwei Bäder, in den übrigen nur eins angebracht. Die Bäder sind ausgemauerte Behälter, sechs Fuß lang und halb so breit, in die man nach Belieben heißes und kaltes Wasser lassen kann. Gewöhnlich werden sie bloß mit heißem gefüllt, das man bis auf die gewünschte Temperatur sich abkühlen läßt. Am Eingang in die Anstalt steht ein Häuschen für Aufseher und Wächter und im Vorhof ein Gartenhäuschen für die Badegäste. Den Gebrauch der Bäder von Uresino empfehlen die japanischen Ärzte bei chronischen Hautkrankheiten und als Nachkur der Blattern und Masern, bei Schwäche in den Organen der Bewegung, Lähmung, bei Gicht, Rheumatismus und dergleichen, und der niedere Preis von 5 bis 10 Mon für ein Bad (500 Mon gehen etwa auf einen Gulden) macht es auch dem wenig Bemittelten leicht, sich ihrer zu bedienen.

ENTLANG DER SEIDENSTRASSE

»Das ist der Fluch und zugleich die Wollust des Reisens, daß es dir Orte, die dir vorher in der Unendlichkeit und in der Unerreichbarkeit lagen, endlich und erreichbar macht. Diese Endlichkeit und Erreichbarkeit zieht dir aber geistige Grenzen, die du nie mehr loswerden wirst ...
Der Vielgereiste haftet mehr an der Erde als der Niegereiste.«

Max Dauthendey
Himalajafinsternis (1915)

Marco Polo
Die Wüste spricht

Die Stadt Lop* liegt gegen Nordosten am Anfang der großen Wüste, welche denselben Namen trägt. Sie gehört zum Reich des Großkhans, und ihre Einwohner sind mohammedanischen Glaubens. Reisende, welche durch die Wüste ziehen wollen, machen gewöhnlich eine beträchtliche Zeit an diesem Platz halt, um sich von den Beschwerden zu erholen, aber auch um die nötigen Vorbereitungen zu ihrer Weiterreise zu treffen. Zu diesem Zweck beladen sie eine Anzahl starker Esel und Kamele mit Mundvorrat und mit ihren Waren. Wird ersterer aufgezehrt, bevor sie die Reise vollendet haben, so töten und essen sie die Lasttiere; man nimmt aber gewöhnlich lieber Kamele zu der Karawane, weil sie schwerere Lasten tragen und mit wenig Futter fürlieb nehmen. Für Proviant muß man wenigstens auf einen Monat sorgen, weil man so viel Zeit braucht, um die Wüste auf dem kürzesten Weg zu durchqueren. Eitle Anstrengung würde es sein, wollte man sie ihrer Länge nach durchwandern, da man nicht viel weniger als ein Jahr dazu brauchen würde und auf so lange Zeit keine Lebensmittel mit sich führen könnte. Während dieser dreißig Tage geht die Reise unaufhörlich über sandige Flächen und kahle Berge hin; aber nach Verlauf eines jeden Tagesmarsches hält man an einem Platz, wo Wasser zu finden ist, allerdings nicht in hinreichender Menge für eine große Zahl, aber doch genug für fünfzig bis hundert Personen samt ihren Lasttieren. An drei oder vier von diesen Halteplätzen ist das Wasser salzig und bitter, aber an den anderen, deren wohl achtundzwanzig vorhanden sein mögen, ist es süß und gut. Auf diesem Weg trifft man keine vierfüßigen Tiere und keinen Vogel, weil kein Futter für sie zu finden ist.

Es wird als wohlbekannte Tatsache erzählt, daß diese Wüste der Aufenthaltsort vieler böser Geister ist, welche den Reisenden allerlei sonderbares Blendwerk zu ihrem Verderben vor-

---

* Lop existiert nicht mehr, lag aber offenbar am See Lop-nor in der heutigen Provinz Sinkiang.

führen. Wenn am Tage Leute auf dem Weg zurückbleiben, oder vom Schlaf überfallen, oder irgendwelcher anderer natürlicher Gründe wegen aufgehalten werden, bis die Karawane über einen Hügel gezogen und nicht länger mehr sichtbar ist, dann hören sie sich ganz unerwartet bei ihrem Namen gerufen, und zwar mit einer Stimme, die ihnen bekannt erscheint. Da sie nun glauben, der Ruf komme von ihren Gefährten, so werden sie von dem rechten Weg abgeführt, und sie müssen, da sie die wahre Richtung nicht finden, zurückbleiben und elendiglich umkommen. In der Nachtzeit glauben sie das Getrappel eines großen Reitertrupps auf der einen oder der anderen Seite des Weges zu hören, und da sie aus dem Geräusch schließen, daß es die Fußtritte ihres Zuges sind, so wenden sie sich nach der Gegend hin, aus der der Lärm kommt; aber bei Anbruch des Tages erkennen sie, daß sie irregeführt und in ihr Verderben gezogen worden sind.

Zuweilen nehmen auch am Tage diese Geister die Gestalt ihrer Reisegefährten an, die sie beim Namen rufen und versuchen, sie vom richtigen Weg abzuleiten. Auch wird erzählt, daß einige Personen bei ihrem Zug durch die Wüste etwas gesehen haben, das ihnen wie ein Trupp bewaffneter Leute erschienen sei, der auf sie losrückte, und aus Furcht, angegriffen und geplündert zu werden, hätten sie die Flucht ergriffen. Da sie nun auf diese Weise den rechten Pfad verloren und nicht gewußt hätten, in welcher Richtung sie ihn wieder aufsuchen sollten, wären sie vor Hunger elendiglich umgekommen.

Wunderbar in der Tat und kaum glaublich sind die Geschichten, die von diesen Geistern der Wüste berichtet werden; sie sollen auch zuweilen die Luft mit den Klängen von Musik erfüllen und mit dem Lärm von Trommeln und mit Waffengeklirr, wodurch sie die Reisenden nötigen, sich enger zusammenzuhalten und in strengerer Ordnung zu marschieren. Deswegen halten es die Reisenden auch für nötig, die Vorsicht zu gebrauchen, bevor sie sich der Nachtruhe überlassen, weit vorn ein Signal aufzustellen, welches den Weg zeigt, den sie am anderen Tag weiterziehen wollen, ferner auch jedem Lasttier eine Glocke umzuhängen, damit sie sich nicht so leicht zerstreuen.

Das sind die außerordentlichen Gefahren, denen man unvermeidlich begegnet, wenn man durch diese Wüste zieht.

Sven Hedin
Der wandernde See

In Korla verstärkten wir die Karawane durch zwei Pferde, füllten die Proviantkisten wieder und fanden zwei vortreffliche Führer, die uns nach Tikkenlik führten, einem Dörfchen an dem Punkt, wo der untere Kontsche-darja zwei Abzweigungen des Tarimflusses aufnimmt.

Drei Wege führen dorthin; der eine geht am Kontsche-darja entlang, der zweite längs des Fußes der Bergkette Kurruk-tag (das trockene Gebirge) und der dritte zwischen beiden durch Sand- und Steinwüste.

Der erste war schon bekannt. Ich wählte den letzten und entdeckte auf meinem Zug zwei alte, aber gut erhaltene chinesische Festungen und eine ganze Reihe von Potais oder hohen Pyramiden aus Holz und Ton, die die Entfernungen in chinesischen Li angeben.

Diese Entdeckung war von großem Interesse, denn sie zeigte, daß es hier in alten Zeiten eine bedeutende Heerstraße von Korla nach – ja, wohin? – gegeben hatte. In der südöstlichen Verlängerung des Weges liegt jetzt nur die Sandwüste; aber früher lag hier in 40 ½ Grad nördlicher Breite der alte Lop-nor, wie er auf chinesischen Karten angegeben ist! Später sollte ich auf dieser interessanten Reise Gelegenheit finden, dies mit geologischen und hydrographischen Beweisen zu bestätigen.

Der obenerwähnte Weg führte also unzweifelhaft nach dem ehemaligen Lop-nor, und nachdem der See infolge von Ursachen, die ich weiter unten anführen werde, ausgetrocknet war, wurde diese Straße verlassen. Doch daß sie von Bedeutung gewesen, beweisen diese Potais; denn noch heute machen sich die Chinesen nicht die Mühe, sie auf anderen als auf den wichtigsten Karawanenwegen zu errichten.

Auf seinem Zug nach dem Lop-nor war Prschewalskij auf der Hauptstraße zwischen dem unteren Tarim und dem Kontsche-darja gereist und konnte also unmöglich erkunden, ob es weiter östlich einen See oder die Reste eines Sees gab oder nicht. Um diese Frage entscheiden zu können, mußte man unbedingt östlich vom Kontsche-darja ziehen, von dem ein Arm nach dem alten Lop-nor gehen konnte.

Was beim ersten Anblick des von mir entdeckten Sees wunderbar erscheint, ist, daß seine Längenrichtung von Norden nach Süden geht, während der Lop-nor der Chinesen sich von Westen nach Osten hinzieht. Doch auch dieses hat seine natürliche Erklärung. Erstens müssen wir bedenken, daß nahezu das ganze Lop-nor-Gebiet fast in einer und derselben Horizontalebene liegt. Die hydrographischen Verhältnisse müssen daher gegen die geringsten Niveauveränderungen empfindlich sein.

An solchen Veränderungen arbeiten unaufhörlich vor allem zwei Faktoren: die herrschenden Winde und der vom Tarim mitgeführte Schlamm. Die Winde kommen im ganzen Lopgebiet aus Osten und Ostnordosten, und im März, April und Mai sind Sandstürme aus dieser Richtung häufig. Während unseres Aufenthalts am See befand sich die Atmosphäre allerdings im Gleichgewicht, aber wir hatten den See kaum verlassen, als auch schon ein Buran begann, der mit nur wenigen Tagen Pause während unseres ganzen Besuchs in diesen Gegenden tobte.

Man kann sich denken, welche Quelle unwiderstehlicher Kraft diese beständig wiederkehrenden Frühjahrsstürme sind. Sie drücken und pressen die Seen ordentlich nach Westen, während der Flugsand zugleich ihre Becken auszufüllen strebt.

Daß der alte Lop-nor sich früher auch nach Osten hingezogen hat, geht noch aus folgendem hervor: An das ganze Ostufer schmiegt sich ein Gürtel von kleinen Salzlagunen, Tümpeln und Morästen, die in jüngstvergangener Zeit durch den vorrückenden Flugsand vom See abgeschnürt worden sind.

Längs desselben Ufers finden wir auch einen schmalen Waldgürtel, größtenteils aus Pappeln und Tamarisken bestehend, in dem wir drei Entwicklungsstadien unterscheiden konnten: in der östlich vom See liegenden Sandwüste toten Wald, zwischen den am weitesten nach Westen vorgeschobenen Dünen prächtige, grüne Stämme und schließlich an der Uferlinie selbst junges, zartes Gebüsch.

Hieraus ersehen wir, daß der Wald, der, um leben zu können, des Wassers bedarf, dem See auf seiner Wanderung nach Westen folgt und daß die Pappeln, deren abgestorbene Stämme sich jetzt im Osten inmitten lauter vorrückender Sanddünen befinden, einst am Ufer gestanden und ihre Nahrung aus dem See erhalten haben.

Dieser langgestreckte See besteht also ohne Zweifel aus den Resten des ehemaligen Lop-nor. Aus seinem Südende, Arkaköll (der hintere See), tritt der Ilek wieder heraus und schiebt sein Bett in den wildesten Krümmungen und Bogen nach Süden vor, wobei er die Ruinen der alten chinesischen Festung Merdek-schahr im Osten fünf Kilometer abseits liegen läßt.

Darauf bildet der Fluß wieder eine ganze Reihe von Seebecken, deren größte Sadak-köll und Nias-köll sind, so genannt nach zwei Lopmännern, die dort ihre Hütten haben. Bei Schirge-tschappgan vereinigt sich der Fluß wieder mit dem Tarim.

Nun ist zu bemerken, daß es erst neun Jahre her ist, seit diese Seenkette durch Bifurkationsarme vom Tarim mit Wasser gefüllt wurde. Vorher war hier Wüste. Doch auch damals waren alle diese Seebecken und Flußbetten vorhanden, in deren tiefsten Stellen Salztümpel standen, aus denen die wilden Kamele tranken. Wenn also Prschewalskij nach der Rückkehr von seiner zweiten Reise nach dem Lop-nor im Jahre 1885 das Vorhandensein eines Sees östlich vom Tarim bestritt, hatte er durch einen Zufall recht, denn erst drei Jahre später füllten sich die ausgetrockneten Betten wieder mit Wasser. Doch noch mehr recht hatte Freiherr von Richthofen, der gerade in dieser Gegend das Vorhandensein eines Sees ahnte, eines Sees, der auch existierte, obgleich er sich momentan in einer Periode der Austrocknung befand.

Der südliche Lop-nor – denn wir können hier den Namen beibehalten, der sich auf den europäischen Karten eingebürgert hat – war zu Prschewalskijs Zeit ein recht bedeutender See, und von dem Dorf Abdall aus konnte der Forscher eine lange Bootfahrt nach Osten nach dem Fischerdorf Kara-koschun machen.

Als ich 11½ Jahre später ebenfalls von Abdall aus eine solche Bootfahrt unternahm, konnte man durch das Schilf nur zwei Tagereisen weit nach Osten kommen, und auch dies nur mit Schwierigkeit, und das alte Kara-koschun stand verlassen, seitdem der See vollständig zugewachsen war.

Der Kara-buran war zu Prschewalskijs Zeit ebenfalls ein großer, offener See, an dessen Ufer man am Meere zu stehen glaubte, weil man den gegenüberliegenden Strand nicht sah. Auch sein Name gibt an, daß die »schwarzen Stürme« sich hier besonders geltend machten. Und nun fand ich, als ich auf dem Strom längs des rechten Ufers ruderte, von dem Kara-buran nur noch einen unbedeutenden Rest, einen kleinen See, der vom Tarim derartig verschlammt worden ist, daß nicht einmal flachgehende Kähne darauf fahren können.

Im Sommer ist dieser Rest ganz vom Tarim und dem Tschertschen-darja abgeschnürt. Das Wasser wird daher schnell salzig, bis es im Spätsommer ganz verdunstet und üppigen Weiden Platz macht, auf denen die Bewohner von Tscharchlik ihre Schafe und Kühe grasen lassen.

Nachdem ich einen kurzen Überblick über den Stand der Lopnor-Frage und die neuen Gesichtspunkte, zu denen meine Entdeckungen mich führten, gegeben habe, bleibt mir noch übrig, auch einige Worte über unsere Reise in diesen Gegenden zu sagen.

Am 4. April (1896) entdeckten wir den Teil des alten Lopnor, der nach einem Lopmann Avullu-köll heißt, und folgten dann drei Tage lang seinem Ostufer. Das Terrain bereitete auf dem ganzen Weg außerordentliche Schwierigkeiten; zehn bis fünfzehn Meter hohe Sanddünen fielen gewöhnlich mit 33 Grad Neigung nach dem Wasser ab.

Wo der Sand hier und da ein wenig zurücktrat, stand ein Pappelwald, und wo die Dünen niedrig waren, traten statt der Pappeln Tamarisken auf, die alle auf der Spitze eines gewaltigen Kegels thronten, dessen Gerippe aus den eigenen Wurzeln der Pflanze bestand. Diese Tamariskenkegel standen oft so dicht, daß wir in wahren Labyrinthen marschierten und nicht selten vorzogen, kleine Bogen in die Wüste hineinzumachen.

Die Seen waren derartig mit Schilf zugewachsen, daß man nur von hohen Aussichtsdünen offenes Wasser in ihrer Mitte sehen konnte. Einigemal versuchten wir da, wo sie flach oder ganz ausgetrocknet waren, das Schilf zu forcieren, obgleich es doppelt so hoch war wie die Kamele und so dicht stand wie in den Wänden der Hütten der Eingeborenen.

Einer unserer Führer ging voran und untersuchte den Boden. Dann führten die Männer die Kamele hinunter, die mit ihren großen, schweren Körpern das Schilf beiseitedrängten und es unter ihren Füßen zertraten, so daß es hinter ihnen knackte und raschelte. Man glaubte, in einem dunklen Korridor zu verschwinden, und war froh, als man herauskam und wieder einen freien Blick über das Feld hatte.

Mehr als alles andere quälten uns in diesen ruhigen Tagen die Mücken. Auf dem Ritt wurden wir von Wolkensäulen dieser verhaßten Insekten verfolgt. Doch sobald wir Lager geschlagen hatten und die Sonne unterging, wurden sie noch schlimmer. Sie summten in Milliarden so ungeniert um uns herum, als wären wir eigens hierher gekommen, um sie zum Souper einzuladen. Ist es möglich, zu schreiben, wenn tausend Mücken ihre Stachel auf die eine Hand richten und die andere Hand unausgesetzt mit einem Lappen fächeln muß? Es kann doch unmöglich angenehm sein, bei der Hitze sein Lager noch mit einer Ringmauer von Feuern umgeben zu müssen, deren Rauch einen beinahe erstickt.

Am Kara-köll verfielen wir jedoch auf eine raffinierte Art, die Mücken loszuwerden. Bei Sonnenuntergang steckten wir das trockene Schilf vom vorigen Jahr an. Das Feuer verbreitete sich wie ein Präriebrand über einen großen Teil des Sees, und der Rauch legte sich als dichter Schleier über die Gegend um unser Lager. Ich lag die halbe Nacht wach, um mich an der Wut der prachtvollen Flammen und an dem rachsüchtigen Gedanken zu erfreuen, daß zahllose Mücken wie Spreu mit dem Rauch bis ans Ende der Welt gingen.

Nachts mußte ich, um meine arme Haut zu schützen, ein nicht gerade allzu angenehmes Mittel gebrauchen: ich schmierte mir beide Hände und das Gesicht mit Tabaksaft ein. Und wieviel Tabak mußte ich rauchen, um die genügende Menge Saft zu bekommen!

Werner-Otto von Hentig
In verschlossenes Land

Hindukusch und Pamir! Bei uns im Westen beginnt das Reisen mit Fahrplan und Baedeker. Selbst der Weltenbummler durch tropische und exotische Länder benutzt wenigstens ein Reisewerk, das ihm Aufschluß über Weg und Steg, Land, Leute, Klima, Sitten, Lebensbedingungen und beste Vorbereitungen gibt. Hier, für das Herz Asiens, fehlte jedes literarische Hilfsmittel. Wohl ging eine uralte Karawanenstraße von Südasien über den Hindukusch nach Nordasien, die schon Alexanders Heere daherkamen, wohl zog seit Dschingis Khans Tagen ein ähnlich uralter Völkerweg aus dem Osten über den Pamir nach Iran. Aber das waren auch die zwei einzig begangenen Wege durch das innerste Asien, und gerade sie standen mir nicht frei. Die Pamirstraße führte zum größten Teil über den russischen Pamir, der mir verschlossen war. Ich mußte mich auf dem schmalen afghanischen Zipfel des Pamir durchwinden, der so eng ist, daß sich Rußland und Indien durch die zerrissenen Schluchten hindurch ins Gesicht starren. Und auch meinen Anmarsch dorthin mußte ich in Winkelzügen verheimlichen. Ich wußte: die Grenzen, niemals richtig festgelegt, fließen, und weder Engländer noch Russen würden sich allzusehr durch Linien auf der Karte bestimmen lassen. So gab es für mich nur dort einen Weg, wo es keinen gab, durch die nie begangene »Wildnis«, das bedeutet Pamir wörtlich übersetzt. (...)

Am 21. Mai 1916 marschierten wir von Kabul ab. Die ersten vier Tage bis an den Fuß des Hindukusch ging die Reise wunderbar gut vonstatten. Für alles war unterwegs vorgesorgt. Wo die Karawansereien baufällig waren, nahmen uns andere Häuser gern auf. Kaum hatten wir uns jedesmal auf den gebreiteten Teppichen niedergelassen, so erschien auch schon der heiße Tee. Auch um das Aufladen brauchten wir uns bei den vielen Hilfskräften kaum zu kümmern. Unser Asgher verstand es übrigens wundervoll, fremde Leute für sich arbeiten zu lassen und sie dafür mit Schilderungen unserer Macht und Größe zu belohnen. Des Morgens vor dem Aufbruch teilte sich sogar die Küche. Der kleine Kaffeekoch blieb zurück, der große eilte im

Galopp, das notwendigste Geschirr in freier Hand, voran, um uns bereits am nächsten Rastpunkt mit einem labenden Trunk begrüßen zu können. Auch die Zelte, die ja immer erst nach unserem Abreiten abgebrochen werden konnten, wurden im Schnellschritt vorangehetzt, so daß wir, am Ziel angelangt, uns nicht in den Gemächern der Karawanserei, wo wir von Ungeziefer förmlich aufgefressen worden wären, niederzulassen brauchten. Bei Tage blieb uns auf diese Weise stets Zeit genug, uns in der Gegend umzusehen, für die Pferde zu sorgen und – wie bedaure ich jetzt, sie nicht bei mir zu haben! – ausführliche Tagebuchaufzeichnungen zu machen.

Bis auf den letzten der vier Tage hatten wir fortwährend die hohen Schneegipfel des Hindukusch vor Augen gehabt. Am vierten waren wir den hohen Vorbergen so nahe gerückt, daß sie den Hauptstock unseren Blicken entzogen. Dafür traten wir jetzt in die prachtvollen Durchbruchstäler eines reißenden Gebirgsbaches ein. Wir näherten uns den großen Paßstraßen, die von Indien nach Turkestan, von einer Welt in die andere führen. Für sein Leben gern wäre sie Lord Curzon gezogen; jetzt sollte gerade seine Regierung uns, seinen Feinden, zu dieser Freude verhelfen!

Am Morgen des fünften Tages stoppte ich plötzlich den letzten Teil der großen Karawane, ließ die Hauptkolonne, die aus etwa hundertzwanzig Tieren bestand, samt Köchen, Dienern, den Kammerherren und allem, was sonst dazu gehörte, der Abrede gemäß vorangehen und marschierte selbst an der Spitze des zurückgebliebenen Teils ein Seitental hinauf. Bis auf den afghanischen Rittmeister, der am Morgen ins Geheimnis eingeweiht worden war, wunderte sich jedermann in unserem kleinen, knapp dreißig Tiere starken Zug über den Abweg. Noch sagte ich es niemandem – ich wollte über den Anjüman-Paß und Zebak, so schnell es unsere Kräfte erlaubten, nach dem Pamir vordringen. Unsere Abreise von Kabul hatte ja nicht verborgen bleiben können, so geheim auch unsere Pläne und Wünsche von dem Emir behandelt worden waren. Das wußten wir. Auch damit hatten wir gerechnet, daß unseren Feinden sofort gemeldet würde, in welcher Richtung wir abmarschiert seien. Doch hier, inmitten des unwegsamen Gebirges, hoffte ich unsere Spuren verwischen zu können.

Sobald wir außer Sicht der Hauptkolonne und der großen Straße waren, wurde es wieder so beschwerlich wie in den besten Kriegszeiten. Die quartiermachenden Köche waren verschwunden; der Weg war so eng und schlecht, daß an vielen Stellen ganz abgeladen werden mußte, dann auch so weit, daß wir nach vierzehnstündigem Marsch das Tagesziel immer noch nicht erreicht hatten. Kurz vor Einbruch der Dunkelheit kamen wir im Quartier an. Nur ein böser Bach war noch zu durchschreiten. Den überwand ich glücklich, stürzte aber dann mit dem übermüdeten Fuchs im Sprung über eine kleine Schlucht und überschlug mich nicht ungefährlich.

Aus den unterirdischen Steinhütten hatte sich indessen Leben hervorgewagt. Gleich wurde der langbärtige Dorfmalik gefaßt und mit einer Reihe von Aufträgen beehrt. Nach längerem Suchen bot man mir das Dach der Dorfmoschee zum Aufrichten des Zeltes an; Pferde und Leute wurden auf Bitten der Bewohner, die des afghanischen Militärs doch nicht ganz sicher zu sein schienen, außerhalb des Dorfes untergebracht. Als wir schließlich am Abend nach langem Verhandeln die nötigsten Futter- und Nahrungsmittel zusammenhatten, erklärte der Rat der Alten und Wegkundigen des Dorfes, daß ein Überschreiten des Anjüman-Passes des hohen Schnees wegen ganz unmöglich sei. Aus Erfahrung wußte ich, was der Orientale häufig mit »ganz unmöglich« meint. Er versteht darunter: nur mit Schwierigkeiten zu überwinden. Ich beschloß jedoch, den Rat der Alten insoweit zu achten, als ich am nächsten Morgen nicht mit der ganzen Karawane losmarschieren, sondern zuerst einmal allein mit Röhr zur Erkundung vorgehen wollte. Die Tiere, die schon sechs Tage unterwegs waren, konnten dann auch einen wohlverdienten Ruhetag genießen.

Auf einer zähen, weißen Stute ging es im Paßgang schnell durch reißende Bäche, über tief vom Schmelzwasser durchgeweichte Hänge und dann durch Schnee, der immer höher wurde. Zu unserer Freude und meinem Triumph lagerte auf der anderen Seite des Tales eine Gruppe wegmüder Wanderer. Wir riefen sie an, um Näheres über den Weg zu hören. Merkwürdig klang, was die bleichen, abgespannten Gestalten mir sagten, an denen das einzig Feste ihre warmen Wollumpen waren. Vor vier Tagen waren sie von Anjüman aufgebrochen, um, wie sie dachten, in sechsunddreißig Stunden den sonst sieben Tage dauernden Weg über Badakschan zu bezwingen. Doch war weder der Schnee auf Anjüman hart genug, um zu tragen, noch die Sonne ausreichend stark, um den Weg freizumachen. So hatten sie nur bei Nacht vorwärtskommen können, wenn die oberste Schneeschicht fror. Da aber selbst diese klettergewohnten Bergmenschen sich ab und zu von ihrem mühsamen Vorwärtsdringen ausruhen mußten, so hatten sie alle zwei Stunden einen kreisförmigen Gang in den Schnee getreten. Hierin bewegten sie sich, vor Wind geschützt, um nicht zu erfrieren. Bei Tage hatten sie, von der Sonne erwärmt, auf dem Schnee geschlafen und hin und wieder ein wenig Schmelzwasser geschlürft. Was diese Leute uns berichteten, fand ich bald bestätigt. Unsere guten Bergpferde fielen tief bis zum Bauch in den Schnee. An ein Fortschleppen der Lasten war nicht zu denken. Dieses Mal hatten unsere Freunde mit ihrem »ganz unmöglich« wenigstens insoweit recht gehabt, als der Übergang über den Anjüman zu jener Zeit einen solchen Kräfteaufwand erfordert hätte, daß ein Versuch aussichtslos war. Es hieß also – was ja oft schwer ist: vernünftig sein und zum Rückzug blasen!

Ein anderer Paß, zu dessen Benutzung der Dorfälteste selbst uns riet, führte auf Chawak zu. Unter aller erdenklichen Mühsal waren die Tragtiere an der Schneegrenze angelangt, als es wieder hieß: »Ganz unmöglich«, und leider auch diesmal mit Recht. Aber jetzt ließ es mein deutscher Stolz nicht zu, nochmals umzukehren; das durften nur Karawane und Eskorte. Inzwischen stieg ich selbst mit einem Bergführer und unserem afghanischen Rittmeister auf den Gletscher hinauf und von der anderen Seite wieder hinab. Bis an die Achselhöhle brach ich mehrfach in den Schnee ein, unter dem ein verborgener Gebirgsbach rauschte. Doch für alle Strapazen entschädigte der herrliche Rundblick auf die Berggipfel des Hindukusch. Nur Eis, nichts als Eis und wieder Eis blendete rings unsere Augen, selbst durch die dunkelste Schutzbrille hindurch. Weltfremd, erdenfern waren diese riesigen, weißen Felder. Sie waren in ihrer schneeigen Unschuld vollkommen jungfräulich, denn die meisten von ihnen hatte nicht einmal der Blick eines Europäers, geschweige denn der Fuß eines Eingeborenen berührt.

Paul Theroux
Mit dem Eisernen Gockel nach Turfan

Wir verließen Lanzhou gegen Mitternacht, die beste Uhrzeit, um einen Fernverkehrszug zu nehmen. Man steigt ein, gibt seine Fahrkarte ab und legt sich schlafen. Wenn man aufwacht, ist man achthundert Kilometer weiter.

Diesen Zug hatte der Mann in Peking den »Eisernen Gockel« genannt, was soviel bedeutete wie »Geizkragen-Expreß«. Doch das war lediglich ein Vorurteil, ein Seitenhieb gegen die nationale Minderheit der Uiguren. In fast jeder Hinsicht war dieser Zug weder besser noch schlechter als andere Bahnen, mit denen ich durch China gefahren war.

So gesehen paßte der Name also nicht. Doch in jeder anderen Hinsicht war dieser Zug tatsächlich ein Eiserner Gockel. Er kreischte, krähte und schien zu flattern, während aus seinem schwarzen Kessel Dampfschwaden quollen und er über die Schienen ratterte, in die Wüste eines Gebiets, das früher einmal Turkestan hieß. Ich schlief wie ein Murmeltier. Der Zug war nicht gerade überfüllt, und Herr Fang war in einem anderen Abteil untergebracht. Ich hatte mit drückender Hitze im Waggon gerechnet, doch es war kühl. Ich mußte mir die Pferdedecke der chinesischen Eisenbahn ausleihen.

Um sechs Uhr wachte ich im Dunkeln auf. In ganz China gilt Pekinger Zeit. In Lanzhou war es bis neun Uhr abends hell gewesen. Mildred Cables Buch über die Wüste Gobi entnahm ich, daß wir gerade an einer Stelle vorbeifuhren, die von den Chinesen »Dämonentor« genannt wurde, weil dahinter heulende Winde und Ödland kamen, vor denen sie eine Heidenangst hatten. Ich las eine Stunde lang. Um sieben war es immer noch dunkel, die Sonne lag hinter den Bergen versteckt. Wir kamen zu einem kleinen Bahnhof namens Shagoutai, wo es außer einem Maultiertreiber und seinem Maultier keine Lebewesen gab; das mit Wasserschläuchen bepackte Tier wartete hinter dem Bahnübergang.

Die dunklen, baum- und graslosen Bergketten lagen da wie dicke gefaltete Steppdecken. In allen näher gelegenen Hügeln konnte man Höhleneingänge sehen: die gewölbten Türöffnungen der Höhlenbewohner von Gansu. Diese felsige Provinz war so lang und schmal, daß ich sie noch bis in den folgenden Tag hinein durchfahren würde. Wie in die sich südlich anschließende Provinz Qinghai wurden nach Gansu politische Gefangene verbannt; hier lag das chinesische Sibirien. Die Sicherheitsfrage löste sich von selbst: Durch die Wüste gab es kein Entkommen. Noch vor vierzig Jahren fanden Reisende auf dieser Strecke – und zwar genau an dieser Stelle in Gansu – eine große Steintafel mit der Inschrift: *Die größte Barriere der Welt*. Damit war die Gobi gemeint. Bei der Stadt Wuwei veränderte sich die Landschaft ganz plötzlich. Der »Eiserne Gokkel« fuhr durch ein tiefes kühles Tal, in ein paar Kilometer Entfernung lagen wasserreiche Berge, auf die eine hohe braune Bergkette folgte, und noch höher und weiter entfernt sah man am Horizont einen langgestreckten schneebedeckten Gebirgskamm. Die Eisberge waren so blau und weiß, daß dieser Kamm wie eine Schwertklinge aussah.

Das Gebirge im Süden hieß Datong Shan; einige Sechstausender waren darunter, es lag in der Provinz und ehemaligen Strafkolonie Qinghai, die sich noch jenseits der Berge bis zum Rande der Tibetischen Hochebene erstreckte.

Man hatte mich gewarnt, daß diese Reise nach Westen öde und langweilig sein würde. Dem war nicht so. Ich fand, daß die menschenleersten Gegenden die schönsten Chinas waren. Die fruchtbaren Täler bildeten eine Kette von Oasen entlang der Nordroute der Seidenstraße. Auf den steinigeren Flächen weideten große Schafherden; es gab Maultiere, Krähen und aus Lehm erbaute Dörfer. Einmal sah ich sechs große und kleine Kamele in aller Seelenruhe dem fahrenden Zug nachschauen.

Der Zug war voll, aber nicht überfüllt. Der Speisewagen war fast immer leer, was daran liegen mochte, daß die meisten Passagiere Uiguren – also Moslems – waren und auf der chinesischen Speisekarte lauter Schweinefleischgerichte standen. Auch die anderen Speisen waren bestimmt nicht »halal«, die islamische Version von koscher. Weil das Geschäft mehr als schleppend lief, fragte mich der Koch nach meinen Wünschen. Wie wär's mit Huhn und Garnelen? Oder mit geschnetzeltem Schweinefleisch und Tofu? Oder mit Fisch in Ingwersoße? Blumenkohl mit getrockneten Shrimps? Sautierter Gurke? Wie so oft im chinesischen Alltag hatten die Speisen zwar großartige Namen, ließen sich in der Praxis jedoch kaum auseinanderhalten.

Am frühen Nachmittag fuhr der Zug über eine grüne Ebene zwischen zwei niedrigen Gebirgszügen, dem Qilian Shan und dem Helan Shan. Hier und da konnte ich zerfallene Reste der Großen Mauer erkennen. Flaches Land wurde intensiv bestellt, und an manchen Stellen standen hohe, schmale und ziemlich verloren aussehende Pappeln. Wald ist den Chinesen fremd. Nur in der nördlichen Provinz Heilongjian gibt es noch welchen, im Nordosten der Mandschurei also; und wie ich hörte, werden gerade die letzten kümmerlichen Reste abgeholzt und zu Eßstäbchen, Zahnstochern und Tischtennisschlägern verarbeitet.

Selbst in dieser gottverlassenen Gegend gab es Menschen und Siedlungen. Die Dörfer waren von Mauern umgeben, und die meisten Behausungen waren ebenfalls ummauert. Es handelte sich um Einfriedungen, wie man sie häufig in Afghanistan und dem Iran – am anderen Ende der Seidenstraße – antrifft, wahrscheinlich ein kulturelles Überbleibsel aus der Zeit der Plünderungen und mongolischen Horden, des zentralasiatischen Alptraums.

Es war ein sehr heißer Tag geworden, mittlerweile über fünfunddreißig Grad. Achtzehn Schafe drängten sich in einem winzigen schattigen Fleck unter einem schütteren Weißdornbusch. Kinder standen in einer Pfütze, um sich Kühlung zu verschaffen. Bauern mit Lampenschirmhüten pflanzten Korn, indem sie einen Halm nach dem anderen in den Boden steckten. Es sah aus, als stickten sie ein Muster in die Furchen. Das Land war abschüssig und wirkte so glatt und steinig wie eine Meeresküste. Obwohl es die heißeste Tageszeit war, sah man überall Menschen.

Auf einmal tauchten neben der Strecke Sanddünen auf, große glatte Hänge und helle Hügel; die schneebedeckten Gipfel blieben am Horizont.

Gegen acht Uhr, ich aß gerade in dem leeren Speisewagen zu Abend, fuhren wir durch Jiayuguan. In der Sommerdämmerung der Wüste Gobi lag im Sand eine leuchtende chinesische Stadt, und über ihr erhob sich, zehn Stockwerke hoch, das letzte Tor in der Großen Mauer, der Jia-Yu-Wachtturm, ein festungsähnliches Bauwerk mit Pagodendächern. Der Zug verlangsamte seine Fahrt am Ende der Mauer, einem bröckelnden Haufen aus Lehmziegeln und zerfallenen Türmchen. Im nachlassenden Tageslicht lagen die gespenstischen Reste der Großen Mauer und die augenscheinlich letzte Stadt in China. Die Mauer ging zwar noch in westlicher Richtung weiter, war aber so klein und zerstört, daß sie nur noch wie eine Andeutung des großartigen Plans wirkte. Ich sah die rote Farbe und das gelbe Dach auf dem Tor und dachte, daß der Zug nun ins Unbekannte vorstieß. Die Sonne warf letzte Strahlen auf die grauen Hügel, die Wüste und das bläuliche Buschwerk. Dann verschwamm alles, und der Sonnenuntergang schien anzukündigen, daß ich mit Einbruch der Dunkelheit vom Rand der Erde fallen würde.

Auf dem Weg in mein Abteil kam ich an der Harten Klasse vorbei, wo Uiguren beteten – sie knieten auf Matten zwischen den Liegen mit dem Gesicht in Richtung Mekka. Chinesen putzten sich die Zähne, schlürften Tee und hingen Kleidung auf, und aus einem Kassettenrecorder drang sehr laute arabische Musik. Einige Reisende schliefen, viele seufzten, und ein paar spuckten aus. Ein Kartenspiel und ein wütender Streit waren im Gange. Daneben stillte eine junge Frau ihr Baby. Der Boden war übersät mit Speichel, Apfelsinen- und Erdnußschalen sowie Teeresten. Gurgelnd tauchten Männer aus dem Waschraum auf.

Jemand packte mich am Arm. Trotz der schlechten Beleuchtung sah ich seine große Nase, die gewellten Haare und einen braunen Anzug, dessen Hose einen breiten Schlag hatte, was in diesem Jahr in den Oasen der Wüste von Xinjiang (Sinkiang) modern geworden war. »Shansh marnie?«

Das war das aktuelle uigurische Schlagwort: change money? – Geld wechseln?

Die Uiguren sind in China eine offiziell anerkannte Minderheit, und Xinjiang ist ihre autonome Region. Sie sind die entfernten Nachkommen von Nomaden, deren Reich hier vor 1200 Jahren existierte, sprechen Neuuigurisch, eine Turksprache, und viele sehen aus wie italienische Bauern. Marco Polo schildert sie als freundliches und vergnügtes Volk. Im 13. Jahrhundert wurden sie von den mongolischen Horden überrannt und in die Armee des damaligen Khanats eingezogen. Sie traten zum Islam über, nahmen für ihre Sprache die arabische Schrift an, wurden wiederholt von den Chinesen erobert und rebellierten wiederholt, zuletzt vor hundert Jahren. In Xinjiang leben drei bis vier Millionen Uiguren, die für Chinesen offenbar keinerlei Zuneigung empfinden und sich häufig über sie lustig machen. Sie leben in einer ganz anderen Welt, in deren Mittelpunkt Allah und die zentralasiatischen Steppen stehen. Sie essen Hammel und Brot. Sie sind ein Volk der Händler, das nicht nur zu ausländischen Reisenden Kontakt hielt, sondern selber viel unterwegs war. Zum erstenmal seit Gründung der Volksrepublik durften sie jetzt wieder reisen.

Man sah sie vor den Freundschaftsläden in Peking und Schanghai, sie standen vor den Touristenhotels und sahen wie Austauschstudenten aus einem Mittelmeerland aus. Meist hatten sie dunkle Anzüge, Krawatten und Schuhe mit Plateausohlen an, trugen Armbanduhren und Sonnenbrillen. Sie sprachen selten fließend Chinesisch, doch das war entschuldbar: Man fand nur selten einen Chinesen, der Uigurisch sprach. Allerdings hatte dieses Volk im Laufe seiner Geschichte gelernt, in fünfzig Sprachen zu zählen; Zahlen sind schließlich die Sprache des Basars. Sie beherrschen zwei englische Worte: »Shansh marnie?«

»Wieviel?« fragte ich den Mann.

»Ein Dollar – vier Yuan.« Der offizielle Kurs war drei zu eins.

»Sagen wir sechs.« Ich feilschte nur zum Spaß.

Er fragte, wie viele Dollars ich wechseln wollte. Dann zückte er einen Taschenrechner und erklärte, ab einem bestimmten Betrag könne er mir einen besseren Kurs anbieten. Der Zug ruckelte auf Ansi (Anxi) zu. Ich verlor mein Interesse am Feilschen, denn am Geldtauschen zum Schwarzmarktkurs war ich ohnehin nicht interessiert gewesen. Mich faszinierte nur sein eisernes Festhalten an seinem Kurs von eins zu vier. Dumm war der Uigure nicht: Zwei Monate später wertete die chinesische Regierung den Yuan auf genau diesen Kurs ab.

In dieser Nacht überquerte der Zug die Pavianschlucht, die schon immer als Grenze zu Chinesisch-Turkestan gegolten hat.

»Die zwischen Ansi und Hami gelegene Wüste ist eine riesige Wildnis, und was dem Reisenden als erstes ins Auge fällt, ist die Trostlosigkeit ihrer gleichförmigen, schwarzen, kieselübersäten Oberfläche.« Mildreds Buch erinnerte mich daran, daß mir ein Glanzpunkt dieser Region entging, da ich den Höhlen von Dunhuang keinen Besuch abstattete – Buddhas, Fresken, heilige Grotten: die heilige Stadt im Sand. Doch ich hatte immerhin vor, die verlorene Stadt Gaocheng (Karakhoja) zu besuchen.

Zu Bett gegangen war ich in merkwürdigem Zwielicht, umgeben von einer zerklüfteten Landschaft, und als ich aufwachte, zockelte der Zug langsam durch eine flache Gegend voller Sand und Steine. In einiger Entfernung lagen große buckelige Sanddünen, die primitiven Riesentieren glichen.

Bald tauchte ein grüner Fleck auf, eine Oase. Noch vor dreißig Jahren hatte nur eine Straße die Oasen miteinander verbunden, die Reste der ehemaligen Seidenstraße. Die Oasen waren große Städte, die durch unterirdische Kanäle bewässert wurden, so daß Trauben und Melonen im Überfluß gediehen. Später am Tag hielten wir in Hami. Die Hami-Melone ist wegen ihrer Süße und ihres Aromas in ganz China berühmt. Hami hat große Zeiten erlebt und war bis in dieses Jahrhundert hinein Sitz eines Khans. Es war von Mongolen, Uiguren, Tibetern und Dzungaren eingenommen worden. Seit dem Jahr 73, unter der Späteren Han-Dynastie, hatten die Chinesen sie wiederholt zurückerobert, und seit 1698 ist die Stadt chinesisch geblieben. Von den Bauten ist nichts mehr da. Was nicht im Moslemaufstand von 1863 bis 1873 zerstört worden war, hatte die Kulturrevolution dem Erdboden gleichgemacht. Heute kennt man Hami nur noch wegen des hier produzierten Roheisens.

Die Berggipfel hinter Hami und noch weiter entfernt trugen Schnee auf ihren eckigen, flachen Kämmen. Doch hier unten im Zug und in der Wüste war es sehr heiß – um die vierzig Grad im Zug, noch heißer draußen. Die Sonne brannte auf Sand und Steine herab. In den trockenen Flußbetten sah man manchmal einen abgestorbenen Wutongbaum und hier und da Dornenbüsche, abgesehen von grauen Flechten die einzige erkennbare Vegetation. Wir hielten auf eine staubige Hügelkette zu, hinter der ein bläuliches Gebirge aufragte, dahinter noch mehr Berge, auf denen sich helle Schneeflecken und Eisadern – möglicherweise Gletscher – abzeichneten.

Das war mein erster Blick auf den Bogdan Shan, das Gebirge Gottes. Unter diesen Bergen lag nichts als Wüste, die »heulende Wildnis«, die man an diesem Nachmittag nicht betrachten konnte, weil das Licht so blendete. Hier regnet es nie, dies ist der tote Mittelpunkt Asiens.

Wie schon in den vergangenen zweieinhalb Tagen bewegte sich der Eiserne Gockel nur mit etwa fünfzig Stundenkilometern Geschwindigkeit vorwärts; zum Glück, denn die Landschaft wurde immer bizarrer. Ein Flug von Lanzhou hierher hätte zu einem Schock geführt.

Ich ging in meinem Pyjama auf und ab und trank gelegentlich ein Bier. Die Flaschen enthielten einen halben Liter und kosteten fünfundzwanzig Pfennig. Weil immer noch Pekinger Zeit galt, war es um halb fünf Uhr nachmittags am heißesten, und hell genug zum Lesen blieb es bis kurz vor Mitternacht.

In dieser Welt aus Schnee und Sand wurden die Berge immer röter und kamen immer näher an den Zug heran. In der Ferne lag ein grünes, hundertfünfzig Meter unter dem Meeresspiegel gelegenes Becken, der niedrigste Ort in China und einer der heißesten: die Stadt Turfan, eine Oase. In einem Umkreis von hundertfünfzig Kilometern gab es nichts als schwärzliches Geröll, und Turfan selbst lag über vierzig Kilometer vom Bahnhof entfernt. Hier stieg ich aus.

VON RÄUBERN UND WEGELAGERERN

»Die Gesellen des Räubers Dschi fragten Dschuang Dsi einmal: ›Braucht ein Räuber auch Moral?‹ Er antwortete ihnen: ›Selbstverständlich! Ohne Moral kommt er nicht aus. Intuitiv erkennt er, wo etwas verborgen ist: das ist seine Größe. Er muß zuerst hinein: das ist sein Mut. Er muß zuletzt heraus: das ist sein Pflichtgefühl. Er muß wissen, ob es geht oder nicht: das ist seine Weisheit. Er muß gleichmäßig verteilen: das ist seine Güte.
Es ist vollkommen ausgeschlossen, daß ein Mann, der es auch nur an einer dieser fünf Tugenden fehlen läßt, ein großer Räuber wird.«

Dschuang Dsi
(Chuang-tzu, ca. 365–286 v. Chr.)

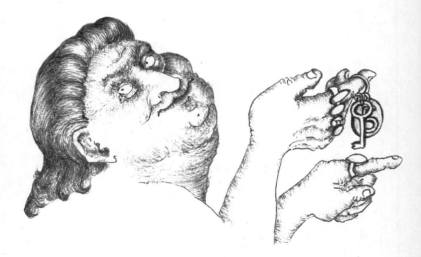

Stendhal
Pietra Mala

19. Januar 1817. Wenn man Bologna verläßt, um den Apennin zu überqueren, folgt die Straße nach Florenz zunächst einem anmutigen, fast ebenen Tal. Nachdem wir eine Stunde lang am Wildbach entlanggewandert waren, ging es allmählich inmitten kleiner Kastanienwälder bergan. In Loiano angekommen, hatten wir nach Norden zu eine wundervolle Aussicht: das Auge überschaut die berühmte lombardische Tiefebene in ihrer vollen Breite von vierzig Meilen; der Länge nach erstreckt sie sich von Turin bis Venedig. Ich gebe gern zu, daß man dies eher im Kopf hat, als daß man es sieht; aber es macht Freude, inmitten dieser riesigen Ebene, baumreich wie ein Wald, nach all den berühmten Städten zu suchen. Die Italiener lieben es, den Cicerone zu spielen; der Postmeister von Loiano wollte mich überzeugen, daß ich das Meer sähe (auf neunzehn Meilen): diese Ehre hatte ich keineswegs. Zur Linken sind die Dinge näher vor Augen; die zahlreichen Gipfel des Apennin bieten das erstaunliche Bild eines Ozeans aus Bergen, der Welle auf Welle dem Blick entschwindet.

Dem Himmel sei Dank, daß ich kein Gelehrter bin: diese aufgetürmten Felshaufen lösten in mir heute morgen recht lebhafte Empfindungen aus, während mein Gefährte, ein ausgebildeter Geologe, in diesem mich so beeindruckenden Anblick nichts anderes sieht als Argumente, die seinen Landsmann Scipio Breislak gegen englische und französische Gelehrte bestätigen. Signore Breislak, gebürtig aus Rom, behauptet, das Feuer habe alles geformt, was wir an der Oberfläche der Erdkugel sehen, Gebirge und Täler. Wenn ich die geringsten Kenntnisse in Meteorologie hätte, fände ich an gewissen Tagen nicht so viel Vergnügen darin, die Wolken wandern zu sehen, hätte nicht solchen Genuß an den prächtigen Palästen oder gewaltigen Ungeheuern, die sie meiner Einbildungskraft vorgaukeln. Ich sah einmal einen Schweizer Sennen drei Stunden lang mit verschränkten Armen die Schneegipfel des Jungfraumassivs betrachten. Sie waren für ihn Musik. Meine Unwissenheit bringt mich dem Seelenzustand dieses Hirten oft nahe.

Ein Spaziergang von zehn Minuten hat uns zu einem mit kleinen Steinen gefüllten Loch geführt, dem ein Gas entweicht, das fast immer brennt. Wir gossen eine Flasche Wasser auf die Steine; sogleich wurde das Feuer viel stärker, was mir eine stundenlange Erklärung eintrug. Hätte ich zugehört, so hätte sich der schöne Berg unversehens in ein Chemielabor verwandelt. Endlich schwieg mein Gelehrter still, und ich konnte mit den Bauern schwatzen, die rund um den Herd dieses Bergwirtshauses hockten. Es ist ein weiter Weg von dort zum eleganten Salon der Madame Martinetti, wo wir gestern abend weilten. Hier eine Geschichte, die ich soeben am riesigen Kamin der Herberge von Pietra Mala vernommen habe.

Vor fast zwei Jahren bemerkte man in Bologna wie in Florenz mit Schrecken, daß auf der Straße, auf der wir uns gerade befinden, die Reisenden verschwanden. Dies war das einzig sichere Ergebnis, zu dem die halbherzigen Nachforschungen beider Stadtregierungen gelangten; man hatte in den Bergen des Apennin allerdings nie irgendwelche Spuren oder Überreste finden können. Eines Abends zwang das Unwetter einen Spanier und seine Frau, in einer elenden Gastwirtschaft in Pietra Mala – dem Ort, wo wir gerade sind – einzukehren. Nichts war schmutziger und ekelhafter, und doch trug die Wirtin, die grausig anzusehen war, Diamantringe. Diese Frau sagt nun zu den Reisenden, sie werde gleich beim Pfarrer nach weißen Bettüchern schicken lassen, drei Meilen entfernt. Die junge Spanierin ist zu Tode erschrocken über das finstere Aussehen des Gasthofes; ihr Gatte stiehlt sich unter dem Vorwand, in der Kutsche ein Taschentuch holen zu gehen, nach draußen, macht dem Vetturino (Kutscher) ein Zeichen und spricht unbemerkt mit ihm. Dieser hatte schon vom Verschwinden von Reisenden gehört und fürchtet sich fast noch mehr. Sie werden sich schnell über die Sache einig. In Gegenwart der Wirtin schärft der Spanier dem Kutscher ein, sie spätestens um fünf Uhr morgens zu wecken. Der Reisende und seine Frau geben vor, ihnen sei nicht wohl, sie essen nur wenig zu Abend und ziehen sich bald auf ihr Zimmer zurück; dort lauschen sie, vor Angst halbtot, warten, bis alle Geräusche im Hause verstummt sind. Gegen ein Uhr ergreifen sie die Flucht und sehen zu, daß sie den Vetturino wieder einholen. Der wartet schon mit Pferden und Wagen eine Viertelmeile voraus.

Nach Florenz zurückgekehrt, erzählte der Vetturino seinem Fuhrherrn, Signore Polastro, einem redlichen Mann, welche Angst er ausgestanden habe. Dieser schaltete die Polizei ein, die dann unter großer Mühe einen Landstreicher festnahm, der sich in jener Gastwirtschaft in Pietra Mala öfters blicken ließ. Als man ihm mit dem Tode drohte, sagte er aus, der Pfarrer Biondi, bei dem die Wirtin nach weißen Bettlaken schickte, sei der Chef ihrer Bande; morgens um zwei Uhr pflege sie im Gasthaus anzukommen, wenn man die Reisenden in tiefem Schlaf wähnte. In dem Wein, der zum Nachtmahl aufgetischt wurde, war stets Opium. Der Brauch der Bande verlangte, die Reisenden und den Vetturino zu töten; danach setzten die Mörder die Leichen wieder in den Wagen, schirrten an und fuhren an irgendeinen verlassenen Ort auf den Höhen des Apennin. Dort wurden auch die Pferde getötet, der Wagen und die Reisehabseligkeiten verbrannt; außer Geld und Schmuck behielt man rein gar nichts. Die Leichen und die verkohlten Reste des Wagens begrub man mit größter Sorgfalt, die Uhren und Wertsachen wurden in Genua verkauft.

Durch dieses Geständnis endlich aufgerüttelt, überraschte die Polizei die ganze Bande bei einem großen Gelage in Biondis Pfarrhaus. Und die würdige Wirtin fand man bei sich zu Hause, wie sie gerade nach Laken schickte und dabei der Bande mitteilte, daß soeben Reisende im Gasthaus angekommen seien, die sie ihrer geschätzten Aufmerksamkeit empfehle.

Nach allem, was man mir erzählt hat, sehe ich, daß ich von den heutigen Florentinern schlecht werde denken müssen. Zumindest möchte ich nicht das Gesetz der Gastfreundschaft verletzen und habe gerade die siebzehn Empfehlungsbriefe, die ich für Florenz hatte, verbrannt.

Carsten Niebuhr
Wanderer, kommst du nach Mochha

Alle Reisenden, welche zu Lande nach Mochha kommen, müssen die Stadt durch das Bāb-Schädeli betreten, ein Tor, bei dem nach schlimmer kahirinischer Gewohnheit alle Europäer absteigen und zu Fuß gehen müssen. Wir stiegen ab, um unsere Quersäcke, die wir auf unseren Eseln hatten, visitieren zu lassen. Man fragte so wenig wie in anderen morgenländischen Städten nach unseren Namen und nach Pässen, und wir passierten unerkannt. Man nannte uns einen Han (Herberge), wo die Türken gemeiniglich einzukehren pflegen und wo wir, nach Meinung der Visitierer (Zöllner), unsere Landesleute würden antreffen können.

In Mochha war schon ein englischer Kaufmann mit einem Schiff von Bombay angekommen; allein wir waren auf unsere gute Aufnahme unter den Arabern in Jemen zu stolz, als daß wir es für nötig erachtet hätten, uns gleich an ihn zu wenden, vor allem, da wir keinen Brief an die Engländer hatten, und wir fürchteten, daß sie uns nach unserem Aufzug für Landstreicher oder Renegaten und nicht für ehrliche Europäer halten möchten. Wir hatten überdies Empfehlungsbriefe genug, nämlich einen von dem Kichja zu Dschidda an den hiesigen Dola, einen andern an den Makler der Engländer von einem Kaufmann zu Dschidda und noch einen andern von einem Kaufmann zu Beit el fakih an einen mochhaischen Kaufmann mit Namen Seid Salech. Wir wußten, daß Emir Farhān uns dem hiesigen Dola (Gouverneur) nicht nur in dem Brief, den er mit unsern Naturalien von Loheia nach Mochha sandte, empfohlen, sondern ihm auch noch bei anderer Gelegenheit viel Gutes von uns geschrieben hatte. Zudem hatten wir hier schon einen Bekannten, und wie wir nicht anders glaubten, einen Freund.

Dieser war ein Sohn des erwähnten Seid Salech, mit Namen Ismael. Der Vater hatte ihn mit Kaffee nach Dschidda gesandt. Dort suchte er unsere Bekanntschaft und zeigte uns ein Zeugnis, daß er bei holländischen Schiffern zu Mochha Dolmetscher gewesen sei. Dazu hatte ihn das Holländische empfohlen; denn diese Sprache hatte er von Renegaten gelernt und redete sie ziemlich gut, worüber wir uns sehr verwunderten, da wir seit langer Zeit keinen Mohammedaner gesehen hatten, der eine europäische Sprache redete. Weil er auch sehr gut von den Europäern sprach und dabei bescheiden war, gaben wir ihm eine freie Reise von Dschidda bis Loheia.

Wir hätten gut daran getan, wenn wir uns gleich nach unserer Ankunft in Mochha an den Makler der Engländer gewandt hätten. Dieser war einer der größten Kaufleute in der Stadt, ein rechtschaffener Mann und bei dem Dola im Ansehen. Allein er war ein Baniān oder indianischer Heide: und da wir zu Loheia und Beit el fakih bemerkt hatten, daß diese Nation (Volk) ungefähr ebensowenig bei den Mohammedanern geachtet wird wie bei uns die Juden, wollten wir uns nicht an ihn wenden. Herr Forskal und ich gingen geradewegs zu Ismaels Haus, weil wir glaubten, daß dieser uns schon einige Verbindlichkeit schuldig wäre, und wir wurden sehr wohl aufgenommen. Er verschaffte uns noch diesen Abend ein Haus für unsere ganze Gesellschaft, und obgleich er ein Mohammedaner war, so traktierte er uns doch mit Punsch, einem Getränk, welches uns sehr angenehm war, da wir seit langer Zeit weder Wein noch Branntwein gesehen hatten. (...)

Das Empfehlungsschreiben an Seid Salech hatten wir bei unserer Ankunft an Ismael übergeben. Ihn selbst sahen wir nicht eher als am folgenden Morgen, nämlich am 24. April (1762). Da die Kaufleute zu Loheia und Beit el fakih, denen wir empfohlen worden waren, die Mühe übernommen hatten, die kleinen Unkosten an die Zollbedienten für uns zu bezahlen und uns alle unsere Sachen ins Haus bringen zu lassen, so baten wir auch Ismael und seinen Vater um diese Gefälligkeit, und sie zeigten sich willig, uns zu dienen. Ob das wirklich ihre Absicht war, daran zweifle ich, ich glaube vielmehr, daß sie es mit den Unter-Zollbedienten verabredeten, uns Verdruß zu machen.

Des Morgens um 9 Uhr kamen auch unsere Reisegefährten mit den Bedienten und der Bagage zu Mochha an. Diese wurde nach Landesgewohnheit gleich zum Zollhaus gebracht, wo der Dola selbst gegenwärtig war. Wir verlangten, daß die Sachen, die wir zu Lande mitgebracht hatten, zuerst visitiert werden möchten, damit wir unser Küchengerät und unsre Betten erhielten; allein die Visitierer wollten zuerst die Kasten mit Naturalien durchsuchen, die von Loheia zur See nach Mochha gekommen und noch auf dem Zollhaus aufbewahrt wurden. Es fand sich darunter ein kleines Fäßchen mit Fischen aus dem arabischen Meerbusen, und Herr Forskal, der sie gesammelt hatte, bat, daß man es ungeöffnet passieren lassen möchte, weil es mit Branntwein angefüllt war und die Fische keinen angenehmen Geruch verursachen würden.

Allein der Visitierer öffnete es, nahm Fische heraus, rührte alles mit einem Eisen durch, als wenn er glaubte, daß kostbare Waren darin verborgen wären, und all unser Bitten ungeachtet, daß man das Fäßchen an die Seite setzen möchte, warf er es noch zuletzt um, und das ganze Haus war erfüllt mit Gestank von verdorbenen Fischen und Branntwein. Man kann sich leicht vorstellen, was die Araber, denen ihre Religion die starken Getränke strikt verbietet, gesagt haben, und wie beschämt wir gewesen sein müssen, daß der Dola und seine Schreiber ihr Zollhaus durch unsere Sachen so verunreinigt sahen.

Wir baten abermals, daß man unsere Betten visitieren möchte, allein man wollte erst mehrere Naturalien sehen. Unter diesen waren einige Seetiere, welche vor dem Einpacken in Loheia nicht völlig trocken geworden waren und deswegen auch einen ziemlichen Gestank machten. Dies verursachte ein neues Murmeln und Schimpfen auf die Franken. Von den Muscheln, welche wir mit der größten Sorgfalt eingepackt hatten, wurde ein großer Teil bis zum Boden herausgerissen und das übrige mit einem spitzen Eisen durchbohrt. Wir stellten vergebens vor, daß vieles zerbrechen würde. Die Araber glaubten, daß kein vernünftiger Mensch dergleichen Sachen sammele, um Gebrauch davon zu machen, sondern daß wir selbige hierher gesandt hätten, um uns über den Dola und die Zollbedienten zu belustigen. Andere gaben vor, daß vielleicht kostbare Waren dazwischen versteckt, ja daß alles kostbare Waren seien, und daß wir ihnen die Augen verblendet hätten.

Der Dola, ein alter sanftmütiger Mann, schien auf all dies noch nicht zu achten. Endlich brachte man ein Flaschenfutter, in welchem Forskal verschiedene Arten Schlangen in Spiritus aufgehoben hatte. Dies setzte alle in Erstaunen. Einer von den Sklaven oder Bedienten des Dola äußerte hierzu seine Meinung: daß die Franken vielleicht nach Jemen gekommen seien, um die Mohammedaner zu vergiften, und daß sich deswegen einer von uns für einen Arzt ausgäbe, um desto besser Gelegenheit dazu zu haben. Der gute Dola schien bisher mehr Mitleiden als Verachtung gegen uns gehabt zu haben. Als man aber davon redete, daß die Gesundheit der Einwohner in Gefahr sein könnte, war er aufgebracht und sagte: Bei Gott, diese Leute sollen keine Nacht in unserer Stadt bleiben. – Nun kann man leicht denken, was die Schreiber, die Visitierer und der Pöbel, welcher sich ungemein zahlreich versammelt hatte, gesagt haben mögen. Das Zollhaus wurde hierauf geschlossen, und wir erhielten nicht einmal die notwendigsten Sachen, unser Küchengerät und unsre Betten.

Einer von unsern Bedienten brachte uns noch auf dem Zollhaus die Nachricht, daß unsere Quersäcke (doppelte Reisesäkke) und Bücher, die wir auf unsern Eseln bei uns geführt hatten, aus dem Fenster geworfen, und das Haus zugeschlossen wäre. Herr Forskal und Herr Cramer eilten, um nach der Ursache zu fragen, und man versicherte ihnen, daß alles auf Ismaels Befehl geschehen sei.

Den 25ten erhielten wir nichts von unsern Sachen vom Zollhaus. Ismael riet uns, durch ihn dem Dola ein Geschenk von fünfzig Dukaten zu schicken, um ihn dadurch zu gewinnen. Wir waren schon willens gewesen, ihm ein Geschenk anzubieten, aber nicht von einem so großen Wert, und der Vorschlag, daß er dies Geschenk selbst überbringen wollte, schien uns etwas verdächtig. Allein da wir nach San'a zu reisen gedachten, und wenn möglich, noch ein ganzes Jahr in diesem Lande zu bleiben, und da wir ohne die Erlaubnis des Dola nicht von Mochha abreisen durften, so beschlossen wir, die erwähnte Summe aufzuopfern. Wir hielten es nur nicht für ratsam, das Geschenk durch jemand anderen überbringen zu lassen, sondern uns selbst einen Weg zu dem Dola zu bahnen. Die Bedienten hatten uns bisher beständig abgewiesen, und Ismael wollte uns überreden, daß er die Christen nicht für würdig erachtete, mit ihnen zu sprechen. Es wurde deshalb von der Gesellschaft beschlossen, daß ich am 26. April die fünfzig Dukaten dem Dola überbringen sollte. Unterwegs hörte ich, daß man ihn an diesem Morgen, als er seine Soldaten hatte exerzieren lassen, aus Versehen durchs Bein geschossen hätte. Ich kehrte gleich wieder zurück, in der Hoffnung, daß nun unser Arzt angefordert werde und wir unser Geschenk würden sparen können. Aber Herr Cramer wurde nicht angefordert. Als man dem Dola vorgeschlagen hatte, ihn holen zu lassen, soll er geantwortet haben: er könnte sich den Franken nicht anvertrauen, weil er befürchte, sie würden ihn ihren Zorn durch heiße Arzneien empfinden lassen. Denn die Araber teilen die Arzneien und Lebensmittel in heiße und kalte ein, und alles, was für heiß gehalten wird, halten sie für schädlich. (...)

Erst am 27. April erhielten wir unsere Betten von dem Zollhaus, und zwar so genau durchsucht, daß man sie sogar aufgeschnitten hatte. Am 28. wurde uns nichts ausgeliefert. Den 29. bekamen wir abermals einige Kleinigkeiten, und auch auf das schärfste visitiert. Wir sahen also ganz deutlich, daß man uns nötigen wollte, gleich im Anfang ein ansehnliches Geschenk zu geben. Wir beschlossen deswegen, die einmal bestimmten fünfzig Dukaten wegzuwerfen, und dies hatte eine gute Wirkung.

Bisher hatte Ismael die Bedienten dergestalt auf seiner Seite, daß wir niemals Audienz bei dem Dola erhalten konnten. Es hieß, daß er unsertwegen von niemandem etwas hören wollte als von Ismael und seinem Vater. Heute aber hielt man es nicht für ratsam, Herrn Forskal, der das Geld überbrachte und es sich merken ließ, warum er gekommen war, wieder zurückzuschicken. Die fünfzig Dukaten wurden sehr wohl aufgenommen; und als Forskal verlangte, daß man uns erlauben möchte, künftig selbst für uns sprechen zu dürfen, hatte der Dola nichts dagegen einzuwenden. Er wunderte sich vielmehr, daß wir nicht vorher zu ihm gekommen wären, da wir uns selbst in der arabischen Sprache erklären könnten. Den folgenden Tag schickte er uns ein Gegengeschenk von vier kleinen Schafen und zwei kleinen Säcken mit Reis. Es wurde uns zugleich angezeigt, daß Befehl an die Zollbedienten gegeben wäre, die noch auf dem Zollhaus lagernden Sachen ungeöffnet verabfolgen zu lassen. Wir konnten mit Ismael noch nicht gänzlich brechen und mußten ihm erlauben, die Visitierer und Träger für uns zu bezahlen. Dies kostete uns dreimal mehr als in Loheia und Beit el fakih.

Alexandra David-Neel
Ein Beispiel weisser Magie

Unsere Gesellschaft bestand aus sieben Personen: Yongden, drei Dienern, einem chinesischen Soldaten und einem Mohammedaner, der mit seiner tibetischen Frau und seinem kleinen Sohn, die ich nicht mitrechne, auf dem Rückweg in seine Heimat begriffen war.

Yongden und die Frau waren mit mir beim Pflanzensuchen zurückgeblieben, die andern Männer weit voraus. Es hatte sich endlich aufgeklärt, und zwischen den Wolken hindurch sah man, daß die Sonne zur Neige ging. Also war es Zeit, uns nach dem Lager aufzumachen, und wir ritten denn auch darauf zu und genossen den Abendfrieden.

Wir hatten die Ebene verlassen und kamen um einen Felsvorsprung herum in ein enges Tal, als ich zu meiner Linken drei Männer mit über die Schulter geworfenen Flinten auftauchen und schweigend in einer Bergschlucht wieder verschwinden sah. Ich war mir ganz klar über sie. In dieser Gegend begrüßen die tibetischen Reisenden einander sonst stets mit: »Oghiai! Oghiai!«* Dann werden Fragen über das Woher und Wohin gewechselt. Das Schweigen der Männer war höchst verdächtig, überdies waren sie ja auch nicht weitergegangen, sondern hatten sich versteckt.

Ich tat so, als ob ich meinen Weg ruhig und achtlos fortsetzte, fühlte aber unter meinem Kleid nach, ob mein Revolver zur Hand war. Der neben mir reitenden Frau flüsterte ich zu: »Hast du sie gesehen?« – »Ja«, antwortete sie, »es sind Räuber, vielleicht hat eine Bande sie als Kundschafter ausgeschickt.«

Ich beschaute mir eine auf einem Felsen wachsende Blume anscheinend mit größtem Interesse und rief Yongden herbei; unter dem Vorwand, sie ihm zu zeigen. Um keinen Preis durften die Briganten, die uns vielleicht beobachteten, Zeichen von Aufregung oder Furcht bei uns sehen. Ich trug die Tracht eines Lama-Ordens, dessen Mitglieder für furchtlos gelten und de-

---

* »Ihr habt Schweres erlebt«, worauf die Antwort lautet: „Lags ma Kaa; kiai lo oghiai!« – »Ich habe nichts Schweres erlebt, wohl aber ihr.«

nen okkulte Kräfte zugeschrieben werden; darin bestand unser bester Schutz.

»Hast du die Männer in der Schlucht gesehen«, fragte ich meinen jungen Begleiter. »Nein.« – »Drei Männer mit Flinten, ohne Zweifel Räuber. Die Frau hat sie gesehen. Halte deinen Revolver bereit. Sobald der Weg sich wendet und wir außer Sicht sind, wollen wir schneller reiten. Wir müssen rasch zum Lager zurück und die Diener benachrichtigen.« Da ich englisch gesprochen hatte, fürchtete ich nicht, belauscht zu werden.

Wir waren gut beritten und kamen schnell vorwärts. Aber horch, da wurde ja in Richtung unserer Leute geschossen. Wir ritten rascher und sahen bald unsere Zelte, die im hohen Gras dicht an einem Fluß aufgeschlagen waren.

»Habt ihr drei Männer auf eurem Weg gesehen?« fragte ich sofort die Diener, die, um unsere Pferde zu halten, herbeikamen. Nein, innerhalb der letzten zehn Tage waren sie keiner Menschenseele begegnet. »Ich habe einen Schuß gehört.« Sie ließen alle die Köpfe hängen. »Ich habe einen Hasen geschossen«, bekannte der Soldat. »Wir haben kein Fleisch mehr, und meine Frau fühlt sich ganz schwach.«

Ich verbiete meinen Dienern streng alles Jagen, aber der Soldat steht nicht in meinem Dienst. Ich ging also darüber weg. »Diese Frau und ich haben drei bewaffnete Männer gesehen, die sich anscheinend vor uns verstecken wollten«, sagte ich. »Wir müssen diese Nacht das Lager besonders gut bewachen. Die drei haben vielleicht in der Nachbarschaft Helfershelfer.«

»Da sind sie!« rief mein oberster Diener Tsering und zeigte auf zwei Männer, die oberhalb des Lagers auf der Spitze des Hügels standen. Ich sah sie mir durch das Fernglas an; es waren richtig dieselben Leute wie unterwegs. Aber wo war der dritte?

»Wir wollen keine Notiz mehr von ihnen nehmen«, sagte ich, »sondern Tee trinken und dabei einen Plan entwerfen. Legt Flinten und Revolver an einen für die Räuber recht sichtbaren Ort. Sollten es mehr als nur die beiden sein, so ist es besser, daß sie sehen, wie gut wir uns verteidigen können.«

Der Tee war fertig. Einer der Diener tauchte einen Löffel in den Kessel, warf ein paar Tropfen der Flüssigkeit nach den sechs Seiten (einschließlich Zenit und Nadir) und rief laut: »Trinkt Tee, ihr Götter!« Darauf wurden unsere Schalen gefüllt, und um das Feuer in der Runde sitzend berieten wir die Lage.

Die Leute schlugen vor, die benachbarten Hügel zu erklettern und von da Ausschau zu halten, ob sich vielleicht in der Nähe eine Bande befinde; aber dafür war ich nicht. Die Räuber konnten ja gerade den Augenblick benutzen, in dem meine Dienerschaft fern vom Lager war, um ein paar Tiere oder dergleichen zu stehlen. Yongden und ich allein hätten uns nicht so gut verteidigen können, selbst wenn wir es nur mit den dreien, die wir bisher gesehen hatten, zu tun hatten.

»Ich weiß etwas Besseres«, sagte der Soldat. »Wir lassen es erst dunkel werden, dann verstecke ich mich mit zwei andern Männern, jeder für sich, an drei verschiedenen Stellen außerhalb des Lagers. Ein anderer hält hier Wache und schägt dabei die ganze Nacht hindurch die Trommel oder macht sonst irgendwie Lärm, wie die Chinesen zu tun pflegen. Die Räuber vermuten uns dann alle in den Zelten und werden sich heranschleichen. Die außerhalb des Lagers versteckten Männer müssen sie dabei sehen und können auf sie schießen, bevor sie noch die Zelte erreicht haben. Auf die Weise werden sie überrascht und können von hinten und vorn zugleich beschossen werden.« Das schien mir für einen so kleinen Trupp wie den unsern der beste Plan, und ich ging darauf ein.

Wir banden die Tiere gut an, denn wenn die tibetischen Räuber keinen offenen Kampf wagen, eröffnen sie gewöhnlich auf kurze Entfernung ein Gewehrfeuer, um die Tiere scheu zu machen. Reißen sie sich dann los, jagen sie sie fort, und es gelingt ihnen meist, einige zu erbeuten.

Yongden bestand darauf, mit den Säcken und Kisten, die unsere Vorräte enthielten, eine Barrikade zu bauen. Natürlich war das als Schutz für uns gedacht, aber, bei allem Respekt vor der Gelehrsamkeit meines Pflegesohns – von der Kriegskunst versteht er nichts. Der Bau sah mir mehr danach aus, als ob wir ihn mit unsern Leibern schützen müßten, als daß er ihnen Schutz verleihen könnte. Aber ich fühlte mich auch nicht gerade als Sachverständige, und leider war kein großer Feldherr da, um uns über den Bau von Feldbefestigungen aufzuklären.

Die Nacht, in der wir jeden Augenblick auf einen Angriff gefaßt waren, war eine der schönsten meines Lebens, wenn es auch nicht die Aussicht auf den Kampf war, die mir das Wachbleiben so reizvoll machte. Am Eingang des Zeltes, die Schale mit Tee neben sich, saß Tsering und sang wohl an die tausend Jahre alte Balladen aus dem Lande Kham. Den Takt dazu schlug er mit einer kleinen Gerte auf einem tibetischen Kessel, in dem wir über dem Lagerfeuer unseren Tee oder unsere Suppe kochten. Die Lieder besingen die Großtaten ländlicher Ritter, wie sie sich einst in den Urwäldern zugetragen, über denen die leuchtenden Bergeshäupter mit ihren ewigen Schneekronen zum Himmel emporragen. Diese Helden waren wohl ebensogut Räuber wie die, gegen die wir soeben auf der Hut waren.

Tsering hatte eine schöne Stimme, und sein Vortrag schlug bald heroische, bald mystische Töne an. Er sang nicht nur von Kriegern, sondern auch von gütigen Göttinnen und heiligen Lamas. Manchmal schlossen die Verse mit dem leidenschaftlichen Wunsch nach dem geistigen Erwachen, das aller Furcht und Trübsal ein Ende macht. Selbst der prosaische Kessel schien sich poetisch zu verklären; sein Metall erklang feierlich wie Glockenton. Tsering war unermüdlich; erst als der Morgen graute, verstummten seine Zaubergesänge.

Ganz erstarrt von der langen Wache auf dem feuchten Gras kamen die Schildwachen zurück und beeilten sich, Feuer anzuzünden und Tee zu machen. Tserings Gesang war verhallt, und der harmonische Kessel hatte sich nun ganz wieder in seine nützliche Bestimmung ergeben; er stand schon, mit Wasser gefüllt, auf den Flammen. Yongden lag, mit dem Kopf an seine Barrikade gelehnt, in tiefem Schlaf.

Die Räuber hatten zwar keinen Angriff gewagt, die Nacht aber in der Nähe des Lagers verbracht. Wir waren beinahe mit Frühstücken fertig, als die drei Männer erschienen, jeder ein Pferd am Zügel führend. Meine Leute sprangen rasch auf die Füße und liefen ihnen entgegen. »Wer seid ihr«, fragten sie. »Wir sahen euch gestern. Was tut ihr hier?« – »Wir sind Jäger«, antworteten die neuen Ankömmlinge. »So, das trifft sich ja gut für uns. Wir haben gerade kein Fleisch mehr, da können wir euch etwas Wild abkaufen.« Die angeblichen Jäger machten verlegene Gesichter. »Wir haben noch nichts geschossen«, sagten sie. Mehr brauchten meine Leute nicht zu hören. »Wißt ihr wohl«, fragte Tsering die drei Tibeter, »wer die edle, hochwürdige Dame ist, die mit einem so schönen Zelt reist und eine ›Töga‹ (eine Art Gewand, wie es die Lamas tragen) aus Goldbrokat trägt?« – »Ist sie am Ende die Philing Jetsunma, die in Jakyendo gewohnt hat? Von der haben wir gehört.« – »Jawohl, das ist sie. Und ihr könnt uns glauben, vor Räubern hat sie ebensowenig Angst wie vor wilden Tieren oder was es auch sein mag. Wer ihr nur das geringste von ihrem Hab und Gut stehlen wollte, würde gleich gefaßt werden. Sie braucht nur in eine Schale voll Wasser hineinzusehen, dann erblickt sie darin sofort den Dieb, alles was er gestohlen hat und den Ort, wo er selbst wie das Diebesgut versteckt sind.« – »Dann haben die Dokpas also wirklich recht, wenn sie sagen, daß alle weißen Ausländer sich auf diese Kunst verstehen?« sagten die Leute. »Das steht ganz fest«, bestätigte mein oberster Diener.

Tsering kannte die Geschichte, die sich die Kuhhirten erzählen, sehr gut, und benutzte sie nun ganz geschickt, um die Räuber einzuschüchtern und sie von dem Gedanken abzubringen, uns ein paar Tage später, nach Verstärkung durch ihre Freunde, zu überfallen.

Vielleicht zehn Tage nach diesem Erlebnis verbrachten wir die Nacht einem Dokpas-Lager gegenüber. Schon bevor es dunkelte, zog ich mich in mein Zelt zurück und hörte von da aus, wie das Lager viel Besuch bekam. Die Leute brachten Geschenke von Milch und Butter, und Yongden sagte ihnen, daß die Dame heute nicht bei ihren religiösen Meditationen gestört werden dürfe, daß sie aber morgen früh gern empfangen werde. Dann wurde etwas geflüstert, und nachdem einer der Diener die Dokpas zum Teetrinken an das Küchenfeuer gerufen hatte, verteilte sich die Menge, und ich hörte nicht mehr, was gesagt wurde.

Bei Tagesanbruch bat Yongden, in mein Zelt eintreten zu dürfen. »Bevor die Dokpas zurückkommen«, sagte er, »muß ich dir eine Bitte mitteilen, die sie gestern äußerten. Zwei ihrer Pferde sind ihnen, sie wissen nicht von wem, gestohlen worden, und nun möchten sie, daß du in eine Schale Wasser siehst, um ihnen dann die Diebe und den Ort zu beschreiben, wo die gestohlenen Tiere versteckt gehalten werden.«

»Was hast du ihnen geantwortet?« fragte ich.

»Ich glaube fast«, meinte Yongden, »die Leute haben nichts

Gutes vor. Kann sein, daß ihnen gar nichts gestohlen worden ist und sie nur herausbekommen wollen, ob sich das mit der Schale Wasser und der Zauberkunst der ›weißen Ausländerin‹ wirklich so verhält. Es sollte mich gar nicht wundern, wenn sie ein Auge auf unsere schönen chinesischen Maultiere geworfen hätten. Sie würden sie gewiß gern stehlen, wenn sie nur sicher wären, daß du den Dieben nicht auf die Spur kommen könntest. Zumal wenn der Diebstahl ein paar Tagemärsche von ihrem Lager entfernt vor sich ginge, ließe er sich nicht mehr so leicht auf den Stamm zurückführen, zu dem die Räuber gehören. Sagst du ihnen, daß du ihre Pferde gesehen hast, und es sind in Wirklichkeit gar keine gestohlen worden, so werden sie überzeugt sein, daß du ihre Lüge nicht durchschaut hast und daß es mit deinen Zauberkünsten nicht weit her sein kann. Sie werden dann glauben, daß sie uns ungestraft ausrauben dürfen. Ich erklärte ihnen deshalb, du könntest allerdings alles, was sie erfahren möchten, aus der Schale Wasser ersehen, aber das gewöhnliche Flußwasser sei dafür unbrauchbar; es müsse erst durch besondere Riten und Zeremonien drei Tage lang eigens vorbereitet werden. Das leuchtete ihnen gleich ein. Darauf sagte ich ihnen, daß du wegen einer wichtigen Besprechung mit einem großen Lama nach Amdo gerufen seist und vermutlich keine drei Tage mehr hierbliebst. Und da ich weiß, wie sehr ihnen der Gedanke widerstrebt, daß ein Mensch um eines einfachen Diebstahls willen hingerichtet werden könnte, fügte ich hinzu, du würdest die Diebe, wenn du sie einmal entdeckt hättest, sicher den chinesischen Richtern ausliefern. Und das hieße ebensoviel wie sie rettungslos zum Tode verurteilen. Die ›Zwei‹ (Rachegottheit) mochten sie um keinen Preis erzürnen, da wollten sie sich doch lieber auf eigene Faust nach den Pferden umsehen und versuchen, von den Dieben eine gute Entschädigung zu bekommen.«

Ich lächelte zu seiner List, und als sich die Dokpas von neuem mit Geschenken einfanden, wiederholte ich ihnen alles, was Yongden erzählt hatte. Auf die Vorbereitung des allzu gefährlichen Ritus verzichteten sie gern.

UNTER WILDEN TIEREN

»Beim Reisen erquickt mich schon, daß ich ohne Schaden irgendwo verweilen und den Ort ebenso leicht wieder verlassen kann.«

Montaigne, Essais (1580)

Elias Hesse
In javanischen Sümpfen

Den 7. April 1683 passierten wir das brennende Eiland Krakatau, Schlepsee ließen wir am Steuerbord oder zur rechten Hand liegen und kamen den 8. April in der Seringen-Bay*vor Anker. Hier ging ich das letzte Mal auf der Küste Java an Land, erfrischte mich im Baden und Spazierengehen. An dieser Negerei, dem Dorf Seringen, haben die Holländer ein Pagger, nur mit Pallisaden umgeben, aufbauen lassen, es soll aber künftig ein richtiges Kontor dort aufgerichtet werden. Dieser Pagger ist mit acht bis neun eisernen Stücken und einer Besatzung von 150 Soldaten versehen, von denen die meisten Eingeborene sind, und der größte Teil derselben krank danieder gelegen.

Während der Liegezeit dort ging ich eines Tages zusammen mit meinem Schiffskapitän und Obersteuermann, um die lange verfügbare Zeit dadurch auszunutzen, gut zwei Meilen landwärts; längs dem Seestrand war der Weg unter den Kokosbäumen lustig zu gehen, als wir aber landeinwärts marschierten, fanden wir keinen gebahnten Weg, sondern mußten zwischen den Feldern zuweilen auf den aufgeworfenen Gräben und auch durch viele Sümpfe und darin gewachsene lange und starke Schilfe gehen, darin sich denn die Blutegel (teils giftig, teils aber auch der Gesundheit dienend) in großer Menge aufhielten und sich an unsere bloßen Füße im Gehen festsetzten und so das Blut nach ihrer Art heraussaugten. Wir wären zwar dieses Schröpfens gerne überhoben gewesen, weil wir ohnedies gar wenig frisches und gutes Blut mehr im Leibe hatten, mußten aber dennoch diese ungebetenen Gäste gewähren lassen. Jedoch mochte das kühle Wasser aus den jungen Klappernüssen, darin wir zum Zeichen unserer Freude die Gesundheit von der glücklichen Eroberung Bantams oder vielmehr der ganzen Insel Java unterwegs tranken, solche Unlust in Lust verwandeln und das ausgesogene Blut wiederum ersetzen.

---

* Zu lesen Tjiringin (oder Tjaringin), ein Dorf an der Sunda-Straße südlich von Anjer, verschwunden seit der Eruption des Vulkans Krakatau im Jahre 1883.

Im Zurückgehen kamen wir zu unserm Unglück unter viele Herden großer abscheulicher Büffel, welche Tag und Nacht auf dem Felde liegen und grasen; sie haben überaus lange Hörner, womit sie einen Menschen leicht durchstoßen können. Sie sind böse und tückische Tiere und führen den Namen mit der Tat, überdies haben sie die Unart an sich, daß sie die Europäer, welche sie an ihren Kleidern erkennen, zuweilen sicher vorbeigehen lassen, hernach aber von hinten dergestalt überfallen, daß sie sie mit den Hörnern in die Luft werfen und so gar um das Leben bringen. Ich bin auf Sumatra bei diesen Büffeln öfters in höchster Lebensgefahr gewesen und habe genug zu tun gehabt, mich zu retten. Deshalb war auch hier guter Rat teuer, und es schien nicht ratsam, sich mit diesen großen und starken Bestien in Aktion einzulassen, denn sie würden uns zweifelsohne auf eine ungewohnte Weise traktiert haben; deswegen ergriffen wir ohne Scheu das Hasenpanier, und wer gut laufen konnte, hatte keine Gefahr; dennoch schien es mir etwas gefährlich zu sein. Denn als ich im Laufen über einen tiefen und allzu breiten Graben springen und ihn so überqueren wollte, konnte ich, als ein durch die große Hitze und vieles Gehen Ermüdeter, solches nicht bewältigen, sondern geriet mitten in den Graben, daraus mir aber doch die große Beängstigung und die nicht kleine Furcht vor den Büffeln wiederum herausgeholfen, so daß ich dem bevorstehenden Unglück ohne Schaden entkommen bin.

Die schon erwähnten Büffel können keine rote Farbe leiden, daher gehen sie denn auch auf diese eher als auf eine andere los: eben solches habe ich in der Tat gesehen. Es ist zu verwundern, wie gehorsam diese Büffel den schwarzen Indianern sind: denn, wenn der Büffelhüter sie mit einem Horn zusammengeblasen, springt er auf eines der Tiere, steht auf dessen Rücken mit aufrechtem Körper und bahnt sich einen Weg durch die schnellfließenden Ströme, welchem die anderen Büffel folgen.

Als wir nun von unserm Spazierweg wiederum nach Seringen gekommen waren, besichtigten wir gleichfalls diese Negerei, die in schlecht aufgebauten Bettlerhütten bestand. Einige der Unsrigen nahmen zu ihrem Bedürfnis und zum Andenken der Einwohner ausgehöhlte Klappernüsse mit an Bord, die sie auch die Reise über zu Trinkgeschirren brauchten.

Adam Olearius
In einer persischen Oasenstadt

Kaschan ist eine der volkreichsten und bedeutendsten Handelsstädte in Persien. Daher hat es neben vielen schönen, großen Häusern viele herrliche Karawansereien und einen überaus köstlichen Basar und Maidan (öffentlicher Platz), welcher unten und oben mit ansehnlichen Gewölben, Galerien und Gemächern so wohlgebaut ist, wie wir es noch nie gesehen hatten. Hier befinden sich außer den Persern allerhand Nationen (Völker), besonders viele Inder, die jeder in getrennten Räumen ihre Handlung treiben, wie auch die Handwerker, insbesondere die Goldenstück- und Seidenwirker, die häufig in offenen Gemächern arbeiten, so daß sie jedermann sehen kann.

Ackerbau, Weinkultur, Gartenfrüchte und andere nicht allein zur Notdurft, sondern auch zum Lebensgenuß dienende Sachen findet man hier im Überfluß. Ich habe bestätigt gefunden, was der Engländer Cartwright* von dieser Stadt schreibt, nur daß sie keine frischen Quellbrunnen haben, sondern tief nach Wasser graben müssen, welches zu unserer Zeit ziemlich faulig war. Es wird auch etwas durch Kanäle dahingeleitet. Auch herrscht daselbst jetzt keine so gute Polizeiordnung, wie er sie rühmt, mittels deren man auf die Jugend, um sie bei Zeiten an Arbeit zu gewöhnen, mehr als in andern Städten ein Auge haben und keine Müßiggänger leiden sollte. Zwar lehrt die Perser, die wegen der vielen Frauen viel Kinder zeugen, die Not, etwas vorzunehmen, aber sie sind doch, was Aristoteles von den Menschen insgemein sagt, in erster Linie gesellige Wesen, welche lieber in Gesellschaft auf dem Maidan spazieren und in den Krambuden sitzen als in den Werkstätten bei harter und saurer Arbeit, wozu sie ihre Sklaven gebrauchen; und das um so mehr, weil der gemeine Mann nicht an teure, sondern an billige Speisen gewöhnt ist und sich leicht ernähren kann. Daher gibt es unter den freien Leuten hier sowohl als an andern Orten, wie sie selbst zugeben, viele Müßiggänger und Bettler.

---

* John Cartwright kam 1603 mit einer großen Karawane über Täbris nach Isfahan.

Es ist auch wahr, was er von den Skorpionen schreibt; keine Stadt in ganz Persien wird mehr vom Ungeziefer, besonders von Skorpionen geplagt als Kaschan. Daher pflegen sie, wenn sie einem etwas Böses wünschen wollen, zu sagen: Akrab Kasckan be dester senet – daß dich (Dieb) der kassanische Skorpion in die Hand steche! Wir fanden einige in unsern Quartieren, kohlschwarz, fingerlang und dick, welches die giftigsten sein sollen; einen davon habe ich in der Gottorfischen Kunstkammer in Öl liegen. Sie sehen Krebsen nicht unähnlich, nur daß sie stumpfe Köpfe und viel schmälere Leiber haben, laufen geschwind und tragen den Schwanz empor, an welchem ein krummer Stachel sitzt. Sie haben dieses Ungeziefers halber ihre Bettlager nicht auf der Erde, sondern auf Tzarpai, das sind vierfüßige, erhabene Gestelle. Sie sagen, wenn ein Fremder dahin kommt und spricht nur etliche Male: Men Karibem – ich bin ein Fremder, so sollen sie ihn nicht stechen. Ich denke aber, daß ein Fremder außer diesen Worten sich aus Furcht vor dem Ungeziefer besser in acht zu nehmen pflegt und daher sicher ist. Man vernimmt übrigens nicht, daß viele an dem Stich sterben sollen. Ihr Heilmittel besteht darin, daß sie geschwind auf die Wunde ein Stück Kupfer binden, wozu ihnen ihre kupferne Münze, die sie Pul nennen und stets bei sich tragen, dienlich ist; hernach legen sie Honig und Essig darauf und heilen so den Schaden.

Solch Ungemach habe ich auch an mir, und zwar allein unter all unsern Leuten, empfinden müssen, indem ich zu Schamachie auf der Rückreise in der Nacht von einem Skorpion am Hals neben der Kehle gestochen wurde. Es lief alsbald eine Blase einen halben Finger lang auf und brannte, als wenn glühende Kohlen darauf lägen. Unser Medikus, welcher zu meinem Glück bei mir im Gemach schlief, legte sofort Skorpionöl darauf, gab mir Tyriac ein und ließ mich schwitzen, wodurch sich nach drei Stunden die großen Schmerzen zwar verloren, aber gleichwohl über zwei Tage lang noch ein Stechen wie mit einer Nadel nachblieb. Solch Stechen habe ich noch etliche Jahre danach zur Herbstzeit und gewöhnlich nach Michaelis wieder empfunden, möchte aber nicht meinen, daß dies dadurch verursacht wird, daß die Sonne in den Skorpion eintritt.

Weil die Heilung der Skorpionstiche bei ihnen leicht ist, behaupten sie, daß wenn man nach dem Stich nur einen Esel (deren es in Persien sehr viele gibt) schreien hört, es keine Not haben solle. Einige unserer Leute machten ihre Scherze darüber und forderten einander auf, wenn etwa jemand gestochen würde, so möge sein Mitgesell in Ermangelung der persischen Esel schreien.

Es befindet sich auch bei der Stadt Kaschan eine andere Art schädliches Ungeziefer, welches fast wie die Spinnen gestaltet ist, einzelne fast zwei Zoll lang, gesprenkelt und gestreift, wie deren Konterfei bei der Stadt Kaschan zu sehen ist. Diese halten sich an steinigen Orten auf und nisten unter niedrigen Sträuchern, die dem Wermut nicht unähnlich sind, aber breitere Blätter und stärkeren Geruch haben. Dies Kraut wird von den Persern Tremne und von den Türken Jauschan, der Wurm aber Enkurek genannt. Es ist kein anderes als Stellio, welchen die Italiener und Spanier Tarantel nennen.

Wenn dieses Geschmeiß einem Menschen an den Leib kommt, läßt es ein Gift wie einen Wassertropfen fallen, welches große Schmerzen macht, einzieht und alsbald in den Magen gelangt, den Kopf einnimmt und in alle Glieder schleicht, so daß der Mensch in tiefen Schlaf fällt und geraume Zeit weder durch Schläge noch durch andere Mittel geweckt werden, und danach, solange das Gift bei ihm bleibt, sich des Schlafs nicht erwehren kann und seines Verstandes nicht mächtig ist.

Das beste Mittel dafür soll sein, daß man den Wurm tötet und auf den Schaden bindet, der alsdann das Gift wieder in sich zieht. Wenn man aber den Wurm nicht haben kann, nehmen sie mit dem Patienten eine seltsame Kur vor. Sie legen ihn auf den Rücken, gießen ihm süße Milch in den Hals, soviel sie hineinbringen können, auch wenn sie nicht bei ihm bleibt. Dann legen sie ihn in einen flachen Kasten oder Trog und hängen denselben an vier Stricken auf, drehen den Kasten solange herum, bis die Stricke sich fest zusammengedreht haben und der Kasten hoch empor kommt. Dann lassen sie die Hand ab, daß die Stricke sich aufdrehen und der Kasten von selbst wieder herunterläuft. Dadurch bekommt der Patient einen Schwindel, so daß er alles, was er im Magen hat, herausgeben muß, wobei dann große Stücke geronnene Milch von grünlicher Färbung zutage kommen, und gleichzeitig durch den

Urin, nicht ohne Schmerzen und Verletzung der Harnröhre, weiße knotige Materie abgehen soll. Dadurch wird dem Kranken zwar wieder geholfen, er empfindet aber noch einige Jahre zu gewissen Zeiten Schmerzen, die von dem übriggebliebenen Gift herrühren.

Ihre Schafe, was sehr sonderbar ist, suchen solche Würmer, fressen und genießen sie ohne Schaden. Weil aber diese Enkurekhan oder Taranteln nur im Felde nisten, haben nur die, welche auf dem Felde wandeln und schlafen, nicht aber die, die in der Stadt wohnen, Beschwer davon, es sei denn, daß sie unversehens mit den Sträuchern, welche die Leute teils als Feuerung, teils zur Fundamentierung ihres Daches gebrauchen, eingeschleppt werden, was bisweilen geschehen soll.

INS INNERSTE AFRIKA

»Oho Kongo, ins Lager der Wälder gebettet,
        des gebändigten Afrika Herrscherin,
Hochsteigen möge das Phallusbanner der Berge,
Denn du bist Weib in meinem Kopf,
        meiner Sprache, meinem Leib,
Mutter von allem was lebt, von Krokodilen,
            Hippopotamen,
Von Fischen, von Vögeln, von Leguanen,
        Mutter der Triebe, Amme der Ernten...«

Leopold Sédar Senghor, Éthiopiques (1956),
übertragen von Janheinz Jahn

Ibn Battuta
Im Reich Mali

In der Hauptstadt Mali kommen Sudanesen, Ägypter und Marokkaner zusammen. Sie haben die schwarzen, mit großen Ohrringen geschmückten Menschenfresser unterrichtet und ihnen einige gute Sitten beigebracht. Vor allem lieben die Bewohner von Mali die Ordnung und Einhaltung der Gebete. Ihre Frauen sind schön und genießen hohes Ansehen. Sie können sich frei bewegen, tun dies aber recht schamlos; denn sie tragen keine Schleier. Ihre Oberkörper sind nackt, so daß jeder ihre Brüste sehen kann. So gehen sie durch die Stadt, und niemand findet etwas dabei.

Auch der Götzendienst ist noch weit verbreitet. Als ich zum Empfang beim Sultan war, traten Djulatänzer auf, die vor dem Gesicht abscheuliche Masken trugen, die mit bunten Federn geschmückt waren und vorne in einem häßlichen roten Schnabel endeten. Sie tanzten vor Sultan Suleyman und sprachen eigenartige Verse.

In diesem Land gibt es eine seltsame Sitte. Wenn ein Herrscher stirbt, so folgt ihm nicht sein Sohn in der Regierung, sondern der Sohn der Schwester des toten Sultans. Das Land hat viele und fruchtbare Felder. Die Menschen treiben Handel; denn von überall kommen Karawanen hierher. Die Bewohner leben einfach; ihre Hauptmahlzeit ist ein mit saurer Milch verdünnter und mit Honig gesüßter Hirsebrei. Eine gewisse Frucht ließ mich sehr erstaunen. Die Eingeborenen ziehen Körner aus der Erde, die wie Bohnen aussehen, sie braten sie, worauf sie wie geröstete Kichererbsen schmecken. Man mahlt diese Mandeln und gewinnt daraus Öl, das man für das Kochen, die Beleuchtung, die Körperpflege und zum Streichen der Häuser benutzt (es handelt sich um die Erdnuß). Überhaupt fand ich an den einfachen Speisen des Landes keinen Gefallen, so daß ich es oft vorzog, nur Bananen und andere Früchte zu essen.

In diesem Land fühlt man sich vollkommen sicher. Weder die Eingeborenen noch die Reisenden haben Überfälle oder Gewalttaten zu befürchten. Der Reisende kann immer gewiß sein, Nahrung kaufen zu können und eine gute Unterkunft für die Nacht zu finden.

Trotz des Reichtums, den der Herrscher und das ganze Land aufweisen, ist Sultan Suleyman bei seinen Untertanen nicht sehr beliebt. Er ist sehr geizig und entließ auch mich, ohne mir Ehrerbietung entgegenzubringen und mir Geschenke zu machen.

Die Stadt Timbuktu, die wir von Mali aus erreichten, zählt zu den größten in diesem Land. Ein buntes Leben erfüllt sie, und alle verschiedenen Menschen Afrikas scheinen sich hier zu treffen. Auch in dieser Stadt kümmerte man sich wenig um mich. Die Leute gingen lärmend ihren Geschäften nach, und die Gouverneure des Sultans lassen einen Fremden nur selten zu sich kommen. Ich besuchte dort das Grab eines berühmten Dichters aus dem Sultanat Granada, der hier den Tod gefunden hatte.

Nach einigen Tagen mietete ich ein Boot, um auf dem Fluß (Niger) weiterzufahren. Die Reise war, im Gegensatz zu den Beschwernissen auf dem Landweg, recht angenehm. Am Abend legten wir immer bei einem Dorf an. Doch übernachtete ich nur ungern in den Häusern der Eingeborenen; denn sie sind nicht sauber und haben viel Ungeziefer. Am Ufer des Flusses sind die Yoruba ansässig. Nicht weit von ihnen entfernt in Richtung Wüste liegt das Königreich Nupe. Sein Sultan und dessen Untertanen sind Heiden, die immer wieder von den Yoruba und anderen Völkern angegriffen werden.

In vielen Teilen des Landes herrscht die grausige Sitte der Menschenfresserei. Wenn ich auch selbst niemals gewünscht habe, an einem solchen Mahl teilzunehmen, so ließ ich es mir doch von glaubwürdigen Leuten berichten.

Gustav Nachtigal
Im Bergland von Tibesti

(30. Juni 1869.) Wir warteten die Verminderung der Hitze im unzulänglichen Schatten des Zeltes ab und zehrten in dieser Zeit unseren Wasservorrat auf, ohne unsere durstigen Organismen dadurch befriedigt zu haben. Dann strebten wir wieder voran, über Stein und Sand, durch Schluchten und über Felsen unserem fernen Ziele zu, das sich in der hügeligen und felsigen Gegend den Blicken entzog, und wurden nur zu oft durch Terrainschwierigkeiten genötigt zurückzugehen, die Richtung zu wechseln und Hindernisse zu umgehen. Von Zeit zu Zeit erklomm Kolokŏmi einen Felsen, um nach dem wasserverheißenden Berg auszuspähen, und dann verrieten seine Züge eine Unsicherheit, welche ich nicht mehr allein einer falschen Berechnung der Entfernung zuzuschreiben wagte, sondern in welcher ich deutlich einen Mangel oder Verlust der Orientierung erblickte.

Stumm wanderten wir einher, Nase und Mund durch Turbanstoff verhüllt, um die Austrocknung der Schleimhäute und dadurch den Durst zu verringern; jeder unserer Blicke hing mit angstvoller Spannung an den Zügen des Führers, den direkt zu fragen uns die beginnende Mutlosigkeit verhinderte. Wieder suchte er die Höhen, wieder hingen wir sprachlos voll Furcht und Erwartung an seinen Mienen, und immer entmutigender wurde die deutliche Antwort seiner unsicheren Blicke, die er höchstens noch verständlicher machte durch das oft gehörte mā zāl, noch nicht! Sonnenuntergang kam; die Zeit der größten Durchsichtigkeit der Atmosphäre war vorüber, und: mā zāl, noch immer nicht!

Immer stiller und stiller wurde die Gesellschaft, in der jeder das düstere Gespenst ernstlicher Wassersnot vor seinen inneren Augen auftauchen sah. Mit der Energie der Furcht vor dem am meisten gefürchteten Schicksal der Wüstenreisenden folgte jeder dem Führer; doch als eine vollständige Finsternis hereingebrochen war, weigerte ich mich nach der traurigen Erfahrung der verflossenen Nacht und ihrer nutzlosen Kraftvergeudung, weiterzumarschieren, sondern drang darauf, den Aufgang des

Mondes abzuwarten. Dies trug mir einige Stunden Rast in der erfrischenden Kühle der Nacht ein; doch für einen wirklich erquickenden Schlaf war mein Gemüt zu aufgeregt und mein Körper zu ermüdet. Kurz nach Mitternacht nahmen wir den entsetzlichen Kampf wieder auf; doch jetzt gaben alle, Menschen und Tiere, deutliche Spuren überwältigender Ermattung kund. Der eine blieb zurück und konnte nur durch gewaltsame Aufrüttlung zur Fortsetzung des Marsches gezwungen werden; ein anderer kratzte feuchte Erde aus dem Boden, als wenn sie Aussicht auf lebendiges Wasser eröffnete; ein Dritter bat flehentlich um einen kleinen Trunk Wasser, da bekannt geworden war, daß Giuseppe einen kleinen Vorrat für die äußerste Not aufbewahrt hatte, und 'Alī und Sa'ad flehten vergebens, beritten gemacht zu werden. So lange nicht der beginnende Tag unsere räumlichen Fortschritte klargemacht hatte, so lange die Hoffnung nicht wuchs, konnten die Kamele nicht noch mehr belastet, durfte der letzte Tropfen Wasser nicht gewissermaßen nutzlos verschleudert werden.

Der Morgen kam, und die Hoffnung Kolokŏmis schien mit der gehaltenen Umschau nicht zu wachsen. Sein Vetter Wolla und Bū Zeïds Diener Galma wurden vermißt und waren wahrscheinlich im Dunkel der Nacht unbemerkt zurückgeblieben. In ernster Beratung waren die wüstenkundigen Männer Kolokŏmi, Bū Zeïd, Birsa und der alte Qatrūner darüber einig, daß weder Mensch noch Tiere in der bisherigen Weise den gesuchten Brunnen zu erreichen vermöchten. Ich mußte mich also entschließen, das Gepäck zurückzulassen und die Leute sämtlich beritten zu machen, um wenigstens das Ziel, wenn der Weg zu ihm gefunden sein würde, erreichen zu können. Der gleichmütige Buï Mohammed suchte vorsorglich eine hochgelegene Stelle für unsere Habe, da man nie wissen könne, ob nicht ein plötzlicher Regen das Tal mit einem rauschenden Wasserstrom anfüllen werde, und die Tiere wurden entlastet. Daß die Sachen ohne Bewachung oder Versteck auf freiem Felde gelassen wurden, hatte in dieser so selten von Menschen besuchten öden Wildnis durchaus kein Bedenken.

Giuseppe ging an die Verteilung des Wasserrestes. Jeder erhielt ein volles Glas von sechs bis acht Unzen des köstlichen Naß, das die Frische der Nacht und die Verdunstung von der

Oberfläche der Qirba fast eisig gekühlt hatte, und gierig sogen wir, mit schmerzlichem Bedauern, daß es nicht mehr sei, den letzten Tropfen ein. Der letzte war Kolokŏmi. Er schob seinen Gesichtsschleier von Nase und Mund nach unten über das Kinn zurück, ergriff das Glas, nahm einen Schluck, kühlte die Schleimhaut seines Mundes damit, spritzte es in langem Strahl durch eine Zahnlücke von sich, als ob es nicht heiliges Wasser, sondern der gewöhnliche Inhalt eines Tubumundes, grünlicher Tabaksaft, wäre, und reichte mir den Rest mit dem Bemerken, daß er noch keinen Durst habe, aber wohl begreife, daß wir als Leute des Wassers sogar diesen erst beginnenden Mangel nicht ertragen könnten. Es ist nämlich eine allgemein verbreitete Ansicht in jenen Gegenden, daß die Christen auf sumpfigen Inseln mitten im Meer, eng zusammengedrängt, ein halb amphibisches Leben führen. Der Mann imponierte mir, wie er, ausgetrocknet gleich den öden Gefilden seiner Heimat, hart und schroff wie die Felsen seines Landes, nichts von seiner Energie eingebüßt hatte. Auch Bū Zeïd, Birsa und der alte Qatrūner hatten etwas von dieser Wüstennatur in sich, während wir beiden Christen, mit Sa'ad und 'Alī eine Kategorie bildend, von jenen mit einem Mitleid, das nicht ganz frei von Verachtung war, betrachtet wurden.

Ohne Aufenthalt ging es wieder vorwärts. An der Spitze war Kolokŏmi, der seinen Landsmann Birsa hinter sich auf seine noch rüstige Nāqa (weibliches Kamel) genommen hatte; ihm der nächste war Bū Zeïd auf seinem schlanken Tier, das ebenfalls nicht durch Belastung erschöpft war und mit zartem Gliederbau die Energie und leichte Beweglichkeit seiner Rasse vereinigte; dann folgte ich, und hinter mir kam Giuseppe Valpreda, jeder allein auf einem Kamel; 'Alī Bū Bekr, mit der arabischen Wachthündin Feida vor sich, war der nächstfolgende, und Buï Mohammed mit Sa'ad auf der Krupe schloß den Zug, dessen Glieder keineswegs nahe beieinander blieben.

Von den beiden Hunden, welche uns begleiteten, mußte Feida schon seit manchen Tagen zu Kamel transportiert werden. Schon ehe sie Qatrūn erreichte, hatte der kiesige Sand und seine Temperatur die harte Haut der Fußsohlen durchgescheuert und entzündet, und bald waren diese in offene Wunden verwandelt. Dudschālī dagegen, obwohl seine Füße ebenfalls in einem traurigen Zustand waren, konnte nicht bewogen werden, auf dem Kamelrücken zu bleiben, obgleich ihm die qualvolle Hitze und die grenzenlose Ermüdung unaufhörlich ein jämmerliches Wimmern und Klagen auspreßte.

Kolokŏmi und Bū Zeïd waren dank der Leichtfüßigkeit ihrer Tubukamele bald unseren Blicken entschwunden, während wir unsere Tiere nur durch unmenschliche Züchtigung bewegen konnten, ihren Spuren zu folgen. Die uns in nächster Nähe umgebenden Felsen verhinderten den freien Umblick und verdeckten uns das lockende, rettende Ziel. Da, etwa eine Stunde nach Sonnenaufgang, eröffnete sich vor uns plötzlich ein weites Flußbett, dessen Anblick unsern Mut wieder anfachte und uns mit neuer Energie belebte. An dessen Ursprung, zu den Füßen der hohen, finsteren Felsen, die wir aus der Ferne erblickt hatten, sollte der heißersehnte Brunnen liegen. Die Hoffnung wuchs, als in dem reinen Sand des Bettes zahlreiche Fußspuren von Kamelen, Eseln, Antilopen zu beweisen schienen, daß noch in jüngster Zeit Wasser in der Nähe war. Zum ersten Mal sah ich hier den kräftigen Eindruck des Straußenfußes im Sand, der stets für ein sicheres Zeichen von Wasser in nicht zu großer Ferne gilt. Allerdings wollte der alte Qatrūner, dessen Natur sich nicht leicht zu sanguinischer Hoffnung fortreißen ließ, dieser Erscheinung nicht den hohen Wert beilegen, den ihr meine Phantasie zuschrieb. Auf meine Verwunderung darüber erklärte er mir, daß bei der großen Ausdehnung des gebirgigen Gebietes und bei dem eng zwischen hohen Felsen eingebetteten Sand solche Spuren sich lange unbedeckt und unverwischt in scheinbarer Frische erhalten können, und daß also kein sicherer Schluß aus ihnen zu ziehen ist. So viel schien mir wenigstens klar, daß, wenn überhaupt Wasser am Ursprung des Flußtales vorhanden war, wir dieses erreichen mußten; dem Gedanken, daß der Brunnen leer sein könne, wagte ich nicht Raum zu geben.

Unser Weg war uns jetzt vorgezeichnet, und mit Aufbietung aller unserer Kräfte trieben wir mit unseren eisernen Ladestöken und mit Knütteln die armen, erschöpften Tiere vorwärts und folgten den Windungen des Flusses. Bald erhob sich der größte Feind des vom Durst Bedrohten oder Gequälten, die Sonne, zu bedenklicher Höhe. Glühend sandte sie ihre Strahlen auf die dunkelfarbigen Felsen der Ufer und auf den hellen Sand dazwischen, und Strahlung und Rückstrahlung versetzte uns bald in ein Meer von Feuer und Glut. In ihm erstarb die momentan aufgeflackerte Tatkraft, drohte der kaum angefachte Hoffnungsfunke schnell wieder zu erlöschen. Furchtbarer Durst stellte sich ein; die Mund-, Rachen-, Nasen- und Kehlkopf-Schleimhaut wurde ihrer letzten Feuchtigkeit beraubt; um Schläfe und Stirn schien sich ein eiserner Ring enger und enger zu schließen. Kein erfrischender Windstoß erreichte uns im engen Tal; die Augen brannten schmerzhaft; die Ermattung wurde grenzenlos. Außerdem trugen die Kamele der Hoffnung auf Rettung, welche in der Ferne winkte, keinerlei Rechnung, sondern begannen in beunruhigender Weise mit den Sajāl-Akazien zu liebäugeln, welche hier und da im Flußsand durch ihr spärliches aber kräftiges Grün das Auge erquickten und durch ihren, wenn auch noch so kümmerlichen, Schatten zur Rast einluden. Zweimal legte mein ermattetes Tier trotz meiner Schläge seine müden Glieder unter einen Baum, und zweimal gelang es mir, durch Verdoppelung der Züchtigung das arme Geschöpf zu qualvollem Weiterschwanken zu bewegen. Doch als es sich in der Mitte des Vormittags zum dritten Mal in das Geäst einer Akazie, deren lange, kräftige Stacheln mir die Haut zerrissen, gedrängt und niedergelegt hatte, entfaltete es den ganzen Eigensinn seiner Art und war durch nichts zu bewegen, den sauer errungenen Schatten aufzugeben.

Ich war schon geschwächt genug, um eine geheime Befriedigung über den Entschluß meines Trägers zu empfinden und ohne Rücksicht auf die drohend nahe Zukunft mich am nächsten Genusse des Schattens zu erlaben. Als die Kamele meiner Gefährten nach und nach eintrafen, folgten sie ohne Zaudern dem Beispiel ihres Vorgängers und krochen mit ihrer menschlichen Bürde unter den Baum. Bald waren wir alle vereint und beschlossen, bis gegen Abend im Schatten zu verweilen und dann zu versuchen, mit dem Rest unserer Kräfte den Brunnen zu erreichen, wenn bis dahin Kolokömi und der Murābid kein Wasser gesendet haben sollten. Letzteres hoffte ich natürlich von ganzem Herzen und suchte meinen Gefährten diese Hoffnung so sicher und wahrscheinlich als möglich darzustellen.

Leider gelang es mir nicht, auf diese Weise die Lebensgeister

'Alīs und Sa'ads aufzumuntern. Der erstere verfiel schnell in einen Zustand halber Bewußtlosigkeit, der mir eine so ernstliche Besorgnis einflößte, als der erwachende Egoismus der eigenen Lebensgefahr zuließ. Der letztere sprach mit entstellten Zügen nur von seinem nahen Tode, mir für den Fall meiner Rettung seine Frau und Kinder auf die Seele bindend, erging sich dann in bittern Vorwürfen gegen mich, sie trotz der Warnung aller vernünftigen Leute in dies gräßliche Land geführt zu haben, und bereitete sich endlich durch laute, heiße Gebete zum Eintritt ins Paradies vor. Mohammed klammerte sich ohne Ostentation an seine einfache, fatalistische Lebensanschauung und verwies dem törichten Sa'ad ernstlich seine Invektiven gegen mich, indem er ihm klar machte, daß alles vom allmächtigen Gott so bestimmt sei, und daß ich doch unmöglich mehr tun könne, als mit ihnen zu sterben, wenn es so verhängt sei. Giuseppe Valpreda endlich, ein energischer, heftiger Charakter, brütete stumm vor sich hin, erhob sich dann plötzlich, steckte den Revolver in den Gürtel und erklärte mir mit heiserer Stimme, er sei nicht gewillt, so tatlos den Untergang zu erwarten, sondern werde dem Laufe des Flußbettes folgen und entweder Wasser finden oder mit dem Urheber des Unheils, Kolokŏmi, mittels des Revolvers abzurechnen wissen. Trotz meiner und Buï Mohammeds Vorstellungen folgte er seinem eigensinnigen Kopf. Sowohl Giuseppe als ich boten schon frühzeitig die Symptome zunehmender Heiserkeit und eines höchst lästigen Harnzwanges dar, von denen selbst bei Sa'ad und 'Alī, welche doch erschöpfter zu sein schienen als wir, nichts wahrzunehmen war.

Zweckmäßiger würde es gewesen sein, den Baum zu verlassen und abseits vom Flusse irgendwo einen vollkommeneren und kühleren Felsschatten zu suchen; doch dann hätten unsere weitergeeilten Genossen, wenn sie mit dem rettenden Naß eingetroffen wären, uns erst suchen müssen, und wir wollten in einem solchen Fall keinen Augenblick verlieren. Mit diesem Grund fand sich unsere Energielosigkeit leicht in das passive Harren. Der Schatten des Baumes war in der Tat sehr unzureichend, und, wo es möglich war, suchte jeder sich eng an eines der Kamele zu schmiegen, um im Schatten seines mächtigen Körpers zu liegen. Doch die Sonne stieg höher, der Schatten der Tiere und der ohnehin sehr kleinen Baumblätter wurde kürzer und kürzer, und die stechenden Sonnenstrahlen zwangen uns oft, Platz oder Körperlage zu ändern. Die Minuten schlichen mit aufreibender Langsamkeit dahin; Furcht und Hoffnung hielten abwechselnd den Rest unserer Lebensgeister wach; doch allmählich wurden wir stiller und stiller. Kein Geräusch störte die Grabesstille der umgebenden Natur; keine Bewegung milderte das starre, tote Aussehen der düsteren Felsen; kein Windeshauch ließ die Zweige und Blätter der wenigen Bäume, dieser kümmerlichen Repräsentanten des Lebens, auch nur erzittern.

Als der Nachmittag herankam, die Sonne sich allmählich zu senken begann und kein Wasser sich zeigte, fing meine Hoffnung an zu erblassen; wahrscheinlich hatten unsere vorausgeeilten Begleiter kein Wasser in dem betreffenden Brunnen gefunden und suchten dies nun in weiterer Ferne. Kein Schlaf wollte mich der drohenden Gegenwart für Augenblicke entrücken. Bald lehnte sich meine ganze Hoffnungskraft in momentaner Energie gegen ein so frühes Ende meiner innerafrikanischen Laufbahn auf, ehe ich noch den geringsten meiner Pläne ausgeführt zu haben die Genugtuung hatte; bald gedachte ich in schmerzlicher Rührung der zahlreichen Freunde, die mich so ungern zu der gefahrvollen Reise hatten scheiden sehen; bald suchte und fand ich einen vorübergehenden Trost in dem fatalistischen Gefühl der Ergebung in das Unvermeidliche und in dem Bewußtsein, nach bestem Wissen und Willen alle Dispositionen für die verhängnisvolle Reise getroffen zu haben.

Allmählich wurden diese Gedanken zu unbestimmten Empfindungen, verwischten sich in Träumereien, in denen ich meine Umgebung sah, ohne in ihr zu leben; in denen Bilder aus meiner Vergangenheit mit den Erlebnissen der Gegenwart verschmolzen und ich mir nicht mehr klar bewußt war, ob ich in der fernen Heimat, ob am Fuße eines Felsens in der Sahārā weilte. Zuweilen wurde ich noch aufgerüttelt aus meinem Traumleben, wenn stechende Sonnenstrahlen mein Gesicht trafen oder Sa'ad in neu erwachender Glaubensglut seine Gebete inniger murmelte. Doch bald schwand alles, Gegenwart und Vergangenheit, die drohende Todesgefahr und die nie ganz ersterbende Hoffnung, und ein Zustand umfing mich, von dem ich nicht weiß, ob er ein unvollkommener Schlummer oder die beginnende Bewußtlosigkeit eines nahen Unterganges war. Ich weiß nicht, wie lange dieser, ich kann nicht sagen qualvolle, Zustand dauerte, in dem meine Sinnesorgane Eindrücke von außen aufnahmen, ohne daß diese zu richtigem Bewußtsein gelangten.

Da, war es ein Traum, war es ein Spiel meiner krankhaft erregten Sinne? Eilte dort nicht mit schnellen, seltsamen Sprüngen eine mächtige Ziege gerade auf unsere Akazie los, und trug sie nicht gar einen Menschen auf ihrem Rücken? Ich hätte nachher darauf schwören mögen, Hörner und Bart gesehen zu haben. Freilich war es ein Mensch, ein heiß ersehnter Mensch, doch die Ziege verwandelte sich in ein Kamel, auf dem uns Birsa in zwei Schläuchen Wasser zutrug, dessen Anblick uns bei unserer Schwäche und Reizbarkeit Tränen der Rührung auspreßte. Im Nu war 'Alī Bū Bekr wieder zum Leben erwacht, Sa'ad versparte den Rest seiner Gebete auf eine passendere Gelegenheit, und ich war im Augenblick voll und ganz zur Gegenwart zurückgekehrt. Der nicht aus dem Gleichgewicht zu bringende Buï Mohammed allein ließ sich zu keiner unwürdigen Lebhaftigkeit der Gefühlsäußerung hinreißen, sondern kramte aus unserem Proviantsäckchen ein Dutzend Zwiebäcke, brockte sie in unser Trinkgefäß und meinte, es sei zuträglicher, nach längerem Durst vor der Stillung desselben etwas feste Nahrung zu sich zu nehmen. Erst dann sogen wir uns voll des köstlichsten aller Getränke. Unter anderen Verhältnissen wäre dies freilich schwerlich von vielen angerührt worden, so schmutzig und voll fremder Bestandteile war es. Uns schien es ein Göttertrank, und unsere Lippen bebten keineswegs vor den verwesten Materien in ihm zurück.

Nach dem ersten ausgiebigen Trunk hatte die Schleimhaut ihre normale Feuchtigkeit wiedererlangt, der heisere Choleraton der natürlichen Stimme Platz gemacht, und der lästige Harnzwang verschwand wie durch Zauberschlag. Mohammed schob zur Feier des Momentes eine ausgiebigere Prise Tabak in seinen Mund, biß ein entsprechendes Stück Natron mit seinem einsamen Eckzahn ab, und alles war Glück und Freude und Hoffnung.

Joseph Conrad
KONGO-TAGEBUCH

Dienstag, 29. Juli 1890.
Verließen Camp um 7 Uhr nach guter Nachtruhe. Ständiger Anstieg; ziemlich leicht zuerst. Durchquerten bewaldete Schluchten und den Fluß Lunzadi über eine sehr anständige Brücke.

Um 9 Uhr trafen wir Herrn Louette, der einen kranken Agenten der Gesellschaft nach Matadi zurückbegleitete. Sah bestens aus. Schlechte Nachrichten vom Fluß oben. Alle Dampfschiffe kaputt; eins gesunken. Land bewaldet. Um 10:30 campierten wir in Inkissi.

Allgemeine Richtung ONO.

Distanz – 15 Meilen.

Sonne sichtbar um 6:30. Sehr warmer Tag.

Inkissi-Fluß sehr schnell, ist etwa 100 Yards breit. Überfahrt in Kanus. Ufer sehr dicht bewaldet und das Flußbett ziemlich tief, aber sehr eng.

Heute das Zelt nicht aufgestellt, sondern in staatlicher Barakke untergebracht. Sansibari kümmerten sich um uns – sehr freundlich. Bekam zum ersten Mal eine reife Ananas. Auf der Straße heute kamen wir an einem Skelett vorbei, das an einem Pfosten hing. Auch am Grab eines Weißen – ohne Namen. Steinhaufen in der Form eines Kreuzes.

Gesundheit gut jetzt.

Mittwoch, 30.
Brachen um 6 Uhr auf, wollten in Kinfumu campen. Zwei Stunden langer scharfer Marsch brachte mich nach Nsona na Nsefe. Markt. ½ Stunde später kam Harou sehr krank an, mit Gallenkolik und Fieber. Legten ihn in die staatliche Baracke. Dosis Ipeca. Kotzte Galle in enormer Menge. Um 11 Uhr gab ich ihm 1 Gramm Chinin und viel heißen Tee. Fieberanfall, der in heftigem Schwitzen endete. Um 2 Uhr nachmittags legte ich ihn in eine Hängematte, und wir brachen nach Kinfumu auf. Streit mit den Trägern auf dem ganzen Weg. Harou leidet sehr wegen dem Gewippe der Hängematte. Campierten an einem kleinen Strom.

Um 4 Uhr Harou besser. Kein Fieber mehr.

(Zeichnung mit Tagesmarsch und Notizen:)

bewaldet – Camp – Gras – Nsona na Nsefe – Wald-Strom – offen – Wald – Lulufu-Fluß – ein bemerkenswerter konischer Berg Richtung NO von hier sichtbar – Inkissi.

Allgemeine Richtung NO bis O.

Distanz – 13 Meilen.

Bis Mittag Himmel bewölkt und heftiger NW-Wind sehr schneidend. Von 1 Uhr nachmittags bis 4 Uhr klarer Himmel und sehr heißer Tag. Erwarte viele Schwierigkeiten mit den Trägern morgen. Ließ sie alle herkommen und hielt eine Rede, die sie nicht verstanden. Sie versprechen, sich gut zu benehmen.

Donnerstag, 31.

Aufbruch um 6 Uhr. Harou voraus, wir folgten eine ½ Stunde später. Straße weist mehrere steile Anstiege und ein paar andere leichtere, dafür ziemlich lange auf. Bemerke hie und da sandigen Boden anstelle des bisherigen harten Kieses; denke aber, daß die Sandschicht nicht sehr dick ist und daß Kies unter ihm hervorkäme. Große Schwierigkeiten beim Tragen von Harou. Zu schwer. Geht mir auf den Nerv. Machte zwei lange Halte, um die Träger ausruhen zu lassen. Das Land bewaldet in den Tälern und auf vielen Hügelhöhen.

Zeichnung des heutigen Marschs.

Um 2:30 nachmittags erreichten wir endlich den Luila und campierten am rechten Ufer. Brise von SW.

Allgemeine Richtung des Marschs etwa NO½O.

Distanz geschätzt – 16 Meilen.

Kongo sehr eng und schnell. Kinzilu schäumt in ihn rein.

Wenig oberhalb der Mündung schöner Wasserfall.

Sonne ging rot auf – von 9 Uhr an infernalisch heißer Tag.

Harou sehr wenig besser.

Selber ziemlich lausig dran. Badete. Luila etwa 60 Fuß breit. Seicht.

Freitag, 1. August 1890.

Brachen um 6:30 auf nach einer sehr mittelmäßig verbrachten Nacht. Kalt, dichter Dunst. Straße mit langen Anstiegen und heftigem Gefälle den ganzen Weg über bis Mfumu Mbé.

Nach diesem ein langer und anstrengender Aufstieg auf einen sehr steilen Hügel; dann ein langer Abstieg nach Mfumu Kono, wo wir lange rasteten. Brachen um 12:30 in Richtung Nselemba auf. Viele Anstiege. Der Anblick der Landschaft gänzlich verändert. Bewaldete Hügel mit Lichtungen. Pfad fast den ganzen Nachmittag über durch einen Wald aus leichten Bäumen mit dichtem Unterholz.

Nach einem Halt an einem bewaldeten Hügelabhang erreichten wir Nselemba um 4:10 nachmittags.

In einer Hütte des Staats untergebracht.

Streit zwischen den Trägern und einem Mann, der sich als Staatsangestellter ausgab, wegen einer Matte. Stockschläge, die nur so niederprasselten. Bremste das Ganze. Häuptling kam mit einem Jungen von etwa 13, der eine Schußwunde am Kopf hatte. Die Kugel war etwa drei Zentimeter über der rechten Augenbraue eingedrungen und ein bißchen weiter innen wieder ausgetreten. Die Haarwurzeln ziemlich in der Mitte der Braue in einer Linie mit dem Nasenrücken. Knochen schien nicht beschädigt. Gab ihm ein bißchen Glyzerin, um es da auf die Wunde zu tun, wo die Kugel ausgetreten war. Harou nicht sehr gesund. Mücken. Frösche. Biestig. Froh, das Ende dieses stupiden Marschs zu sehen. Fühle mich eher abgespannt. Sonne ging rot auf. Sehr heißer Tag.

Leo Frobenius
BEI DEN BENA LULUA

Es war am Abend eines Herbsttages anno domini 1905 post Christum natum des Julianischen Kalenders. Ich stand am Ufer eines der Tausende von kleinen Gewässern, die sich zum Flusse Lulua, dann zum Strom Kassai, endlich zum gewaltigen Kongo vereinigen. Vor mir das Flüßchen geruhsam zwischen Hügeln und Büschen, auch einigen Palmen hingleitend. Im Hintergrund das Summen der Stimmgewirre eines aufgeregten Dorflebens – aus seiner Ruhe aufgestört durch das Eintreffen der Expedition. Ich aber war diesem Jubeln und Feilschen, der übermäßig kindlichen Glückseligkeit und der Sehnsucht, möglichst viel von den begehrten Schätzen Europas zu gewinnen, entflohen. Ein Fieber war im Anzug. Aufregendes und tief Durchgreifendes war heute zur Genüge aufgestiegen. Die Baqua Kabunda hatten so viel erzählt von der großen Zeit, als die ersten Europäer Kabassu Babu und Kassongo (Pogge und Wißmann) in ihr Land gekommen waren und alles ordneten. Sie hatten die ganze Herrlichkeit eines goldenen Zeitalters erlebt – die Alten lachten mit selig und tief in eine glückliche Vergangenheit versenkten Blicken, fast tränenden Auges.

Dann hatten jüngere Leute gesprochen. Aber jede Silbe brach aus schwer sich lösendem Schmerz heraus. Er hatte nur gefragt: »Was aber kam nach Kassongo und Kabassu Babu? Bula Matadi (Stanleys Name, dann Personifikation des Kongostaates und der Staatsbeamten, der Staatsbeamten und der Kompanieagenten; alles in allem die Belgier) kam. Bula Matadi kam. Er kam nicht als Freund in das Land Lubuku (Land der Freundschaft, friedlichen und gerechten Lebens; so nennen diese Eingeborenen, die Bena Lulua, die Gemeinschaft ihrer Stämme). Er forderte. Er gab nicht, er nahm nur. Wir mußten für ihn arbeiten. Wir mußten gestern arbeiten, wir müssen heute arbeiten, wir müssen morgen arbeiten. Als Lohn nimmt Bula Matadi unsere Frauen, Bula Matadi lohnt mit dem Tode. Bula Matadi ißt unser Fleisch. Bula Matadi zahlt mit unseren Schädeln. Kassongo und Kabassu Babu brachten Leben. Bula Matadi schenkt uns das Sterben. Tata Boka, du bist der Sohn Kassongos und Kabassu Babus; Tata Boka gibt uns das Leben wieder. Ich habe gesprochen.«

Ich war an das Ufer des Flüßchens geflohen, das, ein Bild unaussprechlichen Friedens, durch die Auen zog. Der Kopf war heiß, das Blut hämmerte an den Schläfen. O du herrlicher Frieden der Natur! Du furchtbarer Unfriede der Menschheit. Das Herz lag mir wie ein Stein auf der Seele und das Fieber murrte in düsterem Rhythmus.

Und voller Sehnsucht dachte ich zurück an die lieblichen Träume meiner kindlichen Sehnsucht! Ich sah mich als kleines Kind einschlummern im Schoß einer alten Nubierin, eingelullt vom hämmernden und fauchenden Werk einer nubischen Silberschmiede; ich hörte das Schnurren der Spindel, sah die mächtigen Frisuren der herumstehenden Burschen, vernahm das Gurgeln der unzufriedenen Kamele. Der erste, ein fernes Lebensziel befruchtende Sonnenstrahl in der Kinderseele!

Ich sah mich als Knaben, behende eine Reisebeschreibung unter die lateinische Grammatik schiebend, weil die Schritte des Vaters sich näherten.

Ich sah mich als Jüngling beim Kerzenlicht über Auszügen und Karten gebückt die Wanderungen der Forscher durch Innerasien und Amerika folgend, erlebte wieder meinen Zorn über die rauhe Not und Zerstörung unter den Tritten der Konquistadoren, durchzitterte lebenden Herzens wieder die romantische Erlebniswelt eines Reinhold Forster und James Cook, duldete mit Marco Polo, predigte mit David Livingstone und staunte mit Stanley und Schweinfurth und Wißmann.

Dann zwölf Jahre Arbeit. Nur mit dem einen Ziel: Selbstsehen, selbsterleben! Das Glück der Menschen finden! Zwölf Jahre harter Arbeit!

Jetzt aber jährte es sich in wenigen Wochen, daß ich zu dieser ersten Fahrt endlich, endlich hatte aufbrechen können. Die Forschungen sollten sich denen meiner deutschen Vorgänger Pogge, Wißmann, Mechow, Wolf, Kund, Tappenbeck, v. François, Müller anschließen. Erst war die Wanderung durch die Wälder des Westens geführt, dann hatte ich mich mit meinem Assistenten, dem Kunstmaler Hans Martin Lemme, den Kassai hinaufgepirscht, hatte das noch nicht festgelegte Stück des Kassailaufes erforscht, war im Norden bei den kunstreichen Bakuba gewesen und hatte im Süden die Grenze nach Angola aufgesucht. Und nun trennten uns nur noch wenige Marschtage von Wißmanns Luluaburg, jener Station, die er auf Anraten Pogges mitten in das Herz des Kassaibeckens gelegt hatte – in das Land der prächtigsten aller Negervölker, der zierlichen, klugen, kunstfertigen, dichterisch hochveranlagten Bena Lulua – im Bannkreis des treuesten und biedersten aller Luluafürsten, des Kalamba, des Kalamba Munene (munene heißt: groß), der mit seiner prächtigen alten Schwester Sangula Meta einen tiefreligiösen Kultus eingeführt hatte. Jetzt war ich bei den Bena Lulua angelangt.

Was aber hatte ich in diesem nun bald ablaufenden Jahre

erlebt – ich, der ausgezogen war, das in Europa hinsiechende Glück bei den Naiven zu finden?

Die Waldvölker des Kuilu hatten uns mit Pfeilen empfangen, uns zum Kriege gezwungen, weil sie nicht wollten, daß die Kautschuk- und Menschenräuber Bula Matadis in ihr Gebiet kamen und weil sie uns zuerst für seinesgleichen hielten.

Den mittleren Kassai hatte ich auf weite Strecken menschenleer gefunden; die Stämme waren dem Machtbereich der Dampferlinie entflohen.

Im Bakubaland qualmten noch die glimmenden Ruinen in den gebrannten Dörfern. Bula Matadi hatte einen Bürgerkrieg ›beschwichtigt‹. Im Süden war eine Völkerbarriere gegen Bula Matadi errichtet. Ich selbst hatte Augenzeuge sein müssen vom Sterben unter der Peitsche.

Hier aber, unter den Bena Lulua, hörte ich vom Tode des treuen Kalamba, von der Verbannung der Edlen des Volkes. Hier sangen sie vom goldenen Zeitalter des Einst und der Zuchtrute der Gegenwart.

Wo war das Glück?

EXOTISCHES, GLEICH UM DIE ECKE

»Ich verheimliche es nicht: dies Buch wird die meisten enttäuschen. Trotz seines exotischen Titels kann darin keine Rede sein von Tropen und Kokospalmen, Kolonien und gutmütigen Negern, weder von Kamelen, Windjammern und hochgehenden Wogen noch von Gerüchen, Gewürzen, verzauberten Inseln und Mysteriösem, vom Nichts und vom Tode, kurz von all dem Ausgefallenen, das man gemeinhin mit dem Wort Exotik verbindet.«

Victor Segalen in einem Brief aus Tientsin, 18. II. 1911, über den Plan eines ›Essai sur l'exotisme‹, den er nie verwirklicht hat.

Johann Kaspar Riesbeck
Hab mich zum ersten Mal in Deutschland gelagert

Das Landvolk ist äußerst schmutzig. Wenn man sich einige Stunden weit von der Hauptstadt entfernt, sollte man die Höfe der meisten Bauern kaum für Menschenwohnungen halten. Viele haben die Mistpfützen vor den Fenstern ihrer Stuben und müssen auf Brettern darüber in die Tür gehn. Viel lieber seh ich die Strohdächer der Landleute in verschiedenen Gegenden Frankreichs als die elenden Hütten der bayrischen Bauern, deren Dächer mit groben Steinen belegt sind, damit die Schindeln nicht vom Wind weggetragen werden. So traurig das auch aussieht, so wohlfeil auch die Nägel im Lande sind und sooft auch von heftigen Sturmwinden halbe Dächer weggerissen werden, so läßt sich doch auch der reichere Bauer nicht bereden, seine Schindeln ordentlich nageln zu lassen. Kurz, Liederlichkeit ist der Hauptzug des Bayern, vom Hofe an gerechnet bis in die kleinste Hütte.

Mit dieser großen Liederlichkeit kontrastiert ein ebenso hoher Grad von Bigotterie auf eine seltsame Art. Ich komme in eine schwarze Bauernschenke, die in ein Gewölk von Tobakrauch eingehüllt ist und bei deren Eintritt ich von dem Gelärme der Säufer fast betäubt werde. Meine Augen dringen nach und nach durch den dicken Dampf, und da erblicke ich mitten unter fünfzehn bis zwanzig berauschten Kerlen den Pfarrer oder Kaplan des Orts, dessen schwarzer Rock ebenso beschmiert ist wie die Kittel seiner geistlichen Kinder. Er hält gleich den übrigen einen Pack Karten in der linken Hand und schlägt sie mit der rechten einzeln ebenso gewaltig wie die andern auf den kotigen Tisch, daß die ganze Stube zittert. Ich höre sie die abscheulichsten Schimpfnamen einander beilegen und glaube, sie seien im heftigsten Streit begriffen. Endlich schließe ich aus dem Gelächter, welches das Schimpfen und Fluchen bisweilen unterbricht, daß alle die »S...schw...nze, H...schw...nze« und dergleichen mehr eine Art von freundschaftlichen Begrüßungen unter ihnen sind. Nun hat jeder sechs bis acht Kannen Bier geleert, und sie fordern nacheinander vom Wirt einen Schluck Branntwein, um, wie sie sagen, den Magen zu schließen. Der gute Humor verläßt sie, und nun seh ich auf allen Gesichtern und in allen Gebärden ernstliche Vorbereitungen zu einem Streit. Dieser fängt an auszubrechen. Der Pfarrer oder Kaplan gibt sich vergebens Mühe, ihn zu unterdrücken. Er flucht und wettert endlich so stark wie die andern. Nun packt der eine einen Krug, um ihn seinem Gegner an den Kopf zu werfen, der andre lüftet die geballte Faust, und der dritte tritt die Beine aus einem Stuhl, um seinem Feind den Kopf zu zerschlagen. Alles schnaubt nach Blut und Tod.

Auf einmal läutet die Abendglocke. »Ave Maria, ihr S...schw...nze«, schreit der Pfarrer oder Kaplan; und alle lassen die Werkzeuge des Mordes aus den Händen fallen, ziehn die Mützen vom Kopf, falten die Hände und beten ihr Ave Maria. Das erinnerte mich an den Auftritt von Don Quixote, wo er in der großen Schlägerei wegen dem Helm Mambrins und dem Eselssattel durch die Vorstellung der Verwirrung im agramantischen Lager auf einmal Friede machte.

Sowie aber das Gebet zu Ende ist, werden sie alle von der vorigen Wut wieder ergriffen, die nun um so gewaltiger ist, da sie auf einen Augenblick aufgehalten worden. Die Krüge und Gläser fangen an zu fliegen; ich sehe den Pfarrer oder Kaplan zu seiner Sicherheit unter den Tisch kriechen, und ich ziehe mich in das Schlafzimmer des Wirts zurück.

Ähnliche Auftritte findest du auch in den Landstädten unter den Bürgern, Beamten, Geistlichen und Studenten. Alles begrüßt sich mit Schimpfnamen; alles wetteifert im Saufen, und überall steht neben der Kirche eine Schenke und ein B.... Ein braver Student auf der Universität zu Ingolstadt muß einen dicken Dornknüppel und den Hut abgekrempt tragen, seine acht bis zehn Maß Bier in einem Sitz verschlucken können und immer bereit sein, sich wegen nichts auf das Blut herumzubalgen. Eine Gesellschaft solcher Braven kam daselbst auf eine Erfindung, die mit einem Zug den bayrischen Charakter in ein sehr helles Licht setzt. Sie fanden es sehr beschwerlich, bei ihren Saufgelagen vom Tische aufstehn zu müssen, um wieder von sich zu geben, was sie verschluckt hatten. Der Wirt mußte ihnen also einen Trog unter den langen Tisch anbringen lassen, worin jeder sein Wasser ließ, ohne sich von der Stelle zu regen.

Sehr seltsame moralische Karikaturen liefern die bayrischen

Mädchen. Da wühlt ein Pfaff mit der Hand in einem schönen Busen, der zur Hälfte mit des Mädchens Skapulier bedeckt ist. Dort sitzt ein schönes Kind und hält in der einen Hand den Rosenkranz und in der andern einen Priap. Die fragt dich, ob du von ihrer Religion seiest, denn mit einem Ketzer wolle sie nichts zu schaffen haben. Jene hörst du mitten in der Ausgelassenheit von ihren geistlichen Brüderschaften, ihren gewonnenen und noch zu gewinnenden Ablässen und ihren Wallfahrten mit der Miene der Frömmigkeit sprechen, daß du ihr ins Gesicht lachen mußt.

Der glänzendste Auftritt von der Art geschah in der berühmten Marienkirche zu Öttingen, wo ein reicher Pfaff vor dem Altar der wundertätigen Maria in der Nacht eine Jungferschaft eroberte, auf die er schon lange Zeit Jagd gemacht und die er nicht anders als auf der Wallfahrt erbeuten konnte.

Mit der Liederlichkeit und Andächtelei vereinigt das Landvolk eine gewisse wilde Tapferkeit, die oft sehr blutige Auftritte veranlaßt. Wenn sie eine Kirchweihe oder sonst eine öffentliche Lustfeier loben wollen, so sagen sie: »Da ging's lustig zu; es sind vier oder sechs tot- oder zu Krüppel geschlagen worden«, und wenn es ohne Mord und Blut abläuft, so heißt das Fest eine Lumperei.

Heinrich Heine
Das Brockenhaus

Der Eintritt in das Brockenhaus erregte bei mir eine etwas ungewöhnliche, märchenhafte Empfindung. Man ist nach einem langen, einsamen Umhersteigen durch Tannen und Klippen plötzlich in ein Wolkenhaus versetzt; Städte, Berge und Wälder blieben unten liegen, und oben findet man eine wunderlich zusammengesetzte, fremde Gesellschaft, von welcher man, wie es an dergleichen Orten natürlich ist, fast wie ein erwarteter Genosse, halb neugierig und halb gleichgültig, empfangen wird. Ich fand das Haus voller Gäste, und, wie es einem klugen Manne geziemt, dachte ich schon an die Nacht, an die Unbehaglichkeit eines Strohlagers; mit hinsterbender Stimme verlangte ich gleich Tee, und der Herr Brockenwirt war vernünftig genug, einzusehen, daß ich kranker Mensch für die Nacht ein ordentliches Bett haben müsse. Dieses verschaffte er mir in einem engen Zimmerchen, wo schon ein junger Kaufmann, ein langes Brechpulver in einem braunen Oberrock, sich etabliert hatte.

In der Wirtsstube fand ich lauter Leben und Bewegung. Studenten von verschiedenen Universitäten. Die einen sind kurz vorher angekommen und restaurieren sich, andere bereiten sich zum Abmarsch, schnüren ihre Ranzen, schreiben ihre Namen ins Gedächtnisbuch, erhalten Brockensträuße von den Hausmädchen; da wird in die Wangen gekniffen, gesungen, gesprungen, gejohlt, man fragt, man antwortet, gut Wetter, Fußweg, Prosit, Adieu. Einige der Abgehenden sind auch etwas angesoffen, und diese haben von der schönen Aussicht einen doppelten Genuß, da ein Betrunkener alles doppelt sieht.

Nachdem ich mich ziemlich rekreiert, bestieg ich die Turmwarte und fand daselbst einen kleinen Herrn mit zwei Damen, einer jungen und einer ältlichen. Die junge Dame war sehr schön. Eine herrliche Gestalt, auf dem lockigen Haupt ein helmartiger, schwarzer Atlashut, mit dessen weißen Federn die Winde spielten, die schlanken Glieder von einem schwarzseidenen Mantel so fest umschlossen, daß die edlen Formen hervortraten, und das freie, große Auge, ruhig hinabschauend in die freie, große Welt.

Als ich noch ein Knabe war, dachte ich an nichts als an Zauber- und Wundergeschichten, und jede schöne Dame, die Straußfedern auf dem Kopfe trug, hielt ich für eine Elfenkönigin, und bemerkte ich gar, daß die Schleppe ihres Kleides naß war, so hielt ich sie für eine Wassernixe. Jetzt denke ich anders, seit ich aus der Naturgeschichte weiß, daß jene symbolischen Federn von dem dümmsten Vogel herkommen, und daß die Schleppe eines Damenkleides auf sehr natürliche Weise naß werden kann. Hätte ich mit jenen Knabenaugen die erwähnte junge Schöne in erwähnter Stellung auf dem Brocken gesehen, so würde ich sicher gedacht haben: Das ist die Fee des Berges, und sie hat eben den Zauber ausgesprochen, wodurch dort unten alles so wunderbar erscheint. Ja, in hohem Grade wunderbar erscheint uns alles beim ersten Hinabschauen vom Brocken, alle Seiten unseres Geistes empfangen neue Eindrükke, und diese, meistens verschiedenartig, sogar sich widersprechend, verbinden sich in unserer Seele zu einem großen, noch unentworrenen, unverstandenen Gefühl. Gelingt es uns, dieses Gefühl in seinem Begriff zu erfassen, so erkennen wir den Charakter des Berges. Dieser Charakter ist ganz deutsch, sowohl in Hinsicht seiner Fehler als auch seiner Vorzüge. Der Brocken ist ein Deutscher. Mit deutscher Gründlichkeit zeigt er uns klar und deutlich, wie ein Riesenpanorama, die vielen hundert Städte, Städtchen und Dörfer, die meistens nördlich liegen, und ringsum alle Berge, Wälder, Flüsse, Flächen, unendlich weit. Aber eben dadurch erscheint alles wie eine scharfgezeichnete, rein illuminierte Spezialkarte, nirgends wird das Auge durch eigentliche schöne Landschaften erfreut; wie es denn immer geschieht, daß wir deutschen Kompilatoren wegen der ehrlichen Genauigkeit, womit wir alles und alles hingeben wollen, nie daran denken können, das Einzelne auf eine schöne Weise zu geben. Der Berg hat auch so etwas Deutschruhiges, Verständiges, Tolerantes; eben weil er die Dinge so weit und klar überschauen kann. Und wenn solch ein Berg seine Riesenaugen öffnet, mag er wohl noch etwas mehr sehen als wir Zwerge, die wir mit unsern blöden Äuglein auf ihm herumklettern. Viele wollen zwar behaupten, der Brocken sei sehr philiströs, und Claudius sang: »Der Blocksberg ist der lange Herr Philister!« Aber das ist Irrtum. Durch seinen Kahlkopf, den er zuweilen mit einer weißen Nebelkappe bedeckt, gibt er sich zwar den Anstrich von Philiströsität; aber, wie bei manchen andern großen Deutschen, geschieht es aus purer Ironie. Es ist sogar notorisch, daß der Brocken seine burschikosen, phantastischen Zeiten hat, z. B. die erste Mainacht. Dann wirft er seine Nebelkappe jubelnd in die Lüfte und wird, ebensogut wie wir übrigen, recht echtdeutsch romantisch verrückt.

Ich suchte gleich die schöne Dame in ein Gespräch zu verflechten; denn Naturschönheiten genießt man erst recht, wenn man sich auf der Stelle darüber aussprechen kann. Sie war nicht geistreich, aber aufmerksam sinnig. Wahrhaft vornehme Formen. Ich meine nicht die gewöhnliche, steife, negative Vornehmheit, die genau weiß, was unterlassen werden muß; sondern jene seltnere, freie, positive Vornehmheit, die uns genau sagt, was wir tun dürfen, und die uns, bei aller Unbefangenheit, die höchste gesellige Sicherheit gibt. Ich entwickelte, zu meiner eigenen Verwunderung, viele geographische Kenntnisse, nannte der wißbegierigen Schönen alle Namen der Städte, die vor uns lagen, suchte und zeigte ihr dieselben auf meiner Landkarte, die ich über den Steintisch, der in der Mitte der Turmplatte steht, mit echter Dozentenmiene ausbreitete. Manche Stadt konnte ich nicht finden, vielleicht weil ich mehr mit den Fingern suchte als mit den Augen, die sich unterdessen auf dem Gesicht der holden Dame orientierten und dort schönere Partien fanden als »Schierke« und »Elend«. Dieses Gesicht gehörte zu denen, die nie reizen, selten entzücken, und immer gefallen. Ich liebe solche Gesichter, weil sie mein schlimm bewegtes Herz zur Ruhe lächeln. Die Dame war noch unverheiratet, obgleich schon in jener Vollblüte, die zum Ehestand hinlänglich berechtigt. Aber es ist ja eine tägliche Erscheinung, just bei den schönsten Mädchen hält es so schwer, daß sie einen Mann bekommen. Dies war schon im Altertum der Fall, und, wie bekannt ist, alle drei Grazien sind sitzengeblieben.

In welchem Verhältnis der kleine Herr, der die Damen begleitete, zu denselben stehen mochte, konnte ich nicht erraten. Es war eine dünne, merkwürdige Figur. Ein Köpfchen, sparsam bedeckt mit grauen Härchen, die über die kurze Stirn bis an die grünlichen Libellenaugen reichten, die runde Nase weit hervortretend, dagegen Mund und Kinn sich wieder ängstlich nach den Ohren zurückziehend. Dieses Gesichtchen schien aus einem zarten, gelblichen Ton zu bestehen, woraus die Bildhauer ihre ersten Modelle kneten; und wenn die schmalen Lippen zusammenkniffen, zogen sich über die Wangen einige tausend halbkreisartige, feine Fältchen. Der kleine Mann sprach kein Wort, und nur dann und wann, wenn die ältere Dame ihm etwas Freundliches zuflüsterte, lächelte er wie ein Mops, der den Schnupfen hat.

Jene ältere Dame war die Mutter der jüngeren, und auch sie besaß die vornehmsten Formen. Ihr Auge verriet einen krankhaft schwärmerischen Tiefsinn, um ihren Mund lag strenge Frömmigkeit, doch schien mir's, als ob er einst sehr schön gewesen sei und viel gelacht und viele Küsse empfangen und viele erwidert habe. Ihr Gesicht glich einem Kodex palimpsestus, wo unter der neuschwarzen Mönchsschrift eines Kirchenvatertextes die halberloschenen Verse eines altgriechischen Liebesdichters hervorlauschen. Beide Damen waren mit ihrem Begleiter dieses Jahr in Italien gewesen und erzählten mir allerlei Schönes von Rom, Florenz und Venedig. Die Mutter erzählte viel von den Raphaelschen Bildern in der Peterskirche; die Tochter sprach mehr von der Oper im Theater Fenice. Beide waren entzückt von der Kunst der Improvisatoren. Nürnberg war der Damen Vaterstadt; doch von dessen altertümlicher Herrlichkeit wußten sie mir wenig zu sagen. Die holdselige Kunst des Meistergesangs, wovon uns der gute Wagenseil die letzten Klänge erhalten, ist erloschen, und die Bürgerinnen Nürnbergs erbauen sich an welschem Stegreifunsinn und Kapaunengesang. O Sankt Sebaldus, was bist du jetzt für ein armer Patron!

Derweil wir sprachen, begann es zu dämmern; die Luft wurde noch kälter, die Sonne neigte sich tiefer, und die Turmplatte füllte sich mit Studenten, Handwerksburschen und einigen ehrsamen Bürgersleuten, samt deren Ehefrauen und Töchtern, die alle den Sonnenuntergang sehen wollten. Es ist ein erhabener Anblick, der die Seele zum Gebet stimmt. Wohl eine Viertelstunde standen alle ernsthaft schweigend und sahen, wie der schöne Feuerball im Westen allmählich versank; die Gesichter wurden vom Abendrot angestrahlt, die Hände falteten sich unwillkürlich; es war, als ständen wir, eine stille Gemeinde, im Schiffe eines Riesendoms, und der Priester erhöbe jetzt den Leib des Herrn, und von der Orgel herab ergösse sich Palestrinas ewiger Choral.

Während ich so in Andacht versunken stehe, höre ich, daß neben mir jemand ausruft: »Wie ist die Natur doch im allgemeinen so schön!« Diese Worte kamen aus der gefühlvollen Brust meines Zimmergenossen, des jungen Kaufmanns. Ich gelangte dadurch wieder zu meiner Werkeltagsstimmung, war jetzt imstande, den Damen über den Sonnenuntergang recht viel Artiges zu sagen und sie ruhig, als wäre nichts passiert, nach ihrem Zimmer zu führen. Sie erlaubten mir auch, sie noch eine Stunde zu unterhalten. Wie die Erde selbst, drehte sich unsre Unterhaltung um die Sonne. Die Mutter äußerte, die in

Nebel versinkende Sonne habe ausgesehen wie eine rotglühende Rose, die der galante Himmel herabgeworfen in den weitausgebreiteten, weißen Brautschleier seiner geliebten Erde. Die Tochter lächelte und meinte, der öftere Anblick solcher Naturerscheinungen schwäche ihren Eindruck. Die Mutter berichtigte diese falsche Meinung durch eine Stelle aus Goethes Reisebriefen und fragte mich, ob ich den Werther gelesen. Ich glaube, wir sprachen auch von Angorakatzen, etruskischen Vasen, türkischen Shawls, Makkaroni und Lord Byron, aus dessen Gedichten die ältere Dame einige Sonnenuntergangsstellen, recht hübsch lispelnd und seufzend, rezitierte. Der jüngeren Dame, die kein Englisch verstand und jene Gedichte kennenlernen wollte, empfahl ich die Übersetzungen meiner schönen, geistreichen Landsmännin, der Baronin Elise von Hohenhausen; bei welcher Gelegenheit ich nicht ermangelte, wie ich gegen junge Damen zu tun pflege, über Byrons Gottlosigkeit, Lieblosigkeit, Trostlosigkeit, und der Himmel weiß was noch mehr, zu eifern.

Nach diesem Geschäfte ging ich noch auf dem Brocken spazieren; denn ganz dunkel wird es dort nie. Der Nebel war nicht stark, und ich betrachtete die Umrisse der beiden Hügel, die man den Hexenaltar und die Teufelskanzel nennt. Ich schoß meine Pistolen ab, doch es gab kein Echo. Plötzlich aber höre ich bekannte Stimmen und fühle mich umarmt und geküßt. Es waren meine Landsleute, die Göttingen vier Tage später verlassen hatten und bedeutend erstaunt waren, mich ganz allein auf dem Blocksberg wieder zu finden. Da gab es ein Erzählen und Verwundern und Verabreden, ein Lachen und Erinnern, und im Geiste waren wir wieder in unserm gelehrten Sibirien, wo die Kultur so groß ist, daß die Bären in den Wirtshäusern angebunden werden und die Zobel dem Jäger guten Abend wünschen.

Hermann Fürst von Pückler-Muskau
Sächsische und Wiener Belustigungen

Es ist schwer, in Sachsen zu reisen, ohne über Straßen und Postwesen zu sprechen. Wohl denen, die dieses Land zu Fuß durchwandern, sie können, wie auf den Bildern der verkehrten Welt, stolz auf die hinsehen, die so unglücklich sind, mit Extrapost zu reisen. Nicht genug, daß man bei den grundlosen Wegen und den elenden Pferden (denen das verbotene Heu, welches ihre ersten Eltern nach der Behauptung eines Reisenden einst gefressen haben, teuer genug zu stehen kommt) kaum von der Stelle rückt, wird man überdies auf jeder Station eine, zwei bis drei Stunden und darüber aufgehalten, ohne daß sich der nachlässige Postmeister dadurch eine Strafe zuzieht, während der Reisende, der den Postillon über eine Stunde warten läßt, genötigt ist, das halbe Postgeld als Strafe zu bezahlen.

Daß die Pferde durchgängig mehr Mumien als lebenden Tieren ähnlich sehen, erklärt sich leicht durch die unverhältnismäßig langen Stationen und den bei vielen Postmeistern üblichen Gebrauch, ihnen nicht eher zu fressen zu geben, bis die Ankunft eines Passagiers ihn für die Ersetzung der Futterkosten sicher stellt. Ich erinnere mich, daß mir auf einer Reise, wo ich die größte Eile hatte, der Postmeister in einer kleinen sächsischen Stadt auf mein Verlangen nach Pferden zur Antwort sagen ließ: er könne mich nach dem Orte, wohin ich begehre, nicht fahren, die Station wäre zu lang, der Weg zu schlecht, und seine müden Tiere müßten vorher wenigstens bis morgen Mittag ausruhen; um aber zu tun, was in seinen Kräften stünde, schlüge er mir eine andere Station vor, die zwar nach einer entgegengesetzten Richtung, aber viel näher läge, und wohin er mich sogleich bringen werde, wenn ich erlaubte, daß seine Frau mitführe, die von der Gelegenheit zu profitieren wünsche.

Noch ungleich unverschämter und gröber sind die Postillons. Obschon sie immer schlecht, das heißt, ebenso ungeschickt wie langsam fahren, sind sie doch nie mit dem Trinkgeld zufrieden, das man ihnen gibt, wäre es auch zehnmal so viel wie das gesetzmäßige; das meiste Gefühl haben sie noch für den Branntwein, der mehr als Geld auf sie wirkt. – Da ich diesen Umstand kannte, ließ ich bis an die Grenze meinen auf dem Bock sitzenden Bedienten in der einen Hand eine englische Peitsche und in der andern eine große Branntweinflasche halten, wovon er nach Befinden der Umstände bald diese, bald jene, strafend oder belohnend, gebrauchen mußte – ein doppeltes Mittel, das mir selten in Sachsen fehlgeschlagen ist.

An der böhmischen Grenze machte man Schwierigkeiten, mich durchzulassen, da durch eine étourderie (Unbesonnenheit) unseres Agenten in Dresden mein Paß vom österreichischen Gesandten unvisiert geblieben war, worauf der Beamte seine Weigerung stützte. Dieser ehrliche Mann war einer von jenen unbequemen Menschen, die zwar für Geld sich zu allem bringen lassen, aber nicht savoir faire genug besitzen, um, ohne sich zu kompromittieren, auf eine gute Art entgegenzukommen und sich erraten zu lassen, ohne sich zu verraten. Ich wagte es lange Zeit nicht, ihm etwas anzubieten, um so mehr, als noch zwei Unterbediente daneben standen; da ich aber endlich sah, daß mit Zureden durchaus nichts zu gewinnen war, steckte ich ihm eine Banknote von zehn Gulden in die Hand, die denn auch sogleich der Sache eine andere Wendung gab. Ich war kaum seinen Klauen entgangen, als seine Untergebenen über meinen Wagen herfielen und mir andeuteten, daß die Koffer abgepackt werden müßten, um zu untersuchen, ob keine Konterbande darin verborgen sei; noch einige Gulden überzeugten auch diese von meiner Unschuld, und die Barrière ward nach einem stundenlangen Aufenthalt vor mir geöffnet. (...)

Über drei Arme der Donau, deren Ufer mit dichten Pappeln besetzt sind, fährt man in die Hauptstadt Österreichs ein. Ungeachtet der großen Menge prachtvoller Gebäude, welche man in allen Teilen der Stadt zerstreut erblickt, und der durchgängig hohen Häuser (die, wie schon vor hundert Jahren ein berühmter englischer Reisender sagte, Wien weniger das Ansehen einer großen Stadt als einer Stadt über der andern gibt) ist bei den engen und krummen Straßen der Anblick des Ganzen doch wenig imposant. Das Pflaster besteht aus kleinen, unregelmäßigen Quadern von einer schönen Art Granit, aus dem man ebensogut Dosen und allerlei feine Arbeit wie Pflastersteine verfertigt; die Straßen sind zwar mit Trottoirs versehen, da sie aber nicht erhöht sind, gewähren sie wenig Nutzen; die Vorstädte sind gar nicht gepflastert.

Das sogenannte Glacis, ein rund um die Stadt gehender Platz von sechshundert Schritt Breite, der mit Rasenplätzen und Alleen geschmückt ist, trennt die Stadt von den Vorstädten, eine große Anzahl freiliegender Paläste ziehen sich längs desselben hin und vermehren die angenehme Aussicht, welche zu jeder Zeit des Tags das Gewühl des umherziehenden Volkes belebt. Einen herrlichen coup d'oeil gibt das Glacis und der weite Kreis der Vorstädte besonders bei Nacht, wo Tausende von Lampen das weite Gemälde erleuchten.

So sehr Wien im Vergleich mit ehedem verloren haben soll, so herrscht doch noch jetzt so viel Luxus im einzelnen und allgemeinen, daß wenig Städte es in dieser Hinsicht zu übertreffen imstande sein werden. Oft sieht man in den Straßen mehr Wagen auf einmal als in andern Hauptstädten Deutschlands Fußgänger; ein Bekannter versicherte mir, eines Tages während des Barbierens über zweihundert vorbeifahrende gezählt zu haben, eine Behauptung, die nicht übertrieben scheint, wenn man weiß, daß außer der unzähligen Menge Equipagen der Partikuliers (Privatleute) an tausend numerierte Fiaker und nicht viel weniger carrosses de remise (Fuhrunternehmer- bzw. Stall-Kutschen) täglich auf dem Pflaster umherrollen. Da diese Fiaker bis in die Nacht die Straße nicht verlassen, so werden die Pferde auch hier unter freiem Himmel gefüttert; überall sieht man die armen Tiere mit einem kleinen Hafersäckchen um den Kopf gebunden stehen, wo sie mit verdeckten Nasen bis an die Augen eingehüllt an ihrem kargen Mahle zehren, bis ihr Tyrann auf das jedem Vorübergehenden zugerufene: »Fahrn mer, Ihr Gnoden?« endlich eine bejahende Antwort erhält, und ein derber Peitschenhieb die Unglücklichen avertiert, daß das Fressen ein Ende, und sie von neuem statt der Kinnbacken die Beine in Bewegung zu setzen haben. So oft ich diese bedauerungswürdigen Geschöpfe mit ihren Despoten ansah, fiel mir unwillkürlich jener Philosoph ein, den man fragte, warum die Fliegen geschaffen wären. Um von den Spinnen gefressen zu werden. Und wozu sind die Spinnen da? Um die Fliegen zu fressen. Das Gleichnis paßt leider nicht allein auf Fiaker-Pferde!

Einen angenehmen Anblick gewähren die Menge der wohlaufgeputzten Läden, die in den meisten Straßen, besonders auf dem Graben und Kohlmarkt, wo sich früh die schöne Welt versammelt, wie die bunte Lambrie (Täfelung) einer einfachen Tapete an den Häuserreihen ununterbrochen hinlaufen; auf den verschiedenen Aushängeschilden, wo jeder den andern durch einen auffallenden Einfall zu übertreffen sucht, findet man manchmal sonderbare Ideen ausgeführt; ein Tuchhändler auf dem Hof (dem größten Platz in Wien) hatte unter anderm eine Tafel vor seinem Laden aufgestellt, wo auf schwarzem Grund eine Anzahl weißer Engel Tuch für einen vornstehenden Apostel abmaßen, während Gott der Vater mit einer Musterkarte in der Hand auf einem hohen Großvaterstuhl von hinten auf sie herabsah.

Unzählig sind die Menge Belustigungsörter, Theater, Promenaden, Kaffeehäuser (es war in Wien, wo ein Pole mit Namen Koltschitzky die erste Kaffeebude im christlichen Europa eröffnete), Gärten, Dörfer in der Nähe usw., wo täglich die Wiener zusammenkommen, sich zu amüsieren. Wahrhaft unglaublich ist der unersättliche Durst des Volks nach Zerstreuungen; man mag hingehen, wo man will, jeden Ort, wo nur etwas Eßbares zu bekommen ist, trifft man gewiß mehr oder weniger mit Wagen, Pferden und Menschen angefüllt; sonderbar ist bei diesem allgemeinen Hang nach Vergnügungen die Ruhe und Ernsthaftigkeit, welche dabei herrscht, selten hört man von Exzessen, das Volk ist gut, wie die Franzosen von jemand sagen, c'est un bon homme, ihre Freude ist nie ausgelassen, sondern schläfrig, sie geben überall das Bild von satten Menschen, die mit dem Verdauen beschäftigt sind, und erinnern an eine Stelle in Gibbons Geschichte des Verfalls des Römischen Reichs, wo er sagt: Man hat von jeher bemerkt, daß das Klima von Pannonien (jetzt hauptsächlich Österreich und die angrenzenden Provinzen) geschickt ist, derbe Körper und schwache Seelen hervorzubringen. Nirgends ist diese träge Art, sich zu belustigen auffallender als auf ihren Redouten, die immer zum Erdrücken voll sind; man kann eine Viertelstunde darauf herumgehen, ohne ein lautes Wort der Freude zu hören, und selten erhält man eine Antwort, wenn man eine Maske anredet, höchstens erscheint eine Hetäre, die sich erkundigt, ob man im Prater oder im Theater gewesen sei, der gewöhnliche Stoff der Unterhaltung, über den selten hinausgegangen wird; einer streicht bei dem andern langsam vorüber, sieht jeden, den er nicht kennt, mit glotzenden Augen an und läßt den Fremden am Ende ungewiß, ob er sich nicht in einer Gesellschaft von Mondsüchtigen befindet, in welcher Vermutung er noch mehr bestärkt werden muß, wenn er eine Zeit lang den Tanzenden zusieht: in einer engen, höchstens zwei Schritt breiten Gasse, die das Gedränge im Saal alle Augenblicke unterbricht, wird mit der unerschütterlichsten Ernsthaftigkeit ein langsames Menuett nach dem andern wie von Automaten hergetanzt, während die lärmende Musik, ohne sich an die Tänzer zu kehren, bald einen Marsch, eine Symphonie oder eine sauvage spielt; jeden Augenblick erhält einer der Ballustigen von den Vorbeidrängenden einen Stoß, der ihn mit unwillkürlicher Schnelligkeit einige Schritte weiter fliegen macht, aber kaum hat er wieder festen Fuß gefaßt, so fährt er fort, mit starren Augen und einwärts gekehrten Beinen eine Art unbeschreiblicher Pas zu machen, denen auch der erklärteste Hypochonder vergeblich zu widerstehen sich bemüht.

Es ist unnötig zu erwähnen, daß hier nur vom Mittelstand und dem gemeinen Manne die Rede ist, car les gens comme il faut sont partout les mêmes, à peu de chose près. Eine große Ausnahme muß ebenfalls in Rücksicht des schönen Geschlechts gemacht werden, das sich in Wien sowohl durch Liebenswürdigkeit und Reiz als selbst durch ernsthafte Kenntnisse und mannigfache Bildung oft sehr vorteilhaft vor den Männern auszeichnet.

Eine vorteilhafte Seite der Wiener ist ihr Patriotismus, und die große Anhänglichkeit an ihren Kaiser. Oft war ich schon von lauten öffentlichen Äußerungen derselben Zeuge; jedesmal, wenn im Theater eine Stelle vorkam, die nur einigermaßen vorteilhaft auf die Verhältnisse des Kaisers paßte, entstand ein allgemeines anhaltendes Händeklatschen, und ebenso wird er selbst immer empfangen, wenn er im Theater erscheint, welches nur sehr selten geschieht.

Es ist nicht zu leugnen, daß ein guter Grund in der Nation liegt, wenn man nur von Seiten der Regierung, anstatt ihr mehr sittliche und geistige Kultur beizubringen, nicht im Gegenteil die öffentliche Bildung zu unterdrücken suchte, denn welchen anderen Einfluß können die Maßregeln haben, daß niemand zu reden wagt, wie er denkt, weil hundert geheime Spione auf jedes Wort lauern, welches in der Hauptstadt gesprochen wird, daß jede Lesebibliothek untersagt und die Zensur auf eine so unerhörte Strenge getrieben ist, daß selbst Schillers Werke größtenteils verboten sind! Man hat vielleicht nicht ganz mit Unrecht gesagt, es sei seit hundert Jahren alles getan worden, die österreichische Monarchie zugrunde zu richten, man habe aber bis jetzt ungeachtet aller angewandten Mühe noch nicht damit zustande kommen können; aber welche Ressourcen haben auch diese gesegneten Länder!

Die Wiener Sprache ist vom Hochdeutschen so verschieden, daß man oft Mühe hat, sie zu verstehen. Wer kann z. B. erraten, daß Obbes Rahm, angepfriemt bestellt, und Kaiserfleisch junges Schweinefleisch bedeuten soll?

Man erzählt hierüber eine Anekdote, von der man sagen kann: se non é vero, é ben trovato. Ein Reisender, der zum erstenmal nach Wien kam, stieg in einem der ersten Gasthöfe ab und verlangte zu essen. Wollen Ihr Gnaden an Table d'hôte speisen, fragte ihn der Kellner, dort gibt's Händel. Händel? damit mag ich nichts zu tun haben, servieren Sie mir auf meiner Stube. Ganz wohl, wollen Ihr Gnaden vielleicht Roßbraten... Roßbraten? Glaubt er, ich fresse Pferdefleisch?... Nun mein Gott, das essen doch sonst alle Rasende gern. Rasende? Wie, Schlingel, er untersteht sich, mich rasend zu nennen!... Hier rettete ein anderer Fremder, der zufällig vorbeiging, den Kellner vor ein paar Ohrfeigen, die der aufgebrachte Reisende ihm eben zuteilen wollte, und erklärte ihm endlich, daß Händel Hühner, Roßbraten Rindsbraten und Rasende Reisende bedeute. Ich selbst hörte neulich eine Dame sagen, sie sei eine halbe Türkin, denn ihre Mutter wäre eine Ingerin (aus Ungarn) und ihr Vater ein Wallach (aus der Wallachei).

Eine gute Einrichtung besteht in Titulaturen, man nennt nämlich alles vom Prinzen bis zum Torschreiber »Ihr Gnaden«, jede Frau »Gnädige Frau« und jedes Mädchen »Gnädiges Fräulein«, die verheirateten Männer nennt man jederzeit »Herren«. Die Frau sagt nicht: Mein Mann ist noch nicht zu Haus, sondern: Der Herr ist noch nicht zu Haus; der Herr ist eifersüchtig, lassen Sie das, was würde der Herr sagen usw.; ob deswegen die Männer wirklich hier mehr Herr im Hause sind als anderswo, oder ob nur der Titel wenigstens sie für die Wirklichkeit entschädigt, wage ich nicht zu entscheiden. Sonderbar ist es, daß man oft in Gesellschaft und auf dem Theater sich über das Hochdeutsche als fehlerhaft und lächerlich belustigen hört; vor kurzem war ich zugegen, wie ein junger Mann von Stande in seinem Wiener Jargon von einer Reise durch Sachsen erzählte, wonach ihm jeder Wirt und Hausknecht auf eine affektierte Weise wie ein Dichter gesprochen, jeder Postillon Daphnis, die Viehmägde Chloë usw. geheißen hätten; ich konnte mich nicht enthalten, ihm zu erwidern, daß, wenn in Sachsen jeder Wirt wie ein Dichter spräche, dafür die Art manches vornehmen Wieners, sich auszudrücken, von der eines Fiakers nicht wohl zu unterscheiden wäre; ich verwundere mich daher nicht im geringsten, setzte ich hinzu, daß die sächsische Sprache hier lächerlich schiene, denn wo würde der Gradgehende nicht unter den Lahmen ausgelacht werden.

Um Gesellschaft und Einladungen ist man nicht verlegen, sobald man einmal eingeführt ist, wiewohl auch hierin, wie man mir versichert, kein Vergleich mit ehemals zu ziehen ist; der Hof gibt nur bei großen Gelegenheiten Gesellschaft, jetzt haben sogar die Zirkel aufgehört, und die Fremden werden privatim präsentiert. Bei einigen Ministern ist dafür an bestimmten Tagen regelmäßig Diner oder Assemblée, wo man in Uniform oder habit habillé (festlich gekleidet) erscheint; den Tag nach einem solchen Diner sieht man gewöhnlich die halbe Dienerschaft des Hauses bei sich ankommen, um Trinkgelder zu erhalten, die wahrlich in reichem Maße die ausgestandene Langeweile bezahlen. Freier und angenehmer sind einige andere Häuser, und vorzüglich die der Fremden, namentlich Polen und Russen, wo man alle Abende sehr angenehm zubringen kann, ohne genötigt zu sein, seine Zuflucht zu den Spieltischen zu nehmen.

IM LAND DER UNGLÄUBIGEN

»Reisen ist ein Teil des Höllenfeuers.«

Arabisches Sprichwort

»Für einen Muslim gibt es keine Entschuldigung vor Gott, falls er in einem der Gebiete der Ungläubigen bleibt, außer vorübergehend: wenn ihm die Möglichkeit offensteht, in ein muslimisches Gebiet zu gehen.«

Ibn Dschubair, Rihla (1185)

Rifā'a al-Tahtāwī
Ein Ägypter entdeckt Frankreich

Als wir das erste Mal in Marseille ausgingen, kamen wir an großartig angelegten und mit Spiegeln verglasten Geschäften vorbei, die voll von schönen Frauen waren. Es war zur Mittagszeit. Nun ist es Sitte bei den Frauen dieses Landes, das Gesicht, den Kopf, den Hals und oberen Teil der Brust, das Hinterhaupt und den Nacken sowie die Arme bis fast zu den Schultern unbedeckt zu lassen. Auch ist es Sitte, daß das Einkaufengehen ausschließlich den Frauen vorbehalten ist, während Arbeit und Berufstätigkeit in den Bereich der Männer fallen. So hatten wir denn in Läden, Kaffeehäusern und dergleichen Gelegenheit, Frauen zu betrachten und zu beobachten, was in ihnen vorgeht.

Die erste Sehenswürdigkeit, die uns ins Auge fiel, war ein großes Kaffeehaus. Wir gingen hinein und sahen sofort, daß es sowohl im Aussehen wie im inneren Betrieb recht ungewöhnlich war: Die Cafetière war eine Frau, die an einem großen Pult saß, vor ihr ein Tintenfaß mit Federn und eine Liste. In einem abseits vom Publikum gelegenen Raum bereitete man den Kaffee, und zwischen dem Aufenthaltsraum des Publikums und dem Kaffeeraum liefen die Kellner des Cafés. In dem für die Gäste bestimmten Raum waren mit geblümtem Stoff bezogene Stühle sowie Tische aus feinem Mahagoniholz nebeneinander aufgestellt, jeder Tisch mit einer Platte aus schwarzem oder gemasertem Marmor ausgestattet. In einem solchen Kaffeehaus verkauft man jegliche Art von Getränken und Gebäck. Wenn man etwas bestellt, dann geben das die Kellner an die Kaffeehauswirtin weiter, und diese läßt dann die Bestellung bringen und trägt sie in ihr Geschäftsbuch ein, wobei sie zugleich einen kleinen Zettel mit dem Preis ausstellt, den sie mit dem Kellner zu dem, der die Bestellung aufgegeben hat, schickt, wenn dieser bezahlen will. Es ist auch üblich, daß man, wenn man Kaffee trinkt, zugleich Zucker geliefert bekommt, damit man ihn in den Kaffee gebe, ihn dort zergehen lasse und dann trinke. Bei all dem verhielten wir uns so, wie es bei ihnen Gepflogenheit ist. Ihre Kaffeetasse ist übrigens groß und entspricht etwa vier ägyptischen Tassen; sie ist überhaupt eher ein Becher als eine Tasse. In einem solchen Kaffeehaus liegen Tageszeitungen zur Lektüre aus.

Als ich jenes Kaffeehaus betrat, und die ganze Zeit, die ich in ihm verweilte, vermeinte ich wegen der vielen Menschen dort, es sei ein großer offener Basar. Denn sobald drinnen oder draußen eine Gruppe von Leuten auftauchte, erschienen ihre Bilder auf allen Seiten der Verglasung, und man konnte ihr buntes Durcheinander von Gehenden, Sitzenden und Stehenden sehen. So hat man den Eindruck, das Kaffeehaus sei eine Straße, und mir kam nur deshalb zum Bewußtsein, daß es sich um ein geschlossenes Café handelte, weil ich im Spiegel mehrfach unsere eigenen Bilder sah und erkannte, daß dies alles durch die Eigentümlichkeit des Glases zustande kam. (...)

Alle reichen Leute in Paris wohnen im Winter in der Stadt selbst. Jedes Haus hat Kamine, in welchen in den Hallen und Zimmern ein Feuer brennt. Aber während der heißen Zeit wohnt jeder einigermaßen Bemittelte auf dem Land, denn die Villen auf dem Land sind klimatisch gesünder als das Stadtinnere. Es gibt Leute, die irgendwohin in Frankreich oder in einem benachbarten Land fahren, um die Luft fremder Orte zu atmen, sich über diese Gegenden zu informieren und die Gebräuche ihrer Einwohner kennenzulernen, besonders während der Zeit des Jahres, welche sie ›temps de vacances‹, das heißt die Zeit der Ferien, nennen. Sogar die Frauen. Diese reisen entweder allein oder mit einem Mann, der mit ihnen eine Vereinbarung über die Reise trifft und für den sie für die Dauer der Reise die Auslagen bestreiten, denn auch die Frauen sind (dort) von Wissensdurst und Forschungsdrang beseelt. Stimmt es nicht, daß manchmal welche von ihnen aus dem Frankenland nach Ägypten kommen, um seine Sehenswürdigkeiten – die Pyramiden, Tempel und dergleichen – zu sehen? Sie sind in allem wie die Männer. Gewiß, es mag gewisse reiche, in vornehmen Verhältnissen lebende Frauen geben, die sich, wiewohl unverheiratet, einem Ausländer hingeben. Wenn sie dann ein Kind erwarten und den Skandal fürchten, schützen sie eine Reise zum bloßen Vergnügen oder zu irgendeinem anderen Zweck vor, um das Kind zur Welt zu bringen. Das Neugeborene geben sie dann gegen eine besondere Gebühr in die Obhut einer Amme, damit es in der Fremde aufgezogen werde, und auf diese Weise dringt nichts an die Öffentlichkeit. Mit einem Wort – nicht jede Gewitterwolke gibt reichlich Regen.

Es gibt höchst ehrenwerte Frauen unter den Französinnen und andere wiederum, die das Gegenteil davon sind. Letzteres ist häufiger, weil in Frankreich die meisten Leute, Männer wie Frauen, von der Liebeskunst besessen sind. Ihre sexuelle Liebe ist in sich selbst begründet, denn sie glauben nicht, daß sie einem anderen Zweck dienen könnte. Indes kann es zwischen einem jungen Mann und einem Mädchen zu intimen Beziehungen kommen, die dann doch zur Eheschließung führen.

Nasreddin Schah
BALL BEIM ZAREN

Petersburg, 27. Mai 1873.
In der vergangenen Nacht gaben sie mir zu Ehren im Palast des Zaren einen großen Ball. Dolmetscher Kerbel hatte mir schon Stunden zuvor von den Vorbereitungen des Festes erzählt. Seinen Schilderungen nach mußte ich annehmen, daß es von den schönen Mädchen des Paradieses selbst arrangiert würde. Gleich am ersten Tag hatten sie mich zu einem Tanzfest geladen, das meinetwegen von der Hofgesellschaft veranstaltet worden war. Aber ich hatte damals nur so meine Nase in den mit Menschen vollgepfropften Saal gesteckt und mich nach einer halben Stunde wieder davongemacht, was ihnen gar nicht so recht gewesen sein soll. Warum auch mußten sie einem von der Eisenbahnfahrt so gemarterten Mann gleich zumuten, ihnen mit seinen geschundenen Gliedern zuzuschauen?

Dem gestrigen Fest konnte ich jedoch nicht ausweichen. Ich hatte es dem Zaren, der viel Nachsicht mit mir übt, fest zugesagt. So ging ich mit Riza Kuli-Mirza, der mir mit seinen Kenntnissen der einzelnen Persönlichkeiten behilflich sein sollte, und den anderen Prinzen meines Hofes zum Ball.

Schon in den Vorhallen des Palastes, die ich von meiner »Eremitage« aus zu passieren hatte, herrschte ein buntbewegtes

Treiben. Die Tür zum Salon wurde von zwei mächtigen Kerlen in russischen Nationaltrachten bewacht. Der erste Blick in den vor mir liegenden endlos lang wirkenden Saal mit seinen zahllosen Lichtern und dem Spiel des Widerscheins in den riesigen Spiegeln war überwältigend.

Der Zar und seine Gemahlin hießen mich willkommen und schritten mit mir durch lange Reihen brillant herausgeputzter Männlein und Weiblein, hinter uns die Prinzen des russischen Hofes. Wir gingen auf den für mich bestimmten Sitz zu, der sich vor einem mächtig glitzernden Pfauenrad erhob. Das Monarchenpaar nahm zu meinen Seiten Platz.

Wie da Hunderte von Augen auf mich starrten, auf mich und meine Edelsteine – denn ich hatte einen meiner großartigen Rubine aus Delhi auf meinen Leibrock geheftet. Das Gewoge der Männer und Frauen, die ihre Schmuckkästen allem Anschein nach bis auf den Grund geleert hatten, stimmte mich heiter. Vor der Fülle von Orden bekam man die Männerbrüste gar nicht zu sehen. Um so mehr gewährten die Frauen einen umfassenden Einblick, da sie ihre »Zierden« nicht zu verbergen trachteten.

Das ist wieder so eine Sitte der Ungläubigen, bei Festen in der Nacht möglichst viel an Naturreizen zu zeigen. Und letztlich wird diese Sitte von den Schneidern weitgehend unterstützt. Bei uns würde es keine Sighe (Nebenfrau, Konkubine) wagen, selbst im Harem ihres Herrn mit einem solch entblößten Oberkörper aufzutreten, wie es diese Frauen der Fürsten und Potentaten dieses Reiches angesichts von aberhundert fremden Männern zu tun pflegen. Nach unten packen sie Stoff auf Stoff, die Frauen der Ungläubigen, und hängen in Überfülle um Beine und Schenkel, was sie dem Oberkörper wegnehmen. Ihre nackten Arme und Busen, nur stellenweise von Schmuck bedeckt, dazu noch unverschleierten Gesichts, führen ohne Unterbrechung einen regelrechten Ringkampf mit einer erstickenden Woge von Seide, Samt oder Spitzen, in die der übrige Körper hineingeraten ist. Das soll nun nach ihrer Meinung schön sein.

Über Mangel an begierigen Zuschauern brauchen sich die zur Schau gestellten Reize nicht zu beklagen. Man muß den Männern schon zugestehen, daß sie das Recht haben, der offensichtlichen Aufforderung sehr gründlich nachzukommen. So sah ich auch dort, wo die Formen besonders einladend waren, die tiefsten Blicke von Männeraugen. Ich brachte es anfänglich nicht übers Herz, es ebenso zu halten, nahm aber bald mein Lorgnon und genierte mich nicht, dem allgemeinen Zug zu folgen. Da begegnete ich mancher süßen Erscheinung, manchem dunklen Auge mit herausforderndem Schimmer, manchem schönen, weißen Nacken, aber auch viel Unechtem an Gesichtsfarben und Haarfülle. Hätte ich die Sprache dieses Volkes, wie Riza Kuli-Mirza, oder auch nur das hier so kunstvoll gesäuselte Französisch beherrscht, meine Zunge hätte einigen zitternden Elfenblicken in ihren heißen Wünschen sicher geholfen. Die Briefe, die ich heute auf meinem Tisch liegen habe, sprechen sehr deutlich dafür.

Als wir einige Zeit im Saal waren, begann das, was sie Tanz nennen. Zu meinem nicht geringen Erstaunen machte der Zar selbst den Anfang. Dabei hängte sich die Frau seines zweiten Sohnes an seinen Arm. Was meine Perser wohl sagen würden, wenn sie ihren Schah-in-Schah mit einem seiner Weiber öffentlich zum Tanz gehen sähen? Einfach unvorstellbar! Was für einen Wirbel sie da veranstalten! In langen, sich drehenden Reihen laufen sie hin und her, neigen sich vor und wieder zurück, drehen die Hälse nach allen Richtungen und sind schließlich tropfnaß und in Schweiß gebadet, die Frauen vom Kampf mit ihren Kleiderbergen und die Männer, darunter auch nicht mehr die Jüngsten, von harter Arbeit. Ist diese Anstrengung der Hände und Füße wirklich ein Vergnügen? Sie behaupten es zumindest. Der Höhepunkt eines jeden Festes, meint Riza Kuli-Mirza, kann einfach nur ein solcher Ball sein. Ob nun das gewöhnliche Volk oder der Adel eine Freudennacht veranstaltet, es muß auf jeden Fall eine Nacht voller Schwerarbeit sein, soll man sie wie diese hier in bester Erinnerung behalten.

Bei einem Riesenkreisel, wie sie ihn mir zu Ehren aufführten, ruinieren sie ihre schönsten Kleider, vergeuden ihren süßen Schlaf und strapazieren ihre Atmungsorgane. Wie wenig Anmut sie schließlich dem Betrachter zeigen! Der wohlgeformteste Körper einer Frau muß doch in diesen weit ausladenden, mit Reifen versteiften Behältern, die sie als Abend- und Tanzrobe bezeichnen, zugrunde gerichtet werden. Wo soll sich dem Auge noch ein wohlgefälliger Blick bieten? Etwa in diesem wilden Chaos von Frackschößen, von Waffenröcken und herumschleifenden Schleppen?

Welch ein Taumel! Welch ein Abend! Mir reichte es bald. So war ich heilfroh, nach einigen Tänzen in den angrenzenden Speisesaal hinüberwechseln zu können, den man in einen Palmenwald verwandelt und mit einer Fülle von guten und süßen Sachen ausgestattet hatte. Ich sprach den Leckereien tüchtig zu.

Als ich dann eine Stunde nach Mitternacht das Fest verließ, waren fast alle noch mitten in der harten Arbeit drin, die sie mit bewundernswerter Beharrlichkeit bis in die Morgendämmerung hinein verrichten wollten. Staubschleier, über die großartigen Lüster dahinschwebend, zeigten an, wie weit diese Arbeit schon vorangeschritten war.

Längst auf meinen seidenen Polstern ruhend, beschäftigte mich immer noch der unfaßliche Gedanke, welche Anziehungskraft ein solches Fest wohl auszuüben vermag. In meinen Träumen spielten schwebende Frauenschleppen und kreisende Männerbeine ganze Kaskaden wirrer Brandungen, die über mich hereinzustürzen drohten. Aus dem wirbelnden Menschengewühl loderten mir zwei schwarze Augen entgegen, die meiner Erinnerung nach einer rassigen Tscherkessin, der Frau eines Großfürsten, gehören mußten.

Und wenn ich mich heute abend vom Zaren und seinem Hof verabschiedet haben werde, geht es in ein anderes Land der Ungläubigen. Für die bevorstehenden Anstrengungen braucht mein Körper alle Kraft.

Evliyā Čelebi
Denkwürdige Reise in das Giaurenland

»Mein bester Pascha-Botschafter«, sagte der Kaiser, »du bist in unser Land gekommen als ein lieber Gast, bist uns hochwillkommen. Jedoch haben wir sehr zu klagen über die Raubzügler und Banden in Euren Grenzgebieten um Gran, Stuhlweißenburg und Ofen. Die sollen doch endlich Ruhe halten! Jetzt ist gottlob der Friedensvertrag in dieser Form geschlossen und klargestellt, daß jeder die Herrschaft über sämtliche in seinem Machtbereich befindlichen Festungen und Städte und Dörfer und Provinzen ausübt – da sollen aber nunmehr von unserer Seite unsere Husaren und auf Eurer Seite Eure Banden nicht mit dieser oder jener Hinterlist über die Grenze streifen und unsere Festungen überfallen!«

»Mein Kaiser«, entgegnete da der Pascha, »haltet Ihr nur Eure ungarischen Husaren im Zaum! Unsere Leute an der Grenze sind zu irgendwelchen Unternehmungen gar nicht imstande; es sei denn, daß Ihr einmal Euren Botschafter nicht schickt – da nehmen dann die Grenzer sofort die Gelegenheit wahr, das Land zu plündern, weil sie sich sagen, daß ja auch kein Botschafter mehr gekommen ist. Seht Ihr also nur nach Euren Husaren!«

Hier meinte Rudolfus, der Wesir des Kaisers: »Unter unseren ungarischen Husaren Disziplin zu halten, ist ganz und gar unmöglich; das sind eben Räuber. Wenn Ihr sie in Euren Grenzgebieten antrefft, dann fangt sie eben ein und pfählt sie!«

»An und für sich«, erwiderte nun unser Pascha-Botschafter, »sehen ja auch wir uns außerstande, unsere Tataren und auf dem Meer die algerischen Korsaren im Zaum zu halten. Wenn also in Hinkunft nach Abschluß dieses Friedensvertrages unsere Tataren zum Goldenen Apfel (d.h. nach Wien) und in die ungarischen Länder kommen sollten, dann fangt sie getrost ein und stecht ihnen die Augen aus!«

Da riefen aber der Kaiser und sein Wesir Susa (De Souches) und auch der Wesir Montecuccoli hastig »No, no!«, zogen die Hüte von ihren unseligen Häuptern und klagten: »Ja was wird denn da aus unserem Friedensvertrag? Was bleibt denn noch für ein Land zu hoffen, in das vierzigtausend oder fünfzigtausend Tataren mit zweimal hunderttausend Pferden einfallen? Um Gottes Willen, haltet Ihr nur ja Eure Tataren im Zaum! Auch wir werden unsere ungarischen Husaren in strenger Zucht halten!«

Nachdem unter derlei Gesprächen die Niederschrift des Friedensvertrages fertiggestellt worden war, versprach der Pascha-Botschafter: »So es Allah gefällt, wollen wir mit dem Befehl unseres Großherrn in Hinkunft die Tataren im Zaum halten. Sollte in Euren Ländern auch nur ein einziger Tatar angetroffen werden, so soll das als Bruch des Vertrages gelten. Von nun an herrschen Ordnung, Frieden und Sicherheit.«

Nun entblößten alle Giauren im Ratssaal des Kaisers die Häupter und sprachen Segenswünsche für unseren Sultan, für den Pascha-Botschafter und für den Kaiser, und als auf solche Weise beiderseits der Vertrag mit seinen zwanzig Punkten und mit der Klausel bezüglich der Großbotschaft und des großen Tributs alle zwanzig Jahre zur Gänze niedergeschrieben und somit der Frieden geschlossen war, wurde eine Fātiha (d. i. die erste Sure des Koran) gebetet und dann der Befehl erteilt, dem Großherrn eine entsprechende Meldung mit ausführlichem Bericht zu schreiben.

Und dann begann der feierliche Einzug der Geschenke des Großherrn. Zuerst küßte der Pascha den großherrlichen Reiherbusch, führte ihn an seine Stirn und überreichte diese diamantenbesetzte Hauptzier dann dem Kaiser, der sie an seine Manelifke, den fränkischen Hut, steckte und dann auf seinem Thron Platz nahm.

Darauf küßte der Pascha die mit Edelsteinen und Diamanten besetzte Schlachtkeule und händigte sie gleichfalls dem Kaiser ein. Dieser erhob sich und zeigte die Schlachtkeule allen seinen Räten, die das Haupt entblößten und Gebete murmelten.

Und dann brachten wir zu der Estrade vor dem Kaiserthron all den Moschus aus Hotan, all die reine Ambra, all die Rosenwasseraloë, all die Turbanbinden und sämtliche brokatenen Prunkschärpen.

Von diesen ließ der Kaiser eine seiner Mutter übersenden und mit einer anderen ließ er seinen ersten Wesir und mit einer dritten den Oberpriester schmücken. Mit den übrigen Ehrenschärpen wurden dann die anderen Wesire und Fürsten und Amtsträger und Hauptleute und Kommissäre und Erzbischöfe und Ritter bedacht, so daß im Staatsrat des Kaisers eitel Freude und Jubel herrschten, da die Geschenke allseits höchsten Beifall fanden.

Darauf wurden die goldgewirkten und seidengestickten Teppiche dem Kaiser vorgewiesen und unverzüglich an den Wänden des Thronsaales ausgespannt. Nach der Darbringung der

Geschenke begaben sich dann sämtliche Ağa in die unteren Säle.

Übrigens waren wir an diesem Tage ganz erschöpft vor lauter Hunger. Wir hatten nämlich weder Wasser oder Scherbet oder Kaffee zu trinken noch einen einzigen Bissen zu essen bekommen, so daß uns der Magen knurrte und krachte wie einem hungrigen Neger. Wehmütig dachten wir da an die Divanstage (Tage, an denen der Staatsrat des Sultans zusammentrat) des Hauses Osman, dessen Wohltaten wir jetzt erst so richtig schätzen lernten.

Nun sagte der Pascha zum Kaiser: »Unser Padischah hat Eurer Majestät als ein Zeichen der Freundschaft zwei Pferde aus seinem eigenen Marstall gesandt. Vielleicht geruht Ihr jetzt, Euch diese anzusehen!«

Sogleich machte sich der Kaiser auf und stieg mit seinen sämtlichen Räten vier Stockwerke hinab, wo er in einer auf den Burghof hinausgehenden Galerie Platz nahm. Hier wurden ihm nun die Tiere vorgeführt, und er sah, daß das ganz mit Edelsteinen übersäte Pferde waren, wie sie sonst kein König sein eigen nennt. Dann wurden die Pferde seinem Oberstallmeister übergeben.

Unsere Stallmeister hatten die beiden Pferde eben den Giauren mit ihren schwarzen Hüten übergeben und waren zurückgetreten. Wie aber der edle Tureyfi-Renner – also das ungesattelte Handpferd mit der brokatenen Schabracke – wie dieser da sah, daß er nunmehr in dem Land der Giauren mit den schwarzen Hüten bleiben mußte, ohne einen einzigen Menschen in der ihm bekannten und vertrauten muslimischen Tracht, da bäumte er sich plötzlich auf der Hinterhand empor und hieb mit den Vorderfüßen die zwei Ungläubigen, die ihn am Halfter gefaßt hatten, derartig auf ihre Hüte und ihre Köpfe, daß den beiden Giauren sogleich das Gehirn herausquoll und ihre Seelen zur Hölle fuhren.

Sofort sprangen nun etliche Ungläubige, die vor dem Kaiser ihren Mut zeigen wollten, das Pferd an, um es am Halfter zu packen, aber auch von diesen Giauren erhielten vier Mann derartige Hufschläge auf ihre Köpfe, daß sie auf der Stelle ihren Geist aufgaben.

Und nun stürmte das arme Vollblut hier auf dem Burghof

mitten unter die dichtgedrängt stehenden Giauren hinein und trieb sie zusammen, daß einer den anderen niedertrampelte.

Eine volle halbe Stunde lang raste und wütete da nach dem Willen Allahs des Allerhabenen ein Pferd aus dem Marstall des Hauses Osman wie der blendende Blitz unter den Giauren auf diesem Burgplatz und erschlug oder verwundete eine solche Menge von Ungläubigen, daß man davon noch heute überall im Giaurenlande spricht.

Wie der Pascha da sah, daß die Ungläubigen wie die Heugarben niedergemäht wurden und sich wegen des allgemeinen Gedränges nicht aus dem Burghof ins Freie hinaus retten konnten, befahl er schließlich unseren Stallmeistern: »He, fangt einmal das Pferd ein!«

Daraufhin ging einer von unseren Handpferdführern mit seiner weißen Spitzmütze hin, und als er das Pferd mit den Worten »Komm, mein Ceyhun (arab. Name des Flusses Amu-Darya), komm!« lockte, da quollen diesem blutige Tränen aus den Augen, und es trabte aufwiehernd zu dem Stallknecht hin und ließ sich von ihm am Zügel fassen.

Da sagte ich Geringer zum Pascha-Botschafter: »Euer Gnaden, dieses Pferd ist ein Glaubensheld, und der Padischah der Osmanen selbst hat es geritten. Jetzt aber, da es hier auf diesem Platz solches Unheil angerichtet und so viele Ungläubige erschlagen hat, werden die Giauren dieses Pferd noch umbringen. Nehmt es ihnen lieber wieder weg und gebt ihnen dafür ein anderes!« – »Wir wollen noch sehen!« wich der Pascha aus.

Als aber dann unsere Roßknechte das Pferd im Marstall des Kaisers angebunden hatten und gegangen waren, zerriß das Roß sogleich seine Fußfesseln und seinen Halfter, schlug im Stall noch weiteren sieben Giauren die Schädel ein und trat eine große Zahl von Giaurenpferden zu Tode, und siehe da – wiederum preschte das Pferd Ceyhun wie der Blitz unter lautem Wiehern aus dem Burghof hinaus und stürmte durch die ganze Stadt. Später kam dann die Nachricht, daß es auf dem Tscherkessenplatz den Kadaver eines Pferdes beschnuppert hatte, einige Male ein schreckliches Gewieher ausgestoßen hatte und dann an der gleichen Stelle entseelt zusammengebrochen war. Die brokatene Schabracke hatte man zurückgebracht, und der Pascha ließ nun zum Ersatz ein anderes Pferd holen.

Wir Muslims waren alle voll der höchsten Bewunderung für die Taten dieses Pferdes, und später gingen dann unsere Stallmeister hin, hoben vor dem Roß des als Glaubenszeugen gefallenen Tscherkessen eine Grube aus und bestatteten das tote Pferd dort. Das ganze Volk staunte höchlichst über dieses Pferd.

Schließlich wurde dem Kaiser noch das Prunkzelt auf den Wagen vorgeführt. Als er die reiche Goldzier und die Zeltknäufe aus purem Gold betrachtete, war er ganz entzückt und befahl gleich: »Noch in dieser Stunde soll man dieses Zelt in meinen Garten schaffen und aufstellen! Und morgen will ich in diesem Zelt unserem Freund, dem Pascha-Botschafter, ein Gastmahl geben. Habt also die Güte, mir morgen die Ehre zu erweisen!«

Mit einem »Sehr gerne« nahm der Pascha diese Einladung des Kaisers an, mit dem er dann noch lange Gespräche über den Frieden führte. Ohne daß man uns zu essen vorgesetzt oder auch nur ein einziges Ehrenkleid gespendet hätte, nahm der Pascha schließlich Urlaub vom Kaiser. Dieser entblößte sein Haupt und sprach Segenswünsche für den Pascha, worauf wir unter vielfachen Ehrenerweisungen in wohlgeordnetem Zuge in unsere Quartiere zurückkehrten.

Dort ließ uns dann der Pascha nach gut muslimischer Art ein üppiges Mahl auftragen, das wir dank unserem Heißhunger im Nu verzehrt hatten.

Ein weiterer Zwischenfall. Als die Giauren auf Befehl des Kaisers das Prunkzelt in den Kaisergarten geschafft hatten und eben dabei waren, es dort aufzustellen, erhob sich plötzlich ein heftiger Wind, der den fünf Zentner schweren Zeltmast mit dem zweieinhalb Zentner schweren Nabelholz umriß, so daß dadurch sieben Giauren erschlagen und mehrere weitere verletzt wurden.

Es kam also der Kommissär zum Pascha und sagte: »Euer Gnaden, wir wissen nicht, wie man dieses Zelt aufstellen muß; sieben von unseren Leuten sind dabei ums Leben gekommen und viele andere sind verletzt worden.«

Darauf schickte der Pascha seinen Zeltmeister mit dessen Leuten hin, die im Handumdrehen das Zelt aufschlugen und binnen kurzem wieder zurückkamen. (...)

Man möchte fast bezweifeln, daß der Herrgott mit dem deutschen Kaiser (Leopold I.) wirklich einen Menschen hat erschaffen wollen: Er ist ein junger Mann von Mittelgröße, ohne Kinnbart, mit schmalen Hüften, nicht gerade fett und beleibt, aber auch nicht eben hager.

Nach Allahs Ratschluß hat er einen Flaschenkopf, oben zugespitzt wie die Mütze eines Mevlevî-Derwisches oder wie ein Birnenkürbis, mit einer Stirn, flach wie ein Brett, und dichten, schwarzen Augenbrauen, die aber weit auseinanderstehen und unter denen seine von schwarzen Wimpern umrandeten, kreisrunden und hellbraunen Augen wie die Lichter eines Uhus funkeln.

Sein Gesicht ist lang und spitz wie das des Meisters Reineke, mit Ohren, groß wie Kinderpantoffel, und einer roten Nase, die wie eine unreife Weinbeere leuchtet und groß ist wie die Hälfte eines zerbrochenen Münzenbrettes oder wie eine Aubergine aus Morea. Aus den weiten Nasenlöchern, in die er je drei Finger auf einmal hineinstecken könnte, hängen ihm Haare, lang wie die vom Schnurrbart eines dreißigjährigen Haudegens, heraus und vermischen sich in dichtem Wirrwarr mit dem Bart auf seiner Oberlippe und mit seinem schwarzen Backenbart, der ihm bis zu den Ohren hinanreicht. Seine Lippen sind wulstig wie die eines Kamels, und in seinen Mund würde ein ganzer Laib Brot auf einmal passen. Auch seine Zähne sind groß und weiß wie die eines Kamels. Immer wenn er spricht, spritzt und trieft ihm der Speichel aus seinem Mund und von seinen Kamellippen, als ob er erbrechen würde. Da wischen ihm dann die strahlend schönen Pagen, die ihm zur Seite stehen, mit riesigen roten Mundtüchern ständig den Geifer ab. Er selber kämmt seine Locken und Kringeln dauernd mit einem Kamm. Seine Finger sehen aus wie die Langa-Gurken.

Nach dem Willen Allahs des Allerhabenen sind übrigens sämtliche Kaiser aus diesem Geschlecht von so garstigem Äußeren. Und in allen ihren Kirchen und Häusern sowie auf den Talerstücken wird der Kaiser mit solch häßlichem Gesicht abgebildet; ja, wenn ihn einer mit hübschem Antlitz malt, dann läßt er diesen Mann hinrichten, weil er, wie er meint, ihn entstellt hat! Denn daß sie so häßlich sind, dessen rühmen und brüsten sich diese Kaiser.

VON HERBERGEN UND KUTSCHEN

»Wer lebt: ein Fremdling ist er, stets auf Reisen.
Und erst im Tode hat er heimgefunden.
Die ganze Welt ist nur ein Herbergsraum;
Jahrtausende hat nur der Staub verbunden.«

Li T'ai-po (701–762),
übertragen von Günther Debon

Erasmus von Rotterdam
GASTHÄUSER

Das Gespräch führen Wilhelm und Bertulf. Wir befinden uns zu Luthers Zeiten.

W. Es war mir noch nie beschieden, Deutschland zu sehen; ich erfahre daher, wenn Euch das Erzählen nicht unangenehm ist, gerne von Euch, wie sie dort die Fremden aufnehmen.

B. Ob überall dieselbe Art, die Gäste zu behandeln, herrscht, weiß ich nicht; ich kann nur erzählen, was ich selber sah. Den Ankommenden begrüßt kein Mensch, damit es ja nicht den Anschein habe, als ob sie auf Gäste aus wären. Denn das halten sie für schmutzig und gemein und unwürdig der deutschen Ernsthaftigkeit. Hat man lange genug gerufen, so streckt schließlich jemand den Kopf aus einem Fensterlein der Wärmstube heraus (denn in diesen Stuben leben sie bis zur Sommersonnenwende); man wird an eine Schildkröte erinnert, die den Kopf aus ihrer Schale hervorstreckt. Diesen Menschen nun muß man fragen, ob man hier nächtigen könne. Sagt er nicht nein, so bedeutet das: du findest Platz. Frägt man dann nach dem Stall, so zeigt man dir ihn durch eine Handbewegung. Da kannst du dann dein Pferd nach deiner Art besorgen; denn kein Knecht rührt eine Hand. Ist das Gasthaus höheren Ranges, so weist ein Knecht den Stall und auch den für das Pferd herzlich unbequemen Platz. Denn die bequemeren reservieren sie für die später kommenden, namentlich für die Adligen. Hat man etwas auszusetzen, sofort hört man die Worte: Wenn's Euch nicht gefällt, so sucht eine andere Unterkunft. Heu gewähren sie in den Städten nur ungern und sehr sparsam und verkaufen es nicht viel billiger als den Hafer. Ist für das Pferd gesorgt, so gehst du in die Wirtsstube, in den Stiefeln, mit dem Gepäck und allem Kot, gibt es doch nur einen für alle gemeinsamen Raum.

W. Bei den Franzosen weisen sie Schlafkammern an, wo man sich ausziehen, reinigen, wärmen oder ausruhen kann, je nach Belieben.

B. Derartiges gibt es hier nicht. In der Stube mit dem Ofen

zieht man die Stiefel aus, legt die leichten Schuhe an, wechselt, wenn man Lust hat, das Hemd; die vom Regen feuchten Kleider hängt man beim Ofen auf; du selbst näherst dich diesem, wenn du dich trocknen willst. Auch Wasser steht bereit, so man Lust hat, die Hände zu waschen, doch ist es meist so unsauber, daß man nachher anderes Wasser verlangen muß, um jene erste Waschung wieder abzuwaschen.

W. Ich lobe mir Männer, die durch keinerlei Raffinement verweichlicht sind.

B. Trifft man nachmittags vier Uhr ein, so kommt man doch nicht vor neun Uhr zum Nachtessen, bisweilen dauert's auch bis zehn Uhr.

W. Warum das?

B. Sie rüsten nichts, bevor sie sämtliche Gäste da sehen, damit alle auf einmal bedient werden können.

W. Sie kennen ihren Vorteil.

B. Stimmt. So kommt es, daß häufig in derselben Stube achtzig bis neunzig Personen zusammenkommen: Fußgänger, Reiter, Kaufleute, Schiffer, Fuhrleute, Bauern, Kinder, Weiber, Gesunde und Kranke.

W. Das ist ja eine wahrhaftige Klostergemeinschaft.

B. Einer kämmt sich, ein anderer wischt den Schweiß ab, ein dritter säubert seine Halbschuhe oder seine Reiterstiefel, und wieder einer rülpst knoblauchduftend. Kurz: es herrscht da keine kleinere Sprachen- und Menschenverwirrung als einst beim Turmbau zu Babel. Erblicken sie einen aus einem fremden Volk, der in seinem Äußeren sich einigermaßen hervortut, so richten sich auf ihn die Blicke aller, und sie sehen ihn an, als wär' eine neue Tierart aus Afrika eingetroffen. Selbst wenn sie sich zu Tisch gesetzt haben, schauen sie mit rückwärts gewandtem Blick ohne Unterlaß nach ihm und vergessen über dem Sehen das Essen.

W. In Rom, Paris oder Venedig wundert sich kein Mensch über irgend etwas.

B. Unterdessen gilt es für unstatthaft, etwas für sich zu verlangen. Erst wenn es schon spät am Abend ist und nicht mehr viele Gäste erwartet werden, kommt ein alter Knecht zum Vorschein, mit einem grauen Bart, geschorenem Kopf, einem mürrischen Gesicht und in schmutziger Kleidung.

W. Solche Diener sollten bei den römischen Kardinälen Schenkdienste tun.

B. Dieser läßt dann seine Augen herumgehen und zählt schweigend die in der Sitzstube Anwesenden. Je größer deren Zahl ist, desto kräftiger wird der Ofen geheizt, selbst wenn die Sonne durch ihre Wärme schon beschwerlich fällt. Bei diesen Gastwirten gilt es für einen Hauptbestandteil einer guten Verpflegung, wenn alle von Schweiß triefen. Wenn einer, der an die Hitze nicht gewöhnt ist, nur einen Spaltbreit das Fenster öffnet, um nicht zu ersticken, so hört man sofort: Schließt das Fenster! Antwortet er hierauf: Ich halt's nicht aus, so entgegnet man ihm: Dann sucht Euch eine andere Herberge.

W. Und doch scheint mir nichts gefährlicher zu sein, als wenn so viele Menschen dieselbe warme Luft einatmen, namentlich wenn die Poren des Körpers geöffnet sind, und in dieser Atmosphäre zu essen und mehrere Stunden zu verharren. Von den Knoblauchrülpsereien und den Winden des Leibes und dem verdorbenen Atem will ich gar nicht erst reden; aber viele gibt es, die an geheimen Krankheiten leiden, und jede Krankheit ist irgendwie ansteckend. Da haben manche die spanische Seuche oder, wie andere sie nennen, die französische, ist sie doch allen Nationen gemeinsam. Von diesen droht meiner Meinung nach nicht geringere Gefahr als von den Aussätzigen. Nun rate du, was allem man sich aussetzt in bezug auf Verseuchung.

B. Es gibt kühne Männer, die über all das lachen und es in den Wind schlagen.

W. Aber inzwischen bilden sie mit ihrer Kühnheit eine Gefahr für viele.

B. Was läßt sich da machen? Sie sind es so gewohnt, und es ist das Zeichen eines konsequenten Geistes, vom einmal Bestehenden nicht abzugehen.

W. Vor fünfundzwanzig Jahren gab es aber auch nichts, was bei den Brabantern mehr in Mode war als die öffentlichen warmen Bäder; und heute stehen diese überall leer und kalt, denn die neue Seuche hat gelehrt, sich ihrer zu enthalten.

B. Aber hör noch das übrige. Jener bärtige Ganymed kommt später dann wieder und deckt die Tische, so viele ihm für die Zahl der Gäste genügend scheinen. Aber beim Himmel, diese

Tischlinnen sind keine milesischen Gespinste, sondern man könnte eher sagen, sie seien aus Segelleinwand. Jedem einzelnen Tisch teilt er die Gäste zu, mindestens acht. Wem die Sitte des Landes schon bekannt ist, der setzt sich hin, wo es ihn gut dünkt. Denn einen Unterschied zwischen arm und reich, Herr und Diener gibt es nicht.

W. Das ist noch jene alte Gleichheit, welche die Tyrannis jetzt beiseite geschafft hat. So, denke ich, hat Christus mit seinen Jüngern gegessen.

B. Haben alle Platz genommen, so kommt noch einmal jener mürrische Göttermundschenk und zählt wiederum seine Gäste. Bald darauf erscheint er dann, um jedem einen hölzernen Teller vorzulegen und einen aus demselben Silber gefertigten Löffel und einen gläsernen Becher, nachher dann auch Brot. Zum Zeitvertreib kann jeder die Rinde davon abkratzen, während die Speisen gekocht werden. So sitzt man bisweilen eine Stunde lang.

W. Ruft denn keiner der Gäste inzwischen nach dem Essen?

B. Keiner, der mit der Sitte des Landes vertraut ist. Endlich wird der Wein aufgesetzt, und was für einer! Die Sophisten sollten keinen anderen trinken, so dünn und sauer ist er. Verlangt dann ein Gast für sein Geld eine andere Weinsorte, so stellen sie sich taub, aber mit einer Miene, als wollten sie dich umbringen; bestehst du dann auf deinem Verlangen, so antworten sie: Hier sind schon viele Grafen und Markgrafen abgestiegen und noch keiner hat sich über meinen Wein beklagt, behagt er Euch nicht, so sucht Euch eine andere Herberge. Sie halten nämlich nur die Adligen ihres Landes für Menschen, und deren Wappen stellen sie überall zur Schau.

Jetzt haben sie denn endlich einen Bissen dem knurrenden Magen zuzuschieben: es folgen bald mit großem Pomp die Platten. Die erste enthält meist mit Fleischbrühe weichgemachtes Brot oder, wenn es ein Fasttag ist, mit Brühe aus Gemüsen. Dann kommt eine andere Brühe, hierauf etwas aufgekochtes Fleisch oder aufgewärmtes Eingesalzenes. Sodann wieder ein Zugemüse, hierauf eine solidere Speise, bis sie dann dem recht gestillten Magen den Braten vorsetzen oder gesottene Fische, die keineswegs zu verachten sind; aber hierbei verfahren sie sparsam und nehmen die Platten gleich wieder weg. So temperieren sie die ganze Mahlzeit; wie es die Komödienspieler tun, welche unter die Szenen Chöre mischen, so mischen sie feste und dünne Speise. Sie sorgen aber dafür, daß der letzte Akt der beste sei.

W. So machen es die guten Dichter.

B. Es gilt übrigens als ein Vergehen, wenn einer sagt: Nehmt diese Platte weg; es ißt niemand davon. Man muß nun einmal die vorgeschriebene Zeit sitzen bleiben, die sie, wie ich glaube, mit einer Sanduhr abmessen. Endlich kommt wieder jener Bärtige zum Vorschein, oder auch der Herbergsvater selbst, der sich in der Kleidung durchaus nicht von den Dienern unterscheidet, und fragt, wie es uns behage. Es wird dann auch ein etwas edlerer Wein aufgetragen. Sie haben diejenigen gern, die tüchtig trinken, wobei der, der am meisten trinkt, keinen Pfennig mehr bezahlt als der, welcher am wenigsten trinkt.

W. Eine merkwürdige Landessitte.

B. So geschieht es bisweilen, daß solche da sind, die mehr denn doppelt so viel in Wein verzehren, als sie für das Essen zahlen. Doch bevor ich meinen Bericht beschließe: es ist erstaunlich, was bei dem Essen für ein Lärm und Stimmengetümmel herrscht, wenn erst einmal alle angefangen haben, vom Trinken warm zu werden. Man hört sein eigenes Wort nicht. Häufig mischen sich Hanswurste in die Gesellschaft, an welch widerwärtigen Leuten man sich in kaum glaublicher Weise in Deutschland noch ergötzt. Diese singen und schreien und tanzen und stampfen, daß das Haus einzubrechen scheint und keiner seinen Nachbar mehr vernimmt. Ihnen aber behagt das und, man mag wollen oder nicht, man muß dasitzen bis tief in die Nacht.

W. Hört jetzt endlich auf mit dieser Mahlzeit; denn ihre lange Dauer ekelt sogar mich nachgerade an.

B. Ich will's tun. Wenn endlich der Käse weggenommen wird, der ihnen nicht recht behagt, wenn er nicht schon faul und voll Würmer ist, kommt der Bärtige mit einer Tafel herein, auf die er mit Kreide Kreise und Halbkreise malt; dann legt er sie auf den Tisch, schweigend und finster, als wär' er Charon. Wer das Geschreibsel versteht, legt sein Geld hin, einer nach dem andern, bis die Tafel voll ist. Darauf werden die notiert, die bezahlt haben, er rechnet nach, und wenn nichts fehlt, so nickt er mit dem Kopf.

W. Wie aber, wenn etwas übrig bleibt?

B. Vielleicht würde er es zurückgeben; zuweilen mag das vorkommen.

W. Reklamiert niemand wegen dieser unbilligen Rechnung?

B. Ein Verständiger jedenfalls nicht; denn sofort würde er zu hören bekommen: Was für ein Mensch seid Ihr! Ihr bezahlt keinen Pfennig mehr als die andern.

W. Ihr erzählt mir da von einer freimütigen Menschensorte.

B. Wünscht nun einer, von der Reise ermüdet, bald nach dem Essen zu Bett zu gehen, so heißt man ihn warten, bis auch die andern ihr Lager aufsuchen.

W. Ich meine den platonischen Staat zu sehen.

B. Es wird dann einem jeden sein Nest gezeigt, und fürwahr, es ist nichts als eine Schlafstelle; denn es sind nur Betten da, sonst nichts, dessen man bedarf oder was man stehlen könnte.

W. Herrscht da Sauberkeit?

B. Dieselbe wie beim Essen; die Bettlaken sind ungefähr vor einem halben Jahr gewaschen worden.

W. Was geschieht inzwischen mit den Pferden?

B. Sie werden gleich wie die Menschen traktiert.

W. Findet man nun aber überall dieselbe Verpflegung?

B. Da und dort geht es feiner zu, andernorts noch gröber, als ich erzählt habe; im großen ganzen ist es, wie ich berichtete.

Ludwig Börne
REISE MIT DER DILIGENCE

Meine Gefährten im Coupé waren eine junge schöne Modehändlerin aus der Provinz, die ihre periodische Kunstreise nach Paris machte, und ein schon ältlicher Herr, der, nach seiner dunklen Kleidung und der Ängstlichkeit zu beurteilen, in welche ihn die kleinste schiefe Neigung des Wagens versetzte, wohl ein protestantischer Pfarrer oder Schulmann war. Diese beiden Personen von so ungleichem Alter und Gewerbe unterhielten sich, ohne die kleinsten Pausen, auf das lebhafteste miteinander; aber ich achtete nicht darauf und hörte das alles nur wie im Schlaf.

In früheren Jahren war mir jede Reise ein Maskenball-Fest der Seele; alle meine Fähigkeiten walzten und jubelten auf das ausgelassenste, und es herrschte in meinem Kopf ein Gedränge von Scherz und Ernst, von dummen und klugen Dingen, daß die Welt um mir her schwindelte. Was hörte, bemerkte, beobachtete, sprach ich da nicht alles! Es waren Wolkenbrüche von Einfällen, und ich hätte hundert Jahrgänge des Morgenblatts (›Morgenblatt für gebildete Stände‹) damit ausfüllen können, und hätte die Zensur nichts gestrichen, tausend Jahrgänge. Wie hat sich das aber geändert!... Ich sitze ohne Teilnahme im Wagen, stumm wie ein Staatsgefangener in Östreich und taub wie das Gewissen eines Königs. In der Jugend bemerkt man mehr die Verschiedenheiten der Menschen und Länder, und das eine Licht gibt tausend Farben, im Alter mehr die Ähnlichkeiten, alles ist grau, und man schläft leicht dabei ein. Ich kann jetzt einen ganzen Tag reisen, ohne an etwas zu denken. Fand ich doch auf dem langen Weg von Straßburg hierher nichts weiter in mein Tagebuch zu schreiben als die Bemerkung, daß ich in Lothringen mit sechs Pferden habe pflügen sehen und daß mein Kutscher stundenlang mit Konrad von der Preßfreiheit und den Ordonnanzen mit einem Eifer gesprochen als wäre von Hafer und Stroh die Rede. (...)

Man reist jetzt auf der Diligence (Postkutsche) unglaublich wohlfeil. Der Platz von Straßburg bis Paris kostet nicht mehr als 20 Franken, im Kabriolet 26. Diese Wohlfeilheit kommt daher, weil es drei verschiedene Unternehmungen gibt, die sich wechselseitig zugrunde zu richten suchen. Bei solchen niedrigen Preisen haben die Aktionärs großen Verlust, den sie nicht lange ertragen können. Es kommt jetzt darauf an, wer es am längsten aushält. Von Chalons bis Paris gehen täglich, die Malle-Poste (Briefpost) ungerechnet, sechs Diligencen, drei von Metz, drei von Straßburg kommend. Unter diesen sieben Losen habe ich schon drei Nieten gezogen, denn in den drei Wagen, welche diesen Mittag durchkamen, waren keine Plätze mehr. Heute abend kommen die andern, und wenn ich Glück habe, wie bisher, werden sie gleichfalls besetzt sein und ich vielleicht acht Tage in Dormans bleiben müssen. Das wäre mein Tod. Und welcher Tod! Der Tod eines Bettlers. Denn man wird hier auf eine so unerhörte Art geprellt, daß ein achttägiger Aufenthalt meine Kasse erschöpfen und mir nicht so viel übrig bleiben würde, meine Begräbniskosten zu bestreiten. Hören Sie weiter, wie es mir ging.

Um, wenn der Wagen ankäme, nicht aufgehalten zu sein, verlangte ich diesen Vormittag schon meine Wirtshausrechnung. Die Wirtin machte die unverschämte Forderung von etlichen und zwanzig Franken. Ich hatte gestern abend nichts als Braten und Dessert gehabt, ein elendes Schlafzimmer, und diesen Morgen Kaffee. Der Bediente das nämliche und wahrscheinlich alles noch schlechter. Ich sagte der Wirtin, sie sollte mir die Rechnung spezifizieren. Sie schrieb mir auf: Nachtessen 9 Fr., Zimmer 8, Frühstück 3, Zuckerwasser 1 Fr. und für einige Lesebücher, die ich aus der Leihbibliothek hatte holen lassen, 30 Sous. Ich fragte sie kalt und giftig, ob sie bei dieser Forderung bestände, und als sie erwiderte, sie könne nicht anders, nahm ich die Rechnung und ging fort, die Wirtin zu verklagen.

Ich wollte einmal sehen, wie in einer auf einer Monarchie gepfropften Republik die Justiz beschaffen sei. Ich trat in den Laden eines Apothekers, um mich nach der Wohnung des Friedensrichters zu erkundigen. Die Apotheke sah derjenigen, welche Shakespeare in Romeo und Julia beschrieben, sehr ähnlich, und ich glaube, ich hätte da leicht Gift haben können. Der müßige Apotheker las die neue Charte Constitutionelle. Statt aber auf meine Frage nach der Wohnung des Friedensrichters zu antworten, fragte er mich, was ich da suche. Ich erzählte ihm meinen teuren Fall. Er erkundigte sich nach dem Wirtshaus, und als ich es ihm bezeichnet, erwiderte er mir, er wisse nicht, wo der Friedensrichter wohne. Wahrscheinlich war er mit der spitzbübischen Wirtin befreundet. Ich ging fort und ließ ihm einen verächtlichen Blick zurück. So sind die Liberalen! Ich ließ mir von einem andern das Haus des Friedensrichters bezeichnen. Ich trat hinein, ein Hund sprang mir entgegen, der mich bald zerrissen hätte, und auf dessen Gebell eilte ein Knecht herbei, der mir sagte, der Friedensrichter wäre verreist und ich sollte mich an den Greffier (Gerichtsschreiber) wenden. Mit Mühe fand ich die Wohnung des Greffiers. Der war über Land gegangen. Ich suchte den Maire (Bürgermeister) auf; man sagte mir, der wäre zum Präfekten gerufen worden, und ich sollte zum Maire-Adjunkten gehen. Diesen fand ich zu Hause.

Es war ein kleines altes Männchen in blonder Perücke, der einen großen Pudel auf dem Schoß hatte und ihn schor. Ein junges Frauenzimmer, Tochter oder Haushälterin, war mit Bügeln beschäftigt. Als ich eintrat, ließ der Maire-Adjunkt den Hund laufen, hörte meine Klage an und sah mir über die Schulter in die Rechnung, die ich ihm vorlas. Das Mädchen trat auf meine linke Seite, sah mir gleichfalls über die Schulter in die Rechnung, verbrannte mir mit dem heißen Bügeleisen den kleinen Finger und rief in größtem Eifer aus: Nein, das ist unerhört, aber diese Leute machen es immer so.

Der Maire-Adjunkt fiel seiner wahrscheinlichen Haushälterin nicht ohne Schüchternheit in das Wort, bemerkte, er könne sich nicht in die Sache einmischen, das ginge den Friedensrichter an. Übrigens, mein Herr, schloß er seine Rede, Sie werden schon öfter gereist sein. Diese kurze und weise Bemerkung brachte mich zur Besonnenheit, ich strich meinen verbrannten Finger an der noch ungeschornen Seite des Pudels, welches mir sehr wohl tat, und ging fort.

Nach Hause zurückgekommen, erzählte ich der Wirtin, ich hätte sie verklagen wollen, aber die Behörden wären alle abwesend, und so bliebe mir nichts übrig, als sie noch einmal zu fragen, ob sie sich denn gar nicht schäme, ich hätte ja ganz schlecht zu Nacht gegessen. Die Tochter der Wirtin erwiderte darauf: ich hätte sehr gut zu Nacht gegessen, ich hätte ein Suprême de Volaille gehabt. Dieses Suprême de Volaille war nichts als ein Dreieck von dem Leib eines Huhns, in dessen einem Winkel eine kalte Krebsschere stak, welche irgendein Passagier vielleicht schon vor der Revolution ausgehöhlt hatte. Ich glaube, die Suprematie dieses Gerichts bestand bloß in dieser hohlen Krebsschere, denn das Übrige war etwas ganz Gewöhnliches. Ich wurde heftig und antwortete der Tochter: Que me parlez-vous d'un Suprême de Volaille? Vous êtes un Suprême de Canaille! Kaum hatte ich das Zornwort ausgesprochen, als ich es bereute. Erstens aus Höflichkeit, und zweitens aus

Furcht; denn der Koch war mit seinem langen Messer hinzugetreten, und ich dachte, er würde mich auf der Stelle schlachten. Aber zu meinem Erstaunen achteten Wirtin, Tochter und Koch gar nicht auf mein Schimpfen, sie verzogen keine Miene und es war, als hätten sie es gar nicht gehört. Ich kann mir diese Unempfindlichkeit nicht anders erklären, als daß ich zu feines Französisch gesprochen, welches die Kleinstädter nicht verstanden.

Ich bezahlte meine Rechnung, um mich aber an den Leuten zu rächen und sie zu ärgern, ließ ich meine Sachen in das gerade gegenüberliegende Wirtshaus bringen. Hier aß ich zu Mittag und ließ mir dann ein Zimmer geben, wo ich Ihnen schreibe und auf die Ankunft der Diligence warte.

Theodor Fontane
MODERNES REISEN

Der Reisedrang, je allgemeiner er geworden ist, hat nicht Willfährigkeit und Entgegenkommen, sondern das Gegenteil davon erzeugt. Vielfach reine Wegelagerei. Wirte, Mietskutscher und Führer überbieten sich in Gewinnsucht und Rücksichtslosigkeit, und wer sein Reiseglück auf diese drei Karten gestellt hat, der wird freilich wohl tun, mit niedrigsten Erwartungen in die Situation einzutreten.

War es immer so? Mitnichten. Wie ganz anders erwiesen sich die Wirte vergangener Tage! Nur noch Einzelexemplare kommen vor, an denen sich die Tugenden eines ausgestorbenen Geschlechts studieren lassen. Wer sie voll erkennen will, der lese die englischen Romane des vorigen Jahrhunderts. Auch noch bei Walter Scott finden sich solche Gestalten. Es gab nichts Liebenswürdigeres als solchen englischen Landlord, der in heiterer Würde seine Gäste auf dem Vorflur begrüßte und mit der Miene eines fürstlichen Menschenfreundes seine Weisungen gab. Er vertrat jeden Augenblick die Ehre seines Standes. Er war nicht dazu da, um in den drei Reisemonaten reich zu werden, still und allmählich sah er sein Vermögen wachsen und gab dem Sohne ein Eigentum, das er selbst einst vom Vater empfangen hatte. Er waltete seines Amts aus gutem Herzen und guter Gewohnheit. Er war wie ein Patriarch; sein Gasthaus eine Zufluchtsstätte, ein Hospiz.

Auch in Deutschland gab es solche Gestalten, wenn auch vereinzelter, und ich entsinne mich selbst noch, wenn ich Ende der zwanziger Jahre die damals viertägige Reise von der pommerschen Küste bis in meine Ruppinsche Heimat machte, an solchen Wirtstafeln, namentlich in den mecklenburgischen Städten, gesessen zu haben. Eine geräuschlose Feierlichkeit herrschte vor, der Wirt gab nur den Anstoß zur Unterhaltung, dann schwieg er und belauschte klugen Auges die Wünsche jedes einzelnen. Kam dann die Abreise, so mußten seine verbindlichen Formen den Glauben erwecken, man habe seinem Hause eine besondere Ehre erwiesen. Damals war jede Mittagsrast ein Vergnügen, jedes Nachtlager ein wohltuendes, von einer gewissen Poesie getragenes Ereignis. Ich denke noch mit Freuden an diese Ideal- und Idyllzeit des Reisens zurück.

Wie sind jetzt die Hotelerlebnisse des kleinen Reisenden! Ich antworte mit einer Schilderung, bei der ich (vielleicht leider) Persönliches in den Vordergrund treten lasse. Persönliches und mit ihm das bis hierher nach Möglichkeit zurückgehaltene Ich.

Der Zug hält an. Es ist sieben Uhr abends. Jenseits des Schienenstranges steht die übliche Wagenburg von Omnibussen, Kremsern und Fiakern; Hotelkommissionäre, Fremdenführer, Kutscher machen die bekannte Sturmattacke, allen vorauf ein zehnjähriger Junge, der sich mit unheimlicher Geschicklichkeit der kleinen Reisetasche zu bemächtigen trachtet. Alles wird siegreich von mir abgeschlagen, aber nicht zu meinem Heil. Es empfiehlt sich nicht, zu Fuß zu kommen und die bekannten Fragen zu stellen. Ein mittelelganter Oberkellner ritt, als ich in das Hotel eintrat, bereits auf seinem Drehschemel. »Kann ich ein Zimmer haben?« – »Ich werde fragen.« Er fragte aber nicht, schritt vielmehr gleich danach mit dem bekannten Silberblechleuchter die Treppe hinauf, mich der Mitteilung würdigend, »daß No. 7 soeben frei geworden sei«. Diese Mitteilung schien sich bestätigen zu sollen, denn beim Eintritt in die besagte Nummer fanden wir eine Magd bei dem herkömmlichen, in drei Akten: ausgießen, eingießen und überziehen sich vollziehenden Zimmerreinigungsprozeß vor.

Ich war nicht begierig, Zeuge dieser Einzelheiten zu sein, und zog mich deshalb lieber in den parterregelegenen Speisesaal zurück, um hier bei Beefsteak, Kulmbacher und den ›Fliegenden Blättern‹ nicht gerade Mitternacht, aber doch die zehnte Stunde heranzuwachen. Endlich war sie da; noch ein Sodawasser mit Cognac, und ich stieg wieder in meine nach dem Hof zu gelegene Stube hinauf, an deren niedriger Decke sich ein überklebter Balken hinzog. Oben angekommen, war mein Erstes, eins der beiden Fenster zu öffnen, da mich die eigentümliche Stubenatmosphäre mehr und mehr zu bedrücken begann. Es schien auch zu helfen. Und nun schob ich mich, müde wie ich war, unter das Bettuch.

Ich mochte eine Viertelstunde geschlafen haben, als das Hinausfliegen mehrerer Stiefelpaare auf den Korridor und das Angespanntwerden eines Hotelomnibus (gleich nach ein Uhr kam ein neuer Zug) mich aus tiefem Schlafe weckten. Zugleich empfand ich einen dumpfen Kopfschmerz, über dessen Ursache ich nicht lange in Zweifel bleiben sollte. Die »frische Nachtluft«, die ich, um der stickigen Stubenatmosphäre willen, einzulassen bemüht gewesen war, stieg leider nicht aus Himmelshöhen zu mir nieder, sondern aus Hofestiefen zu mir herauf und war ein Brodem, wie ihn jeder aus Erfahrung kennt, der, um etliche Jahrzehnte zurück, noch im alten Münchener Hofbräu seinen Krug getrunken hat. Nur hatt' ich hier die höhere Potenz. (...)

Was so aus Hofestiefen in mein Zimmer einströmte, gewann mehr und mehr an Gehalt, so daß ich als nächstes Rettungsmittel das Fenster schloß. Aber die Geister, die ich gerufen hatte, waren so schnell nicht wieder zu bannen. Sie waren mit mir, um mich und schienen wenig geneigt, sich so ohne weiteres austilgen zu lassen. Alle kleineren Mittel scheiterten; da kam mir der Gedanke, den Teufel durch Beelzebub auszutreiben. Ich steckte die »Bougies« (Wachslichter) an, ließ diese brennen, bis sich eine Schnuppe gebildet hatte, und blies sie dann aus. Nachdem ich dies Verfahren dreimal wiederholt hatte, hatte ich eine Art grönländische Hüttenatmosphäre hergestellt, in deren Rauch und Qualm die »Frische der Nachtluft« endlich glücklich unterging.

Der nächste Morgen sah mich ziemlich spät an der Frühstückstafel. Der Wirt stand abwechselnd hinter und neben meinem Stuhl, was ich anfänglich geneigt war, als eine Auszeichnung anzusehen, bis ich gewahr wurde, daß die wirklichen Gegenstände seiner Aufmerksamkeit mir gegenüber saßen: eine kinder- und kofferreiche Familie, die den Abend vorher und beinah gleichzeitig mit mir eingetroffen war. Der Koffer, zumal der im Plural auftretende, gibt den Ausschlag, und der mitteldeutsche mittlere Hotelwirt (in den besseren Häusern ist es besser) bemißt nach ihm das Maß seiner Gnaden, ohne sich auf irgendein anderes Kriterium einzulassen.

Und wie der Herr, so die Diener. Nur im Moment der Zahlung rücken die Kleinen sofort in die Rechte der Großen ein, und während bis dahin alles, was ihnen geleistet wurde, auf der Höhe eines Maulwurfshügels stand, tritt jetzt die Rechnungsforderung wie ein Finsteraarhorn an sie heran. Und in diesem Vergleich ist der ganze, auf die Dauer unerträgbare Zustand gekennzeichnet! Was in allem waltet, ist ein kolossales Mißverhältnis; weder der Ton, der herrscht, noch der Wert dessen, was geboten wird, entspricht dem Preise, der gezahlt werden soll. Über den einzelnen Fall wär' es unschwer hinwegzukommen, aber die Fülle der Einzelfälle erzeugt schließlich einen Groll, der fast mehr noch in der Unbill, der man sich ausgesetzt fühlt, als in den direkten Einbußen seine Wurzel hat. Ein Gefühl von Ungehörigkeit, und zwar nicht bloß in Geldsachen, begleitet den Reisenden von Stunde zu Stunde und bringt ihn recht eigentlich um den Zweck seiner und jeder Reise, um die Glättung und Ruhigmachung seines Gemüts. Er will den Vibrierungen entfliehen und zittert häufiger als daheim. Ärger hängt sich an Ärger, und der nach nervenstillendem Ozon verlangende Körper findet jene vorbeschriebene »frische Nachtluft«, die ihn bis an den Rand des Typhus bringt. Die Prätentionen und die Preise richten sich womöglich nach dem Clarendon-Hotel in London, während doch der alte Herbergscharakter immer noch umgeht und sich wie Banquo, die Gäste schreckend, mit zu Tische setzt.

VON PFERDEN, ESELN UND FLANEUREN

»Nun ist das Pferd unter den Tieren so etwas wie eine feine Dame: kapriziös, scheu, heikel beim Fressen und von zarter Gesundheit. Es ist zu wertvoll und zu unruhig, um alleingelassen zu werden, so daß man an das Biest gekettet ist wie ein Galeerensträfling an den Leidensgenossen. Was ich brauchte, war etwas Billiges, Kleines und Zähes mit einem unerschütterlichen, friedlichen Gemüt, und alle diese Erfordernisse wiesen auf einen Esel.«

Robert Louis Stevenson
Travels with a Donkey in the Cévennes (1879)

Daniel Chodowiecki
Dem heimatlichen Danzig zu

9. Juni 1773. Aufgestanden um 4 Uhr, das Pferd gefüttert und um 5½ Uhr weggeritten nach Stolpe. Schöne, große, sehr bevölkerte, Handel treibende Stadt. Sie hat mehrere große Kirchen; die Einwohner sind nette Leute. Ich trank Kaffee und ritt um 11 Uhr weiter. Dem Wirt, einem Kaufmann, gefiel mein Pferd; er fragte mich nach dem Preis. Ich nannte ihm acht Louis. Er zeigte mir das seinige, ein kleines litauisches Pferd, brauner Hengst, gut fressend und kräftig. Er schlug mir einen Tausch vor und fragte, wieviel ich noch draufgeben wollte. Ich stellte die gleiche Frage und wir gingen auseinander. Hinter Stolpe traf ich noch mehrere Soldaten, ebenso einen kleinen offenen Wagen, der von einem alten Mann kutschiert und von einem kleinen schwarzen Pferd gezogen wurde. Nachdem ich noch durch mehrere Dörfer gekommen war, traf ich in Lupow ein.

Unterwegs hatte ich in einem kaschubischen Dorf haltgemacht, wo es weder Hafer, noch Korn, noch Brot gab. Nach vielen Bitten brachte mir die Frau ein kleines Stück Brot. Das Elend hier war groß, dennoch erhielt ich noch ein wenig Heu, welches jedoch nicht einmal gut war. In diesem Haus traf ich die beiden Treptower Bauern wieder, doch reisten sie schon vor mir wieder ab. Der Wirt des Hauses hatte ganz verkrüppelte Beine. Als ich hier weilte, kam der oben erwähnte Mann mit dem kleinen Wägelchen nach. Er war mager und viel kleiner als ich, in einen blauen Pelzmantel und schwarze Plüschweste und ebensolche Hose gekleidet. Auf dem Kopf trug er eine weiße Mütze und darüber einen Reisehut aus grauem Filz. Er machte sich gleich mit mir bekannt und schlug vor, daß wir zusammen reisen sollten. Bei der Abreise versprach ich es ihm. Ich mußte 1½ Metze Hafer, die ich schon bezahlt hatte, nochmals zahlen. Abends kamen wir in Wutzkow an, wo wir zur Nacht blieben. Wir trafen hier einen Metzger aus Petersburg, der zu Fuß reiste und den der Schlesier (welcher ein aus Kopenhagen gebürtiger, in Königsberg ansässiger Kaufmann war, der seit vier Jahren in der Gegend von Bunzlau lebte) ebenfalls aufgefordert hatte, mit ihm zu reisen. Man erzählte von einem

Dieb, der in Lauenburg hatte stehlen wollen und dabei ertappt worden war. Und von einem andern, der eine Frau traf, die einen Kessel trug, der hatte er den Hals abgeschnitten und ihr den Kessel geraubt. Der schlesische Kaufmann, der in Stolpe Weißbrot und unterwegs einen Lachs gekauft hatte, bot mir von beidem an. Wir ließen uns ein Eierbier kochen, zu dem ich von meinem Zucker gab. Mein Pferd fraß ganz gut und legte sich dann. Da es am anderen Morgen das Brot nicht fressen wollte, nahm ich es mit. Der Kaufmann hatte auf seinem Wagen und ich mit dem Metzger auf Stroh geschlafen.

10. Juni. Am anderen Morgen ließ ich mir Kaffee kochen und um 5 Uhr reisten wir ab.

Wir kamen durch mehrere kaschubische Dörfer, von denen eins immer elender war als das andere, wir erklommen Hügel, stiegen in Täler nieder und quälten uns lange auf schlechten Wegen. Gegen ein Uhr kamen wir in Donnemörse an, wo wir in der Herberge gar nichts vorfanden; wir wandten uns an den Postmeister, der Einwände machte, uns aber schließlich doch Hafer gab, eine gute Biersuppe, ein Stück kaltes gekochtes Fleisch und ausgezeichnetes Brot aus Langfuhr mit Butter und Elbinger Käse. Auf dem Wege hierher bot uns eine Frau ein zwei- bis dreijähriges Kind zum Geschenk an, das sie gefunden haben wollte. Der Schlesier versprach, es auf seiner Rückreise mitzunehmen, um es einem kinderlosen Mann, der sich ein Kind wünschte, zu bringen. Der Posthalter in Donnemörse hatte einen polnischen Fuchs von der Größe des meinigen und von guter Statur, aber mager, vielleicht auch älter als meines. Er behauptete, beide würden gut zusammen im Geschirr gehen; der Postillon riet mir, mein Pferd seinem Herrn zu verkaufen oder gegen das seinige zu vertauschen. Aber ich sagte ihm, mein Pferd koste 50 Gulden, er erwiderte, seines koste 30 und das polnische 7. Nachdem wir um zwei Uhr von hier abgereist waren, erreichten wir nach drei guten Meilen ein nur noch zwei Meilen von Danzig entferntes Dorf. Es war in der Kaschubei, und da wir keinen Hafer erhalten konnten, mußten wir vom Pfarrer für 10 Silbergroschen einviertel Scheffel Roggen kaufen, von dem das Pferd fast nichts fraß. Den Rest erhielt der Mann, der den Schlesier fuhr, dieser verkaufte ihn seinem Herrn, und einen Teil des Geldes gab er dem Metzger.

11. Juni. Abgereist um 5 Uhr, der Schlesier war bereits vorausgeeilt, ich holte ihn in der Nähe von Oliva ein, welches ein sehr schöner Ort ist mit einem Kloster, mehreren Kirchen und vielen Wohnhäusern. Von hier an hat man stets zur rechten Seite Wald und zum Kloster gehörige Landhäuser, zur linken am Horizont das Meer mit vielen Schiffen, vor sich sieht man Langfuhr. Als wir hier ankamen, sahen wir am Schlagbaum den preußischen Adler, eine preußische Schildwache und den Torschreiber, der den Schlesier ausfragte, ohne ihn zu visitieren. Mich ließ man anstandslos passieren. Ich verabschiedete mich von dem Schlesier und ritt durch Langfuhr stadteinwärts. Das gleicht einer hübschen Kleinstadt, wo alles immer unterwegs nach Danzig ist. Ich sah noch zwei Adler, einen an der Steuerkasse und einen an einer Tabakverteilungsstelle. Am Ende war wieder ein Schlagbaum und eine Schildwache.

Von hier gelangt man auf eine sehr gut gehaltene, mit jungen Bäumen bepflanzte Allee, die zu beiden Seiten Fußsteige hat, die ebenfalls mit Bäumen besetzt sind, in der Mitte ist der Fahrweg. Am Eingang dieser Allee stieß ich auf eine Danziger Schildwache, die eine ziemlich triste Figur machte. Rechts auf einer Anhöhe erblickt man den Galgen, weiterhin das kleine weiße Haus, in dem man den Verbrechern den letzten Trank reicht. Dann kommt man zum Bischofsberg und schließlich vorüber am Fronleichnamsfriedhof an das Olivasche Tor. Als der wachhabende Offizier nach meiner Person, meinen Geschäften und meiner Wohnung fragte, sagte er, er würde mich besuchen, da er ein Freund der Malerei sei. Durchs Hohe Tor eingetreten, wandte ich mich rechts nach dem Vorstädtischen Graben, wo ich im Gasthof »Die Eine Krone« einkehrte. Meinem Pferd ließ ich ein Bündel Heu bringen, und nachdem ich es abgesattelt hatte, erkundigte ich mich bei einem Mann der Reitergarde nach einem Ort, wo ich es in Pension geben könnte. Dieser sagte, er wolle es selbst nehmen, und wir einigten uns auf den Preis von 6 fl. die Woche. Danach machte ich ein wenig Toilette, schlief 1½ Stunde und aß dann in einem Keller am Langen Markt zu Mittag. Man setzte mir eine Platte Rinderbraten mit Salat vor, ich aß noch drei kleine Butterbrötchen und trank ein Glas Bier.

Bogumil Goltz
Ich will einen Esel

Vor dem Konditorladen standen eine Masse von Eseljungen mit ihren gesattelten Humars (Eseln). Ich durfte also dem Mecklenburger nur ein Wort sagen, so machte er den Handel für mich ab; aber ich hatte bereits in einer Kneipe zu A. mit einem Drechsler, der in Ägypten und Jerusalem gewesen war, noch um Mitternacht Bekanntschaft gemacht, und dieser interessante Spießbürger, nunmehr ein Schnapswirt, hatte mir einen kürzesten Auszug aus seinem sehr unglücklich prononcierten und buchstabierten arabischen Taschenvokabularium eingepaukt. Das »anne aus humar« (ich will einen Esel) und »bekam di görsch« oder »gruhsch« (wieviel Piaster), das hatte ich gleichwohl richtig fortbekommen; denn der gute Bayer hatte zum Beispiel die Leseart »jürsch« und »hummer« adoptiert. Jedenfalls genoß ich jetzt den Kitzel, mich für eigene Rechnung und Gefahr in arabische Handlungen, Redensarten und Reitgeschäfte verwickelt zu sehen.

Ich gab also meine Redehieroglyphen mit der Satisfaktion eines Kindes von mir, das zum erstenmal artikulierte Lautzeichen ausstößt. Als ich vollends von zehn und zwanzig Eselbuben augenblicklich so wunderschön verstanden wurde, daß sie mir alle auf einmal ihre Esel offerierten, welches sie wahrscheinlich auch getan hätten, wenn ich nichts gesprochen, da fühlte ich mich wie ein Zauberer, der die Beschwörungsformel richtig getroffen hat. – Aber etwas Sonderbares mußte gleichwohl den verzwickten Eseln an mir oder meinem Arabisch aufgefallen sein, denn sie verscheuten sich unzweifelhaft vor meiner Person. Selbst ein solid und schwermütig in der Nähe weilendes Kamel schien unruhig zu werden, und ich kann nicht sagen, weshalb das geschah, wenn nicht aus Alteration über meine arabische Pronuntiation.

Diese zweideutigen oder unzweideutigen Wahrnehmungen hätten mich ebenfalls kopfscheu oder zweifelhaft in meinem Sprachtalent machen können – aber es geschah gleichwohl nicht.

Ich hatte mich zwar nur an der Küste, aber vermöge meiner

Einbildungskraft mitten im wüsten Arabien, auf eigene Hand arabisch sprechen gehört, und mich durchdrang ein wollüstiges Gefühl, wie schön ich mir in diesem abenteuerlichen Weltteil zu helfen wüßte – das war's!

Ich schwang mich also nach dieser »Aktnahme« meines Reisegenies mit einer Sicherheit und Leichtigkeit in den Sattel, als wenn ich in Alexandrien zu Hause gewesen wäre. Der Eseljunge fragte mich wahrscheinlich: »Wohin?«, ich fühlte mich aber für den Augenblick mit meinen arabischen Formulierungen und Zauberparolen am Rande und sagte in einem abbreviierten Stil: »Kullo, kullo«, soviel wie »alles, alles« (nämlich: will ich sehen). Der Eseljunge nickte dann sein »taïb anne aref« – gut, ich verstehe. Ich selbst war jetzt meiner Sprachfähigkeit absolut sicher; der Esel wurde auf die ewig wund erhaltenen Hinterstellen (die stehenden Fontanellen seines Eigensinns und seiner Faulheit) gekitzelt und geprickelt, bis er sich in Galopp mit mir setzte, und ich flog in den ersten besten Knäuel von Fußgängern, Berittenen und Gassen hinein, daß es nur so eine Art oder daß es eben keine hatte; denn ich wußte weder, wohin, warum, wie weit oder wieso – aber das war eben der Witz und die Lust; denn ich war wieder ein Jüngling, ein Junge, ein Halbwilder, die bekanntlich alle wider jede Grammatik, Zwecklichkeit, Lebens- und Vernunftordnung verschworen sind. Ich war also mit Alexandrien und Arabien auf denselben zerstreuten, konfusen Ton und Rhythmus gestimmt, und das war eben der richtige Takt, wie mir heute noch scheint.

O wie köstlich und süß sind selbst noch diese nachgeborenen Dummheiten, Unwissenheiten, Geniestreiche und Abenteuer, diese Lebensstile aufs Geratewohl ins Blaue hinein, ohne eigentliche Berechtigung und Zweck und mit halbem Gelde, so daß man den Witz mit auswechseln und zusetzen muß.

Ich war so hitzig losgeritten, oder vielmehr der Eseljunge, der seinem »Humar« in allen Allüren als vollkommner Mensen Ernst (bekannter Schnelläufer) nachzufolgen verpflichtet ist, hatte im maliziösen Humor nicht sobald fortbekommen, daß ich ein ganz frischer Ankömmling sei, als er mich recht in den dicksten Haufen wie einen Keil hineintrieb; und da die arabischen Esel keineswegs so unempfindlich und ehrlos wie die deutschen Langohre, sondern häufig so feurig und ambitiös wie die besten Pferde sind, so geriet ich in die Gefahr, meine Kniescheiben zerbrochen oder mich von den Übergerittenen garstig zu Räson gebracht zu sehen, wenn ich nicht aus dem Gedränge kam. Ich ersah also die Gelegenheit und lenkte in einen großen, halbwüsten Marktplatz hinein, woselbst aus einem Haufen von Kindern und Gesindel ein furchtbares Kamelgebrüll erscholl. Ich befand mich nun, außer der schon angedeuteten allgemeinen Stimmung, noch in ganz absonderlichen Spiel- und Tonarten der Seele, die man sich etwa so zur Grundstimmung denken kann wie allerlei musikalische Instrumente oder Flötenregister zum Pedal und fortklingelnden Stern.

Zu diesen Spezialstimmen gehörte denn auch die romantisch-grausliche Furcht vor Mord- und Totschlagsszenen in den abgelegensten Winkeln und Gassen, womöglich unter meinen Augen und auf öffentlichem Markte. Ich war beinahe in der Stimmung wie Frau Angelika Kauffmann (deutsche Malerin) in Venedig, die, am frühen Morgen durch einen Eselschrei geweckt, im Hemd zum Fenster stürzt, indem sie, zu ihrer Reisegefährtin gewendet, händeringend ausruft: »Ach Gott, da ermorden sie *schon wieder* einen Unglücklichen, und es ist noch so früh am Tag!«

Robert Louis Stevenson
Mit dem Esel durch die Cevennen

In dieser spürbaren, hörbaren Finsternis hatte ich keinen Anhaltspunkt außer der Richtung des Windes. Ihm bot ich mein Gesicht. Vom Weg war keine Spur mehr. Ich ging querfeldein, bald über offenen Bruch, bald mit Einfriedungsmauern konfrontiert, die Modestine nicht übersteigen konnte, bis ich wiederum einige rötliche Fenster sichtete, doch waren sie diesmal anders angeordnet. Es war nicht Fouzilhic, sondern Fouzilhac, ein Weiler, dessen räumliche Entfernung von dem anderen gering ist, den aber in der Gesinnung seiner Bewohner Welten vom Nachbarort trennen. Ich machte Modestine an einem Gatter fest und tappte stolpernd über Felsbrocken und bis zur Wade in einen Schlammgraben ausrutschend, bis ich den Eingang zum Dorf erreicht hatte. In dem ersten erleuchteten Haus war eine Frau, die mir nicht öffnen wollte. Sie könne nichts tun, schrie sie mir durch die Tür zu, denn sie sei allein und lahm, aber wenn ich mich an das nächste Haus wendete – da wäre ein Mann, der mir helfen könnte, wenn ihm danach zumute wäre.

An die nächste Tür kam eine ganze Schar, ein Mann, zwei Frauen und ein Mädchen. Mit zwei Laternen überpüften sie den Wandersmann. Der Bauer sah nicht übel aus, hatte aber ein verschmitztes Lächeln. Er lehnte sich an den Türpfosten und hörte sich die Darlegung meines Falles an. Alles, was ich erbäte, sei ein Führer bis nach Cheylard.

»C'est que, voyez-vous, il fait noir«, sagte er. Ich sagte, daß ich gerade deswegen Hilfe brauche. »Ich verstehe schon«, meinte er, und ihm war offenbar nicht wohl dabei, »mais c'est de la peine.« Ich sei bereit zu zahlen, sagte ich. Er schüttelte den Kopf. Ich steigerte bis zehn Francs, aber er schüttelte weiter den Kopf. »Nennen Sie also Ihren Preis«, sagte ich. »Ce n'est pas ça«, brachte er schließlich etwas mühsam heraus, »mais je ne sortirai pas de la porte.«

Ich erhitzte mich ein bißchen und fragte ihn, was er dächte, daß ich tun solle. Anstatt zu antworten, fragte er: »Wo wollen Sie denn eigentlich hin über Cheylard hinaus?« – »Das geht Sie nichts an«, gab ich zurück, denn ich beabsichtigte nicht, auf seine bestialische Neugier einzugehen. »Es ändert nichts an meiner augenblicklichen Notlage.« – »C'est vrai ça«, gab er zu und lachte, »oui, c'est vrai. Et d'où venez-vous?«

Ein besserer Mann als ich wäre sich verulkt vorgekommen. »Hören Sie«, sagte ich, »ich bin nicht gewillt, Ihnen Rede und Antwort zu stehen. Sie können sich also die Mühe sparen, mir Fragen zu stellen. Ich bin schon spät genug dran, und ich brauche Hilfe. Wenn Sie mich nicht selbst führen wollen, so helfen Sie mir doch zumindest, jemanden zu finden, der es tut.« – »Moment mal«, rief er plötzlich aus, »waren Sie das nicht, der über die Weide gekommen ist, als es noch hell war?« – »Ja, ja«, sagte das Mädchen, das ich bisher noch nicht wiedererkannt hatte. »Es war Monsieur; ich habe ihm gesagt, er solle den Kühen nachgehen.« – »Was Sie angeht, Mademoiselle«, sagte ich, »so sind Sie eine farceuse (Witzboldin).« – »Und was zum

Teufel haben Sie die ganze Zeit gemacht, um noch immer hier zu sein?« wollte der Mann wissen.

Ja wirklich, was zum Teufel! Aber hier war ich nun einmal. »Die Hauptsache ist«, sagte ich, »daß wir zu einem Schluß kommen«, und ich bat ihn erneut, mir zu einem Führer zu verhelfen. »C'est que«, begann er wieder, »c'est que ... il fait noir.« – »Nun gut«, sagte ich, »dann nehmen Sie eben eine Ihrer Laternen mit.« – »Nein«, schrie er. Dann griff er einen anderen Gedanken wieder auf und verschanzte sich hinter einer seiner früheren Phrasen. »Ich gehe nicht aus der Tür.«

Ich blickte ihn an und sah, wie auf seinem Gesicht unverhohlene Angst mit unverhohlener Scham kämpfte. Er lächelte verlegen und fuhr sich mit der Zunge über die Lippen wie ein ertappter Schuljunge. Ich faßte meine Lage noch einmal kurz zusammen und fragte, was ich denn tun solle. »Ich weiß es nicht«, sagte er. »Ich gehe nicht aus der Tür.« Hier war die Bestie von Gévaudan im Spiel; ohne jeden Zweifel. »Sir«, sagte ich im herrischsten Tone, der mir zu Gebote stand, »Sie sind ein Feigling.«

Und damit kehrte ich der Familie den Rücken, worauf sie sich rasch in ihre Festung zurückzog. Die berühmte Tür wurde zugemacht, aber nicht schnell genug, als daß ich nicht noch ein helles Lachen hören konnte. *Filia barbara, pater barbarior.* Ich darf es wohl im Plural sagen: Die Bestien von Gévaudan.

Die Laternen hatten mich etwas geblendet, und ich ackerte mich vorwärts zwischen Steinen und Kehrichthaufen. Alle anderen Häuser des Ortes waren dunkel und stumm, und obwohl ich hier und da anklopfte, kam keine Antwort. Es war eine üble Geschichte. Fluchend gab ich Fouzilhac auf. Es regnete nicht mehr, und der immer noch zunehmende Wind fing an, meinen Mantel und meine Hose zu trocknen. »Na schön«, dachte ich, »Wasser oder kein Wasser. Ich muß kampieren.« Aber als erstes mußte ich Modestine auflesen. Sicherlich verbrachte ich zwanzig Minuten damit, nach meiner jungen Dame im Dunkeln herumzutasten, und wären mir die unfreundlichen Dienste des Schlammgrabens, in den ich wieder abrutschte, nicht zustatten gekommen, hätte ich wohl noch bei Morgengrauen nach ihr gefahndet. Als nächstes hieß es, den Schutz eines Waldes zu erreichen, denn der Wind war kalt und heftig.

Warum es in dieser waldreichen Gegend so lange dauerte, bis ich einen fand, ist ein weiteres unlösbares Rätsel dieses abenteuerlichen Tages, aber ich nehme es auf meinen Eid, daß mich die Suche nahezu eine Stunde kostete.

Endlich tauchten schwarze Bäume zur Linken auf, die plötzlich auch auf der anderen Seite des Weges erschienen und dicht vor mir eine Höhle von makellosem Schwarz bildeten. Wenn ich es Höhle nenne, so übertreibe ich keineswegs. Dieser Durchgang unter einem Bogen von Laub war wie der Einlaß zu einem Verlies. Ich tappte herum, bis meine Hand einen kräftigen Zweig erwischte. An ihn band ich Modestine, einen abgehärmten, durchnäßten, verzagten Esel. Dann ließ ich meinen Pack herunter, legte ihn gegen die Mauer am Rande des Weges und schnallte die Riemen auf. Ich wußte sehr wohl, wo die Laterne war, aber wo waren die Kerzen dazu? Ich grabbelte und fummelte unter den durcheinander geratenen Sachen und hatte plötzlich den Spirituskocher im Griff. Gerettet! Er würde mir ebensogute Dienste leisten. Der Wind heulte unnachgiebig in den Bäumen. Ich hörte die Äste schaukeln und das Laub rauschen auf eine halbe Meile Waldes, aber die Stelle meines Kamps war nicht nur schwarz wie eine Grube, sondern auch hervorragend geschützt. Beim zweiten Zündholz fing der Docht Feuer. Das Licht war sowohl fahl als unstet, schuf mir aber einen eigenen Raum im Universum und verdoppelte die Finsternis der umgebenden Nacht.

Ich band Modestine anders an, um es ihr etwas bequemer zu machen, und brach die Hälfte des Schwarzbrots für ihr Abendfutter, während ich die andere Hälfte für den Morgen aufhob. Darauf suchte ich zusammen, was ich in Reichweite haben wollte, zog meine nassen Stiefel und Gamaschen aus, die ich in meinen Regenmantel wickelte, legte den Rucksack als Kopfkissen unter der Klappe meines Schlafsacks zurecht, steckte meine Beine in dessen Inneres und schmiegte mich hinein wie ein *bambino*. Zu essen hatte ich weiter nichts als eine Dose Zervelatwurst und eine Tafel Schokolade. Das mag geschmacklos klingen, aber ich aß sie zusammen, Bissen um Bissen, gleichsam als Fleisch und Brot. Um dieses ekelhafte Gemengsel hinunterzuspülen, besaß ich lediglich puren Weinbrand, an sich schon ein ekelhaftes Getränk. Aber ich war arm dran und hungrig. Ich aß mit Appetit und rauchte eine der besten Zigaretten meines Lebens. Dann legte ich einen Stein in meinen Strohhut, zog die Klappe meiner Pelzkappe über Hals und Augen, legte meinen Revolver griffbereit und vergrub mich so tief es ging in die Schaffelle.

Ich war mir nicht sicher, ob ich würde schlafen können, denn ich merkte, daß mein Herz rascher als gewöhnlich schlug wie durch eine angenehme Erregung, die meinem Verstand entging. Aber sobald sich meine Augenlider schlossen, schlich sich jener feine Kleister zwischen sie, so daß sie sich nicht mehr voneinander lösen mochten. Der Wind in den Bäumen blies mir ein Wiegenlied. Manchmal tönte er minutenlang in stetem, gleichmäßigem Rauschen, das weder zu- noch abnahm; dann wieder schwoll er an und barst wie ein großer krachender Brecher, während mich die Bäume über und über mit großen Tropfen vom Regen des Nachmittags besprenkelten. In meinem eigenen Schlafzimmer auf dem Lande hatte ich Nacht für Nacht diesem beängstigenden Konzert des Windes in den Wipfeln zugehört, aber ob es nun an der anderen Art von Bäumen oder an den anderen Umständen oder daran lag, daß ich draußen im Freien und mittendrin war, so bleibt die Tatsache bestehen, daß der Wind in diesen Wäldern von Gévaudan nach einer anderen Melodie aufspielt. Ich lauschte und lauschte, dieweil der Schlaf allmählich von meinem Körper Besitz ergriff und meine Sinne und Gedanken überwältigte, aber immerhin war mein letztes waches Bestreben, zu horchen und zu unterscheiden, und meine letzte bewußte Regung war, mich über das befremdliche Getöse in meinen Ohren zu wundern.

Zweimal im Verlauf der dunklen Stunden – als mich ein Stein unter dem Schlafsack drückte und nochmals, als die arme, geduldige Modestine unruhig wurde und auf dem Weg scharrte und stampfte – wurde ich wieder für kurze Zeit ins Bewußtsein zurückgerufen und sah ein paar Sterne über mir und die spitzengleichen Konturen des Laubwerks gegen den Himmel. Als ich das dritte Mal erwachte (Mittwoch, 25. September), war die Welt in das blaue Licht getaucht, welches die Morgendämmerung ankündigt. Ich sah die Blätter im Winde flattern, ich sah das Band der Straße, und wenn ich mich umdrehte, war dort Modestine, festgemacht an einer Buche; sie stand quer über den Weg in einer Haltung von unnachahmlicher Geduld. Ich schloß die Augen wieder und überdachte die Erfahrungen der Nacht. Zu meiner Überraschung fand ich, wie einfach und angenehm es doch selbst in diesem stürmischen Wetter gewesen war. Der Stein, der mich quälte, wäre dort nicht gewesen, hätte ich nicht notgedrungen blind in finsterer Nacht kampieren müssen. Nichts war mir zur Last gefallen, außer wenn meine Füße an die Laterne stießen oder mit einem Buch unter dem sehr gemischten Inhalt meines Schlafsacks in Berührung kamen; ich hatte nicht den geringsten Anflug von Kälte verspürt und erwachte mit ungewöhnlich heiteren und klaren Sinnen.

Damit schüttelte ich mich, schlüpfte wieder in meine Stiefel und Gamaschen, brach den Rest des Brotes für Modestine zum Frühstück und machte einen Rundgang, um zu erkunden, in welcher Weltgegend ich aufgewacht war. Mit von der Göttin vernebelten Sinnen auf Ithaka abgesetzt, fühlte sich Odysseus nicht köstlicher verirrt. Ich bin zeitlebens auf ein Abenteuer ausgewesen, auf ein reines, leidenschaftsloses Abenteuer, wie es vorzeitlichen, heroischen Reisenden begegnete. Indem ich mich nun des Morgens in einem verlassenen Waldeswinkel Gévaudans vorfand – ohne zu wissen, wo Nord und wo Süd ist, so fremd in meiner Umgebung wie der erste Mensch auf Erden, ein Schiffbrüchiger des Festlandes –, ergab sich, daß sich ein Teil meiner Tagträume verwirklicht hatte.

Herman Melville
SEEMANN AUF SCHWANKENDEM BODEN

Samstag, 3. Januar 1857.
Dampfer nach Jaffa wird vor morgen nicht abfahren, so daß ich zu Tode betrübt bin über diese zwei Tage in Alexandria, die ich so herrlich in Kairo hätte verbringen können. Aber Reisende müssen solcher Dinge gewärtig sein. – Ich werde nun meine Eindrücke von Kairo ungeordnet niederschreiben, bevor sie verblassen.

Kairo wirkt wie ein großer Schaubudenmarkt à la Bartholomew Fair – ein einziger grandioser Maskenball der Menschheit. – Mehrere der Durchgangsstraßen in großer Höhe mit alten Planken & Binsenmatten bedeckt, so daß das Licht jeder Gasse an das einer geschlossenen Veranda erinnert. An einer Stelle erstrecken sich diese Binsenmatten von einer Moschee zur gegenüberliegenden Moschee. Die Häuser wirken wie eine Ansammlung von alten Musikbühnen, Orgelprospekten, Proszeniumlogen – oder wie Haufen dicht gedrängter & staubbedeckter alter (bizarrer) Möbelstücke auf einem Dachboden. Das Gitterwerk der vorspringenden Fenster. Mit einem kleinen, quadratischen Loch darin, gerade groß genug für einen Kopf. Eigenartiger Anblick der Frauengesichter, die daraus hervorlugen. Die meisten Häuser aus bräunlich-weißem Stein erbaut. Einige der Straßen mit Privathäusern gleichen Tunneln, da sich hoch droben die vorspringenden Fenster treffen &c. Nachtdunkel am Mittag. Manchmal hohe, kahle Mauern – geheimnisvolle Verbindungsgänge; verstohlene Blicke in dunkle, umschattete Innenhöfe & Brunnen. Straßen, die unter Bögen einer verlassenen Moschee hindurchführen. Die Tore trennen einen Stadtteil vom anderen. Judenviertel. Große Anzahl unbewohnter Häuser in den einsameren Vierteln der Stadt. Ihr verstaubter, kadaverhafter, fratzenhafter Anblick. Gespenstisch & auf alles Unheimliche hindeutend. Verfluchte Häuser & Cock Lanes. Ruinen von Moscheen; ihre Kuppeln eingebrochen wie Rumpf von Fangbooten. Bei anderen der obere Teil öde & trostlos mit ihren zerbrochenen Sparren & den verfallenen Fenstern; unten Schutt, der schmutzige Ritus der Religion.

Aussehen der Durchgangsstraßen wie die Straßen Londons an einem Samstagabend. Alle Welt dort, einen Schwatz haltend & Handel treibend – aber in malerischer Kleidung. Die Krümmungen der Straßen – Massen blinder Menschen – die schlimmste Stadt der Welt für Blinde. Schon am Mittag Fliegen in den Augen. Die Natur, die sich am Menschen gütlich hält. Wüste & grünes Land, Eleganz & Elend, Frohsinn & Verzweiflung sind eng benachbart; zahlreiche Blinde, die von anderen geführt umherwandeln. Kinder augenkrank. Zuviel Licht & kein Schutz dagegen. – Geschäftiges Treiben der Einwohner. Türken in Equipagen, mit osmanischen Kutschern & Gefolge; lehnen sich stolz zurück & blicken immer noch mit der Miene der Eroberer auf das Volk herab. Bedienstete rennen mit silberbeschlagenen Bambusstäben voraus. Rasante Fahrt, Geschrei der Kutscher. Kamele, die in Lederbeuteln Wasser tragen, Stroh in Seitentaschen – Esel, hoch bepackt mit grünem Gras – mit Steinen – mit Töpferwaren – mit Gartenutensilien – mit Hühnchen in Weidenkörben – Säuglingen in Körben – endlose Reihen von ihnen. Der Türke auf dem Esel, der seine Pfeife senkrecht vor sich auf den Sattelknauf stellte. Ernst & gelassen. – Der Stempel des alten Ägypten vielen Individuen aufgeprägt. Straße hervorragender Ort für das Studium der Barttracht. – Aussehen der Frauen. Dingsda für das Gesicht. Schwarzer Flor, der wie Elephantenrüssel herabhängt. Juwelen im Überfluß. Messing im Gesicht. Färben sich die Augen (schwarz) & Fingernägel (gelb). – Einige in prächtigen Seidengewändern & auf Eseln.

Blick von der Zitadelle. Von Saladin erbaut. Kairo eingezwängt zwischen zwei Wüsten: erstens diejenige, die sich bis nach Sues & zum Roten Meer erstreckt, zweitens die Libysche Wüste. – Staubfarbene Stadt. Der Staub von Jahrtausenden. Der Nil – das grüne Land – Wüste – Pyramiden. Minarette nicht wie die in Konstantinopel, welche wie Leuchttürme schimmern, sondern aschefarben & herrlich ehrwürdig. Zitadelle thront auf festem Felsen. Im Innern Mauern verfallener Festungen. Für den besten Blick stellt man sich an den vorderen Rand des Vorhofs zur Moschee und blickt einige 200 Fuß senkrecht auf die Dächer verlassener Häuser hinunter & auf einen ungeheuren Platz voller Menschen, ganz in der Nähe der Stelle, wo der Mameluck sich durch einen Sprung auf sein Pferd rettete. Moschee (neu); prächtiger Hof & Kolonnade. Innen grün & gold. Quadratisch, mit vier Halbkuppeln. Herrliche Säulen. Alabaster. Könnte Broschen daraus machen. Moschee des Hassan auf dem Platz unterhalb der Zitadelle. Schönste in ganz Kairo.

Die Pyramiden. Die Steinsimse wirken nicht wie Reihen von Mauerwerk, sondern wie Schichten von Fels. Der lange Abhang von Klippen & Schluchten. Diese unermeßliche Fläche. Keine Wand, kein Dach. Bei anderen Gebäuden, wie mächtig auch immer, wird das Auge allmählich an die Empfindung von Größe gewöhnt, indem es von einem Teil zum nächsten wandert. Aber hier gibt es kein Verweilen, keinen Blickfang. Es heißt alles oder nichts. Nicht das Gefühl von Höhe, sondern das Gefühl von Unermeßlichkeit wird hier erregt. Nachdem man die Pyramide gesehen hat, wirkt alles übrige wie Zuckerbäckerarchitektur. Obschon ich nur so wenig Zeit hatte, die Pyramide zu betrachten, so bezweifle ich doch, daß mir mehr Muße einen noch präziseren Eindruck verschafft hätte. Mit der Pyramide ist es wie mit dem Ozean: man lernt in den ersten fünf Minuten fassungslosen Starrens ebensoviel über seine Unermeßlichkeit wie man es in einem Monat täte. Es ist seine Einförmigkeit, die einen in Verwirrung stürzt.

Franz Hessel
SPAZIEREN IN BERLIN

Langsam durch belebte Straßen zu gehen, ist ein besonderes Vergnügen. Man wird überspült von der Eile der andern, es ist ein Bad in der Brandung. Aber meine lieben Berliner Mitbürger machen einem das nicht leicht, wenn man ihnen auch noch so geschickt ausbiegt. Ich bekomme immer mißtrauische Blicke ab, wenn ich versuche, zwischen den Geschäftigen zu flanieren. Ich glaube, man hält mich für einen Taschendieb.

Die hurtigen, straffen Großstadtmädchen mit den unersättlich offnen Mündern werden ungehalten, wenn meine Blicke sich des längeren auf ihren segelnden Schultern und schwebenden Wangen niederlassen. Nicht als ob sie überhaupt etwas dagegen hätten, angesehn zu werden. Aber dieser Zeitlupenblick des harmlosen Zuschauers enerviert sie. Sie merken, daß bei mir nichts »dahinter!« steckt.

Nein, es steckt nichts dahinter. Ich möchte beim Ersten Blick verweilen. Ich möchte den Ersten Blick auf die Stadt, in der ich lebe, gewinnen oder wiederfinden ...

Manchmal möcht ich in die Höfe gehn. Im älteren Berlin wird das Leben nach den Hinter- und Gartenhäusern zu dichter, inniger und macht die Höfe reich, die armen Höfe mit dem bißchen Grün in einer Ecke, den Stangen zum Ausklopfen, den Mülleimern und den Brunnen, die stehngeblieben sind aus Zeiten vor der Wasserleitung. Vormittags gelingt mir das allenfalls, wenn Sänger und Geiger sich produzieren oder der Leierkastenmann, der obendrein auf einem freien Fingerpaar Naturpfeife zum besten gibt, oder der Erstaunliche, der vorn Trommel und hinten Pauke spielt (er hat einen Haken am rechten Knöchel, von dem eine Schnur zu der Pauke auf seinem Rücken und dem aufsitzenden Schellenpaar verläuft; und wenn er stampft, prallt ein Schlegel an die Pauke, und die Schellen schlagen zusammen). Da kann ich mich neben die alte Portierfrau stellen – es ist wohl eher die Mutter der Pförtnersleute, so alt sieht sie aus, so gewohnheitsmäßig sitzt sie hier auf ihrem Feldstühlchen. Sie nimmt keinen Anstoß an meiner Gegenwart und ich darf hinaufsehn in die Hoffenster, an die sich Schreibmaschinenfräulein und Nähmädchen der Büros und Betriebe zu diesem Konzert drängen. Selig benommen pausieren sie, bis irgendein lästiger Chef kommt und sie wieder zurückschlüpfen müssen an ihre Arbeit. Die Fenster sind alle kahl. Nur an einem im vorletzten Stockwerk sind Gardinen, da hängt ein Vogelbauer, und wenn die Geige von Herzen schluchzt und der Leierkasten dröhnend jammert, fängt ein Kanarienvogel zu schlagen an als einzige Stimme der stumm schauenden Fensterreihen. Das ist schön. Aber ich möchte doch auch mein Teil an dem Abend dieser Höfe haben, die letzten Spiele der Kinder, die immer wieder heraufgerufen werden, und Heimkommen und Wiederwegwollen der jungen Mädchen erleben; allein ich finde nicht Mut noch Vorwand, mich einzudrängen, man sieht mir meine Unbefugtheit zu deutlich an.

Hierzulande muß man müssen, sonst darf man nicht. Hier geht man nicht wo, sondern wohin. Es ist nicht leicht für unsereinen.

GROSSSTADTMELODIE

»Sich in einer Stadt nicht zurechtfinden
heißt nicht viel. In einer Stadt sich aber zu
verirren, wie man in einem Walde sich verirrt,
braucht Schulung. Da müssen Straßennamen zu
dem Irrenden so sprechen wie das Knacken
trockner Reiser und kleine Straßen im Stadtinnern
ihm die Tageszeiten so deutlich wie eine
Bergmulde widerspiegeln. Diese Kunst habe ich
spät erlernt; sie hat den Traum erfüllt, von dem
die ersten Spuren Labyrinthe auf den
Löschblättern meiner Hefte waren.«

Walter Benjamin, Berliner Kindheit
um Neunzehnhundert (1950)

Zacharias Konrad von Uffenbach
Hamburger Ansicht anno 1753

Von Lübeck aus machten sie sich zur weiteren Reise fertig. Man hat hier keine rechten Postpferde, sondern es sind gewisse Fuhrleute, an der Zahl zehn, außer welchen niemand Fremde auf Hamburg führen darf. Diese fahren nicht allein die ordinären, sondern auch die extraordinären Posten von fünf bis sechs Meilen. Hat man aber einen eigenen Wagen, so muß man doppelt soviel geben, weil sie alsdenn leer zurückreiten, da man denn unsern Reisenden zweiunddreißig Mark für die acht Meilen bis Hamburg abforderte. Überdies muß der Wagenmeister achtzehn Schillinge vor Bestellung der Pferde haben, da man doch anderwärts nach Belieben, und nur ein weniges, gibt. Endlich sind gewisse Leute, die man Lüzenbrüder nennt, die mit Ungestüm, man habe es nötig, oder nicht, die Bagage aufpacken; und wollte man gleich alles selbst verrichten, so muß man ihnen doch Geld geben, sonst kommt man nicht zum Tore hinaus.

Sie reisten also den 17ten Februar, einen schlimmen, verdrießlichen und recht beschrieenen bösen Weg über Schönenberg und Neu-Rudelstadt nach Hamburg acht Meilen, wo sie den 18ten ankamen.

Man muß sich verwundern, daß alle Buchläden hier in den Kirchen, und zwar nicht etwa außerhalb in dem Chor, sondern selbst inwendig in den Kirchen und deren Kapellen sind; da, wenngleich während der Predigt verschlossen, sind doch Bücher angemalt und der Name des Buchhändlers und der Offizin zu lesen.

Von dem ziemlich hohen Turm auf der Nicolaikirche kann man die Stadt sehr wohl übersehen, welche fast so breit als lang und sehr groß ist.

Die Börse ist ein ziemlich langes Gebäude unfern dem Rathaus, das auf Säulen ruht, darunter die Kaufleute, wann es regnet, auf- und abgehen; sonst stehen sie vor demselben. Obenauf sind einige wiewohl schlechte Zimmer, wo die Notare Wechselbriefe zu Protest gehen lassen und anderes bei Wechseln Vorfallendes verrichten.

Wenn hier ein vornehmer Kaufmann oder sonst eine andere angesehene Person stirbt, so ist deren Leichenbegängnis von großem Gefolge und ziemlich sonderbar. Der Leichenkorb wird von zwölf Männern, die wie Schweizer gekleidet und Ratsdiener sind, getragen, und zwar mit so wunderlich großen Schritten von einer Seite zur andern, daß man meinen sollte, sie wären trunken und würden Sarg und Bahre hinwerfen. Darauf folgen die Trauerleute und Anverwandten, jeder zwischen zween Ratsherren. Auf diese folgen die Doktores in großer Menge, deren jeder von einer Leiche einen Spezies- oder Bankotaler bekommt, weswegen viele davon leben; und je mehr Doktores dabei sind, desto ansehnlicher ist die Leiche. Zuletzt folgen andere Bürgersleute. Wenn sie an die Kirchtür kommen, werfen viele von den ersten Paaren sehr viel hartes Geld hin, ja einige große Goldstücke von zehn bis zwanzig Dukaten, welches alles die Verwandten oder Erben geben müssen. Es ist also wegen dieser und der Doktorskosten hier nicht gut zu sterben.

Vor dem Altonaertor ist die Tranbrennerei, wo das aus den Walfischen, welche die hiesigen Grönlandfahrer gefangen, abgesonderte Fett in besonderen Kesseln zu Tran gebrannt wird.

Das hiesige Zuchthaus ist ein sehr großes, aus vier Teilen oder Seiten bestehendes Gebäude, und größer, ansehnlicher und besser als das in Amsterdam. Durch den inneren verschlossenen Hof kommt man dahin, wo in einer gewöhnlichen Stampfmühle, angetrieben durch ein großes Rad, welches getreten wird, der Hanf, nicht wie gewöhnlich gebrochen, sondern gestampft wird. Aus selbigem wird grob Garn gesponnen und Segeltuch verfertigt. In einem langen Gang sind etliche Jungen, welche Kuhhaare ausklopfen und spinnen, und andere, welche auf großen Webstühlen Matten davon weben. Solche werden, anstatt anderer Matten, auf den Boden in die Stuben und Säle gelegt. Sie sind braun und weiß, fast einen kleinen Finger dick und sehr bequem, besonders in hiesigen Landen, wo alle Stuben mit Stein belegt sind, und im Winter ohne diese vor Kälte nicht zu bleiben wäre. In Wohnstuben sind sie unvergleichlich; man sieht das Unreine von den Füßen nicht darauf, weil sie dunkelbraun sind. Sie sind bis drei Ellen breit, und man legt entweder nur eine Breite in die Mitte der Stube, oder man näht sie zusammen und belegt das ganze Zimmer damit.

In einem langen Gemach sind viele Züchtlinge, welche Brasilienholz raspeln. Eine Stiege hinauf ist in zwei Stuben eine große Menge Weibsleute, welche spinnen. Das letzte Zimmer stößt auf die Kirche und hat einige Fenster, welche ihnen während des Gottesdienstes zum Gehör geöffnet werden. Bei dem einen Ofen war in der Höhe ein Stuhl, wie ein Käfig, darin sitzen diejenigen, die bei der Arbeit faul sind; sie sehen die anderen speisen und müssen hungern. Auf der andern Seite gegen die Alster sind lauter kleine schmale Behältnisse, darin diejenigen, die nicht arbeiten und nur zur Zucht hineingesetzt werden, gefangensitzen, nichts haben als eine härene Matte, um darauf zu schlafen, und gemeinhin nur Wasser und Brot bekommen.

Die Kirche in diesem Zuchthaus ist zwar nicht breit und hoch, aber lang und sauber. Die Weibsleute hören oben durch ihre Fenster; unter ihnen sitzt das Mannsvolk, und ganz unten sind die schlimmsten Züchtlinge und Gefangenen, deren Fenster mit Gittern verschlossen, daß also von denen, die im Hause sind, niemand in die Kirche kommt und doch alle zuhören können. Gleich bei dem Zuchthaus ist noch ein besonderes Spinnhaus.

Es sind hier, wie man sagt, zweiundfünfzig Zuckerraffinerien. Vorerst lösen sie den rohen Zucker, welcher als ein gelbbräunlicher Sand in Kästen nach Europa gebracht wird, in vielem Wasser auf, vermischen diese Auflösung mit Kalkwasser und kochen dieses zusammen in Kesseln. Während des Kochens wird etwas Ochsen- oder Kälberblut hineingetan, welches die Stelle der Eier vertritt, welche man bei anderen ähnlichen chemischen Prozessen braucht, indem es coaguliert (gerinnt) und alle Unreinigkeit aus dem Zucker an sich zieht. Der Zusatz des Kalks aber geschieht, damit der Zucker dichter und süßer werde. Der so eine Zeitlang gesottene, gehörig geschäumte und dicklich gewordene Zucker wird mit kleinen kupfernen Gefäßen ausgeschöpft und durch ein dickes Tuch in einen anderen Kessel geseit, worin sich das feinste und beste kristallisiert. Dies wird ausgehoben und in Formen, die wie Zuckerhüte gebildet sind, geschüttet, welches sodann den besten, weißesten und feinsten Zucker gibt. Was nicht anschießt, wird noch einmal gekocht, und daraus wird die zweite Gattung feinen Melis (Hutzucker); und so immer, bis es nicht mehr anschießt; was dann übrig bleibt, ist Sirup. Sobald er in die Formen kommt, setzt er sich aufeinander und bekommt nach und nach die Härte und Gestalt eines Kegels. Die Feuchtigkeit, welche unten aus dem kleinen Loch an der Spitze der Form in die Gefäße, darauf die Formen gesetzt werden, abläuft, ist auch Sirup. Auf solche Art ist der Zucker zwar schon gereinigt, aber noch nicht gänzlich raffiniert; letzteres geschieht vermittels einer gewissen hellgrauen Erde, so aus England und auch aus Westfriesland kommt. Sie wird in Wasser aufgelöst und in jede Zuckerform etwa drei Finger hoch gegossen, da denn das imprägnierte Wasser nach und nach durch den ganzen Hut zieht und so den Zucker weiß macht oder, wie sie es nennen, bleicht. Der gebleichte Zucker wird nun in den Formen in hohen sehr eingeheizten Stuben getrocknet.

Auf der Schiffergesellschaft, eine von den Innungshäusern, deren es in allen Reichsstädten sehr viele gibt, zeigt man den sogenannten Störtebecker oder Stürzenbecher, welcher ein silberner Becher ist, dessen sich der berühmte Seeräuber dieses Namens bedient hat, welcher mit seinen Gesellen, die man Viktualienbrüder nennt, von den Hamburgern gefangen und enthauptet worden ist. Wenn man diesen Becher sehen will, muß man ihn sich wenigstens halb voll Wein geben lassen, welches des Wirts Gewinn ist. In die Armenbüchse wirft man nach Gefallen etwas hinein, und zuletzt schreibt man seinen Namen in ein Buch.

Karl Philipp Moritz
EIN DEUTSCHER IN LONDON

London, den 2ten Juni 1782.
Heute morgen ließen wir uns, unser sechs, die in des Kapitäns Kajüte mitgereist waren, nicht weit hinter Dartford, das noch sechzehn Meilen von London liegt, in einem Boot ans Land setzen. Dies tut man gemeiniglich, wenn man die Themse hinauf nach London fährt, weil wegen der erstaunlichen Menge

von Schiffen, die immer gedrängter aneinanderstehen, je näher man der Stadt kömmt, oft verschiedne Tage erfordert werden, ehe ein Schiff sich durcharbeiten kann. Wer also keine Zeit unnütz verlieren und andre Unannehmlichkeiten, wie das öftere Stillstehen und Anstoßen des Schiffes, vermeiden will, der macht die wenigen Meilen bis London lieber zu Lande, etwa in einer Postchaise, die nicht sehr teuer zu stehen kömmt, zumal wenn jedesmal ihrer drei zusammentreten, welches durch eine Parlamentsakte verstattet ist. Ein allgemeines Hurrah schallte uns von den deutschen Matrosen unsers Schiffes nach, die dieses von den Engländern angenommen haben. Das Ufer, wo wir ausstiegen, war weiß und kreidig. Bis Dartford mußten wir zu Fuß gehen. Erstlich stiegen wir gerade vom Ufer einen ziemlich steilen Hügel hinan, dann kamen wir sogleich an das erste englische Dorf, wo mich die außerordentliche Nettigkeit in der Bauart der Häuser, die aus roten Backsteinen errichtet sind und flache Dächer haben, insbesondre da ich sie mit unsern Bauernhütten verglich, in ein angenehmes Erstaunen setzte.

Und nun zogen wir wie eine Karawane mit unsern Stäben von einem Dorf zum andern: einige Leute, die uns begegneten, schienen uns wegen unsers sonderbaren Aufzuges mit einiger Verwunderung anzusehen. Wir kamen vor einem Gehölz vorbei, wo sich ein Trupp Zigeuner bei einem Feuer um einen Baum gelagert hatte. Allein sowie wir fortwanderten, wurde die Gegend immer schöner und schöner. Die Erde ist nicht überall einerlei! Wie verschieden fand ich diese fetten und fruchtbaren Äcker, dieses Grün der Bäume und Hecken, diese ganze paradiesische Gegend, von den unsrigen, und allen andern, die ich gesehen habe! Wie herrlich diese Wege, wie fest dies Erdreich unter mir; mit jedem Schritt fühlte ich es, daß ich auf englischen Boden trat.

In Dartford frühstückten wir. Hier sah ich zuerst einen englischen Soldaten, in seiner roten Montur mit abgeschnittnem und vorn heruntergekämmtem Haar, auch auf der Straße ein Paar Jungen, die sich boxten. Wir verteilten uns nun in zwei einsitzige Postchaisen, wo in jeder drei Personen, freilich nicht allzubequem, sitzen konnten. Eine solche Postchaise kostet jede englische Meile einen Schilling. Sie ist mit unsern Extraposten zu vergleichen, weil man sie zu jeder Zeit bekommen kann. Aber ein solcher Wagen ist sehr nett und leicht gebaut, so daß man es kaum empfindet, wie er auf dem festen Erdreich fortrollt. Er hat vorn und an beiden Seiten Fenster. Die Pferde sind gut, und der Kutscher jagt immer in vollem Trabe fort. Der unsrige trug abgeschnittnes Haar, einen runden Hut und ein braunes Kleid von ziemlich feinem Tuch, vor der Brust einen Blumenstrauß. Zuweilen, wenn er es recht rasch angehen ließ, schien er sich lächelnd nach unserm Beifall umzusehen.

Und nun flogen die herrlichsten Landschaften, worauf mein Auge so gern verweilt hätte, mit Pfeilschnelle vor uns vorbei; gemeiniglich ging es abwechselnd Berg auf Berg ab, Wald ein, Wald aus, in wenigen Minuten. Dann kam einmal zur rechten Seite die Themse wieder zum Vorschein mit allen ihren Masten; dann ging es wieder durch reizende Städte und Dörfer. Besonders fielen mir die erstaunlich großen Schilder auf, welche beim Eingang in die Flecken und Dörfer quer über die Straße an einem Balken hängen, der von einem Hause zum andern übergelegt ist. Dies gibt einige Ähnlichkeit mit einem Tor, wofür ich es auch anfänglich hielt, allein so ist es weiter nichts als ein Zeichen, daß hier sogleich beim Eintritt in den Ort ein Gasthof ist. So kamen wir bei dieser schnellen Abwechslung höchst mannigfaltiger Gegenstände beinahe in einer Art von Betäubung bis nahe vor Greenwich, und nun – die Aussicht von London.

Es zeigte sich im dicken Nebel. Die Paulskirche hob sich aus der ungeheuren Masse kleinerer Gebäude wie ein Berg empor. Das Monument, eine turmhohe runde Säule, die zum Gedächtnis der großen Feuersbrunst errichtet wurde, machte wegen ihrer Höhe und anscheinenden Dünnigkeit einen ganz ungewohnten und sonderbaren Anblick.

Wir näherten uns mit großer Schnelligkeit, und die Gegenstände verdeutlichten sich alle Augenblicke. Die Westminsterabtei, der Tower, ein Turm, eine Kirche nach der andern, ragten hervor. Schon konnte man die hohen runden Schornsteine auf den Häusern unterscheiden, die eine unzählige Menge kleiner Türmchen auszumachen schienen.

Von Greenwich bis London war die Landstraße schon weit lebhafter als die volkreichste Straße in Berlin, soviel reitende und fahrende Personen und Fussgänger begegneten uns. Auch erblickte man schon allenthalben Häuser, und an den Seiten waren in verhältnismässiger Entfernung Laternenpfähle angebracht. Was mir sehr auffiel, waren die vielen Leute, die ich mit Brillen reiten sah, unter denen sich einige von sehr jugendlichem Ansehen befanden. Wohl dreimal wurden wir bei sogenannten Turnpikes oder Schlagbäumen angehalten, um einen Zoll abzutragen, der sich doch am Ende auf einige Schillinge belief, obgleich wir ihn nur in Kupfermünze bezahlten.

Endlich kamen wir an die prächtige Westminsterbrücke. Es ist, als ob man über diese Brücke eine kleine Reise tut, so mancherlei Gegenstände erblickt man von dort. Im Kontrast gegen die runde, moderne, majestätische Paulskirche zur Rechten erhebt sich zur Linken die altfränkische, längliche Westminsterabtei mit ihrem ungeheuren spitzen Dach. Zur rechten Seite, die Themse hinunter, sieht man die Blackfriarsbrücke, die dieser an Schönheit nicht viel nachgibt. Am linken Ufer der Themse schön mit Bäumen besetzte Terrassen und die neuen Gebäude, welche den Namen Adelphi-Buildings führen. Auf der Themse selbst eine grosse Anzahl kleiner hin und her fahrender Boote mit einem Mast und Segel, in welchen sich Personen von allerlei Stand übersetzen lassen, wodurch dieser Fluss beinahe so lebhaft wird wie eine Londoner Strasse. Grosse Schiffe sieht man hier nicht mehr, denn die gehn am andern Ende der Stadt nicht weiter als bis an die Londoner Brücke.

Wir fuhren nun in die Stadt über Charingcross und den Strand, nach eben den Adelphi-Buildings, die von der Westminsterbrücke einen so vortrefflichen Prospekt gaben: weil meine beiden Reisegefährten auf dem Schiff und in der Postchaise, ein Paar junge Engländer, in dieser Gegend wohnten und sich erboten hatten, mir noch heute in ihrer Nachbarschaft ein Logis zu verschaffen.

In den Strassen, durch die wir fuhren, behielt alles ein dunkles und schwärzliches, aber doch dabei grosses und majestätisches Ansehen. Ich konnte London seinem äussern Anblick nach in meinen Gedanken mit keiner Stadt vergleichen, die ich sonst je gesehen. Sonderbar ist es, dass mir ungefähr vor fünf Jahren, beim ersten Eintritt in Leipzig, gerade so wie hier zumute war: vielleicht, dass die hohen Häuser, wodurch die Strassen zum

Teil verdunkelt werden, die große Anzahl der Kaufmannsgewölbe und die Menge von Menschen, welche ich damals in Leipzig sah, mit dem eine entfernte Ähnlichkeit haben mochten, was ich nun in London um mich her erblickte.

Allenthalben gehen vom Strand nach der Themse zu sehr schön gebaute Nebenstraßen, worunter die Adelphi-Buildings bei weiten die schönsten sind. Unter diesen führt wieder eine Nebenabteilung oder angrenzende Gegend den Namen York-Buildings, in welchen Georg Street befindlich ist, wo meine beiden Reisegefährten wohnten. Es herrscht in diesen kleinen Straßen nach der Themse zu, gegen das Gewühl von Menschen, Wagen und Pferden, welches den Strand beständig auf- und niedergeht, auf einmal eine so angenehme Stille, daß man ganz aus dem Geräusch der Stadt entfernt zu sein glaubt, welches man doch wieder so nahe hat.

Es mochte ungefähr zehn oder elf Uhr sein, als wir hier ankamen. Nachdem mich die beiden Engländer noch in ihrem Logis mit einem Frühstück, das aus Tee und Butterbrot bestand, bewirtet hatten, gingen sie selbst mit mir in ihrer Nachbarschaft herum, um ein Logis für mich zu suchen, das sie mir endlich bei einer Schneiderwitwe, die ihrem Hause gegenüber wohnte, für sechzehn Schilling wöchentlich verschafften. Es war auch sehr gut, daß sie mit mir gingen, denn in meinem Aufzug, da ich weder weiße Wäsche noch Kleider aus meinem Koffer mitgenommen hatte, würde ich schwerlich irgendwo untergekommen sein.

Es war mir ein sonderbares aber sehr angenehmes Gefühl, daß ich mich nun zum erstenmal unter lauter Engländern befand, unter Leuten, die eine fremde Sprache, fremde Sitten und ein fremdes Klima haben, und mit denen ich doch nun umgehen und reden konnte, als ob ich von Jugend auf mit ihnen erzogen wäre. Es ist gewiß ein unschätzbarer Vorteil, die Sprache des Landes zu wissen, worin man reist. Ich ließ es mir nicht sogleich im Hause merken, daß ich der englischen Sprache mächtig war; je mehr ich aber redete, desto mehr fand ich Liebe und Zutrauen.

London, den 5. Juni.

So weit ich diese paar Tage über London durchstrichen bin, habe ich, im Ganzen genommen, nicht so schöne Häuser und Straßen, aber allenthalben mehr und schönere Menschen als in Berlin gesehen. Es macht mir ein wahres Vergnügen, so oft ich von Charingcross den Strand hinauf und so weiter, vor der Paulskirche vorbei, nach der Königlichen Börse gehe, wenn mir vom höchsten bis zum niedrigsten Stand fast lauter wohlgestaltete, reinlich gekleidete Leute im dicksten Gedränge begegnen, wo ich keinen Karrenschieber ohne weiße Wäsche sehe und kaum einen Bettler erblicke, der unter seinen zerlumpten Kleidern nicht wenigstens ein reines Hemd trägt.

Ein sonderbarer Anblick ist es, unter diesem Gewühl von Menschen, wo jeder mit schnellen Schritten seinem Gewerbe oder Vergnügen nachgeht und sich allenthalben durchdrängen und stoßen muß, einen Leichenzug zu sehen.

Die englischen Särge sind sehr ökonomisch gerade nach dem Zuschnitt des Körpers eingerichtet; sie sind platt, oben breit, in der Mitte eingebogen, und unten nach den Füßen zu laufen sie spitz zusammen, ungefähr wie ein Violinkasten.

Einige schmutzige Träger suchen sich mit dem Sarg, so gut sie können, durchzudrängen, und einige Trauerleute folgen. Übrigens bekümmert man sich so wenig darum, als ob ein Heuwagen vorbeiführe. Bei den Begräbnissen der Vornehmen mag dies vielleicht anders sein.

Übrigens kommt mir ein solcher Leichenzug in einer großen volkreichen Stadt immer desto schrecklicher vor, je größer die Gleichgültigkeit der Zuschauer und je geringer ihre Teilnahme dabei ist. Der Mensch wird fortgetragen, als ob er gar nicht zu den übrigen gehört hätte. In einer kleinen Stadt oder auf dem Dorf kennt ihn ein jeder, und sein Name wird wenigstens genannt.

Die Influenza, welche ich in Berlin verließ, habe ich hier wieder angetroffen, und es sterben viele Menschen daran. Noch immer ist es für die Jahreszeit ungewöhnlich kalt, so daß ich mir noch täglich Kaminfeuer machen lassen muß. Ich muß gestehen, daß mir die Wärme von den Steinkohlen im Kamin weit sanfter und milder vorkommt als die von unsern Öfen. Auch tut der Anblick des Feuers selbst eine sehr angenehme

Wirkung. Nur muß man sich hüten, gerade und anhaltend hineinzusehen; denn daher kommen wohl mit die vielen jungen Greise in England, welche mit Brillen auf der Nase auf öffentlichen Straßen gehen und reiten und sich so schon in ihrer blühenden Jugend der Wohltat für das Greisenalter bedienen, denn unter diesen Namen (the Blessings of old Age) werden die Brillen in den Läden verkauft.

Ich esse jetzt beständig zu Hause und muß gestehen, daß meine Mahlzeiten ziemlich frugal eingerichtet sind. Mein gewöhnliches Gericht des Abends ist eingemachter Lachs (Pickle Salmon), den man mit Öl und Essig aus der Brühe ißt, eine sehr erfrischende und wohlschmeckende Speise.

Wer in England Kaffee trinken will, dem rate ich allemal vorherzusagen, wieviel Tassen man ihm von einem Lot machen soll, sonst wird er eine ungeheure Menge braunes Wasser erhalten, welches ich mit aller Erinnerung noch nicht habe vermeiden können. Das schöne Weizenbrot, nebst Butter und Chesterkäse, halten mich für die spärlichen Mittagsmahlzeiten schadlos. Denn diese bestehen für gewöhnlich aus einem Stück halbgekochten oder gebratnen Fleisch und einigen aus dem bloßen Wasser gekochten grünen Kohlblättern, worauf eine Brühe von Mehl und Butter gegossen wird; das ist wirklich die gewöhnliche Art, in England die Gemüse zuzurichten.

Die Butterscheiben, welche zum Tee gegeben werden, sind so dünn wie Mohnblätter. Aber es gibt eine Art, Butterscheiben am Kaminfeuer zu rösten, welche unvergleichlich ist. Es wird nämlich eine Scheibe nach der andern so lange mit einer Gabel ans Feuer gesteckt, bis die Butter eingezogen ist, alsdann wird immer die folgende draufgelegt, so daß die Butter eine ganze Lage solcher Scheiben allmählich durchzieht: man nennt dies einen Toast.

Vorzüglich gefällt mir die Art, ohne Deckbett zu schlafen. Man liegt zwischen zwei Bettlaken, wovon das obere die Unterlage einer leichten wollenen Decke ist, die, ohne zu drücken, hinlänglich erwärmt. Das Schuhputzen geschieht nicht im Hause, sondern durch eine benachbarte Person, deren Gewerbe dies ist, und die alle Morgen die Schuh aus dem Hause abholt und gereinigt wiederbringt, wofür sie wöchentlich ein Gewisses erhält. Wenn die Magd unzufrieden mit mir ist, höre ich zuweilen, daß sie mich draußen »the German«, den Deutschen, nennt, sonst heiße ich im Hause »the Gentleman«, oder der Herr.

Das Fahren habe ich ziemlich eingestellt, obgleich es lange nicht so viel kostet wie in Berlin, indem ich hier für einen Schilling über eine englische Meile hin- und herfahren kann, wofür ich dort wenigstens einen Gulden bezahlen müßte. Desungeachtet aber erspart man sehr viel, wenn man zu Fuß geht und sich mit Fragen zu behelfen weiß. Von meiner Wohnung in Adelphi bis an die Königliche Börse ist es wohl so weit wie von einem Ende Berlins zum andern, und bis an den Tower und St. Catharins, wo die Schiffe auf der Themse ankommen, ist es wohl noch einmal so weit, und diesen Weg habe ich wegen meines Koffers, der noch auf dem Schiff war, schon zweimal zu Fuß gemacht.

Als ich den ersten Abend, wie es dunkel wurde, zurückkam, erstaunte ich über die herrliche Erleuchtung der Straßen, wogegen die unsrige in Berlin äußerst armselig ist. Die Lampen werden schon angesteckt, wenn es noch beinahe Tag ist, und die Laternen sind so dicht nebeneinander, daß diese gewöhnliche Erleuchtung einer feierlichen Illumination ähnlich sieht, wofür sie auch ein deutscher Prinz hielt, der zum erstenmal nach London kam und im Ernst glaubte, daß sie seinetwegen veranstaltet sei.

Georg Weerth
An zwei Orten musst du gewesen sein

Wenn ich mich auf den ersten Eindruck besinne, den London auf mich machte, da weiß ich nur noch, daß es mir nicht anders zumute war, als geriete ich plötzlich in eine Stadt, welche an allen vier Ecken am Brennen ist, in eine Festung, welche vom Strome her beschossen, von den nächsten Höhen mit Bomben begrüßt wird, durch deren Tore die Artillerie, die Reiterei, das Fußvolk des Feindes einrückt, wo die Einwohner alles drangeben, wo jeder rennt und flüchtet, wo der Haufen, der sich gegen Westen drängt, von dem, der aus Osten heranflutet, fast zurückgeworfen wird, wo das Gewühl des südlichen Teiles vor dem des nördlichen zurückprallt, wo sich alles überrollt und überpurzelt, wo keiner mehr von dem andern Notiz nimmt, wo jeder nur an sein eigenes Heil denkt, wo das Rasseln der Wagen, das Traben der Reiter, das Rufen und Schreien der Fußgänger sich bald zu einem solchen Getöse steigert, daß zuletzt niemand mehr seinen eignen Spektakel von dem aller anderen unterscheiden kann, daß zuletzt jeder nur wie besessen weiterrast und erst dann zum Stillstand kommt, wenn an einer Krümmung der Straße das ganze Treiben wie in ein Knäuel zusammengerät und Mann und Weib und Greis und Kind und Pferde und Hunde und Wagen und Karren im Aneinanderprallen sich gegenseitig zu zerschmettern drohen.

Der erste Anblick dieses Londoner Straßenverkehrs hat etwas Erschreckendes, Betäubendes; man machte sich die größesten Vorstellungen, aber man findet sie übertroffen, man steht wie versteinert, man reißt den Mund auf, man meint, man wäre närrisch geworden, man glaubt nicht anders, als daß jeden Augenblick alle Häuser und Kirchen und Paläste und Säulen und Parks, daß alles und jedes seinen bisherigen Platz verlassen müsse, um sich, von der allgemeinen Flucht fortgerissen, mit hinein in diesen Strudel zu stürzen, mit zu rennen, zu stoßen, zu treten, zu schreien, zu stöhnen, zu zerschmettern, zu zermalmen.

Ist der erste Eindruck vorüber, da bemerkt man indes, wie wiederum in dieser scheinbaren Verwirrung nur die herrlichste Ordnung waltet; wie die Wagen, welche die Straße hinabfahren, sich streng an die eine Seite halten, wie die, welche hinaufeilen, sich fortwährend der andern bemächtigen, wie nie ein Rad über das Trottoir rasselt, wo die Fußgänger ebenfalls in zwei Strömen aneinander vorübersausen, um einem jeden Raum zu lassen, seinem Vordermann zu folgen, und wo nur der über den Haufen gerannt wird, der sich dem Normalschritt widersetzt, der ein anderes Tempo in seinen Beinen entwickelt und sich dagegen sträubt, daß die Bewegung der ganzen Masse über einen Kamm geschoren wird.

Gegen neun oder halbzehn Uhr morgens und um fünf oder sechs Uhr nachmittags, wo das Geschäft in der City beginnt und geschlossen wird, erreicht das Treiben in jenem Stadtteil gewöhnlich seinen Gipfel. Ich habe mir erzählen lassen, daß man in den meisten Handlungshäusern den jungen Arbeitern eine Extravergütung gibt, wenn sie sich morgens zu einer festgesetzten Zeit pünktlich einfinden. Diese Leute wohnen nun meistens ziemlich weit von ihren Comptoiren und Magazinen, und es ist wohl nur diese bevorstehende Gratifikation, welche einem oft vor Beginn des Geschäftes eine Schar spindeldürrer Gesellen so schnell über das Trottoir huschen läßt, daß man nicht anders meint, als daß sie sich die Beine eines Derbyrenners am Leibe befestigt hätten – denn wie Gespenster kommen und verschwinden sie; man sieht nicht ihre Hände, ihre Gesichter, man sieht nur, wie ihnen die Hüte auf den Köpfen wakkeln, wie ihnen die Haare hinter die Ohren fliegen, wie ihnen die Zipfel des schwarzen Frackrocks, gleich zwei zackigen Schwalbenflügeln, um die winddünnen Lenden flattern.

Der ernste Handelsherr, den Paletot auf dem Arm, den Regenschirm in der Faust, der aus seiner Villa hinüber nach der Stadt eilt und unterwegs alles an seiner Seele vorübergehen läßt, was ihn den Tag über beschäftigen soll – der rotwangige Pächter, dem das Herz vor Freude springen will, daß er nach langer Zeit einmal wieder das Pflaster seiner gefeierten Metropole mit den großen Nägelschuhen schlagen darf – der Soldat, der nach dem Hafen stürzt, um sich in alle Welt zu begeben – der Matrose, der aus dem Schiffe kriecht, um auf bloßen Füßen den Ort aller Wunder zu durchwandern – der Omnibustreiber, der dich durch tausendmaliges Winken mit der Peitsche zum Besteigen seines Wagens einlädt – der zerlumpte Kerl, der mit einem Annoncenschild vor der Brust und mit einem auf dem Hintern an dir vorübertanzt, um dich wissen zu lassen, wo du die besten Austern und die billigsten Würste kaufen kannst – der Beamte, der wie besessen aus dem Hause rennt, um zur rechten Zeit auf seinem Bureau erscheinen zu können – der Mohrenjunge, der dir ein gedrucktes Gebet verkaufen will und aufs täuschendste nachzuahmen sucht, wie man vor Kälte zittern kann – der Polizeidiener, der einen armen Sünder mit Stößen und Püffen durch die Gassen schleift – der Totengräber, der seine Leichen im gestreckten Galopp nach dem Kirchhof kutschiert – der Fleischerjunge, der hoch zu Roß mit seinem gefüllten Korbe einhersprengt – der Hausknecht, der eine Schildkröte spazierenführt, auf deren Rücken geschrieben steht, wann und in welchem Gasthaus sie nächstens geschlachtet wird – Weiber und Kinder, die vor Hunger sterben wollen und dich um ein Almosen bitten – ein Mensch, der dir Brillen und Bleistifte anbietet und dir bei der Gelegenheit das Sacktuch aus der Tasche zieht – Straßenjungen, die deinen Hund fangen und ihn schnell wie der Blitz in die nächste Seitenstraße transportieren – der Lord, der in geschlossener Karosse an dir vorüberdonnert – der Postkutscher, der hoch vom Bock seine vier Rosse so zierlich und sicher lenkt und sie so gewandt durch das Labyrinth seiner Umgebung treibt, als führe er allein auf breitem Wege: alles stürzt und rennt und lacht und weint und brummt und flucht und betet und boxt sich in ein und derselben Minute an dir vorüber und reißt dich fort und stößt dich vorwärts, daß du endlich ganz mit im Zuge bist und mitläufst, als hättest du auch die wichtigsten Sachen zu besorgen, als hinge das Heil der Welt von deinem Laufen ab, und nicht früher merkst du, daß du halb verrückt geworden bist, als wenn dir die Beine den Dienst versagen, als wenn du erschöpft an die Wand eines Hauses sinkst, um dir den Angstschweiß von der Stirn zu trocknen.

Noch unheimlicher, noch wunderbarer scheint indes dieser ganze Spektakel, wenn man ihn auf der Höhe einer Brücke, wenn man ihn namentlich auf der London Bridge erlebt, wo man nicht nur rechts und links und vor und hinter sich von allem jenem Lärm umtost wird, sondern wo auch noch unter den Füßen, unter den Bögen der Brücke, auf den Wellen der Themse ein Schauspiel vor sich geht, was allein schon hinreichend ist, um deine Aufmerksamkeit für ganze Tage zu fesseln. Denn in ganzen Scharen brausen Segel- und Dampfboote dort durcheinander; in dem Augenblick, wo ein Dampfer die Brücke durchfährt, da neigt sich der schwarze Schlot, als würde er am Fuße plötzlich abgehauen, und rasch fährt er wieder empor, sobald das Vorderteil des Bootes an der entgegengesetzten Seite zum Vorschein kommt. Das Musizieren und Schreien der Passagiere dort unten klingt zusammen mit dem Geräusch, was um dich vorgeht, und fast vergißt du, daß du nur die Augen über deine nächste Umgebung hinwegzuheben hast, um dich des großartigsten Anblicks zu erfreuen, den du in ganz London finden kannst, um die riesige Stadt zu sehen, wie sie herauf und hinunter mit ihren Palästen bis in die Fluten des Stromes reicht, wie amphitheatralisch Dächer, Säulen und Kuppeln sich übereinandertürmen, wie die Segel der Schiffe, die Flaggen unzähliger Maste dazwischen durchschimmern und wie sich endlich das ganze grandiose Gemälde im blauen Duft der Ferne, gleich einer untergehenden Märchenwelt, vor deinen Blicken verliert.

Aber wie einsam fühlte sich meine Seele in diesem Gewirr!

Als ich am ersten Tage meine Wanderung durch London antrat, als ich mich aufs Geratewohl in das dichteste Gedränge stürzte, als ich, den ersten Heißhunger der Neugierde zu stillen, in einem Stück von der City vorüber an St. Paul durch Temple Bar bis nach der Westminsterabtei rannte, als ich endlich erschöpft, ermüdet an der Bildsäule Cannings niedersank und mich auf den Marmorfuß der Statue setzte, um die Stirn zu reiben, um mich zu fragen, was ich denn eigentlich gesehen und was denn eigentlich dieser ganze Lärm bedeute – und als ich vergebens nach einer Antwort suchte und nur fühlte, daß ich traurig war wie ein alter Jude an den Wassern zu Babylon, da wünschte ich mir Flügel, um rasch wie der Blitz in die entfernteste, stillste Wüste zu fliegen, wo etwa nur eine Palme im Abendwind wehte und ein großer, schöner Vogel mit prächtigen, ausgebreiteten Schwingen langsam über die Fläche schwebte.

Denn entweder mußt du einer jener ernsten Handelsherren sein, der sich in einer glücklichen Operation nicht irremachen ließe, und wenn auch ein Weltteil vor seinen Augen zusammenbräche, oder einer jener Börsenhelden, der dir das schwierigste Exempel im Kopf ausrechnen würde, wenn man ihm selbst hundert Kanonen vor der Nase losschösse, wenn du als Neuling, als Fremdling in der ersten halben Stunde in dem Lärm einer Londoner Gasse deine fünf Sinne beieinanderbehalten willst, wenn du nicht für die erste Zeit durchaus darauf verzichten sollst, dir auch nur über das Gewöhnlichste deiner neuen Umgebung Rechenschaft abzulegen.

Ich weiß nicht, ob es andern auch so ging – genug, ich war verdrießlich, ich war traurig, ich war total niedergeschlagen, als ich meinen ersten Ausflug vollendet hatte, und gern warf ich mich in den ersten Omnibus, der mich nach einer halbstündigen Fahrt zurück in mein Hotel brachte.

Wie nach meiner ersten Wanderung durch die City und durch Westminster war ich auch damals in Paris todmüde und konnte kaum mehr den Fuß in die Höhe heben; als ich aber auf der Place de la Concorde stand, als die Springbrunnen rings um mich plätscherten, als aus den Vertiefungen der Seiten der Duft von tausend Orangenblüten aufstieg, als die Hieroglyphen des Obelisk von Luxor im Abendgolde brannten und sich der Blick rechts in dem Lindengrün des Tuilerien-Gartens, links in der Weite der Elysäischen Felder und in dem Duft verlor, der geisterhaft über die Höhe des Arc de Triomphe wogte, und als sich dann der Abendwind aufmachte und das Tönen der Musik in entfernten Gärten mit leis verhallenden Klängen zu mir herübertrug, als ich jene reizenden Franzosen und Französinnen in ihrer ganzen Grazie, mit ihrer ganzen Lebendigkeit in buntem Strome an mir vorüberziehen sah und die sinkende Sonne ihren herrlichsten Purpur, ihre flammendsten Rosenlichter auf die Wipfel der Bäume, auf die Perlen des Springbrunnens, auf das Blau der Wolken und auf die Wangen der lieblichsten Frauen der Welt warf, als die ganze Natur wie im Bewußtsein ihrer Schönheit noch einmal im Rausche der Liebe und der Wollust emporzujauchzen schien – nun, da war die Müdigkeit vorbei, mein Herz klopfte, ich hätte jedem Mädchen, das an mir vorüberging, um den Hals fallen mögen, ich hätte Barrikaden aufwerfen können, ich hätte auch schießen und schlagen mögen, ich hätte mit Freuden mein Blut für eine Revolution hingegeben, ich hätte alles reden und alles tun können – es tat mir leid, daß ich kein Franzose war.

An zwei Orten mußt du in deinem Leben gewesen sein; du mußt an Cheapside in London und du mußt auf der Place de la Concorde in Paris gestanden haben, sonst hast du noch wenig gesehen, und wärst du auch von den Türken bis zu den Samojeden gereist. Wie dich auf den Gassen in London jener fürchterliche Ernst des Lebens umtost, der den Briten zu jener kolossalen Größe führte, in der er eisenarmig die ganze Erde umfaßt, ebenso weht dich im Herzen der Seine-Stadt jenes

Feuer, jene Begeisterung an, die den Franzosen vielleicht noch größer als den Briten macht, die ihn in jenen Tagen leitete, als er siegend die Welt durchzog, und die ihn noch immer dahin bringt, eine große Idee auszusprechen und zu verwirklichen, wenn die Völker der Erde ihrer bedürfen.

HOHE BREITENGRADE

»Das, was gewisse nördlichste Berge der Welt aus ihrem Inneren an den Tag bringen, in die Helle stellen, ist ein seltsames rotes Licht. Ein Licht aus steinernem Purpur, aus rotviolettem Staub. Man müßte wissen, was es zu bedeuten hat, dieses dunkle Leuchten, ausgehängt über einem Eis-Ozean und so verschossen wie eine alte seidene Fahne.«

Alfred Andersch, Hohe Breitengrade
oder Nachrichten von der Grenze (1969)

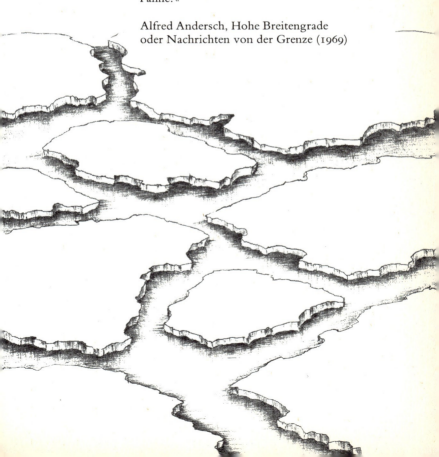

Gerrit de Veer
Mit Barents auf Nowaja Semlja

Den 1. September (1596), an einem Sonntag, als wir unser gemeinsames Gebet gehalten, hat sich das Eis erneut wieder aufeinandergeschoben, daß es gut zwei Schuh in die Höhe gegangen ist. Nach Mittag haben wir unseren Nachen und die Ruderjacht abermals aufs Eis gesetzt, damit wir zur Not an Land flüchten konnten.

Anderntags hat es sehr geschneit, und das Schiff hob sich abermals auf, klirrte und krachte gewaltig, so daß wir alle es für ratsam hielten, den Nachen ans Land zu schieben; darin waren 13 Tonnen Brot und zwei Fäßlein Wein, damit wir das zur Not und Provision verwahren könnten.

Den 10. und 11. September war besseres Wetter. Unser acht Personen gingen mit Gewehren versehen an Land, damit wir in Erfahrung brächten, was drei unserer Leute von dem Holz berichtet hatten, das am Fluß läge. Denn wir sahen ja, aus dem Eis konnten wir nicht herauskommen, und der Winter kam je näher desto härter heran. Also mußten wir uns damit vertraut machen, hier zu überwintern. Nach bestem Vermögen beratschlagten wir, wie wir uns erhalten könnten, bis mit Gottes Gnade weiteres zu erwarten sei.

Wir hielten es für gut und richtig, eine Hütte oder ein Haus zu bauen, um uns desto besser von der Kälte und vor wilden Tieren zu schützen. Deswegen sahen wir uns nach einem geeigneten Platz um, wo wir das Haus hinbauen konnten. Und obwohl im ganzen Land Nowaja Semlja kein einziger Baum wächst und wir auch wenig Zeug im Vorrat hatten, so fanden unsere Leute doch etliche große Baumstämme samt ihren Wurzeln, die ohne Zweifel aus der Tartarei oder Moskau (Moskovien) ans Ufer getrieben wurden. Darüber waren wir nun sehr erfreut – es war, als ob Gott sie eigens zu unserem Unterhalt hierher gesandt hätte: denn das Holz diente uns nicht nur zum Bauen, sondern auch den ganzen langwierigen Winter über als Brennholz. Und hätten wir das nicht gehabt, hätten wir ohne Zweifel erfrieren müssen.

Den 8. Oktober hat es einen so gewaltigen Wind gehabt und

so heftig geschneit, daß wir in der Luft zu ersticken meinten. Keinem Menschen wäre es möglich gewesen, sich eine Schiffslänge weit fortzubewegen, wenn er auch sein Leben damit hätte retten sollen; weswegen wir in unserem Schiff bleiben mußten.

Den 10. Oktober war es ein wenig besser, der Wind kam Südwest-West und das Wasser lag um zwei Schuh höher als gewöhnlich. Einer unserer Leute ging an Land, da kam ein Bär beinahe bis an seinen Leib heran, noch ehe er ihn gesehen hatte, weswegen er geschwind und mit viel Geschrei auf das Schiff zugelaufen kam. Der Bär lief ihm nach; als er aber zu dem toten Bär kam, den wir vor einigen Tagen auf seine vier Füße gestellt hatten und der nun ganz mit Schnee bedeckt war, ist dieser wie verwundert vor dem anderen stehengeblieben – und dadurch ist unser Geselle gerettet worden. Auf sein Schreien, es sei ein Bär da draußen, liefen wir hinaus, um ihn zu schießen, doch keiner von uns konnte nur ein Stück weit sehen: es war, als wenn wir geblendet wären. Das kam von dem Rauch, den wir in dem eingeschlossenen Schiff erlitten. Die Kälte war so groß, daß wir oben auf dem Schiff hätten erfrieren müssen und daher gezwungen waren, unten im Schiff zu bleiben. Der Bär aber ist bald davongelaufen. Gegen Abend war wieder schönes Wetter. Wir gingen zu unserem neuerrichteten Haus und trugen fast all unser Brot dort hinein.

Den 26. und 27. Dezember war noch böses Wetter, so daß keiner seinen Kopf aus dem Haus hinausstecken durfte. Es war eine solch bittere Kälte, daß sie sich kaum noch ertragen ließ; weder beim Feuer noch mit Zudecken der Kleider noch mit heißen Steinen konnten wir uns erwärmen. Wir sahen nicht anders aus als die Bauern, die im Winter die Nacht hindurch mit ihrem Wagen fahren und des Morgens zur Tür hineintreten. So hatten wir bisweilen selbst mit uns trauriges Mitleiden. Doch wir trösteten uns damit, daß der Berg erstiegen sei und es nun wieder umschlüge: weil die Sonne sich wieder zu uns wenden und uns bald erfreuen werde.

Den 5. Januar (1597) war es ein wenig besser. Wir legten unsere Tür frei, so daß wir an die Luft gehen konnten. Dann haben wir allen Unflat, der sich in der Zeit, in der wir nicht aus dem Haus konnten, bei uns angesammelt hatte, hinausgetragen und alles wieder gesäubert. Wir holten auch Holz und zerhackten es und brachten damit den ganzen Tag zu; unsere Sorge war, daß uns der Schnee wieder überfallen und einschließen könnte. So versahen wir uns mit möglichst viel Vorrat. Und weil unser Portal oder Vorhof drei Ausgänge hatte und unser Haus ganz mit Schnee bedeckt und darunter gleichsam verborgen lag, wählten wir den mittleren Teil und gruben dort eine Höhle im Schnee, außerhalb des Hauses; es war ein großes breites Loch, eine Art Gewölbe oder Keller. Dahin beorderten wir das geheime Örtchen, wie wir auch allen anderen Unflat und unsauberes Zeug da hineinwarfen. Als wir nun den ganzen Tag gearbeitet hatten, stellten wir zusammen fest, daß Dreikönigsabend war; deswegen begehrten wir vom Schiffspatron, daß wir inmitten so viel Mühsal und Verdruß einmal etwas Erheiterndes haben wollten: uns möge ein Teil unseres Weines, der ein über den anderen Tag auszuteilen war, verabreicht werden. Wozu auch noch ein jeder gab, was er gespart hatte. Dann teilten wir Zettel aus, wie es in unserem Land der Brauch, und unser Constabler (Büchsenmacher) war nun plötzlich König in Nowaja Semlja – ein Land wohl zweihundert Meilen lang und von zwei Meeren umschlossen. Wir hatten noch zwei Pfund reines Mehl (das wir zum Pappen der Pulverladung mitgenommen hatten), davon haben wir Ölküchlein gebacken. Ein jeder legte einen Zwieback zur Mahlzeit dazu, wir machten also Weinsuppe und waren fröhlich dabei. Es ließ uns denken, wir wären wieder in unserem Vaterland.

Den 24. Januar war schönes, klares Wetter. Ich und Jacob Hemßkerk, unser Schiffsmann, und noch einer der unseren gingen aus dem Haus bis ans Ufer des Meeres, südwärts, gegen Nowaja Semlja zu. Da sahen wir zum erstenmal den obersten Teil der Sonne ein wenig, weswegen wir alsbald heimgingen, um dies unserem obersten Steuermann Willem Barents und unseren anderen Mitgesellen als Freudenbotschaft zu melden. Er aber, ein erfahrener Steuermann, der sich am Himmel auskannte, wollte es nicht glauben. Er sagte, es sei noch gut vierzehn Tage zu früh. Wir dagegen blieben fest bei unserer Meinung, daß wir die Sonne gesehen hätten, und es gab nun eine ganze Menge Wetten darauf.

Den 1. April war ein schöner Tag, aber sehr kalt, wie auch

die nachfolgenden Tage. Wir machten einen dicken Pflock, vertäuten und banden unser Schiff mit Seilen, als ob es jeden Augenblick frei käme. Danach kam ein Bär auf unser Haus zu, wir flohen hinein und beabsichtigten, ihn zu erschießen; weil aber das Pulver feucht war, wollte es nicht angehen. Der Bär folgte uns nach und war bereits unsere Schneestiege herabgekommen und lief mit Macht auf die Tür zu. Der Schiffsmann, der der letzte war, schlug die Tür zwar zu, konnte aber vor Schrecken nicht den Riegel davorschieben. Unser großes Glück war, daß der Bär gar nicht hineinstrebte. Er lief davon, kam dann bald wieder und stieg oben aufs Haus. Droben trieb er sein Unwesen, richtete sich an unserem Schlot auf, und wir fürchteten schon, er würde alles niederreißen. Indessen waren wir mit unseren Gewehren soweit. Nun hatten wir über dem Schlot ein altes Segel aufgespannt, damit es nicht hineinregnen oder -schneien sollte: das zerriß er in Fetzen und lief dann davon.

Den 8. Mai war es noch bös. Wir kamen überein, unseren Schiffspatron oder Kommissar anzusprechen, daß es nunmehr Zeit wäre, uns wieder nach Hause zu begeben. Unter uns war aber keiner, der ihm solches sagen durfte; denn er hatte sich vernehmen lassen, er wolle hier verharren bis zum letzten Juni, in der Hoffnung, daß unser Schiff dann wieder vom Eis freikäme.

Den 14. Mai war es abermals schön. Wir holten den letzten Schlitten mit Brennholz. Beständig trugen wir unsere rauhen Socken, die wir aus unseren Hüten gemacht hatten und anstelle der Schuhe benutzten. Sie taten ihren Dienst recht gut. Abermals erinnerten wir den Willem Barents, beim Schiffsmann für uns einzutreten.

Den 15. Mai war schön Wetter, der Wind kam aus Westen. Wir gaben einander ein Zeichen, uns alle aus dem Haus zu entfernen, damit der Willem Barents Gelegenheit hätte, mit dem Schiffsmann zu reden und ihm vorzutragen, was der Begehr der Schiffsgesellen war. Er tat es, und der Schiffsmann gab ihm zur Antwort, sie sollten noch diesen Monat Geduld haben. Und wenn das Schiff vor Monatsende nicht freikäme, sollten sie die Ruderjacht und den Nachen seeklar machen. Das erfreute uns sehr, denn die Zeit wollte uns schon gewaltig lang werden.

Den 12. Juni gingen wir mit Hacken, Äxten und anderem

Werkzeug los und nahmen uns vor, den Weg mehr einzuebnen, damit wir beide Boote vom großen Schiff zum offenen Meer schleifen konnten, was für uns die allerschwerste Arbeit war. Als wir tüchtig mitten dabei waren, kam ein großer Bär – mutmaßlich aus der Tartarei, denn die hatten wir bisweilen überm Meer gesehen – geradewegs vom Meeresstrand auf uns zu. Unser Feldscherer (Arzt und Barbier) schoß mit einer Muskete nach ihm und traf ihn auch. Er lief davon, konnte aber auf dem unebenen Gelände doch nicht weiterkommen; deswegen folgten wir ihm nach, schlugen ihn tot und nahmen seine Zähne.

Den 13. Juni, nachdem alles soweit fertig und unser Schiffsmann das offene Meer besichtigt – der Wind kam von Westen –, ist er ins Haus zu Willem Barents gegangen und hat ihn verständigt, er sei dafür, jetzt die Gelegenheit wahrzunehmen und unsere Reise heimwärts anzutreten. Es wurde nun beschlossen, den Nachen und den Bock – das Ruderschiff – zum Wasser zu bringen und im Namen Gottes unsere Rückreise von Nowaja Semlja anzutreten. Der Willem Barents hat zuvor einen Zettel geschrieben, den er danach in eine Muskete steckte und in den Schlot unseres Hauses hängte, für den Fall, daß jemand nach uns an diesen Ort käme und er dann erführe, bei welcher Gelegenheit das Haus erbaut worden sei. In aller Kürze wurde darin vermeldet, daß wir aus Holland gekommen, in der Absicht, nach dem Königreich China zu schiffen, und daß wir hier, vom Eis aufgehalten, das Haus erbauten, und was uns in den zehn Monaten unseres Hierseins begegnet war.

Und weil wir uns jetzt auf dieser Reise mit unseren zwei kleinen Schiffen in eine überaus große Gefahr begeben mußten, hat unser Schiffspatron zwei Abschiedsbriefe gleichen Inhalts geschrieben, den wir auch alle unterzeichnet haben. Und jedes Schiff hat einen davon zu sich genommen, für den Fall, daß wir auseinander kommen und einander verlieren sollten, damit man bei den Überbleibenden allzeit unser Vorhaben, Abschied und Herkommen finden möchte. Nachdem wir uns über dies alles abgestimmt, haben wir den Bock – oder Ruderschiff – mit großer Mühe ins Meer geschleift, haben einen der Unseren darin gelassen und dann das andere Boot – oder Nachen – geholt und danach noch elf Schlitten mit Proviant, Wein und

Kaufmannswaren beladen. Denn wir hatten uns vorgenommen, so viel Kaufmannsware zu bewahren und heimzubringen, wie uns eben möglich war.

Wir nahmen daher mit uns sechs Ballen reinsten wollenen Tuchs, einen Kasten mit leinernem Tuch, zwei Päcklein Samt, zwei kleine Truhen mit Geld, zwei Harnischfässer (d. i. mit kriegerischer Ausrüstung), dann der Gesellen Kleider, Hemden und anderes, 13 Tonnen Brot, eine Tonne Käse, eine Seite Speck, zwei Fäßlein Öl, sechs kleine Fäßlein Wein, zwei Fäßlein Essig und sonst noch anderen Plunder. Wenn man das alles auf einem Haufen sah, hätte man nicht gedacht, daß damit diese zwei kleinen Schifflein beladen werden könnten.

Als nun dies alles beim Meer gewesen, haben wir unsere Kranken, Willem Barents und Niclas Andreas, auf dem Schlitten ans Meer geschleift, haben dann unsere Ware und Provision (Essensvorrat) geteilt und in jedes Schifflein einen Kranken übernommen.

Den 17. Juni stemmte sich das Eis mit solcher Gewalt dagegen, daß uns die Haare zu Berge standen. Dann sind wir gegen unseren Willen vom Eis dermaßen getrieben, gestoßen und gedrückt worden, daß wir vermeinten, Bock und Nachen würden in mehr als hundert Stücke zerstoßen werden, so daß wir einander mit Jammer anblickten und stündlich den Tod vor Augen sahen. In dieser Not sagte einer unter uns, wenn wir ans feste Eis, das beim Land lag, ein Seil binden könnten, so ließe sich der Bock und der Nachen auf das Eis ziehen. Dieser Rat war wohl gut, es war aber auch solche Gefahr dabei, daß wir Leib und Leben wagen mußten; doch die Not, und daß wir ohnehin in großer Gefahr waren, hat uns das gelehrt.

Deswegen bin ich als der leichteste auf eine Eisscholle gesprungen und habe ein Seil mit mir gezogen. Nachmals bin ich von einer Eisscholle auf die nächste, bis ich endlich, mit Gottes Hilfe, ans feste Eis gekommen bin, wo ich an einem Berglein das Seil angebunden; an ihm zogen sich die im Schiff nun selbst heran. Danach haben wir unsere Kranken* und alle Waren aus

---

* Beide Kranken, also auch Willem Barents, der auf dieser Reise die Bäreninsel und Spitzbergen entdeckt hatte und nach dem ein Teil des Nordpolarmeers – die Barentssee – heißt, sind eine Woche später gestorben.

den Schiffen ausgeladen und erst den Nachen, dann auch den Bock auf das Eis geschleift und Gott gedankt, der uns so gnädig aus der Gefahr errettet hatte.

Adolf Erik Freiherr von Nordenskiöld
M<small>IT DER</small> »V<small>EGA</small>« <small>NORDOSTWÄRTS</small>

Am 19. August 1878 fuhren wir fort, längs der Küste teils zu segeln teils zu dampfen, meist in einem äußerst dichten Nebel, welcher sich nur zeitweise so weit zerteilte, daß die Küstenlage unterschieden werden konnte. Um nicht getrennt zu werden, mußten beide Fahrzeuge* oft mit der Dampfpfeife Signale geben. Das Meer war glatt wie ein Spiegel. Nur wenig und stark zerfressenes Eis zeigte sich ab und zu, im Laufe des Tages aber dampften wir an einem ausgedehnten, ungebrochenen, landfesten Eisfeld vorbei, welches eine Bucht an der westlichen Seite der Tscheljuskin-Halbinsel einnahm. Das Eis, aus dem es bestand, erschien im Nebel ungeheuer stark und hoch, obgleich es in Wirklichkeit beinahe ebenso zerfressen war wie das, welches die Eisstreifen bildete, die uns hier und da auf dem Meer begegneten.

Der Nebel hinderte alle weite Aussicht über das Meer, und ich fürchtete bereits, daß die nördlichste Spitze Asiens so eisumschlossen sein würde, daß wir nicht darauf würden landen können. Bald aber schimmerte eine dunkle, eisfreie Landspitze im Nordosten aus dem Nebel hervor. Ein nach Norden offener Busen schnitt hier in das Land hinein, und in diesem warfen beide Fahrzeuge am 19. August um 6 Uhr nachmittags Anker.

Wir hatten jetzt ein jahrhundertelang vergebens erstrebtes Ziel erreicht: zum erstenmal lag ein Fahrzeug an der nördlichsten Landspitze der Alten Welt vor Anker. Es ist deshalb nicht zu verwundern, daß dieses Ereignis durch Aufhissen der Flag-

---

* Der in Bremerhaven 1872/73 gebaute 357-Tonner »Vega«, für den Walfisch- und Robbenfang eingerichtet, und das kleinere Transportschiff »Lena«.

gen und durch Kanonensalute, sowie später, nachdem wir von unserm Ausflug ans Land zurückgekehrt waren, durch eine Festlichkeit an Bord mit Wein und Toasten gefeiert wurde.

Ebenso wie bei unserer Ankunft am Jenissei wurden wir auch hier von einem großen Eisbären empfangen, den wir schon vor dem Ankern der Fahrzeuge am Strand auf- und abgehen und dann und wann unruhig ausschauen und nach dem Meer zu schnüffeln sahen, um zu erforschen, welch merkwürdige Gäste jetzt zum erstenmal in sein Reich eingedrungen waren. Ein Boot wurde ausgesetzt, um ihn zu erlegen; Brusewitz war der auserkorene Schütze, der Bär aber hütete sich, diesmal mit unseren Gewehren nähere Bekanntschaft zu machen. Die Kanonensalute veranlaßten ihn so vollständig zur Flucht, daß er nicht einmal, wie die Bären sonst zu tun pflegen, am folgenden Tage wiederkam.

Die Nordspitze Asiens bildet eine niedrige, durch einen Busen in zwei Teile getrennte Landzunge, deren östlicher Arm sich ein wenig weiter nach Norden erstreckt als der westliche Arm. Ein Bergrücken mit allmählich abfallenden Seiten zeigt sich von der östlichen Spitze in südlicher Richtung, er erstreckt sich landeinwärts und scheint bereits innerhalb dessen, was wir überblicken konnten, eine Höhe von dreihundert Metern zu erreichen. Gleich dem darunterliegenden Flachland war seine Krone beinahe schneefrei; nur an den Seiten des Berges oder in tiefen, von Schneebächen ausgegrabenen Furchen und kleinen Tälern auf der Ebene waren große, weiße Schneefelder sichtbar. Ein niedriger Eisrand stand noch an den meisten Stellen längs des Strandes. Aber kein Gletscher wälzte seine blauweißen Eismassen an den Seiten der Berge herab, und keine Eisseen, keine hervorspringenden Felsblöcke, keine hohen Bergspitzen verschönerten das Bild der Landschaft, welche die einförmigste und ödeste war, die ich im hohen Norden gesehen habe.

Überall war der Boden, ebenso wie auf der Insel, an der wir am 11. August vor Anker lagen, in mehr oder weniger regelmäßige Sechsecke zersprungen, deren inneres Feld gewöhnlich von Wachstum entblößt war, während aus den Sprüngen verkrüppelte Blumengewächse, Flechten und Moose hervorsproßten.

Alle Flüsse waren jetzt ausgetrocknet, aber ausgedehnte flache Flußbetten gaben zu erkennen, daß hier zur Zeit der Schneeschmelze ein reicher Wasserfluß stattfand. Das Gemurmel der Schneebäche und Vogelgeschrei durchbrechen dann gewiß die Einsamkeit und das Schweigen, welches jetzt über den kahlen, beinahe alles Wachstums entblößten Lehmbetten des Flachlandes ausgebreitet liegt. Wahrscheinlich kann man etwas weiter in das Land hinein in irgendeinem gegen die Winde des Nordmeers geschützten Talgang ganz andere Naturverhältnisse, ein reicheres Tier- und Pflanzenleben finden, welches letztere während der Sommerzeit ebenso blumenreich sein mag wie das, welches uns in den Talgängen des Eisfjords und der »Namenlosen Bucht« (der Besimannajabai) entgegentritt. Menschenspuren sahen wir hier nicht. Die Erzählungen, welche bereits um das Jahr 1600 herum über die Beschaffenheit der Nordspitze Asiens im Umlauf waren, machen es jedoch wahrscheinlich, daß die sibirischen Nomaden ihre Rentierherden auch manchmal bis hier hinauf getrieben haben. Es ist sogar nicht unmöglich, daß russische Fangmänner von Chatanga auf der Nordspitze des Taimurlandes gejagt haben. Und daß Tscheljuskin wirklich hier gewesen ist, davon zeugt die auf russischen Karten ganz richtige Darstellung des Vorgebirges, welches jetzt mit Recht seinen Namen trägt.

Unserm Reiseplan gemäß wollte ich von hier aus direkt nach Osten zu den Neusibirischen Inseln fahren, um zu sehen, ob man nicht auf diesem Weg Land antreffen würde. Am 20. und 21. ging es in dieser Richtung ziemlich unbehindert vorwärts zwischen zerstreutem Treibeis, welches stärker und auch weniger zerfressen war als das, welches wir an der Westseite des Taimurlandes angetroffen hatten. Auch einige sehr große Eisschollen kamen vor, aber keine Eisberge. Übrigens wurden wir wieder von einem so starken Nebel begleitet, daß wir nur die Eisfelder und Eisstücke in der unmittelbaren Nachbarschaft des Fahrzeuges sehen konnten. Außer einigen Lestrisarten und dreizehigen Möwen sahen wir auch Alken, welcher Vogel sonst im Karischen Meer beinahe ganz fehlt.

In der Nacht zum 22. August dampften wir durch ziemlich dichtes Eis. Den ganzen Tag hindurch herrschte fortwährend ein so starker Nebel, daß man die Ausdehnung der Eisfelder in der Umgebung des Fahrzeuges nicht sehen konnte. Wir waren deshalb gegen Mittag hin gezwungen, einen südlicheren Kurs zu nehmen. Da wir auch in dieser Richtung nicht vorwärts kommen konnten, legten wir in Erwartung klareren Wetters an einer größeren Eisscholle bei, bis es sich am Nachmittag etwas aufklärte, so daß wir unsere Fahrt fortsetzen konnten. Es dauerte jedoch nur eine kurze Zeit, bis der Nebel wieder so dicht wurde, daß man ihn, wie die Seeleute sagen, mit dem Messer schneiden konnte. Es war jetzt wirklich Gefahr vorhanden, daß die »Vega« bei Fortsetzung ihrer Fahrt auf das Ungewisse hin in dem Eislabyrinth, worin wir uns verwirrt hatten, demselben Schicksal ausgesetzt werden könnte, welches Tegetthoff betroffen hatte. Um dies zu vermeiden, wurde es notwendig, den Versuch, von Kap Tscheljuskin direkt zu den Neusibirischen Inseln zu segeln, aufzugeben und zu versuchen, baldmöglichst das offene Wasser an der Küste zu erreichen.

Als der Nebel sich am 23. August morgens aufklärte, fingen wir deshalb wieder an, zwischen den Eisfeldern vorwärts zu dampfen, diesmal aber nicht, um in einer bestimmten Richtung vorzudringen, sondern um offenes Wasser aufzusuchen. Die Eisfelder, welche wir jetzt trafen, waren äußerst zerfressen, was andeutete, daß wir nicht mehr weit von dem Ende des Treibeises sein konnten. Dessenungeachtet blieben alle Versuche vergeblich, in östlicher, westlicher oder südlicher Richtung »passierbares« Eis zu finden. Wir mußten also in nördlicher Richtung die Öffnung suchen, durch welche wir eingesegelt waren. Dies war umso beunruhigender, als der Wind zu einem ziemlich frischen Nordwestwind umgesprungen war, weshalb es bei der geringen Dampfkraft der »Vega« nur langsam vorwärts ging. Erst gegen halb sieben Uhr abends kamen wir endlich aus der sackförmigen Öffnung im Eis heraus, in die wir am Mittag des vorhergehenden Tages eingesegelt waren.

Ohne eigene Erfahrung kann man sich kaum eine Vorstellung von den optischen Täuschungen machen, welche der Nebel in Gegenden zuwege bringen kann, in denen die aus dem Nebel hervorschimmernden Gegenstände ihrer Größe nach nicht schon vorher bekannt sind und demnach dem Beschauer keinen Begriff der Entfernung geben können. Unsere Schätzung des Abstandes beruht in solchen Fällen lediglich auf dem

Zufall. Hinzu kommt, daß die undeutlichen Konturen der nebelumhüllten Gegenstände selbst oft unbewußt von dem Beschauer zu launischen Phantasiegebilden vervollständigt werden.

Während einer Bootsreise in der Hinlopenstraße sollte ich einmal zwischen Treibeis nach einer etliche Kilometer entfernten Insel rudern. Als das Boot ausgesetzt wurde, war der Himmel klar, als wir aber gerade mit dem Schießen von Vögeln für unser Mittagsessen beschäftigt waren, hüllte sich alles in einen dichten Nebel, und zwar so unvermutet, daß wir nicht Zeit hatten, ein Kompaßpeilen der Insel zu machen. Hierdurch entstand ein recht unangenehmes Herumrudern aufs Geratewohl zwischen den im Sund heftig umhertreibenden Eisstücken. Alle strengten sich jetzt nach bestem Vermögen an, die Insel auszukundschaften, deren Strand uns einen sicheren Ankerplatz bieten sollte. Hierbei sahen wir einen dunklen Rand am Horizont hervorschimmern; wir hielten ihn für die Insel, zu der wir fahren wollten, und daß der dunkle Rand schnell höher wurde, erschien uns anfangs nicht auffallend, da wir glaubten, daß sich der Nebel zerteile und infolgedessen mehr von dem Land hervortrete. Bald wurden zwei weiße Schneefelder, die wir vorher nicht bemerkt hatten, zu beiden Seiten des Landes sichtbar, und gleich darauf verwandelte sich das ganze in ein Meerungeheuer, einem berggroßen Walroßkopf ähnlich. Dieses bekam Leben und Bewegung, und schließlich sank alles zu dem Kopf eines gewöhnlichen Walrosses zusammen, welches in der Nähe des Bootes auf einem Eisstück lag; die weißen Zähne bildeten die Schneefelder und der schwarzbraune, runderhabene Kopf die Berge.

Kaum war dieses Blendwerk verschwunden, als einer der Mannschaft ausrief: »Land gerade vor uns, hohes Land!« Wir sahen nun alle vor uns ein hohes Alpenland, mit Bergspitzen und Gletschern; aber auch dieses sank gleich darauf zu einer gewöhnlichen, niedrigen, von Erde geschwärzten Eisspitze zusammen.

Fridtjof Nansen
IN DER WINTERHÜTTE

Es ist ein merkwürdiges Dasein, den ganzen Winter hindurch in einer unterirdischen Hütte zu liegen und nichts zu haben, womit man sich beschäftigen könnte. Oft waren wir dabei, uns auszurechnen, wie weit die »Fram« getrieben sein könne, und ob eine Möglichkeit vorhanden sei, daß sie vor uns nach Norwegen heimkehre. Ich glaubte mit Sicherheit annehmen zu dürfen, daß das Schiff bis nächsten Sommer oder Herbst in die See zwischen Spitzbergen und Grönland getrieben sein würde und daß die Wahrscheinlichkeit dafür spräche, daß sie im August oder September wieder in Norwegen sein würde. Aber ebensogut war es auch möglich, daß sie früher im Sommer ankommen könnte, oder vielmehr, daß wir erst später im Herbst die Heimat erreichen würden. Das war die große Frage. Besorgt dachten wir daran, daß die »Fram« zuerst nach Hause zurückkehren könnte. Was würden unsere Freunde dann von uns denken? Es würde kaum jemand die geringste Hoffnung haben, uns wiederzusehen, nicht einmal unsere Kameraden an Bord der »Fram«. Uns schien jedoch, das könne nicht geschehen ...

Wie sehnten wir uns nach einer Veränderung in der Einförmigkeit unserer täglichen Nahrung! Wenn wir nur ein wenig Zucker oder Mehlspeise zu all dem ausgezeichneten Fleisch gehabt hätten, wir hätten wie die Fürsten leben können. Unsere Gedanken weilten sehnsüchtig bei großen Schüsseln voll Kuchen; Brot und Kartoffeln gar nicht zu erwähnen. Wie wollten wir uns für die verlorene Zeit entschädigen, wenn wir wieder zurückkämen; und sobald wir an Bord des Schiffes aus Tromsö wären, sollte der Anfang gemacht werden! Ob sie wohl Kartoffeln an Bord haben würden? Und ob sie wohl frisches Brot hätten? Schlimmstenfalls ließe sich auch Schiffszwieback hören, wenn wir ihn mit Zucker und Butter backen könnten. Noch besser als das Essen würden freilich reine Kleider sein, die wir anlegen könnten. Und dann Bücher – an Bücher nur zu denken! Ach, die Kleider, die wir trugen, waren fürchterlich! Und wenn wir uns einen wirklich angenehmen

Augenblick verschaffen wollten, dann stellten wir uns einen großen, hellen, sauberen Laden vor, dessen Wände mit nichts als neuen, sauberen, weichen, wollenen Anzügen behängt waren, aus denen wir uns aussuchen konnten, was wir nur wollten. Man denke: reine Hemden, Westen, Unterhosen, weiche, warme wollene Hosen, köstliche bequeme Jacken, und dann auch reine wollene Strümpfe und warme Filzpantoffeln – könnte man sich etwas Schöneres vorstellen? Und nun gar ein römisches Bad!

Wir pflegten stundenlang in unserm Schlafsack nebeneinander zu sitzen und von allen diesen Dingen zu plaudern. Wir konnten es uns fast nicht vorstellen, alle die schweren fettigen Lumpen wegwerfen zu können, in denen wir gingen! Wie Leim klebten sie am ganzen Körper. Unsere Beine hatten am meisten zu leiden, da die Hosen fest an den Knien klebten, so daß sie, wenn wir uns bewegten, an der Innenseite der Oberschenkel die Haut abschabten und abrissen, bis alles wund und blutig war. Es machte mir die größte Mühe, zu verhindern, daß diese Wunden allzu sehr mit Fett und Schmutz beschmiert würden, und ich mußte sie beständig mit Moos oder einem Fetzen von einer der Binden aus unserer Apotheke und ein wenig Wasser waschen, das ich in einem Becher über der Lampe erwärmte.

Nie vorher habe ich so sehr eingesehen, welch großartige Erfindung Seife in Wirklichkeit ist. Wir machten allerlei Versuche, den schlimmsten Schmutz fortzuwaschen, sie waren aber alle gleich erfolglos. Wasser übte auf diese Schmiere nicht den geringsten Einfluß aus; besser war es, sich mit Moos und Sand zu scheuern. Sand konnten wir in den Mauern unserer Hütte reichlich finden, wenn wir das Eis herunterhackten. Die beste Methode war jedoch, unsere Hände gründlich mit warmem Bärenblut und Tran einzuschmieren und mit Moos wieder abzureiben. Dann wurden sie so weiß und weich wie die zartesten Damenhände, und wir vermochten uns kaum zu denken, daß sie zu unserm eigenen Körper gehörten. Wenn von diesen Toilettegegenständen nichts zu haben war, hielten wir es für die zweitbeste Methode, die Haut mit einem Messer abzukratzen.

War es uns schon schwer, den Körper zu reinigen, so war dies bei unsern Kleidern eine reine Unmöglichkeit. Wir versuchten es auf alle mögliche Weise; wir wuschen sie sowohl nach Eskimo-, als auch nach unserer eigenen Weise, aber beide nutzten nicht viel. Wir kochten unsere Hemden stundenlang im Topf und nahmen sie wieder heraus, um zu finden, daß sie noch ebenso voll Fett waren, wie wir sie hineingelegt hatten. Dann versuchten wir den Tran herauszuwinden; das ging ein wenig besser. Das einzige, was wirklich einige Wirkung tat, war aber, sie zu kochen und, solange sie noch warm waren, mit einem Messer abzukratzen.

Inzwischen ließen wir Haar und Bart vollständig wild wachsen. Allerdings hatten wir eine Schere und hätten die Haare schneiden können; allein da unser Kleidervorrat keineswegs verschwenderisch groß war, meinten wir, es würde ein wenig wärmer sein, wenn wir alles Haar behielten, das uns über die Schultern herabzuhängen begann. Es war aber ebenso rabenschwarz wie unser Gesicht, und als wir einander im Tageslicht des Frühjahrs ansahen, fanden wir, daß unsere Zähne und das Weiße der Augen unheimlich weiß glänzten.

Es war ein seltsames Leben, das unsere Geduld in vieler Beziehung hart auf die Probe stellte; aber gleichwohl war es nicht so unerträglich, wie man annehmen könnte. Jedenfalls glaubten wir unter Erwägung aller Umstände ziemlich gut daran zu sein. Wir waren während der ganzen Zeit guten Mutes; wir blickten heiter in die Zukunft.

Nach unserer Rückkehr wurde Johansen einmal gefragt, wie wir beide durch den Winter gekommen seien und es angestellt hätten, uns nicht zu überwerfen, da es doch eine schwere Prüfung für zwei Männer sei, in völliger Einsamkeit so lange miteinander zu leben. »O nein«, antwortete er, »wir haben uns nicht gezankt; das einzige war, daß ich im Schlaf die schlechte Angewohnheit habe, zu schnarchen, und dann stieß mich Nansen in den Rücken.« Ich kann nicht leugnen, daß dies der Fall gewesen ist; ich habe ihm manchen wohlgemeinten Stoß versetzt, doch schüttelte er sich dann nur und schlief ruhig weiter, um das Schnarchen in einer andern Tonart fortzusetzen.

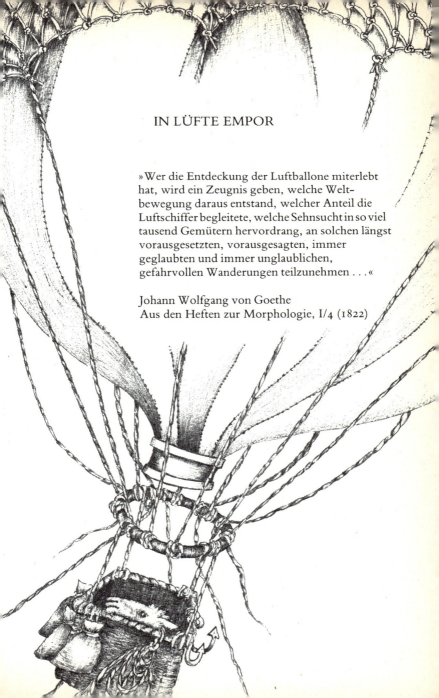

IN LÜFTE EMPOR

»Wer die Entdeckung der Luftballone miterlebt hat, wird ein Zeugnis geben, welche Weltbewegung daraus entstand, welcher Anteil die Luftschiffer begleitete, welche Sehnsucht in so viel tausend Gemütern hervordrang, an solchen längst vorausgesetzten, vorausgesagten, immer geglaubten und immer unglaublichen, gefahrvollen Wanderungen teilzunehmen ...«

Johann Wolfgang von Goethe
Aus den Heften zur Morphologie, I/4 (1822)

Barthélemi Faujas de Saint-Fond
Von den Erfindern der Luftmaschine

Versuch zu Annonay am Fünften des Brachmonates 1783: Nachdem die Herren Stephan und Joseph von Montgolfier, Eigentümer einer der schönsten Papierfabriken zu Annonay in Vivarais, welche mit einer Anlage zu nützlichen Kenntnissen geboren und mit einem tiefsinnigen Geiste begabt, ihre geschäftlosen Stunden auf die Wissenschaft der Physik verwandten, lange Zeit über das Aufsteigen der Dünste in den Luftkreis nachgedacht hatten, wo sich dieselben vereinigen, um Wolken zu gestalten, welche ungeachtet ihres großen Umfanges und ihrer Schwere sich nicht nur in einer sehr großen Höhe erhalten, sondern auch schwimmen und von den Winden hin und her getrieben werden: so sahen sie die Möglichkeit ein, die Natur in einer ihrer größten und herrlichsten Wirkungen nachahmen zu können. Sie faßten alsbald den kühnen Entwurf, eine Art von künstlicher Wolke durch Beihilfe einer weiten Hülle und eines leichten Dunstes hervorzubringen, welche die bloße Schwere der atmosphärischen Luft zwingen würde, sich bis in jene Gegend zu erheben, wo die Gewitter entstehen.

Der bloße Gedanke dieses Entwurfes setzt notwendig einen großen Geist, wie die Ausübung Mut, und einen dergestalt offenen Kopf voraus, welcher imstande sein mußte, Hilfsmittel gegen die Menge der Hindernisse, die sich bei einem Unternehmen solcher Art ergeben müssen, zu erfinden.

Es ist zweifelsohne zwischen einem Versuch, der im Zimmer geschieht – so fein und witzig er immer ausgedacht sein mag –, und jenem, in welchem der Mensch die Mittel ausfindig machen muß, um die Natur in einer von niemandem noch geprüften Handlung nachzuahmen, ein großer Unterschied; denn da alles, was man bisher versucht hatte, um sich in die Luft zu erheben, nur auf falschen Berechnungen oder auf bloß phantastischen Ausübungen gegründet war, machten sich diejenigen mit Recht lächerlich, welche hartnäckig darauf beharrten, den dem wahren Zweck ganz entgegengesetzten Weg zu nehmen.

Nachdem die Herren von Montgolfier, durch bessere Grundsätze geleitet, den Entwurf, mit dem sie sich beschäftigten, reif überdacht, sich mit diesem erhabenen Gedanken bekannt gemacht und endlich auch die Mittel, durch welche sie solches bewerkstelligen wollten, miteinander vereinbart hatten, so wagten sie es, ihren ersten Versuch in einer Stadt zu machen, wo alle Hilfsmittel der Kunst ihnen zu ermangeln schienen.

Als donnerstags, den 5. des Brachmonats 1783, die Versammlung der Landstände von Vivarais sich zu Annonay einfand, wurde sie von den Erfindern der Luftmaschine gebeten, dem Versuch, welchen sie öffentlich zu machen gesinnt wären, beizuwohnen. Aber wie groß war das Erstaunen der Abgeordneten und jenes der Zuschauer, als man auf dem öffentlichen Platz eine Art von Kugel, die hundertzehn Schuh im Umkreis hatte, sah, und an ihrer unteren Achse auf einem hölzernen Gestell von 16 Schuh in der Oberfläche zurückgehalten wurde! Diese große Hülle und ihr Gestell wogen 500 Pfund, und jene konnte 22000 Kubikschuh Luft enthalten.

Wie groß war das allgemeine Erstaunen, als die Erfinder einer solchen Maschine ankündigten, daß, sobald sie mit einer brennbaren Luft, welche sie nach Belieben durch die einfachste Behandlung hervorbringen können, angefüllt sei, sie sich von selbst bis in die Wolken erheben würde! Man muß gestehen, daß, ungeachtet des Zutrauens, das man in die Einsichten und Kenntnisse der Herren von Montgolfier setzte, dieser Versuch denen, die davon Zeugen waren, so unglaublich schien, daß auch jene Personen, die von der Sache wohl unterrichtet und dafür eingenommen waren, immer noch an ihrem Fortgang zweifelten.

Endlich legten die Herren von Montgolfier Hand an das Werk: sie schritten zur Entwicklung der Dünste, welche diese Erscheinung hervorbringen sollte. Die Maschine, welche bisher nur eine Hülle von Leinwand, mit Papier gefüttert, oder eine Art eines überaus großen Sackes von 35 Schuh in der Höhe vorstellte, der zusammengedrückt voller Falten und luftleer war, bläht sich auf, wird augenscheinlich größer, nimmt eine Dichte an, bekommt eine schöne Gestalt, dehnt sich von allen Seiten aus und trachtet in die Höhe zu steigen; allein starke Männer halten sie zurück. Als aber das Zeichen gegeben wird, erhebt und schwingt sie sich mit Geschwindigkeit in die Luft, wo die schnelle Bewegung sie in weniger als zehn Minuten 1000 Klafter in die Höhe trieb.

Sie beschreibt dann eine Horizontallinie von 7200 Fuß, und weil sie merklich von ihrer brennbaren Luft verlor, läßt sie sich langsam herunter. Zweifelsohne hätte sie sich länger in der Luft gehalten, wenn man in der Ausübung der Sache mehr Genauigkeit angewandt hätte; aber das Ziel war erreicht, und dieser erste Versuch, welcher so glücklich abgelaufen, dient den Herren von Montgolfier zum ewigen Ruhm, daß sie eine von den bewunderungswürdigsten Entdeckungen gemacht haben.

Wenn man nur ein wenig über die unzählbaren Schwierigkeiten nachdenken will, welche sich bei einem so kühnen Versuch einfanden, über den bitteren Tadel, dem sich die Erfinder aussetzten, im Falle der Versuch nicht gut ausgefallen wäre, über die Ausgaben, welche dabei gemacht werden mußten, so muß man die größte Hochachtung und Bewunderung für die Urheber der Luftmaschine hegen.

Versuch zu Versailles am Neunzehnten des Herbstmonates 1783: Um 10 Uhr vormittags war die Straße von Paris nach Versailles ganz mit Wagen angefüllt. Von allen Seiten kamen Menschen scharenweise an: die Eingänge, die Höfe, Fenster, ja sogar die Dächer des Schlosses waren besetzt. Die Größten, Vornehmsten und Gelehrtesten der Nation schienen sich den Rang abzustreiten, den Wissenschaften unter den Augen des allerhöchsten Hofes, welcher solche beschützt und anflammt, die öffentliche Ehrerbietung zu bezeugen.

Eben in diesem Augenblick und inmitten dieses unendlichen Zusammenflusses der Bürger aller Stände geruhten auch Ihre Majestäten und die königliche Familie, sich in diesen Kreis zu begeben, und würdigten sich, bis zur Maschine selbst durchzudringen, sie nach allen Teilen zu untersuchen und sich von allen Zubereitungen genaue Nachricht geben zu lassen.

Um 12 Uhr 4 Minuten weniger wurde durch den Knall eines Böllers das Zeichen gegeben, daß man die Maschine anfülle; man sah sie alsbald sich erheben, aufschwellen, die Falten, so verwickelt sie untereinander waren, mit Heftigkeit ausdehnen und sich ganz und gar zu entwickeln. Ihre Gestalt gefiel allen Augen: ihr auffallender Umfang setzte jedermann in Verwunderung, und schon stieg sie so hoch, wie der höchste Mastbaum ist. Ein andrer Böller kündigte an, daß man sie loslassen werde, und bei Ablösung des dritten sind die Seile abgeschnitten worden, wodurch die Maschine sich mit vieler Pracht in die Luft erhob und den Anhang, worin ein Schaf und das Geflügel eingeschlossen war, nach sich zog.

Die Maschine erhob sich alsbald zu einer großen Höhe, wobei sie eine Linie beschrieb, die sich gegen den Horizont neigte und zu welcher sie durch den Südwind gezwungen worden ist. Hernach schien sie etliche Sekunden an einem Ort zu stehen, es machte die allerschönste Wirkung; endlich senkte sie sich ganz langsam in dem Wald bei Vaucresson, 1700 Klafter von dem Aufsteigungspunkt entfernt, zur Erde. Man brauchte nur elf Minuten, sie zu laden, und sie blieb acht Minuten in der Luft.

In dem Versuch zu Annonay hat sich die Maschine, deren die Herren von Montgolfier sich damals bedienten, zu einer weit größeren Höhe erhoben, indem sie wenigstens auf 1000 Klafter stieg. Da jene bei weitem nicht von einer so regelmäßigen Bauart war, so muß eine Ursache sein, welche dem Aufsteigen dieser hier Abbruch gemacht hat. In Wahrheit hat sie den Zusehern einen prächtigen Anblick verschafft – aber sie kam nur auf 240 Klafter.

Die Ursache, welche nur einigen bekanut war, die nächst an der Maschine waren, ist von denen, die sie behandelt haben, dann auch entdeckt worden. Der Stoß des Windes, welcher in dem Augenblick, als sich eine so weitwändige Oberfläche der Luft aussetzte, an die Kugel drückte, versetzte die bei der Maschine angestellten Arbeitsleute in die Not, selbige mit Gewalt anzuhalten. Diese Gewalt nebst jener des Windes und der Bestrebung der Maschine, sich zu erheben, verursachten zwei Risse von sieben Fuß: am Gipfel und an dem Teil, wo die Leinwand schlecht zusammengenäht war.

Diese zwei oberen Öffnungen verursachten die Ausdünstung der brennbaren Luft, woher die Gewalt der Aufsteigung wegen Vermischung der atmosphärischen Luft sich natürlicherweise schwächen mußte. Für einige Augenblicke erfolgte ein vollkommenes Gleichgewicht, und die Maschine, welche weder auf- noch abstieg, war sehr angenehm anzusehen und verursachte den Zusehern in diesem ruhigen Stand ein sehr großes Vernügen.

James Glaisher
Wir Bürger des Himmels

Unser Ballon schwebt inmitten einer ungeheuren Hohlkugel, deren unterer Teil durch eine waagerechte Fläche abgeschnitten ist. Dieser Abschnitt wird durch ein Trugbild der Erde, oder richtiger zu sprechen, durch eine ungeheure Decke, durch einen Kontinent von Wolken dargestellt, der uns von der wirklichen Erde vollständig trennt und die Wohnstätten der Menschen für uns unsichtbar macht.

Wir sind jetzt Bürger des Himmels und durch eine graue, undurchdringliche Nebelschranke geschieden von der harten Klippe, die wir Erde nennen und an der so viele stolze Ballons gescheitert sind. Was sollten wir hier noch fürchten? Hier, wo der alles bändigende Druck der Schwere überwunden scheint? Hier, in einer Welt erhabener Ruhe und ewig ungestörten Friedens?

Der luftige Schleier, der uns von dem Schauplatz menschlicher Verirrungen und Leidenschaften trennt, ist weich und zart und lockend, gleich dem Gewebe einer Sirene. Wie? wenn wir uns in eins dieser zauberischen Täler hinabsenkten? in eine dieser stillen Buchten steuerten?

Über unsern Häuptern wölbt sich ein ungeheurer Dom; einzelne Wolken schweben in ihm dahin; aber sie scheinen nur den Zweck zu haben, die unermeßliche Größe dieses Olymps zu zeigen. Nach Osten zu strahlen die Farben eines Regenbogens, der eben verlöschend noch ein letztes Glanzlicht auf den dunkeln Azur des Himmels wirft, während von Westen her die Sonne die Ränder alle der flockigen Wölkchen umher versilbert und sie in ein leuchtendes Vlies verwandelt.

Unter diesen leichten Floren aber erhebt sich in riesenhafter Kette ein anderes Wolkengebilde. Es sind die wahren Alpen des Himmels, Gipfel auf Gipfel übereinandergetürmt, bis die letzten Spitzen sich im Widerschein der Sonnenglorie verlieren. Einige dieser stolzen Massen scheinen von Lawinen und Gletschern durchfurcht; andere ragen in kühner Kegelgestalt in den unendlichen Raum empor; kristallene Wände, blitzende Hörner, schroffe Pyramiden – eines drängt sich an das andere.

Gleichzeitig mischt sich ein Gefühl der Furcht in die Bewunderung des Menschen, und überwältigender noch als der Anblick dieser majestätischen Natur ist ihr erhabenes Schweigen. Darf ich aussprechen, was ich fühle, so muß ich sagen: es zermalmt gleichsam den menschlichen Verstand, während es ihn doch zugleich verhindert, der Unendlichkeit gegenüber seine Zwergnatur zu vergessen.

Selbst der Ballon gleitet geräuschlos dahin; der Laut der menschlichen Rede stimmt sich zum scheuen Geflüster herab; und nur wenn das straffgespannte Tauwerk ächzt, schallt aus der Höhlung des Ballons ein seltsames Echo zurück.

Und doch lockt diese himmlische Natur uns mit derselben magischen Gewalt, mit der der Ozean und die Wüste uns lockt. Es ergreift uns gleichsam der Schwindel des Unendlichen; wir möchten fliehen und möchten doch ohne Aufhören über diesen grenzenlosen Ebenen umherirren. Allein bereits erinnert uns die sinkende Sonne, daß es Zeit wird, die Region der Träume zu verlassen. Nur zu lange schon haben wir uns dem Joch der Schwere entzogen; es gilt zum alten Gehorsam und zu der irdischen Wohnstatt zurückzukehren.

Die Wolkengipfel nähern sich zusehends, und bereits tauchen wir in tiefe Schluchten hinab: das Land der Luftgeister tut sich auf. Mag es uns zu verschlingen drohen: es ist nur eine Täuschung; Berge, Täler und Gletscher wehen auseinander wie leichte Schleier, um unserem Auge die heimatliche Erde wieder zu enthüllen. Schon schimmern tausend Feuer zu uns herauf; tausend glühende Punkte beginnen sich zu entzünden. Wir müssen uns zur Landung anschicken, und bald wird unser Anker fest in den festen Boden greifen. (...)

Will man die Wolkenbildungen in ihrer ganzen Schönheit bewundern, so muß man an einem Herbstmorgen aufsteigen, wenn die Atmosphäre noch mit den Dünsten der Nacht beladen ist. Ich selbst habe nur ein einziges Mal vom Bord des Luftschiffes aus die Sonne aufgehen sehen. Es war in den letzten Tagen des August. Ein dampfiger Nebel verhüllte noch die Erde – denn es war eben erst vier Uhr vorüber –, und wiewohl wir uns ohne Hindernis erhoben, bedurften wir einer Viertelstunde, um diesen Dünsten zu entrinnen, die uns bis zu einer Höhe von 5000 Fuß begleiteten.

Allenthalben wogten die grauen Schwaden um uns her, indem nur nach Osten zu ein silberner Streif den kommenden Tag verriet.

Dennoch waren wir weit entfernt, die Großartigkeit des Schauspiels zu ahnen, welches uns erwartete, als plötzlich eine Strahlenlawine sich über die Dämmerung ergoß und nun die Sonne selbst hervortrat.

Die auf der Ebene sichtbaren Sonnenaufgänge geben in der Tat nur ein schwaches Nachbild solcher Szenen.

Bald stiegen Gletscher und Eisberge vor uns auf, bald breiteten sich ungeheure Ebenen gleich goldenen Seen aus. Und aus diesen Lichtgefilden, diesen Schneegebirgen wieder tauchten neue Gebilde: Wolken, die des Weges, dem sie folgen sollten, noch ebenso ungewiß zu sein schienen als der Formen, die sie anzunehmen hätten.

Alle Farben des Irisgürtels zogen im reizenden Wechselspiel darüber hin, bis die Sonne, wie erschöpft, wiederum erblich und endlich in dichten Dünsten verschwand.

Ein ungewisses Grau umgibt uns; nur hie und da zerreißt eine Spalte das trübe Gewebe, öffnet einer jener Gletscher ein Tal, uns die Erde zu zeigen, die jetzt einer Reihe dunkler Inseln auf silbernem Grunde gleicht. Denn das Licht des Morgens und der phosphoreszierende Tau haben sich gleichsam auf den weiten Wiesen und Fluren verdichtet.

Da tun sich von neuem die goldenen Siegestore auf; an dem äußersten Ende eines unermeßlichen Tales erscheint die Sonne von neuem, um Himmel und Erde mit einem Meer unwiderstehlichen Lichtes zu überfluten. Und nun steht er da, der glorreiche Tag, und die Wolkenriesen liegen ihm zu Füßen, ein ohnmächtiger Nebel!

Wir schweben mittlerweile in einer Höhe von 3½ englischen Meilen, ohne daß die um uns herrschende Kälte unser Entzükken gestört hätte. Der Ballon, der mit dem Tau des Morgens beladen aufgestiegen ist, hat sich mit einer Franse blitzender Eisperlen geschmückt, die sich erst wieder zu lösen beginnen, als wir endlich die feierlichen Regionen verlassen, um zur Erde niederzusteigen.

Doch ich muß darauf verzichten, die Erhabenheit der Szenen zu schildern, welche droben im Luftreich dem Auge des einsamen Schiffers vorüberziehen, und füge nur noch das eine hinzu, daß auch der Anblick der irdischen Landschaft von der Gondel des Ballons aus ein durchaus eigentümlicher und oft kaum minder bewundernswürdiger ist.

In dieser Beziehung werde ich mich nie ohne Gemütsbewegung der Aufsteigung vom 9. Oktober 1863 erinnern, die mich in der Stunde des Sonnenuntergangs über London hinwegtrug. Eben als der Ballon über London Bridge schwebte, befanden wir uns 7000 Fuß über dem Spiegel der Themse. Wir waren dabei der Erde noch immer nahe genug, um die einzelnen Züge des Bildes, welches sich uns darbot, nicht aus den Augen zu verlieren, während andrerseits der Blick ungehemmt über die Wohnstätten von drei Millionen menschlicher Wesen hinausschweifte. Denn wir überschauten nicht allein diese ganze ungeheure Häusermasse, die schon Jansson in mehr als einem Sinne mit Recht das *compendium totius regni* nennt, sondern auch die stundenlangen Reihen der dazugehörigen Villen, Gärten und Parks, und je tiefer wir herabstiegen, um so klarer stellte sich jede Einzelheit dem Auge. Die Themse wand sich leuchtend hindurch, mit zahllosen Schiffen und Booten bedeckt; ich verfolgte sie bis zur Mündung bei Gravesend und übersah gleichzeitig die Küsten im Norden bis Norfolk, im Süden bis in die Fruchtebenen von Kent, indes ich vergebens die schimmernden Linien Frankreichs suchte.

Ein leichter, bläulicher Rauch stieg von dem ganzen auf der Nordseite der Themse gelegenen Teil der Metropole auf; dagegen erschienen die Dünste über dem südlichen Teil dichter und schwerer. Hier, über Southwark, Lambeth und Rotherhithe, mischte sich offenbar ein Nebel hinzu, der von der Erde kam und sich sehr deutlich durch eine mannigfach gekrümmte Linie abgrenzte. Diese Nebellinie aber entsprach genau den mannigfachen Hebungen und Senkungen des Kies- und Sandbodens, auf welchem alle an die Themse stoßenden Stadtteile erbaut sind. Erst in weiterer Entfernung von dem Strom begegnet der durchlassende Untergrund den Schichten des plastischen Tons, innerhalb deren die Durchsickerungen aufhören müssen.

Ohne es zu wollen, treiben wir Geologie! Unsere so weit von der Erde entfernten Augen erlangen gewissermaßen die Fähigkeit, vorahnend in die Tiefen zu dringen und die Ursache der hier vor sich gehenden Phänomene zu begreifen.

Während dieses ganze Schauspiel sich vor uns entrollt, schweben wir inmitten der Himmelswölbung, deren reinen Äther der Atem der Erde nicht trübt. Nirgends ein Nebelstreif, nirgends auch ein größeres Gewölk, und wären wir noch höher gestiegen, so würde vielleicht alles um uns her zu Gold und Azur geworden sein.

Ich habe London während der Nacht gesehen; ich habe es während des Tages in einer Höhe von vier englischen Meilen überflogen; ich habe oft die Pracht des Firmaments bewundert; aber nichts von allem kam den großen Eindrücken eben dieser Aufsteigung gleich.

Und nicht dem Auge allein, auch dem Ohr offenbaren sie sich. Denn in immer gleichem Rhythmus tönt das Brausen der Riesenstadt zu uns herauf: der Chor der schaffenden Arbeit, die Stimme des lebenwebenden Gedankens! Erst, nachdem wir neue vier (englische) Meilen zurückgelegt haben, sind wir wieder mit uns allein.

Ich schließe.

Trotz der Einwendungen, welche man gegen die Luftschiffahrt erhoben, und trotz aller Hindernisse, welche ihr in Wirklichkeit entgegenstehen, bleibt zur Zeit der Ballon das einzige Werkzeug, welches uns die Bewegung in lotrecht aufsteigender Richtung gestattet. Möge man denn nicht ablassen, sich seiner zu bedienen, um die äußersten Grenzen zu erforschen, in welche die Natur uns eingeschlossen hat.

Salomon August Andrée
DEM NORDPOL ENTGEGEN

12. Juli 1897.
4.50 Uhr. Nebel lichtet sich etwas und Ballon steigt. Vieles von dem, was wir für offenes Wasser hielten, wird wohl nur schneefreies oder wasserbedecktes Eis gewesen sein.

5.05 Uhr. Der Schnee auf dem Eis – schmutzig hellgelb auf

große Strecken. Das Fell des Eisbären ist von gleicher Farbe. Das Eis ist nicht sehr, besser gesagt, es ist überhaupt nicht gepreßt. Man kann mit Pferden und Schlitten darüber fahren, falls die Decke hart genug ist. Kein Land ist in Sicht. Aber der Horizont ist dunstig. Wirklich eine wunderbare Fahrt, jetzt in der Nacht. Ich friere, will aber die zwei Schläfer nicht stören. Sie brauchen Ruhe. Wir haben noch ... weder Bär noch Seehunde. Als der Ballon sank, kamen die Seile nicht richtig zu liegen, daher kommt es, daß die Gondel sich zurücklegt und die Segel den Ballon nach unten drücken. Das ist schade, denn ... tun nicht besonders ...

12. Juli morgens
7.15 Uhr zeigt sich ein Eissturmvogel ganz nahe bei der Gondel. Der Ballon wurde erst wieder flott um 7.32 Uhr und trieb dann gerade nach W magn.

Kaffee gekocht binnen 18 Min. Beißzange abgeleckt.

10.53 Uhr Ballon blieb stehen. Bei 4,5 Meter Windgeschw.

11.45 Uhr. Alles trieft und der Ballon wird arg heruntergedrückt. Obwohl wir Ballast hätten abwerfen können und der Wind uns wahrscheinlich nach Grönland treiben würde, beschlossen wir doch, hier ruhig liegen zu bleiben. Wir mußten heute viel Ballast abwerfen. Wegen der lästigen Stöße konnten wir nicht schlafen oder sonst ausruhen. Wir halten es wohl nicht mehr lange aus. Wir brauchen alle drei Ruhe. Ich schicke also Strindberg und Fraenkel um 11.20 Uhr in die Koje. Bis 6 oder 7 Uhr lasse ich sie schlafen, wenn ich mich solange wach halten kann. Dann will ich selbst versuchen ein wenig zu ruhen. Ich fürchte, daß ich sie überanstrengt habe und die Schuld trage, wenn einer von ihnen schlapp macht.

Es ist doch recht sonderbar, hier über dem Polarmeer zu schweben. Wir sind nun die ersten, die hier im Ballon umherfliegen. Wann es uns wohl jemand nachtun wird? Werden uns die Menschen für verrückt halten oder unserm Beispiel folgen? Ich kann nicht leugnen, daß uns alle drei ein Gefühl des Stolzes beherrscht. Wir finden, daß wir getrost sterben können, nachdem wir das geleistet haben. Vielleicht treibt uns nur ein überspanntes Persönlichkeitsgefühl, vielleicht können wir es nur nicht ertragen, in Reih und Glied mit dem Durchschnitt zu leben und zu sterben, von kommenden Geschlechtern vergessen zu werden? Nennt man das Ehrgeiz?

Das Rasseln der Schleppseile im Schnee und das Klappern der Segel sind die einzigen Laute, außer dem Knarren des Korbgeflechts.

13. Juli morgens

2.08 Uhr. Der Ballon schwankt, dreht und hebt und senkt sich unaufhörlich. Er will weitertreiben, kommt aber nicht los, weil der Wind nur 2,1 met. sec. hat, jetzt, d.h. 2.10 Uhr.

4.15 Uhr. Kein lebendes Wesen hat sich gezeigt während der ganzen Nacht, kein Vogel, Seehund, Walroß oder Bär.

11.49 Uhr wurde der Ballon flott.

Fraenkel schaut gierig nach Spülwasser aus.

1.37 Uhr. Bärenfährte. Tauwerk beeist. 4 Brieftauben (3te Post) wurden abgesandt 2 Uhr Nachmittag d. 13. Juli. Sie setzten sich zuerst auf den Instrumentenring und das Schleppseil.

7.30 Uhr. Kein Vogel zu sehen oder zu hören, da ist wohl auch kein Land in der Nähe.

Ich bekam einen heftigen Stoß vor den Kopf durch ...

Der Ballon hält das Gas gut, er ist am Bauchgurt nur um $\frac{1}{3}$ eingesunken.

Geschwindigkeit ca. 2,0 m.

9.25 Uhr. Bis zu diesem Augenblick sind die Schleppseile nicht vom Boden losgekommen, seit dem Anfang, wo wir Höhenflug hatten.

Die Segel stehen jetzt quer. Sie tragen ausgezeichnet und vergrößern die Geschwindigkeit.

Der Ballon geht vortrefflich, seit wir die Segel so gestellt und 50 Kilo Ballast abgeworfen haben. Das ist wirklich ein stattlicher Flug.

10.41 Uhr schwamm ein mächtiger Eisbär 30 Meter senkrecht unter uns. Er wich den Schleppseilen aus und trottete von dannen, sobald er auf festem Eis war. Daß er nicht zu uns heraufzuklettern versuchte, war alles.

10.28 Uhr. Durch den Nebel scheinen Eis und Wasser am Gesichtskreis anzusteigen und sehen dann festem Land zum Verwechseln ähnlich. Das hat mich schon mehrmals irre geführt.

11.00 Uhr. Das Eis eben und schön. Es ist wohl kaum eine Elle stark, denn es liegt ganz flach auf.

14. Juli

0.20 Uhr. Unser langes Schleppseil ist jetzt weg.

Ständig Nebel. Kein Land und keine Vögel, Seehunde oder Walrosse. Kurs N 55° O.

0.34 Uhr. Eis leicht befahrbar, wenn nicht das Wasser auf und zwischen den Schollen wäre.

Eine mächtige Wasserrinne, die von N–S verläuft, wurde überflogen.

1.20 Uhr. Eine von unsern Tauben fliegt jetzt um uns herum. Ob sie es gemacht hat wie Glaishers Taube? Prächtiges glattes Eis. 1.50 Uhr. Einförmige »Touch«, wieder »Touch«, noch ein »Touch«.

6.20 Uhr ging der Ballon in die Höhe, aber wir öffneten beide Ventile und waren um 6.29 Uhr wieder unten.

8.11 Uhr nachmittags sprangen wir aus der Gondel.

Die Landung.

Erschöpft und ausgehungert, aber 7 Stunden harte Arbeit mußte getan werden, ehe wir uns erfrischen konnten. Das Polareis scheuert stärker an den Tauen als unsere Versuche erwarten ließen.

Graf Ferdinand von Zeppelin
Die Pfingstfahrt des Luftschiffes Z. II

Es war keine Zeit zu verlieren, um vor dem – zum 5. Juni 1909 in Aussicht gestellten – Besuch des Bundesrats und Reichstages durch die Tat zu erweisen, daß das Luftschiff die noch angezweifelten Eigenschaften wirklich besitze.

In erster Linie handelte es sich um den Nachweis, daß Flüge von langer Dauer ausführbar seien. Es wurde Mundvorrat für mindestens 48 Stunden mitgeführt. Betriebsmittel waren vorhanden für 34 Stunden, beim gleichzeitigen Gang beider Motoren für 68 Stunden, wenn abwechselnd nur ein Motor gebraucht wurde. Wäre die Fahrt zum Bodensee aus der norddeutschen Tiefebene angetreten worden, so hätten Betriebsmittel wegen der dort schweren Luft für ungefähr 14 weitere Doppelstunden, also im ganzen für 48 – beziehungsweise 28 weitere Einmotorstunden, also im ganzen für 96 Stunden – mitgeführt werden können. Meinen Flugbereich bei beabsichtigter Rückkehr zum Ausgangspunkt ohne Zwischenlandung durfte ich auf ungefähr 700 km annehmen; es war also denkbar, Berlin zu erreichen, während für Z. I München noch als eine äußerste Leistung angesehen werden mußte. Ich wählte die Richtung auf Berlin, um zu zeigen, daß ich jederzeit in der Lage bin, dieses Ziel, wenn gewünscht, erreichen zu können; hauptsächlich aber aus dem sachlichen Grund, daß ich bei dem noch bestehenden Fehlen von Hallen und Ankerplätzen nach etwa notwendig gewordenem Niedergehen im Bedarfsfall rechnen dürfte auf die Hilfe erst der bayerischen Luftschifferabteilung, dann des preußischen Luftschifferbataillons. Mit peinlichster Sorgfalt habe ich mich bemüht, die Absicht einer Dauerfahrt und namentlich deren Richtung geheimzuhalten, um bei baldiger Umkehr den Schein eines mißlungenen Unternehmens und die Enttäuschung für Städte zu vermeiden, welche etwa auf mein Kommen rechnen würden. ...

Der allmähliche Verbrauch von Betriebsmitteln und die Sonnenbestrahlung verliehen bald einen gewaltigen Auftrieb, zu dessen Überwindung, wenn man nicht allzu langsam vorankommen wollte, beide Motoren in Gang gehalten werden mußten. Zur schon in Friedrichshafen in Aussicht genommenen Abhilfe sollte Wasser aus dem Dutzendteich bei Nürnberg mittels herabgelassener Eimer geschöpft werden; der Teich war aber mit so zahlreichen Gondeln besetzt, daß von der Ausführung Abstand genommen werden mußte.

Gegen ½7 Uhr abends auf der Fahrt von Leipzig nach Wittenberg wurde erwogen, daß es allmählich Zeit werde umzukehren, wenn man ohne Zwischentanken, was, um die Eigenschaft eines Dauerfluges zu wahren, womöglich vermieden werden sollte, auch bei Gegenwind nach Friedrichshafen zurückgelangen wollte. Dieser sachliche Grund mußte vorwiegen, gegenüber der Freude, welche die Ausdehnung der Fahrt bis Berlin gewährt hätte; zudem wäre Berlin erst spät in der

Nacht überflogen worden; und wenn wir uns auch denken konnten, daß unsere Ankunft dort von vielen erwartet werde, so kam uns, da wir jede Art von Anmeldung vermieden hatten, die Möglichkeit der Vorbereitung eines feierlichen Empfangs gar nicht in den Sinn. Als Kehrpunkt wurde Bitterfeld aufgesucht, wo Telegramme mit der Meldung der Umkehr abgeworfen werden sollten.

Die Nacht war wiederum teilweise dunkel und regnerisch; auch Nebel stiegen auf. Jenseits Stuttgart trat so frischer Gegenwind ein, daß wir beschlossen, zu größerer Sicherheit bei Göppingen Benzin und Öl einzunehmen. Bei der durch den starken Auftrieb erschwerten Niederfahrt in weiten Bogen auf den in der breiten Sohle des Filstals gewählten sehr günstigen Landungsplatz geriet der Steuermann in ein Seitental, und anstatt durch die Talmündung zurückzukehren, lenkte er gegen den Bergrücken. Die Höhensteuerung vermochte aber das Luftschiff in dem nur Sekunden währenden Augenblick nicht genügend hochzubringen, weil die Fahrt dem Wind entgegenlief und daher an dem diesseitigen Hang einer niederdrückenden Luftströmung begegnete. Das Auftreffen auf einen am Hang stehenden großen Baum war nicht mehr zu vermeiden.

Wie von mir längst auch in öffentlichen Vorträgen vorhergesagt, wirkte das federnde, durch die nachgiebige Innenspannung der Gaszellen noch versteifte Gerippe so abschwächend auf den Aufstoß, daß diesem jede heftige, für die Besatzung und die Triebwerke schädliche Kraft benommen wurde. Dagegen wurden das Gerippe bis nahe an die vordere Gondel heran mehr oder weniger stark verbogen und zertrümmert und die vorderen Gaszellen durchlöchert.

Bevor das Ereignis in der 39. Fahrtstunde eintrat, war kein Kubikmeter Gas und kein Liter Ballastwasser ausgegeben worden, so daß bei Göppingen Betriebsmittel für eine neue Fahrt von langer Dauer hätten eingenommen werden können. Dank des Geschicks meiner Ingenieure wurde das Luftschiff so weit geflickt, daß es am folgenden Tag (1. Juni) 3,20 nachmittags den Flug nach Friedrichshafen wieder antreten konnte. Um 6,18 am 2. Juni morgens, also nach über 57 Stunden Abwesenheit, war Z. II in seiner Halle zu Manzell wieder geborgen.

DAS ABENTEUER EISENBAHN

»›Herr Entspekter‹, sagt Moses und gibt mir en Zettel in die Hand, ›hier ist dritter Klasse, hart aber kühl und Tabakrauchen; wollen Sie aber zweiter Klasse fahren, warum nicht? Es ist da aber sehr heiß und Tabakrauchen verboten; und wollen Sie erster Klasse fahren, da ist's noch heißer und Sie sitzen verhältnismäßig allein, bloß mit geborene Fürsten und geborene Garde-Leutnants.‹
›Tja‹, sag ich, ›Moses, soll ich einmal meinen Leichnam dieser Höllenmaschine anvertrauen, dann will ich lieber hart und kühl mit Tabakrauchen dritter Klasse sitzen, als ohne Tabakrauchen und heiß zweiter Klasse und mit Garde-Leutnants noch heißer erster Klasse.‹«

Fritz Reuter, Schurr-Murr (1861)

Hans Christian Andersen
BAHNFAHRT 1840

Es war das erste Mal in meinem Leben, daß ich eine Eisenbahn sehen sollte. Einen halben Tag und die darauffolgende Nacht war ich in der Diligence (Postkutsche) den entsetzlich schlechten Weg von Braunschweig nach Magdeburg gefahren, müde kam ich dort an, und eine Stunde später sollte ich mit dem Dampfwagen weiterreisen.

Ich will es nicht leugnen: ich hatte im voraus eine Empfindung, die ich das Eisenbahnfieber nennen möchte, und als ich das großartige Gebäude betrat, von dem aus die Wagenreihe abfährt, erreichte dies seinen Höhepunkt. Hier war ein Gedränge von Reisenden, ein Gelaufe mit Koffern und Reisesäcken, ein Sausen und Brausen von Maschinen, aus denen der Dampf sich wälzte! Man weiß beim ersten Mal kaum, wohin zu stellen man sich wagen soll, damit nicht ein Wagen oder ein Dampfkessel oder ein Kasten mit Reisegut über einen dahergeflogen kommt. Zwar steht man in Sicherheit auf einem hervorspringenden Balkon, an welchem die Wagen, in die man hinein muß, wie Gondeln an einem Kai angelegt haben; allein unten im Hof kreuzen sich eiserne Schienen wie Zauberbänder, und Zauberbänder sind es auch, die der menschliche Scharfsinn da geschlagen; und daran müssen sich unsere magischen Wagen auch halten, denn geraten sie außerhalb, ja, da gilt es Haut und Haar. Ich starrte sie an, diese Wagen, Lokomotiven, losen Karren, wandernden Schornsteine und Gott weiß, was alles hier wie in einer Zauberwelt durcheinanderlief, alles schien Beine zu haben! Und nun dieser Dampf und dieses Brausen, dazu das Gedränge um die Plätze, der Talggeruch, das rhythmische Gestampfe der Maschinen, das Pfeifen und Schnaufen des abgelassenen Dampfes, all das verstärkte diesen Eindruck. Und wenn man, wie gesagt, zum ersten Mal hier ist, hat man nur noch den einen Gedanken: gleich schlägt man hin, bricht Arm und Bein, springt in die Luft oder wird von der zweiten Wagenreihe zerquetscht – aber ich glaube, so ist das nur das erste Mal.

Die Wagenreihe hier bildet drei Abteilungen, die beiden ersten sind bequeme, geschlossene Wagen, ganz wie unsere Diligencen, nur viel breiter, die dritte ist offen und unglaublich wohlfeil, so daß selbst der ärmste Bauer damit fährt, denn das kommt ihn weniger teuer, als wenn er den langen Weg gehen und sich unterwegs im Wirtshaus stärken oder dort übernachten müßte. Die Signalpfeife ertönt – aber schön klingt sie nicht und hat viel Ähnlichkeit mit dem Schwanengesang des Schweins, wenn ihm das Messer durch die Kehle fährt. Man setzt sich in die bequemste Kutsche, die man sich denken kann, der Kondukteur schließt hinter uns die Tür und steckt den Schlüssel ein, wir können aber doch das Fenster herunterlassen und die frische Luft genießen, ohne vom Luftdruck Unannehmlichkeiten zu befürchten. Man befindet sich ganz so wie in jedem anderen Wagen auch, nur weit bequemer, und hat man zuvor eine anstrengende Reise gemacht, so ruht man sich hier aus.

Die erste Empfindung ist ein ganz leises Erschüttern der Wagen, und nun sind die Ketten, die sie zusammenhalten, gestrafft; wieder läßt sich die Signalpfeife hören, und die Fahrt beginnt, erst langsam, die ersten Schritte geht es sachte, als ob eine Kinderhand den kleinen Wagen zöge. Unmerklich wächst die Schnelligkeit, du aber liest in deinem Buch, studierst deine Karte und weißt gar nicht recht, ob die Reise überhaupt begonnen hat, denn der Wagen gleitet wie ein Schlitten über schneebedecktes ebnes Feld. Du schaust zum Fenster hinaus und entdeckst, daß du einherjagst wie mit galoppierenden Pferden, noch schneller geht es, du scheinst zu fliegen, und doch ist hier kein Schütteln, kein Luftdruck, nichts von dem, was du befürchtet hast.

Was war das Rote da, das wie ein Blitz an uns vorüberfuhr? Es war einer der Wärter mit seiner Fahne. Schau nur hinaus! Und die nächsten zehn bis zwanzig Ellen ist das Feld ein pfeilschneller Strom, Gräser und Kräuter fließen zusammen, man wähnt sich außerhalb der Erde, und diese dreht sich. Wenn man lange in dieselbe Richtung schaut, tut es dem Auge weh; blickst du aber ein paar Klafter weiter, so bewegen sich die Gegenstände nicht schneller, als wir es sonst bei guter Fahrt beobachten können, und noch weiter auf den Horizont zu scheint alles stillzustehn, die Gegend bietet sich voll in ihrer Gänze dar.

Geradeso muß man durch flache Länder reisen! Die eine Stadt scheint dicht neben der anderen zu liegen, da kommt eine, da schon wieder! Man kann sich recht den Flug der Zugvögel dabei denken, so müssen auch sie die Städte hinter sich lassen.

Auf den Seitenwegen sieht man andre Menschen, die auf die gewohnte Weise reisen, sie scheinen stillzustehen, die Pferde vor dem Wagen heben die Hufe und scheinen sie wieder auf denselben Platz zurückzusetzen, aber da sind wir schon vorbei.

Es gibt eine ziemlich bekannte Anekdote von einem Amerikaner, der zum ersten Mal mit dem Dampfwagen fuhr: Als er einen Meilenstein nach dem anderen vorüberfliegen sah, glaubte er, er wäre auf einem Gottesacker und sähe die Grabmale. Ich würde dies sonst nicht erzählen, doch charakterisiert es so ganz die Geschwindigkeit, und sie fiel mir ein, obwohl man hier keine Meilensteine sieht – es müßten denn die roten Signalfähnchen sein, und dann hätte derselbe Amerikaner hier sagen können: Warum laufen heute alle Menschen mit roten Fahnen herum?

Dagegen möchte ich von einem Plankenwerk berichten, das ich, als wir daran vorüberfuhren, zu einer Stange sich verkürzen sah. Ein Mann neben mir sagte: »Schau an, da sind wir im Fürstentum Köthen.« Und dann nahm er sich eine Prise, bot auch mir die Dose an, ich machte eine Verbeugung, probierte den Tabak, nieste und fragte: »Wie lange sind wir denn in Köthen?« – »Oh«, antwortete der Mann, »gerade als Sie niesten, waren wir wieder draußen.«

Alfons Paquet
Auf der Transsib 1903 und öfters

Samstag mittags um zwölf fährt der Sibirische Expreß ab. Der Zug besteht nur aus wenigen Wagen und ist bis zum äußersten vollgestopft mit Menschen, mit Gepäck, mit Proviant und Brennholz. Gruppen von Abschiednehmenden mit Gendarmen dazwischen füllen den Bahnsteig. Die Glocke schlägt an:

ein Ausbruch von Umarmungen, Tränen, Tücherwinken. Und dann ganz sacht tritt die nasse schwarzgraue Erde Nordrußlands mit einigen armseligen Hütten in endloser Fläche und zitterigen Birken vor den Blick des Erwartungsvollen. Die Hände im Schoß, schaut man zum Fenster hinaus und lauscht dem dumpfen Rollen unter den Füßen. Doch die Armut der Außenwelt führt den Blick unwillkürlich ins Gedränge des Zuges zurück. Es gilt, sich zurechtzufinden. Man betrachtet die Gefährten. Die Gepäcknetze sind vollgestopft bis an das Dach mit Koffern und Eßkörben, mit Flinten im Futteral, mit Bettzeug, Pelzen und Rucksäcken; der Haken hängt voll mit Mänteln. Mein Gegenüber ist ein Pope, mein Nachbar ein aufgeschossener junger Mann mit einem Jagdhütchen.

Wie weit reisen Sie?

Wir antworten einander fast gleichzeitig: Bis Charbin. Bis Chaborowsk. Bis Wladiwostok.

Dies Ergebnis bringt uns gleich erheblich nahe zueinander. Es bedeutet nichts anderes, als daß wir drei Insassen dieses Kupees eine Woche lang auf diesen rot und weiß gestreiften Matratzen beieinander wohnen werden. Ich schlage vor, zu frühstücken. Allseitiger Beifall. Wir kramen aus. Der junge Grünrock, ein Pole, der auf einem Gut der baltischen Provinzen zu Hause ist, holt zwei geräucherte Zungen nebst einer Mandeltorte hervor, und ich sehe nicht ein, warum mein Rucksack mit einer Probe roten Kaviars und einem herzerquickenden Wodka sich nicht von seiner besten Seite zeigen sollte. Nicht ohne Neugier sehen wir beiden Weltleute den Frühstücksvorbereitungen des Popen zu. Er führt einen ganz unbegreiflich großen Vorrat geräucherter Fische und ein paar Flaschen kachetinischen Weines von der süßen Sorte mit sich. Natürlich laden wir uns gegenseitig ein, und das Mahl jedes einzelnen von uns erhält nun eine abenteuerliche Abwechselung. Der Pole erklärt, es sei ihm, als ob wir schon zwei Wochen zusammen lebten. Der Pope ist zurückhaltender. Sein Wein mag gut sein, aber es ist nicht recht von ihm, daß er keine Fleischspeisen annimmt, und auch meinen Wodka verschmäht er durchaus. Ach richtig, er hält das Osterfasten.

Die Landschaft draußen rinnt still vorüber. Zuweilen blinkt aus der Fläche eine Kirche weiß wie ein Leuchtturm hervor.

Wir ziehen den Vorhang vor, strecken uns auf den Diwanen aus und suchen Schlaf am hellen Tage. Aber durch die über den Kopf gezogene Jacke pocht leicht und ehern das Rollen der Räder von der ganzen Länge des Zuges, und die gedämpft rumpelnden Achsen skandieren eintönig Lord Byrons Strophe:

»Die Dichtung ist episch und soll einst bestehn
Aus zwölf ganzen Büchern, und jedes enthält
Nebst Lieb und Krieg und starkem Wogengehn
Schiffslisten, Kapitäne, Herren der Welt,
Charakterneuheit ...«

Ganz leise klappert die Teekanne, klirren die Gläser unterm Tischchen mit. Das gleichförmige hohle Rollen, das Knirschen der Wagen erscheint bald nur noch wie neue Art von Stille. Man hört genau, wie im benachbarten Kupee jemand auf dem krachenden Polster sich umdreht.

Wann hält nur dieser Zug einmal? Selten einmal fängt sein Takt zu schleppen an, und die Breitseite der Wagen pflanzt sich, als sei es immer so gewesen, vor einem einsamen Stationshaus und einem Gendarmen auf. Immer wieder steht da derselbe Gendarm in seinem groben erdbraunen Mantel mit den roten Fangschnüren, den silbernen Sparren auf den Ärmeln und dem übergroßen Säbel an der Seite auf dem Bahnsteig, bloß jedesmal mit einem anderen Gesicht. Kein Mensch steigt ein. Die Passagiere klettern die Treppen herab und spazieren am Zug entlang und betreiben wie auf Verabredung den Sport, jedesmal erst dann einzusteigen, wenn der Zug schon wieder anzieht.

Die Städte Wjatka und Perm, getrennt durch eine bleiche klare Mondnacht, schwinden vorüber mit ihren halbstündigen Aufenthalten. Abends bringt der Pole sein Grammophon in den Speisewagen. Dann ergreifen einige empfindliche Seelen die Flucht. Andere, die für Musik in jederlei Form dankbar sind, bemühen sich mit fast unterwürfiger Höflichkeit, das Instrument mit Hilfe ihrer Taschenmesser aufzuziehen. Denn der junge Mann, der ein Forstbeamter ist, in Tharandt studiert hat und sich Lohengrin und die Lustige Witwe auf seinen Posten in den Wäldern des Amurlandes mitnehmen wollte, hat den Schlüssel zu Hause liegen lassen.

Unser Geistlicher betritt den Speisewagen nie. Er lebt still vor sich hin in seinem Gewand aus glänzendem schwarzen Serge, mit seiner silbernen Brustkette, seinem gepflegten langen Haar und liest in kirchlichen Zeitschriften und chinesischen Manuskripten. Eigentlich nur vor dem Schlafengehen läßt er sich zu einer kurzen Unterhaltung herbei. Er erzählt mir, daß er im April auf den Schlachtfeldern des japanischen Krieges Gedächtnisgottesdienste abhalten wird. Er ist ein milder Mann; nur sein Fasten beginnt allmählich uns anderen unangenehm zu werden. Daran sind seine Fische schuld. Ein luftdicht verschlossenes Eisenbahnkupee mit Dampfheizung kann unmöglich günstig auf einen Vorrat von toten Fischen wirken, und wenn es lauter Sterlets (Störs) wären. Wir schnuppern, wir halten uns die Nase zu, aber es hilft nichts. Ein Geruch wie in einer Kinderstube beginnt allmählich von unserem Kupee aus den ganzen Waggon zu durchziehen. Aber am dritten Tage sind wir daran gewöhnt.

Fast mit Fußgängerlangsamkeit steigt der Zug durch die finsteren Tannenwälder des Ural. Birkenhaine liegen wie bleiche Wolken in der weiten, leicht gewellten Ebene, die sich jenseits öffnet; wir grüßen in ihrem feinen rauchgrauen Geäst schon den ersten violetten Hauch des Frühlings. Im Morgenlicht unterscheiden wir auf einer Bodenschwellung eine Stadt niederer grauer Hütten mit Straßen dazwischen, die breit sind wie Anger und ins Leere auslaufen. Nur die weiße Mauer und die grasgrünen oder zuckerhutblauen Kuppeln eines Klosters heben sich aus der Mitte ab. Da und dort liegen Backsteingebäude mit dem einzigen hoch aufgerichteten Blechrohr einer Brennerei.

Im Bogen umfahren wir jetzt einen stumpfroten Bau mit vier steinernen Wachttürmen an den Ecken. Außen an den Mauern führen ungewöhnliche hölzerne Leitern herab. Soldaten stehen oben wie auf den Zinnen einer Burg, andere halten Wache am Fuß dieser Treppen. Den Mantel übergeworfen, das Bajonett am Gewehr, sehen sie aus, als trügen sie Spieße auf der Schulter. Wir sind jetzt auf sibirischem Boden. Dieses erste große, solid gebaute und stattliche Haus ist ein Gefängnis.

Aber wir sind rasch vorüber. Wie ein Magnet, der uns anzieht, blinkt ein ganzes Bündel Schienen auf dem Boden und gibt sich beim Näherkommen in der Breite eines ungeheuren mit Gleisen gepanzerten Platzes zu erkennen. Eine kleine Stadt stillstehender Züge nimmt uns in ihren Gassen auf. Es sind nichts als rote Güterwagen und graue Wagen vierter Klasse mit kleinen Fensterchen. Und kaum haben wir den Fuß auf festem Boden, so ist es, als seien wir plötzlich zu einem Heer gestoßen, das sich in voller Bewegung befindet. Es umschließt uns ein Gewimmel von Männern, Weibern und Kindern, alle im Schafspelz, Säcke und blechbeschlagene Koffer auf dem Rücken, alle auf dem kilometerlangen Bahnsteig unter freiem Himmel. Sofort teilen wir mit diesem Fußvolk das Gedränge und die Aufregungen seines Lagerlebens. Eine Horde roher Gestalten mit schmutzigen Schildmützen und großen Bärten ist friedlich beschäftigt, den aus blaugehefteten Broschüren bestehenden Inhalt einer zerbrochenen Frachtkiste zu plündern. Auf dem kalten Zementboden lagern Bauernweiber, ihre weißblonden Kinder auf dem Schoß; der Vater, der daneben sitzt, hebt die blecherne Teekanne gen Himmel, um ohne Becher seinen Durst zu stillen. Und auch drinnen im Saal, an den zappelnden Bewegungen des in Dampfwolken gehüllten, die Portionen verteilenden Kochs, der der einzige weiß und leicht Gekleidete ist in dieser lärmenden, winterlichen Gesellschaft, läßt sich ermessen, was solch ein Biwak hungriger Menschen verlangt.

Draußen rangieren Züge, ein Auswandererzug fährt ab. Das unaufhörliche dumpfe Brüllen der mächtig gebauten Maschinen, die diese gleichförmigen, mit Menschen gefüllten Güterwagen hinter sich herziehen, gibt den Vorgängen etwas Fabrikmäßiges.

Hier in Tscheljabinsk lasse ich mein Gepäck aus dem Expreß herausholen und nehme einen Schlitten in die Stadt. Ich bin früher schon zweimal hier gewesen. Damals war manches ein wenig anders. Es war noch vor dem Krieg, und die große Einwanderung hatte eben erst begonnen. Das Bahnhofsgebäude, das kurze Zeit sehr weiß und neu war in seinem Kalkbewurf, sieht schon baufällig aus von den wenigen furchtbaren Wintern, die es erlebt hat, sibirische Winter, die die Erde klingen machen und die Bäume zum Bersten bringen. Ströme erdentrissener Menschen sind durch dies Bahnhofsgebäude nach

Asien hinübergeflossen. Es ist als habe es etwas angenommen von der Dumpfheit der Hinausziehenden und dem Kummer der Zurückkehrenden.

Ein Jahrmarkt von grauen Baracken für die Einwanderer umgibt jetzt das breite Haus, das damals noch allein im Feld stand. Nur die aus groben Stämmen gefügte Kirche mit den grünen Knäufen ragte schon damals auf der Anhöhe wie ein Fels. Ich meine, ich sollte sie wiedererkennen, diese ausgefahrene Landstraße und das Birkenwäldchen mit der weißen Mauer und den weißen Grabkreuzen in der blanken Schneekruste. Lauter alte Bekannte, diese tristen grauen hölzernen Häuser in der Stadt, deren Dachränder wie mit der Laubsäge geschnörkelt sind. Mannslange Eiszapfen hängen daran. Einen Bettler erkenne ich wieder. Er ist nur einen halben Mann groß, denn er hat keine Beine mehr, aber einen mächtigen Bart und einen zerschabten Fuchspelz. Alte Bekannte sind auch diese hausierenden Chinesen mit den Ohrenklappen aus Dachsfell und den wattierten blauen Jacken. Sie kommen wie immer vom Bahnhof, verteilen sich über die Feldwege, klopfen eigentümlich leis und durchdringend an die schweren hölzernen Türen und bringen, wenn man ihnen öffnet, die Argumente ihres Sackes zum Vorschein. Auch die schwarzäugige Frau in dem Lädchen, wo Zigarettenspitzen aus Mammutknochen zu haben sind, und diese unbewegt im Hintergrund ihrer Buden lauernden Männer, die echte Ural-Edelsteine aus gefärbtem Glas und irisierende Schlackensplitter verkaufen, lauter alte Bekannte.

Ein paar Stunden später fahre ich mit dem gewöhnlichen Postzug weiter. Einem jener Züge, die geradewegs auf den leeren Horizont lossteuern, mit der grünen kleinen Flagge am letzten Wagen, die ein bärtiger Konduktuer herausstreckt, bis wir außer Sehweite sind und eingehen in das geographische Nirwana, Sibirien, den Stillen Ozean des Zaren.

Anton Kuh
Das Reise-vis-à-vis

Seine Haare sind feucht, seine Wimpern glänzen vom Morgentau der Schläfrigkeit, sein Atem pfaucht odolig, sein Körper gibt in Gähndämpfen den letzten Rest der Bettwärme ab.

Das ist er! Achtung! Wir fahren ein Stück der Lebensstrecke mit ihm, sechs oder acht oder vierzehn Stunden lang, und er wird sich die ganze Zeit über nicht aus unserem Aug' lassen, so wie er es sofort verstand, uns an sein kompaktes, reisebereites, in allen nötigen Bestandteilen vorhandenes Ich zu fesseln. Er hat nichts daheim vergessen: nicht die Nase, noch den Zigarrenabschneider, noch die Goldplombe rechts oben, den Fahrplan für Mitteleuropa, die harten Eier, den Papiermundbecher und das linke Ohrläppchen. Er ist mit solcher Übersichtlichkeit vorhanden, daß seine unentwegte Beflissenheit, sich von der Gegenwart jedes Einzelglieds, bald des Ellbogens, bald der Zigarrentasche, bald des rechten Knies oder der Handtasche im Gepäcknetz durch Nachschau oder Abtastung zu überzeugen, wundernimmt.

Noch ist er nicht zerlegt! Aber – es coram publico zu tun, das ist seine Reise-Funktion.

Alles, was er mit sich führt, hat's gut und schön warm: der Kneifer ruht in der Kneifertasche, der Koffer in der Leinwandhülle, der Schirm im Überzug; Schutz gegen Erkältung scheint ihnen vor Gebrauchtheit zu gehen; sie sollen da sein, ohne sich abzunützen.

Das ist auch sein eigner Standpunkt. Er reist, der Koffer seiner selbst, eingepackt in persönliche Gerüche, warm umhüllt von den Kommoditäten und geht niemals aus sich heraus; es sei denn, daß er herausginge. Seine Beschäftigung besteht vielmehr darin, die mitgebrachten Dinge der Reihe nach zum Gebrauch heranzuziehen.

Zunächst wird der Hut abgelegt, die Handtasche geöffnet, eine Kappe daraus entnommen, die Kappe kreisrund übers Hinterhaupt gestülpt. Das Gesicht erhält einen Zug von kurzstirniger Stupidität, die Brauen schnuppern neugierig nach Zustimmung.

Ein hernach umständlich herausgeschältes, vielfach belegtes Brot reizt die Zuschauer nicht so sehr als Zeichen der Wohlhabenheit denn der kulinarischen Voraussicht. Er verspeist es, wiewohl durch gegnerische Blicke auf eine Bühne gehoben, ohne jedes Lampenfieber – er tritt in dieser Rolle seit Jahren erfolgreich auf.

Sodann wird zur Abwechslung die Zigarre dem Etui, Seitentasche links, der Abschneider der Enveloppe, Westentasche rechts, entnommen; die Spitze, die ihrer beider Begegnung zum Opfer fällt, fliegt nicht ins Unbegrenzte, sie gibt vielmehr den Anlaß, eine Luftklappe oberhalb des Kupeefensters zu öffnen und wieder zu schließen.

Die Erledigung einer Orange (nächster Punkt der Tagesordnung) nimmt folgenden Weg: Schlüssel aus der Hosentasche, Koffer vom Gepäcknetz abgehoben, Schloß auf, Hemdeinlage aus dem Koffer heraus, ein Papiersack gesichtet, der Papiersack heraus, die Orange heraus, das Taschenmesser aus dem Etui, die Orange geschält, zerteilt, gegessen, die Kerne im Handballen gesammelt, Luftklappe auf, Kerne hinaus, Luftklappe zu, Serviette aus dem Koffer, Finger getrocknet, Serviette zurück, Messer ins Etui, Etui in die Tasche, Papiersack zurück, Hemdeinlage hinein, Koffer zu, Schlüssel in die Tasche.

Der Blick der Brillenschlange kann das Kaninchen nicht so bannen, wie die exakte, unumstößliche Aufeinanderfolge dieser Tätigkeiten unser Auge. Er aber, der Unhold, dessen absolut logisches, in seiner Eingeteiltheit mustergültiges Gebaren keiner Minute Raum für Unvorhergesehenes gönnt – er sitzt nun voll blödäugiger Zufriedenheit, einem neuen Werk entgegensinnend...

Weh – schon haben's ihm die Reisepantoffeln angetan, dann ein Pickel am Kinn (Spiegel, Pinzette, Reisenecessaire!), dann die Morgenzeitung!

Muß ich hinzufügen, daß er über einen Patentbleistift verfügt? Daß er damit soeben eine Eintragung vornimmt, die an Bedeutsamkeit sicher dem letzten Satz Pasquals nicht nachsteht?

Ein Blick aufs Ziffernblatt seiner Uhr belehrt mich, daß sie radioaktiv aufleuchtet.

Kaum darauf verwiesen, bekommt unsere Aufmerksamkeit einen Ruck nach der Reiseapotheke, die ihn jetzt mit Kolalezithin stärkt.

Wenn wenigstens lustige Varietémusik zu dieser Nummer erklänge! Aber dies Schweigen, diese stumme Rastlosigkeit in der Aneinanderreihung von Handlungen, die keinen anderen Zweck verfolgen, als sich zu beweisen, daß nichts vergessen ward – sie sind unerträglich.

Ich möchte wissen, was dir Novalis bedeutet, Schurke.

Hast du keinen Aberglauben, am Ende doch etwas vergessen zu haben, wenn nicht die Nagelfeile, so vielleicht den Lebensfunken?

Wehe, wehe, wenn dich's jetzt nach einem Reisegespräch gelüstet! Wir warten, fünf Mann hoch, nur auf diesen Augenblick: wir wollen so einsilbig sein, daß du dich sofort verlegen auf eine neue Orange oder den Reiseplaid im Netz stürzest; wir wollen nicht zusehen, wie du mit dem Wortschlüssel den Gesinnungskoffer aufknackst, Laute aus dem Mund wickelst, das Etui deiner goldplombierten Zähne öffnest, um ihm Einstellungen und Mentalitäten zu entnehmen.

Im übrigen soll es passieren, daß der Lokomotivführer das »Halte«-Signal überfährt ... Schienen werden oft bei Hochwasser locker ... die Schwellen nützen sich bald ab ... ich meine, hast du wirklich keine Angst, so vollständig und für alles vorgesehen uns vis-à-vis zu sitzen, uns dein Gesicht aufzudrängen ohne menschlich romantischen Gegenwert, du – du Glanzpunkt einer künftigen Verlustliste?!

Jack London
BLINDE PASSAGIERE

Als ich den Bahnhof erreichte, fand ich zu meinem großen Ärger eine Bande von mindestens zwanzig Vagabunden vor, die alle darauf warteten, auf dem »blinden« Güterwagen des Überlandzuges zu fahren. Nun lasse ich mir zwei oder drei Vagabunden auf einem »Blinden« gefallen. Die bemerkt man nicht. Aber zwanzig! Das mußte zu Unannehmlichkeiten führen. Kein Zugpersonal würde uns alle fahren lassen.

Ich möchte hier gleich erklären, was ein »Blinder« ist. Gewisse Postwagen sind ohne Türen an den Schmalseiten gebaut; daher werden sie blind genannt. Gesetzt nun, ein Vagabund ist, nachdem sich der Zug in Bewegung gesetzt hat, auf die Plattform eines blinden Wagens gesprungen, so kann kein Schaffner oder Bremser kommen und das Geld für die Fahrkarte verlangen oder ihn herunterschmeißen. Es ist klar; der Vagabund ist vollkommen sicher, bis der Zug das nächste Mal hält. Dann muß er abspringen, in der Dunkelheit vor den Zug laufen und, wenn er vorbeikommt, wieder auf den »Blinden« springen. Aber es gibt viele Arten, es zu machen, wie wir sehen werden.

Als der Zug zum Bahnhof hinausfuhr, stürzten sich die Vagabunden auf die drei »Blinden«. Einige krochen hinauf, als der Zug noch keine Wagenlänge vom Bahnhof entfernt war. Das waren Anfänger, und ich sah denn auch, wie sie mit größter Schnelligkeit wieder herunterflogen. Selbstverständlich hatte das Zugpersonal aufgepaßt, und als der Zug das erstemal hielt, ging der Spektakel los. Ich sprang ab und lief ein Stück an den Schienen entlang voraus. Ich bemerkte, daß mir mehrere Vagabunden auf den Hacken waren. Sie wußten offenbar gut Bescheid, wie man es machen mußte. Wenn man sich an einen Überlandzug »anhängen« will, muß man an den Haltestellen immer ziemlich weit vorauslaufen. Ich tat es, und allmählich gab einer nach dem andern von denen, die mir folgten, den Wettlauf auf. Aus der Art, wie sie zurückblieben, konnte man auf die Gewandtheit und ihren Mut im Aufspringen auf einen Zug schließen.

Das muß nämlich folgendermaßen gemacht werden: Wenn der Zug sich in Bewegung setzt, fährt der Bremser auf dem »Blinden« zum Bahnhof hinaus. Um zu den andern Wagen zurückzukommen, muß er von dem »Blinden« abspringen und die Plattform eines nichtblinden Wagens entern. Wenn der Zug also die Schnelligkeit erreicht hat, die der Bremser für gut befindet, springt er von dem »Blinden« herunter, läßt ein paar Wagen vorbeifahren und springt dann wieder auf. Und deshalb muß der Vagabund so weit vorauslaufen, daß der Bremser den »Blinden« schon verlassen hat, wenn er aufspringt.

Ich hatte einen Vorsprung von ungefähr fünfzig Fuß vor dem letzten Vagabunden und wartete nun. Der Zug setzte sich in Bewegung. Ich sah die Laterne des Bremsers auf dem ersten »Blinden«. Und ich sah die Dummköpfe verlassen neben dem Gleis stehen, während der »Blinde« vorbeifuhr. Sie versuchten gar nicht erst, hinaufzukommen. Dann kamen, weiter vorn, die Vagabunden, die einigermaßen wußten, was man zu tun hatte. Sie ließen den ersten »Blinden«, auf dem der Bremser stand, vorbeifahren und sprangen dann auf den zweiten und dritten. Natürlich sprang der Bremser vom ersten »Blinden« ab und auf den zweiten, und während der Zug weiterfuhr, räumte er auf und warf die Hinaufgesprungenen wieder hinunter. Aber die Hauptsache war, den andern so weit vorauszukommen, daß der Bremser den ersten »Blinden«, wenn er bei mir vorbeikam, schon verlassen hatte und sich in einem eifrigen Handgemenge mit den Vagabunden auf dem zweiten »Blinden« befand. Ein halbes Dutzend der geübteren Vagabunden, die weit genug vorausgelaufen waren, gelangte denn auch auf den ersten »Blinden«.

Als wir das erstemal hielten und am Gleis entlang vorliefen, zählte ich nur fünfzehn Vagabunden. Fünf von uns waren »geflogen«. Der Ausrottungsprozeß war also gut im Gange und wurde Station auf Station fortgesetzt. Jetzt waren wir vierzehn, dann neun, schließlich acht. Es erinnerte mich an die zehn Negerlein im Kinderlied. Ich war fest entschlossen, das letzte Negerlein zu sein. Und warum auch nicht? War ich nicht mit Kraft, Gewandtheit und Jugend gesegnet? Ich war achtzehn Jahre alt und in glänzender Form. Und Nerven hatte ich auch nicht. War ich nicht zudem ein Vagabund von Gottes Gnaden? Waren die andern nicht die reinen Dummköpfe und Anfänger neben mir? Wenn ich nicht das letzte Negerlein wurde, so konnte ich ebensogut das ganze Spiel aufgeben und mich auf irgendeiner Farm anstellen lassen.

Mit der Zeit war unsere Zahl auf vier reduziert worden, und nun begann sich das ganze Zugpersonal dafür zu interessieren, und es wurde ein Kampf zwischen Witz und Gewandtheit, bei dem das Personal natürlich die besseren Chancen hatte. Einer nach dem andern verschwand, bis ich schließlich allein übrig war. Nun ja, ich war nicht wenig stolz darauf! Kein Krösus ist je stolzer auf seine erste Million gewesen. Ich hing fest trotz der beiden Bremser, eines Schaffners, eines Heizers und eines Lokomotivführers.

Hier ein paar Beispiele, wie ich mich anhing: Weit voraus in der Dunkelheit – so weit, daß der Bremser, der auf dem »Blinden« fährt, ihn bestimmt verlassen hat – springe ich auf. Schön, bis zur nächsten Station bin ich sicher. Dann wiederhole ich das Manöver. Der Zug fährt zum Bahnhof hinaus. Ich sehe ihn kommen. Es ist kein Licht zu sehen auf dem »Blinden«. Hat das Personal den Kampf aufgegeben? Ich weiß es nicht. Das weiß man nie, und man muß immer auf alles vorbereitet sein. Sobald der »Blinde« neben mir ist, springe ich auf und strenge meine Augen an, um zu sehen, ob der Bremser auf der Plattform steht. Vielleicht steht er tatsächlich mit abgeblendeter Laterne da, um sie mir an den Kopf zu schlagen. Ich kenne das! Ich habe zwei- oder dreimal eine Laterne an den Kopf bekommen.

Aber nein, der erste »Blinde« ist leer. Der Zug beschleunigt seine Fahrt. Jetzt bin ich sicher bis zur nächsten Station. Aber bin ich wirklich sicher? Ich spüre, wie der Zug seine Schnelligkeit vermindert. Im selben Augenblick bin ich auf der Hut. Man führt etwas im Schilde gegen mich, und ich weiß nicht, was. Ich versuche, nach beiden Seiten gleichzeitig Ausguck zu halten, und vergesse auch nicht, den Tender vor mir zu beobachten. Von jeder dieser drei Seiten, vielleicht auch von allen dreien auf einmal, kann der Angriff erfolgen.

Ah, jetzt kommt es! Der Bremser ist auf der Lokomotive gefahren. Das wird mir erst in dem Augenblick klar, als er seine Füße auf das rechte Trittbrett des »Blinden« setzt. Wie der Blitz bin ich unten und laufe vor die Lokomotive. Ich verschwinde im Dunkel. Genau so war die Situation, als der Zug Ottawa verließ. Jedenfalls bin ich vorn und der Zug muß an mir vorbeifahren, wenn er seine Reise fortsetzt. Meine Chancen, hinaufzuspringen, sind so gut wie je.

Ich passe genau auf. Ich sehe, wie die Laterne sich auf die Lokomotive zu bewegt, und sehe sie nicht wieder zurückkommen. Folglich muß sie sich noch auf der Lokomotive befinden, und es liegt nahe, daß an dem Handgriff der Laterne ein Bremser hängt. Dieser Bremser muß faul sein, sonst hätte er seine

Laterne ausgelöscht, als er nach vorn ging, statt nur die Hand vorzuhalten. Der Zug fährt wieder schneller. Der erste »Blinde« ist leer, und es gelingt mir, hinaufzukommen. Wie zuvor, fährt der Zug langsamer, der Bremser von der Lokomotive klettert von der einen Seite auf den »Blinden« hinauf, und ich springe auf der andern Seite hinunter und laufe vor.

Wie ich im Dunkel warte, fühle ich mich von unsagbarem Stolz durchbebt. Der Überlandzug hat zweimal meinetwegen gehalten – meinetwegen, des armseligen Landstreichers auf der Walze. Ich allein habe zweimal den Überlandzug mit seinen vielen Passagieren und Wagen, seiner Regierungspost und seinen zweitausend Pferdekräften, die in der Lokomotive arbeiten, aufgehalten. Und dabei wiege ich nur hundertundsechzig Pfund und habe keine fünf Cent in der Tasche.

Wieder sehe ich, wie die Laterne zur Lokomotive kommt. Aber diesmal ganz offensichtlich. Ein wenig zu offensichtlich für meinen Geschmack, und ich denke nach, was das bedeuten kann. Auf jeden Fall habe ich etwas andres zu fürchten als den Bremser auf der Lokomotive. Der Zug fährt vorbei. Im letzten Augenblick, ehe ich den Sprung wage, sehe ich eine dunkle Gestalt auf dem ersten »Blinden« – einen Bremser ohne Licht. Ich lasse ihn vorbeifahren und will auf den zweiten »Blinden« springen. Aber der Bremser vom ersten ist abgesprungen und läuft hinter mir her. Im Fluge sehe ich auch die Laterne jenes Bremsers, der sich auf der Lokomotive befand. Er ist ebenfalls abgesprungen, und nun sind beide Bremser neben dem Gleis, auf derselben Seite wie ich. Im nächsten Augenblick kommt der dritte »Blinde« an mir vorbei, und ich springe hinauf. Aber ich bleibe nicht oben. Ich habe meinen Gegenzug berechnet. Ich laufe über die Plattform und höre im selben Augenblick, wie der Bremser auf das Trittbrett springt. Ich springe auf der anderen Seite ab und laufe in der Richtung des Zuges nach vorn. Ich will einen kleinen Vorsprung bekommen und dann auf den ersten »Blinden« springen. Es gelingt mir gerade noch im letzten Augenblick, denn der Zug beschleunigt jetzt seine Fahrt. Der Bremser ist mir wieder auf den Hacken und läuft weiter. Ich glaube, daß ich der bessere Schnelläufer von uns beiden bin, denn ich erreiche den ersten »Blinden«. Ich stehe auf dem Trittbrett und sehe mich nach meinem Verfolger um.

Er ist nur zehn Fuß hinter mir und läuft schnell, aber die Schnelligkeit des Zuges ist jetzt ungefähr ebenso groß wie seine eigene, und der Abstand zwischen ihm und mir verringert sich nicht. Ich rede ihm ermutigend zu, strecke die Hand aus, um ihm zu helfen; aber er bricht in einen mächtigen Fluch aus, gibt den Kampf auf und springt ein paar Wagen weiter hinten auf den Zug.

Der Zug fährt jetzt mit voller Fahrt, und ich lache vor mich hin, als ich ganz unvorbereitet von einem Wasserstrahl getroffen werde. Es ist der Heizer, der von der Lokomotive aus den Wasserschlauch auf mich richtet. Ich gehe auf das hinterste Trittbrett des Tenders, wo ich unter dem vorspringenden Dach vollkommen geschützt bin. Das Wasser fährt über meinen Kopf hin, ohne mir etwas zu tun. Es juckt mir in den Fingern, dem Heizer ein Stück Kohle an den Kopf zu werfen, aber ich weiß, daß ich, wenn ich es tue, von ihm und dem Lokomotivführer totgeschlagen werde, und so beherrsche ich mich.

Kaum hält der Zug das nächste Mal, so bin ich wieder unten und laufe in der Dunkelheit nach vorn. Als der Zug diesmal die Station verläßt, befinden sich beide Bremser auf dem ersten »Blinden«. Ich errate, was sie vorhaben. Der Wiederholung des Spiels von vorhin haben sie einen Riegel vorgeschoben. Ich kann nicht wieder auf den zweiten Wagen springen, auf die andere Seite laufen und dann den ersten einholen. Sobald der erste »Blinde« vorüber ist, springen sie, jeder auf einer Seite des Zuges, ab. Ich aber springe auf den zweiten Wagen, und indem ich dies tue, weiß ich, daß die Bremser mich jetzt von beiden Seiten angreifen werden. Es ist gleichsam eine Falle. Beide Auswege sind versperrt. Und doch gibt es noch einen Weg: nach oben.

Darum warte ich nicht, bis meine Verfolger mich eingeholt haben. Ich klettere auf das eiserne Geländer der Plattform und stehe auf dem Rad der Handbremse. Damit bin ich aber auch am Ende meiner Weisheit angelangt, und ich höre die Bremser von beiden Seiten die Stufen heraufstürmen. Ich lasse mir nicht die Zeit, mich nach ihnen umzusehen. Ich hebe die Arme über den Kopf, bis sie den Rand der herabgebogenen Wagendächer erreichen. Die eine Hand liegt natürlich auf dem einen, die andere auf dem anderen Dach. Unterdessen kommen beide Bremser die Treppe herauf. Ich weiß es gut, obwohl ich keine Zeit habe, mich nach ihnen umzusehen, denn alles das geschieht im Laufe weniger Sekunden. Ich springe mit den Füßen ab und schwinge mich hoch. Gerade als ich die Beine unter mir hochziehe, strecken beide Bremser die Hände aus und greifen in die leere Luft. Ich weiß das sehr gut, denn ich blicke hinunter und verfolge mit Interesse ihre Bewegungen. Und ich höre sie auch fluchen.

So zwischen den äußersten Rändern der zwei abwärts gewölbten Wagendächer hängend, befinde ich mich jetzt in einer äußerst gefährlichen Stellung. Mit einer schnellen Anspannung aller Kräfte schwinge ich beide Beine auf das eine und beide Hände auf das andere Dach. Dann fasse ich den Rand, klettere über die Rundung auf das flache Dach, setze mich hin und schöpfe Luft, während ich mich die ganze Zeit an einem Ventilator, der über das Dach ragt, festhalte. Jetzt bin ich oben auf dem Dach – auf »Deck«, wie wir Vagabunden es nennen, und den hier beschriebenen Vorgang nennt man unter Brüdern »decken«. Und ich will noch sagen, daß nur ein junger, kräftiger Vagabund einen Passagierzug decken kann, und daß besagter junger, kräftiger Vagabund keine Nerven haben darf.

Der Zug fährt immer schneller, und ich weiß, daß ich sicher bin, bis er das nächste Mal hält, aber auch nur so lange. Ich weiß, daß die Bremser mich mit Steinen bombardieren werden, wenn ich nach dem Halten des Zuges noch auf dem Dach bin. Ein tüchtiger Bremser kann einen ziemlich schweren Stein auf das Wagendeck »fallen lassen« – einen Stein von, sagen wir, fünfundzwanzig Pfund Gewicht. Andererseits werden die Bremser sehr wahrscheinlich erwarten, daß ich an derselben Stelle, wo ich hinaufgekrochen bin, wieder herunterkomme, und ich muß also dafür sorgen, daß ich auf eine andere Plattform gelange.

In der stillen Hoffnung, daß die erste halbe Meile kein Tunnel kommt, stehe ich auf und gehe den Zug ein halbes Dutzend Wagen hinunter. Man darf nicht ängstlich sein, wenn man eine solche Reise macht. Die Dächer der Passagierwagen sind nicht für nächtliche Spaziergänge eingerichtet. Und wenn jemand glaubt, daß sie es doch sind, so rate ich ihm, es selbst einmal zu versuchen. Ich möchte ihn gern über das Dach eines rumpelnden, schleudernden Wagens spazieren sehen, wo es nichts gibt, an das er sich anklammern kann, als die dunkle leere Luft. Und wenn er dann an das gewölbte Dachende kommt, das feucht und glatt vom Tau ist, so muß er schnell machen, daß er auf die nächste Dachwölbung gelangt, die auch feucht und glatt ist. Glauben Sie mir: wenn man das gemacht hat, weiß man, ob das Herz in Ordnung ist, oder ob man zu Schwindel neigt.

Als der Zug seine Fahrt ermäßigt, krieche ich auf eine Plattform, ein halbes Dutzend Wagen hinter der, auf die ich gesprungen war. Es ist niemand dort. Als der Zug hält, lasse ich mich zu Boden gleiten. Vorn, zwischen mir und der Lokomotive, sind zwei Laternen, die sich vor und zurück bewegen. Die Bremser sehen sich auf den Dächern nach mir um. Ich bemerke, daß der Wagen, neben dem ich stehe, vier Räder hat. (Wenn man »unten« auf dem Gestell fahren will, muß man sorgfältig die sechsrädrigen Wagen vermeiden – die bringen Unheil.)

Ich ducke mich unter den Zug und krieche an den Stangen entlang. Es ist das erstemal, daß ich unter einen Zug der Kanada-Pazifikbahn gekrochen bin, und ich kenne seine innere Einrichtung noch nicht. Ich versuche, oben auf den Rahmen zwischen ihn und den Boden des Wagens zu kriechen, aber es ist nicht genügend Platz, daß ich mich hineinzwängen könnte. Das habe ich noch nie erlebt. In den Vereinigten Staaten ist man gewohnt, auf richtigen Schnellzügen »unten« zu fahren, und ich pflege es so zu machen, daß ich das Geländer fasse, die Füße nach der Bremsstange schwinge und von dort auf den Rahmen hinaufkrieche. Innerhalb des Rahmens kann ich dann auf der Kreuzstange sitzen. Indem ich mich in der Dunkelheit immer weiter mit den Händen vorfühle, merke ich schließlich, daß zwischen der Bremsstange und der Erde Platz ist. Mit großer Mühe kann ich mich hineinzwängen. Ich muß mich flach hinlegen und durchwinden. Sobald ich innerhalb des Rahmens bin, setze ich mich auf die Stange und denke darüber nach, ob der Bremser jetzt wohl herauskriegt, wo ich geblieben bin. Der Zug setzt sich in Bewegung. Sie haben es endlich aufgegeben, nach mir zu suchen.

Aber haben sie es wirklich aufgegeben? Schon als wir das

nächste Mal halten, sehe ich, wie eine Laterne unter den Rahmen gehalten wird, der dem meinen am nächsten ist, aber am andern Ende des Wagens. Sie suchen die Stangen ab, um mich zu finden. Ich muss schnell machen, daß ich wegkomme. Auf dem Bauche krieche ich unter die Bremsstange. Sie sehen mich und laufen mir nach, aber ich krieche auf Händen und Füßen quer über die Schienen nach der entgegengesetzten Seite und verstecke mich hier in dem schirmenden Dunkel. Wieder die alte Situation. Ich bin wieder vor dem Zug, und der Zug muß an mir vorbeifahren.

Der Zug fährt an. Auf dem ersten »Blinden« ist eine Laterne. Ich liege auf dem Boden und sehe den Bremser vorbeifahren und nach mir ausschauen. Auf dem zweiten »Blinden« ist auch eine Laterne. Der Bremser erblickt mich und ruft es dem Bremser, der auf dem ersten Wagen vorbeigefahren ist, zu. Beide springen ab. Schön, dann muß ich eben den dritten »Blinden« nehmen. Aber – lieber Gott – auf dem dritten »Blinden« ist auch eine Laterne! Das ist der Schaffner. Ich lasse ihn vorbeifahren. Jedenfalls habe ich jetzt das ganze Zugpersonal vor mir. Ich drehe mich um und laufe in der dem Zug entgegengesetzten Richtung. Über die Schulter sehe ich zurück. Alle drei Laternen sind jetzt auf der Erde und schwanken auf der Suche nach mir umher. Ich nehme einen Anlauf. Die Hälfte der Wagen ist schon vorbei, und der Zug fährt ziemlich schnell, als ich aufspringe. Ich weiß, daß die beiden Bremser und der Schaffner in zwei Sekunden wie rasende Wölfe über mich herfallen werden. Ich springe wieder auf die Handbremse, fasse die gewölbten Dachenden und bin im nächsten Augenblick auf »Deck«, während meine enttäuschten Verfolger sich auf der Plattform zusammendrängen wie heulende Hunde, die eine Katze auf einen Baum gejagt haben, und da stehen sie nun und fluchen und erzählen mir Unliebenswürdigkeiten über meine Vorfahren.

Aber was mache ich mir daraus? Einschließlich Lokomotivführer und Heizer sind sie fünf gegen einen, und obwohl die Majestät des Gesetzes und eine große, mächtige Körperschaft hinter ihnen stehen, führe ich sie alle an. Ich bin ganz hinten auf dem Zug, und so laufe ich über die Wagendächer vor, bis ich mich über der fünften oder sechsten Plattform von der Lokomotive befinde. Dann spähe ich vorsichtig hinunter. Auf der Plattform steht ein Bremser. Daß er mich bemerkt hat, kann ich aus der Art sehen, wie er sich in größter Eile in den Wagen schleicht, und ich weiß auch, daß er jetzt hinter der Tür steht und darauf wartet, über mich herzufallen, wenn ich hinunterklettere. Aber ich tue, als wüßte ich es nicht, und bleibe dort, um ihn in seinem Irrtum zu bestärken. Ich sehe ihn nicht, weiß aber gut, daß er hin und wieder die Tür öffnet, um sich zu vergewissern, daß ich immer noch da bin.

Der Zug fährt langsamer, wir nähern uns einer Station. Ich lasse die Beine hinunterhängen, um mich vorzufühlen. Der Zug hält, ich baumle immer noch mit den Beinen. Da höre ich den Bremser vorsichtig die Tür öffnen. Er ist zu meinem Empfang gerüstet. Plötzlich springe ich auf und laufe über das Dach, gerade über dem Kopf des Mannes, der da unten auf mich lauert. Der Zug hält; die Nacht ist ruhig, und ich sorge dafür, daß meine Füße auf dem eisernen Dach soviel Lärm wie nur möglich machen. Ich weiß es natürlich nicht, nehme aber an, daß er jetzt hinläuft, um mich zu fassen, wenn ich auf die nächste Plattform hinunterkomme. Aber ich komme gar nicht hinunter. Als ich die Mitte des Zuges erreicht habe, mache ich kehrt und schleiche schnell und vorsichtig zu der Plattform zurück, die der Bremser und ich eben verlassen haben. Die Bahn ist frei. Ich klettere auf der andern Seite des Zuges hinunter und verstecke mich im Dunkeln. Keine Seele hat mich gesehen.

Ich steige über die Einfriedung neben dem Bahnkörper, lege mich hin und passe auf. Aha! Was ist das? Ich sehe eine Laterne, die sich oben auf den Dächern von einem Wagen zum andern bewegt. Sie meinen, ich sitze noch oben, und suchen mich nun. Und noch besser – auf dem Boden, zu beiden Seiten des Zuges, bewegen sich zwei Laternen in derselben Richtung und mit derselben Schnelligkeit wie die auf den Dächern. Es ist die reine Hasenjagd, und ich bin der Hase. Sobald der Bremser auf dem Dach mich erblickt, wollen die beiden andern mich packen. Ich drehe mir eine Zigarette und sehe die Prozession vorüberziehen. Sobald sie vorbei ist, kann ich mich in aller Ruhe vorn zum Zug begeben. Der Zug setzt sich in Bewegung, und ohne Widerstand komme ich auf den ersten »Blinden«. Aber ehe noch der Zug richtig in Gang gekommen ist, und als ich mir gerade die Zigarette anzünden will, sehe ich, daß der Heizer über die Kohlen hinten auf den Tender geklettert ist und mich betrachtet. Ich bekomme einen furchtbaren Schreck. Von seinem Platz aus kann er nach mir mit Kohlenstücken werfen und mich zu Frikassee machen. Statt dessen spricht er mich an, und ich höre zu meiner großen Erleichterung Bewunderung in seiner Stimme.

»Du verfluchter Schweinehund!« sagt er.

Das ist ein großes Kompliment, und ich werde von Stolz durchschauert wie ein Schulknabe, der ein Lob erhält. »Hör mal«, rufe ich zu ihm hinüber, »mach das nicht wieder mit dem Schlauch.«

MIT DEM AUTO NACH SÜDEN

»Die Luft war mild. Und das Auto fuhr.
Es roch nach Glück und Benzin.
Sie achteten wenig auf die Natur
Und streiften sich mit den Knien.«

Erich Kästner
Die sehr moralische Autodroschke (1929)

Otto Julius Bierbaum
Empfindsame Reise im Automobil

Eine wollüstige Perspektive: Wir werden nie von der Angst geplagt werden, daß wir einen Zug versäumen könnten. Wir werden nie nach dem Packträger schreien, nie nachzählen müssen: eins, zwei, drei, vier – hat er alles? Herrgott, die Hutschachtel: sind auch die Schirme da? Wir werden nie Gefahr laufen, mit unausstehlichen Menschen in ein Kupee gesperrt zu werden, dessen Fenster auch bei drückender Hitze nicht geöffnet werden darf, wenn jemand mitfährt, der an Zugangst leidet. Wir werden keinen Ruß in die Lungen bekommen. (Aber Staub: meinen Sie? Warten wir's ab!) Wir werden selber bestimmen, ob wir schnell oder langsam fahren, wo wir anhalten, wo wir ohne Aufenthalt durchfahren wollen. Wir werden ganze Tage lang in frischer, bewegter Luft sein. Wir werden nicht in greulichen, furchtbaren Höhlen durch die Berge, sondern über die Berge weg fahren.

Kurz, mein Herr! Wir werden wirklich reisen und uns nicht transportieren lassen.

Reisen, sage ich, nicht rasen. Denn das soll schließlich, um es kurz zu sagen, der Zweck der Übung sein! Wir wollen mit dem modernsten aller Fahrzeuge auf altmodische Weise reisen, und eben das wird das Neue an unserer Reise sein. Denn bisher hat man das Automobil fast ausschließlich zum Rasen und so gut wie gar nicht zum Reisen benützt. Das Wesentliche des Reisens ist aber keineswegs die Schnelligkeit, sondern die Freiheit der Bewegung. Reisen ist das Vergnügen, in Bewegung zu sein, sich vom Alltäglichen seiner Umgebung zu entfernen und neue Eindrücke mit Genuß aufzunehmen. Der Reisende im Eisenbahnwagen vertauscht aber nur sein eigenes Zimmer, das er allein besitzt, mit einer Mietskabine, an der jedermann teilhaben kann, und er gibt, statt Freiheit zu gewinnen, Freiheit auf. Schon darum ist dies gar kein Reisen. Der kilometerfressende »Automobilist« ist aber auch kein Reisender, sondern ein Maschinist. Das mag Verlockendes haben, wie jeder mit Lebensgefahr verbundene Sport, und ich begreife es, daß gerade die Reichsten der Reichen sich die Sensation gern verschaffen, sich auf bisher noch nicht dagewesene Manier das Genick zu brechen. Aber mit der Kunst des Reisens hat das so viel zu tun wie die Schnellmalerei mit der Kunst Böcklins.

Lerne zu reisen, ohne zu rasen! heißt mein Spruch, und auch darum nenne ich das Automobil gern Laufwagen. Denn es soll nach meinem Sinn kein Rasewagen sein. Und nun wollen wir sehen, ob das geht!

Wer nach Florenz reist, darf es nicht versäumen, den Abstecher nach Faenza zum Knaben Johannes zu machen. Als Stadt bietet der ehemals bedeutende Ort allerdings nicht eben viel. Dafür ist das Stück Apennin zwischen Florenz und Faenza um so interessanter – zumal, wenn man es nicht auf der Eisenbahn durchtunnelt, sondern im Automobil durchfährt. Der Motor bekommt dabei freilich rechtschaffen zu tun, aber der unsre machte, wie immer, seine Sache gut. Nicht so die Pneumatiks, die uns dreimal zwangen, mitten in der Fahrt zu pausieren. Es waren die Veranlassung dazu nicht Schäden von außen, keine Nägel, Scherben oder Steine, sondern die Luftschläuche selber erwiesen sich als zu schwach, weil man uns leider nicht die stärksten mitgegeben hatte, welche allein imstande gewesen wären, auf die Dauer auszuhalten. In diesen Dingen bei einer solchen Reise sparen zu wollen, ist verfehlt. Die Pausen selber sind nicht so unangenehm, wie das Gefühl der Unsicherheit, das sich einstellt, sobald man die Erfahrung macht, unzureichendes Material zu haben.

Die Entfernung von Faenza nach Florenz beträgt 96 Kilometer. Wir brauchten dazu infolge der unfreiwilligen Pausen und wegen der großen Schwierigkeiten, die das Gelände einem verhältnismäßig so schwachen Motor wie dem unseren bietet, fast zehn Stunden. Hätten wir die Gefälle schnell nehmen wollen, so würden wir wesentlich schneller zum Ziel gekommen sein, aber für das Reisen im Laufwagen gilt noch mehr als sonst das Wort: che va piano, va sano, und die Abhänge des Apennin haben ein allzu fatales Aussehen, als daß man sich an ihnen gerne der Gefahr eines Absturzes aussetzte. So opferten wir also lieber ein paar Bremsleder und nahmen die außerordentlich starken Gefälle langsam.

Bei den Steigungen blieb uns von vornherein nichts anderes übrig. Die Straße steigt von Faenza bis zum Colle di Casaglia fast unablässig; das ist eine Strecke von etwa 50 Kilometern, auf der man von 36 Metern Höhe auf 922 Meter Höhe gelangt. Nun fällt die Straße bis Borgo S. Lorenzo außerordentlich steil innerhalb einer Strecke von noch nicht 20 Kilometern bis auf 187 Meter, steigt dann wieder 13 Kilometer lang bis auf 520 Meter, um dann innerhalb 12 Kilometer bis auf 55 Meter zu fallen, bei einem ganz außerordentlich starken Anfangsgefälle, das sich innerhalb vier Kilometern von 520 auf 175 Meter senkt. Es liegt auf der Hand, daß man ein solches Gelände mit einem achtpferdigen Motor, der einen großen Wagen mir drei Insassen, einem großen und fünf kleinen Koffern fortzubewegen hat, nicht prestissimo durcheilen kann, daß man sich vielmehr zu einem ausgesprochenen adagio bequemen muß. Zum Glück haben wir längst keine Eisenbahnnerven mehr und sind zu solchen Freunden des Bummelfahrens geworden, daß uns auch dieses breite adagio ein sehr angenehmes Tempo war, das wir ausgiebig dazu benutzten, die sehr merkwürdige Landschaft aufmerksam zu betrachten.

Diese Landschaft bekommt sehr bald hinter Faenza ein von der vorigen sehr verschiedenes Aussehen. Die Apenninschwelle zwischen der Emilia und Toskana ist ein Stück Gebirgsland von fast unheimlicher Öde. Nichts erinnert an Gebirge von gleicher Höhe in Deutschland. Man könnte glauben, daß man sich mindestens 600 Meter höher befindet, als es in Wirklichkeit der Fall ist, so leer und kahl ist es hier oben. Ganz wenige, höchst kümmerliche Ortschaften (bis auf Marradi, das sich stattlich macht und sehr malerische Blicke bietet), und nicht die Spur von Wald – eine Gebirgswelle hinter der andern aus einem grauen schieferigen Geschiebe, das nur stellenweise einen dünnen grünen Überzug hat. Deutlich markiert sich überall das gewundene helle Band der schön gemauerten Straße, die oben hinüber führt, während sich die Eisenbahn unten irgendwo durch das Gebirge wühlt. Wir sind, außer bei den Ortschaften, keinem Menschen begegnet – also auch keinem Banditen, deren es hier noch eine gute Anzahl gibt. Erst tags vorher war, wie wir in Florenz erfuhren, einer von zwei verkleideten Karabinieris festgenommen worden, auf die er einen Anfall versucht hatte.

Auf der toskanischen Seite verändert sich das Bild bald.

Maulbeerbaumanlagen und schöne Steineichen treten am meisten hervor, und der erste Blick auf die Toskana ist wahrhaft überwältigend. Das ist die ideale Landschaft kurz und gut; die Landschaft, der schlechterdings nichts fehlt. Im ersten Augenblick ist man fast benommen von dieser Schönheit, und als ich nach Worten suchte, kamen mir als die einzigen die Goethes entgegen: Die Augen gingen ihm über. Es ist ein Rausch des Gesichts, Überschwang und Aufschwung; man möchte die Arme ausbreiten und vor dieser Fülle einer schön verschwendenden Natur niedersinken wie der junge Mann auf dem Klingerschen Blatt an die Schönheit. Hier geziemt sich Pathos, hier wird der Name Gottes nicht eitel genannt, hier heißt sehen beten. Noch niemals habe ich das Gefühl gehabt, das mich hier übermannte und das sich laut in den Worten aussprach: Wenn ich hier geboren wäre! Es ist wohl dasselbe Gefühl, das unsre Vorfahren so oft über die Alpen getrieben hat.

Kurt Tucholsky
ZUM ERSTEN MAL IN ITALIEN

Das Auto fuhr den Lago Maggiore entlang. Der Himmel war strahlend blau, für den Monat Dezember geradezu unverschämt blau; die weite Wasserfläche blitzte, die Sonne sonnte sich, und der See tat sein möglichstes, um etwas Romantik zu veranlassen – dieses fast berlinisch gewordene Gewässer, an dessen Ufern die deutschen Geschäftsleute sitzen und über die schweren Zeiten klagen. Vorbei an Locarno, wo die Hoteliers weltgeschichtliche Tafeln in die Mauern gelassen haben – wegen Konferenz; vorbei an Ascona ... eine herrliche Aussicht: oben Emil Ludwig und unten der See, ganz biographisch wird einem da zu Mute ... Brissago ... und dann weiter ... »Soll ich bis an die italienische Grenze fahren?« sagte der Fahrer. »Allemal«, sagte ich in fließendem Schweizerisch. »Dürfen wir?« fragte ich. »Die Grenzer kennen mich«, sagte der Fahrer; »ich drehe auf italienischem Boden gleich wieder um.« Das war tröstlich und mochte hingehen, aus vielerlei Gründen. Los.

Noch eine Biegung und noch eine ... die Bremsen knirschten, der Kies rauschte ... nun fuhr der Wagen langsamer, denn da war eine Kette über den Weg gespannt, eine dicke, schwarze Kette ... ein italienischer Soldat hielt sie und senkte sie, der Wagen fuhr darüber hinweg – und nun war ich, zum ersten Male in meinem Leben, in Italien. Zehn Meter rollte der Wagen noch, am Haus der Zollwache vorbei – dann erweiterte sich der Weg zu einem kleinen Rondell, der Fahrer drehte ... Da lag der See. Weit und breit waren nur drei Menschen zu sehen: an der Kette der Soldat; am Ufer schritt ein Bersagliere, er trug ein düsteres Gesicht im Gesicht sowie einen kleinen, dunklen Bart, den Mantel hatte er vorschriftsmäßig-malerisch um die Schultern geschlagen, er sah aus wie ein Opernstatist. Gleich würde er den Arm hochheben und mitsingen:

Den Fürsten befreit –
Den Fürsten befreit –
Den Fürsten befrei-hei-heit!

Nichts. Er schritt fürbaß. Das dritte menschliche Wesen war ein Knabe; der saß oben auf einem Baum und baumelte mit den Beinen. Am Ufer lag ein alter Stiefel. Der Fahrer drehte und schlug mit dem Wagen einen gewaltigen Reif, dann fuhr er knirschend über die immer noch gesenkte Kette, zurück in die Schweiz; einen Augenblick lang sah ich dem Soldaten in die Augen, es war ein blonder Mann, seine Lippen bewegten sich unhörbar und leise, er grüßte ... Ich war in Italien gewesen. Das Ganze hatte eine einzige Minute gedauert – ich war in Italien gewesen.

HIGHLIGHTS DES TOURISMUS

»Jeder denkt doch eigentlich für sein Geld auf der Reise zu genießen. Er erwartet alle die Gegenstände, von denen er so vieles hat reden hören, nicht zu finden wie der Himmel und die Umstände wollen, sondern so rein, wie sie in seiner Imagination stehen – und fast nichts findet er so, fast nichts kann er so genießen. Hier ist was zerstört, hier was angekleckt, hier stinkts, hier rauchts, hier ist Schmutz etc., so in den Wirtshäusern, mit den Menschen etc.«

Johann Wolfgang von Goethe, Tagebuch der Italiänischen Reise für Frau von Stein (1786)

Johann Wolfgang von Goethe
Die Wasser von Venedig

Das Meer kann nur an zwei Orten in die Lagunen, bei den Kastellen gegenüber dem Arsenal und am andern Ende des Lido bei Chiozza. Die Flut tritt gewöhnlich des Tags zweimal herein, und die Ebbe bringt das Wasser zweimal hinaus, immer durch denselben Weg, in derselben Richtung, füllt die Kanäle und bedeckt die morastigen Landstellen und so fließts wieder ab, läßt das erhabnere Land, wo nicht trocken, doch sichtbar und bleibt in den Kanälen stehn.

Ganz anders wäre es, wenn es sich nach und nach andre Wege suchte, die Erdzunge angriffe und nach Willkür hinein- und herausströmte. Nicht gerechnet, daß die Örtgen auf dem Lido: Palestrina, St. Peter etc. leiden würden; so würden die Kanäle stellenweis ausgefüllt werden, das Wasser würde sich neue Kanäle suchen, den Lido zu Inseln und die Inseln, die jetzt in der Mitte liegen, vielleicht zu Erdzungen machen. Dieses nun zu verhüten, müssen sie den Lido bewahren, was sie können. Nicht daß das Meer wüchse, sondern daß das Meer nur willkürlich das angreifen und hinüber und herüber werfen würde, was die Menschen schon in Besitz genommen, dem sie schon zu einem gewissen Zweck Gestalt und Richtung gegeben haben.

Bei außerordentlichen Fällen, wie deren gewesen sind, daß das Meer übermäßig wuchs, ist es auch immer gut, daß es zu zwei Orten herein kann und das übrige verschlossen ist, es kann also doch nicht so schnell, nicht mit solcher Gewalt eindringen und muß sich dann doch auch wieder in einigen Stunden dem Gesetz der Ebbe unterwerfen und auch so wieder seine Wut lindern.

Übrigens hat Venedig nichts zu besorgen, die Langsamkeit, mit der das Meer abnimmt, läßt ihr Jahrtausende Raum, und sie werden schon den Kanälen klug nachhelfend sich im Besitz des Wassers zu halten wissen. Wenn sie ihre Stadt nur reinlicher hielten, das so notwendig und so leicht ist, und wirklich auf die Folge von Jahrhunderten von großer Konsequenz. So ist z. B. bei schwerer Strafe verboten, nichts in die Kanäle zu schütten noch Kehricht hineinzuwerfen. Einem schnell einfallenden Regen aber ists nicht untersagt, alle den in die Ecken geschobenen Kehricht aufzusuchen und in die Kanäle zu schleppen. Ja, was noch schlimmer ist, den Kehricht in die Abzüge zu führen, die allein zum Abfluß des Wassers bestimmt sind und sie zu verschlemmen. Selbst einige Carreaus (Fliesen) auf dem kleinen Markusplatz, die, wie auf dem großen zum Abfluß des Wassers gar klug angelegt sind, hab ich so verstopft und voll Wasser gesehen. Wenn ein Tag Regenwetter einfällt, ist ein unleidlicher Kot. Alles flucht und schimpft. Man besudelt, beim Auf- und Absteigen der Brücken, die Mäntel, die Tabarros, alles läuft in Schuh und Strümpfen und bespritzt sich, und es ist kein gemeiner, sondern wohl beizender Kot. Das Wetter wird wieder schön, und kein Mensch denkt an Reinlichkeit. Der Souverain dürfte nur wollen; so geschäh es, ich möchte wissen, ob sie eine politische Ursache haben, das so zu lassen, oder ob es die kostbare Negligenz ist, die dieses hingehn läßt.

August Kopisch
Entdeckung der blauen Grotte

Nicht lange, so brach der Morgen an; ich weckte meinen Freund, wir kleideten uns an und gingen zu Don Pagano, dem Notar, den wir schon in vollem Zeug und Zuge fanden. Er hatte einen Korb mit Lebensmitteln für unsere Expedition gefüllt, auch eine Laterne dazugepackt, für den Fall, daß wir in der Grotte ausstiegen. Über dem kam das Frühstück, der kleine Sohn Paganos jubelnd dahinter. Nachdem wir uns erquickt hatten, zogen wir fröhlich aus.

In einer halben Stunde gelangte der kleine Zug zur nördlichen Marine hinab, wo der Bootsmann Angelo, dem sich unser Eseltreiber Michele Furerico gesellt, bereits unser wartete. Die Kufen, Pechpfannen, Laternen und Stricke wurden auf ein kleineres Boot gepackt. Wir selbst bestiegen ein größeres und schleppten jenes nach. Der Eseltreiber und Angelo ruderten nun so schnell mit uns dahin, daß wir sie bitten mußten, langsamer zu fahren, um die Ufer betrachten zu können, indem sie allerlei Merkwürdigkeiten boten. Links gewandt, durchschnitten wir, einen langen Streif hinter uns lassend, das spiegelglatte Element dicht an der nördlichen Küste, vorüber der Neptunsvilla Tibers, und befanden uns bald unter der fast überhangenden Felswand. In dieser bemerkten wir, da wo sie sich niedriger und niedriger neigt, mancherlei Nischen und Tropfsteinhöhlen, in deren einige das Meer hineinwogt. Ich brannte vor Ungeduld, zu der besprochenen zu gelangen; mein Reisegefährte bezeigte jedoch, je näher wir kamen, je weniger Lust, mit hineinzuschwimmen. »Der Notar hat uns etwas vorgeschwatzt, wir werden nichts finden, und er wird uns dann obenein auslachen!« war seine Rede.

Ich sagte, das solle der Notar nicht, wir wollten ihn in die Mitte nehmen, so daß ich voran schwömme und er ihm folge, und wenn sich in der Grotte nichts finde, könnten wir ihn zur Strafe nach Belieben tauchen; dann sei das Lachen auf unsrer Seite. Dieses Vorschlages war mein Freund zufrieden. Wir begannen, uns zum Bade vorbereitend, die lästigen Kleider von uns zu werfen, und ermahnten den Notar, der etwas ernst geworden war, ein Gleiches zu tun.

»Mir ist noch zu warm!« meinte derselbe und blieb, wie er war. Die Rudernden, vorher ziemlich gesprächig, wurden nun auffallend feierlicher. Nicht lange danach bogen wir um eine Felsenecke, die Ruder wurden eingezogen, die Barke stand still. Niemand sprach ein Wort. »Warum wird denn hier angehalten?« fragte ich. »Hier ist die Höhle!« antwortete Angelo mit etwas Befangenheit.

»Wo denn?« fragte ich wieder. Da zeigte er mir, im Hintergrund der kleinen Bucht, den finstern Eingang derselben, nicht viel größer als eine Kellerluke. Das hier tiefblaue Meer wallte ruhig hinein und heraus. Alles schwieg. Don Pagano war sehr nachdenklich geworden. »Nun, Angelo, macht das Feuer an!« unterbrach ich die bange Stille. »Wir haben nicht viel Zeit und wollen flink hinein und heraus!«

Angelo stieg nun in die kleine Barke, setzte die Pfanne in die eine Kufe, schlug Stahl an Stein, wie Äneas' Gefährten, und bald loderte und brodelte ein Pechfeuer so lustig, als man jemals eins gesehen. Die Glut und der Qualm war so groß, daß Angelo, wie er die Kufe damit auf das Meer setzte, ein Gesicht machte wie eine Zitrone unter der Presse.

Wir Fremden lachten herzlich darüber, der Notar aber wurde immer ernsthafter. »Nun, Herr Notar«, sagte ich, »flink ausgekleidet! Wir wollen nun hinein!« – »Ich bin noch warm, geniert Euch nicht! Schwimmt immer voran, ich werde bald nachkommen!« war die Antwort. »Nein, liebster Freund«, sagte ich darauf, »so ist die Sache nicht gemeint. Wir schwimmen alle zusammen!« – »Aber warum alle?« – »Weil es sonst aussieht, als ob Ihr Furcht hättet, lieber Herr Notar! Ich will Euch ein bißchen helfen auskleiden!« – »Nein, nein, laßt mich, ich bin wirklich noch zu warm!« – »Nun, so wollen wir ein wenig warten!«

Der Notar fing endlich an, die Oberkleider abzuwerfen. »Geht nur hinein, ich komme bestimmt bald nach!« – »Nein«, sagte ich, ihn bei den Schultern fassend. »Herr Notar, wenn Ihr Euch nicht sogleich zum Schwimmen bereitet, so werf ich Euch so ins Wasser.«

Dieses Wort, halb ernsthaft, halb scherzhaft gesprochen, verfehlte seine Wirkung nicht. Er war bald von jeder künstlichen Hülle befreit, aber hineinspringen wollte er noch immer nicht. Da gab ich ihm im günstigen Moment einen leichten Druck an die Schulter, und plump! lag er im Wasser, aus dem er augenblicklich wieder, einem Korkstöpsel gleich, in die Höhe schoß und prustend auf und nieder hüpfte. Er war eine von den leichten Naturen, die im Wasser nicht untergehn, sondern weit hervorragen. Wir Fremden plumpten nun ebenfalls hinein und schwammen lustig um ihn herum. Er hatte mir den Scherz nicht übelgenommen, teilte indes keineswegs meine Lustigkeit, denn – der verhängnisvolle Moment rückte heran. Angelo, in der einen Kufe nach türkischer Weise kauernd, ruderte, die andre mit dem Feuer vor sich hertreibend, dem Eingang zu.

Ich glaube, keiner von uns war ohne eine gewisse Bangigkeit. Nicht als ob ich mich vor fabelhaften Dingen gefürchtet hätte, aber ich gedachte der vom Canonico erwähnten wirklichen Haifische und fragte den guten Angelo, ob man hier welche vermuten könne. Seine Antwort: »Habt keine Furcht, sie gehen nicht zwischen Felsen!«, gab mir nicht genügende Beruhigung; denn, dachte ich, er hat gut reden, er hat seine Beine in der Kufe!

Nun war er unter dem Eingang, nun – tappte er sich an den Wänden hinein. Der gewaltige Rauch des Pechfeuers schlug ihm und mir entgegen, und wir mußten die Augen schließen, als wir unter das innere mächtige Gewölbe kamen. Als ich sie wieder auftat, sah ich alles finster um mich her. Feuer und Rauch blendete, wo Angelo sich an den nassen Wänden forttappte, und nur mit dem Gehör konnte ich, nach dem Hall der rings anschlagenden Brandung, einigermaßen die Größe des überwölbten Bassins ermessen. Ich schwamm in wunderlich banger Erwartung weiter, vergeblich spähend nach Altertümern.

Da merkte ich, daß der Notar und mein deutscher Freund, die mir erst gefolgt waren, beide zugleich umkehrten, und wandte mich, sie zu schelten; aber – welch ein Schreck kam über mich, als ich nun das Wasser unter mir sah gleich blauen Flammen entzündeten Weingeistes. Unwillkürlich fuhr ich empor, denn vom Feuer immer noch geblendet, glaubte ich im ersten Augenblick eine vulkanische Erscheinung zu sehen. Als ich aber fühlte, daß das Wasser kühl war, blickte ich an die Decke der Wölbung, meinend, der blaue Schein müsse von da kommen. Aber die Decke war geschlossen, und ich erkannte endlich, vom Feuer abgewendet, halb und halb einiges von ihrer Gestalt. Das Wasser aber blieb mir wunderbar, und mir schwindelte darin, denn wenn die Wellen etwas ruhten, war es mir gerade, als schwömme ich im unabsehbaren blauen Himmel.

Ein banges Entzücken durchzitterte mich, und ich rief meinen Gefährten zu: »Bei allem, was schön ist, kommt wieder herein; denn wenn nichts in der Grotte ist als das himmlische Wasser, bleibt sie dennoch ein Wunder der Welt! Kommt, fürchtet euch nicht, es sind weder Haifische noch Teufel hier zu sehen, allein eine Farbenpracht, die ihresgleichen sucht!«

Auf diesen jauchzenden Zuruf faßten sie von neuem Mut und schwammen wieder herein. Beide teilten nun mein Entzücken, aber wir alle begriffen das Wunder nicht, wir konnten es nur anstaunen. Zugleich kam es uns sehr begreiflich vor, daß jene Geistlichen vor zweihundert Jahren das Schwimmen auf diesem Himmel von Wasser ängstlich fanden. Angelo hatte nun mit seinem Feuer den Hintergrund erreicht, wo sich ein Landungsplatz darstellte. Ich schwamm dahin und erklomm das Ufer, wunderbar angeregt, denn die Höhle schien, so groß sie schon war, dort noch viel weiter fortzugehn.

»Hier wird der Gang des Tiberius sein!« rief der Notar aus dem Wasser. Ich fand es nicht unwahrscheinlich, ließ mir von Angelo eine Laterne reichen, worin ein kleines Lämpchen brannte, und ging bebend vorwärts, denn der Boden war ungleich und sehr schlüpfrig; von der Decke hingen Tropfsteinzacken herab, und bei jedem Schritt veränderten sich die Schatten, überall umherirrend an den abenteuerlich gebildeten Wänden. Bald hier, bald da schien sich etwas zu bewegen. Meine Phantasie, durch das unerklärte Wunder des Wassers und die mannigfaltigen Formen angeregt, sah jeden Augenblick Gestalten, und der Gedanke überflog mich, es könne die Höhle ein Aufenthalt von Seeräubern sein. Nun sah ich im Schein des schwachen Lämpchens plötzlich etwas Weißes schimmern und blieb stehen, es zu betrachten. Meine Gefährten aber fragten aus dem Wasser herauf, warum ich so zurückträte.

»Weil ich ein Gerippe sehe!« wollte ich eben sagen; aber als ich genauer hinleuchtete, war es eine Tropfsteinbildung, die vor der gespannten Phantasie diese Gestalt angenommen, weil ich anfing, die Höhle für eine Mordhöhle zu halten. Ich schritt weiter vor, aber ein kalter Schauer überlief mich, als ich, vor mich hinleuchtend, plötzlich meinen Schatten nicht hinter mir, sondern neben mir erblickte. Was ist das? dachte ich bei mir; geht hier eine Tür auf, werden nun die Mörder gegen dich Waffenlosen kommen und deine Gefährten dich entsetzt verlassen?

Als ich mich aber trotzend zur Rechten wandte, sah ich, daß hier ein Fenster in den Gang gehauen war. Es mündete in die große Grotte, und das Licht des durchschwommenen Eingangs schimmerte herein. »Hier ist Spur von Menschenhand!« rief ich den Gefährten zu. »Kommt her und seht ein gehauenes Fenster!« Der Notar kam eilig näher und krabbelte sich eifrig an dem Felsen herauf, ihm folgte der deutsche Freund. »Wahrhaftig, ein gehauenes Fenster!« rief Don Pagano. »Hier ist der Gang Tibers, daraufhin will ich den Kopf verlieren!«

Von dem Fenster aus erschien die Grotte nun in voller Pracht, ein mächtig großes und tiefes Bassin, weit überwölbt von tropfsteingezierten, schön geschwungenen Felsen, das Wasser ein wallender Himmel, dessen blaues Licht die Decke darüber zauberisch erhellte. Am hochroten Saum, der, rings von Seetieren gebildet, alle Ränder der Grotte verziert, funkelten die Brandungen umher und spielten die Farben aller Edelgesteine. Zum Eingang herein aber schimmerte das helle Tageslicht und breitete gleich einem Mond seinen Schein über das Wasser.

Mark Twain
Auf die Spitze getrieben

Die Pyramiden, die aus den Palmen gen Himmel ragten, sahen aus einigen Meilen Entfernung sehr scharf umrissen, sehr majestätisch und ehrfurchtgebietend aus, und gleichzeitig sehr weich und schemenhaft. Sie schwammen in einem üppigen Dunst, der jeden Gedanken von gefühllosem Stein vertrieb und sie in flüchtige Traumgebilde verwandelte – Gebäude, die vielleicht zu Reihen angedeuteter Bögen oder prachtvoller Säulengänge erblühen und sich vor unseren Augen immer wieder aufs neue in grazile architektonische Gebilde verwandeln, um dann köstlich zu verblassen und mit den zitternden Lüften zu zergehen.

Wir ließen die Maulesel am Ende des Uferdammes zurück und überquerten mit einem Segelboot einen Seitenarm des Nils oder ein Überlaufbecken und landeten dort, wo die Sandmassen der Sahara am Rande des Überschwemmungsgebietes des Flusses einen Damm hinterlassen haben, schnurgerade wie eine Mauer. Ein mühseliger Fußmarsch unter glühender Sonne brachte uns an den Fuß der großen Cheopspyramide. Jetzt war sie kein Traumgebilde mehr, sondern nur noch ein verwitterter, unansehnlicher Berg aus Steinen. Jede seiner monströsen Flanken war eine breite Treppe, die nach oben führte, Stufe für Stufe sich verjüngend, bis zu einer Spitze, die hoch oben am

Himmel schwebte. Insektenhafte Frauen und Männer – die Pilger der »Quaker City« – krabbelten in schwindelerregenden Höhen auf ihm herum, und ein kleiner schwarzer Schwarm schwenkte Briefmarken vom luftigen Gipfel – Taschentücher, wie sich denken läßt.

Natürlich wurden wir von einem Mob muskulöser Ägypter und Araber bedrängt, von denen jeder wild entschlossen war, uns gegen entsprechendes Entgelt zur Spitze zu schleppen – das müssen alle Touristen über sich ergehen lassen. Natürlich verstand man in dem Getöse, das uns entgegenschlug, sein eigenes Wort nicht mehr. Natürlich sagten die Scheichs, *sie* wären die einzig Zuverlässigen und alle Verträge müßten mit ihnen abgeschlossen, alle Gelder an sie bezahlt werden, da keiner außer ihnen das Recht hätte, Geld von uns zu kassieren. Natürlich wurde uns fest zugesichert, die Handlanger, die uns hinaufschleppten, würden kein Wort über Bakschisch verlieren. Denn so ist es Usus. Natürlich schlossen wir mit ihnen den Kontrakt ab, bezahlten sie, wurden den Fängen der Schlepper ausgeliefert, die Pyramide hochgeschleppt und von den Grundmauern bis zum Gipfel ohne Unterlaß mit Forderungen nach Bakschisch malträtiert. Und wir bezahlten auch, da man uns in voller Absicht bewußt ganz weit über die breite Flanke der Pyramide verteilt hatte. Keine Hilfe war in Rufweite, und die Herkulesse, die uns schleppten, waren unwiderstehlich, wenn sie liebenswürdig und schmeichlerisch um Bakschisch baten, und wirklich überzeugend, wenn sie mit grimmigen Mienen drohten, uns den Abhang hinunterzustoßen.

Jede Stufe hatte die Höhe eines Eßtisches, und es waren sehr sehr viele Stufen. Je ein Araber hatte einen unserer Arme gepackt, und dann sprangen sie von Stufe zu Stufe und zerrten uns mit sich, zwangen uns, die Füße jedesmal bis in Brusthöhe zu heben und das auch noch schnell und ohne Unterlaß, bis wir am Rand einer Ohnmacht waren – wer wollte da sagen, es wäre kein lebensnahes, berauschendes, zerfleischendes, knochenverstauchendes Martyrium von einem erschöpfenden Zeitvertreib, die Pyramiden zu besteigen? Ich flehte die Handlanger an, nicht alle meine Gliedmaßen zu verrenken, ich wiederholte und wiederholte aufs neue, ja schwor sogar, ich hätte nicht den Wunsch, vor allen anderen den Gipfel zu erreichen.

Ich tat, was ich konnte, um sie zu überzeugen, daß ich überglücklich und ihnen bis in alle Ewigkeit dankbar wäre, wenn ich als letzter dort ankommen würde; ich bat sie, beschwor sie, flehte sie an, anzuhalten und mich einen Augenblick ruhen zu lassen – nur einen winzigen Augenblick lang –, die einzige Antwort war: noch mehr fürchterliche Sprünge. Und zu allem Überfluß nahm mich von hinten noch ein Freiwilliger mit einer Salve energischer Kopfstöße unter Beschuß, die meinen ganzen Staatshaushalt in Schutt und Asche zu legen drohten.

Zweimal ließen sie mich eine Minute lang rasten, während sie Bakschisch aus mir herauspreßten, und setzten dann ihre irrsinnige Flucht zum Gipfel der Pyramide fort. Sie hatten es sich in den Kopf gesetzt, die anderen Gruppen zu schlagen. Ihnen war es gleichgültig, daß ich, ein Fremder, am Altar ihres gottlosen Ehrgeizes geopfert werden mußte. Aber aus größter Not erblüht die Freude. Selbst diese finstere Stunde hatte einen süßen Trost für mich bereit. Denn ich wußte, daß diese Mohammedaner, wenn sie nicht ihrem Glauben entsagten, eines Tages in der Hölle schmoren würden. Und ein Mohammedaner schwört nie ab – niemals entsagen sie ihrem Heidentum. Dieser Gedanke beruhigte mich, erheiterte mich. Erschöpft und kraftlos sank ich am Gipfel nieder, doch innerlich war ich glücklich, so ungeheuer glücklich und zufrieden.

Alfred Polgar
Die Tauben von San Marco

Einen »riesigen Festsaal mit Marmorparkett« nennt Griebens Reiseführer, nun schon in der sechsten Auflage, den Markusplatz. Also wird er das wohl sein.

Das ganz Besondere dieses Saales steckt in dem, was ihm zum Saal fehlt: im Plafond, den er nicht hat. Sein Fehlen gibt der Schwere Leichtigkeit, dem Strengen Anmut. In der Luft, die sie umspielt, löst sich zaubrisch der Steine steinerner Ernst.

Daß der Himmel die Decke abgibt, ist die wahrhaft himmlische Pointe dieses Festsaals und unterscheidet ihn sehr vorteilhaft etwa von den Sälen des Dogenpalastes, die bis zur Decke, und insbesondere an dieser, voll sind von lauter Robustis und Caliaris (bekannter unter den klangvollen Spitznamen Tintoretto und Veronese). Diese venezianischen Meister entwickelten eine Produktivität, die der größten Wände spottete (der alte Palma war auch nicht faul), und hätte der Markusplatz eine Decke, so wären wir heute gewiß um etwa zehntausend Quadratmeter Tintoretto und Veronese reicher. Er hat aber keine. Die wechselnden Farben des Himmels leuchten und dunkeln über ihm, man muß sich nicht das Genick verrenken, um ihre Schönheit zu genießen, und ringsherum ist, von den Bildern in den Kaufläden abgesehen, gar keine Malerei, sondern lauter Architektur. Rechts die alten, links die neuen Prokurazien, wenn man sie verwechselt, macht es auch nichts, im Osten geht strahlend die Markuskirche auf, und die Wand im Westen hat der Baumeister mit genialischer Frechheit so hingestellt, daß sie den Platz einfach zumacht.

Der Decke, die dem riesigen Festsaal fehlt, danken wir auch die Tauben, die ihn und den Fremdenverkehr so prächtig beleben. Mit den Tauben, ganz im allgemeinen, ist das eine eigentümliche Sache. Man verzärtelt und man frißt sie, man fühlt und man füllt sie, sie sind das Symbol der Sanftmut, des Friedens, der Liebe, und man tötet sie, wettschießend, zum sportlichen Vergnügen. Die Tauben von San Marco drücken über diese Gemeinheiten des Menschen ein Auge zu und verkehren mit ihm in herzlichster Unbekümmertheit. Es sind sonderbare Tiere, denen vor gar nichts graust. Sie setzen sich den widerwärtigsten Gesellen und den häßlichsten Weibern auf Schultern und Haupt und lassen sich mit ihnen photographieren. Sie verstehen jede Kultursprache, außerdem auch Sächsisch. Sie selbst geben keinen Laut und, wie es scheint, auch sonst nichts von sich, so verlockend es für sie sein mag, wenn sie auf dem Schädel solch eines strammen Reisebruders sitzen, der sich nicht an die Wimpern klimpern und auf den Kopf machen läßt, eben dies zu tun. Täten sie so, auch dann bliebe es noch immer rätselhaft, daß nicht tagtäglich eine Campanile aus Taubenguano auf dem Markusplatz wächst.

An dem sonnigen Septembervormittag, an dem ich die Freude hatte, die Tauben von San Marco zu beobachten, waren dort ihrer dreißigtausendsechshundertundvierzig Stück versammelt, ein paar Sonderlinge, die allein auf der Piazzetta spazieren gingen, nicht mitgerechnet. Plötzlich flogen alle mitsammen auf und flatterten in großen, schiefen Ellipsen stürmisch rauschend über den Platz. Und als sie zu Boden gingen, ein gewaltiger weicher Wirbel von Blau und Weiß und Grau, war es, als ob sie aus der Luft geschüttet würden, so dicht fielen und lagen sie zuhauf übereinander. Das, die Ellipse und den Wirbel, wiederholten sie dann noch mehrmals, ohne Anlaß oder Nötigung, als Produktion oder aus sportlichem Übermut oder irgendwelchem geheimen Taubenritus gehorchend.

Wenn es dunkel wird, beziehen sie Quartiere in den Rundbögen der Markuskirche, und wo immer die Fassade überdachten Platz bietet. Dort hocken sie müde, schweigsam, aufgeplustert, nur manchmal fliegt eine ein paar Ellipsen, vielleicht im Traum, vielleicht durch das Aufblitzen der Bogenlampen zur Meinung verführt, es sei schon Tag und der Dienst beginne.

Aber der Photograph von San Marco bringt das Paradiesische der Gruppe: Mensch und Tier zustande. Er schüttet dem Individuum, das sich, einen Ausdruck unbeschreiblich blöder Süße im Antlitz, seiner Platte stellt, Taubenfutter ins Haar. Die guten Tiere gehen auf den Vorschlag ein und holen sich Körner aus der Frisur. Es ist Fraß und sieht aus wie Idyll. Der Mensch hält den Atem an, rührt sich nicht: siehe, ich bin ein Futternapf! So lockt man die Kreatur, nicht nur die Tauben von San Marco, nahe, ganz nahe, stimmt sie zutraulich und kann sie streicheln oder ihr den Kragen umdrehen, je nachdem man gerade mehr zum Idyllischen oder zum Praktischen neigt.

FRAUEN ALLEIN UNTERWEGS

»Die Wahrnehmungen werden in eine vielfältige neue Freiheit entlassen. Die Haut blickt, das Auge fühlt, im Gehen denkt der Körper.«

Gisela von Wysocki, Die Fröste der Freiheit. Aufbruchsphantasien (1980)

Mary Kingsley
In den Stromschnellen um Lambarene

Ich blieb einige Zeit in der Gegend von Lambarene und sah und lernte dort eine Menge Dinge. Das meiste erfuhr ich von Monsieur und Madame Jacot, die viel über die Gegend und die Eingeborenen wußten. Das, was ich selbst sah, verdankte ich einer neuerworbenen Kunst: ich kann ein Eingeborenenkanu steuern. Mit Sicherheit verdient meine »Kühnheit« nicht die strenge Kritik, mit der sie bedacht wurde, denn meine Darbietungen waren für die anderen ein ungeheures Amüsement (noch immer kann ich die Lachsalven der Bewohner von Lambarene hören) und für mich selbst ein großes Vergnügen.

Meinen ersten Versuch startete ich an einem sehr heißen Nachmittag. Vor Monsieur und Madame glaubte ich mich sicher, da sie gerade Siesta hielten. Niemand also war zugegen, der mich vor einem Mißgeschick bewahrt hätte. In den Wald wollte ich an diesem Nachmittag nicht gehen, denn am Tag zuvor hatte mir ein kannibalischer Wilder nachgestellt, der mich anscheinend für gute Beute hielt. Darüber hinaus ist es ganz unmöglich, anderen Menschen in Kanus zuzusehen, die vorübergleiten, ohne nicht auch den Wunsch zu verspüren, das auch selbst zu können. Also ging ich hinunter zu der Stelle, wo die Kanus am Steilufer lagen, fand ein zerbrochenes Paddel und machte ein Boot los. Dieses war unglücklicherweise ungefähr fünfzehn Fuß lang, aber zu diesem Zeitpunkt wußte ich noch nichts von dem Nachteil, ein langes Kanu steuern zu müssen. Ich sollte es bald herausfinden.

Durch die Landzungen, die bei der Mission in den Fluß ragten, ergaben sich kleine Strecken Stillwasser zwischen dem Ufer und der rasenden Strömung des Ogowé. Weise entschied ich, dort zu bleiben, bis ich herausgefunden hätte, wie man steuert. Steuern ist nämlich das Wichtigste. Ich stieg in den Bug des Kanus und stieß vom Ufer ab, dann kniete ich nieder. Wie man stehend paddelt, lernt man erst nach und nach. So weit ging alles gut. Schnell begriff ich, wie man vom Bug aus steuert, aber ich kam nicht vorwärts. Da ich jedoch voran wollte, geriet ich an den Rand des Stillwassers. Wiederum weise wendete ich, um nicht in die Strömung zu geraten, und war natürlich stolz wie ein Pfau, weil ich herausgefunden hatte, wie man wendet. In diesem Moment schnappte der größte Äquatorialfluß der Erde mein Kanu beim Heck. Sekundenlang wirbelten wir herum wie ein Kreisel. Mit aller Kraft versuchte ich, dagegenzusteuern, doch dann riß die Strömung schimpflicherweise das Kanu mit dem Heck voran den Fluß hinunter.

Glücklicherweise hing gerade ein großer Baum über einen Felsen in den Strom, gerade unterhalb der Sägemühle. Mit einem Krach schoß mein Gefährt in den Baum. Ich klammerte mich daran fest und nahm das Paddel ins Boot. Mit Hilfe der Äste zog ich das Kanu ins Brackwasser zurück. Dabei hatte ich furchtbare Angst, daß der Baum von dem Felsen losbrechen könnte und mich mitsamt meinem Kanu über das Kama-Land in den Atlantik begleiten würde. Doch er hielt, und als ich sicher an dem spitzzackigen Felsen lehnte, wischte ich mir den Schweiß von der Stirn und versuchte mich an irgendeine Information über das Navigieren zu erinnern, die mir im Umgang mit einem langen Adoomakanu etwas nützen könnte. Mir fiel einige Minuten nichts Passendes ein. Kapitän Murray hatte mir dann und wann eine ganze Menge Tricks über Schiffe verraten, aber dabei ging es immer um Dampfer. Da er aber der erste Mann war, der einen Ozeandampfer durch die schrecklichen Strömungen und Strudel in Hell's Cauldron den Kongo hinauf bis nach Matadi gebracht hatte, wußte er über Strömungen Bescheid. Ich erinnerte mich, daß er gesagt hatte: »Man muß immer volle Fahrt voraus machen.« Nun gut. Wenn man den Ratschlag umkehrte, paßte er wie ein Handschuh: Also mußte ich alle Fahrt, die vom Heck kam, abhalten. Nachdem ich mich so sicher fühlte, wie sich ein menschliches Wesen nur fühlen kann, das von einem guten Prinzip geleitet wird, kroch ich vorsichtig zum Heck, um dort kniend nach dem Rechten zu sehen.

In diesem Augenblick hörte ich vom Ufer einen schrecklichen Schrei. Ich sah Madame Forget, Madame Gacon und Monsieur Gacon im Kreis ihrer mitschreienden Missionskinder, alle in hellster Aufregung. Im Chor brüllten sie eine Menge Dinge. »Was?« antwortete ich. Sie sagten noch mehr und gestikulierten dazu. Da ich erkannte, daß ich nur meine Zeit verschwendete, weil ich sie nicht hören konnte, stieß ich das Kanu vom Felsen ab und schaffte es hauptsächlich durch Steuern bis zum naheliegenden Ufer. Dann vertäute ich das Kanu fachgerecht und ging über den Mühlbach zu meinen besorgten Freunden. »Sie hätten ertrinken können«, sagten sie. »Gütiger Himmel«, sagte ich, »das habe ich vor einer halben Stunde auch noch gedacht, aber jetzt ist alles in Ordnung, nun kann ich steuern.« Nach längerem Hin und Her beruhigte ich sie, und nachdem ich strikte Order erhalten hatte, mich nur im Heck eines Kanus aufzuhalten, da dies der richtige Platz bei Einhandsteuerung ist, kehrte ich zu meinem Studienobjekt zurück. Das Interesse meiner Freunde an meiner Person ließ jedoch nicht nach, sie blieben am Ufer und beobachteten mich weiter.

Zuerst glaubte ich, daß meine Erfahrungen über das Steuern vom Bug aus nichts nützten. Ich erkannte jedoch bald, daß man alles nur umkehren mußte. Wenn man zum Beispiel im Bug sitzt und rechts mit dem Paddel einen nach innen gerichteten Schlag macht, geht der Bug nach rechts; wenn man das gleiche im Heck sitzend macht, geht der Bug nach links. Kapiert? Nachdem ich diese Gesetzmäßigkeit verstanden hatte, mühte ich mich den Fluß hinauf. Und bei Allah, noch bevor ich ein paar Meter gefahren war, erwischte mich der Schuft von einem Strom an der Nase meines Kanus, und wir kreiselten wieder genauso fröhlich wie immer. Meine Zuschauer schrien. Ich wußte, was sie sagten. »Du wirst ertrinken! Komm zurück! Komm zurück!« Ich hörte sie, achtete aber nicht darauf. Wenn man in einer Krisensituation auf Ratschläge hört, ist man verloren. Außerdem war es nicht so einfach mit dem »Zurück«.

Schließlich schaffte ich es durch einige eindrucksvolle, hochklassige Steuermanöver, wieder in das Stillwasser zu kommen. Dennoch reicht auch das sicherste Steuern allein nicht aus. Man will ja auch vorwärtskommen. Doch damit haperte es bei mir, außer wenn mich die Strömung im Griff hatte. Vielleicht, dachte ich, liegt das Geschwindigkeitszentrum bei einem Kanu in der Mitte. Also rutschte ich auf Knien in die Mitte, um auch das auszuprobieren. Bittere Enttäuschung: das Kanu begann seitwärts den Fluß hinabzugleiten. Schallendes Gelächter vom

Ufer. Sowohl Bug- wie Heckmanöver sind von der Mitte aus ganz unmöglich. Nachdem ich also sah, daß ich einfach stromabwärts trieb, kroch ich zum Bug, und ein paar Minuten später lenkte ich mein Kanu absolut perfekt zu seinen Kameraden am Ufer und machte es dort fest. Madame Forget rannte zu mir und versicherte mir, daß sie noch nie so habe lachen müssen, seit sie in Afrika sei, obwohl sie befürchtet hatte, daß ich kentern und ertrinken würde. Ich glaubte ihr, denn sie ist eine liebe und mitfühlende Dame. Außerdem kann ich es nachempfinden, daß mein Anblick, während ich herumkreiselte und dennoch die ganze Zeit elegant angeberisch steuerte, von unwiderstehlicher Komik war – sie machte mir alles noch einmal vor.

Höchst amüsant erzählte sie auch davon, wie sie mich zum Tee hatte holen wollen – eine ihrer reizenden Angewohnheiten –, mich nicht bei meinen Flaschen fand und den kleinen schwarzen Boy fragte, wo ich sei. »Da«, sagte er und zeigte zum Fluß auf den Baum, der über dem Felsen hing. Dort sah sie mich in einem Kanu am Felsen hängend, und da sie die Gefahren und die Tiefe des Flusses kannte, regte sie sich ziemlich auf.

Als ich nach Lambarene kam, setzte ich meine Kanustudien natürlich fort, vor allem, was das Vorwärtskommen betraf. Meine Bemühungen waren von Erfolg gekrönt. Und ich kann ehrlich und wahrhaftig sagen, daß es zwei Dinge gibt, auf die ich stolz bin: Einmal, daß Dr. Günther mit meinen Fischen zufrieden war, und zum anderen, daß ich mit einem Ogowékanu zurechtkomme und allem, was dazugehört: Geschwindigkeit, Stil und Steuern – ganz so, als wäre ich ein Afrikaner vom Ogowé. Es sind zwei seltsame und eigentlich nicht zusammengehörige Dinge, auf die ich da stolz bin. Aber ich frage mich oft, was es eigentlich ist, was die Menschen Stolz empfinden läßt. Dies wäre ein interessanter und lohnender Gegenstand für eine Untersuchung.

Madame Jacot gab mir jede nur mögliche Unterstützung beim Kanufahren, denn sie ist eine erstaunlich klardenkende Frau. Da sie erkannte, daß ich ohnehin immer bis auf die Haut durchnäßt wurde, war es keine zusätzliche Gefahr, wenn ich auch in einem Kanu klatschnaß wurde. Außerdem war gerade Trockenzeit und daher gab es gegenüber vom Andande-Ufer eine lange, ziemlich seichte Wasserstrecke, so daß sie nicht damit rechnen mußte, daß ich ertrank.

Als ich aus Talagouga herunterkam, zeigten die Sandbänke in allen Richtungen ihre gelben Köpfe. Direkt gegenüber von Andande erhob sich ein großer, schöner Palmengrund aus dem Wasser. Er befand sich auf der beliebtesten Sandbank und wurde jeden Tag von den Mädchen und Jungen in Kanus aufgesucht, um nachzusehen, wie lange sie noch auf das Erscheinen der ganzen Sandbank warten müßten. Ein paar Tage nach meiner Rückkehr zeigte sie sich schon ein wenig, und zwei Tage später war sie da: einige hundert Meter lang, wie ein großer goldener Teppich, der über die Oberfläche des klaren Wassers gebreitet war. Auf dieser Seite von Lambarene Island ist das Wasser klar, der Strom fließt relativ ruhig und hat Zeit genug, seinen Schlamm abzulagern. Auf der anderen Inselseite ist der Ogowé dunkelbraun, denn der Hauptstrom wird dort durch eine Biegung direkt unterhalb der Mündung des Ngumi umgelenkt.

Es gab viel Spaß auf der großen Sandbank. Eine Kanuladung nach der anderen mit Mädchen und Jungen kam an. Manche fischten an den Ufern, andere brachten Wäsche zum Waschen mit, alle trieben Unsinn und sangen. Selten ist mir ein angenehmerer Anblick zu Gesicht gekommen. Die fröhlichen braunen Gestalten, die tanzten oder im Sand lagen, die farbenfrohen Patchworkdecken und die Moskitonetze aus Chintz, die gewaschen und zum Trocknen ausgelegt worden waren, sahen von einem Hügel des Kangwe wie leuchtende Blumenbeete aus. Nachts, wenn der Mond schien, waren Tänzer mit Buschfakkeln dort, sie drehten, verbanden und trennten sich, daß man glauben konnte, einem Sternentanz zuzusehen.

Das Treiben auf der Sandbank begann früh, und es wurde erst spät beendet. Die ganze Zeit erklang sanftes Lachen und Singen. Ach, wenn das Ziel des Lebens in Glück und Frohsinn bestünde, dann sollte Afrika seine Missionare zu uns schicken anstatt umgekehrt.

Isabelle Eberhardt
Im Land der treibenden Sande

Es gibt besondere Stunden, sehr geheimnisvolle, privilegierte Augenblicke, in denen manche Gegenden uns in einer plötzlichen Intuition ihre Seele enthüllen, gewissermaßen ihr eigenes Wesen; Augenblicke, in denen wir eine richtige, einzigartige Vision von ihnen bekommen, die auch durch monatelange geduldige Studien weder vervollständigt noch verändert würden.

Doch in diesen heimlichen Momenten entgehen uns zwangsläufig die Details, und wir können nur die Gesamtheit der Dinge erkennen... Ein besonderer Seelenzustand oder ein spezieller Aspekt der Orte, der im Vorübergehen und immer unbewußt erfaßt wird?

Ich weiß es nicht...

So war mir meine erste Ankunft in El-Oued vor zwei Jahren eine vollständige, definitive Offenbarung des rauhen und prächtigen Landes namens Souf, seiner eigentümlichen Schönheit und auch seiner gewaltigen Traurigkeit.

Nach der Siesta in den schattigen Gärten der Oase von Ourmès, die Seele gespannt in ängstlicher, spontaner Erwartung einer Vision, von der ich schon ahnte, sie würde mit ihrer Pracht alles übertreffen, was ich bis dahin gesehen hatte, schlug ich mit meinem kleinen Beduinenkonvoi wieder die Straße nach Osten ein, einen schroffen Pfad, der sich bald durch die fliehenden Engpässe der Dünen schlängelte und bald gewagt auf die spitzen Grate hinaufkletterte, in unwahrscheinliche Höhen.

Nachdem wir langsam, wie im Traum, die kleinen verfallenen, eingefriedeten Städte um El-Oued, Kouïnine, Teksebeth und Gara durchquert hatten, erreichten wir den fliehenden schrägen Kamm der hohen Düne, die Si Ammar-ben-Ahsène genannt wird, nach dem Namen eines Toten, der dort, an dem Platz, wo er einst getötet wurde, begraben liegt.

Es war die auserwählte, die wunderbare Stunde Afrikas, in der die große Feuersonne endlich verschwindet, um dem Boden im blauen Schatten der Nacht Ruhe und Erholung zu gönnen.

Vom Gipfel dieser Düne entdeckt man das ganze Tal von El-Oued, in dem sich die schlafsüchtigen Wellen des großen Ozeans aus grauem Sand zusammenzudrängen scheinen.

Das stufenweise am südlichen Hang einer Düne aufsteigende El-Oued, diese sonderbare Stadt mit den zahllosen kleinen runden Kuppeln, wechselte allmählich seine Farbe.

Auf dem Gipfel des Hügels erhob sich das weiße Minarett des Sidi Salem, im westlichen Widerschein regenbogenfarbig, schon rosa schimmernd.

Die Schatten aller Dinge zogen sich maßlos in die Länge, verzerrten sich und verblaßten auf dem Boden, der ringsum lebendig geworden war, ohne daß man eine Stimme hörte.

All diese aus leichtem Gipsschutt gebauten Städte im Land der treibenden Sande wirken wild, baufällig und verfallen.

Und ganz in der Nähe Gräber über Gräber, eine völlig andere Stadt, die Totenstadt, Seite an Seite mit der der Lebenden.

Die langgestreckten, niedrigen Dünen von Sidi-Mestour, die im Südosten hinter der Stadt aufragen, erschienen jetzt wie fließende Ströme aus weißglühendem Metall, entzündete Feuerstätten von unglaublich intensiv gefärbtem lila Rot.

Über die kleinen runden Kuppeln, die zu Ruinen zerfallenen Mauerreste, die weißen Gräber und die zerzausten Kronen der großen Dattelpalmen kroch der Schein einer Feuersbrunst und verherrlichte die graue Stadt im Glanz der Apotheose.

Regenbogenfarben, eingetaucht in den Widerschein eines silbrig-gemsfarbenen Tons, zeichnete sich vor dem dunklen Purpur des Sonnenuntergangs das wirre Meer der Riesendünen an der anderen verlassenen Straße ab, die nach Touggourt führt, das wir über Taïbeth-Guéblia verlassen haben.

Niemals, in keinem Land der Erde, hatte ich je einen Abend gesehen, der sich mit so magischer Pracht geschmückt hätte! Um die Stadt von El-Oued zog sich kein Wald aus dunklen Dattelpalmen, wie es in den Oasen steiniger oder salziger Gegenden gewöhnlich der Fall ist...

Die graue Stadt, die so verloren in der grauen Wüste liegt, verschmilzt ganz und gar mit ihrem Leuchten und mit ihren Blässen, sie ist wie die Wüste und in der Wüste, in den verzauberten Morgenstunden rosa und vergoldet, zur flammenden Mittagszeit weiß und blendend, am strahlenden Abend purpurn und violett... und unter den fahlen Himmeln des Winters grau, grau wie der Sand, aus dem sie geboren ist!

Einige leichte weiße Schwaden zogen durch die Glut des tiefen Zenith und schwammen jetzt purpurn mit ausgefransten Goldrändern weiter, zu anderen Horizonten hinüber, wie die Fetzen eines kaiserlichen Mantels, zerstreut vom launischen Odem der Brise...

Und wärend all dieser Metamorphosen, während der ganzen großen Zauberei der Dinge immer noch kein Wesen, kein Laut.

Die engen Gassen mit den verfallenen Häusern öffneten sich verlassen der gewaltigen, in Feuer entflammten Weite der zerfließenden Friedhöfe ohne Mauern und ohne Grenzen.

Unterdessen färbte sich der purpurne Himmel, der sich im Chaos der Dünen zu spiegeln schien, immer dunkler, immer phantastischer.

Die übergroße rote und strahlenlose Sonnenscheibe versank endgültig hinter den niedrigen Dünen des westlichen Horizonts, bei Allenda und Araïr.

Plötzlich traten aus all den ausgestorbenen Gassen lautlos lange Züge von Frauen, im antiken Stil mit dunklen blauen und roten Lumpen verschleiert, Frauen, die auf dem Kopf oder auf den Schultern große grobe Krüge aus gebrannter Erde trugen... in der gleichen majestätischen Haltung, wie die Frauen vom auserwählten Blute Sems vor Tausenden von Jahren, wenn sie sich auf den Weg machten, Wasser aus den Brunnen von Kanaan zu schöpfen.

Im grenzenlosen Ozean des roten Lichts, das die Stadt und die Friedhöfe überschwemmte, wirkten sie wie über den Boden gleitende Phantome, diese Frauen mit ihrem dunklen Stoffüberwurf, der sie in hellenistische Falten kleidete, auf ihrer schweigsamen Wanderung zu den tiefen, in den Feuerdünen verborgenen Gärten.

In weiter Ferne begann eine Rohrflöte unendliche Traurigkeit zu weinen, und diese zarte, modulierte, zugleich schleppende und wie von Schluchzern unterbrochene Klage war der einzige Laut, der diese Traumstadt ein wenig belebte.

Doch schon ist die Sonne verschwunden und beinahe im gleichen Moment verdunkelt sich der Glanz der Dünen und der Kuppeln, geht über in ein Violett, das an die Wasser des Meeres erinnert, und die tiefen Schatten, die dem verfinsterten Boden zu entspringen scheinen, steigen kriechend in die Höhe, um den Schein, der die Gipfel noch erleuchtet, nach und nach zu löschen.

Die kleine Zauberflöte ist verstummt...

Plötzlich erhebt sich von den zahlreichen Moscheen eine andere, feierliche und gedehnte Stimme.

Allahu Akbar! Allahu Akbar! Gott ist der Größte! ruft der Muezzin in alle vier Himmelsrichtungen.

Oh, wie sonderbar sie klingen, diese tausendjährigen Erinnerungen des Islam, wie verzerrt und verdüstert durch die wilden rauhen Stimmen, durch den schleppenden Tonfall der Muezzins dieser Wüste!

Von allen Dünen, von allen verborgenen Tälern, die eben noch wie ausgestorben wirkten, strömt das ganz in Weiß gekleidete Volk ernst und schweigend zu den Zaouïas und den Moscheen. Hier, fern von den großen Städten des Tell, sieht man keines dieser abscheulichen Wesen, dieser Bastardprodukte der Entartung gekreuzter Rassen wie die Landstreicher, die fliegenden Händler, die Lastenträger und das ganze schmierige und unwürdige Volk der Ouled-El-Blassa.

Hier hat die rauhe und stille Sahara mit ihrer ewigen Melancholie, ihren Schrecken und ihren Verzauberungen eifersüchtig über die verträumte und fanatische Rasse gewacht, die einst von den fernen Wüsten ihrer asiatischen Heimat kam.

Sie sind sehr groß und schön, die Nomaden mit ihren biblischen Kleidern und Haltungen, die durchs Land ziehen, um zu dem einzigen Gott zu beten; nicht der leiseste Zweifel wird je ihre gesunden, einfältigen Seelen befallen.

Und hier sind sie wirklich an ihrem Platz, in der großen Leere ihres grenzenlosen Horizonts, wo das prachtvolle Licht in seiner Majestät herrscht und lebt...

Auf dem weißen Minarett des Sidi Salem, auf dem Kamm der Dünen von Tréfaouï, von Allenda und Débila ist nun auch der letzte purpurne Schein erloschen. Jetzt ist alles einfarbig blau, fast durchsichtig, und die niedrigen rundlichen Kuppeln verschmelzen mit den rundlichen Gipfeln der Dünen, weiter und weiter, als erstrecke die Stadt sich plötzlich bis an die äußersten Grenzen des Horizonts.

Die Sommernacht senkt sich endgültig über den einschlummernden Boden... Die Frauen mit den altertümlichen Trachten sind in die zerfallenen Gassen zurückgekehrt, und wieder legt sich die große schwere Stille, die für einen kurzen Augenblick von menschlichen Geräuschen unterbrochen war, über El-Oued.

Die gewaltige Sahara scheint sich wieder ihrem melancholischen, ihrem ewigen Traum hinzugeben.

Zwei Jahre später war es mir gegeben, die süßen Freuden der nie gleichen Morgenröten und der abendlichen Apotheosen monatelang jeden Tag zu genießen... Jeder Widerschein, der sich allabendlich auf ein bestimmtes Mauerstück legte, jeder Schatten, der sich zur gleichen Zeit am gleichen Ort in die Länge streckte, jede Kuppel der Stadt und jeder Stein der Friedhöfe, all die bescheidensten Details dieser zutiefst geliebten Wahlheimat sind mir vertraut geworden, und bis heute sind sie mir in der wehmütigen Erinnerung einer Verbannten gegenwärtig.

Doch nie wieder hat sich mir die Seele dieses Landes der treibenden Sande so tief, so geheimnisvoll offenbart, wie an diesem, im Rückblick der Tage schon so fernen ersten Abend.

Solche ein Mal durch einen einzigartigen Zufall erlebten Stunden, solche Trunkenheiten sind unwiederbringlich.

Freya Stark
Eine Reise in Hadhramaut

Die jungen Leute aus Java, der Gast aus Mekka, die abessinischen Sklaven, alle mischten sich vergnügt und unbefangen durcheinander; ich habe niemals ein übelgelauntes Gesicht gesehen bei geselligen Zusammenkünften in Hadhramaut. Wir schauten uns die Bilder aus dem Wadi an, und dann kamen Aufnahmen aus Singapur an die Reihe, Gärten und Privatheime, mit an England erinnernden Rasenflächen, auf denen Kinder in gestärkten und gefältelten europäischen Kleidchen umherrannten. Als das Licht wieder angedreht wurde, sah man, daß die kleine zehnjährige Salma, ganz Grün und Gold mit ihren fünf Halsketten, in den Armen ihres Vaters eingeschlafen war. Wir fuhren in die arabische Welt zurück und riefen in der Dunkelheit vor unserem Haus: »Sklave, o Sklave!« damit man uns die Tür öffnete. Ein eiliges Tappen von bloßen Füßen ließ sich vernehmen; eine dunkle Gestalt erschien mit einer Laterne und führte mich durch Gänge und über Treppen, vorbei an dem Diwan mit einem Wirrwarr von Pantöffelchen an der Schwelle, vorbei an den Ziegenschläuchen mit Wasser, die in der Zugluft eines Fensters hingen, damit sie kühl blieben, durch den offenen, mondbeschienenen oberen Hof zu meinem Zimmer.

Ich hatte am nächsten Morgen viel zu tun, denn ich konnte nicht abreisen, ehe nicht meine entwickelten Filme trocken genug waren, um sie einpacken zu können. Mit Hilfe des Schwimmbassins und einer Thermosflasche, in der Trinkwasser kühl gehalten wurde, war ich gottlob imstande, fast alle zu entwickeln, die ich mit hatte, und Hasan war mit der Zeit so sachkundig geworden, daß ich ihm alles anvertrauen konnte außer dem Ablesen des Thermometers.

Während die kleinen Rollen noch zum Trocknen hingen, machte ich einen raschen Besuch in der Schule – nicht der alten Religionsschule in Robat, sondern einer modernen für kleine al-Kaf-Buben. Es wurden grade neue Bänke für sie angefertigt, die jetzt sicherlich schon in Gebrauch sind; aber ich sah die Kleinen noch in Reihen auf den Fußboden hocken, während drei weise Männer vor ihnen saßen, die sie prüften. Das geschieht allwöchentlich einmal. Als ich Hasan fragte, wie lange die Ausbildung im ganzen dauere, sagte er: »Das ganze Leben.« Unter diesen Umständen war ein gewisser Mangel an Konzentration entschuldbar, da sie ja so viele Jahre vor sich hatten, um Versäumtes nachzuholen. Terim, dachte ich bei mir, macht seinem Ruf als Stadt der Gelehrsamkeit alle Ehre. Die drei weisen Männer blickten mit Mißbilligung auf mich, die sich jedoch nach und nach milderte, als sich herausstellte, daß ich solche Dinge wußte wie den Unterschied zwischen dem »Mann, der etwas tut«, und dem »Mann, dem etwas getan wird«, einem im Leben wie in der Grammatik gleich wichtigen Unterschied. Aber unsere Zeit war kurz. Ein kleines Opfer wurde ausgewählt; er stand auf und wurde gefragt, wo die Worte herkommen.

»Von unserm Vater Adam«, antwortete er, »der sie seinen Kindern sagte.«

»Glaubt ihr, daß es wirklich unser Vater Adam war?« fragte ich den nächststehenden weisen Mann. »In unserm Lande sagen manche, die meisten Worte kämen von unsrer Mutter Eva.«

Der Schatten eines Lächelns huschte um seine Lippen. Es tat mir leid, daß ich fortmußte, denn er würde sicherlich bald ganz natürlich und menschlich geworden sein. Als wir wieder in unsern Hof kamen, standen drei Autos da, reisefertig und bis zum Bersten vollgepackt, denn Sayyid Abu Bekr übersiedelte auch nach seinem geliebten Sewun, und der Koch und einige Diener und das ganze Küchengerät und eine kostbare Pflanze, die hinten unter einem eigens über sie gespannten Schirm festgebunden war, nahmen an dem Exodus teil.

Um ein Uhr langten wir wieder bei den staubigen Mauern und duftenden Kornfeldern von Sewun an. Mit einem Heimkehrgefühl stiegen wir die besonnten stillen Stufen zum »Ruhm des Glaubens« hinan. Ich konnte Sayyid Abu Bekrs Liebe zu Sewun verstehen. Es muß eine Wohltat für ihn sein, der Terimer Atmosphäre von Unsicherheit und Reichtum entronnen zu sein – die braunen und weißen Häuser hier zu sehen, ganze Straßen voll schönen Zierats, unbedroht von fremden Einfällen.

Nach einer Weile kam der Sultan in seinen Pantoffeln daher, setzte sich nieder und zitierte Sprüche arabischer Dichter über die Entbehrlichkeit des Reichtums. Es war alles sehr nett.

In der Abendkühle – ein halber Wolkenstreifen stieß, rotglühend, wie ein Schwert hinter dem Felsenrand hervor, denn der ganze Sonnenuntergang ist von Sewun aus nicht sichtbar – machte ich einen Besuch bei den Damen Abu Bekrs. Sie hörten grade der »Musik von Urfa« zu, die wir im Flußbett gestrandet zurückgelassen hatten. Die vier Musikantinnen mit ihren Trommeln saßen mit untergeschlagenen Beinen in einer Reihe an der Wand, eine junge, zwei mittleren Alters und eine alte. Sie hatten grobe, verhärtete Gesichter, denn ihr Beruf gilt nicht als ehrbar, und sie sind gering geachtet. Einer der mittelalterlichen Könige in Jemen soll sich angeblich vergiftet haben, als er nach der Eroberung seiner Stadt durch seine Feinde mit ansah, wie die Sieger seine Konkubinen dazu zwangen, öffentlich an der Wand zu tanzen und zu singen.

Die Musik war wild, mit einer leisen absteigenden Kadenz, wie ein Wasserfall. Die Frauen sangen gesondert, eine die andere ablösend, und schlugen dazu die drei kleinen Trommeln, mit einem Schlag auf die große von Zeit zu Zeit. Ich lauschte gebannt, wie man der Brandung lauscht.

Das Weihrauchbecken wurde herumgereicht, und jede von uns hielt es sich einen Augenblick vor die Brust, um Kleid und Haar zu durchduften. Auch geröstete Kaffeebohnen gab es, auf einer Strohmatte, zum Daranriechen und Weitergeben. Und nach einer Weile wurden zwei schöne Gewänder hereingebracht nebst einem Silbergürtel und einem halbmondförmigen Silberschmuck für den Nacken, ein Geschenk an mich von der Gattin des Sayyids, die wußte, daß ich solche Dinge liebe.

Während wir sie bewunderten, erschien auch die gelehrte Sherifa, um mir Lebewohl zu sagen, ein Zitat auf den Lippen ehe sie noch über die Türschwelle war. Ihre Schläfenlocken waren so zierlich und nett wie immer, als sie sich aus ihrem grünen Übergewand und dem dicken schwarzen Schleier schälte; ihre kleinen Zeigefinger stachen wieder genau so nachdrücklich in die Luft, um kein Krümchen Weisheit der Beachtung entgehen zu lassen. Unter ihrem unerbittlichen Einfluß schwand unser Weibergeschwätz dahin und verendete schließlich vollends. Sie begann sich auf der Stelle über die Vorteile der Bildung zu ergehen und kam dann auf die Buchstaben des Alphabets zu sprechen, die in solche des Feuers, des Wassers und der Luft eingeteilt seien: »Feuerbuchstaben«, sagte sie, »halten einen warm, wenn man unter Kälte leidet. Das«, bemerkte sie, »ist Wissenschaft.« Ich fand nicht Zeit, zuzustimmen oder zu fragen, welches die Buchstaben seien, die eine so nützliche Eigenschaft hätten, denn sie war schon wieder dabei, uns zu erklären, daß die drei vorgeschriebenen Arten der Wissenschaft Religion, Medizin und Sternkunde seien. »Auch Sprachen; es gibt zweitausendsiebenhundertundsechzig in der Welt.« Sie könne nicht bleiben, sagte sie; ihre Damen erwarteten sie; sie sei lediglich aus schwesterlicher Freundlichkeit gekommen, um mir gute Reise zu wünschen. Sie hüllte sich wieder ein und ließ uns von Bewunderung erfüllt, aber sprachlos zurück.

Als ich in dem »Ruhm des Glaubens« ankam, fand ich drei andere Damen aus dem Sultanspalast wartend vor. Unsere Unterhaltung hier bewegte sich auf weniger geistigem Niveau, denn sie hatten genug damit zu tun, sich alle meine Sachen anzuschauen und an meiner Hustenmedizin zu nippen; und sie hielten entsetzt vor meinem Seifennapf inne, denn in Hadhramaut darf man alter Sitte gemäß nach Masern die ersten einundvierzig Tage lang keine Seife anrühren.

»Der Geruch tut dir nichts?« fragten sie. »Bei uns, wenn man irgendeinen Geruch riecht, nachdem man Masern gehabt hat, stirbt man am selben Tag; der Geruch schießt einem in den Kopf, und infolge der Trockenheit der Luft dehnt er sich aus und zerplatzt.«

»Ist das der Grund, weshalb neulich eine Frau ihr Kind wegriß und schrie: ›Der Geruch, der Geruch‹, als ich ihm nahe kam?«

»Ja natürlich«, versicherten sie mir einigermaßen unschmeichelhafterweise. »Und wir stopfen den Kindern oft die Nasenlöcher zu, um sie vor Gefahr zu schützen.«

Sie verließen mich und flatterten wie blaue Schmetterlinge die weiße Treppe hinab.

ERINNERUNGEN AN DIE ZUKUNFT

»Und so verstehe ich die Leidenschaft für
Reiseberichte, ihre Verrücktheit und ihren
Betrug. Sie geben uns die Illusion von etwas, das
nicht mehr existiert und doch existieren müßte,
damit wir der erdrückenden Gewißheit entrinnen,
daß zwanzigtausend Jahre Geschichte verspielt
wird. Es ist nicht mehr zu ändern: die Zivilisation
ist nicht länger jene zarte Blüte, die man umhegte
und mit großer Mühe an einigen geschützten
Winkeln eines Erdreichs züchtete...«

Claude Lévi-Strauss
Tristes tropiques (1955)

Louis-Sébastien Mercier
Wiedererwacht im Jahre 2440

Da ich mich ein wenig müde fühlte, schloß ich die Tür und legte mich schlafen. Der Schlaf drückte mir die Augenlider zu, und ich träumte, daß ich erst nach mehrhundertjährigem Schlummer erwachte. Ich erhob mich und spürte eine ungewohnte Schwere in den Gliedern. Die Hände zitterten, und die Beine wollten den Dienst versagen. Als ich in den Spiegel schaute, konnte ich nur mit Mühe mein Gesicht wiedererkennen. Mit blondem Haar, weißer Haut und gesunder Farbe auf den Wangen hatte ich mich niedergelegt. Nun ich mich erhoben hatte, durchfurchten Falten meine Stirn, die Haare waren weiß, die Wangenknochen traten unter den Augen hervor, die Nase schien länger geworden, und das ganze Gesicht war blaßbläulich gefärbt. Beim Gehen stützte ich meinen Körper ganz von selbst auf einen Krückstock. Zum Glück aber hatte sich meiner die bei Greisen so häufig zu findende schlechte Laune nicht bemächtigt.

Als ich aus dem Hause trat, erblickte ich einen mir unbekannten öffentlichen Platz. Dort war gerade eine pyramidenförmige Säule errichtet worden, die die neugierigen Blicke auf sich zog. Ich ging näher heran und las ganz deutlich: »Im Jahre des Heils MMCDXL.« Die Schrift war in goldenen Lettern in den Marmor gehauen.

Zunächst bildete ich mir ein, nicht richtig hingesehen zu haben, dann hielt ich es für einen Fehler des Künstlers und schickte mich an, darauf aufmerksam zu machen. Aber mein Erstaunen wurde noch größer, als ich zwei oder drei Erlasse des Herrschers an den Mauern kleben sah. Ich habe von jeher die Anschläge in Paris begierig gelesen. Hier fiel mein Blick wieder auf dasselbe Datum MMCDXL, unauslöschlich auf alle öffentlichen Plakate gedruckt. Nanu! sagte ich mir. Du bist also unmerklich steinalt geworden und hast sechshundertzweiundsiebzig Jahre geschlafen!

Alles war verändert. Diese mir wohlbekannten Viertel sahen ganz anders aus und schienen erst kürzlich verschönert worden zu sein. Ich verlor mich in breiten, schnurgeraden Prachtstraßen und kam auf geräumige Kreuzungen, wo eine so mustergültige Ordnung herrschte, daß ich nicht das geringste Verkehrshindernis bemerkte. Ich vernahm keinen jener seltsam verworrenen Schreie, wie sie mir einst in die Ohren schrillten. Es kam nicht vor, daß mich ein Gefährt beinahe überrollte. Ein Gichtkranker hätte unbekümmert spazierengehen können. Die Stadt machte einen belebten, aber keineswegs überstürzten und verwirrenden Eindruck.

Ich war des Staunens so voll, daß ich gar nicht merkte, wie die Fußgänger stehenblieben und mich von Kopf bis Fuß mit größter Verwunderung musterten. Sie zuckten die Schultern und lächelten vielsagend, so wie wir es tun, wenn uns eine maskierte Person begegnet. Mein Äußeres mußte ihnen natürlich sonderbar und grotesk erscheinen, zumal meine Kleidung sich sehr von der ihren unterschied.

Ein Bürger, in dem ich später einen Gelehrten kennenlernen sollte, kam auf mich zu und sagte höflich, aber bestimmt und mit Nachdruck: »Na, Alterchen, was soll denn dieser Mummenschanz? Habt Ihr die Absicht, uns die lächerliche Mode eines wunderlichen Jahrhunderts wieder vor Augen zu führen? Wir verspüren nicht die mindeste Lust, sie nachzuahmen. Laßt also diese dummen Späße!« – »Wieso denn«, entgegnete ich ihm, »ich bin keineswegs verkleidet; ich trage die gleichen Kleidungsstücke wie gestern. Eure Säulen, eure Anschläge – die lügen. Ihr scheint euch nicht zu Ludwig XV., sondern zu einem anderen Herrscher zu bekennen. Ich weiß zwar nicht, was ihr damit beabsichtigt, ich halte das aber für gefährlich und warne euch. Mit so etwas treibt man keinen Scherz, so töricht kann man gar nicht sein. Jedenfalls seid ihr ganz billige Betrüger, denn ihr müßt doch wissen, daß die Evidenz der eigenen Existenz nicht zu widerlegen ist.«

Entweder hielt mich der Mann für einen Spinner, oder er dachte, ich schwätzte infolge meines anscheinend hohen Alters dummes Zeug. Vielleicht argwöhnte er auch etwas anderes, jedenfalls fragte er mich, in welchem Jahre ich geboren sei. »Im Jahre 1740«, antwortete ich ihm. »Nun gut, demnach seid Ihr genau siebenhundert Jahre alt. Es gibt nicht den geringsten Grund zur Verwunderung«, wandte er sich der Menschenansammlung zu, die mich umringte. »Henoch und Elias sind überhaupt nicht gestorben (da in den Himmel entrückt), Methusalem und einige andere haben neunhundert Jahre gelebt, Nicolas Flamel (der Hexerei bezichtigter Literat, 1330-1418) irrt in der Welt umher wie der ewige Jude, und dieser Herr hat vielleicht das Elixier des Lebens oder den Stein der Weisen gefunden.«

Bei diesen Worten lächelte er, und alle umdrängten mich, wohlwollend und ganz besonders achtungsvoll. Sie brannten darauf, mich auszufragen, aus höflicher Zurückhaltung aber zügelten sie ihre Zunge und flüsterten nur ganz leise: »Ein Mensch aus dem Jahrhundert Ludwigs XV.! Wie sonderbar!«

Ich war über mich selbst verwundert. Mein Gelehrter sagte zu mir: »Wunder von einem Greis! Ich will Euch gern als Führer dienen, aber ich bitte dabei um eines: Gehen wir zunächst zum erstbesten Trödler, denn«, so bekannte er freimütig, »ich kann Euch nur begleiten, wenn Ihr schicklich gekleidet seid. Ihr werdet beispielsweise zugeben, daß es in einer wohlgesitteten Stadt, wo die Regierung jegliche Fehde untersagt und dem Leben jedes einzelnen Rechnung trägt, unnütz wäre, um nicht zu sagen unpassend, die Beine mit einer Mordwaffe zu behindern und sich einen Degen umzuhängen, wenn man ins Gotteshaus, zu den Frauen oder zu Freunden geht. Nur ein Soldat in einer belagerten Stadt darf das tun. In Eurem Jahrhundert hielt man noch an dem überkommenen Vorurteil mittelalterlicher Rittertugend fest. Es galt als Zeichen der Ehre, stets eine Angriffswaffe hinter sich herzuschleppen, und in einem Buch aus Eurer Zeit habe ich gelesen, daß selbst ein schwacher Greis noch mit einer unnützen Klinge einherstolzierte.

Wie unbequem und ungesund ist doch Eure Kleidung! Arme und Schultern sind eingezwängt, der ganze Körper wird zusammengedrückt, die Brust wird gequetscht, so daß Ihr kaum atmen könnt. Und warum, frage ich Euch, müssen Schenkel und Beine den Unbilden der Witterung ausgesetzt werden?«

Mir fiel auf, daß die mir in gleicher Richtung folgenden Leute sich rechts hielten, während die Menschen zur Linken mir entgegenkamen. Dieses einfache Mittel, um Zusammenstöße zu vermeiden, war gerade erst ausgedacht worden, denn nützliche Erfindungen brauchen bekanntlich ihre Zeit. Auf diese Weise konnte man nicht mehr auf ein entgegenkommendes verdrießliches Hindernis stoßen. Alle Ausgänge waren sicher und unbehindert. Und wenn bei einem öffentlichen Zeremoniell eine große Menschenmasse zusammenströmte, so konnte sie das natürlich sehr beliebte Schauspiel, das man ihr gerechterweise auch nicht vorenthalten kann, voll auskosten. Jeder kehrte friedlich nach Hause zurück, ohne zerquetscht oder gar zertrampelt zu werden. Nirgendwo wurde ich Zeuge jener einst so aufregenden und die Zuschauer zum Lachen reizenden Szenen, wenn an die tausend Kutschen, in dem völligen Durcheinander ins Stocken geraten, drei Stunden lang zum Stillstehen verdammt waren, während sich der vornehme Herr, dieser törichte Mensch, der sich fahren ließ, weil er vergessen hatte, daß ihm Beine gewachsen waren, aus dem Kutschenschlag herausbeugte und schrie und darüber lamentierte, daß es nicht weiterging.

Selbst bei stärkstem Verkehr verlief alles reibungslos, flüssig und in mustergültiger Ordnung. Unter hundert mit Lasten oder Mobiliar beladenen Wagen erblickte ich nur eine einzige Kutsche, und deren Fahrgast schien mir obendrein ein Kranker zu sein.

Was mag aus jenen prachtvollen Kaleschen geworden sein, dachte ich bei mir, die zu meiner Zeit, herrlich vergoldet, bunt bemalt und lackiert, das Pariser Straßenbild prägten? Habt ihr denn keine Steuerpächter, Kurtisanen und jungen Stutzer mehr? Diese drei elenden Gattungen waren einst ihren Mitmenschen ein Greuel und schienen miteinander zu wetteifern, wer es am besten verstünde, dem ehrbaren Bürger einen Schreck einzujagen. Dieser suchte sich dann gewöhnlich aus Angst, unter den Rädern ihrer Wagen sein Leben aushauchen zu müssen, in großen Sätzen in Sicherheit zu bringen. Unsere feinen Herren betrachteten das Pariser Pflaster als Kampfbahn für olympische Spiele und setzten ihre Ehre darein, Pferde zuschanden zu hetzen. Es hieß da nur: Rette sich, wer kann!

Auf eine entsprechende Frage antwortete man mir, daß solche Wettrennen nicht mehr erlaubt seien. Gute und ausführliche Gesetze hätten diesem barbarischen Luxus, der ein ganzes Volk von Lakaien und Dummköpfen gemästet habe, ein Ende bereitet. Den vom Schicksal Bevorzugten sei dieses sträfliche Verwöhntsein, das den Armen ein Dorn im Auge war, nicht mehr bekannt; die Herren bedienten sich heute wieder ihrer Beine, wodurch sie viel Geld sparten und weniger vom Zipperlein geplagt seien.

Nachschrift von Johanna Schopenhauer (aus ihren Tagebüchern):

Kaum erinnert man sich noch, daß Mercier während der letzten Hälfte des 18. Jahrhunderts bis gegen Ende desselben einer der berühmtesten Schriftsteller seiner Vaterlandes war. Seine bei ihrem ersten Erscheinen mit allgemeinem Enthusiasmus aufgenommenen Werke gingen späterhin in dem alles ergreifenden Strudel der Begebenheiten unter, die das unglückliche Frankreich damals zur Mördergrube machten: aber es werden Zeiten kommen, in denen man sie wieder hervorsuchen und für die Sittengeschichte der der Revolution zunächst vorangehenden Jahre als klassisch anerkennen wird. Sein »Tableau de Paris«, welches er in den achtziger Jahren in zwölf Bänden herausgab, ist noch immer in Hinsicht auf Treue, Kraft, Wahrheit und Lebendigkeit der Darstellung ein Meisterwerk zu nennen. »L'an 2240«, das einige Jahre früher erschien, erregte damals nicht weniger Aufmerksamkeit und Bewunderung. Mercier läßt in diesem Buch einen jungen Pariser nach siebenhundert verschlafenen Jahren in Paris wieder erwachen. Er gestand späterhin selbst, daß seine Phantasie unendlich weit hinter den Veränderungen zurückgeblieben sei, die er in den letzten zwanzig Jahren habe erleben müssen. Freilich waren diese Veränderungen aber auch ganz anderer Art, denn seine heitere, verständige und reine Natur konnte unmöglich solche Greueltaten ersinnen.

Hans Christian Andersen
IN JAHRTAUSENDEN

Ja, in Jahrtausenden kommen sie auf den Flügeln des Dampfes durch die Luft über das Weltmeer herüber. Die jungen Bewohner Amerikas besuchen das alte Europa. Sie kommen zu den

Denkmälern und den dann versinkenden Städten, wie wir in unserer Zeit nach den verfallenen Herrlichkeiten Südasiens ziehen.

In Jahrtausenden kommen sie.

Die Themse, die Donau, der Rhein rollen noch dahin, der Montblanc steht noch mit seinem Schneegipfel da, die Nordlichter strahlen noch über die Lande des Nordens; aber Geschlecht auf Geschlecht ist Staub geworden, ganze Reihen der Mächtigen des Augenblicks sind vergessen, wie die, welche nun schon unter dem Hügel schlummern, wo der wohlhabende Mehlhändler, auf dessen Grund er sich befindet, eine Bank gezimmert hat, um dort zu sitzen und über sein flaches wogendes Kornfeld zu sehen.

»Nach Europa!« rufen die jungen Söhne Amerikas – »nach dem Lande der Väter, dem herrlichen Land der Denkmäler und der Phantasie, nach Europa!«

Das Luftschiff kommt; es ist mit Reisenden überfüllt, denn die Fahrt ist schneller als zur See, der elektromagnetische Draht unter dem Weltmeer hat bereits telegraphiert, wie groß die Luftkarawane ist. Schon ist Europa in Sicht, es ist die Küste von Irland, die man erblickt, aber die Passagiere schlafen noch, sie wollten erst dann geweckt werden, wenn sie über England sind; dort betreten sie den Boden Europas im Lande Shakespeares, wie es bei den Söhnen des Geistes heißt, im Lande der Politik, im Lande der Maschinen, so nennen es andere.

Hier verweilt man einen ganzen Tag, so viel Zeit hat das geschäftige Geschlecht auf das große England und Schottland zu verwenden.

Die Fahrt geht weiter durch den Kanaltunnel nach Frankreich, dem Lande Karls des Großen und Napoleons; Molière wird genannt, die Gelehrten sprechen von einer klassischen und romantischen Schule des fernen Altertums, und man jubelt Helden, Dichtern und Männern der Wissenschaft zu, die unsere Zeit nicht kennt, die aber auf dem Krater Europas, Paris, geboren werden sollen.

Der Luftdampfer fliegt über das Land hin, von welchem Columbus ausging, wo Cortez geboren wurde und wo Calderon Dramen in wogenden Versen sang; herrliche schwarzäugige Frauen wohnen noch in den blühenden Tälern, und die ältesten Lieder nennen den Cid und die Alhambra.

Durch die Luft über das Meer nach Italien, dorthin, wo das alte ewige Rom lag; es ist ausgelöscht, die Campagna eine Wüste; von der Peterskirche wird ein einsamer Mauerrest gezeigt, aber man zweifelt an seiner Echtheit.

Nach Griechenland, um eine Nacht in dem reichen Hotel hoch oben am Gipfel des Olymps zu schlafen, dann ist man dagewesen; die Fahrt geht weiter zum Bosporus, um dort einige Stunden auszuruhen und die Stätte zu sehen, wo Byzanz lag; dort, wo die Sage vom Garten des Harems zur Zeit der Türken erzählt, spannen arme Fischer ihre Netze aus.

Über die Reste mächtiger Städte an der starken Donau, Städte, die unsere Zeit nicht kannte, fliegt man dahin, aber hier und da – an erinnerungsreichen Stätten, die entstehen und welche die Zeit gebären wird –, hier und da läßt die Luftkarawane sich nieder und erhebt sich wieder.

Dort unten liegt Deutschland – das einst von dem dichtesten Netz von Eisenbahnen und Kanälen umsponnen war –, die Länder, wo Luther sprach, Goethe sang und Mozart zu seiner Zeit das Zepter der Töne trug! Große Namen leuchten in Wissenschaft und Kunst, Namen, die wir nicht kennen. Einen Tag Aufenthalt für Deutschland, und einen Tag für den Norden, für das Vaterland Örsteds und für das Linnés und für Norwegen, das Land der alten Helden und der jungen Normannen. Island wird auf der Rückfahrt mitgenommen; der Geiser kocht nicht mehr, Hekla ist erloschen, aber, eine ewige Steintafel der Saga, steht die starke Felseninsel inmitten des brausenden Meeres.

»In Europa ist viel zu sehen!« sagte der junge Amerikaner; »und wir haben es in acht Tagen gesehen, und das läßt sich machen, wie der große Reisende« – ein Name wird genannt, der in ihre Zeit gehört – »in seinem berühmten Werk ›Europa in acht Tagen gesehen‹ gezeigt hat.«

Notizen während einer Bücherreise

Was ist Reiseglück? Ist es das, was einen auf Reisen manchmal jäh überfällt, sich aber nur schlecht in Worten ausdrücken läßt? Ist es das Glück eines, der von der Reise kommt und etwas zu erzählen hat, wobei all das, was er erlebt hat – auch die größte Gefahr, die ärgste Strapaze –, dem eigenen Erfahrungs- und Erzählschatz zugute kommt?

Ist es das Glück dessen, der erfrischt und auch irgendwie verändert zurückkehrt? Ist es das Glück des Noch-einmal-Davon-gekommenen? Oder gar das Glück dessen, der an aufregenden Abenteuern teilnimmt, ohne auf die Annehmlichkeit eines Sessels oder eines kühlen Drinks verzichten zu müssen?

Für die Zwecke dieser Sammlung bedeutet »Glück des Reisens«: geglückte erzählerische Berichte, auf allen möglichen Reise-Ebenen, und vor allem solche, die unsere Anteilnahme hervorrufen.

★

Aufzubrechen, wohin einer will –
dorthin zu gelangen, wo noch keiner war –
von Dingen zu berichten, die so noch nie erzählt wurden:
das sind die wohl stärksten Triebkräfte des Reisens.

★

Wenige Jahrzehnte, bevor es die ersten Ballonflüge gab, standen »Reisen zu Wasser und zu Lande« in höchstem Ansehen. Der Naturwissenschaftler Abraham Gotthelf Kästner – er war Lehrer von Lessing und Lichtenberg – gab eine solche »Allgemeine Historie« in 21 Foliobänden, verteilt über 28 Jahre, heraus und nutzte den einmal gewonnenen Überblick zu Gedichten wie diesem:

Die reisenden Deutschen

Der deutsche Edelmann, der reiche Kaufmannssohn,
Spielt in Paris den Grafen, den Baron,
Lernt da sein Geld mit Artigkeit verzehren,
Und Frankreich leckt den deutschen Bären.

> Bärinnen reisen nicht. Welch grausames Verbot!
> Doch Frankreichs Höflichkeit hilft ihnen aus der Not.
> Ein Heer von seinen Heldensöhnen
> Geht über unsern Rhein, und leckt die deutschen Schönen.

Dem scharfzüngigen Aufklärer Kästner folgte der »Alpen«-Entdecker Albrecht von Haller, ein Meister epischer Naturschilderung. Er edierte in acht Jahren eine elfbändige »Sammlung neuer und merkwürdiger Reisen zu Wasser und zu Lande« und bekannte in der Vorrede zum ersten Band, schon seit jeher für die Aufsätze »vernünftiger und wissensbegieriger« Reisender eine besondere Neigung zu haben. »Ich finde, daß das Gold in heißen Gegenden am häufigsten, in gemäßigten minder, in kälteren mehr Silber, das Eisen aber fast über die ganze Welt zerstreut ist, woraus jenes Erz zur Seltenheit und dem Preise der Waren, dieses aber zur Notdurft der Menschen hergegeben zu sein scheint. Ich mache tausend andere Betrachtungen von dieser Art, die alle auf die Nachrichten der Reisenden gegründet sind, und die mir die Wohnung des menschlichen Geschlechtes bekanntmachen.«

Weltnachrichten anno 1750, durch Reiseberichte vermittelt, denen man zutraut, daß sie den Mangel eigener Reisen und eigener Erfahrung ersetzen können: eine Literaturgattung im Zenit ihrer Funktion und Bedeutung.

*

Herodot, der Reiseschriftsteller aus Halikarnassos (vor 2500 Jahren), der zum Vater der Geschichtsschreibung wurde. Die anthropologische Neugier trieb ihn bis an die Ränder der zivilisierten Welt, zu den Skythen des Nordens.

Pseudo-Authentizität schon damals: er begegnet Fabelwesen und Wunderwelten und stellt sie dem Leser als Erfahrungstatsachen hin.

Präzise Flunkerer wie John Mandeville und Walter Raleigh können sich stets auf ihn als ihren Ahnherrn berufen.

*

Warum waren die Sieben Weltwunder der Antike kein Reisehit? Das Hörensagen genügte den meisten. Es war auch nicht so einfach wie heute, nach Persien zu pilgern, über den Euphrat zu setzen, nach Memphis zu gelangen, sich in Olympia umzusehen, Halikarnassos (Bodrum) und Rhodos anzusteuern, nicht zu vergessen Ephesos, das damals noch Hafenplatz war.

Der Ingenieur Philon von Byzanz plädierte für Reiseführer: Der eine gelangt zu diesen Orten – so schrieb er –, sieht sie ein einziges Mal, reist ab und hat sie schon vergessen. Der andere hält sich an meine Ausführungen, betrachtet das ganze Werk der Kunst wie in einem Spiegel und bewahrt so die Merkmale dieser Bilder unauslöschlich ...

Bald 2200 Jahre ist das her. Es klingt wie von gestern und heute.

*

Unverdientermaßen blenden deutsche Reisekompendien, ob sie global ›Der Reisebericht‹ (1989) oder ›Reisekultur‹ (1991) heißen, die frühen chinesischen Reisenden aus.

Sie könnten den Hofbeamten (»Obersten der Türhüter«) Zhang Qian nennen, der 138 v. Chr. in diplomatischer Mission nach Zentralasien aufbrach, erst 13 Jahre später zurückkehrte und seinem Kaiser Wu Di Unerhörtes zu berichten wußte: von mächtigen Barbarenreichen und fremden Lebensweisen, von Trauben und Rebenwein in Fergana (Usbekistan), von den Pferden dort, die in ihrer Schnelligkeit Schwalben glichen und widerstandsfähiger waren als selbst die der Mongolen. Zhang, den die feindlichen Hsiung-nu für 10 Jahre gefangengesetzt und auch noch verheiratet hatten, wurde mit dem Ehrentitel »Großer Reisender« für alle Unbill entschädigt.

Dann die berühmten Mönchs-Entdecker, allen voran Hsüan Tsang (Xuanzang). Doch 250 Jahre vor dem »Schriftenholer« gab es schon einen, der Faxian hieß. Bereits sechzigjährig, trat er im Jahr 399 seine Reise nach Westen an. In 13 Jahren führte sie ihn durch 30 Reiche, darunter Bhutan, Kaschmir, Kabul. Von Tamralip aus schiffte er sich ein nach Ceylon, dann weiter durch die Straße von Malakka bis zur Halbinsel Shandong. Hier, in Nähe des heiligen Berges Taishan, machte er sich an die Übersetzung der mitgebrachten buddhistischen Schriften.

Faxian war der erste, der den Land- und den Seeweg der »Seidenstraße« kombinierte – und natürlich hat er darüber Buch geführt.

*

»Paesi Novamente Retrovati, Die Neugefundenen Länder« – so hieß die früheste gedruckte Sammlung von Reiseberichten und Entdeckungsfahrten. Der Humanist Fracanzano da Montalboddo aus Vicenza hat sie 1507 herausgebracht.

Vergleicht man sie mit den Kompilationen unserer Tage, so wird ihr einsamer Rang deutlich. Sie enthält die ersten Mitteilungen über die Reise des Vasco da Gama nach Indien; sie berichtet ausgiebig über die beiden Reisen des Alvise da Cadamosto zu den Kapverdischen Inseln und an die Westküste Afrikas (er war der erste, der das Kreuz des Südens beschrieb); sie gibt Kunde von der Entdeckung der Küsten Brasiliens, Guyanas, Venezuelas durch den Portugiesen Pedro Alvares Cabral; sie zeigt auf, daß Vincente Yánez Pinzón soeben das Delta des Amazonas erforscht hat, etc. pp.

Über dieses frühe Printmedium verbreitete sich die Nachricht von den Neugefundenen Ländern in ganz Europa.

*

Die 27. Sure des Koran hat den Maler Michael Mathias Prechtl 1986 zu einer Aquarellzeichnung inspiriert: »Wie der Wiedehopf der Königin von Saba eine Nachricht von König Salomo überbrachte oder die Erfindung der Luftpost.«

Dieser einzigartige Vogel unter den Vögeln, auch Hudhud genannt, war ein Reiseberichterstatter von hohen Graden. Salomo, seinen obersten Herrn, hatte er mit den Worten betört: »Ich habe ein Land gesehen, das du noch niemals gesehen; von Saba komme ich mit sicherer Kunde. Ein Weib habe ich angetroffen, die Leute nennen sie Bilqis, sie regiert dort auf majestätischem Thron, sie hat alles, was ein Herrscher haben muß. Doch habe ich bei ihr und ihren Untertanen wahrgenommen, daß sie außer dem wahren Gott die Sonne anbeten ...«

War es die Schönheit dieser Frau, war es ihre bedenkliche Abgötterei, daß sich der König die Eilpost einfallen ließ? Vor ihrer Ankunft wurde der Palast mit Glassteinen gepflastert. Sie glaubte, durch tiefes Wasser waten zu müssen, und entblößte ihre Beine. Salomo aber sah nun, was er sehen wollte.

★

Was fehlt, ist eine Geschichte der Flaschenpost. O wäre doch erhalten, was jemals abgeworfen wurde, von chinesischen Dschunken, arabischen Rahseglern, portugiesischen Kauffahrteischiffen, nordischen Langschiffen, russischen Briggs!

Kolumbus vertraute seine Entdeckung als erstes dem Meer an. Während ein gräßlicher Sturm vor den Azoren tobte, notierte er in das Bordbuch seiner Karavelle: »Donnerstag, den 14. Februar 1493. Ich ließ mir ein großes Faß bringen, wickelte das Schreiben in ein Stück Wachsleinwand ein, steckte es in einen Wachskuchen und legte alles zusammen in das Faß, das ich dann, dicht abgeschlossen, ins Meer warf.«

Als die holländische Crew um Willem Barents am 13. Juni 1597 in Nähe des Eiskaps versuchen mußte, mit zwei kleinen, offenen Booten um Nowaja Semlja herum wieder Lappland zu erreichen, hinterlegte man in jedem einen gemeinsamen Abschieds- und Rechenschaftsbrief, von allen unterzeichnet. Die Boote selbst waren es, die wie Flaschen auf dem Meer tanzten.

In beiden Fällen wurde doppelt genäht. Auch Kolumbus hatte noch eine zweite, in gleicher Weise verwahrte Botschaft angefertigt und sie unter dem Achterdeck der »Niña« verstaut.

Königin Elisabeth I., in deren Regierungszeit die christliche Seefahrt Hochkonjunktur hatte, soll das Amt eines offiziellen Flaschenpost-Öffners eingerichtet haben.

Das Bundespostmuseum indes hat mir auf Anfrage erklärt: Die Geschichte der Flaschenpost begann mit Mord und Totschlag auf der kanadischen Barke »Lennie« im Jahre 1875; die vom belgischen Steward ausgeworfene Flaschenpost konnte von einem Kriegsschiff geborgen werden, und die Meuterer hat man dann 1876 in England gehängt. Ich gestehe, ich war verblüfft. Weiß denn das Bundespostministerium nicht, daß die See schon lange davor als Briefträger diente? Bis mir die Lösung des Rätsels einfiel: Flaschenpost definiert sich hierzulande erst als solche, wenn sie einigermaßen pünktlich zugestellt ist.

Als symbolische Handlung hat die Flaschenpost durchaus

Konjunktur. Das beginnt schon mit Theodor Lessing: »Ich warf eine Flaschenpost ins Eismeer der Geschichte.« Das entzückt moderne Rezensenten: »Randbemerkungen wie Flaschenposten in den Ozean werfen, um nicht ganz spurlos und vergessen zu bleiben« kommentieren sie Schopenhauer, und Marina Zwetajewas Gedichte werden ihnen zur »Flaschenpost, in die Zukunft geworfen«. Die Gebärde des Werfens. SOS-Rufe unserer Kultur.

*

Anfang des 19. Jahrhunderts kam der Tourismus allmählich auf Touren. Romantisch veranlagte Dichter besorgten die *public relations*. So Lord Byron:
    »Der Drachenfels, gekrönt vom Schloß,
    Starrt übern weitgewundnen Rhein ...«
Prompt legte das erste Dampfschiff in Königswinter an (1816).
   Oder Washington Irving, der Granada und die Alhambra für sich entdeckte. Ein alter verträumter Palast – welch ein Gegensatz zu heute. »Als ich vor einigen Abenden in den Löwenhof trat, erschrak ich über den Anblick eines beturbanten Mauren, der ruhig am Brunnen saß. Es schien einen Augenblick, als sei eines der Märchen der Alhambra Wirklichkeit geworden« (1829). Zur Zeit plant man dort die Ausgabe von Eintrittskarten Wochen vor dem Besuch, sie sind dann nur für bestimmte Tage und Stunden gültig; dies sei der einzige Weg, den Touristenstrom einigermaßen zu regulieren.
   O selige Jugendzeit des Tourismus!

*

Reiseberichte, Zeugnisse einer Schreib- und Sammelkultur, die so nicht wiederkehrt.
   Der Weltumsegler William Dampier wickelt seine Logbücher in Ölhaut ein, verlötet sie in Bambusstangen, sie sind sein kostbarstes Gut. James Boswell fügt seine Tagebücher, Merkzettel und Briefe zur ›Großen Reise, Deutschland und die Schweiz 1765‹ zusammen. Goethe notiert 1786/87 alles (und eben doch nicht alles) in ein ›Tagebuch der Italiänischen Reise für Frau von Stein‹, bevor er, Jahrzehnte später erst, das autobiographische Glanzstück ›Italienische Reise‹ herausgibt.

Was ihm auf seinen Reisen auffällt, schreibt der Bibliophile Zacharias Konrad von Uffenbach augenblicklich auf: mit der Hand in der Hosentasche. Der Matrose Heinrich Zimmermann, der James Cooks dritte Weltreise mitmacht, hält sich heimlich ein kleines Schreibtäflein, worin er »das Hauptsächlichste kurz und mit halben Worten« niederschreibt. Entdeckt dies die Admiralität, ist er geliefert.

*

»Napiš to, Kischi – Schreib das auf, Kisch!« ruft man einem Soldaten im Prager Korps immer wieder zu. Aus ihm wird einer der bedeutendsten Reisereporter. Dies könnte als Fingerzeig, gar als kategorischer Imperativ für alle Reiseschriftstellerei gelten – Schreibzwang und Erzähllust in einem.

Welchenberg, im Sommer 1993   Ulf Diederichs

Autoren und Quellennachweis

Hans Christian Andersen (1805–1878) begann als Reiseschriftsteller, u. a. mit Skizzen einer Harzreise (1832).
Bahnfahrt 1840 ist dem Text ›Die Eisenbahn‹ aus Andersens ›Eines Dichters Basar‹ (En Digters Bazar, 1840) entnommen, Band III der vom Verfasser besorgten Ausgabe ›Sämtliche Werke‹, Leipzig 1853, S. 13–15.
Reiseeindrücke aus Deutschland, Italien, Griechenland, Türkei und von der Donaufahrt retour wurden hier eingefangen.
In Jahrtausenden entstammt dem Band ›Erzählungen – Erste Sammlung‹, Kopenhagen 1852, deutsch in ›Gesammelte Werke‹. Leipzig 1864.
Luftschiffe tauchen auch in Andersens Märchen auf, so in dem vom bösen Fürsten: ein immer wieder erträumtes Reise-Vehikel.

Salomon August Andrée (1854–1897) hatte den Plan einer Ballonfahrt zum Nordpol in Schweden öffentlich gemacht (1895) und die Begleiter seiner Polarexpedition – Nils Strindberg als Organisator und technischer Ausrüster, Knut Fraenkel als Ingenieur – aus einer Vielzahl Bewerber ausgewählt. Im Juli 1897 brachen sie auf, überwinterten auf der östlichsten Insel des Spitzbergen-Archipels, starben jedoch am Fleisch eines von Trichinen befallenen Eisbären. Erst 1930 wurden ihre Tagebücher aufgefunden.
Dem Nordpol entgegen enthält Passagen aus: S. A. Andrée, ›Dem Pol entgegen‹. Aus dem Schwedischen von Theodor Geiger. Leipzig 1930, S. 210–214.

Benedeit, ein nicht näher bekannter Benediktinermönch, schrieb nach einer lateinischen Vorlage aus dem frühen 10. Jh. in den Jahren 1120/21 die Dichtung ›Le voyage de Saint Brendan‹ in anglonormannischem Dialekt. Der historische Brendan (oder Brandan) war Abt von Clonfert/Irland und lebte ungefähr 480 bis 576. Bis in das Zeitalter der Entdeckungen war man von dem Wahrheitsgehalt der ›Reise‹ überzeugt und führte die dort genannten Inseln sogar in Seekarten auf. Nach einer These Tim Severins, der 1976/77 eine Reise im Curragh-Lederboot in Nachfolge St. Brandans unternahm, handelt es sich bei der »Paradiesinsel« um das kanadische Neufundland, »eine der nebelreichsten Regionen des Nordatlantik«.
Sankt Brandans wundersame Seefahrt ist der zweisprachigen Ausgabe Benedeit, ›Le voyage de Saint Brendan‹, übersetzt von Ernstpeter Ruhe, entnommen: München 1977, S. 127–137. © by Wilhelm Fink Verlag, München.

Otto Julius Bierbaum (1865–1910) schrieb das erste deutsche ›Automobilreisebuch‹, entstanden nach dreimonatiger Hochzeitsreise mit einem 8 PS-Adler-Phaeton April bis Juni 1902. Sie wurde von den Adler-Werken und vom Zeitungsverleger August Scherl ›gesponsert‹. Autofahren galt Bierbaum als ein aristokratisches Vergnügen – nicht zu vergleichen mit »Thomas-Cook-Reisen« und der plebejischen Eisenbahn.
Empfindsame Reise im Automobil ist dem gleichnamigen Buch entnommen, das den Zusatz hat ›von Berlin nach Sorrent und zurück an den Rhein‹: München 1903, S. 112–115.

LUDWIG BÖRNE (1786–1837), geboren als Löw Baruch im Frankfurter Ghetto, begann als Redakteur, ging dann 1822 nach Frankreich, wo er für das Stuttgarter ›Morgenblatt für gebildete Stände‹ erste Schilderungen aus Paris verfaßte. Nach der Julirevolution blieb er im Pariser Exil, schrieb 1830–34 insgesamt 115 Briefe an seine Frankfurter Freundin Jeanette Wahl – sie wurden ein Dokument des deutschen Journalismus im Vormärz.
Reise mit der Diligence steht in Börnes ›Briefe aus Paris 1830–1831, Erster Theil‹: Hamburg 1832, S. 28–30.

LOUIS ANTOINE DE BOUGAINVILLE (1729–1811) war der wohl bekannteste französische Entdeckungsreisende des 18. Jhs., vor allem, weil er die Realutopie »Tahiti« in die Gemüter seiner Landsleute – und praktisch aller gebildeten Europäer – einpflanzte. Der mitreisende Arzt und Botaniker Philibert Commerson wurde ihr wirksamster Propagandist: »Ein Land, vielleicht das einzige auf der Welt, in dem Menschen ohne Laster, ohne Vorurteile, ohne Bedürfnisse, ohne Zwistigkeiten leben.« Bougainville gab der neuentdeckten Insel den Namen ›Nouvelle Cythère‹, nach dem griechischen Kythera, Insel der Aphrodite. Seine zweibändige ›Voyage autour du monde par la frégate du roi la Boudeuse ...‹ (Paris 1771) hatte solchen Erfolg, daß sie im Jahr darauf dreibändig erschien.
Ankunft auf der Insel der Liebe steht in Bougainvilles ›Reise um die Welt, welche mit der Fregatte la Boudeuse in den Jahren 1766, 1767, 1768 und 1769 gemacht worden‹: Leipzig 1772, S. 152–158.

BERNHARD VON BREYDENBACH lebte im 15. Jh. als Domherr in Mainz. Auf die gottgefällige Reise ins Heilige Land, wie sie damals nicht unüblich war, begab er sich mit einigen Gefährten und Knechten am 25. April 1483. Gut ein halbes Jahr später, am 15. November, schiffte man sich von Alexandria wieder nach Venedig ein, wo man am 8. Januar 1484 anlangte. Zwei Jahre darauf erschien Breydenbachs ›Fart uber mer zu de heiligen Grab vnsers herren ihesu cristi gen Jerusalem‹ in einer Mainzer Druckerei.
Reise über den Berg Sinai in die Stadt Kairo findet sich in Bernhard von Breydenbach, ›Die Reise ins Heilige Land – Ein Reisebericht aus dem Jahre 1483‹, übertragen und mit Nachwort von Elisabeth Geck. Wiesbaden 1977, S. 35–39. © by Guido Pressler, Wiesbaden.

RICHARD FRANCIS BURTON (1821–1890) war einer der ungewöhnlichsten britischen Orientalisten. Als 22jähriger trat er in den Dienst der Ostindischen Compagnie, später in den britischen Konsulatsdienst. Heinrich Freiherr von Maltzan erlebte ihn Dezember 1853 in Kairo: »Ein Mann von etlichen dreißig Jahren im vollständigen orientalischen Kostüm und mit jenem phlegmatischen Sichgehenlassen in all seinen Manieren, welches dem echten Araber eigentümlich ist ...« Burtons ›Personal narrative of a pilgrimage to El Medinah and Meccah‹ (London 1855; 2. Aufl. in zwei Bänden, 1857) wurde sein erster Bucherfolg.
Als Muslim verkleidet in Mekka (1853) ist ›Burton's Reisen nach Medina und Mekka und in das Somaliland nach Härrär in Ostafrika‹ entnommen, in der Bearbeitung von Karl Andree: Leipzig 1861, S. 155–163, 165–172.

LORD BYRON (1788–1824) hieß mit vollem Namen George Gordon Noël, 6. Baron von Byron. Als englischer Poet und Reisender verkörperte er, wie

nur wenige, einen prägenden *lifestyle*. Italien hat er auf einer imaginären Pilgerfahrt besungen (›Child Harold's Pilgrimage‹), Kap Sunions Sonnenuntergänge hat er unvergeßlich gemacht, für die griechischen Freiheitskämpfer hat er sich begeistert – und starb in dem Moment, als er aktiv für deren Sache eintrat (an einem Fieber in Missolunghi).
In Prevesa wurde ›Byron's Briefen und Tagebüchern‹ entnommen, ediert nach Thomas Moore von Adolf Böttger: Band I, Leipzig 1842, S. 81–86.

GASPAR DE CARVAJAL, ein spanischer Dominikanerpater des 16. Jhs., begleitete den Konquistador Francisco de Orellana, der mit 35 Jahren den Amazonas entdeckt hatte, auf einer achtmonatigen Stromdrift bis zur Amazonasmündung (1541/42). Von dort aus fuhren sie mit selbstgezimmerten Zweimastern die Küste Guyanas entlang und um Trinidad, bis sie im September 1542 die Venezuela vorgelagerte Insel Cubagua (Isla de Margarita) erreichten: eine Pionierleistung! Pater de Carvajals nachgelassener Bericht, z. T. in Tagebuchform, erschien als ›Relación del nuevo descubrimiento del famoso río grande que descubrió por muy gran ventura el capitán Francisco de Orellana desde su nacimiento hasta salir a la mar, con cincuenta y siete hombres que trajo consigo y se echó a su aventura por el dicho río ...‹ und erregte großes Aufsehen.
Mit Francisco de Orellana den Amazonas hinab findet sich in: ›Die Eroberung Perus in Augenzeugenberichten‹. Herausgegeben von Lieselotte und Theodor Engl. München 1975, S. 265–272. © by Deutscher Taschenbuch Verlag, München.

ADELBERT VON CHAMISSO, eigtl. Louis Charles Adelaide de Chamissot de Boncourt (1781–1838), war als Botaniker für die russische Pazifik- und Arktisexpedition unter Kapitän Otto von Kotzebue tätig; 1821 erschien, gewissermaßen als Logbuch eines Naturforschers, seine ›Reise um die Welt mit der Romanzoffischen Entdeckungsexpedition in den Jahren 1815 bis 1818 auf der Brigg Rurik‹. Als es fünfzehn Jahre später um die Herausgabe seiner sämtlichen Werke ging, durchforstet Chamisso noch einmal seine Notizen, Berichte und Briefe, schreibt ein neues, erstaunlich persönliches ›Tagebuch‹ jener Reise und stellt es dem älteren Logbuch voran – die merkwürdigste Reisebeschreibung in der deutschen Literatur jener Zeit.
Grünes Brasilien ist ein längerer Abschnitt aus der ›Reise um die Welt, erster Theil‹, in: Werke, 1. Bd., Leipzig 1836, S. 71–76.

DANIEL NICOLAUS CHODOWIECKI (1726–1801), aus Danzig gebürtig, wohnhaft in Berlin, hochproduktiver Zeichner und Radierer der frühen bürgerlichen Epoche. »Anno 1773 besuchte ich, nach einer dreißigjährigen Abwesenheit, mein gutes Vaterland. Ich wollte mich nur vierzehn Tage im Schoß meiner Familie aufhalten, wurde aber mit so vielen Beschäftigungen überhäuft, daß ich neun Wochen dableiben mußte« (Miscellaneen artistischen Inhalts).
Dem heimatlichen Danzig zu ist ein Teil dieser Reise ›Von Berlin nach Danzig – Eine Künstlerfahrt im Jahre 1773‹, mit Faksimiles nach den Originalzeichnungen, Berlin 1883. Hier zitiert nach der Ausgabe von Willibald Franke: Berlin o.J. (1920), S. 35–36.

JOSEPH CONRAD, eigtl. Józef Teodor Konrad Korzeniowski (1857–1924), floh 16jährig aus der polnischen Heimat und faßte den Plan, ein englischer Seemann zu werden. 1886 erwarb er das Kapitänspatent (und die britische Staatsbürgerschaft), 1890 fuhr er mit dem Flußdampfer ›Roi des Belges‹ den Kongo hinauf, nahe der Stanley-Fälle überfiel ihn schweres Fieber, das ihn, wenn auch abgeschwächt, nie wieder verließ – er wurde Schriftsteller. Sein tiefgehender Afrika-Schock liegt dem Kurzroman ›Heart of Darkness‹ (in Blackwood's Magazine, 1899) zugrunde – »er hatte Folgen wie die großen Entdeckungsfahrten: seither gelten in der literarischen Welt eine neue Geographie, neue Karten, neue Meridiane« (Frank Schirrmacher).

Kongo-Tagebuch ist dem Anhang der jüngsten deutschen Ausgabe ›Herz der Finsternis‹, übersetzt von Urs Widmer, entnommen: Zürich 1992, S. 159–161. © by Haffmans Verlag AG, Zürich.

JAMES COOK (1728–1779) machten drei Weltumsegelungen zu einem bedeutenden – und zugleich dem letzten – maritimen Entdecker. Auf der ersten Reise (1768/71) erforschte er u. a. die bis dahin unbekannte Ostküste Australiens; nach einer Geheiminstruktion des britischen Großadmirals sollte er von den neuentdeckten Ländern für Seine Majestät Besitz ergreifen und von den bedeutenderen auch Vermessungen und Skizzen anfertigen.

Dem deutschen Publikum wurde diese erste Reise dank der Übersetzung von John Hawkesworth' ›Geschichte der See-Reisen und Entdeckungen im Süd-Meer‹ (Band II und III, 1774) bald bekannt, und über Cooks tragisches Ende – er wurde während der dritten Reise auf Hawaii erschlagen –, erfuhr man durch Georg Christoph Lichtenbergs Aufsatz ›Einige Lebensumstände von Captain James Cook‹ im Göttingischen Magazin der Wissenschaften und Literatur, Märzheft 1780.

Aus dem Tagebuch meiner ersten Reise ist Band I derBibliothek denkwürdiger Reisen entnommen: ›Die Weltumsegelungsfahrten des Kapitäns James Cook. Ein Auszug aus seinen Tagebüchern‹. Bearbeitet und übersetzt von Edwin Hennig. Hamburg 1908, S. 88–91.

WILLIAM DAMPIER (1652–1715) war Berufsreisender, Abenteurer, Pirat, Pflanzenjäger und einer der fähigsten Seeleute seiner Zeit. 1673–78 hielt er sich in Westindien auf, machte bei der Durchquerung des Pazifik 1688 Bekanntschaft mit den australischen Aborigines, segelte mit Woodes Rogers (als dessen Steuermann) 1708–11 um die Erde. Sein Nachruhm gründet sich auf zweierlei: er war eine Autorität auf dem Gebiet tropischer Pflanzen – und der Kommandeur jenes Alexander Selkirk, der zum Vorbild für Daniel Defoes ›Robinson Crusoe‹ wurde.

Abschweifungen eines Freibeuters ist enthalten in ›Der Reise um die Welt anderer Theil, herausgegeben von Wilhelm Dampier, Capitain zur See‹: Leipzig 1703, S. 354–362, 424–429.

Will und Robin, die Moskito-Indianer folgt der Ausgabe ›Neue Reise um die Welt, worinnen umständlich beschrieben wird die Erdenge oder Isthmus von America, vielerlei Küsten und Insuln in West-Indien, die Insul des Grünen Vorgebürgs, die Durchfahrt aus dem Lande del Fuego – herausgegeben von William Dampier, Capitain zur See‹: Leipzig 1702.

ALEXANDRA DAVID-NEEL (1868–1969), französische Tibetforscherin, bereiste 1911–25 Süd- und Zentralasien, u. a. Indien, Birma, Bhutan (Exil des damaligen Dalai Lama) und Tibet. »Schon als junges Mädchen konnte ich mich stundenlang in der Nähe einer Eisenbahnlinie aufhalten, wie magisch gefesselt von den glänzenden Schienensträngen und der Vorstellung der vielen Länder, wohin sie führten; ich träumte von wilden Bergen, von riesigen, verlassenen Steppen und unzugänglichen Gletscherlandschaften.«

Ein Beispiel weißer Magie ist eine Episode aus David-Neels Reisebuch ›Arjopa – Die erste Pilgerfahrt einer weißen Frau nach der verbotenen Stadt des Dalai Lama‹, aus dem Französischen von Ada Ditzen: Leipzig 1928, S. 232–238.

Daniel Defoe, eigtl. Foe (1660–1731) gab mit seinem zunächst anonym erschienenen Super-Bestseller ›Life and Strange Surprising Adventures of Robinson Crusoe, of York, Mariner – Written by Himself‹ (London 1719) einer ganzen Gattung das Vorbild wie auch den Namen: Robinsonaden. Die erste deutsche Übersetzung (von Ludwig Friedrich Vischer, der anonym blieb) erschien bereits im Frühjahr 1720 in Hamburg – aber den Reibach machte ein Nachdrucker in Frankfurt und Leipzig, der binnen Jahresfrist nicht weniger als sechs Auflagen verkaufte.

Das Leben und die ganz ungemeinen Begebenheiten des Robinson Crusoe entlehnt den Titel der ersten deutschen Ausgabe, die in barocker Weise hinzugefügt hat: ›Welcher unter andern auf der Americanischen Küste durch Sturm Schiffbruch erlitten, und bey dem Ausfluß des großen Strohms Oroonoko an eine unbewohnte Insul verschlagen worden, auf welcher er über acht und zwantzig Jahr, biß zu seiner wunderbaren Befreyung, gelebet hat. Von ihm selbst beschrieben, und um seiner Fürtrefflichkeit willen aus dem Englischen ins Teutsche übersetzt‹: hier nach der 6. Auflage, Frankfurt und Leipzig 1721, S. 278–284.

Bernal Diaz del Castillo (1495/96–1584) war Gefolgsmann des Eroberers von Neuspanien (Mexiko), Hernando Cortez, und Augenzeuge der Gefangennahme des Aztekenherrschers Moctezuma in Tenochtitlán. Dies war die Hauptstadt des Aztekenreiches, das spätere Mexiko. Cortez' eigene Schilderung der Ereignisse scheint weitaus subjektiver als die des Diaz del Castillo, ›Historia verdadera de la conquista de la Nueva Espana‹, Madrid 1632.

Cortez trifft Moctezuma in Mexiko folgt dem Text des zweiten Bandes ›Denkwürdigkeiten des Hauptmanns Bernal Diaz des Castillo, oder Wahrhafte Geschichte der Entdeckung und Eroberung von Neu-Spanien‹, herausgegeben von Ph. H. Rehfues, Bonn 1838.

Denis Diderot (1713–1784), einer der kühnsten Geister des 18. Jhs. und hochproduktiv auf den verschiedensten Gebieten, nahm zu Bougainvilles spektakulärer Reisebeschreibung (1771) wiederholt kritisch Stellung: erst in einer Rezension für die ›Correspondance Littéraire‹, dann, zur vierteiligen Abhandlung umgearbeitet, in einem ›Supplément au voyage de Bougainville‹ – das zwar 1775 fertig vorlag, aber erst postum, Paris 1796, erscheinen konnte. Zu riskant war es, Kritik an der Naturwidrigkeit europäischer Sitten und Gesetze, vor allem in Ehe und Sexualität, öffentlich zu äußern.

Überwältigende Gastfreundschaft ist ein fiktiver Dialog zwischen dem Schiffskaplan und einem tahitischen Familienvater. Wolfgang Techtmeier hat ihn eingedeutscht im ›Nachtrag zu Bougainvilles Reise‹, in: ›Reise nach Utopia. Französische Utopien aus drei Jahrhunderten‹. Herausgegeben von Werner Krauss. Berlin 1964, S. 386–370. © by Rütten & Loening, Berlin.

ISABELLE EBERHARDT (1877–1904), in der Nähe von Genf als Tochter einer russischen adligen Emigrantin geboren, bereiste 20jährig Algerien und ließ sich in der Wüstenstadt El-Oued nieder. Sie bekannte sich zum Islam, wurde Mitglied des sufischen Ordens Kadriya, trug arabische Männerkleidung, schrieb für die Zeitschrift ›L'Akhbar‹ – Prosaskizzen in unverwechselbarem Stil. »In ihren dichtesten Momenten sind diese Aufzeichnungen alles zugleich: exotische Landschaftsschilderung und ethnologische Feldarbeit, intimes Tagebuch und erotische Konfession« (Hans Christoph Buch). Ihre Bücher erschienen postum: ›Dans l'ombre chaude de l'Islam‹ (Paris 1906), ›Notes de route – Maroc, Algérie, Tunisie‹ (Paris 1908), ein Privatdruck ›Aux pays de sable‹ (1914).

Im Land der treibenden Sande ist der deutschen Werkausgabe ›Sandmeere‹, Band 2, entnommen: herausgegeben von Christian Bouqueret, aus dem Französischen übertragen von Grete Osterwald. Berlin und Schlechtenwegen 1981, S. 67–74. © 1983 by Rowohlt Taschenbuch Verlag, Reinbek.

ERASMUS VON ROTTERDAM, eigtl. Geert Geerts (1469–1536), Universalgelehrter, Repräsentant des europäischen Humanismus, war Autor der ›Colloquia familiaria‹ (Gespräche im vertrauten Kreis), die Beatus Rhenanus ohne sein Wissen 1518 in Basel veröffentlichte; eine von Erasmus besorgte revidierte Ausgabe kam ein Jahr später in Löwen heraus. Die ›Gespräche‹ leben von ihrer Eloquenz und geschliffenen Rhetorik; das tägliche Leben, das sie spiegeln, ist dennoch wiederzuerkennen.

Gasthäuser (De hospitiis) ist den ›Gesprächen des Erasmus‹ entnommen, ausgewählt, übersetzt, eingeleitet von Hans Trog. Jena 1907, S. 43–50.

EVLIYĀ ČELEBI (1611–1684 oder 1687) schrieb ein zehnbändiges ›Seyātnāme‹ (Reisebuch), entstanden aus Tagebüchern, die er fünfzig Jahre lang geführt hat; es erschien in Istanbul 1896–1900 und erweist sich immer mehr als ergiebige Quelle türkischer Kultur im 17. Jh. Das Wiener Tagebuch aus dem Jahre 1665 (Band 7) spannt den Bogen zwischen herzigen Waschermadln und der Audienz beim häßlichen Kaiser Leopold I.; damals hatte sich Evliyā mit der türkischen Gesandtschaft des Qara Mehmed Pascha für kurze Zeit in der »Metropole der Ungläubigen« aufgehalten.

Denkwürdige Reise in das Giaurenland stammt aus: ›Im Reiche des Goldenen Apfels. Des türkischen Weltenbummlers Evliyā Čelebi denkwürdige Reise in das Giaurenland und in die Stadt und Festung Wien anno 1665‹. Übersetzt, eingeleitet und erklärt von Richard F. Kreutel. Graz-Wien-Köln 1957, S. 300–305. © by Styria GmbH & Co. KG, Graz, Wien, Köln.

JAKOB PHILIPP FALLMERAYER (1790–1861), einer der ersten deutschen Orientalisten und Byzantinisten, kurzfristig Paulskirchen-Abgeordneter und Geschichtsprofessor in München (1848/49), bereiste zwei Jahre lang den Vorderen Orient (1840/42) und berichtete darüber regelmäßig den Lesern der ›Augsburger Allgemeinen Zeitung‹. Aus diesen Berichten entstand ein zweibändiges Werk, das erstmals 1845 bei Cotta erschien – und mittlerweile klassischen Rang hat.

Beim türkischen Statthalter in Larissa beinhaltet, daß Thessalien zu der Zeit noch unter türkischer Verwaltung stand (bis 1881). Die Episode findet sich in den ›Fragmenten aus dem Orient‹, Zweiter Band, Stuttgart und Tübingen 1845, S. 297, 298-301, 302-303.

BARTHÉLEMI FAUJAS DE SAINT-FOND (1745-1819), frz. Naturwissenschaftler, vor allem Vulkanologe, war zugleich der Förderer und Geldgeber der Brüder Montgolfier, damals beschäftigt mit der Erfindung des Warmluftballons. Nach einem ersten Versuch in Annonay, Juli 1783, ließen sie im September vor dem königlichen Hof in Versailles eine ›Montgolfière‹ steigen, die ein Schaf, einen Hahn und eine Ente als Insassen hatte; im November dann machte Pilâtre de Rozier die erste bemannte Luftfahrt der Geschichte. Faujas' ›Description des expériences de la machine aérostatique de MM. de Montgolfier‹ erschien zweibändig Paris 1783/84. Vom ersten Band kam flugs eine deutsche Übersetzung heraus.

Von den Erfindern der Luftmaschine steht in besagter ›Beschreibung der Versuche mit der Luftkugel, welche sowohl die HH. von Montgolfier als andre aus Gelegenheit dieser Erfindung gemacht haben‹, übersetzt vom Abbé Franz Uebelacker: Wien 1783, S. 31-36, 69-72.

NICOLAUS FEDERMANN (um 1505-1542) zog im Auftrag des Augsburger Handelshauses Welser 1529-32 mit 126 Soldaten und etwa hundert ›Indios naturales‹ ins Landesinnere Venezuelas: einmal der vermuteten Reichtümer wegen, zum anderen, um die verschiedenen Indianerstämme (Nationes) unter »Gehorsam und Succession« seiner Kaiserlichen Majestät zu bringen. Federmanns erstaunlich freimütiger Bericht war ursprünglich nur auf Spanisch verfaßt; erst 25 Jahre nach seiner Rückkehr wurde er ins Deutsche übersetzt.

Auf Goldsuche im venezolanischen Urwald ist die neuhochdeutsche Bearbeitung der ›Indianische Historia. Ein schön kurtzweilige Historia Niclaus Federmanns des jüngern von Ulm erster Reise, so er von Hispania und Andolosia ausz in Indias des occeanischen Mörs gethan hat, und was ihm allda ist begegnet‹, Hagenau 1557; zugrunde lag die Ausgabe: ›N. Federmanns und H. Stades Reisen in Südamerika 1529-1555‹, herausgegeben von Karl (August) Klüpfel. Stuttgart 1859, S. 36-40.

THEODOR FONTANE (1819-1898) schrieb vor den ›Wanderungen durch die Mark Brandenburg‹, die ihn berühmt machten, die Reisebücher ›Ein Sommer in London‹ (1854) und ›Jenseits des Tweed‹ (über Schottland, 1860). Die Sammlung ›Von, vor und nach der Reise‹ (Berlin 1894) faßt Aufsätze und Feuilletons aus den Jahren 1873 bis 1893 zusammen. Das »Massereisen« des Eisenbahn-Zeitalters verabscheute er ebenso, wie er die alte Postkutschenzeit lobte. Die seit Beginn des Jhs. übliche »Sommerreise« glossierte er als einen jedem erreichbaren, immer wiederkehrenden »Höhepunkt des Daseins«.

Modernes Reisen (1873) ist einer der frühesten Texte aus obiger Sammlung – hier zitiert nach: Theodor Fontane, ›Sämtliche Werke. Band XVIII‹. München 1972, S. 11-13.

GEORG FORSTER (1754-1794) nahm 17jährig als Begleiter seines Vaters Johann Reinhold Forster an James Cooks zweiter Weltumsegelung teil; als er exakt nach drei Jahren, am 30. Juli 1775 wieder in England anlegte, war er zwanzig

und hatte schon Neuseeland, Neukaledonien, die Palmerston- und Norfolk-Inseln, die Osterinsel, die Marquesas, Neuen Hebriden, Tonga, die südlichen Sandwich-Inseln und Südgeorgia gesehen und erforschen helfen. Sechs Wochen vor Cooks eigener offiziellen Dokumentation kam Forsters Bericht ›A Voyage Round the World, in His Britannic Majesty's Sloop ›Resolution‹, commanded by Capt. James Cook, during the Years 1772, 3, 4 and 5‹ heraus. In der von Forster selbst übertragenen deutschen Fassung erschien er in zwei Bänden 1778–80 – eine phänomenal neue, zugleich sachliche, reflektierende, episch erzählende Form der Reisebeschreibung.
Nachricht von der Osterinsel ist der deutschen Erstausgabe ›Johann Reinhold Forsters's Reise um die Welt ... beschrieben und herausgegeben von dessen Sohn und Reisegefährten George Forster‹ entnommen: Erster Band, Berlin 1778, S. 411–414, 426–427, 433.

LEO FROBENIUS (1873–1938) begann seine Arbeit als feldforschender Ethnologe mit einer Kongo-Reise 1904–06, nachdem er zuvor die »Deutsche Innerafrikanische Forschungs-Expedition« gegründet hatte; elf weitere Expeditionen folgten (bis 1935). Seine originelle Methode bestand darin, von jedem besuchten Volk einige Leute als Reisebegleiter mitzunehmen, um sie ständig mit »dem Neuen« zu konfrontieren, damit sie über ihr eigenes Leben aus immer neuer Perspektive berichten konnten. Am Ende der Kongoreise hatte er so die Repräsentanten von 20 Völkern um sich – und einen ersten Bestand von Märchen und Artefakten, gesammelt bei den Waldvölkern im Kassai- und Kongobecken.
Bei den Bena Lulua, so beginnt Leo Frobenius' Rückschau ›Der Kopf als Schicksal‹: München 1925, S. 3–6. Mit freundlicher Genehmigung von Dr. Sebastian Frobenius, Tokio.

JAMES GLAISHER (1809–1903), Pionier der »wissenschaftlichen Luftfahrten« in England, begann 1862 in Wolverhampton die erste von insgesamt 30 Luftfahrten, deren spektakulärste die »Aufsteigungen« vom Crystal Palace im Londoner Hydepark waren.
Wir Bürger des Himmels folgt der Übersetzung der ›Voyages aériens‹ (Paris 1870), genauer den: ›Luftreisen von J. Glaisher, C. Flammarion, W. v. Fouvielle und G. Tissandier. Mit einem Anhang über die Ballonfahrten während der Belagerung von Paris‹. Eingeführt von Hermann Masius. Leipzig 1872, S. 83–88 (›Die hohen Regionen‹).

JOHANN WOLFGANG VON GOETHE (1749–1832) vollendete sein bekanntestes, einen Kosmos von Kenntnissen umspannendes Reisebuch ›Italienische Reise‹ erst 1829: veröffentlicht als Band 27 bis 29 der Ausgabe letzter Hand. Zwischen dieser Ausgabe und einem ersten, noch privaten ›Tagebuch der Italiänischen Reise für Frau von Stein‹ liegen dreißig Jahre.
»Die ›Italienische Reise‹ ist heute, im Zeichen einer Genußästhetik, Goethes vielleicht populärstes Buch – und sie ist doch zugleich, weil die die gesamte Persönlichkeit fordernde und umgestaltende Mühe der Welterkenntnis ihr zentrales Thema bildet, sein dem Publikum vielleicht auch verschlossenstes Werk« (Ernst Osterkamp). Rascher eingängig sind Goethes Touristeneindrücke 1786/87, die den Reiz der Unmittelbarkeit haben.
Die Wasser von Venedig sind eine Eintragung vom 9. Oktober 1786, sie fol-

gen der von Erich Schmidt edierten Erstausgabe des ›Tagebuchs‹, in: ›Goethes Tagebücher. 1. Band 1775–1787‹. Weimar 1887, S. 285–287.

BOGUMIL GOLTZ (1801–1870) hatte sich mit dem ›Buch der Kindheit‹ bereits einen Namen gemacht, als er – seit 1847 freier Schriftsteller in Thorn – Europa zu bereisen begann. Im Herbst 1849 kam er auch nach Ägypten und veröffentlichte vier Jahre später die kauzig-komisch-selbstironischen Reisebilder ›Ein Kleinstädter in Ägypten‹ (Berlin 1853).

Ich will einen Esel ist dem ›Alexandria‹-Kapitel des ›Kleinstädters‹ entnommen, zitiert nach: ›Streifzüge und Wanderungen. Reisebilder von Gerstäcker bis Fontane‹. Herausgegeben von Gotthard Erler. Rostock 1978, S. 46–49.

SVEN HEDIN (1865–1952) unternahm, nach Persien- und Pamir-Ritten, seine erste zentralasiatische Expeditionsreise in den Jahren 1894–97: Zweimal durchquerte er die gefürchtete Wüste Takla-makan, erforschte das Kunlun-Gebirge, das Tarimbecken und den rätselhaft wandernden Lop-nor – der es ihm zeitlebens angetan hat. ›En färd genom Asien 1893–97‹ erschien zweibändig Stockholm 1898.

Der wandernde See folgt der Ausgabe ›Durch Asiens Wüsten. Drei Jahre auf neuen Wegen in Pamir, Lopnor, Tibet und China‹. Aus dem Schwedischen übersetzt (anonym), Leipzig 1899, S. 310–313, 317–318.

HEINRICH HEINE (1797–1856) prägte den Begriff »Reisebilder«. Sein vierteiliges Werk dieses Namens beginnt mit der hinreißenden ›Harzreise‹, die er nach einer Frühjahrswanderung durch den Harz im Sommer 1824 niederschrieb. Von der Zensur arg beschnitten, wurde sie in der Zeitschrift ›Gesellschafter‹ 1826 erstveröffentlicht, in authentischer Form dann im gleichen Jahr als Hauptstück des ersten Bandes ›Reisebilder‹ publiziert.

»Heine verzichtete auf allen Exotismus der Weltreisen, um von der Nordsee zu berichten, und vom Harzgebirge. Dann aber wurde dem Leser alles Wissenswerte verwehrt, das er sich erhoffen mochte« (Hans Mayer).

Das Brockenhaus wird zitiert nach der ›Stereotyp-Ausgabe‹ der ›Reisebilder‹: Hamburg 1876, S. 76–85.

WERNER-OTTO VON HENTIG (1886–1985), seit 1911 im diplomatischen Dienst des Deutschen Reiches, wurde durch seinen Ritt von Kabul zum Pamir – im Ersten Weltkrieg, inmitten feindlicher Umgebung – einem breiteren Publikum bekannt (›Meine Diplomatenfahrt ins verschlossene Land‹, 1918). Unter dem griffigen Titel ›Ins verschlossene Land – Ein Kampf mit Mensch und Meile‹ erreichte die Neuausgabe (1928) in 15 Jahren das 238. Tausend. Von Hentig leitete zeitweise die Orient-Abteilung im Auswärtigen Amt (1937–39), wurde dann 1952–54 Botschafter der Bundesrepublik in Indonesien. Sein Rückblick »Mein Leben eine Dienstreise« erschien 1962.

In verschlossenes Land ist, im Titel leicht variiert, der Neuausgabe ›Ins verschlossene Land‹ entnommen: Potsdam 1928, S. 100–105. Mit freundlicher Genehmigung der Erben.

ELIAS HESSE aus Ottendorf (bei Dresden) ließ sich 1680 für den Bergbaudienst der Ostindischen Compagnie, die Goldgräbereien auf Sumatra betrieb, anwerben. Im Juli ging die Reise los, Februar 1683 schiffte man in Batavia wieder ein und gelangte acht Monate später auf deutschen Boden. Einer ersten Reisebeschreibung von 1687 ließ Hesse 1690 die zweite, verbesserte folgen: ›Ost-Indische Reise-Beschreibung oder Diarium, Was bey der Reise des Churfürstl. Sächs.Raths und Berg-Commissarii D. Benjamin Olitzschens im Jahr 1680, Von Dreßden aus biß in Asiam auff die Insul Sumatra Denckwürdiges vorgegangen, auffgezeichnet von Eliase Hessen ...‹.

In javanischen Sümpfen folgt dem Nachdruck dieser Ausgabe, die unter dem Titel ›Gold-Bergwerke in Sumatra 1680–1683‹ 1931 in Den Haag erschien, herausgegeben von L'Honoré Naber: S. 134–137.

FRANZ HESSEL (1880–1941), der im französischen Exil starb, hat 1929 ein Buch geschrieben, das immer wieder »entdeckt« wurde: erst von Walter Benjamin (Aufsatz ›Die Wiederkehr des Flaneurs‹), dann von empfindsamen Achtundsechzigern, schließlich vom Lebensgefühl der mittachtziger Jahre: drei Ausgaben, drei verschiedene Verlage. Die Erstausgabe ›Spazieren in Berlin‹ (1929) kommt ohne Bebilderung aus, ein Umschlagtext verheißt: »Ein Lehrbuch der Kunst, in Berlin spazieren zu gehn / ganz nah dem Zauber der Stadt, von dem sie selber kaum weiß / Ein Bilderbuch in Worten.«

Spazieren in Berlin folgt der Erstausgabe, Leipzig und Wien 1929, Seite 7, 8–10. © by Verlag Das Arsenal, Berlin, der die Neuausgabe 1984 u. d. T. ›Ein Flaneur in Berlin‹ herausbrachte.

HSÜAN TSANG (Xuanzang, eigtl. Chen Wei, 602–664), buddhistischer Mönch, der 629 von der Kaiserresidenz Chang'an zu einer einsamen Reise westwärts aufbrach; durch ganz Zentralasien führte sie ihn über Samarkand an den Ganges (633) und weiter zu allen Wallfahrtsorten des Buddhismus. Als er 645 nach China zurückkehrte, mit 657 Sanskrit-Rollen in der Tragekiepe, war er als der »Schriftenholer« bereits berühmt. Seine Pilgerreise genießt in China nahezu mythische Verehrung, vor allem durch den Roman ›Die Reise in den Westen‹ von Wu Cheng'en (16. Jh.), bis heute eines der populärsten Literaturstoffe.

Reise in die Westländer wurde vom Herausgeber übersetzt, aus: ›The Life of Hiuen-Tsiang by the Shamans Hwui and Yen-tsung‹. Edited by Samuel Beal. London 1888, S. 12–23.

IBN BATTUTA (Muhammad Ibn Abdallāh Ibn Battūta, 1304–1369 oder 1370) begann sein lebenslanges Reisen 22jährig mit dem »Haddsch« von Tanger nach Mekka. Als er mit seinen Mitpilgern in Tunis eintraf, sah er, wie die anderen begrüßt wurden. »Aber keine Seele begrüßte mich und ich kannte niemanden. Ich litt so sehr unter meiner Einsamkeit, daß ich meine Tränen nicht zurückhalten konnte ...« Einer der Pilger tröstete ihn, ein anderer beschaffte ihm eine Ehefrau. – ›Das Geschenk der Beobachtenden, betreffend die Merkwürdigkeiten der großen Städte und die Wunder der Reisen‹ (Tuhfat an-nuzzar) ist der Titel seines großen Reisebuchs, das Ibn Battuta 1355/56 dem Ibn Guzayy in die Feder diktierte. Es erschien in vier Bänden Paris 1854–58.

Im Reich Mali basiert auf der dreibändigen Ausgabe ›The Travels of Ibn Battuta. A.D. 1325–1354‹, edited by Hamilton A.R. Gibb, Cambridge 1958–71. Es ist der Ausgabe von Hans D. Leicht entnommen, die u. d. T. ›Ibn Battuta, Reisen ans Ende der Welt – Das größte Abenteuer des Mittelalters, 1325–1353‹ in Tübingen und Basel 1974 erschien: S. 299–301.

© by Edition Erdmann, Tübingen.
In indischer Gefangenschaft folgt der Ausgabe ›Die Reise des Arabers Ibn Batūta durch Indien und China‹, bearbeitet von Hans von Mžik: Hamburg 1911, S. 249–260.

IBN DSCHUBAIR (Abūl-Husain Muhammad ibn Ahmad ibn Gubair, 1145 bis 1217) schuf mit seiner ›rihla‹ (Reise) als Schilderung der Pilgerfahrt nach Mekka den Prototyp einer Literaturgattung. Erlebnisse während des »Haddsch« gehören genauso dazu wie Beschreibungen der Länder und ihrer Sehenswürdigkeiten, dazu auch literarische Exkurse, eingestreute Gedichte. Ibn Dschubair trat den »Haddsch« von Granada aus an; er dauerte vom 15. Februar 1183 bis zum 25. April 1185, die Hinreise geschah über Kairo, die Rückreise über Bagdad, Damaskus, Akko. In Mekka hielt er sich einen vollen Monat auf.
Der Haddsch folgt der Ausgabe Ibn Dschubair, ›Tagebuch eines Mekkapilgers‹. Aus dem Arabischen von Regina Günther. Stuttgart 1985, S. 126–132.
© by Edition Erdmann, Tübingen.

ENGELBERT KAEMPFER (1651–1716), Arzt und Naturforscher aus Lemgo, der als erster Japan erforschte – »ein ganz ungewöhnlicher Erzähler; das Wissen um das geschichtliche Kuriosum, das den lebensneugierigen Deutschen in der geheimnisvollen Fremde erfaßt, mischt sich mit der unmittelbaren Gegenwärtigkeit des Eindrucks" (Theodor Heuß).
Die Straßen Nippons sind im wesentlichen das 5. Kapitel (›Von dem Gewimmel der Menschen, die den Weg täglich bereisen und darauf ihre Nahrung suchen‹) aus: Engelbert Kaempfer, ›Geschichte und Beschreibung von Japan‹. Aus den Originalhandschriften des Verfassers herausgegeben von Christian Wilhelm Dohm. Unveränderter Neudruck des 1777–1779 im Verlag der Meyerschen Buchhandlung in Lemgo erschienenen Originalwerks. Bd. II. Stuttgart 1964. S. 178, 181–187.

MARY KINGSLEY (1862–1900) gehörte zu jenen „well-qualified ladies«, die ab 1892 als weitgereiste, unerschrockene Frauen in der Royal Geographical Society aufgenommen wurden. Zweimal in Westafrika unterwegs – 1893 und 1894/95 –, kam Miss Kingsley mit Hilfe weißer und schwarzer Händler aus der Küstenregion in Gebiete, die noch kein Weißer vor ihr betreten hatte. Ihr Buch ›Travels in West Africa‹ (1897) wurde beim viktorianischen Publikum ein Erfolg – weniger das Ergebnis fachlicher Studien über ›Fisch und Fetisch‹. Auf der dritten Reise, als Pflegerin in einem Burenlazarett, ereilte sie Typhus und Tod.
In den Stromschnellen um Lambarene ist der deutschen Fassung der ›Travels‹ entnommen: Mary Kingsley, ›Die grünen Mauern meiner Flüsse. Aufzeichnungen aus Westafrika‹. Aus dem Englischen von Ulrike Budde und Angelika Felenda. München 1989, S. 97–102. © by C. Bertelsmann GmbH, München.

CHRISTOPH KOLUMBUS (eigtl. Christóbal Colón, 1451–1506) hat über seine vier epochemachenden Reisen »Tag um Tag auf das Gewissenhafteste" Buch geführt. Die dritte, die ihn als nachweislich ersten Europäer nach Südamerika führte, begann in Sevilla am 30. Mai 1498 und endete in Cadiz am 25. November 1500. Er zog mit acht Karavellen aus; unter den 300 Mitreisenden waren auch 30 christliche Frauen, die für den Fortbestand der spanischen Kolonien sorgen sollten. Nachdem man Trinidad, Paria (südamerikanisches Festland) und die Perlen-Insel Margarita entdeckt hatte, geriet die Schiffsflotte vor Gracia in schwere Brandung, die sie zu vernichten drohte; durch eine seemännische Glanzleistung konnte Kolumbus die Gefahr abwenden. In Santo Domingo beschlagnahmte der königliche Kommissar Bobadilla sein Hab und Gut. Kolumbus mußte die Heimreise in Ketten antreten.

Meine dritte Reise oder Als erster Europäer in Südamerika ist dem Dokumentenband ›Christoph Columbus‹ entnommen, den Ernst Gerhard Jacob für die Sammlung Dieterich herausgab: Bremen 1956, S. 255–262.

AUGUST KOPISCH (1799–1853) war einer jener zahlreichen deutschen Künstler, die es im 18./19. Jh. nach Italien trieb. Es gab für ihn einen triftigen Grund, er suchte Heilung für seine unfallgelähmte Hand; da er sie nicht fand, beschäftigte er sich mit italienischer Literatur und stellte plastische topographische Modelle her, so auch die der Insel Capri. Während seines Aufenthalts dort (1826) entdeckte Kopisch, zusammen mit dem Landschaftsmaler Ernst Fries, die Blaue Grotte. Davon berichtete er zuerst in der Berliner Zeitschrift ›Italia‹ (1838/40).

Entdeckung der Blauen Grotte folgt dem Wortlaut in Band 5 von Kopischs Gesammelten Werken, herausgegeben von Carl Bötticher: Berlin 1856, S. 79 ff.

ANTON KUH (1891–1941), Wiener Satiriker und Widerpart von Karl Kraus – »beide Virtuosen der deutschen Sprache, beide von Vorbildern wie Ludwig Börne geprägt« (Hilde Spiel). Das Reisen im Eisenbahn-Coupé gelingt ihm in der Tat ebenso witzig-genau wie Börne das Pendant: im Coupé einer Reisekutsche.

Das Reise-vis-à-vis ist Anton Kuhs Feuilletonsammlung ›Der unsterbliche Österreicher‹ entnommen, hg. von Ulrich N. Schulenburg, S. 325–328. © 2001 Löcker, Wien.

JEAN DE LÉRY (um 1534 bis ca. 1613), gebürtig aus Léry (Burgund), Calvinist, der mit einer Gruppe von Hugenotten 1556 nach Brasilien aufbrach, sie 1558 wieder verließ – wegen religiöser Unvereinbarkeit – und nach Genf zurückkehrte, um sein Theologiestudium dort zu beenden.

Seine ›Histoire d'un voyage faict en la terre du Brésil, autrement dite Amérique‹ erschien erst 1578, unmittelbar gefolgt von einer lateinischen Ausgabe unter dem Verfassernamen Lerius. Die erste deutsche Übersetzung, Münster 1794, bezieht sich auf eben diese »verbesserte und vermehrte« lateinische Ausgabe.

Unter philologischen Aspekten gilt Jean de Léry als Wegbereiter des Topos vom »guten Wilden«, unter ethnologischen als einer der ersten »teilnehmenden Beobachter«.

Die wilden Frauen sind der obengenannten Übersetzung ›Des Herrn Johann von Lery Reise in Brasilien‹, Münster 1794, S. 150–153, entnommen – genauer gesagt, dem ›Achten Hauptstück: Von den Fähigkeiten, der Stärke, Gestalt, Nacktheit, dem Körperlichen der Brasilianer, männlichen und weiblichen Geschlechtes, unter denen ich mich hier ein Jahr aufgehalten habe‹.

JACK LONDON (1876–1916) beschrieb sein früheres Leben als Tramp unter dem

Spitznamen »Jack Seemann«. Als blinder Passagier auf Güterzügen reiste er 1894 von Oakland nach Chicago, anschließend nach New York und zu den Niagarafällen, wo er wegen Vagabundierens für 30 Tage ins Gefängnis kam. Das autobiographische Element, wie es in seinem Tramp-Roman ›The Road‹ (1907) zum Ausdruck kommt, hat die Legenden um den Jungautor – tatsächlich Austernpirat, Goldsucher in Alaska, Korrespondent im Russisch-Japanischen Krieg und engagierter Sozialist – aufs schönste gefördert.
Blinde Passagiere ist der deutschen Ausgabe von ›The Road‹ entnommen: Jack London, ›Abenteurer des Schienenstranges‹. Übersetzt von Erwin Agnus. Berlin 1930, S. 37–53. © by Büchergilde Gutenberg, Frankfurt a. M.

HEINRICH FREIHERR VON MALTZAN (1826–1874) war Orientreisender und Hobby-Archäologe. Ihm sind Verse zu verdanken wie ›Ein Dichter ging am Nilesstrand / Gedankenvoll in sich gewandt ...‹, aber auch Kühneres: 1860 bestach er einen Haschischraucher in Algier und reiste mit dessen Paß, als Muslim verkleidet, nach Mekka.
Rund um den Schwarzen Stein folgt der Erstausgabe: Heinrich Freiherr von Maltzan, ›Meine Wallfahrt nach Mekka. Reise in die Küstengegend und im Innern von Hedschas‹. Zweiter Band. Leipzig 1865, S. 25–31.

JOHN DE MANDEVILLE (um 1300–1372) ist vermutlich ein Engländer gewesen, der in Lüttich als Arzt unter dem Namen Jean de Bourgogne à la barde bekannt war. Er hat zahlreiche authentische Reiseberichte ausgewertet, sie mit Fabelfiguren und »Fantasy« angereichert. Sein Werk kursierte in über 250, teilweise stark bearbeiteten Handschriften, wurde mehrfach ins Lateinische und bereits um 1400 in fast alle Kultursprachen übersetzt. Später sank es ab zu sog. Jahrmarktsdrucken, blieb aber dadurch populär.
Wundersame Kunde aus Ägypten und Jerusalem wurde nach einer frühen deutschen Ausgabe bearbeitet: ›Johannes de Mandeville, Reysen und Wanderschafften: Durch das Gelobte Land, Indien und Persien. Nachmals durch Otto von D(i)emeringen, Thumbherrn zu Metz, verteutscht. Jetzund widerumb auffs neuw Corrigieret‹. Frankfurt a. M. 1580. – Hier Passagen aus ›Von Ägyptenland‹ und ›Von unserm Herrn Gottes Grab in Jerusalem‹.

MARK TWAIN (d. i. Samuel Langhorne Clemens, 1835–1910) landete mit ›The Innocents Abroad‹ (Die Arglosen im Ausland), Hartford/Conn. 1869, einen Volltreffer. Es wurde zum beliebtesten Reisebuch seiner Zeit, und er zum höchstbezahlten amerikanischen Schriftsteller. Der auf den Massentourismus vorausweisenden Satire liegt eine Kreuzfahrt zugrunde, die Mark Twain 1867 mit dem Dampfer ›Quaker City‹ in die Mittelmeerländer unternahm; er schrieb darüber zunächst für Zeitungen in San Francisco und New York. Sein zweiter Reisebericht ›Roughing it‹ (Durch Dick und Dünn), Hartford/Conn. 1872, spiegelt inneramerikanische Erlebnisse der voraufgegangenen Jahre 1861–67. In einem dritten Reisebuch ›A Tramp Abroad‹ (Bummel durch Europa) schlägt sich seine zweite Europareise 1878/79, vorwiegend durch Deutschland, nieder.
Auf die Spitze getrieben ist eine Neuübersetzung von Dinka Mrkowatschki, nach: Mark Twain, ›The Innocents Abroad or The Pilgrims Progress‹. New York 1966 (Signet Classic), S. 451–453.

HERMAN MELVILLE (1819–1891) tat in jungen Jahren Dienst auf einem Walfän-

ger, vagabundierte einige Jahre im polynesischen Archipel, erntete erste Erfolge mit Südsee-Romanen – und geriet dann in eine Lebenskrise, deren Ausdruck das Tagebuch seiner Reise ist, die er im Oktober 1856 begann und im Mai 1857 beendete. Sie führte ihn in verschiedene europäische Länder und in den Vorderen Orient; veröffentlicht wurde das Tagebuch erst 1989, in Band 15 der textkritischen ›Writings of Herman Melville‹.
Reisen erweist sich als bestimmendes Motiv der Melvilleschen Romane. Die Helden sind rastlose Abenteurer, Fahrensleute, Weltenbummler.

Seemann auf schwankendem Boden steht in: Herman Melville, ›Reisefresken dreier Brüder: Dichter, Maler, Müßiggänger. Tagebuch einer Reise nach Europa und in die Levante‹. Aus dem Amerikanischen übertragen (und herausgegeben) von Daniel Göske. Bern und Berlin 1991, S. 48–51, 56–57. © by Gachnang & Springer, Bern.

LOUIS-SÉBASTIEN MERCIER (1740–1814), Dramatiker, girondistischer Abgeordneter in der Nationalversammlung, Mitglied der Académie Française. Sein Roman ›L'an deux mille quatre cent quarante, rêve s'il en fut jamais‹ erschien anonym 1770 in Amsterdam, 1771 in London. Das Aufsehen war beträchtlich: Ein Pariser Bürger ist 1768 (da beginnt der Autor zu schreiben) in tiefen Schlaf gefallen und stellt beim Erwachen fest, daß er fast sieben Jahrhunderte verschlafen hat. – Zu einem Zeitpunkt, da der größere Teil der Erde vermessen war und mit größeren Entdeckungen nicht mehr zu rechnen, verlegt dieser Roman jedwede »Entdeckung« in die Wirklichkeiten der Zukunft.
Die Mutter des Philosophen Arthur Schopenhauer, selbst eine große Reisende, widmete ihren Gängen ›Mit Mercier durch Paris‹ ein ganzes Tagebuch-Kapitel: neu abgedruckt in Johanna Schopenhauer, ›Im Wechsel der Zeiten, im Gedränge der Welt‹. München 1986, S. 277–290.

Wiedererwacht im Jahre 2440 ist entnommen aus: ›Reise nach Utopia. Französische Utopien aus drei Jahrhunderten‹. Übersetzt von Wolfgang Techtmeier. Herausgegeben von Werner Krauss. Berlin 1964, S. 337–342. © by Rütten & Loening, Berlin.

HELMUTH VON MOLTKE (1800–1891) war 35 Jahre alt, als König Friedrich Wilhelm III. ihn als Instrukteur der türkischen Truppen nach Konstantinopel beorderte: er sollte dort ein Heer nach europäischem Muster schaffen. Was er vorfand, erschien ihm so bizarr und interessant, daß er es – anonym – in ›Briefen über Zustände und Begebenheiten in der Türkei‹ niederlegte. Sie zeigten ihn als glänzenden Stilisten. Auch als von Moltke dann 1871 preußischer General-Feldmarschall wurde, veröffentlichte er gelegentlich Aufzeichnungen aus seinen Reisetagebüchern, so im ›Wanderbuch‹ (1879) römische und spanische Eindrücke.

Spaziergang durch Konstantinopel folgt der Erstausgabe der ›Briefe über Zustände und Begebenheiten in der Türkei aus den Jahren 1835 bis 1839‹: Berlin, Posen und Bromberg 1841, S. 25–28, 31–38.

LADY MARY MONTAGU (1689–1762) wurde zur Reiseschriftstellerin, als ihr britischer Ehemann Edward Wortley Montagu von König Georg I. zum Gesandten an der Osmanischen Pforte ernannt wurde. Das war 1716. Während ihres zweijährigen Aufenthalts in Adrianopel (Edirne) und Konstantinopel (Istanbul) kleidete sich Lady Montagu türkisch, erlernte die Landes-

sprache, machte sich mit Sitten und Lebensweisen vor allem der Damen vertraut – und schrieb darüber geistvolle Briefe. In überarbeiteter Form, mit Tagebuchnotizen angereichert, erschienen sie postum als ›Letters from the East‹ bzw. ›Turkish Letters‹ in vier Bänden, London 1763–67.
Reisebriefe einer halben Türkin entstammt der vorzüglichen Übersetzung von Ida Pappenheim, in: Lady Montague, ›Reisebriefe‹. München 1927, S. 162–165, 166–169. © by Albert Langen / Georg Müller Verlag in der F. A. Herbig Verlagsbuchhandlung GmbH, München.

KARL PHILIPP MORITZ (1756–1793) hatte eine entbehrungsreiche Jugend, war Hutmacherlehrling, Wanderschauspieler und Theologiestudent gewesen, bevor er – 25jährig – seine »empfindsame« Fußwanderung durch England beschrieb. Dieses Buch, das man »das originellste und individuellste« unter den zeitgenössischen Englandberichten genannt hat, kam 1783 bei Friedrich Maurer, Berlin, heraus. Als der Autor 1786 zu einer dreijährigen Kunst- und Bildungsreise nach Italien aufbrach, hatte er bereits einen Vertrag (mit dem Heine-Verleger Hoffmann) in der Tasche und einen Vorschuß dazu. In Rom lernte Moritz den auf großer Italienreise begriffenen Goethe kennen und trat mit ihm in regen Gedankenaustausch, der auch nach beider Reisen anhielt.
Ein Deutscher in London folgt dem Neudruck: ›Reisen eines Deutschen in England im Jahre 1782 von Carl Philipp Moritz‹. Herausgegeben von Otto zur Linde. Berlin 1903, S. 6–11, 16–19.

GUSTAV NACHTIGAL (1834–1885) suchte nach medizinischer Ausbildung wegen eines Lungenleidens das milde Klima Nordafrikas auf (1863), wurde Leibarzt des Bei von Tunis, erwarb sich intime Kenntnisse des Arabischen und islamischer Lebensweise, übernahm dann – im Auftrag des preußischen Königs – die Mission, an den Sultan von Bornu eine Anzahl Geschenke zu überbringen. Die Reise dauerte von Februar 1869 bis August 1874 und führte Nachtigal u. a. in das von Europäern noch unbetretene Tibesti-Gebirge. Von den gefürchteten Tibbu wird er ausgeraubt, kann sich nur durch waghalsige Flucht retten. Eine andere »terra incognita« lernt er als Begleiter eines Araberstammes auf Raubzug kennen; er erforscht das Wadai-Gebiet bis zum Nil und kehrt 1875 nach Deutschland zurück. 1882 ernannte man Nachtigal zum deutschen Generalkonsul in Tunis.
Im Bergland von Tibesti ist dem ersten Band seines Berichts ›Sahara und Sudan – Ergebnisse sechsjähriger Reisen in Afrika‹ entnommen: Berlin 1879, S. 237–244.

FRIDTJOF NANSEN (1861–1930), norwegischer Polarforscher, Ozeanograph, Zoologe, unternahm 1893/95 mit der »Fram« ein Forschungsexperiment: nordwestlich von den Neusibirischen Inseln ließ er das Schiff im Eis einfrieren und berechnete, daß die Eisdrift es über den Pol führen würde. Aber es kam anders, die Schollen mit der »Fram« drifteten südlich vorbei. Nansen versuchte nun, mit nur einem Begleiter und drei Hundegespannen den Nordpol zu erreichen. 450 km vor dem Pol mußten sie umkehren, die Tiere nach und nach töten. Von Franz-Joseph-Land aus ging es nicht weiter. Nansen und Johansen hielten in einer Art Kriechhöhle ihren berühmten Winterschlaf (August 1895 bis Mai 1896), wurden am 18. Juni von einer englischen Expedition aufgenommen und kehrten nach Norwegen zurück –

eine Woche vor der »Fram« unter Kapitän Sverdrup. Bereits 1897 erschien Nansens Bericht ›Fram øver Polhavet‹ und machte Furore.
In der Winterhütte folgt Band 2 der anonymen dt. Übersetzung ›In Nacht und Eis – Die Norwegische Polarexpedition 1893–1896‹: Leipzig 1898, S. 282–289.

NASREDDIN SCHAH (Nasir ud-Din) aus der Kadscharen-Dynastie des Iran regierte von 1848–1896; kurz vor dem »goldenen« Thronjubiläum wurde er am Hof von Teheran ermordet.
Als erster persischer Potentat betrat Schah Nasreddin Mitte Mai 1873 in Astrachan europäischen Boden. Er lernte Moskau und Petersburg kennen, dann Berlin, London, Paris und Wien, bis er sich am 12. August in Brindisi wieder einschiffte.
Die erste deutsche Ausgabe des ›Ruznāme‹ ist vor allem da nicht glaubwürdig, wo es um Bismarck, von Moltke und den Kronprinzen Wilhelm geht: der – anonym gebliebene – Übersetzer stilisiert sie zu »germanischen Rekken« und geht an der Süffisanz der Schilderungen des Schahs achtlos vorbei.
Ball beim Zaren ist eine Passage aus eben dem ›Ruznāme – Reisetagebuch des Nasreddin-Schah‹ (nach der persischen Handschrift): Leipzig 1874, S. 45–49.

CARSTEN NIEBUHR (1733–1815), Geograph und Landmesser, aus einer friesischen Bauernfamilie stammend, nahm an der siebenjährigen, vom dänischen König Friedrich V. finanzierten Expedition in das »Arabia Felix« teil (1761–67); als einziger der fünf Teilnehmer kehrte er nach Kopenhagen lebend zurück und wertete dort seine epochalen Arbeiten aus. Niebuhr zeichnete die ersten zuverlässigen Karten des Roten Meeres und des Jemen, berichtete als erster über die Religionsgemeinschaften der Jeziden, Drusen, Ibaditen und der Wahhabiten (die später Saudi-Arabien gründeten); in Persepolis schrieb er die Keilschriften sorgsam ab, was wiederum zur Grundlage ihrer Entzifferung wurde. An den Reisen nahm der junge Goethe lebhaften Anteil; Niebuhrs Spuren in seinem Werk, bis hin zum ›West-Östlichen Divan‹, sind unübersehbar.
Wanderer, kommst du nach Mochha ist der ersten – und immer noch interessantesten, weil ausführlichsten – Ausgabe entnommen: ›Carsten Niebuhrs Reisebeschreibung nach Arabien und andern umliegenden Ländern‹. Erster Band. Kopenhagen 1774, S. 359–361, 363–365, 366–367.

ADOLF ERIK FREIHERR VON NORDENSKIÖLD (1832–1901), schwedischer Mathematiker, Physiker, Geologe, unternahm schon als Mittzwanziger verschiedene Forschungsreisen nach Spitzbergen und Grönland. Am 4. Juli 1878 zog er mit der »Vega« von Tromsö aus los, um die lange gesuchte »Nordostpassage« ausfindig zu machen; es war der Versuch, über das Sibirische Meer zur Beringstraße vorzustoßen. Das Schiff fror im Herbst ein, kam aber im Frühjahr 1879 aus eigener Kraft frei und passierte die Beringstraße. Nordenskiölds Rückreise über Japan und den Suezkanal gestaltete sich zum Triumph. Bereits im Jahr darauf begann sein Rechenschaftsbericht ›Vegas färd kring Asien och Europa‹ zu erscheinen (2 Bände, 1880/81).
Mit der »Vega« nordostwärts ist dem ersten Band der autorisierten deutschen Ausgabe ›Die Umsegelung Asiens und Europas auf der Vega‹ entnommen: Leipzig 1882, S. 304–306, 308–313.

Alexandre Olivier Oexmelin, vermutlich Holländer, war an den legendären Piraterien in der Karibik selbst beteiligt, schrieb ein erstes »Sachbuch« darüber, in dem er über die Kapitäne, die Fänge, die Stützpunkte (neben Tortuga auch Haiti und Kuba) Auskunft gab: ›De Americaensche Zee-Roovers‹, Amsterdam 1678. Eine Neubearbeitung von Reinhard Federmann erschien unter dem Titel ›Exquemelin, Das Piratenbuch von 1678‹ im Horst Erdmann Verlag, Tübingen (1968).

Der Aufstieg des berühmten Seeräubers L'Olonois wurde aus der alten französischen Ausgabe ›Histoire des aventuriers flibustiers, qui se sont signalés dans les Indes‹ von Carolin Graehl übersetzt. Es handelt sich um Band 1 einer vierbändigen ›nouvelle édition‹: Trevoux 1775, Seite 166–173.

Adam Olearius (eigtl. Adam Oelschläger, 1599–1671), Mathematiker, Bibliothekar, Literat, reiste als »Gesandter Rath und Secretarius« 1635–39 über Moskau nach Isfahan, in diplomatischer Mission des Herzogs Friedrich III. von Holstein-Gottorf: seine Handelsexpedition, an der auch der Barockpoet Paul Fleming teilnahm, sollte sich in den damals lukrativen Orienthandel einschalten. Der Zweck der Reise wurde nicht erreicht, doch Olearius, der sich auch als Übersetzer persischer Dichtung hervortat, schuf mit seinem Bericht darüber (1647) ein Hauptwerk barocker Sachprosa. Bekannt wurde er zudem als Begründer der sog. Gottorfischen Kunstkammer, die einen begehbaren Riesenglobus darstellte.

In einer persischen Oasenstadt fußt auf Olearius' ›Vermehrter Newen Beschreibung Der Muscowitischen und Persianischen Reyse / So durch Gelegenheit einer Holsteinischen Gesandtschafft an den Russischen Zaar und König in Persien geschehen‹: Schleswig 1656, S. 494–497.

Alfons Paquet (1881–1944) befuhr als 22jähriger die soeben fertiggestellte transsibirische Eisenbahn, mit 800 Mark in der Tasche und einem Säckchen schwarzen Pfeffers – bereit, ihn jedem, der ihn überfallen wollte, in die Augen zu streuen. Von Wladiwostok ging es zu Schiff nach China – und auf Pferden zurück durch die Mongolei und über die Viertausender des Altai-Gebirges.

Die Titel seiner Reise- und Korrespondentenberichte zeigen Paquets weitgespannte Interessen: ›In Palästina‹ (1915), ›Im kommunistischen Rußland‹ (1919), ›Delphische Wanderung‹ (1922), ›Fluggast über Europa‹ (1935).

Auf der Transsib 1903 und öfters ist Paquets literarischem Reisebuch ›Li oder Im neuen Osten‹ entnommen: Frankfurt a. M. 1912, S. 18–25. Mit freundlicher Genehmigung von Dr. Sebastian Paquet.

Francesco Antonio Pigafetta (um 1485 bis nach 1530), italienischer Seefahrer, begleitete den Portugiesen Fernão de Magalhães (Magellan) auf eigene Kosten bei dessen erster Umsegelung der Erde. Magellan, ausgezogen am 10. August 1519 mit fünf Schiffen, entdeckte Patagonien, gab diesem und auch Feuerland (Terra del Fuego) den Namen, fand die nach ihm benannte Magellan-Straße, drang in den jenseitigen Ozean ein, den er als den Pazifischen kennzeichnete, und gelangte schließlich zu den Philippinen, wo er am 27. April 1521 von Eingeborenen ermordet wurde. Nur ein Schiff, die »Vittoria«, kehrte mit einer auf 18 Mann geschrumpften Besatzung nach Überquerung des Indischen Ozeans nach Sevilla zurück.

Pigafettas Originalbericht ist verlorengegangen. Es existieren verschiedene Fassungen, so in Frankreich ›Le voyage et navigation faict par les Espaignolz es Isles de Mollucques‹ (Paris um 1525), die ein Jahrzehnt später ins Italienische rückübersetzt wurde (›Il viaggio fatto da gli Spagniuli a torno a'l mondo‹, Venedig 1536).
Magellan überquert den Stillen Ozean wurde vom Herausgeber aus dem Englischen übersetzt, nach der Ausgabe Lord Stanley of Alderley, ›The First Voyage Round the World by Magellan‹: London 1874, S. 64–67, 68–71.

FERNÃO MENDES PINTO (um 1510–1583) ist vor allem in Portugal berühmt für sein ›Peregrinaçam‹ (Lisboa 1614), das abenteuerlichste Reisebuch im Zeitalter der Entdeckungen. Schon als etwa Zwölfjähriger schlug sich Pinto allein durchs Leben, hatte in Diensten hoher Herren jedoch wenig Glück und beschloß 1537, Indien zu bereisen. Erst in königlich-portugiesischen Diensten, dann Freibeuter, Gefangener, Zwangsarbeiter an der Großen Mauer, schloß er sich dem Korsaren António de Faria an, gelangte nach Malakka, Sumatra, Java – und als einer der ersten Europäer nach Japan.
Denkwürdige Begebenheiten mit japanischen Herren ist der ersten deutschen Ausgabe entnommen: ›Die wunderliche Reisen Fernandi Mendez Pinto, so er in ein und zwanzig Jahren durch Europa, Asia und Africa gethan und auf denselben dreizehen mahl gefangen und siebenzehen mahl verkaufft worden‹: Amsterdam 1671, S. 250–254.

ALFRED POLGAR (1873–1955), Meister der »kleinen Form«, schrieb über Städte und Landschaften, Menschen und einfachere Dinge. ›Die großen Boulevards‹, ›Fensterplatz‹, ›Italisches Seebad‹, das waren so die Titel seiner Zeitglossen, die er im ›Tag‹ oder in der ›Weltbühne‹ zu veröffentlichen pflegte, bevor sie in Sammelbänden funkelnder Prosa erschienen.
Die Tauben von San Marco standen zuerst in ›Der Tag‹ (14. 9. 1924) und zuletzt in: Alfred Polgar, ›Kleine Schriften. Band 2: Kreislauf‹. Herausgegeben von Marcel Reich-Ranicki. Reinbek 1983, S. 182–185. © 1983 by Rowohlt Verlag, Reinbek.

MARCO POLO (1254–1324), der erste große Reisende neuerer Zeit, schrieb den Bericht über die Jahre 1271 bis 1295, die ihn nach Persien, zum Pamir, durch die Mongolei und bis in die chinesische Provinz Schantung führten, nicht selbst auf; er diktierte sie dem Rustichello da Pisa 1298/99 während gemeinsamer Genueser Gefangenschaft. Dessen in altfranzösisch gehaltenes ›Le livre de Marco Polo citoyen de Venise, dit Million, où l'on conte les merveilles du monde‹ ist nicht erhalten, doch es zirkulieren 138 weitere Handschriften. Polos Zeitgenossen hielten ›Il Milione‹ für eine Märchensammlung und den Autor für einen phantasievollen Schwindler, nahm er doch auch Fabeln und Fantasy, die man ihm zugetragen, für bare Münze. Goethe wurde ihm gerechter: »Er führt uns in die fremdartigsten Verhältnisse, worüber wir, da sie beinahe fabelhaft aussehen, in Verwunderung, in Erstaunen geraten. Gelangen wir aber auch nicht sogleich über das Einzelne zur Deutlichkeit, so ist doch der gedrängte Vortrag dieses weitausgreifenden Wanderers höchst geschickt, das Gefühl des Unendlichen, Ungeheuren in uns aufzuregen.«
Der Sommerpalast des Kaisers von China ist entnommen aus: ›Die Reisen des

Venezianers Marco Polo im 13. Jahrhundert‹. Bearbeitet und herausgegeben von Hans Lemke. Hamburg 1907, S. 198–200, 202–206.
Die Wüste spricht folgt derselben Ausgabe, S. 144–148.

HERMANN FÜRST VON PÜCKLER-MUSKAU (1785–1871) hatte während eines zweijährigen England-Aufenthalts an seine Frau Lucie 48 tagebuchartige Briefe geschickt, die ohne Wissen Pücklers vom befreundeten Ehepaar Varnhagen von Ense zum Druck eingerichtet wurden: ›Briefe eines Verstorbenen‹ erschien anonym in vier Teilen (1830–32) und machte nicht bloß Furore, sondern Pückler-Muskau auch zum Reiseschriftsteller. Börne kritisierte ihn als Dandy, Heine sah ihn als literarischen Verbündeten an.
Sächsische und Wiener Belustigungen fand sich im Nachlaß Fürst Pücklers, in: ›Reisetagebücher und vermischte Aufsätze‹, herausgegeben von Ludmilla Assing. Erster Band. Hamburg 1873, S. 2–4, 10–16.

WALTER RALEIGH (Ralegh, um 1552–1618), elisabethanischer Dichter und Entdeckungsreisender, den es 1585/86 nach Virginia, 1594/95 nach Guyana zog; er führte in England den Tabak und die Kartoffel ein. Den »großen See von El Dorado«, den er in seinem die Gemüter aufwühlenden Buch ›The Discoverie of the large, rich and bewtiful empire of Guiana‹, London 1596, zwar kartographiert, aber niemals gesehen hat, führten fortan alle Karten des südamerikanischen Kontinents auf, bis Alexander Humboldt ihn als Phantom verwarf. Die maßgebliche englische Textausgabe edierte ein Deutscher, Hermann Schomburgk (London 1848); ihr folgt auch die neue deutsche Übersetzung.
Bei den Wasserfällen des Rio Caroni steht in: Sir Walter Raleigh, ›Gold aus Guyana. Die Suche nach El Dorado 1595‹. Aus dem Englischen übertragen und herausgegeben von Egon Larsen. Stuttgart und Wien 1988, S. 139–143. © by Edition Erdmann, Stuttgart.

JOHANN KASPAR RIESBECK (1754–1786) gab sich in seinem Hauptwerk zwar für einen »reisenden Franzosen« aus, war aber Deutscher, der in Mainz Theologie und Jura studiert hatte, sich als Schauspieler, als Schriftsteller in Salzburg, als Redakteur einer Zürcher Zeitung versuchte – und dann soweit war, die »Außenansichten eines Insiders« zu schreiben. ›Briefe eines reisenden Franzosen über Deutschland an seinen Bruder zu Paris – Übersetzt von K. R.‹ erschien 1783 ohne Autor- und Verlagsangabe. Fiktiv ist auch die Abfolge: Erlebnisse und zugespitzte Pointen mehrerer Reisen wurden hier zusammengezogen. Bereits ein Jahr später erschien eine »beträchtlich verbesserte Ausgabe« in zwei Bänden.
Hab mich zum ersten Mal in Deutschland gelagert wird zitiert nach: ›Wanderschaften und Schicksale. Reisebilder von Goethe bis Chamisso‹. Herausgegeben von Gotthard Erler. Rostock 1975, S. 130–132.

WOODES ROGERS, englischer Schiffskapitän und Leiter einer dreijährigen Expedition mit den beiden Schiffen »Duke« und »Dutchess of Bristol« (1708–11), ist mittelbar in die Literatur eingegangen: als Berichterstatter über den Seemann Alexander Selkirk, »der vier Jahre und vier Monate allein auf einer Insel lebte« – Vorbild für Defoes ›Robinson Crusoe‹.
Der Ziegenmann wurde von Hanna Diederichs übersetzt, nach: Woodes Rogers, ›A Cruising Voyage Round the World. First to the South-Seas, thence

to the East-Indies, and homewards by the Cape of Good Hope ...‹. London 1712, S. 124–131.

ULRICH SCHMIDEL (oder Schmidl, nach 1500–1579), Landsknecht aus Straubing, hielt sich fast 20 Jahre in Südamerika auf und war an zahlreichen Expeditionen ins Landesinnere – Rio de La Plata, Gran Chaco, Südbrasilien – beteiligt. Seine ›Wahrhafftige Historien einer wunderbaren Schiffart‹ erschien 1567 innerhalb eines Sammelbandes ›Neuwe Welt: Das ist, Wahrhafftige beschreibung aller schönen Historien von erfindung viler unbekanten Königreichen, Landschafften, Insulen und Stedten ...‹.

Den Amazonen entgegen ist, neuhochdeutsch überarbeitet, der folgenden Textausgabe entnommen: ›Ulrich Schmidels Reise nach Süd-Amerika in den Jahren 1534 bis 1554‹. Nach der Münchener Handschrift herausgegeben von Valentin Langmantel. Tübingen 1889, S. 66–69.

PHILIPP FRANZ VON SIEBOLD (1796–1866), Japanforscher aus Würzburg, kam als »Chyrurgin-Major« in holländischen Diensten 1823 zum erstenmal nach Japan, blieb dort bis 1830, führte chirurgisches Gerät und etliche mitteleuropäische Pflanzen ein, brachte im Gegenzug getrocknete Heilpflanzen und in Japan gebräuchliche medizinische Instrumente mit nach Hause. 1832–52 gab er sein Hauptwerk ›Nippon‹ heraus, ein Archiv geographischen, völkerkundlichen, botanischen und zoologischen Wissens. Siebold weilte dann ein zweitesmal in Japan (1859–63), er bekleidete zuletzt den Rang eines Obersten im Generalstab des Niederländisch-Indischen Heeres. In Fernost ist dieser vielseitige Forscher bekannter geblieben als in seiner bayerischen Heimat. Immerhin zählt die Siebold-Gesellschaft e. V. heute 240 Mitglieder.

Auf Kaempfers Spuren fußt auf der ›Reise nach dem Hofe des Sjögun im Jahre 1826‹, in: Philipp Franz von Siebold, ›Nippon. Archiv zur Beschreibung von Japan und dessen Neben- und Schutzländern‹. 2. Auflage. Herausgegeben von seinen Söhnen. Bd. I. Würzburg und Leipzig 1897, Seite 61–62, 83–84.

HANS STADEN (um 1525 bis ca. 1576) unternahm zwei Seereisen in die Neue Welt: von 1548–49 und von 1550–55. Auf der zweiten Expedition erlitt er zweimal Schiffbruch, trat als Kommandant eines Inselforts (vor der Südostküste Brasiliens) in portugiesische Dienste, wurde von Tupínamba-Indianern entführt und fast ein Jahr lang bei den Kannibalen gefangen gehalten. Seine ›Warhaftige Historia‹, die an ethnologischer Beobachtungsgabe ihresgleichen sucht, wurde in acht Sprachen übersetzt und über achtzigmal, meist auf deutsch und niederländisch, herausgebracht.

Eine Landschaft der wilden nacketen grimmigen Menschfresser folgt dem Titel und dem Text der Erstausgabe, die vollständig so heißt: ›Warhaftige Historia und beschreibung eyner Landschafft der wilden nacketen grimmigen Menschfresser Leuthen in der Newenwelt America gelegen‹, erschienen in ›Marpurg uff Fastnacht 1557‹. Hier in neuhochdeutscher Bearbeitung durch den Herausgeber. Vorlage war die Faksimile-Wiedergabe nach der Erstausgabe, Reprint Frankfurt a. M. 1925, Kapitel 21 bis 25, sowie Kapitel 24 des 2. Teils.

FREYA STARK (1893–1993), englische Entdeckungsreisende und Abenteurerin mit leichtem Gepäck, die als Krankenschwester in Italien Arabisch studierte und seit 1928 den Orient bereiste. In Damaskus und Bagdad lebte sie unter den Einheimischen, »nicht mehr ganz jung und unverheiratet, exzentrisch, in arabische Männerkleider gehüllt«. Sie lernte Persisch und erkundete 1930 das berüchtigte Tal der Assassinen. Ihr Reisebericht ›The Valleys of the Assassins and other Persian Travels‹ (London 1936) machte sie mit einem Schlag berühmt. Ihr Credo gab sie in ›The Journey's Echo‹ (New York 1963): »Der Zauber der Wüste liegt zum großen Teil darin, daß sie uns fast aller Bequemlichkeiten und Annehmlichkeiten beraubt und es uns dadurch ermöglicht, den dünnen Faden der wenigen notwendigen Dinge zu erkennen, an denen unser menschliches Dasein hängt.«

Eine Reise in Hadhramaut ist der wörtliche Untertitel ihres frühen Buches ›The Southern Gates of Arabia‹ (1936), das von Hans Reisiger ins Deutsche übertragen wurde: Freya Stark ›Die Südtore Arabiens – Eine Reise in Hadhramaut‹. Hamburg-Stuttgart 1948, S. 217–219, 220–222. Der Rechteinhaber konnte noch nicht ermittelt werden.

STENDHAL (eigentlich Marie Henri Beyle, 1783–1842) schrieb sein erstes italienisches Reisebuch ›Rome, Naples et Florence en 1817‹ nach der Devise: »Wer zufällig ein Herz und ein Hemd besitzt, der verkaufe dieses, um die Umgebung des Lago Maggiore, Santa Croce in Florenz, den Vatikan in Rom und den Vesuv bei Neapel zu sehen.« Zugleich war dies das erste Werk, das er unter dem quasi deutschen Pseudonym Stendhal (»officier de Cavalerie«) veröffentlichte. Die Daten dieses Reisebuchs sind, wie der Autor später einräumte, samt und sonders verändert, in der Absicht, niemanden bloßzustellen.

Pietra Mala wurde von Carolin Graehl übersetzt, nach der Vorlage: Stendhal, ›Rome, Naples et Florence‹. Texte établi et annoté par Daniel Muller. Tome premier. Paris 1919, S. 319–323.

ROBERT LOUIS STEVENSON (1850–1894), Schotte aus Edinburgh, studierte zunächst Ingenieurwissenschaften, dann Jura. 1878 erschien sein erstes Buch ›An Inland Voyage‹ über eine Kanufahrt auf französischen und belgischen Flüssen. Es folgte der autobiographisch-poetische Bericht ›Travels with a Donkey in the Cévennes‹ (1879). Vier Jahre später wurde Stevenson mit ›Treasure Island‹ (Die Schatzinsel) weltberühmt. Wegen eines Lungenleidens ließ er sich auf Samoa nieder, wo er mit 44 Jahren starb.

Mit dem Esel durch die Cevennen entstammt der Ausgabe: ›Reise mit dem Esel durch die Cevennen‹. Herausgegeben und ins Deutsche übertragen von Ulrich C. A. Krebs. Köln 1986, S. 56–65. © 1986 by Büchergilde Gutenberg, Frankfurt a. M.

RIFĀ'A AL-TAHTĀWĪ (1801–1873), in Tahtā geboren, in Kairo gestorben, begleitete als junger Dozent der Islamwissenschaften an der Azhar-Universität Kairo die Studienmission, die der osmanische Statthalter in Ägypten, Muhammad Alī, 1826–30 zwecks Elite-Ausbildung nach Paris geschickt hatte. In seinem ›Tahlīs al-ibrīz fī talhīs Bārīz‹ (›Die Läuterung des Goldes, zusammenfassende Darstellung von Paris‹, Kairo 1834) läßt der Autor seine Leser an der europäischen Zivilisation, mit der er selbst konfrontiert war, teilhaben. Sein Bericht war bis Mitte des 19. Jhs. Ägyptens einzige bedeutende Informationsquelle, was Frankreich betraf.

Ein Ägypter entdeckt Frankreich ist der ersten deutschen Übersetzung entnommen: Rifā'a al-Tahtāwī, ›Ein Muslim entdeckt Europa. Bericht über seinen Aufenthalt in Paris 1826–1831‹. Herausgegeben von Karl Stowasser. Leipzig und Weimar 1988, S. 52–53, 108–109. © by C. H. Beck'sche Verlagsbuchhandlung, München.

PAUL THEROUX (geb. 1941), amerikanischer Romancier und Reiseschriftsteller, bereiste u. a. zusammen mit Bruce Chatwin Patagonien, bekannte schon in ›The Kingdom by the Sea – A Journey Around Great Britain‹ (1983): »Mit dem Zug fahren ist für mich wie ins Kino gehen.« So bereiste er China fast ausschließlich mit der Eisenbahn und gab Bericht darüber in ›Riding the Iron Rooster‹ (New York 1988).

Mit dem Eisernen Gockel nach Turfan ist ein Kapitel aus der deutschen Ausgabe: Paul Theroux, ›Das chinesische Abenteuer. Reise durch das Reich der Mitte‹. Aus dem Amerikanischen (anonym). Düsseldorf 1989, S. 192–199. © by Claassen Verlag, München.

KURT TUCHOLSKY (1890–1935), emigrierte bereits 1929 aus Berlin nach Schweden, wo er, nach Ausbürgerung und Bücherverbrennung durch die Nazis, 1935 Selbstmord beging.

Ab Mitte der Zwanziger Jahre entstanden Glossen und Feuilletons, die sich mit der relativ neuen Attraktivität des »Automobils« beschäftigten. Ein Gutteil hat Tucholsky in seiner Sammlung ›Mit 5 PS‹ (Berlin 1927) untergebracht – wobei PS hier nicht die Pferdestärken meint, sondern seine vier schriftstellerischen Pseudonyme (plus 1). Das Buch ist gegliedert nach Reisemanier: Start, Über Land, Kurve, Zollschranke und Paßkontrolle, Reiselektüre, Picknick, Wenn der alte Motor wieder tackt, usf.

Zum ersten Mal in Italien steht in ›Panter, Tiger & Co. – Eine neue Auswahl aus Tucholskys Schriften und Gedichten‹. Herausgegeben von Mary Gerold-Tucholsky. Reinbek 1954, S. 75–76 (›Der Reisebericht‹). © 1960 by Rowohlt Verlag GmbH, Reinbek.

ZACHARIAS KONRAD VON UFFENBACH (1683–1734), nach eigenem Bekunden »Schöppe und Bürgermeister der Reichsstadt Frankfurt am Main«, bekannt aber vor allem als Bibliophiler – für seine Bibliothek von 12000 kostbaren Bänden und für seine Autographensammlung, deren 35000 Stücke sich in der Hamburger Staats- und Universitätsbibliothek befinden. ›Herrn Zacharias Conrad von Uffenbachs merkwürdige Reisen durch Niedersachsen, Holland und England‹, in drei Bänden herausgegeben von J. G. Schellhorn (1753/54), ist sein Hauptwerk.

Hamburger Ansicht anno 1753 wurde einer Zusammenfassung dieser Reisen, in ›Sammlung der besten und neuesten Reisebeschreibungen‹, Dritter Band, entnommen: Berlin 1765, Seite 73–81.

GERRIT DE VEER, holländischer Seemann des 16. Jhs., Gefolgsmann des Willem Barents (um 1550–1597) bei dessen beiden Expeditionen 1594/95 und 1596/97, die der Erkundung des nördlichen Seeweges (Nordostpassage) dienten, von der sich die holländischen Kaufleute günstige Handelsmöglichkeiten mit China versprachen. Obersteuermann Barents war als erster auf Nowaja Semlja gewesen. Die neue Expedition mit nur zwei Schiffen blieb auf 80 Grad nördl. Breite im Eis stecken und mußte überwintern. Weil die Schiffe eingefroren blieben, verließ sie im Juni 1597 den Ort und fand mit zwei kleinen Booten den Weg nach Lappland zurück; der schwerkranke Barents jedoch starb. Dreihundert Jahre später hat man auf der Nordspitze Nowaja Semljas die Winterhütte nebst Geräten und Büchern wieder aufgefunden.

Mit Barents auf Nowaja Semlja ist der ersten deutschen Ausgabe entnommen: Gerrit de Veer, ›Warhafftige Relation der dreyen newen unerhörten, seltzamen Schiffart, so die Holländischen und Seeländischen Schiff gegen Mitternacht drey Jar nach einander, als Anno 1594, 1595 und 1596 verrichtet‹. Noribergae 1598, S. 62, 64, 69, 82, 84, 87, 95–96, 99, 100, 106–107, 110–111.

GEORG WEERTH (1822–1856) hat seine englischen Reisefeuilletons, Reportagen, Zeitungsartikel aus den Jahren 1843–47 – sie erschienen u. a. in der Kölnischen Zeitung und in den Rheinischen Jahrbüchern – bereits kurz darauf als Buch konzipiert; es erschien aber erst 1957, im Rahmen seiner fünfbändigen »Sämtlichen Werke«.

Die literarischen Gestaltungsmittel hat Weerth von Heine entlehnt (›Englische Fragmente‹, letzter Teil der ›Reisebilder‹, 1831). Seine politisch-ökonomische Sichtweise ist beeinflußt vom befreundeten Friedrich Engels (›Die Lage der arbeitenden Klasse in England‹, 1845).

An zwei Orten mußt du gewesen sein folgt der Ausgabe: Georg Weerth, ›Skizzen aus dem sozialen und politischen Leben der Briten‹. Kapitel II: London. In: Georg Weerth, ›Sämtliche Werke‹, herausgegeben von Bruno Kaiser. Dritter Band. Berlin 1957, S. 45–51, 57–58.

WIKINGER-Überlieferungen über die Entdeckung Nordamerikas rund 500 Jahre vor Kolumbus: Nach den ›Groenlendinga sögur‹ (2. Hälfte 13. Jh.) zog Leif Eriksson, der Sohn Erichs des Roten, von Grönland aus, um die zuvor von Bjarni Herjólfsson gesichteten Küstenländer zu erkunden. Nach der ›Eiríks saga‹ war es Leif, der als erster im Jahre 1002 »Vinland« (Weinland) sichtete. Auf einer zweiten Fahrt soll Thorvald, der Bruder Leifs, im Küstenbereich von »Vinland« angegriffen und durch »Skrälinger« getötet worden sein. Vgl. ›Die Erzählung von den Grönländern‹, ›Die Geschichte von Erich dem Roten‹: beide in ›Sammlung Thule‹ Bd. 13, Jena 1912.

Der Wikinger Fahrten nach Weinland ist eben diesem Band entnommen, der den Titel führt: ›Grönländer und Färinger Geschichten‹. Aus dem Altisländischen übersetzt von Felix Niedner. Jena 1912, S. 53–59. © by Eugen Diederichs Verlag, München.

FERDINAND GRAF VON ZEPPELIN (1838–1917) experimentierte seit 1874 mit einem von Motorkraft angetriebenen lenkbaren Luftschiff, dessen Skelett aus Ringen und Längsträgern ihm stabile, starre Form verleihen sollte. Eine erste Probefahrt mit »Z. I« geschah am 2. Juli 1900, aber zu Beginn häuften sich Pannen und Mißgeschicke. So durchbrach ein Pfahl im Bodensee die äußere Hülle und verbog einen Gitterträger. Beim zweiten Aufstieg (17. Oktober) sackte das Luftschiff in 300 m Höhe plötzlich ab. – »Z. II« wurde in der Friedrichshafener Zeppelin-Werft 1909 fertiggestellt. Nach diesen beiden Prototypen gab es noch 128 weitere Zeppelin-Luftschiffe.

Die Pfingstfahrt des Luftschiffes Z. II ist einer der wenigen Originalberichte des Erfinders. Er findet sich in: ›Koehler's Zeppelin-Almanach. Illustriertes Jahrbuch der Luftschiffahrt‹. 2. Jg. 1910. Gera-Unternhaus 1909, S. 64–68.

HEINRICH ZIMMERMANN (1741–1805) heuerte als 35jähriger unter dem Namen »Henry Summerman aus Speir« auf James Cooks Schiff ›Discovery‹ an; er nahm an dessen dritter Expedition 1776–79 teil und erlebte Cooks Ermordung in der Buch von Karavua (Hawaii) am 14. 2. 1779. Sein Bericht über Cooks dritte Weltumsegelung war die erste, die in Buchform erschien; die offiziellen Reisetagebücher erschienen erst drei Jahre später. Georg Forster begegnete Zimmermann in Kassel und befragte ihn genauestens; das Ergebnis publizierte er als ›Fragmente über Capitain Cooks letzte Reise und sein Ende‹ im 1. Jg. des ›Göttingischen Magazin für Wissenschaften und Literatur‹ (1780).

Unter Kapitän Cook bei den Aborigines und den Uramerikanern ist der Erstausgabe entnommen: ›Heinrich Zimmermanns von Wißloch in der Pfalz Reise um die Welt mit Capitain Cook‹. Mannheim 1781, S. 9, 35, 62–63.